文物养护工作手册

首都博物馆 编

文物出版社

《文物养护工作手册》编辑委员会

主　编：王武钰
副主编：贾文熙　刘树林
策　划：何海平
编　审：郭桂香（特邀）
撰　稿：贾文熙　赵瑞廷　闫　丽　胡媛媛
　　　　杜　侃　何海平　张德祥
绘　图：贾　汀　杨　婕
编　务：邵　芳

装帧设计：张希广
责任印制：张道奇
责任编辑：罗亚琳
　　　　　段书安

图书在版编目（CIP）数据

文物养护工作手册/首都博物馆编. —北京：文物出版
社，2008.10
　ISBN 978－7－5010－2493－3

　Ⅰ. 文… Ⅱ. 首… Ⅲ. 文物工作—手册 Ⅳ. G26－62
K85－62

中国版本图书馆 CIP 数据核字（2008）第 073967 号

文物养护工作手册
首都博物馆　编

文 物 出 版 社 出 版 发 行
（北京东直门内北小街 2 号　邮政编码 100007）
http://www.wenwu.com
E－mail：web@ wenwu.com
河北华艺彩印厂制版印刷
新 华 书 店 经 销
889×1194　1/16　印张：21.5
2008 年 10 月第 1 版　第 1 次印刷
ISBN 978－7－5010－2493－3　定价：110 元

前　言

王　武　钰

　　首都博物馆新馆从 2001 年开始动工，按照市政府要求，计划在 2005 年完成并对社会开放。为了使展出的文物能够更好地为观众服务，首都博物馆文物保护修复中心，一方面聘任国内博物馆有经验的修复专家，一方面招聘了年轻的专业学生，对大量的上展文物进行了清洗、修复、保护工作。由这些专家分为青铜、陶瓷、书画、纺织品等小组，按照传统的修复方法，以师傅带徒弟的形式对年轻人进行辅导。实践证明，采取这种形式，新手进步快，有一定基础的专业人员也得到了很大提高。在工作过程中，我作为一位非专业的文物修复保护主管人员，和那些年轻的学员一样，都非常渴望得到更多的专业基础知识，掌握一些更实用、更利于理解的常识。因此，我馆组织专业人员编写了这部现阶段可供借鉴参考的工具书《文物养护工作手册》，希望对博物馆年轻的或刚从事文物保护修复工作的科技人员和藏品保管人员有所裨益。

　　文物是人类文化的遗存物，是历代先民在漫长的历史进程中创造的财富，是具有历史、艺术、科学价值的珍贵遗产。但是，由于文物自身材质，或受自然与人为多方面因素的影响，文物会发生不同程度的老化变质或损坏。运用科学的技术方法对它们进行修复养护，是当前广大文物工作者所要承担的一项重任。文物养护是"防与治"结合的两方面内容，"治"是指对破损、劣化质变文物进行保护、修复，使其恢复原貌的技术性处理过程；而"防"也就是以预防为主。怎么防是两方面的：一是外部的展藏环境。研究改善其保存的各种环境，如温湿度、光照、空气污染物、地质环境、昆虫、有害微生物等对文物的腐蚀、侵蚀机理的防治方法。二是文物内部机理。研究各类器物质地材料的组织结构与防劣化质变，以及采取的缓蚀保护处理等防护措施。这些都是文物养护工作的重要方面，也正是本手册所涉及的重要内容之一。

　　新中国成立后，我国的文物保护科技事业，从初创到逐步成熟，走过了近半个世纪的路程。初期是以传统修复技术起步，20 世纪 60 年代末，北京、上海、河南等几家博物馆开始设立文物保护实验室，文博单位开始陆续吸收一些理工科的大学生，从事文物保护科技工作。成为首批文物保护科技工作的骨干力量。80 年代，北京、上海、南京、陕西、河南、甘肃等部分省市分别建立了文保科技部、文物保护科研所、文物保护修复中心、技术室、实验室、修复研究室等，全国已基本形成了一支文物保护科技力量。此时，复旦大学、西北大学、北京大学、科技大学等大专院校相继设立文理科相结合的文物保护专业，20 余年来，培养出的本科生、硕士生、博士生陆续补充到文物保护队伍中来，现在已成为这支队伍的骨干，有些成了学科带头人。新中国成立初期进入文博单位的那批老技师，他们开拓了我国的文物保护事业，成为我国第一代"修宝人"的传统文物修复专家，在抢救大批国家珍宝的同时，培养了第二代、第三代文物修复技术的骨干力量。现在第四代传人遍布全国各地文博单位，他们普遍受到了高等教育，又练就了扎实的传统修复技术基本功，将现代科技手段与传统技术相融合，吸收西方的修复理念，成为现代文物修复的一支强有力的队伍。纵观现在我国这支文物保护科技队伍，已是一支文理结合、老中青结合、传统与现代结合的兴盛发展期的文保团队，我国的文物保护事业一定会向更高的台阶迈进。

我国的传统修复技术经过半个世纪的发展才基本形成了自己的体系，一直遵守着"保持原状、修旧如旧"的传统修复原则，目的是使破损的器物，通过修复，恢复到完整的原状。20世纪80年代后期，随着我国一些文物保护修复项目与意大利、德国、日本、美国等国的合作，传统修复技术逐渐与西方先进保护修复技术结合，现代西方修复理念正在逐渐融入传统修复理念中。现代文物修复理论家提出对文物修复"最小干预、减少干预"与"可再处理性"的原则，实际上是对修复文物的干预处理，通过对文物材质分析检测、病变机理、保存环境等因素进行科学的综合研究；在对文物有效修复的同时不仅需要对文物的艺术和历史研究获得足够的支持，同时需要一系列的技术分析与研究，以及现代科学所提供的极其重要的手段。现代文物保护文物修复是在尊重文物原貌的基础上，将保护、修复、考古、艺术四类学科归结为一体。通过多学科的交流对话、相互配合，对文物进行综合研究，有助于达到对古代遗存的保存和认识。我们认为西方修复理念的传入，是对传统修复理念和修复技术起促进作用的，促其向更加完善的、科学的方向发展，有利于我国的文物保护修复事业。

本手册汇编了文物、博物馆藏品保护、修复、保管等方面约一千余个术语条目，分为：养护术语、技法工艺、质地材料、工具设备、展藏环境、政策法规、文保科技七个篇目与四个附录部分。四部分附录分别是：（一）文物管理与全国文物保护修复中心、科研所、实验室一览表；（二）全国文物保护修复学术会议、培训工作大事记；（三）传统工艺古籍书目简介；（四）文物保护、修复、展藏工具书目概述。

本手册初稿完成后，特邀中国文物报社资深编辑、记者郭桂香同志对书稿进行了编审，并按她提出的宝贵意见进行了修改。本书在编辑过程中得到了古典家具鉴定修复专家张德祥、古代甲胄修复专家白荣金、秦俑博物馆文保实验室主任周铁、西安文物保护中心总工程师马涛、陕西历史博物馆文保科主任张群喜、四川省博物馆李钢、湖北省博物馆文保中心胡家喜、敦煌研究院王进玉、洛阳市博物馆孙海岩及武汉中山舰博物馆、故宫博物院科技部、中国国家博物馆文保科技部、北京辽金城垣博物馆、宁夏回族自治区博物馆、西安市文物保护考古所等单位的大力支持，并为本书提供资料与图片，在此表示感谢。

凡　例

1. 这是一部文物养护方面的工具书，汇辑了文物保护、修复、展藏环境等方面的方针、政策、原则、理念、传统和现代的工艺、技法、各类器物质地、养护修复材料、实验室仪器、修复室设备工具、书籍文献等术语条目一千余条。每个条目编写简明扼要，针对性强，便于查阅。某些技法即便未作深入细致的展开介绍，但也起到了便捷查阅更多文献线索的作用。

2. 本手册汇编的一千余个术语条目，分为：养护术语、技法工艺、质地材料、工具设备、展藏环境、政策法规、文保科技七个篇目与四个附录部分。四个附录分别是：一、文物管理与全国文物保护修复中心、科研所、实验室一览表；二、全国文物保护修复学术会议、培训工作大事记；三、传统工艺古籍书目简介；四、文物保护、修复、展藏工具书目概述。

3. 本手册条目基本按知识类别内容排序，但有部分条目标题，在不同篇章中重复出现，一般释文不再重复，仅注明：详见"××××"篇、"×××"条目。

4. 本手册主要针对博物馆从事文物保护修复科技人员、藏品保管人员以及民间收藏爱好者，是可供借鉴参考的一部工具书。

目　　录

彩色图版

条 目 分 类 目 录

技法工艺篇

质地材料篇

工具设备篇

文保科技篇

附录一

附录二

附录三

附录四

〔文保工作〕

【文物工作方针】 我国文物工作的大政方针，即《文物保护法》第四条："文物工作贯彻保护为主、抢救第一、合理利用、加强管理的方针"。

【文物修复档案】 文物档案的一种，指文物修复过程中产生的具有保存价值，并且按一定归档制度、格式填写，作为真实的历史记录，并将其集中管理的修复文物的专业资料，是文物修复科学性、规范性的重要文档。

文物修复档案的填写，既要真实规范、又要简明扼要，每器一份。记录的基本内容为该器物的编号、名称、时代、材质、级别、尺寸、重量，器形、纹饰、修复起止时间、文物破损现状与修复历史，修复方案及修复后的总结报告。并由主持人、修复者、主管领导分别签名。珍贵文物修复方案制订时的领导审核意见或专家论证会记录，修复前采样检测数据，修复中发现有关考古、艺术、制作工艺、材质或其他方面的信息，修复中用料、配剂配方、工艺流程等所有记录资料，以及修复前后的照片，均应归入藏品档案。

【文物修复方案】 每件器物修复前，均应制定相应的修复方案。首先如实叙述器物的现状，根据难易程度，在尽量少干预的前提下，坚持"不改变文物原状"的修复原则，制定针对该器的修复标准与技术要求。具体讲，就是针对器物破损现状，如何采用科学方法修复将其恢复到历史原貌，修复中不得损伤该器物出土时本身的纹饰、彩绘等；以及对器物进行加固时，所采用的加强件，方案经审定后方可在内部嵌入，但不得影响文物原貌；缺损补配材料，应采用与文物材质相符合的材料；修补用的材料、胶粘剂、药品均应无副作用，新材料应在试验无误的前提下经批准后再用。

并按规定，一级藏品的修复方案由主管副馆长或馆长审核同意后，报上一级主管文物的行政管理部门批准。其他藏品的修复方案，国家级的博物馆和省、自治区、直辖市博物馆由藏品保管部门负责人会同科技部门负责人审批。

【文物修复原则】 目前，国际上遵循的是："保持文化遗址或古迹的真正本性和价值"、"最小限度治理"的文物保护原则。《威尼斯宪章》阐述的文物古迹保护修复原则是：真实性，最少干预原则；保存历史叠加物，可读性原则；可识别原则；可逆性原则。

我国一直遵循着"修旧如旧"、"不改变原状"的文物修复原则。《省、市、自治区博物馆工作条例》的第五章第二十五条规定："藏品修复时，不得任意改变其形状、色彩、纹饰、铭文等"的修复原则。

在严格遵守"不改变原状"原则的基础上，同时注意针对不同质地的器物在修复中应遵守的具体原则。如古文献修复原则"第一确保安全，不丢失只字片纸、字迹图案不洇不散。第二所用修补材料对古文献不能有副作用，并做到修旧如旧"；再如纺织品的修复，应遵守尽量减少化学方法加固，所用的加固材料，易于去除，具有良好的可逆性；并有一定的防老化性，不得改变纺织品的外观质感，并且，所用材料本身的衰老、裂解对文物无破坏性的原则；其他类文物都应有针对性的一般修复原则。

【文物修复理念】建国以来，我国一直沿袭着"保持原状、修旧如旧"传统修复原则，目的是使破损的器物，通过修复，恢复到完整的原状。20 世纪 80 年代后期，随着我国一些文物保护修复项目与意大利、德国、日本、美国等国的合作。传统修复技术逐渐与西方先进保护修复技术结合，现代西方修复理念正在逐渐融入传统修复理念中。现代文物修复理论家提出对文物修复"最小干预、减少干预"与"可再处理性"的原则。实际上是对修复文物的预处理，对文物材质分析检测、病变机理、保存环境等因素进行科学的综合研究；并指出"有效的文物修复不可能仅凭对文物的艺术和历史研究而获得足够的支持，同时需要一系列的技术分析与研究，现代科学提供极其重要的手段。"现代文物保护文物修复是在尊重文物原貌的基础上，将保护、修复、考古、艺术史四类学科归结为一体。"通过多学科的综合研究、交流对话、相互配合，可进一步了解事物的规律，运用各自学科的知识对文物进行研究、有助于达到对古代遗存的保存和认识。"

【最小干预理念】现代文物修复理论家提出对文物处理遵循最小干预的原则。凡未受到有害物质危害，处于稳定状态下无劣化现象的破损器物，尽量采取"不干预、少干预或者减少干预"的文物保护修复理念。对残损器物修复、保护操作时，所采用的方法与所用材料应遵循在"可再处理性"的原则下实施。

【预防性保护】预防性保护的概念最早出现在 1930 年罗马的国际会议上，主要是对环境温湿度的控制。意大利文物保护专家布朗迪（Cesare Brandi）在 20 世纪中叶提出预防性保护问题，目的是，通过对文物材质状态及文物所处环境，这两个影响文物稳定，相互作用的因素的研究，正确地掌握保存文物及与其相适应的周围环境。20 世纪 70 年代，国际文物保护和修复研究中心（ICCROM）在 11 个国家的 26 个博物馆推广预防性保护理念。90 年代，该理念细化到 7 个方面的指标：博物馆的章程构架、财政计划、职员、收藏、建筑、环境、

交流。其核心是环境、材质与科技人员之间的关系，既文物保护科技人员对文物材质的研究和对文物保存环境的研究，以及两者之间的关系，从而制定出一个科学性的预防性保护规划，经管理层审批后实施。

【文物原状】文物原状是指文物历史形成的原状，历经人为作用和自然力的影响变化后的状况，并非文物的始状。现状是现存的、健康的、并非残破的状况，是科学的，符合法式规范的状况，是原状历史发展的重要组成部分。保持文物的原状是相对的，一般不可机械地理解为文物最初的原始状态。应保持的是文物健康稳定的现状。

【文物修复四保存要求】文物修复的目的，既要以科学技术的方法防止其损坏，延长其使用寿命，还要最大限度地保存其历史、艺术、科学价值。所以，在每一件文物的修复工作中都必须坚持保存文物原有的形制、原有的结构、原有的质地材料、原有的制作工艺技术，这四个方面的基本要求。

【文物复制与原则】文物的复制，可以提高文物的保管水平，延长文物的寿命，充分发挥文物在展陈与科研等方面的效益。文物复制又分为文献复制与器物复制两大类。尤其是特别珍贵的文物、一级藏品和容易损坏的藏品，为了文物的安全，以复制品作为陈列替代品，提供给科研部门研究的代用品，馆际之间的交换调拨品，经上级文物管理部门批准应予以复制。关于复制原则，伯纳德 M．菲尔登先生在《文物古迹保护原则》中解释："复制经常包括对现存艺术品的复制，以便替换某些丢失的，或腐蚀的，一般装饰的部分，保持其美学上的和谐。如果宝贵的文物正在受到不可挽回的损坏，或者是受到其环境的威胁，则必须把它移到较适宜的环境。因此，复制经常是一种代替品，以便保持古迹的和谐一致。"我们的文物复制原则上要求必须保证质量，复制作品的尺寸大小、外形残旧程度、色泽、所用原材料、制作工艺，都要做到与原物基本相同，从而达到逼真的程度。也就是说不仅要形似，而且要达到神似的程度。凡复制品应加标志，以免混淆。复制

品使用的材料、工艺程序、复制数量和时间及复制人等，均应做出详细记录，以备存查。文博单位复制的一级文物不得作为商品对外提供。1998年6月，国家文物局发布了《文物复制暂行管理办法》，办法中解释："文物复制是指依照文物的体量、形制、纹饰、质地等，基本采用原制作工艺复制与原文物相同的制品的活动"，并规定了"应贯彻少而精的原则，保证文物原件的绝对安全，不得损坏、污染文物"以及复制单位的权限报批手续等规定。从广义上讲复制品，还应包括按考古科研史料复原复制出的现已失传的历史文物，如司南、地动仪、指南车模型等以及与原件相仿相同的仿制品，如临摹的壁画、帛书、书札和历代服饰、纺织品文物等等。

【文化遗产受损因素】 国际文物保护和修复研究中心（ICCROM）2002年大会上推荐，将历史文化遗产受损分为两种情况：剧烈的损害和渐变的损害。受损害的原因，又分为自然和人为因素。其损害因素大体如下：

剧烈损害的自然因素是：地震、火山爆发、洪水、冰雹、暴雨、飓风、海啸、雷电、火灾等；剧烈损害的人为因素，来自社会的有：战争、抢劫、恐怖活动、狂热行动、野蛮行为、非法发掘、盗窃、市区发展、基建工程、现代耕作等；剧烈损害的人为因素，也包括缺乏下列专业作为：决策、规划、立法、管理、警察、监测控制、保护工程、安全防范、文化计划、国际交流、培训激励等。

渐变损害的自然因素是：摩擦、温度、盐溶、湿度、腐蚀、污染、光照、微生物、植物、昆虫、动物、尘土等；渐变损害的人为因素，来自公众的是：无知行为，如观众超量、磨损、振动、乱划、搜寻珍宝等；渐变损害的人为因素，也包括在下列专业方面不恰当的行为和决策，如：发掘、运输、建筑、修复、支撑、保管、展示、照明等。

【文物修复学】 是指有一整套相关文物修复的目的和功能的，通过对文物各种价值再认识的过程，侧重于理论的研究。同时对破损文物通过技术手段，并注重可再处理性，将其恢复到原来的性质和面貌的，多学科综合作用的应用科学。（注：近

20年来，我国文物修复界同仁在共同探讨的，但理论上未成熟的一门应用科学。）

【文物保护科学的主要内容】 文物保护科技研究方面主要内容分为：文物科技保护、文物分析、文物修复、出版与教育四个方面，每个方面的主要工作内容如下：

①文物科技保护：文物科技保护处理、文物保存监测与控制、建筑及遗址工程综合保护。

②文物分析（科学研究）：文物及相关材料材质分析、分析判别、工艺和考古学研究。

③文物修复：修复工艺研究、修复材料研究、复制

④出版与教育：期刊、培训、授课、科普。

〔文保术语〕

【文物质变机理】 文物在地下长期埋藏，受土壤内地下水中所含的酸、碱、盐类各种物质的侵蚀，土壤压力和温湿度等因素的影响，遭受到不同程度的破坏和腐蚀，发生的一系列化学反应。在一个与世隔绝的封闭状态中，器物本身与腐蚀产生物在一段时间的正、逆反应逐渐趋于相等，也就是埋藏环境中影响腐蚀的因素不再发生变化，处于相对的化学平衡的状态。一旦出土，原有稳定的化学平衡被破坏，在周围新的环境中，旧的平衡向新的平衡急剧转化，这一过程，加剧了器物出土后的腐蚀损坏。特别是有机质文物，出土后眼看着收缩、翘曲、型变，或化为灰迹。

馆藏文物、传世文物也会由于所处环境温湿度变化，光辐射、有害物污染等多种因素影响发生质变。

【物理洁除】 针对一般文物蒙尘，可采用软毛刷、橡皮球结合着吹刷，易除灰尘的方法。对于彩绘陶器、彩塑泥像等质地酥粉的文物，以及易暴皮脱落泥金、漆金铜佛像的陈年积垢，采用可撕断的纸胶带或荞麦生面团等黏度适中的物质进行粘除。近年在一些中外合作项目中，有国外专家采用仿木浆海绵、密胺海绵、超细纤维等新型材料，洁除纺织品、古木家具、玉器、石器及金银器表面的尘污。这类材料擦拭器物表面，易于吸附灰尘，除垢性能好，不会划伤文物表面。详见材料篇

"海绵"条目。

【机械洁除】传统机械洁除方法是指采用钢刻刀、手术刀及微型锤敲震錾子等方法，手工去除金属、石质、陶质文物器表土锈与钙化硬结物的方法。现代文物养护工作多采用超声波清洗器、洁牙机、喷砂器、微型吊磨机、气动机械打磨等小型机械去除。大型器物的积尘，则可采吸尘器等机械除尘。相应器械详见工具篇。

【化学洁除】出土的金属、陶瓷、砖石等类器物，一般要经过去离子水清洗后才能进行修复养护处理。对于器物表层用水难以洗除的硬结沉积物，需要采用相应溶液、药物软化后清除的方法。常用的溶剂有酒精、丙酮、甲苯、硝基稀料、氢氧化钠、氨皂液、氯亚明、硼酸、柠檬酸、草酸、硝酸、盐酸等。一般是用镊子夹棉球蘸稀释药液，擦拭软化积垢，软化后用挤压瓶喷出的去离子水冲洗掉污物。用药物洁除时要注意，对有彩绘颜料的文物，在清除泥垢时，边清边加固纹饰。玉石器是含碳酸钙、镁等物质的不耐酸文物，尽量采用中性溶液。

【比重】测某一器物比重时，指器物在空气中的重量与4℃时同体积水的重量之比值。

【密度】系指某类物质单位体积的质量和其体积的比值，即单位体积的某种物质的密度。在检测某类文物（如铁器类）的腐蚀程度时，可以测其密度值后，与标准密度值换算出该器物的腐蚀程度。

【硬度】指用外力进行分割物质时的难易程度。下面是我们常遇到的10种矿物的硬度：滑石1度、石膏2度、方解石3度、萤石4度、磷灰石5度、正长石6度、石英7度、黄玉8度、刚玉9度、金刚石10度。我们可以用以下物品划痕大致把握硬度：能在纸上划痕者，相当于摩氏1度；与指甲相同者为摩氏2.5度；与钢铁相同者为摩氏5.5~6度；与玻璃相同者为摩氏7度。摩氏硬度差并不是算术级差，如金刚石10度与石英7度的研磨硬度比，金刚石比石英硬度大1000倍。

【药液强度】药品配置时，表示药品的一定比例。液体溶于液体时，按每一升中有多少毫升来计算液量，即体积与体积之比（V/V），如配某种5%药液，即每一升中含有50毫升该药品；固体溶解于液体，按每一升中有多少克来计算常衡量，即重量与体积之比（W/V），如配某一10%药液，即每一升中含100克该药品。

【考古修复】考古发掘出土的大量破碎器物，经过清洗拼粘，恢复出原器形即可，残缺部位采用石膏补残复原，但不可任意的臆测添加，区别于原件，不用随色修饰，仅为考古研究和整理发掘报告用。

【展品修复】博物馆藏品修复，指通过对残损器物的矫形、拼对、粘焊接、补配等一系列技术手段的精心修复，使其恢复原貌，再通过随色作旧处理，目的是达到展陈效果。

【商品修复】目的是将修复好的器物作为商品进行交易，获取较高利润，要求极高。一方面要将损坏的器物复原，另一方面要求通过一定的技术手段，恢复表面的色彩纹饰、质感的自然"以假乱真"的旧貌，完好无损的视觉效果。

【科研修复】目的是为考古专家、学者的研究工作提供较好的实物资料。在珍贵文物的修复过程中，利用多种手段对其材质、制作工艺，对病理进行分析试验，多学科综合研究，取得专项科研成果的修复。

【生坑】传统修复术语，指发掘出土的青铜器，表面锈斑深埋地下千年以上，自然生成的，附着的地子一般为灰黑、红褐色，其上为发锈、高锈及土锈层，锈层坚硬，指甲难以抠动。
　　古玩行里为了区别于传世文物，凡出土的金银器、玉石器、古牙器等类文物，也将其称之为生坑器。

【熟坑】传统修复术语，指未曾埋入地下的传世铜器，历代相传，它的表面氧化层是历经千百年自然形成的包浆。多为黑褐色地子或俗称"古铜色"

并伴有朱砂斑等蚀坑。另外还有"水坑"泛指早年出土的南方器，"干坑"泛指北方早年的出土器，流传世间在百年以上，这类器物多呈熟坑皮壳，并保留着原有的贴骨锈蚀物。古玩行对传世古玉、古陶、小型古石雕摆件等类器物亦有此称谓。

【包浆】泛指古旧器物年长日久自然形成的表面皮壳。如传世瓷器、玉器、木器、鎏金佛像、香炉、景泰蓝器、骨牙雕等，质地表面的首先形成发自胎骨的氧化层与历年的积尘、或烟熏火燎的烟炱等物，逐渐积淀成厚积的皮壳。再经收藏者爱不释手地把玩抚摩，手心汗渍的浸润形成厚实的老浆皮壳，润泽而熟滑。再如出土器物长年埋于地下受到地下水、土壤中腐蚀物的侵蚀，发生化学变化后生成的表面腐蚀物或土锈等皮壳层。新仿古器物浅浮无根的皮壳是无法与之相媲美的。

【开片】详见质地材料篇"开片"条目。

【冲口】详见质地材料篇"冲口"条目。

【炸底】详见质地材料篇"炸地"条目。

【纹饰】又称"纹样"，是古代器物的一个组成部分，一般来说器物造型、纹饰、色彩是构成一件文物的三要素。某些文物并没有纹饰、色彩，而是以其优美的造型和高雅的质地显示出它的独特风格。但多类文物是以器形、纹饰为主的。如新石器时期彩陶、商周青铜器以及玉器、漆器、石雕、纺织物等。

纹饰一般分为自然纹饰、几何纹饰两大类。纹饰的组织结构有规则的与不规则的两种。古人对纹饰的取材包括自然界所有动物，宇宙间的日月星辰，气候变化现象，以及人们日常生活中所见、所用之物，工具和数学上的点线面的变化组合。可以说世间万物都可以吸取其优美部分作为纹饰素材，用于器物的刻绘装饰。

【金相分析】金相学是一门研究金属内部组织结构及其在不同的铸造、加工过程中形成的金属组织和转变规律的学科。采用定量金相学原理，通过金相显微镜观察金属文物内部组织，是对古代金属文物质地金相组织结构试验研究的重要手段。现代多采用彩色定量金相法，对金属文物试样内部组织成分的精确测量，通过计算机图像分析系统，测出特征物的各种参数，来确定合金组织的三维空间形貌，从而确定合金成分、组织、性能间的定量关系。

【pH值酸碱度指示法】酸的解说，一种这样的物质，当它溶解在水里时会形成氢离子，而碱的解说，则是一种这样的物质，当它溶解在水里时会形成羟离子（氢氧离子）。酸和碱都能互相中和而形成盐。氢离子和羟离子的浓度恰恰相等的溶液就是完全中性的溶液，其中pH等于7，在酸溶液里，氢离子浓液超过羟离子浓度，其pH则小于7，同时在碱溶液里则和这刚刚相反，其pH则大于7。

pH试纸颜色变化表示的pH值：

试纸的变化颜色	所测溶液的性质	pH值
红色	酸性强	3~4
橙色	中等的酸性	5~5.5
黄色	微弱的酸性	6~6.5
绿黄色	中性	7~7.5
绿色	微弱的碱性	8
蓝绿色	中等碱性	8.5
蓝色	碱性较强	9.5
紫色	碱性极强	10~12

【真空冷冻干燥法】对饱水漆木器、竹简的处理方法。这种方法的原理是，水经过冷冻成固体，在真空条件下，由固体转化为气体，消除毛细管表面应力，使物体保持原有形状。针对高含水率严重朽蚀饱水的漆木器采用冷冻脱水处理，要解决干燥过程中产生的应力与纤维结构所能支撑的强度。真空冷冻干燥的预处理必须采用填充材料，才能增强纤维细胞的强度，抵御干燥过程中的收缩应力，防止在脱水过程中收缩、变形、开裂。关键是填充材料的选择十分重要。置换材料要求能与之相溶，取代饱水竹简中的水分；分子量低，分子体积小，黏度低；材料的溶液不仅在低浓度且在较高浓的状态时，均呈中性，应易于渗透入

细胞腔、细胞壁中；填充后具有一定的强度；色泽浅淡，使处理后能接近原物本色。

传统冷冻法预处理饱水漆木器、竹简的时候，应采用低分子材料聚乙二醇 PEG4000，浓度在 8%～15%，浸泡置换其中水分。

【老化】 有机质文物材质主要是天然动植物纤维等高分子和构成营养物质的木质素、蛋白质等。高分子物质长期受周围环境条件，例如：光、热、水、和空气的作用，内部结构遭受破坏，物理机械性能下降，称为"老化"。粘胶剂在一定的时的胶体纤维逐渐质变，亦称为胶体老化。

【矿化】 指金属文物的质地，受埋藏环境与土壤内地下水所含酸、碱、盐类物质或大气环境中的污染物质的侵蚀，组织结构发生的电化学反应或其他一系列化学反应后，金属中晶格缺陷与其他物质反应转化为另一种物质，金相组织成分流失、结构破坏、蜕变后的状态。

【碳化】 有机质文物长年埋藏地下，受埋藏环境与土壤内地下水所含酸、碱、盐类各种物质的侵蚀与破坏，遭受严重腐蚀的化学反应。这种反应使有机物质脱去氢氧元素而只剩下碳元素，也就是通过有机物的脱水，生成碳的反应，故称碳化。

【降解】 高分子化合物受到日晒或酸、碱侵蚀，分子量降低的现象称为"降解"。如文物保护所用高分子材料或古代纺织物纤维的降解后，强力下降，物理机械性能会变差。

【断裂强度】 表示破损的古代器物质地材料的一种方法。文物修复前，检测器物破损断裂处的材料单位截面积上所能承受的最大张力，一般以 kg/mm^2 表示。

【置换】 利用化学物质对金属文物去除 Cl^- 的一种方法。其原理是一种元素或化合物的离子根与一种离子化合物发生反应，也是氧化还原反应的一种。在反应中关键在于还原性或氧化性的强度，还原性或氧化强的物质与相对较弱的物质进行置换。在置换反应中只会有正离子或负离子的其中一方进行置换。

【亲和性】 文物修复保护工作中，所用补配、养护材料具有与该器物材质组织相互连接、浸渗的性质。

【可再处理性】 文物修复时所采用方法和材料不影响以后再一次处理的性质。

【可塑性】 泛指器物或修补材料在外力作用下发生形变并保持形变的性质。这里多指金属器物、陶瓷器等器物造型或配补材料，如修补剂、腻子、塑泥在常温或温度变化后能改变形状的特性。

【憎水性】 系指固体材料表面不能被水润湿的性质。如古建筑、裸露田野的大型石雕、砖瓦件等类文物材质的加固、表面封护所用材料形成一层致密的憎水膜来阻绝湿气侵入。如遇雨水冲淋，水在憎水性的固体表面形成的是一种相互分离的水滴或滚圆的水珠状态。相反，如在亲水性表面形成的是雨水在浸渗饱和后，则是连续的水膜或水片状态。

【沉淀反应】 是指从液相中产生一个可分离的固相的过程，或是从过饱和溶液中析出的难溶物质。如金属文物检测氯离子含量，采用硝酸银滴定法，试管中液相试样中滴入硝酸银，便会形成肉眼可见的白色絮状沉淀物。

【饱和】 在一定温度和压力下，溶解所含溶质的量达到最大限度，不能再溶解。我们这里多指某类文物所处环境的湿度达到最高限度。

【化学反应】 是指一个或两个以上物质（又称反应物）经由化学变化产生一个以上不同于反应物的产物的过程。也就是物质发生变化时生成其他物质，这种化学变化，叫做化学反应。

【中和作用】 酸与碱的互相作用而生成盐和水的作用。容量分析中称酸碱滴定法。中和法可用于文物某些质地腐蚀物碱类或酸类的含量测定。用标准酸、碱溶液进行滴定反应，以测定碱含量或酸含量的方法。基本反应是氢离子和氢氧根离子结合而成水。另外化学试剂中常见中和剂有碳酸氢钠、碳酸氢铵、硼砂等。

【化学平衡】 指古代器物长期在地下埋藏，受土壤内地下水中所含的酸、碱、盐类各种物质的侵蚀，土壤压力和温湿度等因素的影响，遭受到不同程度的破坏和腐蚀，这种腐蚀就是化学反应。但是，古墓葬一般埋藏较深，处于一个与世隔绝的封闭状态。器物本身与腐蚀产生物在一段时间的正、逆反应逐渐趋于相等，也就是埋藏环境中影响腐蚀的因素不再发生变化，处于相对的化学平衡的状态。就是说，在化学物质的反应中，反应物和生成物亦是一对立矛盾，矛盾的双方是不能独立存在的，任何化学反应都有一定的可逆性，也就是在一定条件下，反应物有变为生成物的趋势，生成物亦有返回为反应物的趋势，绝对的不可逆反应是不存在的。随着时间、外界条件的变化，逆向反应的倾向也会随之产生变化。在整个化学反应过程中，反应物变为生成物的速度与生成物返回为反应物的速度相等。此时相反方向的两种反应结果相互抵消，整个体系处于暂时的、相对的、有条件的，也可以说较长时间的动态平衡，也就是化学平衡。所以说文物长期在地下埋藏，相应的会起到了保护文物的作用。

【溶解】 指一种物质（溶质）均匀地分散在另一种物质（溶剂）中的过程。溶剂溶解成膜物质而形成均匀的高分子聚合物溶液的能力，称为溶解力。而溶剂向高分子聚合物间隙中扩散的难易程度，即溶剂分子和高分子聚合物之间吸引力的大小，称为溶解度。

【相溶或互融】 文物修复保护工作中，所用溶剂和高分子聚合材料形成均相溶液的行为。

【固化作用】 又称凝固作用。物质从液态向固态转变的过程。文物修复工作中，常指修复剂、胶粘剂、石膏、石蜡等物质，由黏稠状或糊状体在凝固过程中，逐渐失去流动性，最后变为固体。

【化合】 化学反应的一种类型，由两种或两种以上的单质或化合物生成的比较复杂的化合物的反应。

〔**生物技术**〕

【生物质】 泛指地球上生存的特有的一种生命现象，包括所有的动物、植物和微生物，以及由这些生命物质派生、排泄和代谢的众多有机物质。

【生物化学】 又称生化。在文物保护研究领域中，是一门新兴的应用学科。生物化学是研究生物体内各种有机分子，特别是生物核酸、蛋白质、糖类、脂类大分子的组成、结构与功能，有机分子代谢及其调节，以及能量转换的一门学科。

【生物风化】 是指受生物生长及活动影响而产生的风化作用。又分为机械风化和化学风化作用。如石窟、古建筑、大型古遗址等类文物，穴居动物的钻洞掘穴，可使岩石破碎、土粒粉化与古建、遗址夯土基础遭破坏等，岩石裂隙中的植物根系对岩石的撑裂扩大作用引起岩体崩塌破坏均为机械风化。化学风化指岩缝中根系分泌出的有机酸，穴居动物分泌物的腐蚀酸，动植物死后的分解物都可以形成对文物的风化破坏。岩石上微生物产生 CO_2，硝化细菌产生硝酸、硫化细菌产生硫酸等，这些微生物的代谢产物导致岩石风化作用，均为生物风化。

【生物技术】 现代生物技术是以生命科学为基础，利用生物（或生物组织、细胞及其他组成部分）的特性和功能，设计、构建具有预期性能的新物质或新品系，以及与工程原理相结合，加工生产产品或提供服务的综合性技术。这门技术内涵十分丰富它涉及到：对生物的遗传基因进行改造或重组，并使重组基因在细胞内表达，产生人类需要的新物质的基因技术（如"克隆技术"）；从简单普通的原料出发，设计最佳路线，选择适当的酶，合成所需功能产品的生物分子工程技术；利用生物细胞大量加工、制造产品的生物生产技术（如发酵）；将生物分子与电子、光学或机械系统连接起来，并把生物分子捕获的信息放大、传递、转换成为光电或机械信息的生物耦合技术；在纳米（即百万分之一毫米）尺度上研究生物大分子精细结构及其与功能的关系，并对其结构进行改造利用它们组装分子设备的纳米生物技术；模拟生物或生物系统、组织、器官功能结构的仿生技术等等。

【生物芯片】所谓生物芯片就是利用微加工技术和微电子技术，把电镜下才能看到的生物化学分析系统固定芯片上，然后用芯片上的程序对大至细胞、蛋白质组，小至 DNA、RNA 及其他细胞液中其他细胞器的大信息量检测。目前，在生物技术领先的国家中已制出许多生物芯片。如某种生物标本芯片，某种生物细胞生物化学反应芯片，还有基因类蛋白质类芯片。

【生物信息学】生物信息学的研究对象是 DNA、RNA。最终实现的目标是仿照或改变实验对象的蛋白质、核酸分子设计、针对性药物的设计和生物本体保护的设计。

【生物克隆技术】生物克隆，是英语"clone"一词的译音。作名词使用时，表示从一个共同祖先天性繁殖下来的一群遗传上一致的 DNA 分子、细胞或个体所组成的生命群体。作动词使用时，是指这种无性繁殖的过程。在重组 DNA 技术中，基因克隆是将特定基因或基因组，插入到能够自主复制的 DNA 载体上，而引入到寄生细胞中进行增殖的操作，从而为遗传上同一的生物品系的大量繁殖和生长提供了有效途径。

【DNA】DNA（脱氧核糖核酸）是核酸的一类，因分子中含有脱氧核糖而得名。DNA 分子极为庞大（分子量一般至少在百万以上），主要组成成分是腺嘌呤脱氧核苷酸、鸟嘌呤脱氧核苷酸、胞嘧啶脱氧核苷酸和胸腺嘧啶脱氧核苷酸。DNA 存在于细胞核、线粒体、叶绿体中，也可以以游离状态存在于某些细胞的细胞质中。大多数已知噬菌体、部分动物病毒和少数植物病毒中也含有 DNA。除了 RNA（核糖核酸）和噬菌体外，DNA 是所有生物的遗传物质基础。生物体亲子之间的相似性和继承性即所谓遗传信息，都贮存在 DNA 分子中。

【RNA】RNA 是核糖核酸。RNA 能帮助人体消除新陈代谢中损伤与衰老死亡的细胞，维护机体内环境的稳定和免疫力平衡的作用。RNA 与 DNA 的区别有两点，一是嘧啶碱有一个不同：RNA 是尿嘧啶，DNA 则为胸腺嘧啶；二是五碳糖不同：RNA 是核糖，DNA 是脱氧核糖，这样一来组成 RNA 的基本单位就是核糖核苷酸；DNA 则为脱氧核苷酸。

【微生物学】是研究微生物及其生命活动基本规律和应用的科学。是一门在细胞、分子或群体水平上研究微生物的形态构造、生理代谢、遗传变异、生态分布和分类进化等生命活动基本规律，并将其应用于工业发酵、医药卫生、生物工程和环境保护等实践领域的科学。微生物学作为一门科学将在 21 世纪通过与其他学科实现更广泛的交叉融合实现新的发展。微生物科学的定义是一切肉眼看不见或看不清楚的微小生物的总称。它们是一些个体微小、构造简单的低等生物。大多为单细胞，少数为多细胞，还包括一些没有细胞结构的生物。个体微小的特性使微生物获得了高等生物无法具备的五大特征：体积小面积大，吸收多转化快，生长旺繁殖快，适应强变异频，分布广种类多。自然界的微生物分为五大类。它们是细菌、放线菌、真菌、病毒和支原体立克次氏体。前三大类可用显微镜观察到个体结构，后两类要依靠电子显微镜才能观察到。细菌，直径 0.5μm，长度 0.5～5μm，属原核生物，分裂繁殖；放线菌，菌丝直径小于 1μm，原核生物；真菌直径大于 5μm，有细胞核，能进行有丝分裂，分为酵母和霉菌两个类别；病毒，直径以 nm 计，多数病毒粒子在 100nm 以下，分为动物病毒，植物病毒，细菌病毒和亚病毒；支原体、立克次氏和衣原体是介于细菌和病毒之间的原核生物。

【细菌】是微生物中一大类能独立在外界环境中生长繁殖的单细胞原核微生物，体积微小，直径一般在 1 微米左右，细菌仅有原始核结构，无核膜和核仁，细胞器很少，必须用显微镜才能看见，有球形、杆形、螺旋形、弧形、线形等多种，一般都用分裂繁殖。细菌对有针对性的抗菌药物敏感。自然中分布很广，对自然界物质循环起着重大作用。有的细菌对人类有利；有的细菌能使人类、牲畜等发生疾病。

【真菌】低等植物的一门，没有叶绿素，菌丝体中有明显的细胞核，以有性或无性的孢子进行繁殖。主要靠菌丝体吸收外界现成的营养物质来维持生活。真菌形态分单细胞和多细胞两类；单细胞真菌主要为酵母和类酵母菌（如隐球菌、念珠菌）呈圆形或椭圆形。多细胞真菌由菌丝和孢子组成，菌丝分枝交织成团形成菌丝体（Mycelium），并长有各种孢子，这类真菌即一般称为霉菌（Mold）。真菌通常寄生在其他物体上，自然界中分布很广，例如酵母菌，制造青霉素的青霉菌，食品中的香菇、木耳、银耳、蘑菇等，衣物发霉时长的毛绒状的东西，以及某些病原体。

【霉菌】霉菌为"丝状真菌"的统称。凡是在基质上长成绒毛状、棉絮状或蜘蛛网状菌丝体的真菌，称为霉菌。在分类上霉菌分属于藻状菌、子囊菌与半知菌。霉菌的形态与结构：霉菌菌体均由分枝或不分枝的菌丝构成，许多菌丝交织在一起称为菌丝体。菌丝平均直径为 2 ~ 10Å，比一般细菌和放线菌的菌丝大几倍到几十倍，与酵母菌相似。（霉菌的营养菌丝图）霉菌的菌落特征：霉菌的菌落是由分枝状菌丝组成。因菌丝较粗而长，形成的菌落较疏松，呈绒毛状、棉絮状或蜘蛛网状，一般比细菌菌落大几倍到几十倍。菌落最初往往是浅色或白色，当菌落上长出各种颜色的孢子后，由于孢子有不同形状、构造和色素，菌落表面常出现肉眼可见的不同的结构和色泽，如黄、绿、青、黑、橙等各色。有的霉菌由于产生的色素能扩散到培养基内，使培养基正面和反面显示出不同颜色，故菌落特征也是鉴定霉菌的主要依据之一。霉菌的繁殖方式多样，主要靠形成无性和有性孢子来繁殖。一般霉菌菌丝生长到一定阶段，先进行无性繁殖，到后期，在同一菌丝体上产生有性繁殖结构，形成有性孢子。与人类生活和食品生产关系密切的霉菌有藻状菌纲的根霉、毛霉、犁霉；子囊菌纲的红曲霉；半知菌纲的曲霉和青霉等。

【出土文物上的污渍】不同文物上污染物的种类是不同的，文物上污染物的形成是由许多因素决定的，它不仅与文物的周围环境和存放状态有关，而且还与被埋葬前的使用情况有关。综合上述所提到因素，文物上经常出现的污染物有以下几种：尸体的分解物、污斑和水渍等污垢。

【生物表面活性剂】是由微生物产生的一类具有表面活性的生物化合物，除具有化学合成表面活性剂的理化特性外，还具有无毒、能生物降解等优点，其应用前景非常广阔，并有可能成为化学合成表面活性剂的替代品或升级换代品。

【微生物絮凝剂】是利用生物技术，从微生物或其分泌物提取、纯化而获得的一种安全、高效、且能自然降解的新型水处理剂，包括糖蛋白、多糖、纤维素、蛋白质和 DNA 等。由于微生物絮凝剂可以克服无机高分子和合成有机高分子絮凝剂本身固有的缺陷，既可生物降解又安全可靠，最终实现无污染排放，因此越来越受到关注。

【菌胶团】由细菌所产生的冻胶基质，它是活性污泥絮体和滴滤池黏膜的主要组成部分。菌胶团的形状很多，在活性污泥中常见的菌胶团有分枝状、垂丝状、球形和指状分枝芽殖菌胶团。菌胶团能吸附悬浮有机物，提高生化需氧量的去除效率，又为需要固定生活的原生动物和丝状细菌提供栖息和附着生长的场所。菌胶团细菌由于菌体包埋于胶质中，故不致被原生动物吞噬，并有利于沉降。

【生物酶的定义】生物酶是具有催化功能的蛋白质。像其他蛋白质一样，酶分子由氨基酸长链组成。其中一部分链成螺旋状，一部分成折叠的薄片结构，而这两部分由不折叠的氨基酸链连接起来，而使整个酶分子成为特定的三维结构。

【生物酶的特性】生物酶是从生物体中产生的，它具有特殊的催化功能，其特性如下：高效性：用酶作催化剂，酶的催化效率是一般无机催化剂的 $10^3 ~ 10^6$ 倍。专一性：一种酶只能催化一类物质的化学反应，即酶是仅能促进特定化合物、特定化学键、特定化学变化的催化剂。低反应条件：酶催化反应不像一般催化剂需要高温、高压、强酸、强碱等剧烈条件，而可在较温和的常温、常压下进行。易变性失活：在受到紫外线、热、射线、表面活性剂、金属盐、强酸、强碱及其它化学试剂如氧化剂、还原剂等因素影响时，酶蛋白的二级、三级结构有所改变。可降低生化反应的反应活化能：酶作为一种催化剂，能提高化学反应的速率，主要原因是降低了反应的活化能，使反应更易进行。而且酶在反应前后理论上是不被消耗的，所以还可回收利用。

【生物酶的作用机理】 酶蛋白与其他蛋白质的不同之处在于酶都具有活性中心。酶可分为四级结构：一级结构是氨基酸的排列顺序；二级结构是肽链的平面空间构象；三级结构是肽链的立体空间构象；四级结构是肽链以非共价键相互结合成为完整的蛋白质分子。真正起决定作用的是酶的一级结构，它的改变将改变酶的性质（失活或变性）。酶的作用机理比较被认同的是 Koshland 的"诱导契合"学说，其主要内容是：当底物结合到酶的活性部位时，酶的构象有一个改变。催化基团的正确定向对于催化作用是必要的。底物诱导酶蛋白构象的变化，导致催化基团的正确定位与底物结合到酶的活性部位上去。

【蛋白酶】 系催化分解蛋白质肽键的一群酶的总称，它作用于蛋白质，将其分解为蛋白胨、多肽及游离氨基酸。此酶种类繁多，广泛存在于所有生物体内，按其来源可分为植物蛋白酶、动物蛋白酶、微生物蛋白酶（又可分为细菌蛋白酶、放线菌蛋白酶、霉菌蛋白酶等）；按其作用形式可分为肽链内切酶、肽链外切酶；按所产蛋白酶性能可分为酸性蛋白酶、中性蛋白酶、碱性蛋白酶。酸性蛋白酶（最适 pH 2~5），产生菌主要是黑曲霉、米曲霉、根霉、微小毛霉、似青霉、青霉以及血红色螺孔菌的某些种类。中性蛋白酶（最适 pH 7~8），产生菌主要是枯草杆菌、巨大芽孢杆菌、蜡状芽孢杆菌、米曲霉、栖土曲霉、灰色链霉菌、微白色链霉菌、耐热性解蛋白质杆菌等。碱性蛋白酶（最适 pH 9~11），主要产生菌为枯草杆菌、蜡状芽孢杆菌、米曲霉、栖土曲霉、灰色链霉菌、镰刀菌等。微生物产生的蛋白酶大多是几种酶的混合物，只不过是主次之分而已。另外，改变培养基的组成或者菌种经诱变，可以改变产酶的性能。

【脂肪酶】 脂肪酶（Lipase）是一类重要的甘油酯键水解酶，可以在油水界面上催化甘油三酯水解生成脂肪酸和甘油，以及中间产物甘油一酯和甘油二酯，脂肪酸进一步进行 B—氧化，每次脱下一个 C_2 物，生成乙酰 COA（N—环己基辛基胺），进入 TCA（三羧酸）环彻底氧化或进入乙醛酸环合成糖类。脂肪酶广泛存在于动物组织、植物种子和微生物中，商业化的脂肪酶主要来源于微生物。由于微生物脂肪酶种类多，具有比动物脂肪酶更宽的反应 pH、适宜温度范围和更强的底物专一性，便于进行工业生产获取高纯度制剂。生产脂肪酶的微生物主要有假丝酵母、园酵母、黑曲霉、根霉、白腐核菌、白地霉、青霉、毛霉、镰刀霉及假单孢菌、无色杆菌、葡萄球菌等。

【淀粉酶】 是能够分解淀粉糖苷键的一类酶的总称，包括 α - 淀粉酶、β - 淀粉酶、糖化酶和异淀粉酶。α - 淀粉酶又称淀粉 1，4 - 糊精酶，能够切开淀粉链内部的 α - 1，4 - 糖苷键，将淀粉水解为麦芽糖、含有 6 个葡萄糖单位的寡糖和带有支链的寡糖。生产此酶的微生物主要有枯草杆菌、黑曲霉、米曲霉和根霉。β - 淀粉酶又称淀粉 1，4 - 麦芽糖苷酶，能够从淀粉分子非还原性末端切开 1，4 - 糖苷键，生成麦芽糖。此酶作用于淀粉的产物是麦芽糖与极限糊精。此酶主要由曲霉、根霉和内孢霉产生。糖化酶又称淀粉 α - 1，4 - 葡萄糖苷酶，此酶作用于淀粉分子的非还原性末端，以葡萄糖为单位，依次作用于淀粉分子中的 α - 1，4 - 糖苷键，生成葡萄糖。此酶作用于支链淀粉后的产物有葡萄糖和带有 α - 1，6 - 糖苷键的寡糖；作用于直链淀粉后的产物几乎全部是葡萄糖。此酶产生菌主要是黑曲霉（左美曲霉、泡盛曲霉）、根霉（雪白根霉、德氏根霉）、拟内孢霉、红曲霉。异淀粉酶又称淀粉 α - 1，6 - 葡萄糖苷酶、分枝酶，此酶作用于枝链淀粉分子分枝点处的 α - 1，6 - 糖苷键，将枝链淀粉的整个侧链切下变成直链淀粉。此酶产生菌主要是嫌气杆菌、芽孢杆菌及某些假单孢杆菌等细菌。

【纤维素酶】 是降解纤维素 β - 1，4 - 葡萄糖苷键的一类酶的总称，因此纤维素酶又有纤维素酶复合物之称。通常认为主要包括 C_1 酶、CX 酶和 β – 葡萄糖苷酶。C_1 酶主要作用天然纤维素，将其转变成水合非结晶纤维素；CX 酶又可分为 CX_1 酶和 CX_2 酶，CX_1 酶是内断型纤维素酶，它从水合非结晶纤维素分子内部作用于 β – 1，4 – 糖苷键，生成纤维糊精和纤维二糖，CX_2 酶为外断型纤维素酶，它从水合非结晶纤维素分子的非还原性末端作用于 β – 葡萄糖苷酶又称纤维二糖酶，它作用于纤维二糖，生成葡萄糖。这些酶协同作用可将纤维素彻底降解为还原糖 – 葡萄糖。纤维素酶可破解富含纤维的细胞壁，使其包含的蛋白质、淀粉等营养物质释放出来并加以利用。产生纤维素酶的微生物研究较多的是真菌，对细菌和放线菌研究很少。当前用来生产纤维素酶的微生物主要是木菌、黑曲霉、青霉和根霉，此外，漆斑霉、反刍动物瘤胃菌、嗜纤维菌、产黄纤维单孢菌、侧孢菌、粘细菌、梭状芽孢杆菌等也能产生纤维素酶。

【半纤维素酶】 是分解半纤维素（包括各种降戊糖与聚己糖）的一类酶的总称，主要包括 β – 葡聚糖酶、半乳聚糖酶、木聚糖酶和甘露聚糖酶。这些酶的主要作用就是降解非淀粉多糖，半纤维素酶主要由各种曲霉、根霉、木霉发酵产生。

【果胶酶】 是分解果胶的酶的通称，也是一个多酶复合物，它通常包括原果胶酶、果胶甲酯水解酶、果胶酸酶三种酶。这三种酶的联合作用使果胶质得以完全分解。天然的果胶质在原果胶酶作用下，被转化成水可溶性的果胶；果胶被果胶甲酯水解酶催化去掉甲酯基因，生成果胶酶；果胶酸酶切断果胶酸中的 α – 1，4 – 糖苷键，生成半乳糖醛酸，半乳糖醛酸进入糖代谢途径被分解放出能量。工业生产果胶酶的菌种主要是霉菌，常用菌种有文氏曲霉、苹果青霉、黑曲霉、白腐核菌、米曲霉、酵母等，此外，木质壳霉、芽孢杆菌、梭状芽孢杆菌、葡萄孢霉、镰刀霉也能产生果胶酶。

【溶菌酶】 又称胞壁质酶或糖苷水解酶或 N – 乙酰胞壁质聚糖水解酶，是一种专门作用于微生物细胞壁的水解酶。由 129 个氨基酶组成碱性球蛋白，为白色或微黄色的结晶性或无定形粉末；无毒、无臭、味甜、极易溶于水，不溶于丙酮、乙醚、乙醇。是一种碱性球蛋白，对 pH 变化较稳定，酸性条件下对热稳定的蛋白质，在鸡蛋蛋清中含量最丰富。溶菌酶广泛存在于鸟类和家禽的蛋清。哺乳动物的泪、唾液、血液、尿、乳汁白细胞中及其体液（如淋巴液）和组织（如肝、肾）的细胞内，其中以蛋清中含量最为丰富约 $0.3 \sim 0.5\%$。根据来源不同，溶菌酶可以分为以下三类：动物溶菌酶、植物溶菌酶和微生物溶菌酶，其中微生物溶菌酶按其作用对象又可分为两大类，即细菌溶菌酶和真菌溶菌酶。

【钝化处理】 采用化学方法使金属文物材质表面产生一层结构致密的钝性薄膜，防止金属清洗后的氧化腐蚀，并增加表面涂装活性，提高金属与涂层间的附着力。如糟朽金属文物的加固前或刷镀金银前均需进行钝化处理。酥脆铁器加固处理前采用 10% 的磷酸或鞣酸浸泡，进行钝化处理。

导致金属钝化的因素，理论上认为有两种：其一成相膜论，当金属进行阳极过程时，在金属表面生成一层致密的、覆盖很好的固体产物薄膜，这层膜独立成相，把金属表面和介质隔开，阻碍阳极过程进行，使金属转入钝态；其二吸附论，金属钝化是因为表面生成氧或含氧粒子吸附层，通过吸附氧原子或含氧粒子使金属表面达到钝态。

【缓蚀处理】 采用某种缓蚀剂对金属文物采取缓蚀处理，阻止或减慢对金属文物的腐蚀。详见质地材料篇"缓蚀剂"条目与技法工艺篇相关条目的处理方法。

【珂珞版】 照相平版印版技术，适用于古旧书画、手迹、古文献的复制。系采用厚磨砂玻璃作版材，制版时先在版材上涂布感光胶膜，然后将阴图底片覆在不感光膜上曝光。因版面各部分接受的光量不同，胶膜硬化程度也不同。经湿润处理后，硬化程度大的部分，膨胀程度小，因此在版面上形成不规则的纤细皱纹，硬化部分亲油，膨胀部分亲水，使版面具有不同的吸附油墨能力，因而能复制出原书画的浓淡的层次，色彩的古旧深浅，效果逼真。

【扫描复制】据有关报道，日本研究开发出一种专门用于复制壁画、大型绘画类文物的扫描仪，可在不接触文物的情况下进行扫描复制。当前复制绘画类文物主要采用照相拍摄方法，但会因拍摄角度等因素影响，出现原作与照版的歪斜与色调偏差。这种专用扫描仪可克服这一缺陷，它采用垂直光照射需要复制的绘画类文物，因此能准确地再现原作的色彩。据报道，日本正研究开发计算机软件，有可能使褪色的绘画类文物再现最初的创作时的色彩。 　　　　　　　　（新华社/刘浩远）

【喷砂处理】金属文物、陶瓷洁除表面锈蚀、钙化物、污垢的一种机械方法。系使用压缩空气，通过喷嘴将砂粒（砂的粒度和空气压力按工艺要求而定）向金属文物表面作高速度冲击，以清除表面氧化物及污垢。大型器物表面处理采用喷砂箱处理，小型器物的表面污垢或陶瓷器老化树脂胶的洁除，现在可采用新型超声波洁除、喷砂一体机处理，对器物表面无损伤。

〔传统技艺〕

【传统工艺】是指人类在劳动中积累起来并经过总结的操作技术经验，经世代相传、具有特点的手工业技艺。现代汉语中，对古代"工艺"一词的另一种解释是指"百工巧艺"。我国古代的手工业，主管营造城郭建筑、车服器械等的官员，最初称作"百工"，西周时对工奴的总称，春秋以后对手工业工人的总称为"百工"。《考工记》："审曲面势、以饬五材、以辨民器，谓之百工"；《论语·子张》："百工居肆、以成其事"，百工有巧艺者称为"工巧"；《颜氏家训·勉学篇》："工巧则致精器用，技艺则深思法术"，都指的是"百工巧艺"。

【中国古代工艺】中国是世界文明发达最早的国家之一，作为物质文明的工艺美术，与古代手工业相结合，历代都有突出贡献，构成一部璀璨的手工艺史。早在新石器时代的原始社会，所烧造的彩陶器形多样，彩绘花纹繁复，令人赞叹；奴隶社会的商周青铜器、玉器达到了极高水平。其中铸造的青铜器以造型雄伟庄重、纹饰古朴、铭文丰富著称于世，中国玉器源远流长，已有七千年的辉煌历史。商周时期按礼器、仪仗、工具、生活用具、装饰品等用途琢制，活泼多样，并出现了圆雕。纹饰的勾勒、细阴线镂刻等技法在玉饰上大放异彩；之后，在中国封建社会延续的三千多年里，历代手工业者所创造和发展了的工艺作品，如陶瓷器、竹木漆器、丝绸锦缎、金银器、石窟、石雕造像、雕刻品、壁画、刺绣、缂丝等，无不达到了精美绝伦的程度，充分显示中国古代制作手工艺品的艺术成就。

中国古代工艺基本是沿四条路线缓慢发展的：一是为宫廷服务的工艺，二是为宗教服务的工艺，三是为文人士大夫服务的工艺，四是百姓和手工业者所自用的工艺。其艺术倾向是：宫廷的炫耀富丽堂皇，宗教带有的神秘色彩，文人士大夫的追求疏淡清雅，民间百姓喜见的淳厚质朴。中国古代的民间工艺相当丰富，它是各类工艺品制作的基础，最能显示出古代先民的审美意识和工艺技巧的表现。如民间的陶瓷、蜡染、泥塑、编织、织毯、竹藤编、皮影、彩灯、景泰蓝、雕漆等等数百种民间工艺，都有着悠久的历史。建国以来，有关部门、专家在共同努力，对失传或濒临失传的古代优秀的传统工艺和民间工艺进行挖掘、抢救，使其传承、发展。

【师承制】在20世纪初，传统文物修复技艺的一种传承方式，师傅带徒弟，培养文物修复人才的一种方式。一般是一师多徒，徒弟拜师学艺，学制三年。为抢救祖国博大精深的传统工艺。根据我国《文物事业"十五"发展规划和2015年远景目标纲要》中对确定的"通过'师承制'等形式，培养文物、博物馆事业急需的各级各类专业人才，抢救濒临失传的经验和技艺"的要求，一方面可以选择具有一定专业知识的中青年，给老专家当助手，在学习专业知识的同时，在丰富经验的专家指导下亲自动手实践，长期积累经验，在实践中逐步成长为专门人才。另一方面也可以采取双向选择，更具灵活性，老师选择学生根据对学生的德与智双重考查，学生选择老师，根据自己专业方向及知识结构来选择，更能体现因材施教。双方订立协议，举行拜师仪式。

【文物修复师资质】详见国家文物局2007年4月9日下发的《可移动文物修复资质管理办法（试

行）》中有关"文物修复师资质"规定。

【早期修复现象】 系指我国历史上某类器物自产生之时，因制作缺陷的二次补作加工，或因破碎通过简单修理仍能继续使用的修理痕迹等。如在考古发掘工作中甘肃新石器遗址发现彩陶碎片边沿有成排钻孔痕迹。说明我们的先民，通过钻孔膝扎的方式将破损陶器修理后继续使用，这一现象我们称为原始修复行为。甘肃火烧沟遗址彩陶豆，盘腹中部破损部位周边遗留的原始先民捆扎膝绳的钻孔。陕西姜寨遗址出土彩陶鱼纹盆缝隙两侧扎捆孔痕。商周青铜器常见的补铸痕迹，有学者认为我国文物修复技术的起源可以追溯新石器时期，我们统称为早期修复现象。

图 1-1　甘肃出土火烧沟彩陶豆原始钻孔修复痕迹

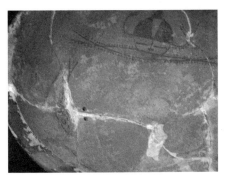

图 1-2　陕西临潼姜寨出土渔人纹彩陶盆原始钻孔修复痕迹

【赝品溯源】 系现代修复界所指的器物的复制、克隆。收藏界多指"仿冒品"。"赝品"一词最早出现在我国春秋战国时期。据《吕氏春秋·审己篇》、《韩非子·说林下》中都记载："齐代鲁，索馋鼎，鲁以其赝往。齐人曰：'赝也'，鲁人曰：'真也'。齐曰：'使乐正子春来，吾将听之'。鲁请乐正子春，乐正子春曰：'胡不以其真往也?'君曰：'吾爱之'，答曰：'臣亦爱之信'。"之事。

是说齐国发兵讨伐鲁国，索取馋鼎，鲁国复制了一件赝品，送给齐国而被识破。鲁人说是真的，齐国人讲请乐正子春来鉴别真伪，鲁国人请来乐正子春，乐正子春问，为何不将真馋鼎送给齐国，鲁国君说："我爱之"。乐正子春说："臣更爱鲁君您守信用"。此段记载，即"赝品"一词的最早出现。

【老古铜张派】 又称"北京派"。新中国成立后，开创我国初期文物修复事业的重要组成部分，我国第一代文物修复工作者中，多位德高望重的老专家们属于"老古铜张"派第三代传人，如今全国文博单位中从事文物修复工作的许多中老年同志为"古铜张"派第四、第五代的传人，仍在勤奋工作。"老古铜张"派，为我国的文物保护修复事业做出了重大贡献，载入了我国文物保护修复事业的史册。

老古铜张派的史源，要追溯到清末，清宫造办处专修古铜活的太监，姓于，外号"歪嘴于"，光绪年间，于师傅出宫，凭修铜活的手艺在前门内前府胡同庙里（今人民大会堂附近）开办了"万龙合"古铜作坊，收了7个徒弟。其中最小弟子张泰恩。大约在辛亥革命那年，于师傅去世。为师傅发丧后，张泰恩继承了师傅的衣钵，将"万龙合"改名为"万隆和古铜局"，主要承担琉璃厂古玩商的铜器修复。民国初年，"万隆和古铜局"迁至崇文门外东晓市大街路北第四家店铺营业。清末民初正是帝国主义列强对我国财富肆意掠夺时期，古玩生意兴隆。

"万隆和古铜局"经营三十余年间共收了11位徒弟，其中成器者7人。如张泰恩的亲侄子张文普（号济卿，人称"小古铜张"，心细手巧，出师后琉璃厂自开古玩铺修铜器，并带了7个徒弟，即"古铜张"派第三代传人。建国后4人进了文博单位，李会生、赵振茂（故宫博物院）、高英、张兰会（中国历史博物馆），另外3人解放后改行。"古铜张"的另一高徒王德山出师门后自立开古玩修理铺，收了8名徒弟，其中6人一直从事文物修复工作。刘增堃（河北省博物馆）、杨政填（中国历史博物馆）、王喜瑞、贾玉波（常年在中国历史博物馆，市文化局美术公司）、王荣达（上海博物馆）、王长清（河南省博物馆）。"古铜张"另一位徒弟贡茂林的两位徒弟，孟海泉（故宫博物院）、王存计（辽宁省博物馆）。这批第三代传人开创了我国文物修复事业，在传统修复技术的基础上，不断研究创新，并在青铜器修复技术基础上对破损金银器、铁器、陶、瓷、木等器物的修复也总结一套成熟的传统修复技术。经他们培训出徒弟，徒弟的徒弟，"古铜张"派第四代传人多已年近花甲（部分已退休）仍与第五代传人，承担着文物保护修复工作重任。

【苏州派】又称"南方派"。其传人同样是开创我国文物修复事业的重要组织部分。苏州自宋、元、明、清、民国一直是江南各类古玩制作的中心，艺人高手如云。清末民国初年，周梅谷、刘俊卿、蒋圣宝、骆奇月、金润生等仿古铜名匠名扬海内外，为今"南派"代表。安徽省博物馆建馆之初，从苏州博物馆请来金润生、金满生兄弟二人，修复一批青铜器后，金润生与其子金学刚留在了馆里。金学刚随父学艺，从事文物修复四十多年，因其先后为各地培养了四十余名文物修复人员。苏州、安徽、浙江、江西等南方一些省、市，以及南京博物院亦有金氏弟子故称为"南方派"之源。

【潍坊派】对我国文博事业发展颇有影响的一派。清末大收藏家陈介棋（甫斋），在家乡潍坊扶植了一大批古器的仿制与修复高手。有名望的如胥芰泉、田雨帆、王西泉、范寿轩、王尽臣、胡廷贞、王海等。建国初期该派传人进入了山东地区的部分文博单位。如潘成林老师傅进入了山东省博物馆，为该馆修复了大量的文物。

【中国青铜器的铸造技术】青铜铸造，我国在商周奴隶制时代，技术相当完善，已达到古代世界的先进水平。铸造青铜器的原料，主要是铜矿石和锡石。湖北大冶铜绿山古矿冶遗址开采的年代从商代到汉代，经历了千余年之久，矿井的形成、构造和采掘的方法显示了古代采矿技术的发展过程。从商周青铜器的成分分析得知，各类器物的合金比例有一个不断提高和完善的过程，反映了古代工匠们的丰富经验和科学。商周时期青铜器是以复合陶范法铸造，有些器物上的附件，是分铸、嵌铸的。熔模法即失蜡法铸造技术虽然在中

国何时起源还不清楚，但春秋中期我国的失蜡铸造技术已相当成熟。

【复合陶范法铸造】商周青铜器的制作，首先先塑一实心的器物泥型，塑出主干平雕或浮雕纹饰，泥型的圈足部位可以分开。将泥型倒置，分块翻制外泥范，泥内掺细砂，并拌有草茎、动物毛之类物，范土阴干时不易开裂。做分范时，块与块相压边缘，要削出子母口榫卯。高浮雕纹饰，要先翻出小块，在外再翻大块套范固定。一般青铜器的浇口做在圈足范上，并留出冒气口。主干花纹周边的细花纹，俗称地纹、填空纹的云雷纹，即在翻出的泥范上雕刻，然后阴干。分范时留出铭文范的位置，刻铭后仔细修整，嵌入主体内范中。外范脱模后，将原泥型表面削去一层成范芯，整体合范后内外范之间用小碎铜片支垫，行成厚薄均匀的空隙，空隙层即为待铸器物壁厚度。范模应充分阴干后，需经850℃以上焙烧，然后外固糊泥。浇铸前要进行预热，便于铜水流动。最后熔化铜液，浇铸成型。待熔液冷却后，打碎外范取出青铜器，掏出内范芯，器表进行磨砺加工。

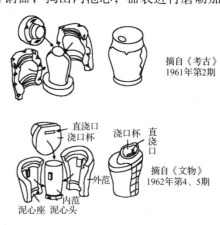

摘自《考古》
1961年第2期

直浇口　浇口杯　直浇口
外范
泥心座　泥心头　内范

摘自《文物》
1962年第4、5期

图1-3　复合陶范法铸造图

【熔模法铸造】传统熔模法铸造，习惯称为"失蜡法"、"拨蜡法"、"剥蜡法"等方法。失蜡法指的是将范模加热，熔化去蜡型，形成铸造空腔以备浇注的方法。而"拨蜡法"、"剥蜡法"是指蜡模的制作工艺。传统失蜡方法是先塑泥型芯，再作蜡模。一般钟、鼎、簋、壶等有规则的器物，器形表面易于展开，用木板、陶泥板等绘制图案，反刻阴模纹样，用蜡片贴印后再逐片黏附到型芯上，接缝处经修整，成为蜡模。这种蜡型制作法，

称为"剥蜡法"。而铜俑、动物、佛像等造型复杂而无规则的铸件，直接将蜡片贴附在型芯上，捏塑出器型，再仔细雕刻出各部位形状和花纹。这种蜡型制作法，称为"拨蜡法"。

古代熔模料所用的是混合蜡料，根据各地的物产，大体采用的有牛油、酥油、蜂蜡（黄蜡）、虫白蜡、石蜡、松香等动植物油脂。室温以固态存在，经高温熔烧后挥发殆尽。

古代熔模法的内外范模制作用料，多是以炭末泥、马粪泥、纸筋泥或以细河砂、石灰砂、归砂、黏土、草芯、牛毛、盐等调拌而成。制造型芯，用三茬泥料，堆塑头茬泥要有较大的黏性和较高的强度，能形成坚固的支撑骨架。二茬泥基本上塑出泥芯形象，三茬泥要细，能修整出细部造型及光滑面。外范也就是铸型范用料，泥料要求涂挂性好、透气性与较高的强度及高温稳定性好（防高温变形、开裂）。一般也是用三茬泥，头茬即内层泥料采用炭末泥，调拌好炭末泥呈稠粥状，上泥时，用压子或修刀在外按捺，蜡型细部或空隙处要塞严压实，厚在 5 毫米左右。面料稍干再敷褙料，就是贴敷铸范外层泥料。所用泥料为"糙泥"，是由黏土、马粪、麻刀组成。褙料根据铸型大小做的要厚，并做出铸口杯、冒口气孔。铸型阴干后加热脱蜡，然后逐渐升温至 800℃ 焙烧，埋包、熔化铜液浇注。

【善本、珍本古籍】具有较高历史文物与文献资料价值的，内容精善的旧刻本、旧抄本与精加雠校细勘、精刻之本都称为"善本"。所谓"旧"，是指刻书最早的传本，所谓"精"，是指文字准确无误、刻印精良的版本。

【古籍装帧形式】古籍的装帧形式与书籍的制作材料和制作方法有关，如我国早期出现的将刻有文字的龟甲穿孔订册为"龟册"，将写有文字的竹、木简编缀成册为"简策"。帛书出现后将其装制成卷轴，卷起便于收藏，展开便于阅读。纸的发明与印刷术的出现，历代书籍的装帧先后出现卷轴装、旋风装、经折装、蝴蝶装、包背装、线装等多种形式的古籍。

【"金镶玉"装饰】是一种保护珍本古籍镶衬方法，是对较为珍贵的善本、珍本古籍装帧的一种形式。用此方法装帧的古籍，天头、地脚、书脑三面都有衬纸，保护书页不易损坏，形式上整齐、美观。

【线装书】将零散书页集中起来，用订线方式穿连成册的装订方法。出现在包背装盛行的明代中期，表明这一时期我国装订技术进入了一个新的阶段。线装书主要靠穿

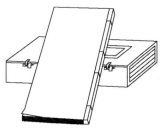

图 1-4　线装书图示

孔订线来固定书页，一般线装书打四个孔，较大的书上下两角再各打一孔，更大的则打八孔，分别称为四眼、六眼、八眼订线法。封皮、封底与书页大小相同、软硬适度的两张书皮纸，色泽多为湖蓝、磁青、米黄、棕黄等色。书页用纸捻固定后，盖上封面、封底，再打孔、穿线、装订成册。线装书属软皮书，不能直立，为便于取阅，一般都配有函套或木匣存放。

【卷轴装】就是用一圆形木轴为轴心（地杆），将托裱好的书画画心粘贴在轴上，再经配天杆、钉绦圈、包头、上杆、系绦、封籤、扎带等工序，经装裱的卷轴，可以从地轴到天杆将书画卷束起来捆好，轴上还将书写标明"籤"。卷轴装又分为挂轴与手卷两类，其中挂轴有一色式、二色式、三色式、宣和圈小边、绫宣和式、纸镶绫式、锦眉等。手卷有大镶套边、小镶套边、小镶撞边，又分为纸撞边、绢转边、纸套边等。

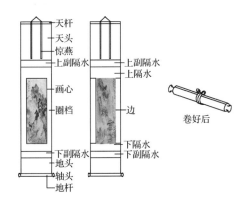

图 1-5　挂轴装图示

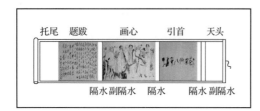

图1-6 手卷装图示

【经折装】多用于经书、法帖的一种装帧形式。是将长卷佛经，按一定的长宽度，用专用折页板折叠起来。背面托以素纸，使其成为折子。而经折册页是由若干页粘连而成，通常采用两页半为一节，用半页作粘连之用。然后将头尾用蓝布或绢、绫裱成厚硬的封面、封底。这种长方形可反复折叠书籍，翻开成为折叠状的本子，合起来为一本册页。

图1-7-① 经折式册页

图1-7-② 经折两页半接法

【蝴蝶装】古籍装帧的一种形式。它是将各个版面印成的书页分别反折，即版心向内，单口向外，然后把版心和版心相连，把版心作为书背，用浆糊粘接书背。最后用硬纸作封面和封底，并用纸、布、绫、锦裱。外表上看似精装书，但因书口向里，书背向外，翻阅起来，如像蝴蝶展翅飞翔，

图1-8 蝴蝶式册页

故称"蝴蝶装"。

【册页】册页装裱基本上有三种品式：蝴蝶装，左右能翻，向右开版的；推蓬装，上下翻，向上开版的；经折装，多用于经书、法帖。

图1-9 推蓬装图示

【画片】又称镜片，一般是将画心装裱成绫片。由于画心的幅度、格式不一，可以分别装裱成横片与立片，其形式有一色绫裱立片、二色绫裱圆片、二色绫裱横片。

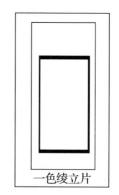

一色绫立片

图1-10-① 画片裱式一色立片

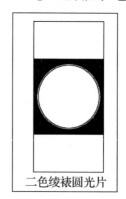

二色绫裱圆光片

图1-10-② 画片裱式二色元片

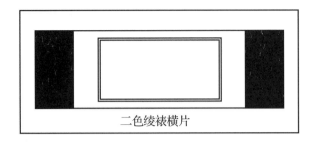

图 1 - 10 - ③　画片裱式二色横片

【唐卡】藏语"唐卡"即卷轴画。一般中间都画一主要神像或宗教大师的像，周围则画有神的各种化身以及关于神的故事或宗教大师的主要事迹。在藏传寺庙和许多藏民家中，随处可见在墙壁或悬在梁柱上的"唐卡"。使寺庙殿堂增添神圣的宗教色彩。"唐卡"尺寸大小不等，大的有几十米长，小的只有一尺来长。种类很多，在布上画的叫"日塞"，刺绣的叫"帕金"，用绢织成的叫"得珠"。较大的唐卡多用贴绣叫"参木珠"。珍贵的唐卡还有用珊瑚、翡翠缀成神像。总之藏族的"唐卡"艺术多姿多彩。

图 1 - 11　唐卡
（图片来源：王伯敏：《中国少数民族美术史·第三编·上》，福建美术出版社，1995 年）

【斑铜】云南的一种传统工艺。明末崇祯时期出现，流传至今已数百年。系采自东川附近的铜矿石，除去矿物杂质，经冶炼、锻造、烧斑（金相再结晶）、焊接、组合、抛磨加工等工艺制成。加工出造型古朴的艺术品，表面呈现离奇、闪耀的斑纹，色彩瑰丽。斑铜工艺由于主要工序技术保密，传承至今仍是云南地方独具特色的传统工艺。它又分为生斑铜、熟斑铜，生斑铜是一种天然结晶铜，是靠中低温反复退火锤打成型的，先将铜材锻打延展成片后，再敲打出器形，经抛磨加工后，器表紫褐色、咖啡色和橙黄色中闪烁着金黄交错，斑驳的奇妙斑纹，又称"板壁铜"。熟斑铜则是多种金属元素的合金，靠浇铸成型，打磨后再经药物处理显现的耀斑。

【锤揲】又称：抬钣（金及）。我国在西周时就已出现，是流传数千年的一种传统手工艺。是一种用手工艺方法把金、银、铜等金属材料，靠打胎、錾花、烧焊等技法煅塑成圆雕、浮雕的各种艺术品、装饰品、实用器。从选材、工艺制作到表现形式，都有独到之处。把技艺和创作直接结合在一起。隋唐时期锤揲金银器工艺到了鼎盛时期，元明清历朝营运局都有此种工艺。

〔文保工程〕

【中国营造学社】中国近代研究古代建筑的专业学术团体。1929 年成立于北平，创办人朱启钤。该社运用了文献考证和实地调查的方法，30 年代组织专家对我国一些古建筑，例如宫殿、寺庙、陵墓等进行一系列调查研究工作。著名的唐代建筑佛光寺大殿，就是梁思成先生等在山西五台山进行调查时发现的。学社整理出版过一些古代建筑著作，编印有《中国营造学社汇刊》七卷，并为清华大学创办了建筑系，与清华大学合办了中国建筑研究所，奠定了新中国古建筑科学研究的基础，为新中国培养了一批古建筑保护研究工作的专家。

【《全国重要文物建筑简目》】我国现代记载全国重要古建筑目录最早的一部专书。1948 年 12 月受中国人民解放军某部门委托，由清华大学与中国营造学社合设的中国建筑研究所编写，梁思成主编，1949 年 3 月成书。简目共编入当时全国 22 个省、市的重要古建筑和石窟、雕塑等文物 465 处，并加注了文物建筑的详细所在地、文物的性质种类、文物的创建或重修年代等。简目以圆圈作标志，将文物建筑分为 4 级。

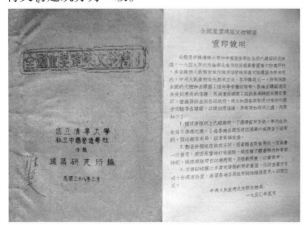

图 1-12   1949 年 3 月，根据周总理指示发到解放军中，要求在解放战争中保护文物建筑的《全国重要文物建筑简目》手刻油印本，1950 年 5 月文化部文物局重印全国重要文物建筑简目说明）（罗哲文）

图 1-14   中国文物古迹保护准则划（郭桂香）

【文物保护工程】 "文物保护工程"一词来自《文物保护法》第二十一条第三款中"文物保护单位的修缮、迁移、重建，由取得'文物保护工程'资质证书的单位承担。"文化部第 26 号令，于 2003 年 4 月 1 日发布《文物保护工程管理办法》，自 2003 年 5 月 1 日起施行。文物保护工程是指不可移动文物的纪念建筑、古建筑、近代典型建筑、石窟寺壁画、造像、古碑石刻，以及新建的古遗址、古墓葬地上保护建筑等。

【中国文物古迹保护准则】 国际古迹遗址理事会（ICOMOS）中国国家委员会于 2000 年 10 月通过。《准则》由正文和"若干重要问题的阐述"两部分组成，正文共五章三十八条，"阐述"共十六个问题。内容包括两部分，一是主要的保护理念，二是主要的保护方法。其中《准则》中关于古迹"保护"规定，"保护是指为保存文物古迹遗存及在其历史环境下进行的全部活动。保护的目的是真实、全面地保存延续其历史信息及全部价值。"整个保护工作包括四方面的内容：

用最恰当的措施防止实物遗存损坏，包括①文物本身的结构、材料、造型、装饰及附属艺术。②文物的人文环境。③自然环境。

用最合宜的方式展示有价值的历史信息，包括①文物本身最有价值的真实的状态。②与文物有关的历史事件和人物活动。不提倡与原有功能不相容的展示。

用最先进的方法收集、记录档案资料，包括①历史文献，有文必录，不加评注。②规范的、精密的测绘图。③照片、影像。④游客访谈记录。⑤维修记录。档案资料在保存历史信息方面，其价值不亚于实物遗存，必须引起足够重视。

用最有效的制度进行管理，包括①保安制度。②日常维修保养和险情监测制度。③游客访谈制度。④档案收集管理制度。⑤人员培训制度。

【历史文化名城】 1982 年国务院公布首批 24 个国家历史文化名城，以后在 1986 年、1994 年、2001 年又陆续公布三批。全国现在共有国家级历史文化名城 101 座，省级历史文化名城百余座。中国的历史文化名城丰富多彩，各具特色，按历史和自然文化特征可分为 7 类：①历史上以政治中心为主的都城、省城、州城、府城。②风景名胜和古迹为主的古城。③以传统手工业、商业特别著称的古城。④少数民族地区传统文化特色突出的古城。⑤边境、海防、长城沿线古代军事防御重镇名城。⑥以古代航海交通为主的港口城市。⑦重点革命纪念地名城。

图 1-15 辽宁兴城古城、古街

【历史文化名城保护范围】 历史文化名城保护范围是两方面的，一方面保护它有形的文化载体，另一方面是无形的文化遗产，地方风俗、习惯、传统礼仪。

　　保护城市中有形的文化遗产包括：①名城周边的山水环境和自然生态。②城市框架，城市的道路系统（街巷、胡同、里弄）、城市的防御系统（城墙、城河、城门楼）、城市的基本功能分区（宫院、庙坛、市场、作坊、仓库、居住区等）。③城市中有代表性典型建筑，如寺庙、宫观、府衙、古塔、牌楼、名宅、驿站等。④城中重点区域的民宅、店铺、书院、水井、磨房、门楼、影壁等反应传统生活的建筑物。

　　保护名城中的无形文化遗产包括：①民间传统节日和庆典的不同庆祝形式。②民间传统婚俗、丧祭等礼仪形式。③民间百姓日常生活、饮食、耕作方式与习俗。④民间历代传承的传统艺术、工艺、审美观念等。

【历史文化保护区】 1986 年国务院确定要保护保存具有传统风貌和民族地方特色的街区、建筑群、小镇、村落，划定为地方各级历史文化保护区。

　　历史文化街区，是指文物古迹比较集中或能较完整地体现出某一历史时期的传统风貌和民族地方特色和具有重大历史价值、革命意义的街区、建筑群、小镇村落等。

　　历史文化街区的保护原则是历史真实性、风貌完整性、生活延续性。保护方法是保护外貌、改造内部、适应现代生活需要，积极改善基础设施，提高环境质量，逐步整治，不搞大拆大建。

图 1-16 贵州青岩古镇古街、小巷

〔金属文物〕

【金银器矫形】纯金器压展较易，而银器一般含有合金成分，质地变的酥脆。矫形前先进行热处理，使银器增强朽弱质地的坚韧性。可以放在烘炉中退火，2小时内使温度从250℃逐渐上升到400℃，如果银质好，不含铜盐，可以直接架在电炉上烧烤，温度不易超过500℃，表面烤出黑色氧化物，用3%～5%硫酸冲洗即掉。经退火后银质柔软，延展性较好，可以先用手掰展。然后将其垫放在铅铊砧子上，以包裹皮革的铅锤或小木槌敲展平，褶皱严重的，可用两块铅铊对夹，按银器局部形状制模，以铅锡合金软金属铸成铊模，再将其置于台虎钳或特制的矫形机上，慢慢转动手柄，进行夹压。皱纹痕迹可以用光滑的竹木棍头碾平，不可有划痕。矫形中还可以再次加热退火，但是不管锤敲还是夹挤都要适度，不可造成局部胀展变形。

图 2－1　元代银盘矫形修复前后

【金器、金饰品洁除】金器表面在地下埋藏，极易受到土壤中所含铁或附近铁器氧化物的侵蚀，生成一层薄薄的红色氧化铁锈，但不会腐蚀金器。出土后很容易清除掉，初始表面会呈艳黄色，随后艳丽色表会逐渐退去。如果金器表面结有石灰质锈壳，可用细棉签蘸3%～5%稀释硝酸即可洁除。有机质积垢，用2%氢氧化钠浸泡几分钟，使其酥解，再用细竹签剔除。如果金器含有银、铜及微量铁的合金成分，表面的氧化锈蚀层成分比较复杂，表面呈淡黄色或白色，金内含铜表面也会富集艳丽的熟黄色，针对不同情况区别对待。呈绿色的含铜锈蚀物，可用氨水去除。呈红色的铁锈可用稀释盐酸拭除。

【银器、银饰品洁除】银器出土时，表面硬结土锈可用15%乙酸、蒸馏水浸润软化后去除。有些表面沉附着厚重铜锈层。这种锈壳尽量用机制方法缓慢地去除。有很多因素会使银器表面在大气环境下变色，如会微呈褐色或紫色，即氯化银，会影响表面图案及考古信息的展现。可以分别采用不同的化学方法，如：①用30%甲酸热溶液中约20分钟冲洗，或10%的甲酸沸溶液中1～2小时，可以溶化表面铜盐。②用2%～5%氢氧化铵，或以5%的硫脲及15%的硫化硫酸胺溶液拭洗，均可清除银器表面厚积氯化银。③5%的柠檬酸水溶液，可以洁除低成分银器的绿色腐蚀物和分离粘着在一起的附着物，也可用氨水溶解不含氯化银的厚重铜锈壳，并可软化粘附着器表的包裹残留物，如皮革、织物等。对于传世或长久放置银器表面黯晦的灰黑色氧化物和污斑洁除很简单。可以采用棉签蘸蒸馏水稀释30%乙醇溶液，沿一个方向擦洗银面，灰黑色一擦即亮。污垢可用氨水调热肥皂水或不含磷酸盐的去污粉、抛光粉擦洗，可以去除灰黑色的氯化银、氧化银污斑。洁除后在蒸馏水中冲净，烘干后用聚乙酸乙烯酯或聚甲基丙烯酯封护。上海博物馆与华东理工大学合作，研究试验出一种抗银变色的复配高效缓蚀剂，处理后效果良好。

【传统鎏金工艺】 即"火镀金"。首先将器物打磨抛光，用湿椴木炭水磨后，沾抛光膏抛光处理，放置干净处待镀金。第二步，制备金泥—金汞齐，也叫"杀金"。把纯金块烧红，逐渐打薄成金叶子，剪成极细的金丝。将金丝放在坩埚中加热，烧至七、八百度，烧红时，对入七倍的水银，用木棒搅拌，金化开后倒入清水中，俗称金泥。盛放在容器中用清水封护。第三步，涂抹金泥，准备两个小瓷盆，一盛金泥，一盛硝酸。用一铜制涂金棍，蘸硝酸后再蘸金泥涂抹器物表面。涂均抹匀，发银白色，再用棕拴在涂抹金泥处轻轻擦磨、刷扫，也叫栓涂。然后用开水冲洗掉硝酸，浸泡在纯水中去净酸液。第四步，烘烤，将器物架在炭火上烘烤，水银受热后蒸发。边烤边用棕刷在金泥上按蹭墩磨，器表逐渐烤成金黄色为止。第五步，刷洗，用细铜丝刷子蘸皂角水，轻刷浮黄，慢慢蹭刷，器物逐渐发出金黄亮光。第六步，用玛瑙碾子碾压光。

【花镀】 古代传统工艺技法。即在同一件器物上，根据该器的造型、纹饰，分别采用"火镀金"或"火镀银"。将金银纹饰镀上，黄白相映，艺术效果别具一格。此工艺一直沿用至建国初期，因操作中易造成人体汞中毒，近年已无人采用。

【电刷镀金银技术】 金银器的残缺部位，一般采用紫铜片或锡铸补配，表面要重新镀金银面层。宜采用电刷镀技术处理。刷镀主要用一台专用（DSD—15Q）直流电源，一套可以更换的不同规格的阳极镀笔，并备有预处理活化液、特殊镍及金镀液、银镀液。

图2-2　电刷镀金示意

首先对补镀部位作预处理，用金相砂纸打磨抛光无划道痕迹。周边用胶带粘严，防药液流淌周边部位。操作时，阳极镀笔用脱脂棉包裹，作为吸附内层，外用涤棉条包裹，丝线扎实。同时应备四个阳极镀笔。一支用于蘸电净液，另一支蘸3#活化液，作表面活化预处理，第三支用于蘸特殊镍作镀金银的打底层，再一支用于刷镀金或银用。操作时，按要求接上电源，镀笔接正极，器物接电源负极。第一道工序是刷电净液处理表面使其洁净，工艺规范要求：工作电压6～15V，镀笔刷洗相对速度4～12m/min，电源极性正，即镀笔接阳极，器物接阴极。第二道工序是表面活化预处理，即采用3#活化液快速处理，为提高器表与镀层的结合强度。工艺规范要求：工作电压10～15V，镀笔蘸活化液在器表刷涂，相对速度6～8m/min，电极反接（控制面板电极拨向"反"）。用内装纯水的挤压瓶喷水，将表面残留药液冲洗干净。第三道工序是起镀层，镀特殊镍，即镀金银前的打底层。操作时先不通电，用镀笔蘸上溶液，将被镀表面擦拭一遍，通电后，先用18V 电压冲击镀一遍器物表面，然后降至 12V，镀笔的刷涂相对速度 6~10m/min，器物接电源正极。用挤压瓶冲洗表面。第四道工序是镀金或镀银。这里我们先简单介绍一下金或银刷镀原理。蘸满金液或银液的镀笔（阳极），与器物（阴极）的待镀表面作刷涂运动，镀笔与工件之间始终存在一层金或银镀液形成的液膜。电流由镀笔经液膜层到达器物表面，形成回路。由于镀液中的金离子以水合离子或络离子的形式存在，溶液中带正电荷的水合离子或络离子便从溶液中移至器物表面。金或银离子放电，沉积到器物待镀表面，形成金或银镀层。一般成品金镀液呈中性，pH 7~7.4，含金量 35.4g/L，刷镀工艺规范：工作电压 3~5V，刷涂时相对速度 6~10m/min，电源极性正接。银镀液 pH 9~9.5，含银 67.3g/L。刷镀工艺规范：工作电压 4~6V，刷涂时相对速度6~10m/min。涂层的厚层要根据原器物相临金银层边缘薄厚而定。最后清洗洁净残留药液。镀银前先预镀 0.0001~0.00025mm 的金，再镀银可以获得较好的结合力。镀后在 150℃ 以下时效处理一小时，可以改善镀层结合力。金银镀液价格较贵，操作时器物下接塑料盛盘，流下的药液经脱脂棉过滤后，盛入塑料容器内还可以重复利用。总之，刷镀金银表面色泽黄亮与银白，最后还要做杀亮与随出旧金银色处理。

【贴金技法】 鎏金佛像、漆木饰件、古书画等文物的修复中经常会遇到原有彩绘饰金脱落，补配部位重作金色等，采用金箔粘贴是比较方便快捷的修复手段。金箔可以自制，锤打时间太长，很麻烦，一般化工店可以买到，但要选择与器物金色相近的成品金箔。修补地子要打磨的十分光洁。古人贴金箔用的胶主要有金胶油、胶矾水、蒜糖胶（详见质地材料篇相关条目）。

贴金箔时，用毛笔将粘合剂涂于器物欲贴金部位，如贴金部位较大，故胶不要涂多，仅限于要贴的局部。金箔要放在旁边备用，成品金箔每张都用两层薄棉纸夹着，贴金前用潮毛巾将棉纸略微润潮，较易操作（古人贴金箔时先剪去指甲）。取金箔时右手用竹夹子夹取，此时应暂时屏

住呼吸，用左手轻轻揭起粘贴面棉纸，将金箔贴覆，用羊毛板笔轻轻在金箔背纸上往复刷实，用力均匀，揭去背纸，金箔即贴好，再接着贴下一张，但每贴一张都要注意与周边相接处的接缝叠压，不留缝隙。

【漆金工艺】 古代的传统漆饰工艺。现多见明清时期的铜、铁或石质的佛造像，残留有以生漆涂底，漆面涂饰的金层。古代工艺又指漆器工艺中的用金涂饰图案的多种手法。

【泥金工艺】 古代传统漆饰工艺。古代漆工将纯金打成薄叶子，抖碎在小金碗中，加胶、加水用手指细研磨为极细的泥金，用于在器物上彩绘图案时勾绘线条与古旧字画全色，或鎏金器修复涂敷器表及金属佛像。详见质地材料篇"泥金"制法。

【错金银器修复】 铸错金银器的补配难度是相当大的，补配部分要用与原器相同的材料铸出一块，焊补在原器残缺部位，然后用碳素笔勾绘嵌纹，嵌纹处喷罩一层快干清漆保护膜，以免在操作时蹭掉绘纹。内部灌实黑松香胶后，选用自己锻打的不同形状錾尖的錾子，錾刻花纹。錾刻纹道时先粗趟一遍浅槽，继而修正纹道流畅后再深刻。古人叫"刻镂"，也叫镂金、银。纹道口刻的应下宽口窄，底面不求平整，便于嵌饰牢固。埋嵌金银丝或金银片时，要先用火烧烤加热，嵌入錾槽内，利用热胀时极富延展性，将其捶展，胀挤在槽内，窄口卡牢金、银丝不会脱出。较大块的金银片，剪出其纹形，以"502"胶粘牢，用玛瑙制的碾压工具碾展压实，边沿嵌口捶展挤胀实。然后用屑石磨错，再以椴木炭蘸清水打磨，还可以用皮革反复蹭磨，使之光滑平整。补配部位，周围用油泥围住，然后以化学药物作旧随色处理。

【镶嵌器物修复】 镶嵌松宝石、玛瑙器物，出土时多有脱落，一般整器修复结束作完旧后，方可以嵌入。先将嵌窝的锈蚀清理洁净，然后用三甲树脂或美国乐泰"401"、"415"瞬间快干胶粘固。有些战国器所嵌的是经磨制加工的蚌饰物，这类有机物质，出土后极易粉化为白垩粉。应尽快用蒸馏水和 90% 乙醇交替浸洗，但时间不宜超过 3

分钟。经此处理可以灭菌、置换出内含原有水分。乙醇挥发后，用棉签蘸5%聚乙烯醇缩丁醛渗透加固，反复地渗。已经粉化的部分，可用3%三甲树脂渗固。也可用有机硅材料，配适量的增韧、催化、稀释剂等，适当加点荧光材料恢复蚌饰的光泽。经过加固后的蚌饰或珍珠类嵌饰再粘复原位。

【青铜器修复】 青铜器的修复，根据器物破损或腐蚀具体情况，分别采取相应的修复保护措施。也就是首先对出土器物的洁除，包括附着物、土锈、纹饰部位锈蚀的去除，有害锈蚀的检测与化学方法去除。其次是对残破青铜器的传统修复，针对破损情况和质地好坏，采用不同方法修复复原。主要有器形的拼对、矫形、焊接、胶接或焊粘结合的方法。残缺部位的补配有锡铅锌低熔点合金的补配、铸铜补配、锤锻铜片补配、高分子材料玻璃钢补配四种材料的补配复原。再其次是修复后随色作旧与化学封护。但要区别对待，辩症施治，有些完整器物仅需要洁除、封护，有些劣化严重的则需要加固处理。

【青铜器锈蚀层次】 传世古铜器表面为薄而密实的古铜色氧化皮壳层，即包浆层。而属历史上出土，再经数代世间流传，表面会形成色彩斑斓的古铜色与密结而黝翠斑烂的贴骨锈。

出土青铜器锈蚀多为如下四个锈层：

①地子、皮壳层：由氧化铜、氧化亚铜（黑色、褐黑色）组成（青铜器又由于合金成分不同或与埋藏环境中某种物质所发生的化学反应，会生成多种色泽的漆古地子，如黑漆古、绿漆古、红漆古、蓝绿漆古、豆灰豆绿漆古、珐琅质地子等）。

②贴骨锈：坚硬平光的薄锈。

③层状锈：各种锈蚀的坚硬层次色斑或较厚疏松的糟糠锈层。

④土锈：坑土与锈粉混合状，坚硬泥沙、石灰质结晶物、钙化硬结土。

【青铜器锈蚀成分】 青铜器的化学成分，主要是铜、锡、铅，以及含有微量的锌、镍、硅、铁等金属组成。青铜器长年埋藏在地下，接触到相应的可溶盐类、水分等，发生了化学、电化学反应

逐渐形成腐蚀锈层。铜本身的合金成分不同，所遇腐蚀物质也不同，所以会生成不同成分、不同色泽的锈蚀，色彩斑斓。这些美丽的古斑大多是无害锈，而青铜器的腐蚀物主要是淡绿色的氯化铜，亮粉绿色或蜡白色的氯化亚铜，这些不稳定的粉状锈均为有害物，我们称为青铜病。这是由于青铜器长期置于潮湿环境中或在地下埋藏，与土壤或水中氯化物接触形成氯化亚铜，氯化亚铜与水作用会逐渐生成氧化亚铜和盐酸，盐酸与铜、氧化亚铜、碱式碳酸铜继续作用而产生碱式氯化铜，氧化亚铜与氧、地下水作用，亦能生成碱式氯化铜。常见的锈蚀成分，经检验分析大致有：黑色的氧化铜 CuO、硫化亚铜 Cu_2S；褐红色（枣皮红色）的氧化亚铜 Cu_2O；靛蓝色的硫化铜 Cu_2S；蓝绿色或孔雀石的碱式碳酸铜 $CuCO_3 \cdot Cu(OH)_2$；硫酸铜 $CuSO_4 \cdot 5H_2O$；绿色的碱式硫酸铜 $CuSO_4 \cdot 3Cu(OH)_2$；淡绿色氯化铜 $CuCl_2 \cdot 2H_2O$；亮粉绿色或蜡白色的氯化亚铜 Cu_2Cl_2 以及白色的氧化锡 SnO_2 等达二十余种之多。

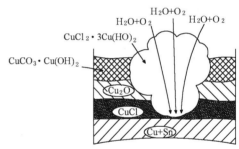

图2-3 青铜腐蚀机理图

【青铜有害锈蚀物检测】 采用刻刀、手术刀将粉状锈粉末取样，浸泡入去离子水中，待氯离子析出，用试管测水样。或将器物浸泡在"倍半溶液"中，一天后用试管取10ml水样看是否有氯离子析出。水样内滴入稀释的硝酸，pH试纸测试水样酸化后，再滴入配制好0.1当量的硝酸银溶剂（每100ml去离子水溶解1.7g硝酸银），观察水样中是否有乳白色絮状悬浮物，如有说明水样含有氯离子，需要去除。如此对处理中器物的监测，直至测试无氯离子析出为止。另外，也可以用密封潮湿法观测。用一磨口玻璃罩放在磨板玻璃上，，罩内放一器物架，器物置架上，架下放一碗水。放置一段时间后，如器物含有氯化物，吸收水汽饱和后被激活，在锈蚀面会析出水珠。无害的氧化

铜和碱式碳酸铜等锈蚀物均无此现象。

【青铜器有害锈去除方法】 即"青铜病"的防治。必须将有害锈蚀物中的氯离子置换出来，转化为稳定物质。去除氯离子的方法很多，常用的有将器物置于超声波清洗器内，采用5％倍半碳酸钠溶液，冷热交替处理法。以及氧化银法、苯骈三氮唑法（BTA）、锌粉置换法、过氧化氢滴注法、潮湿箱置换法、乙腈法、柠檬酸与硫脲混合液法等等，另外南京博物院配制的一种AMT复合清洗剂对去除氯化铜较为有效。

①倍半碳酸钠法：5％倍半碳酸钠溶液配制，将47g无水碳酸钠、37g碳酸氢钠，溶解在2000ml的蒸馏水中。这种碱很难溶，只有充分搅拌。浸泡时液温保持在40℃左右，每周换一次药液，浸泡约三个月，每周取水样测试，至氯离子浓度在4ppm以下为止。

②超声波倍半法：利用超声波在倍半碳酸钠溶液浸泡过程中，加速反应生成的溶液，在较短期间内可以达到数月的浸泡处理效果。超声波清洗器的声头，可以增强倍半液在锈层内渗透，使药物进入器物的内部，由于超声波可以穿透铜胎，使深层的氯离子与倍半碳酸钠加速反应置换，而不构成对铜质的伤损，因而能较有效地去除氯化物，锈蚀内病害不再复发。

③苯骈三氮唑（BTA）法：常用减压渗透法操作，3％~6％苯骈三氮唑/乙醇溶液，浸泡器物一般恒温在60℃，8小时以上，药液充分渗入到铜锈层内。苯骈三氮唑与亚铜离子和二价铜离子交替结合，分别形成抗腐蚀的、肉眼看不见的保护膜，这层护膜相当牢固、稳定，能有效地隔断金属与各种腐蚀介质的接触，起到抗锈蚀作用，效果较好。但苯骈三氮唑在常温下易挥发致癌物，宜在洁净工作台内操作，切忌直接呼吸入体内。

④锌粉置换法：用90％的乙醇将锌粉调成糊状（有以10％苛性钠作介质的），敷在机械方法除过粉状锈的病灶部位，用修刀尖压实，然后用乙醇滴潮，之后用毛笔头蘸水不间断地抹湿锌糊。或用一小片潮湿脱脂棉，挤掉水分，敷在锌粉部位，再用宽胶带纸贴盖上，周边贴严，内部形成一个潮湿小环境，利于置换。三天后，锌粉反应生成一层粘附牢固、稳定、难溶封闭的氧化锌或氢氧化锌、碱式碳酸锌保护膜，使空气中水分子难以渗透的屏障作用。处理后的部位生成灰斑色，还需要作随色处理。

⑤过氧化氢法：采用脱脂棉敷盖在器物病灶部位，将5％~10％过氧化氢（H_2O_2）俗称双氧水药液吊瓶缓慢滴注到病灶药棉内，保持一定湿度，用镊子翻开药棉观察，析出的氯化物吸附到药棉上积多时，及时更换药棉直至氯离子置换干净为止。此法可将氯化物除去，处理时间比倍半法短，方法较简便。

⑥氧化银填充法：采用90％乙醇将氧化银调成糊状，填充到剔挖过斑点状粉状锈蚀坑内，残余氯化亚铜与氧化银接触，在空气中湿度作用下，形成角银膜，从而起到阻止氯离子活化的作用，有效控制住腐蚀物的劣变。处理过的表面呈棕褐色斑点，再用丙烯颜料随色处理。

⑦潮湿箱置换法：此方法是利用金属活动性依次减弱，而惰性增强特点，选择与铜活泼性强的金属接触，在适宜的湿度环境中，就会在铜器表面形成无数个小原电池反应。导致氯化亚铜还原成铜。操作时先将器物采用机械方法除锈，再涂上一层琼脂—甘油，以改善其导湿性，然后再包裹上锡箔或铝箔，粘贴均匀严实。置于玻璃潮湿箱内，在高度潮湿环境中进行电化学反应。而锡箔被氧化，锡氧化成四氯化锡，锡箔氧化时原有氯化亚铜的地方形成斑点状小的黑洞。通过观察锡箔上会逐渐出现斑点密布的黑洞，揭去锡箔，洗净器物，烘干后再重复处理，直至锡箔无小洞出现为止。处理时间为两周以上。

⑧AMT复合剂ACN1法：AMT复合剂在青铜文物清洗与保护过程中，ACN1渗透到青铜文物锈层并与锈层内的氯化物，快捷充分地起反应，涌析出絮状物而提取出氯离子。可以方便快捷有效地去除粉状锈和氯离子，同时可在基体上形成致密的保护膜，是清洗粉状锈保护青铜器的有效的方法之一。

【青铜器锈蚀物去除】 青铜器的除锈原则是"最小干预"，仅清除有害锈和铭文、纹饰部位的锈蚀，凡无纹饰部位的稳定无害锈层应予保留。除锈的主要方法有机械去锈与化学去锈。

（1）机械去锈：传统机械去锈采用的刻刀、

手术刀、钢针、小錾子、小锤等工具的剔除、敲震，或水砂纸蘸水打磨等手工方法去锈。现代机械去锈，目前主要采用激光清洁器、超声波振动器或悬挂式吊磨机、喷砂机等电动工具。当前利用激光清洁器的应用去除青铜锈蚀物是非常有效的，它是将激光光束的"峰值功率"调整控制在几百千瓦到几十兆瓦之间，光束打在锈蚀物的瞬间，将锈蚀物去除而不伤及器物表面物质；而普遍采用的超声波（洁牙机）振动器去除锈蚀物，是利用换能器产生的超声波几万次频率的振动传送到细细的振动尖上，振动尖一般采用2P或1P的。脚踏开关控制，以此尖轻触器物表面硬结土与锈蚀物，振荡尖把振动传送到锈蚀层上，可迅即粉碎。操作时器物置于塑料方盘内，铜盐粉末被触头喷淋水雾冲洗到盘内，应及时清倒铜盐粉末和污水。另外，也可以采用一种微型台式抛磨砂轮机，所带软轴传动的小磨头，打磨时根据不同的位置，可以更换不同形状的及粒度的磨头，打磨时防铜盐粉尘飞扬随时滴水，并利用工作台的附有吸尘装置及时将粉尘吸走，打磨硬结泥沙及石灰石和坚硬厚锈非常有效。

图2-4 洁牙机除锈

（2）化学去锈：传统的化学去锈是用老陈醋调乌梅软膏，贴敷在锈层上，保持一定的潮湿度，将锈逐渐咬松软化后剔除。现代化学去锈方法较多，以下列举的化学药液，均可用药棉贴敷在锈蚀面，以滴管吸药液后滴湿药棉，保持湿度，并随时用镊子翻开药棉，观察锈蚀软化情况。也可以用塑泥将局部围筑，药液浸泡的方法软化锈层后机械去锈。凡化学药液处理过的器物，均应当即用蒸馏水反复浸泡清洗净残留药液。一般通常采用的去锈剂有：

a）EDTA法软化清除锈蚀物。乙二胺四乙酸二钠盐100g、氯化铵54g溶于650ml去离子水，再加入350ml的氨水。此除锈剂是通过乙二胺四乙酸二钠盐与氨液的络合作用，将铜锈层软化为可溶性铜盐后，便可用竹签、手术刀等工具轻松去除。

b）15%六偏磷酸钠水溶液可以去除铜器上的石灰石，坚硬的泥沙。

c）酒石酸钾钠15g、氢氧化钠5g、去离子水1000ml，再加5%过氧化氢。约40分钟以上可以软化硬锈壳，去除硬锈层。

d）10%硫酸稀释液加10g重铬酸钾去除氧化亚铜。10%磷酸稀释液，可以去除氧化亚铜，再加5%的六次甲基四胺溶液，3%硝酸、5%草酸或醋酸与去离子水稀释液均可去除质地坚硬的铜锈层。

e）氨软膏0.1kg医用软皂在1L水中煮化，加入0.4g硝酸钠与0.65g硼砂，混合后煮沸，放置温热时加0.2%氢氧化胺，搅拌均匀后冷却放置。用时加同量的温水稀释，涂在锈层上，将其罩在玻璃器皿内观察变化，软膏发蓝变绿开始反应，一天可以换一次软膏，锈层软化后用蒸馏水浸泡洗净。

（3）电化学处理又称电解还原去锈法。青铜器的电化学去锈，是以物理化学的基本原理为基础的。就是利用外加低压直流电流的方式进行。方法是将预处理的青铜置于电解槽内作为负极，石墨碳棒或不锈钢作为正极，5%氢氧化钠作为电解质溶液。控制电压在6~12V之间，电流密度控制在8~12mA/cm^{2}之间，处理过程中会不断放出氢气。此法为国外早年所用，按"最小干预"的原则，稳定状态下的金属文物不宜采用此法。但局部电化学还原法去锈还是可以采用的，方法是用10%电解质溶液将锌粉调成糊状，敷在铜器锈蚀部位上，锈蚀反应转化后，去离子水反复洗除干净即可。

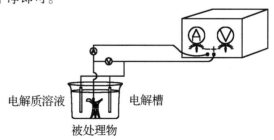

图2-5 电化学还原去锈法图示

【喷砂洁除】使用压缩空气，通过喷嘴将砂粒（砂的粒度和空气压力按工艺要求而定）向金属文物表面作高速度冲击，以清除表面氧化物及污垢。大型器物表面处理采用喷砂箱处理，小件珍贵器物的表面污垢或陶瓷器老化树脂胶的洁除，现在可采用超声波洁牙、喷砂一体机处理，对器物表面无损伤。

【青铜器矫形修复】相当一部分青铜器在出土时不但破残，而且严重变形，破碎片的断茬很难对拼合缝，需要矫形，也就是利用挤压的方法，使其恢复原状。压力矫形主要有锤击法、模压法、撬压法、顶撑法。对于严重矿化，脆弱铜质尽量保持在原状态下复原，除迫不得已可以避开纹饰部位，采用锯解法，一般是不提倡的。

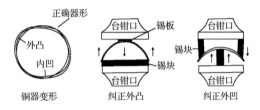

图 2 - 6　青铜器矫形示意图

①锤击法：首先要用锡铅合金自己制作，铸一件铅砧子和一铅锤。对于铜质好，器壁薄的器物可直接采用此法。矫正锤击铜器外壁时，将砧子垫在内壁上，锤击器内壁时，外壁垫在砧凹面上，反复锤击，矫正至变形部位恢复原状为止。

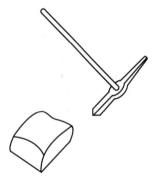

图 2 - 7　锤击矫形用的铅锡锤、碾子

②模压法：根据器物恢复形状，制作内外两块锡铅砧模。将矫形部位对夹，置于台钳口，根据形状可以再加垫些木块。慢慢旋转丝杠，校正内外钳口对铜器的压力点，逐渐夹紧钳口，增加压力。加压过程中可以对受压处加热，增加韧性，使变形部位向相反方向变形，反复调整砧模位置和加热，至使变形处复原。对较大器物，可以自制一台手动压力矫形机进行矫形。

③撬压法：因挤压变形后，断裂缝隙两侧高低不平，断茬无法焊接。先在裂口的端部钻一小止裂孔，防止撬压时裂口延伸。矫形时需要用两件似螺丝刀头类小型撬具，一个用尖插入裂缝内别着，另一个在裂口上对着撬压，低部往起撬，高部向下压，茬口相吻合为准。

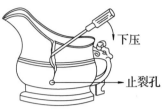

图 2 - 8　撬压法矫形

④顶撑法：大型厚重器物的形变可以采用千斤顶在外部施压，内用木棒支撑顶压矫形。对器表面凹陷变形，从内部用木棒顶撑，支点用木板顶着，形变部位可以撑一铅砣，木棒先斜撑在的形变边沿，逐渐将木棒头向中心点施压，将凹陷部位挤平。外用几只千斤顶，从不同方位施压，矫正大型扭曲变形青铜器，以木条、木板支垫顶，经数天的缓慢施压，可以恢复原状。

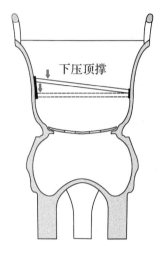

图 2 - 9　顶撑法矫形

鼎、簋、钟、壶等圆形器物，可用特制的内外圆形应力定位矫形器调整螺丝，变形器壁内外垫软铜片，顶撑矫形。

图 2 - 10　胡家喜老师研制的内外圆形器物矫形器，对编钟矫形非常有效

【商代卧虎耳大方鼎矫形修复】1990 年故宫博物院科技部修复人员，应邀修复了一批江西新干大洋州商墓出土的青铜器，其中一件卧虎耳柱足大方鼎采用了千斤顶挤压矫形的方法修复。该鼎变形严重，有残缺，有一外砸伤。修复矫形时采用了

传统的棍支、绳捆、垫锡锤击等修复整形方法均未奏效。采用了千斤顶，经试验一个千斤顶反复几次不行，又加了一个，鼎的里外同时施压，其他各用力处用长方木条顶着，千斤顶缓慢施加压力，经过十多次调整位置施压，终于将鼎底复原。为使其不再反复，维持 4 天不松劲，第 5 天撤下千斤顶，效果很好。此外鼎的四角开裂翘边，四侧面变形等采用传统顶、压、锤等办法，一面一面地矫平，基本恢复了原状。

图 2－11　商代大方鼎修复前、后对比
故宫博物院科技部提供

【青铜器焊接修复】 破损金属文物的传统修复是以

锡焊法为主。如青铜器的焊接，首先要观察断碴口锉痕的铜质的金属性，决定能否焊接。用锉刀锉碴口观察，强度好，有黄铜色易焊接；褐铜黄色光泽不足，黄铜质在 60% 以上，能保证焊缝有一定的强度，还能焊住；而颜色红褐，或有少许铜黄夹心，矿化腐蚀严重的，无法焊接。如锉削多为褐红色氧化亚铜粉末，说明矿化程度已过半，则只能采用胶接方法。

锡焊法是将碎片与碎片之间，用电烙铁（150～200W）加热，熔化焊锡为粘接剂，使其修复完整的一种方法。断碴口的焊接，可以采用点焊式、通焊式、堆焊式、附加强件式等方式。采用何种方式，要视器物质地好坏程度、应避开纹饰部位。

传统的助焊剂采用镪水，焊接后需用去离子水浸泡反复冲洗将焊缝中残留盐酸置换出，红外灯烘干。无氯助焊剂，可采用硼砂烧熔呈晶体后研细，酒精调膏状或以乙醇调松香膏作助焊剂。大型铜器或金属佛像，焊接点需要一定的强度，还可以采用硬钎焊与小型氩弧焊机焊接，前者采用氧—乙炔火焰烧熔银钎料或以 500W 电烙铁烧熔 Cd—Zn 镉、锌焊料来焊接。后者是利用瞬间脉冲氩弧来焊接，但它需要与铜器相同材质的焊条，烧接缝隙还要砂轮机打磨。另外，由于氩气用量很小，氩气瓶长期存放和更换很不方便。当前已有把激光技术应用于金属文物的焊接修复，一种全新的尝试。

①锉焊口：焊接点一般要在器物的内壁，断碴处，为了使两块铜片对接起来的器形恢复原状，要求铜器断口既要锉掉腐蚀层露出新铜质，又要尽可能保留铜器断口的原来曲线。因此，在铜器两块断碴内壁对称地锉成 30 度以上 V 型口。两侧锉焊口，深度在器壁厚度的 2/3。注意有铭文、纹饰，或其他附着如席纹、布纹等痕迹的位置，应选择在背面或避开的位置锉焊口。点焊的焊点为了加强被互相拉制的牢固作用，也可以将断缝锉成呈十字状菱形。针对断碴口的大小，适当地在内部附加强件，如刀剑等窄长兵器，断碴两侧相对钻小孔，插入铜棍，灌入树脂保牢，再焊断口。也可用双燕尾状引定扣嵌入断碴两侧焊接后拉固。附加强件的方法很多，主要视器物断口的位置与厚薄及铜质情况而定，但有一个原则，即要加强器物的牢度，作旧后还不可显露出添加部分。

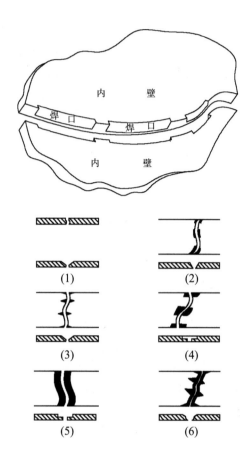

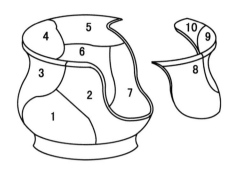

图 2 – 14　拼对碴口编号图示

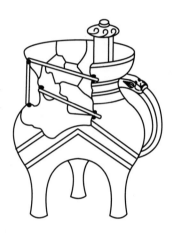

图 2 – 12　青铜器锉碴口、焊接技法示意图

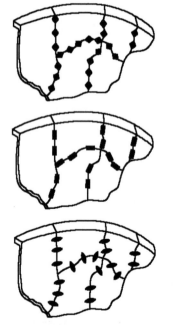

图 2 – 13　青铜器锉碴口、焊接技法示意图

②拼对碴口：按器形、足、耳、口、沿等分别找出大体位置，找碴口，断口曲线，根据腐蚀程度（锈蚀层次、锈色）对接找碴口。定位按顺序编号。如锉碴也可以采用焊粘结合的方法。

③锉焊口定位保牢：一般焊接从铜器的足部，底部开始，腹、口、沿、耳、鋬待确定顺序后再考虑一次性先锉或边锉边焊，锉一块、焊一块，应考虑第二块对前面焊好的影响。破碎严重的铜器，焊接过程中会出现反复，要求定位要准确，尽量避免拆焊再复位重焊。器型定位准确后，再通焊，恢复铜器的原状。

图 2 – 15　定位保牢焊接图示

④附加强件保牢：较大型的器物，器体沉重，破碎部位用锡焊接后一般强度不够，承重或搬动易造成二次破损，修复时适当在较厚的器壁或支撑处的内部隐蔽部位加扒锔、引定扣、销钉、锚杆等附加强件的保牢措施。

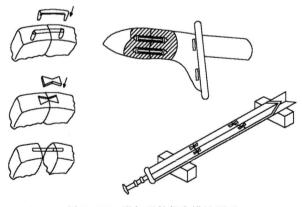

图 2 – 16　附加强件保牢措施图示

【激光焊接】激光焊接技术在半个世纪前已在工业上应用，因为设备条件和焊缝不可再处理性限止，一直未在文物修复中应用。近年西北工业大学凝固技术实验室与西安文物保护修复中心合作，采用大功率二氧化碳激光器和固体脉冲激光器。分别采用激光点焊和激光脉冲焊接方法，对汉代薄壁青铜耳杯进行针对性激光焊接修复实践和研究。激光焊接是把激光聚焦成很细的高能量密度光束照射到物体上，使物体受热熔化，焊接瞬间完成，然后冷却得到焊缝。与传统的焊接相比，激光焊缝熔深大，焊缝结构均匀，焊缝窄，热影响区域小，器体变形小等特点。激光束可以聚焦到很小的尺寸，特别适合薄壁、局部和精密的金属文物焊接修复。此技术应用于薄壁金属文物修复，对金属质地组织、结构、性能及表面形态不会造成破坏，能较好地保存和恢复文物的艺术价值和历史信息。近期湖北省博物馆展陈的战国时期九连墩楚国"大夫"墓出土的几件破碎编钟经该馆文保中心技术人员与某大学合作，采用激光焊接修复，恢复了编钟原有音律。

【青铜器粘接修复】对于矿化严重的青铜器，也称为脱胎器的，仅能以胶粘修复。糠酥的全脱胎器，用手一掰即碎，先用稀释胶液渗固后再粘。可选用无色透明的2%三甲树脂或B72反复浸固。也可用氰基丙烯酸酯，即"502"瞬间黏合剂渗固。当前，适宜粘修文物的金属胶很多，用胶宜选用可逆性好、凝固快、强度好、色浅、不易老化的914胶，如台湾产修缮屋牌40C6胶、德国产环氧树脂胶（阿拉尔狄特Ay103/Hy956；5：1）、金属快干胶等粘修原，由于茬口粘接面小，易二次开裂，要在接缝内壁加衬固。将内壁打磨洁净，抹上一层快固树脂胶，选择网眼大的纱布剪成2cm宽条，贴在胶上，硬固后，刮上一薄层胶腻子，拉固面不要明显凸起，腻子干后打磨平再作旧处理。对于焊粘结合的器物，首先对焊接处的焊剂用蒸馏水浸泡干净，锉磨平焊痕，再向缝隙内灌胶。有的器物粘接时要预埋加强件或扒铜钉加固，都要试验配合无误后再施胶。

图2-17　破碎矿化严重的青铜壶，内壁以
铜网萝底衬固，拼粘修复前后

【青铜器补配修复】 青铜器的传统修复方法中，对残缺部位采取铸铜件、铸铅锡锌低熔点合金、打制铜胎的方法补配。近年多采用高分子材料铜质修补剂修补残缺。

①低熔点合金补配：首先利用铜器造型与纹饰的对称性，在与残缺部位相对应的部位用石膏翻制出局部模具，贴附到残缺部位。从内部用塑泥填补残缺部位，厚度与该器一致，再从内部翻一块石膏模，不要取下。打开外模，取掉塑泥。将茬口用断锯条刮出新铜，蘸上锡水助焊剂。外模上方削出铸口和冒口，然后贴附原位，与器物捆绑牢固。内外模相夹形成缺损部位的空间。熔化锡铅锌合金，刮去浮在溶液表面的铅灰和杂碴，浇注入铸口内。冷却后去掉内外模。用布砂纸打磨光洁，抹硝酸银溶液发黑处理后，再以纯净水冲洗去助焊剂残液。

②打制铜胎补配：俗称打铜活，其实即是我国传统锤揲工艺的锻打胚胎技术。就是利用铜器的对称性，在残缺相对应部位，用一稍硬纸片按压出大致外形，然后放在残缺部位的器内，用手从内部顶着，沿器物残边线勾画出轮廓，再将纸样剪下。然后贴在与该器厚度相同的铜板，剪下其形状。将其烧红退火后再敲打，利用铁砧子凸凹面，边退火边打收。或在松香胶砣上打铜胎，冬天冻土窝窝上均可敲打，直至打出形状与该处相似为止。将打好的铜片抵在残缺处，从内部沿

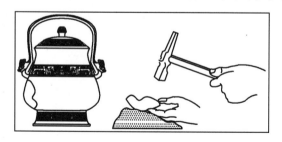

图 2－18　青铜残卣打制补配示意图

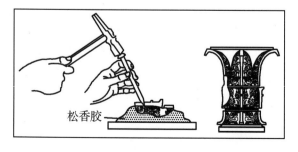

图 2－19　青铜残尊錾花补配示意图

茬口用钢针划出线痕，取下补片用锉刀修锉至与器物茬口相吻合，焊补上配片。如有花纹，先过稿子绘出纹道，用松香胶板固定后，根据纹道的深浅、宽窄，弯转角，选用不同的錾刀，如铲、挑、沟、趟、墩等錾头的錾刀剔刻或铲墩和锤击。纹饰也可以采用腐蚀法，即将补配部位烫一层蜡，纹饰过稿到蜡面，用刻刀将纹道部位蜡刻去露出铜，再用塑泥围挡起来，以三氯化铁浸泡，观察刻道腐蚀到一定的深度即停。沸水中煮掉蜡层，纹道修磨自然即可。

③铸铜补配：传统修复方法，早年是以风箱、焦炭、坩埚熔化铜水，再以熔模法铸出一补配件，焊补到残缺部位。此法受铸造设备条件的限制，现在一般博物馆很少采用。

④修补剂补配：利用高分子材料，对残缺部位进行补配是修复工作中常采用的方法。对补配部位用新型硅橡胶或石膏预制外模，固定好，模具面涂刷脱模剂。传统的以 E—44 环氧树脂/650 低分子聚酰胺，按 1:1 配制，调拌滑石粉与矿物颜料等填充物，内衬玻璃布拉固补配，室温固化。近年已被铜质修补剂或强力结构胶取代，国产的与美国 Devcon 铜质修补剂性能相同。使用中不流淌，固化快，固化后没有陷坑，易于表面刻纹，黄铜色，效果很好。补配部位固化后，可以用水砂纸打磨平光后随色作旧处理。在中外合作修复项目中，外国修复工作人员用阿拉尔狄特 Ay103/Hy965 环氧树脂，按 5:1 配比，加滑石粉填充物，用铜笤网或尼龙网眼布衬固，修补青铜器残缺部位。（国产铜质修补剂有北京产犟力牌 JL1204 铜质修补剂、上海产 WD114 铜质修补剂，性能对比详见材料篇）。

图 2－20　利用铜质修补剂刮填修补青铜鼎残缺部位

【西周班簋补配修复】1972 年 6 月北京市文物管理处从物资回收公司的废铜堆中收回一件古铜器残件。经有关专家鉴定，确认是原清宫藏品"班簋"，清末八国联军入侵北京时，流失民间。郭沫若先生得知班簋失而复得，专著《"班簋"的再发现》一文。1973 年夏天，班簋送往故宫，由修复专家赵振茂先生负责与其弟子修复。原器残缺近半，腹壁缺损近半，腹底变形，铭文基本保存，仅存一兽首耳与一长珥足。修复时对腹底进行了整形，铭文部位孔洞用锡烫补平，根据《西清古鉴》原铭拓片字体补刻。凡残缺部位，在所对应纹饰相同的部位翻范模，铸铜补配。在残存的耳与长珥翻模，再铸缺残的三个耳与珥，补焊在缺损处。经修复处理后，整器浑然一体，基本恢复了原状。2004 年，首都博物馆技术人员对其腹内有害锈蚀物进行了治理，现基本处于稳定状态。

图 2-21 班簋修复前后对比

【传统作地子方法】传统"土锈法"做青铜地子，主要是以虫胶漆汁，调配多种矿物颜料，点拨着色的方法。首先用毛笔涂稀释硝酸银将修复后焊锡接缝"咬蚀"发黑，再将修补处局部涂一遍虫胶漆汁，起到器表与色汁层相粘附作用。用牙科修刀在小调色碟内，酒精调松烟或铁黑、红土子，对入少许钛白粉，调出灰黑或茶褐色汁，对上适量虫胶漆汁。头两遍用毛笔涂抹盖严，干后用牙刷蘸色汁，在修刀刃上弹拨，将色汁均匀喷在器表。可以调出深浅不一的色汁，相互交错相压，色彩更逼真。如作古绿、豆灰、枣皮红等色地子，再调相应矿物颜料色汁，弹拨色与色相叠压柔和自然。色层干透后，蹭磨皮色。可用 1200 目金相砂纸蹭磨，或用旧布团沾细泥浆反复蹭磨，磨后清水洗掉泥土。最后用玛瑙碾子碾压出铜质地子感即可。也可以调各色硝基漆色汁，香胶水稀释后，用微型喷笔喷色，干后用 800 目水砂纸反复蹭磨，然后碾压出光泽。

【青铜地子化学作法】青铜锈层的组成，最底层灰黑、褐红、墨绿等色的地子，亦称皮壳。一般修复补配新铜部位，或铜器复制品头道工序即对皮壳作发黑或古铜色氧化处理。主要方法有煮黑法、氨泡法、熏烤法、130B 涂刷法、硫化钾热涂法、二氧化硒发黑法等等。

①氨浸法，用一较大带盖塑料桶配氨液，一般 1L 浓氨水以 300ml 去离子水加以稀释，溶入 20g 碱式碳酸铜，器物放在液内，容器密封盖严，一昼夜后取出观察，根据铜质，有些变得黑亮，即可取出。如效果差些继续浸泡至满意为止。注意化学纯的浓氨水若不稀释，浸泡铜器时间过长，会将铜器咬蚀的糟糠酥脆，浸泡时注意观察。

②煮黑法，用一能容下被处理铜器的不锈钢容器，配制纯水与硫化钠的比例为 3:1，能淹过器物为准，药液煮沸后，将被处理的铜器置于内，煮约半小时以上，用铁夹子翻动，观察煮黑为止。

③130B 涂刷法，电镀厂配置的成品药液，用该药液直接刷涂器物表面，很快会逐渐变成黑褐色。该氧化层附着力差，表层干后要用稀释虫胶漆片汁或三甲树脂喷涂封固处理。

④熏烤法，用乙酸铜 5g、氯化铵 12g、陈醋 500g 配成药液。将器物架在炉上，涂抹药液，用

湿竹根在火上反复熏烤，器面逐渐变为茶褐色。

⑤硫化钾法，铜胎为紫红铜质的可以将器体烤热，涂抹稀释的硫化钾或硫化胺，一抹即黑，但不牢靠。还可以按 1L 水内溶入 50g 氢氧化钠，加热到 60 度左右，再加入硫化钾 12g，搅拌溶解后涂刷器物，很快会变黑。

⑥绿釉珐琅锈，可用丙酮调稀 AAA 树脂胶，调拌碳酸铜，用修刀按压在补锈处，或做出散状斑点，经玛瑙碾子碾压出光泽，效果逼真。春秋后铜器有片状铁锈斑，直接用棉球沾铁锈粉墩拓上即可，也可以墩上胶后撒锈末。

【青铜贴骨锈化学作法】青铜器埋藏地下，与土壤中各种腐蚀物发生缓慢均匀的化学反应，表面形成密结而稳定的黝翠斑烂贴骨锈，或生成各色漆古。这种贴骨锈是敷在地子层上的面锈，所以应该先将处理过的地子层用稀虫胶漆汁封护起来。化学处理铜表面装饰层的方法有数十种配方，下面仅介绍几种做古铜锈斑的药液，用以刷涂或浸泡器物，能做出多种锈色，待锈层自然干燥后，进行封护处理，作贴骨锈无需赶出光泽。如需作出漆古效果，表面再封硝基清漆与哑光光油，然后用玛瑙碾子碾压出暗光。

①去离子水 1L、硝酸铜 50g、氯化铵 25g、醋酸 25ml、铬酸 6ml。用该药液在器物表面反复涂刷，反应较慢，视其锈色变化满意为止。

②盐酸调拌氢氧化铜呈糊状，用棉布团沾药膏直接涂抹，注意涂均匀，不要留下抹痕，药膏与铜发生化学反应后牢固粘附器表，形成贴骨锈。此法特别适宜复制品纹饰处填锈。

③去离子水 1L、硫酸铜 30g、氯化铵 20g、氯化钠 20g、氯化锌 1g、醋酸 4ml。用此药液处理新铜，会咬蚀成古铜绿色斑。

④50 度以上白酒（二锅头酒最好），按 1∶1 调入氯化铵与硫酸铜，完全泡溶后再用。用时将其涂抹器表，干后再涂一遍，褐黑地子逐渐泛出片片绿锈，让其自然反应至满意为止。

⑤去离子水 1L、海波 2g、硝酸铁 16g。将器物烤热，趁热涂刷此药液，可以生成蓝绿色铜锈斑。

⑥在欲处理的器表涂上调成糊状的硼砂，用微型（日产打火机式）喷枪，将其烧熔化在器表，

冷却后用椴木炭或金相砂纸细磨光亮，即成枣红色斑。

【青铜层状锈作法】亦称高锈、糟糠锈。用锉刀锉一些新旧青铜的铜末。铜末要用研钵研细，经 200 目箩筛过。以 500g 老陈醋，配入醋酸铜 5g、氯化铵 15g、碳酸铜 5g、硝酸 20ml、新旧青铜末各 25g。待铜末基本酸蚀为不黑不黄的黄泥状，便可用毛笔沾着堆涂需发高锈的地方，然后将其夹盖于潮湿的多层麻袋片内发锈，麻袋片内涂些泥浆，最好将其外裹塑料布密封，使其锈层捂闷其中，隔天向麻袋片内喷些水保湿，数天后取出，呈糟糠状绿色土锈，时间短锈层不牢，需要喷渗 B72 加固。如果捂闷时间数月，发锈会更牢固。

【传统点土拨锈法】地子处理过后，根据所修补器物原锈色，随色。传统修复采用"点土拨锈法"做锈斑。首先将细黄土用清水调成糊状，牙刷沾上调好泥浆，参照原器物脱落露出的地子位置形状，用泥点拨上，待稀泥干后，依据原物锈色调配矿物颜料，如蓝绿发锈，以铬绿为主拌上筛过的细砂，对上少许钛白粉、群青，用酒精调成糊状，调入虫胶漆汁，向器表弹拨，满拨一层颗粒厚锈，干后再调一些铁锈红、红丹、锭蓝、灰黑等稀色汁，分别向厚锈层散拨一些色斑，锈蚀物显得斑斓多彩、丰满自然。土锈层干后用清水刷洗，洗掉底层成片泥浆、泥斑，显露出自然脱落的锈蚀脱落边沿与成片青铜地子斑点。锈蚀不自然处可以用丙烯颜料补色。

【青铜器缓蚀封护处理】青铜器保护、修复的最后一道工序，就是进行表面的 BTA 缓蚀处理与封护。具体方法是在排风厨内将器物浸泡入的 5% 苯并三氮唑/乙醇溶液中，保持 60℃ 左右，约 8 小时后取出，拭去表面多余药液。封护可用小羊毛板笔蘸甲基丙烯酸甲酯涂刷，甲基丙烯酸甲酯溶于二甲苯中，2% 的苯骈三氮唑和适量微晶石蜡。当前，金属器的封护多采用 3% Paraloid B72 丙酮保护剂。

国内有关部门已研究出纳米改性材料、氟碳橡胶、派拉伦材料等新型金属文物表面封护材料。

【钝化处理】金属文物，特别是铁器经钝化处理后

会变得很稳定，处于耐高腐蚀状态。导致金属钝化的因素，一般认为有成相膜理论和吸附理论。成相膜理论认为，当金属进行阳极过程时，在金属表面上生成一层致密的、覆盖很好的固体产物薄膜，大约几个分子层厚，这层膜独立成相，把金属表面和介质隔开，阻碍阳极过程进行，使金属转入钝态；而吸附理论认为，金属钝化是因为表面生成氧或含氧粒子吸附层，通过吸附氧原子或氧粒子使金属表面达到钝态。金属钝化剂多采用稀硝酸处理，铁器可采用10%的磷酸或20%的鞣酸浸泡钝化处理。另外硝酸钾、重铬酸钾、高锰酸钾等氧化剂也会引起金属的钝化反应。

【热浸镀】古代传统工艺术语，是将表面光洁的铜器浸入熔融的纯锡或铅锡合金中，以获得金属镀层的工艺。主要操作工艺是，将预镀器表放少许松香膏，在炭火中加热，使松香形成熔剂层，将锡箔放在预镀器面，加热到近300℃，锡熔化流散覆盖全器面。移出热源，趁热用一块皮革或旧布擦拭，去除多余锡箔氧化物，获得白亮的薄薄镀锡膜。在热锡中浸镀2～5秒，可得到4～50微米镀锡层。东周兵器菱纹处理。东周时期楚越铜兵器剑、戈、矛等器体上满布精美的菱形纹，这类兵器没有严重腐蚀。这种特殊的古代表面纹饰处理工艺，经上海博物馆有关科技人员采用现代仪器检测，对兵器的基体、菱纹金属层测试分析后，进行模拟试验取得成功，方法是用树脂胶调和高锡合金粉末，均匀涂覆在仿制剑体上，仿兵器菱纹，刻划纹饰，刻划处刮去锡涂层，直接露出铜基体，然后入炉，约300℃左右烧熔锡涂镀层，细磨去表面氧化物呈白亮色表层，刻刮去涂层的部位仍呈铜基的黄色，即为黑白相间纹饰。

【水银沁】古代传统工艺术语，亦称"水银古"。延续两千多年，清代末期失传的一种传统擦镜工艺。铜器、铜镜表面经过精细研磨抛光无擦痕的光洁表面，擦镀一层极薄的富锡层，锡的含量比青铜合金高几倍，富锡层内含有铝、钙、钾等多种元素，富锡层面蒙有一层微晶态二氧化锡的透明薄膜，它具有特殊的耐腐蚀性，致使器面千年不锈，银亮如初。经科学家们模拟实验和理论分析，终于研制出失传百年的"擦镜药"，揭开了"水银沁"千年不锈的奥秘。

【仿古铜雕塑作色法】以石膏或玻璃钢翻制的大中型雕塑艺术品，表面做出类似古铜效果的黑、绿锈斑，作法大体是先涂刷虫胶漆汁，玻璃钢的满涂两遍可将表层颜料与胎子粘连，起到承上启下的作用。石膏胎的多孔与吸水性，必须多涂几遍，浸渗入石膏内层，使表层颜料粘附牢固。接着用酪蛋白胶调黑褐色颜料，刷涂底色。再用硬刷尖有选择地在一些局部刷扫一些铜粉漆，不宜多，使其局部显露暗淡黄旧铜色。干燥后再调碳酸铜，用硬刷子尖为其满点上一层半糊状蓝绿颜色，用刷子点的漆层较厚实，干后再涂一层清漆。最后将白色蜂蜡熔化并用溶液稀释或糊膏，蜡膏内混合青铜粉末，用布团沾蜡糊涂抹擦拭，取得古铜雕的金属效果。

【斑铜工艺】详见养护术语篇"斑铜"条目。

【秦陵一、二号铜车马的修复】1980年出土的秦陵铜车马是我国目前出土青铜文物中体量最大、结构最复杂、制作最为精致的一组。其中二号铜车马结构极其复杂，由三千多个部件组合而成，制作工艺水平很高，采用了铸造、焊接、冲凿、錾刻、抛光、机械链接、彩绘等多种工艺。该铜车马的修复在我国文物修复史中堪称典型范例。器型最复杂、修复难度最大，也是参与科研与修复人员最多的（十多家科研单位、大专院校、文博单位、军工企业的数十位专家、教授、工程技术人员参加的）。于1982年4月开始全面清理、整修、研究工作。经过两年多的紧张工作，终于完成了二号铜车马的修复。

二号铜车马整个车马零件共计3462件，其中铜铸件1742件，金制件737件、银制件983件。总重量1241kg，其中金3033g、银4342.1g。残破1555片、断口1877个、破洞92处、裂缝55处。

经专家座谈讨论确定的修复方案规定：

（一）修复原则：以粘接为主，综合治理。

（二）修复标准：

①用科学方法将破损碎片的铜车马恢复到历史原貌。

②保护住铜车马出土时彩绘花纹、不使磨损、

脱落。

③铜车马外部尽量不增加支撑物，经批准在内部增加支撑物时，不能影响文物原貌。

④修复好的铜车马，应在较长时间内不因自重、必要的移动和外界轻微震动而发生碎破。

（三）修复技术要求：

①修复缺损部位采用的金属材料，应符合文物本身材料的化学成分。

②修复用的材料、药品事先都要进行试验，排除副作用。

③修复中采用的各种方法（粘接、焊接、钻孔、打楔钉、除锈等），都要在保护好文物的前提下，经研究同意后始得进行。

④修复过程中，在一般情况下不采取熔焊方法，以免损伤文物。

⑤根据铜车马损坏部位的强度要求，按实际情况，分别采用粘接、焊接、机械加固等方法进行综合治理。

⑥修复过程中，要有详细记录、图纸、照相和必要的电影资料。

秦陵一号铜车马以秦俑博物馆为主体的科研人员在科学地总结了秦陵二号铜车马修复的经验教训，并对一号铜车马的具体情况进行了详细的调查、分析、测试和研究，制定了"合理运用粘接、焊接、机械连接，适当附加加强件"的综合修复方案，成功地修复了秦陵一号铜车马。

一号铜车马由3500多个零部件组成，总重量1040千克。该车出土以前，就已受到严重破损，所有部件无一完整，全车残破1338块，有断口1459个，破洞或缺损61处，大部分构件有不同程度的变形。一号铜车马的修复将传统修复技术与现代科技有机结合，在大型青铜文物修复领域达到国际先进水平。

该项目有以下创新：

1. 整体修复方案的设计思想：在保持"修旧如旧"、不改变文物外形和尽量保护文物现状的前提下，为保护修复效果和强度，利用文物自身条件，沿用传统修复技术，并利用现代科技手段，引用其他工艺技术对铜车马进行多种工艺技术的综合修复。

图2-22　秦陵一号铜马车修复前后

图2-23　秦陵二号铜马车修复前后比

2. 利用专用工具压力矫形机和专用卡具、模具、对变形青铜构件进行矫形。

3. 针对一号铜车马实际情况，研制了新型胶粘剂：

A 组分	6101 双酚 A 环氧树脂、2000 聚丁二烯环氧树脂
B 组分	650#低分子聚酰胺、间苯二胺、苯酚

4. 研制了 Sn—Pb—Cu—Cd 四元合金低温焊料，温度低，工艺简便，综合性能较佳。

5. 对青铜彩绘文物进行了科学保护，并开发了 8701 型保护剂，修复后铜车马彩绘保存状态良好。

秦陵一号铜车马的成功修复。获 1995 年度国家文物局文物科技进步二等奖，1997 年度国家科技进步二等奖。

【青铜神树的修复】 三星堆祭祀坑出土的 1 号青铜神树，形体高大，造型奇特。修复前采取捆绑支撑固定的方式，进行整株树的造型预合，掌握了神树原状，确定了修复方案。

神树的底座下方为圆圈形、上方为三面山形。树根筱呈三叉形，树上有三层枝杆，在主杆的前

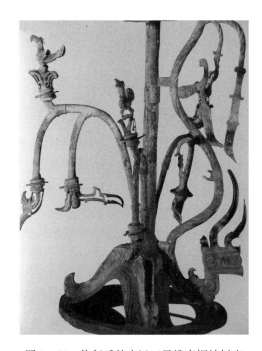

图 2-24　修复后的广汉三星堆青铜神树座
（图片来源：张正明、邵学海：《长江流域
古代美术. 青铜器（上）》，湖北
教育出版社，2002 年）

方有一条飞龙攀援而下，整株树复原后高约 396cm。树上有花果和飞鸟栖居。修复前树干、树枝共有 18 个残断件。树座圈有 30 个残片，鸟、花果为一堆残片。修复时，首先在底座内翻铸了一件铜内芯，将残片拼焊后铺于新座芯上，用螺杆固定，空隙处灌注环氧填充物。增强了底座的支撑力。树干分为两段，内腔置入铜管，内壁与铜管间灌树脂胶保牢。青铜龙残断为 10 段，先在龙内加铜片铆接修复龙躯，再将龙铆接固定在树杆和树座上，龙躯呈 S 状攀援而下状。树枝共有 3 层，每层 3 枝，每枝 1 只鸟，共有 9 只鸟。原有 3 只鸟经拼对复原，其余为翻模复制。每个大树枝上有 3 个花果或果实，小枝上 2 个花果、果实。全树枝干共有 21 个圆环，7 个是原残片经拼对焊接的。鸟、果实、圆环均是修复、复制好再装接在树技上的。修复中使用了焊接、铆接、粘接、灌注等修复复原技术。

（杨晓邬）

【铁器锈蚀机理】 铁器埋藏于地下，氧化初蚀是以橙红色的氢氧化铁而生成的锈花出现，随着受潮湿埋藏环境的改变，继而与化学、电化学、生物腐蚀的相互作用，极易与潮湿空气、硫化物、氯化物及水之间发生反应。我们可以从铁器出土后，根据锈蚀颜色判定铁器与腐蚀物的反应物。如呈黑或暗褐色为四氧化三铁 Fe_3O_4，呈棕黄色为碱式氧化铁 $FeO(OH)$ 或水含碱式氧化铁 $FeO(OH)$ $12H_2O$ 或碳酸亚铁 $FeCO_3$，蓝色为水含磷酸亚铁 $Fe_3(PO_4)8H_2O$，白色为磷酸铁 $FePO_4$，黄色为三氯化铁 $FeCl_3$，淡黄色为硫酸亚铁 $FeSO_4 \cdot H_2O$，淡绿色为氯化亚铁 $FeCl_2$，黑色无定形为硫化铁 Fe_2S_3，金黄或黑色无定形为硫化亚铁 FeS。铁器的腐蚀原凶是氧化物，出土后遇到空气中的氧、水分会继续反应，如任其在较差的环境中存放，会导致整件器物的解体、酥碎。

【铁腐蚀程度检测】 铁器出土后先观察锈蚀状况，要尽快检测它的腐蚀程度，判定锈蚀铁器中是否含有氯化物，可以用硝酸银滴定法检测测试。也可以将铁器置于密封玻璃罩内，内放一杯水，铁器在潮湿的环境中吸收水蒸气，饱和后器表面如有棕色水珠析出，可直观判断铁器内含有氯离子，没有则无氯化物。再检测腐蚀程度，如有先进的 X

光透视造影设备检查最好，可以清楚地显示铁器内部结构与腐蚀程度。没有条件的可以用简单的探针法、磁性测定、密度测定的方法测定。

①探针法，是最简便的直接测试方法。一般多在清理发掘时，铁器刚露出土面，呈酥碎土锈状，锈蚀严重，不明铁器内部情况，贸然起取，会破碎无形。可用一根细探针向下刺探，一要探明锈层厚薄，二要了解铁芯结构。如铁器整体锈蚀严重，可采用箱套法取回室内处理。

②磁性测量，是利用磁铁测试铁金属质地结构磁性程度，来判定锈蚀程度的方法。铁的腐蚀物是失去磁性的，可以借用磁铁或电磁铁器来检测腐蚀深度及内部铁芯的完整程度。

③密度测量，是利用铁的腐蚀物比金属铁标准密度小这一特征，来判断铁锈腐蚀程度的方法。一般铁的氧化物密度在 $5.24 \sim 4.9 g/cm^3$ 之间，铁腐蚀物最小密度在 $2.5 g/cm^3$ 以下。铁的标准密度为 $7.86 g/cm^3$，如果锈层薄铁质较好，其密度在 $6.5 g/cm^3$ 以上。我们可以利用一容器，通过测量器体浸入水中的排水容积，来换算出铁器的密度，判定锈蚀程度。

【铁质文物综合保护技术研究】 详见附录二"首批国家支撑计划重点项目课题简介"。

【铁器的洁除方法】 首先要从铁器上除掉粘附的砂石、锈土等。可用去离子水浸泡散解表面的似锈蚀物状氯化物，或是被石灰盐类与陶土化合物粘附在一起的锈土，这些土没有金属性。如器物还存有铁芯，可用小刷子刷洗去泥土后，油污类杂质可用含有的2%苏打或钾灰水在水浴箱内煮除。如果探明锈层下有镶嵌的金银、松宝石的饰物，只能用刻刀、剔针、铜丝刷等机械方法去除。有条件的可在喷砂箱内，用极细的铁铅氧粉末，如雾状喷射来清除铁器上的泥沙、软锈等。去除器体内氯化物，可用水浸法，即在98℃去离子水内煮，或在超声波清洗器中40℃的5%倍半碳酸钠液中浸泡处理。浸煮处理后，可以采水样，硝酸银法测试氯化物是否排除干净。

采用化学药物方法清理，一定要慎重。如果存在少量铁芯支撑，主要为多层发锈，应避免使用电解还原法。表面锈蚀及硬结土锈的去除。可

用5%～10%左右草酸、柠檬酸等弱酸性溶液浸泡或加热沸煮，出现沉淀反应物时，更换药液再浸泡。经酸性溶液处理后，需用碱性溶液2%的碳酸钠或氢氧化钠溶液中和，蒸馏水浸泡。经处理过的铁器在红外灯下烘干，表面会出现新的黄色氧化物，应在无水乙醇中再浸泡2～3小时，取出后待乙醇慢慢挥发尽，再进行化学渗固处理。如果为膨胀的发锈，以刻刀剔除覆盖层，下面有褐红色或黄色生成物，说明内部还有腐蚀物，用稍弱些的酸性液体，如3%草酸溶液中煮1小时，然后以3%苏打水或钾灰水中和1小时，用去离子水浸泡洗净酸碱溶液，再以红外灯烘烤干燥。首都博物馆近期研制成功一种环保水溶性铁质文物脱盐清洗剂与一种水溶性可逆性复合封护剂配合使用，经对北京地区出土的数十件铁器清洗脱盐处理后效果较好。

【铁器稳定处理】 为增加铁器的稳定性就必须清除氯化物，传统铁器稳定处理是采用去离子水冷热交替浸泡，时间长达数月。采用5%倍半碳酸钠溶液在超声波清洗器处理，三天左右可以置换清除出氯离子，再以亚硝酸二环己胺、碳酸环己胺、无水乙醇以1:1:10配成药液，对其反复浸渗进行缓蚀处理。但对腐蚀严重的铁器易造成酥解破损。而采用丹宁酸为转化剂，将氧化铁和次氯酸亚铁转化为稳定的碳酸亚铁，形成保护层。该保护层可以对器物起到防潮、防盐、防尘的相对稳定作用。转化剂的配方：丹宁酸35g、磷酸10g、无水乙醇10ml、去离子水215ml。具体操作为，用软毛刷在铁器表面均匀涂刷，每天一遍，连续三天后，用纯水冲洗去残留药液，再用酒精涂刷一遍，然后在干燥箱内烘干燥。

户外大型铁器，终年裸露日晒雨淋，极易受空气中氧气、二氧化硫等腐蚀性气体和酸雨等有害物质的腐蚀。目前国内有用氟碳树脂对其封护处理，能有效地延缓铁器的氧化和腐蚀。

【酥粉铁器加固】 对于锈蚀酥粉，严重脱胎铁器的修复，主要靠减压渗透法处理。将清洗钝化处理过的器物放入负压装置内（详见设备工具篇负压装置），负压控制在10～20mm汞柱，采用B72或合成树脂进行渗固处理。加固先做钝化处理，传

统的方法即采用经稀释的磷酸或鞣酸浸泡，磷酸盐或鞣酸盐与铁作用，生成一层致密的保护膜，可以防止铁质继续腐蚀。然后化学加固剂很多，如对脆弱铁器可以采用35%丙烯酸酯类乳液或有机硅树脂等溶液浸渗加固。聚乙烯醇缩丁醛、氰基丙烯酸乙脂、微晶石蜡等按一定比例的药液稀释，均可对其加固。一触即溃几乎无铁质芯器物，为留存其型，可不作去盐处理，直接进行负压渗固，药液浓度要低，使其药液尽量渗透进内部深处，达到固化整体的目的。然后用红外灯烘烤，趁热浸涂液晶石蜡，用粗糙布反复揩拭使器表形成一层与大气隔绝层，最后做消光处理。

【破损铁器修复】　对于破碎铁器基本是靠粘接修复的，比如断腿、断角的铁牛、铁马等器，粘接前在对碴口处相对钻孔，粘接时内镶铁棍，增加断口粘接强度，粘接可用金属强力快干胶。对于铁器残缺部位，如器沿、器腹断残口锉磨出新碴，一面用塑泥围挡，用金属原子灰捏塑其状，补在缺处，或用铁质修补剂修补，固化后水砂纸磨平光，粘贴锈粉随色处理。再如器物三足缺一、二耳缺一、吊环缺损等可在同器相对应的耳、足部位翻制模具，灌制成玻璃钢的，补配到缺损处。熟铁打锻破损器物可以采取矫形与铁板补配焊接的方法修复。铁质修补剂是一种铁灰色膏状物。可用于残缺的粘接与修补，器物修补前应将补缺处用丙酮等溶液清洁处理，并具有一定的粗糙度。然后，按比例调拌铁质修补剂，膏状树脂与固化剂的（重量比）7.3:1，充分混合后刮补在器物缺损部位或缝隙内，随用随配，20分钟内用完，4

图2-25　铁甲衣补缀工作照片

小时后固化，24小时后固化与金属般的硬度相近，表面可以锉磨或刻纹。

【铁器消光处理】　采用手术刀等工具清除铁器土锈时，如经测试不含氧离子成分，将其收集在一起，用研钵研成铁锈粉。一般铁器在渗固封护后，表面会呈难看的深灰或紫黑色玄光，改变铁器原本色泽。用羊毛刷沾铁粉，涂刷一遍，再将粉末扫刷干净，立即恢复原自然铁锈色。

【铅器的腐蚀】　铅制器在夏代晚期遗址中已有发现，商后期铅礼器多有发现。而铅锡合金含铅量大，铅在空气中反应生成碳酸铅，即铅霜，在潮湿环境中继而反应生成碱式碳酸铅，即呈白霜状的物质，也就是铅粉，会使器体膨胀，结构疏松，任其发展整个器物酥粉为一堆灰白色粉末。铅制品修复首要的是消除这种白粉病害，阻止其发展。锡制品如果埋藏或保存环境差，器表会产生灰暗色氧化亚锡膜，间有成片的灰白色粗粒状氧化锡瘢。

【铅器的保护处理】　铅器洁除与病害处理，视其本身质地密度，与腐蚀物程度而定。常用的有电化学、电还原、离子交换树脂处理或以稀释的弱盐酸和乙酸铵两步法处理。两步法即用去离子水稀释浓度3%（溶量比）盐酸，将器物浸泡2小时，到无冒气泡反应为止。然后在加热的去离子水中浸泡冲洗干净，再浸渍到10%乙酸铵液中，处理2小时。乙酸铵是起到缓蚀与溶解器体内残留的二氧化铅作用。在去离子水中反复浸泡冲洗干净，再浸渗入乙醇或丙酮中，将水分置换出来，自然放置干燥后，采用2% B72丙酮液封护。或浸入的100℃沸蜡液中，浸渗封护。对锡、锌合金器物切不可用弱盐酸浸泡，因盐酸对锡的腐蚀较强。铅器表面碳酸盐锈壳可以采用离子树脂交换法洁除，如比较脆弱小型器物可以埋在离子树脂的颗粒中，注满热离子

图2-26　离子树脂交换法处理腐蚀较重的铅器

水，保持80℃水温，更换几次树脂，直至碱式碳酸铅锈壳和沉积物消失为止。腐蚀严重的铅器还可以采用电化学方法（锌与苛性钠）处理。极酥脆的铅器可用减压法，对其浸渗三甲树脂、B72 树脂加固处理。

【锡器的腐蚀物】锡器自身在低于13.2℃的温度下会发生锡疫，逐渐变成粉末状灰锡，早期锡器难于保存下来。故我们所见锡器都较晚，或多为传世民用锡制品。传世锡器长期与空气接触，表面都会生成一层灰暗氧化膜，对器物起着稳定地保护作用。而古人多以锡铸成贮酒器，酒壶类实用器。

【锡器的保护处理】传世锡器表面的灰黯色氧化物层，即自然生成的包浆，是时代久远的象征，洁除时仅对灰尘积垢用去离子水清洗或乙醇擦拭即可，不要伤及氧化层。出土锡器污染物可用电化学方法进行洁除，也可以用锌粉、氢氧化钠为电解质的电解还原处理。对于铅锡合金器如受到盐类局部污染表面会呈膨胀的发锈壳，如果表面呈硬皮状，即处于稳定状态，硬壳不宜去除，因为下面是极酥松的氧化锡，暴露的腐蚀物遇到空气激活，构成对整器的感染破坏，可用电解还原法处理。对于极酥粉的锡器，可用三甲树脂、有机硅树脂减压浸渗加固处理。也可以用透明塑料嵌埋的方法封存，即用聚甲基丙烯酸酯，有机玻璃嵌埋，需要取出时浸在氯仿中，树脂即被溶解掉。传世或出土锡器因质地软，挤碰易于变形，修复时一般用手按压整平即可，不易用金属器敲砸。开裂残缺处不能用烙铁焊接，应用粘接方法修复。

【珐琅器修复】珐琅釉是一种铅玻璃，所加不同的金属氧化物，涂在金属薄胎上烧制，玻璃釉呈不同色的不透明色釉。也就是在紫铜胎上将金属细丝用镊子掐成各种图案或纹饰，于花纹内外分别敷涂各种颜色珐琅药料，经烧蓝、磨光、镀金处理而成。珐琅器多为传世品，养护仅是对其积垢用去离子水或乙醇进行洁除。损坏现象极少，损坏原因是摔碰变形。修复主要是矫形，可将凹陷的坑窝垫在软铅砧子上，木槌轻击复位。缺失的填彩，用环氧树脂调色，对照所需修补颜色填色。填补掐丝的修复，选择同样细的金属丝，槽底抹快干胶后再嵌埋。珐琅有的还会开裂，脱离胎底，修复可用快干树脂胶浇注裂隙内，手压紧待胶液粘合，用釉色将胶痕遮住。

【中山舰修复】我国最大的可移动文物，一代名舰"中山舰"于1997年元月在武汉金口水域打捞出水，重见天日。2月19日在拖轮的推动下，前往武汉南华公司（湖北船厂）修复。根据国家文物局"修旧如旧，恢复原貌"的精神，1999年11月，在武汉市政府主持下，中山舰开始其舰体的修复保护工程，2001年12月正式竣工，恢复了1925年永丰舰命名为中山舰时的历史原貌。

中山舰原名永丰舰，是清政府于1910年8月向日本三菱造船所订购的一艘钢木结构的炮舰。该舰全长62.48米，最大宽度为8.99米，满吃水3米，排水量780吨。这次修复舰体停在船厂特制的船坞上，修复工程将主要设施恢复成1925年孙中山先生登舰时的样子，保留了1938年两处弹洞，望台左侧甲板上和左舷中部两个长宽各约1.8米的弹痕。舰体下部漆成棕红色，上部为蓝灰色。船头甲板一面平整，一面凹凸状。修复比打造难度要大，比如舰上机器都是英制尺寸，给维修工作带来困难，经过工人们努力，主机、锚机等均恢复了动力功能。这艘钢木结构铆接船共有9万个铆钉，其中修复了4万个，还有一万个采用"真焊假铆"方式。据资料记载中山舰原配8门火炮，出水时已荡然无存，修复人员根据采访中山舰幸存者后，按同时代火炮形制样式仿制复原。（摘编自《武汉中山舰博物馆简介》、《楚天金报》2001年12月24日）

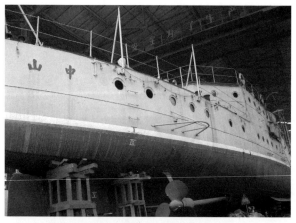

图2-27 在专用船坞上修复后的中山舰

〔石质文物〕

【石质文物的矿物成分】 详见质地材料篇"石质文物的矿物成分"条目。

【古玉的质地】 详见质地材料篇"古玉石的质地"条目。

【古玉石的品种】 详见质地材料篇"古玉石的品种"条目。

【古玉器的污染腐蚀】 出土的历代玉器，由于自身质地坚硬，所含化学物质大部分为硅、氧化合物，除氢氟酸能对其造成腐蚀外，具有耐强酸、碱性物质的特性。长年埋于地下，能处于极稳定的化学平衡之中，出土后依然如故。但是，含碳酸盐、磷酸盐、氟化物的玉器就极易受酸碱的腐蚀。如含碳酸盐的珊瑚、孔雀石，含磷酸盐的松石，含氟化物的萤石等等。又如玛瑙、松石自身具有微小的孔隙度和吸附水性，深埋地下极易被埋藏环境中污物颜色浸透，污染玉质原本色泽。随我国古代葬玉制度而附着于死者身体各部位的玉件，若所用的玉料为碳酸盐、磷酸盐质的，极易受尸体腐蚀酸的侵蚀，改变玉的质地。

【古玉器的洁除】 要弄清该玉器材质与腐蚀成因，采用相应药物洁除腐蚀物，一般未受腐蚀的出土玉件，土锈污染物用棉球、纯水擦拭很容易洁除。水难溶积垢，用中性的软皂水或 5%～10% 的氢氧化铵浸泡后，离子水冲洗干净。

【古玉器的修复】 古玉的修复，不仅仅是简单地将破碎片清洗、拼对粘起了事。合理采用茬口清洁剂、胶粘剂与粘接顺序及方法，首先对古玉质地要了解其梗概（详见"古玉的质地"与"污染物"条目），方可对症修复。破碎玉器的修复以粘接为主，先用丙酮或乙醇清洗茬口，因软玉的断碴多为参差不平，所以棱碴凹陷处的土锈一定要洁除干净，不然会造成粘接缝隙不严密而错位。胶粘剂要选择无色透明、速干、粘连牢固的胶液，以 AAA 强力胶较好，或用帕拉罗依特 B72（聚甲基丙烯酸甲脂）以及三甲树脂，用适量丙酮泡软或调成黏稠状，正规厂家产的 502 快干胶亦可，

滴涂粘接面，胶液不宜过多，用手挤压合缝严密，停一会待粘牢再松手，接缝处暂以热熔胶固定。逐块拼对至整体复原。早期古玉多为美色石，粘补缝隙处可以透明硝基漆调配准颜色后喷涂，以 1200 目金相砂纸研磨抛光处理。

图 2－28　汉代彩绘云气鸟兽纹玉枕修复前后
（中国国家博物馆陈仲陶修）

【金缕玉衣的起取修复】 1968 年在河北满城西汉中

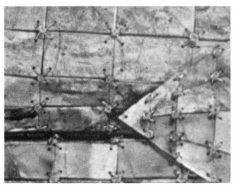

图 2－29　金缕玉衣出土原状及局部编缀

山靖王刘胜墓中，出土了一套保存完整的"金缕玉衣"与其妻窦绾墓保存的玉衣。其金缕玉衣全长 1.88 米，由正方形、长方形、三角形、多边形玉片 2498 块组成，所用编缀金丝重约 1100 克。玉衣由头罩、上身、袖子、手套、裤筒和鞋六部分组成。当年现场技术起取工作由中国科学院考古研究所技术室专家负责。一号墓玉衣起取，因陋就简，把玉衣从腰部分为上下两部分，分别用粗铁丝从玉衣下部轻轻插过，然后搭起，再分别置于预制的两件木箱之中。木箱内先灌注一层厚约 8cm 掺了稻草尚待凝固的石膏浆，并在其上铺衬数层麻纸隔离，再以稻草填实，钉上盖板。二号墓玉衣的连缀是丝带和麻布贴合而成，随尸体的腐烂瓦解而塌陷散乱，难于整体取出。采取现场照相、绘图、详见记录后，一片片地分层编号定位起取，然后装箱，运回室内修复。

【仿古玉作旧】宋代以来，仿制古玉盛行。主要有按传世古玉雕琢仿作，以古玉其形为依据，稍加变动其造型或将纹饰加以拼凑；仿照《考古图》、《宣和博古图》的青铜器图形，雕琢炉、瓶等玉器；将旧玉翻新或添刻花纹、加款等方法做仿古玉，再进行浸染做旧处理。

染玉作旧：分为血浸、药炼、油炼、琥珀烫等方法。主要方法有：①刻划斑点，涂腻子，或以琥珀涂色烧烤，称为"琥珀玉"，用硇砂、血竭、密陀僧与乌梅水在微火上慢慢煮，以药炼法做成或以沸油浸煎玉件的油炼方法做成，称为琥珀烫；②染赭红色的方法，火中烧透，放入猪狗腹中，称为"血沁玉"；③为掩饰瑕绺，猪血拌黄土泥，烤色的方法仿制"黄土沁"；④系用血竭、紫草、透骨草在火上煮仿古玉，放凉后用手反复抚摩，手心汗渍浸入玉内，称为药浸法；⑤用浓灰水加乌梅水煮，趁热取出冷冻出牛毛裂纹为"风玉"；⑥热醋拌铁屑碎石，埋入地下数月取出，为"叩锈"；⑦埋入活羊腿内，几年后取出沁入红色细丝，称"羊玉"；⑧置于狗腹中，埋于地下数年取出，称为"狗玉"；⑨以乌梅水煮，提油法上色，称"梅玉"或"水坑古"；⑩"硇提"法上色，使颜色沁入玉里，另外还有火烧旧"石灰古"，油炸果等多种仿古做旧的方法。

【石质文物无损检测】超声 CT（超声层析成像技术）是指根据物体周围的散射波反演物体内部结构图像的技术。由于超声波具有无电离辐射、对人体无害的优点同时又具有无损、直观、便捷的特点，检测精度高，结果可靠，可以为文物保护、修复提供有用信息，如：探测石质文物的风化程度、评价岩石加固效果、探测裂隙分布和裂缝灌浆深度，探测石窟渗水原因、研究彩绘和壁画的颜色以及分析颜料成分等方面的内容。

【石质文物腐蚀机理】露天环境中的大型石质文物，经自然界长年四季的风吹、日晒、雨淋等影响，使得这类文物绝大部分都程度不同地受到了损坏。石质文物的腐蚀机理有两种常见说法：其一，裂隙发育说，即石质表面有一些微孔和微细缝隙，当周围环境中水、气浸渗入这些孔隙中，由于气温变化、冷凝等原因引起裂隙中水、气的胀缩，产生的物理性变化，会逐渐造成孔隙的扩张、加深、增多。日久天长，石质表层就会龟裂、酥解、粉化脱落；其二，沙砾说，即石材质地是沙砾状小颗粒黏附组成，在自然界水、气和其他因素作用下，石质黏接体减小或失去黏接能力，造成沙砾岩体逐渐解体而脱落，最终分崩离析。

【石质文物的污染】在室内存放的可移动石质文物一般质地好的不易风化。而刚刚出土的石器，诸如新石器时代的石刀、石斧、石锄等工具，以至历代石雕艺术品、造像、建筑石饰件、墓志铭、小型碑刻等，出土时多有不同程度的破损污染破坏。石质文物因受地下埋藏环境的污染，水侵蚀盐类的结晶作用会发生粉化、变色、生霉、起甲、酥碱破裂，蚀孔等破坏。

【石质文物的洁除】由于石质文物的材质不同，处理的方法也不一样，首先要用简单方法对材质辨别它的耐酸性，就是对出土的石器表面滴上一滴浓盐酸，观察有无发泡反应。碳酸钙类石质对酸是极敏感的，如有发泡反应切不可用酸类溶液处理，应选用中性或弱碱性的溶液处理。而属硅酸盐类石质则无明显反应，若有难溶盐类沉积物，可用乙酸、柠檬酸等弱酸类溶液软化处理。这里我们对几种材质的石器表面污物洁除作一简单介绍。属同一类的花岗岩、玄武岩，石质坚硬无孔隙，器物出土后质地多处于稳定状态。如埋藏环境恶劣，由于花岗岩是偏酸性由三分之二以上氧化硅组成，玄武岩则是一种盐基性岩石，氧化硅含量占一半，表面极易沉积碳酸类或氧化铁、氧化硅类物质呈黑色硬壳（可采用激光清洁器机械方法去除）。洁除工作可用硬毛刷蘸 9:1 的四氯化碳、甲苯溶液刷洗，使黑色硬壳软化后再洁除，最后再用蒸馏水冲洗净药液。可溶性盐类的去除，放入超声波清洗器中，可以快速洗除。充分干燥后，最后以微晶石蜡渗渍封护。砂岩、灰岩质多孔类石器，表面腐蚀主要是由可溶盐类的结晶形成硬的沉积物，看上去仿佛是从毛孔里渗出的纤维晶状体，会使石面雕饰，文字模糊难辨认。洁除办法可用流动水浸洗，然后以硝酸银滴定法测试氯化物的排出含量，直至测不出为止。用纸浆饼包糊法也可消除可溶盐类，把软纸用蒸馏水煮烂，槌成纸浆饼，冷却后摊敷在石面，贴严，纸浆的水分被石头吸收，纸浆层外面干燥，内面略有收缩，石头面上就会覆盖上一层多孔物质，石头吸收的水分溶解的可溶解的可溶性盐类，到一定的时候，向外挥发在纸浆内形成盐壳，纸浆壳在 20 天左右换一次，反复处理 2~3 次，会把可溶盐吸净。将揭下的纸浆用蒸馏水溶解，用硝酸银法测试其可溶盐是否被吸尽。另外喷刷 50% 丙酮或 15% 氨水溶液可以洗涤去除石质表面污物土锈。

石面酥解或有贴金彩绘情况，必须先加固，可用各 50% 的乙酸戊酯与丙酮混合液，配 2% 的硝基纤维素溶液，刷涂石面渗固，使酥松的砂粒粘固，彩绘固定后，可以采用前面介绍的纸浆包糊法吸取可溶性物质。难溶盐壳可用 5% 稀盐酸作局部软化后用刻刀等工具机械方法剔除，再以蒸馏水洗净。碳酸钙石质慎用酸液浸洗，可先用一滴浓酸测试是否有发泡反应再定。如必用酸液软化局部盐壳，可先将周围石面用稀释清漆或三甲树脂封护。难溶的石膏、硫酸钙类玻璃结晶状盐壳，可用 100W 左右电烙铁在盐壳表面反复拭擦加热，结晶石膏物质受热膨胀解体，但温度控制不宜过热。灰岩类石器受热过热会生成石灰，不能用此法。大理石类是一种灰岩变质而来的，切不可用含油脂和酸类的溶液洁除，清洗剂可采用中性溶液。如氨皂液，用 100ml 蒸馏水配 10g 医用软皂和

1% 的氨水。另外，还可以采用 2% 的硼酸或 2% 氯亚明，以及 5%~10% 的氢氧化胺溶液清洗大理石质的文物器表。器面坚硬锈壳可用清漆将周围封护，弱酸软化锈壳后机械方法剔除，蒸馏水洗去酸液，去除周围的清漆。

酸性石质文物的处理洁除，可用一种水溶性除锈膏处理，这种膏状清洁剂是由二氧化硅、有机酸、表面活性剂等成分组成的。

【风化石雕的加固】严重风化酥解的可移动石雕刻文物，采用化学加固封护时，要按以下几条要求去做。第一，加固材料对酥化加固应有较深的渗透力，同时选择一些沸点高的液体做溶剂，使之易渗透挥发少，才能确保石器的有效保护。第二，采用的保护材料加固后的石器应具有较好的透气性和防水性。确保石质内空气、水分可以透出来，有一定的"呼吸"能力。第三，所用材料不应有亮光感，不然会改变石器外观。第四，所用材料耐老化性能好。第五，渗透加固时，石面温度不宜太高，应保持无风吹与相对适宜的湿度表面，至使涂液不易挥发，尽量使其向深层次渗透的环境。

严重风化，剥蚀不成形的酥松体，可用氢氧化钙溶液浸渗进酥松体内，隔两三天渗一次，浸渗三次。干燥后用的可溶性干酪素加固形成一层酪酸钙薄膜使酥粉化石颗粒凝结起来。也可用有机溶剂喷涂，然后置于常温下的二氧化碳气体中变干，反复喷涂多遍。随后再反复多遍喷涂碳酸钙，其后喷涂酒精，最后喷硬脂酸溶液。此方法可使石雕表面硬化复原。质地酥松的小件石刻艺术品，有条件的可用减压法浸渗。将器物用有机溶剂稀释的聚甲基丙烯酸酯类液浸渗。然后放在真空干燥器内处理，开启真空泵，造成干燥器内减压，使气泡从浸泡溶液的石器中排出，直到气泡完全停止。风化严重的砂岩石雕件可用 FS—101 水溶性加固剂向深层次渗固处理后，室内展出能保持五十年不变。以甲基三乙氧硅烷和甲基三甲氧基硅烷及四乙氧基烷和四甲氧基硅烷单体配制的乙醇溶液，再加上固化剂、促进剂。渗固后石质表面孔隙度、透气性能均好。大理石质文物有些会严重腐蚀呈呆白色颗粒化，用指甲可以抠下石碴。这类器物可用红外灯烘烤，灯的距离在 1m

以上，趁着石体的热度涂微晶石蜡与石油醚软膏。软膏即溶化，被疏松的石孔隙吸收，石油醚被挥发掉，继续涂至石蜡不再吸收为止。

可移动的石雕艺术品，出土时破碎、残损器物的修复，小件可以洗净茬口后直接粘接，粘接剂主要有 D—801 胶、914 快干胶、热熔胶，或以丙酮稀释 10% 聚醋酸乙烯酯稠液或三甲树脂粘接。较大件可钻内孔对插金属加强件或埋扒铜等办法，粘接后不易二次断裂。对于粘接缝隙大的可以采用同石质色泽的石粉，用树脂调拌成人造石腻子填补，对残缺部位的补配同样可以采用。人造石修补腻子配方很多，我们常采用的修补剂有 E44 环氧树脂与聚酰胺树脂各一半，丙酮调稀后加少许间苯二胺固化剂，再以适量滑石粉、矿物颜料调拌成腻子状，随用随调，尽快使用；以丙酮稀释乙酸戊酯，加 10% 硝基纤维素，拌入细石英粉调成油膏状用；或以聚醋酸乙烯酯、聚甲基丙烯酸酯类等材料，以丙酮稀释后加入岩石粉及无定形二氧化硅、颜料调拌成修补膏；以纤维素或经稀释的聚醋酸乙烯乳液调拌石膏粉，并调配上相应的颜料。以上几种修补膏均可以修补刮填石器的粘接缝与残缺部位。

图 2-30 北京房山金陵出土石椁的粘接修复前后

对于化石标本，如硅藻土化石，易碎裂、开层、卷曲变形。出土修复时一般采用树脂渗固处理。但难渗入内部深处，过一段时期还会继续暴皮、开裂。为防止继续风化，可采用 PE 热收缩薄膜封护。选择与化石外形周围尺寸相同的筒状膜，将化石套入封口，然后用电吹风机加热，保持一定距离，温度控制在 65~90℃，膜迅速收缩依附于化石上定形，结成一层透明保护膜。加热中可用针扎小孔向外排气。化石被薄膜封护后处于收缩力的紧固和微透气状态，便于长期存放。

【大型石质文物的风化腐蚀】 是指不可移动石质文物，如石窟寺、摩崖石刻、岩画、田野石雕、碑刻、石经幢、石阙、石牌坊、古建筑附着的石雕饰件等石雕艺术品。这些历代石质文物终年裸露在山野田间，长年经受地质环境、风沙、酸雨、霜冻、光照、生物侵蚀、植物根系、大气污染、干湿循环变化、人为破坏等众多因素的危害。尤其是就地取材，孔隙率大结构疏松的石质文物，及大理石、青白石、汉白玉等以碳酸钙为主的石质文物风化剥蚀严重。有的开凿在软砂岩、沙砾岩上的石窟渗漏、裂隙坍塌；有的石雕艺术品酥松粉化；有的碑幢断裂破残；有的立壁崖画受冷暖温差风化危害出现鳞片状剥落，有些岩片与母岩脱离形成空腔，长期积尘填充，极易杂草生根造成根系胀挤破坏；有的数层重叠鳞片状翘起卷曲，片与片之间呈白色酥粉末填充等等。

【大型石质文物的修复】 对于风化酥解文物的修复主要是选用适宜的灌浆材料，加固其坚固性与填补封护恢复原貌，使其延长保存寿命。如采用加强风化岩片与基体间结合力的透水胶粘层，与覆盖在胶层之上，面对大气环境的有机硅单体如甲基三乙氧基烷、甲基三甲氧基硅烷和丙烯酸酯混合涂料的复合保护层，其具有良好的透气性和高强度，大大地延长了崖画寿命。再如裸露于田野的角砾凝灰岩碑石风化酥解，可用聚甲基丙烯酸酯类材料加固封护。其灌浆加固材料为 51% 甲基丙烯酸甲酯、42% 甲基丙烯酸丁酯、4.6% 甲基丙烯酸、0.9% 二甲基苯胺、1.4% 过氧化二苯甲酰。聚合材料以 14% 甲基丙烯酸酯、86% 其他溶剂稀释。

砂岩风化,出现表面粉末化、砂粒化及片状剥落的风化现象。国内有用德国 REMMERS300(主要成分是硅酸乙酯)的加固剂,对风化严重的砂岩加固处理,能形成一种新的,抗风化的矿物质状岩石胶结物,渗透性能良好,能渗透到未风化内层,降低对水和其他有害物质的吸收。WD—

图 2-31　砌筑传统碑亭保护石牌

图 2-32　乾隆御制碑防风化保护

10 有机硅封护剂是以十二烷基三甲氧基硅烷为主体的长链烷基三甲氧基硅烷。是一种无色透明无毒的中性液体。操作时以 5% WD—10／乙醇溶剂涂施,工艺简便易行,其膜层有良好的憎水性,能抗多种腐蚀和有机溶剂。能防止霉菌的侵蚀。成都某文博单位用 FS—101 水溶性有机硅材料处理后的大石壁,在室内展陈质地应在 50 年不会变。

遍布于山川田野、寺庙院落里的大型石雕、碑石,在杂木草丛中斜歪倾立,遍体灰藓青苔、微生物等造成腐蚀,以及经上千数百年的日晒雨淋,石质疏松,表石酥解剥落,致使石刻表面越来越模糊粗糙,甚至面目全非。随着各级政府对文物保护工作的重视,各地投入了大量的财力将大批的田野石雕移到展厅或室内集中保护或展出,但有大批碑石无法移动的,则以青砖砌筑传统建筑形式或具民族特征的碑亭保护,尤其是文物景点,既保护了珍贵碑刻,又增添观赏景观。为防石雕表面寄生微生物产生的有机酸破坏,有关资料介绍,亚麻油和松节油调配的保护剂涂于石表面,被吸收后可阻止藻类、地衣、苔藓的生长,还可以阻止酸雨的渗入。化工部涂料研究所与故宫博物院合作研制的 SiO_2 有机硅中性溶剂,对大理石石雕防风化保护,具有优良的防水性与耐候性,并有较强的抗盐类破坏性。另外采用硅酸乙酯类加固剂可以恢复岩石原有强度,还可以与硅烷及硅氧烷有机憎水剂混合使用,其处理过石雕文物即有加固强度又有憎水功能。对严重风化酥裂石碑根据石质的性质,还可分别采用前面介绍的多种保护封固材料处理,这里就不多介绍了。

【石窟的病害成因】我国洛阳龙门石窟、大同云冈石窟、天水麦积山石窟、新疆等地的众多石窟均是受地质条件的影响,多为岩体裂隙降低岩石强度,造成石窟岩体的滑坡、倾覆、沉陷、崩塌、渗漏、岩溶。云冈、龙门等石窟所在山体岩石裂隙纵横交错贯通,直接与窟壁裂隙口相通。遇到连阴雨季,强降雨连续数小时以上,雨水渗入山体,沿各条裂隙扩散渗流入洞窟。长年漏水对岩体起着溶蚀作用,使石窟周围岩体、佛像等雕刻品造成大小不同的蚀斑、酥解,并会造成石窟岩体结构的破坏,雕刻品崩落,壁面、窟顶严重崩塌等。再如麦积山等石窟,山体的泥质胶结物中蒙脱石的亲水性，渗水使其发生膨胀，致使岩体裂隙的扩大，危及石窟安全。同时，岩体内裂隙渗水加速树木根系的生长，也会造成裂隙扩大，又加大了渗漏量。由于水在渗流过程中对盐酸盐、类岩体的溶蚀，在露出后水分蒸发，钙质沉积物附在洞壁、佛教造像的表面，严重影响石窟艺术品安全。

【石窟寺的病患治理】 对于大型石窟寺艺术品的修复加固方面，半个世纪以来我国文物工作者在洛阳龙门石窟、大同云冈石窟、敦煌莫高窟、天水麦积山石窟、新疆柏孜克里克千佛洞石窟、四川乐山大佛等众多修复保护工程中总结出众多的先进技术，首先是治理石窟岩体的滑坡、倾覆、沉陷、坍塌、渗漏等根本性破坏因素，也就是从根基上治理。治理方法主要是喷锚支护和高分子材料灌浆粘结裂隙加固危岩技术。"喷锚支护"是采用钢筋喷射混凝土与锚杆联合支护危岩，是借助于锚固在围岩内部的锚杆和喷附于围岩表面的混凝土或配筋混凝土这两种内外加固的手段，充分调动、联合和加强被支护围岩的承载力，从而使原来可能坍塌、剥落的危岩，转变成积极受力的承重结构或稳定结构。采用锚杆加固裂隙危岩强度高、隐蔽性好。首先要根据岩体的疏松情况与裂隙走向、危岩的荷载，选择合理的方向、深度和密度，结合裂隙灌浆材料等经试验成功，并在"不改变原状"的原则下方可实施。一般来说所用螺纹钢直径在 16mm，锚固深度在 0.5m 的承受力在 10 吨左右，基本达到钢筋的极限抗拉强度。这种方法在麦积山石窟、新疆克孜尔千佛洞石窟等加固工程中取得较好的效果，既稳定山体内部一定范围的危岩裂隙，又防止了岩体表面继续风化，保持了石窟环境的自然风貌。

拯救加固濒危石质文物、修补石窟寺裂隙的另一重要手段就是环氧树脂灌浆法。采用环氧树脂灌浆加固时，要根据具体情况，采取相应的措施，通常以压力灌浆的方法，可使环氧树脂渗满纵横交错的各个支权缝隙中。根据缝隙宽窄，选择碎石、沙子、石粉等适宜的填充料，调入树脂中，一方面降低造价，另一方面增加固化强度。宜选用 6101 环氧树脂为主剂，50% 稀释剂可用环氧氯丙烷、二甲苯混合液，以 10% 间苯二胺或乙二胺为固化剂，以 15% 苯二甲酸二丁酯为增韧剂。也可以 50% 丙酮、糠醛为稀释剂，15% 二乙烯三胺为固化剂。所选配方要先对所加固石裂隙质地结构，通过调整配方试验无误，方予实施。堵渗灌浆还可用硅橡胶、硅氧烷、硅酸钾、特种水泥等作石质裂隙填充剂。敦煌研究院与美国盖蒂保护研究所合作，针对沙砾岩的特性，研究了 PS—C 高模数硅酸钾—黏土材料，以无机材料二氧化硅为主要成分的硅酸钾水溶液，$SiO_2 : K_2O = 4 : 1$（C 为黏土）加入适当的固化剂和扩散剂，对天水麦积山石窟裂隙进行灌注试验，对多孔、强度低、孔隙率大的沙砾岩是一种较理想的灌浆材料。

石窟寺岩体化学灌浆加固施工温度选择是很关键的，依据岩体热胀冷缩的原理，温度越低，岩体收缩率越大，岩体内裂缝开度也就越大，这时灌浆施工，浆液很容易在裂隙中流动、扩散，达到所有裂隙内的最大饱和，灌浆效果好。

阻止雨水由裂隙口渗入裂隙，其作法是清除洞顶蓄水效果好的松碎地表层，做钢筋混凝土防渗层防止雨水渗入裂隙口，"表层铺土植草"。无雕刻部位壁面钻孔将水导出岩体之外，洞顶表面修建排水沟将水引导向无洞窟的区域。对石窟顶部前沿陡坡的处理，应铺设膨润土防水毯。

防渗治水也是石窟寺必不可少的治理工程，我国石窟治理，主要坚持"以排为主，防、排结合，疏、堵结合"的原则。造成石质文物古迹风化的一个主要因素是雨水、地下水、大气水的浸渗。这样，岩石结构中起凝聚力作用，含碳和钙材料的胶结物在长期受水的作用下而逐渐丧失，形态上疏松，造成内部渗蚀空隙增加，致使水分更易渗入，而逐渐加剧岩石恶化。加固与裂隙灌浆仅是治表，而防渗治水才是治本。古人在石窟防水保存方面作出了贡献，如敦煌、麦积山、云冈等各地众多石窟寺在洞窟前修建规模庞大的木构楼阁，这些依附窟壁的建筑物，对保护石窟的雕塑、壁画防日晒雨淋、防风化、温差变化的破坏起到重要作用。所以在不破坏环境景观的前提下在重点洞窟崖壁上方修建环境协调，简洁、具有与石窟寺同时代特征的崖棚、崖檐工程，可以阻挡雨水泥沙对石质文物的冲刷浸渗为宜。再者就是在崖顶前缘修筑拦洪墙，导水设施将雨水泥沙分流。对窟顶裂隙进行防渗处理，杜绝水的渗漏。山崖顶厚，石质坚固未有裂隙可不作防渗处理。

图2-33　宁夏固原须弥山石窟大佛崖檐保护措施
（摄影/何新宇）

【石窟防渗排水保护】　大足石刻的北山石窟原有31处渗水点在龛窟内形成滴水和流水现象。上世纪九十年代初，经过对其渗水治理，不再滴水或流水。采取的是以开凿排水隧洞为主，兼顾地面治水，实施了在北山石窟124号龛至169号窟之间全长45米的岩壁内，开挖高2.5米、宽1.5米隧洞，洞内最低点，低于石窟地面0.40米。在隧洞顶部布设170个孔径420毫米、孔深3~6米的放射钻孔。经过治理，逢到雨季渗水由隧洞排走，洞内出水点位多，流量大，治水效果明显，成为石窟治水工程的成功范例之一。

另外，大足石刻宝顶石刻区开凿的排污系统，据介绍功效也较明显。在圣迹池北侧距卧佛造像约65米处，开凿一深14米，直径1.2米的竖井（井底低于大佛湾卧佛造像地坪2.18米，使地下水更多地向竖井渗流，减少流向大佛湾的渗水），让宝顶文物区周围区域的污水，全部通过管道流入其内。再以此竖井为起点，开凿一条沿西北方向长200米，断面宽1.5米、高1.8米的隧洞，以3%的流水坡度逐渐降低向外排泄，并在排污洞尾部，设置污水处理池，使污水经过处理后，再流向下游。

【憎水性化学保护的危害】　目前，在石质文物表面保护方面，有机硅等化合物材料由于各方面的优越性得到了广泛的应用，能够在基本不改变文物外貌的前提下起到一定的防水和加固作用。这种材料耐老化性能不够，尤其是在岩石表面渗透性有限，喷涂在岩石表层产生的亲水/憎水界面会导致石材受某些应力而加速破坏。如用有机硅材料对野外大型石质文物进行化学保护时，由于岩体大多与大地相连，如果保护层不能透过水汽，带有可溶盐的水分会在保护层下随着干湿和冷热的变化产生压力，直到顶破保护层；如果化学保护层可以透过水汽，可溶性盐会在保护层下水汽挥发处结晶、积累、强大的结晶压力可以强行顶破岩石。这种破坏的主要原因，就是被保护部分的憎水性和岩石基底的亲水性在干湿过程中产生的物理性质的差异和界面应力。通过水在岩石内部的运移和相变过程，盐结晶、加热、冻融等加剧了表面保护层的破坏。这是由于保护剂渗透深度有限，岩石的强度越小，吸水率越高，越容易受到破坏，保护剂的憎水性越强，界面应力越集中，破坏速度也就越快。

在对大型野外石质文物进行表面保护处理时，保护材料的选用应谨慎。应选用渗透能力强，能达到相当深度以抗衡界面应力，或建立憎水梯度以分散界面应力，与岩石相容性良好的保护材料。

【乐山大佛的修复】　乐山大佛始凿于唐开元元年（713年），历经90年，于公元803年建成，距今已1200多年。高71米，头长14.7米，脚背宽8.5米。大佛处于亚热带湿润区，佛身建在强度不高的红砂岩上，历经数载饱经磨难，受到人类活动与自然环境影响及大气、酸雨侵蚀等危害，导致大佛风化严重。建国后虽经6次修复，仍是"黑鼻花脸泪眼"伤痕累累。2001年3月开始了一期工程的修复，以恢复原貌为主，第一阶段佛体维修，第二阶段作防风化保护、佛身排水、佛脚防水冲击等项目施工。其中佛体表面修补所用灰浆、膏，采用传统锤灰法制得，将石灰、细炭灰用细箩筛选过，麻筋用细竹条打成细毛丝，用手工锤砸反复敲打而成。首先清除佛顶螺髻处杂草、垃圾后，先用锤灰膏修补残破"头皮"、裂土，再用深灰色锤灰浆通刷螺髻三遍。脸、颈、胸清刷干净后，用锤灰膏修补残破处，再用肉色锤灰膏通刮腻子2~3遍，腻子厚度1~3毫米，达到原色效果，保持色泽一致。肩部去掉原不合理的水泥抹

图2-34　乐山大佛的修复"整容"
（图片来源：孙恕：《五亿元再造乐山大佛》，
《北京青年报》2001年4月4日）

层后，用三合土作基层，仿红砂石砂浆作面层，厚2至3厘米，表层作旧处理。肩、脚、莲花台在清除杂草后用三合土修补残破处，表面用锤灰修理平整，再刮原色腻子2~3遍，腻子厚度1~3毫米。最后还要清除佛身所有垃圾、杂草。总之是尽量采用传统的建筑材料，真正做到"复旧"。这一阶段的维修重点集中在大佛的头、肩、胸、腹等部位，历时近40天。经维修后的乐山大佛重现雍容大度的神韵。次年5月的二期工程，从北门沿凌云山崖修建一条栈道，直通佛脚平台；在前山门筑堤治污；维修核心区部分古建筑并加固危岩。佛脚平台拓展工程是保护大佛基座，防御江水对岩体的淘蚀和冲刷，同时拓宽游人活动的地域，保障游客安全。施工人员用钢铆桩对佛脚岩体作了加铆，并注入凝固剂，稳固了有裂缝的岩体，修建了防水墙。目前，佛脚平台已拓宽120平方米，整个平台的面积已增加到近300平方米。

（孙恕）

〔陶瓷质文物〕

【陶器传统修复】古陶器的修复是一门古老的传统技艺，人们在出土的五六千年前的原始陶器上已发现有修复过的痕迹。但是，千百年来传统的修复方法，只是对大众化的实用器修理而已，古代先民崇尚节俭，对用惯了的陶器，破损不严重的能修补的，请人修补能用就行。我国古代专门有"锔瓷"这一行业。唐宋以来，人们用重金购得像美玉般晶莹剔透的瓷器，如不慎将其打碎，会将碎片拾起，请那些在街巷中沿街吆喝的锔碗匠进

行修补。他们采用的是一种手动木杆瓷钻，钻杆垂直与平衡木板呈十字状，木板两端系牛皮绳，两绳的另一端固定在木钻杆顶端，两条绳盘绕在木钻杆上，用手动升降平衡木板，钻杆就会往复旋转。靠钻杆头的金刚钻头在裂缝两边打两排小孔，用铜丝或铁丝打扁制成的锔子钉牢。当时，用锔子修理陶盆、瓷碗的价钱很便宜，所以这个行业千百年来经久不衰，靠的就是一把金刚钻，俗话说："没有金刚钻，别揽瓷器活"，锔瓷这个行业一直延续到20世纪60年代初。古人对大型实用破碎陶瓷器以扒锔锔起来，缝隙用蛋清调拌生石灰填抹，经火烧结，越烧越牢固，而小件有价值的瓷器破损后也有以动、植物胶粘粘补补的，能用就行。对于前代传世品或珍贵精品瓷的修复，仅是少数皇家贵族、古玩收藏家们的事，则要请专门的艺匠来修复，所用的修复材料较少，方法简单，痕迹明显。我国一些少数民族地区，历代传承的民间古瓷修复技艺，因后继无人，到建国初期基本匿迹。

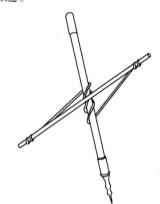

图2-35　瓷钻与青花缸的锔瓷痕迹

【古陶器的质地】详见质地材料篇"古陶器的质地"条目。

【历代陶质文物种类】我国早期发现的陶器，即在新石器时期河南新郑裴李岗遗址和河北武安磁山

遗址出土手制陶器，器形为盌、钵、壶、罐、陶塑羊头、猪头等，多为素面，少数器表面有绳纹、剔刺纹、划纹等，且质地松散、粗糙。磁山并发现一片红色曲折纹彩陶。之后在仰韶文化、大汶口文化、马家窑文化的遗址中相继出现了绚丽多姿的画彩陶器，以及人头陶器盖、猪形陶哨、鹰形鼎、人头陶壶、人头彩陶瓶。同时浙江河姆渡文化等遗址也相继出土陶塑人形、陶猪、陶羊、陶鱼。辽宁建平牛河梁、喀左县东山嘴出土陶女神头像、陶孕妇像等陶塑艺术品等。龙山文化时期的制陶工艺普遍采用快轮旋制技术，达到了极高水平。器形多为杯、豆、鬶、壶、鼎等，代表作有薄如蛋壳的高柄杯。烧制技术上能熟练控制陶器颜色，用"熏烟渗碳"的方法，烧制出光亮如漆的黑陶器。商周时期以后，除生活用器外，陶制品大量应用于建筑构件，如空心砖、方形砖、板瓦、筒瓦、瓦当、陶钉、井圈、排水管等。同时又用于冶铸的陶范、范芯。烧制陶质冥器的范围更广，仿造死者生前社会上有的，生活中使用过器物烧制。如陶宅屋、楼阁、作坊、人俑、伎乐、车船、井灶、家畜、飞禽、鱼虫等等。秦汉两代，秦始皇陵出土的七千兵马俑具有艺术生命力的雕塑群像，山东出土的陶乐杂技俑、四川出土的陶说唱俑等都充分体现出秦汉雕塑表现形式的写实风格，艺术家们忠实于它所存在社会环境与历史现实，创作出的艺术形象生动活泼，表情极富传神，充盈丰满的生命力。同时，高岭土与釉料的发现，代之而起的低温铅釉的釉陶、玻璃釉的琉璃砖瓦饰件等广泛应用。北宋以后，紫砂陶器的出现，到明中期发展为集壶艺、诗词、书法、篆刻为一体的茶具，成为茶文化的一部分。

出土陶质文物埋藏地下易被墓穴塌陷挤压破损、断裂，盐类侵蚀酥粉和器表污染覆盖凝结物。陶器的修复，考古修复要求不高，除珍贵器物外，陶鼎、罐、瓶、仓、灶等大量雷同器，一般由技工清洗晾干后拼粘，不用复原、补配与作旧，只要有大半器形，能测量尺寸绘图，甚至利用一面能摄影，供登记与发简报就足够了。遗址出土的残碎陶器大部分要进行复原修复，以石膏参考现有对应部位或同时期同类型器物修补复原，石膏不必作旧色，以示与原器体有所区别。对于上等级馆藏展陈品，修复采取粘接、补配、仿色、作

旧至复原。而科研修复则是对珍贵文物的修复过程中，利用多种检测手段，对其材质、制作工艺、对病理进行分析试验，多学科综合研究，取得专项科研成果的修复。

【泥条盘筑法】 泥条盘筑法是我国原始社会时期就已经开始出现的古陶器的制胚方法。将泥坯搓成长条，以螺旋的方式向上盘筑做成器形。另一种是将泥条圈起，一层层向上堆筑制成器形。螺旋式盘筑法做成的陶胚器形，有明显的螺旋纹。正视，有着明显的、有规律的间隔的线纹。

图 2－36 　泥条盘筑法制陶盆图示
（图片参考：中国历史博物馆编：《简明中国历史图册·第一册·原始社会》，天津人民美术出版社，1978 年）

【手工轮制法】 手工轮制法是古代制作各种圆形陶瓷器的方法，也称辘轳法。是将泥料放在转动轮盘上，用手拉坯制器，其胚胎规整圆滑，操作简便，适于拉制各种圆形陶瓷器。

图 2－37 　手工陶车轮制陶瓶图示

【石膏模制法】 近现代制作陶瓷胚形的注浆成型方法。一般称为"注胎法"。是将要制的器形用熟石膏翻制成外模，将坯料泥浆灌注模内，石膏将贴附模内壁的泥浆水分逐渐吸收，逐渐形成一层硬结泥层。倒出多余泥浆，器物形成空芯型腔，脱模后用泥浆粘接把手、耳、嘴、环等胚胎附件，修成完整器形后阴干烧制的方法。

【釉】 详见质地材料篇"釉"条目。

【古陶瓷的烧制质地】 详见质地材料篇"古陶瓷的烧制质地"。

图 2-38　古陶瓷烧制（《天工开物》）

【早期青瓷的烧制质地】 详见质地材料篇"早期青瓷的烧制质地"条目。

【早期白瓷的烧制质地】 详见质地材料篇"早期白瓷的烧制质地"条目。

【古代琉璃器的釉质】 详见质地材料篇"古代琉璃器的釉质"条目。

【古代粉彩瓷器的釉质】 详见质地材料篇"古代粉彩瓷器的釉质"条目。

【唐三彩烧制质地】 详见质地材料篇"唐三彩烧制质地"条目。

【陶器彩绘层】 详见质地材料篇"陶器彩绘层"条目。

【陶器清洗与洁除】 以陶土制坯，经烧制而成的各种器皿、砖雕饰件，往往以就地挖取素生土，不加选择土质好坏，也不加筛箩、沉淀，模压制坯等不精细因素，致使内部质地孔隙多，再遇埋藏条件差，极易受盐类侵蚀，出土时表面大多为腐蚀及污染物覆盖，凝结物主要是碳酸钙类物质或石膏、硬结土，以及硫酸盐、硅酸盐等类物质。质地差的出土时，多为破碎、酥粉。刚刚发掘出土的陶质文物，往往是在饱水状态下，不要急于用水冲洗，先掏净器腹内淤塞土，不然风干后硬结淤土很难取。取土时注意土内若有植物种子或食物残迹等应取出迅速放入塑料自封标本袋。器表附着、包裹的丝绸、纺织品、纸张、皮革等残片标本，揭取后用垫衬软纸，以两片相同尺寸的玻璃或有机玻璃对夹在其间，再用透明胶带将玻璃四边封粘。填写好标签，注明标本采集来源、时间等项目，待日后技术处理，以供有关专家考证研究。

　　陶质文物的洁除与表面清洗前，先要简单判断一下胎质烧制的火候，是否坚硬或糠酥。用指甲掐，表面有印痕或掉粉，说明胎质差或酥粉，不宜用水洗；还可以将其支起来轻敲，听声音的清脆或沉闷程度判定胎质好坏。如果陶质较干燥，用乙醇擦净一片，待乙醇挥发后，用舌尖舔，有吸附感说明质地好，无吸附感则烧的火候差。这类低温欠火候烧制的陶器，不宜用水冲洗，遇水易酥解。可用干刷子将陶片表面的泥土刷掉，难以除掉的污垢，用镊子夹棉球，蘸乙醇或丙酮易挥发液体擦洗即可。

【陶器彩绘层洁除】 在发掘工地遇有彩绘图案、朱砂、墨迹的陶器，首先是保护住纹饰，从墓底提取后立即用多层麻纸包缠，装入塑料袋内饱水封存。而潮湿封闭的环境极易霉菌繁殖。运回室内后，还应尽快清土防霉灭菌，洁除时特别注意，切不可急于用水冲洗表土。应采用竹签剔剥，如泥土疏松，可一点点剔除表土。如泥土湿黏度大，可先晾晾逐渐脱水。有条件可在恒温恒湿箱内调控脱水，考古工地无条件可装塑料袋内，不要封太严，留些孔隙挥发潮气让其慢慢地干燥。同时尽快对清出的彩绘图纹进行封固。采取药物熏蒸法对其灭菌处理，放置在干燥环境中就不会再生霉，也可以配以2%五氯酚钠/10%乙醇/88%蒸馏水溶液用医用喷雾器喷涂表面，重复2~3次。或用2%麝香草酚或0.02%霉敌对彩绘文物作防霉处理，效果较好。

战国、汉代彩绘陶器主要有两种结构，一种为生漆彩绘、另一种胶料彩绘陶器。秦汉考古工地常会遇到，表面彩绘图案下，会有一层薄薄褐灰色物质，有人称古人在绘彩前先涂一层猪血漆腻子。这类彩绘陶器出土后一般会急剧脱水，褐灰底层会皱缩、龟裂呈酥粉状脱落，继而使彩绘层也爆裂卷翘，并迅速脱落。此现象也是一直困惑文保界多年的世界性难题，秦俑博物馆与德国巴伐利亚州文物保护局合作，经对出土秦陵彩绘兵马俑及汉、唐彩绘俑等的保护研究，与秦俑彩绘层次结构进行剖析研究。确定了彩绘底层和褐色有机层的主要成分为古代生漆，彩绘颜料中含有动物胶和植物胶的成分。课题组全面、系统地分析了彩绘的层次结构、物质组成、彩绘工艺以及损坏机理。研究出两种保护方法：一种是用抗皱缩剂和加固剂（PEG200和聚氨酯PU乳液）联合处理方法，另一种是单体渗透、电子束辐射照固化（EB）加固保护方法，成功地解决了这一难题。在没有条件的情况下，应急的办法是控制脱水速度，以低浓度B72/丙酮溶液边置换水分，边固住颜料层，尽量不让其卷曲脱落。

【陶器彩绘颜料】详见质地材料篇"陶器彩绘颜料"条目。

【秦兵马俑彩绘颜料】详见质地材料篇"秦兵马俑彩绘颜料"条目。

【古陶字迹清理】在清除用朱砂书写的陶瓶、罐等器面、买地券砖类器物时，由于动植物胶质退化，字迹附着力很差，剔除表土稍有不慎，字迹笔画易脱落。我们清土时一般是三结合，即清理、加固、识读誊录相结合。清除以竹签拨土与清洗结合，即先剥土再以镊子夹棉球，在清水或乙醇中浸湿，从右至左，从上往下，逐字清擦，棉球沾满泥浆，换一团再擦。字迹遇湿瞬间鲜艳清晰易辨，此时应及时将字迹笔画誊临下来，不认识的古文字一定要忠实原笔画的临写，这是很重要的历史资料，待日后考证。同时再将字迹加固，用丙烯酸类单体材料进行浸渗保护，使原来模糊不清的字迹显得甚为清晰。采用2%~4%帕拉罗依特B72/丙酮溶液以滴管滴固字迹。或以乙酸乙酯/丙酮各50%，配入2%的硝基纤维素，先滴后涂，反复滴渗几次至字迹封固。字迹加固后，再用羊毛板刷蘸水刷洗余泥，字迹一般无损伤。放置逐渐脱水干燥后，表面也可以采用有机硅防护材料渗固。

【陶器硬结锈斑清除】出土陶器表面吸附的硬结锈斑，作为年代久远的象征。只要存放条件好，一般情况下可以不清除。陶器表面硬结的碳酸钙或石膏类物质的检查，可用5%的盐酸溶液在硬结物表面滴几滴，如发出"咝咝"的冒沫声，就可以接着用该溶液涂抹，用硬毛尼龙刷子刷洗，如果硬壳难溶将酸液加热至180~200℃浸刷，石膏硬结壳会渐渐变成粉状物，很容易刷洗掉。在砖室古墓葬底部，常见满铺一层白垩质积炭层，当初起防潮作用这类碳酸钙类物质，极易附着填入劣质陶器糠糟缝隙中，清除切不可用酸类溶液，会蚀毁陶胎。可用中性的5%六偏磷酸钠溶液去除。其他硬结物质也要对症下药。如硫酸盐类物质需要浓硝酸滴在硬结物上，待硬结物软化后，用机械方法剔除。硅酸盐类则用1%氢氟酸施在硬结物上除去。陶器中吸附的可溶盐类和用酸类处理过的器物，要用蒸馏水浸渍反复冲洗。对带釉的陶器，可用盐酸清除，切不可用硝酸或乙酸，以免腐蚀釉料，其他附着的污垢可用3%过氧化氢溶液去除。

【陶器的加固与封护】酥脆粉化陶器可用减压法将加固液浸渗入陶胎内加固。可采用多种渗透剂：

（1）2%~4%聚醋酸乙烯酯/丙酮溶液；（2）2%的可溶性尼龙/乙醇溶液；（3）2%硝基纤维素/丙酮溶液；（4）用稀释聚醋酸乙烯乳液可渗透加固经干燥处理后酥粉陶质。另外，釉陶器釉面酥粉用5%可溶性尼龙/乙醇溶液或4%~8%聚醋酸乙烯酯/丙酮溶液加固。以及低黏度氨基树脂浸渗加固，均可提高酥粉陶器的质地硬化，外观并无光泽变化。

【破碎陶器的拼对粘接】出土陶器破碎情况一般有两种，经发掘古墓葬出土的碎陶片多数易拼对复原，但被盗墓者扰乱的有些就难以复原。而古遗址出土的陶片更难以整体复原，往往要在大量的陶片中相互拼对，耐心的拼对茬口，有些陶片暂时与谁也不对茬，而拼粘几片后，会自然找到归处。粘接前将找茬拼对的陶片最好按先后顺序编好号，用丙酮、乙醇等洗净茬口，视器体具体破损情况，从底部或以主体先固定在砂箱内，将待粘接茬口向上，按顺序一片片对粘，抹胶要匀，相互对缝将胶挤实，余胶挤出即用丙酮擦拭干净，待胶凝固后再粘接上一片。初始缝隙挤不实，会给接下来的粘接造成乱缝，以致整体造成错缝，尤其粘到最后的陶片很难挤进去。出现错缝必须当机立断，用丙酮等溶液将干胶浸泡溶开擦净，再重新粘接。陶器的粘接材料很多，主要有硝基纤维素、聚苯乙烯、聚甲基丙烯酸甲酯等与丙酮稀释胶接剂，德国产速粘强力胶、台湾产40C6强力胶、914树脂快干胶、DG—4树脂胶、D—801水溶胶、GJ301、美国乐泰"401""415"透明瞬间快干胶等。粘接方便快干的还有热溶胶，这种乳白色棍状胶，在酒精灯上一烤即化滴在茬口上，迅

图2-39　兵马俑现场修复

速将陶片拼对，立即粘对，冷却即固牢，如粘缝错位可在火上边烤边调整。树脂胶固化时间在半小时以上，陶片拼对后可用一根寸带捆扎紧，以防错位。

【陶器的补配复原】破损陶器的补配，是依其残存部位形状或参考同时期同类器形将其对应缺损部位恢复原状，也是常规修复工作中占绝大部分工作量的一项工序。补配主要有石膏补配、树脂补配，陶配陶等方法。

【石膏补配】对大片缺损部位塑形，一般是采用陶塑泥片在相对应部位贴压成模，然后移附到缺补部位，调石膏糊灌注模内，石膏凝固后趁湿内外修平，用尼龙箩底或丝绢打磨平光（石膏干硬改用铜丝箩底打磨），往往石膏补块与陶器接缝处脱开，还需用快干胶粘牢后修平接缝。造型较复杂的，缺损部位可用橡皮泥、雕塑泥补塑复原，再翻制石膏内外模具，以石膏灌注模内，脱模后修去模缝线，将其粘在修补部位。对小片残缺可用毛笔蘸水再沾石膏，

图2-40　陶鬲修复
（图片参考：中国社科院考古研究所编：《考古工作手册》，文物出版社，1982年）

一点点堆补到缺口上，待石膏凝固用修刀修的与周边协调。如果以稀释乳胶或其他无色胶液调拌，配补后石膏坚硬，耐久性能会更好。一般考古发掘出土的陶器，残缺部位石膏补配复原后，作为整理资料及报告使用，故无须作旧处理。

【树脂补配】树脂补配，就是采用不同的树脂调拌成腻子，补配到残缺部位的方法。修补方法还是采用雕塑泥塑形，以石膏、牙科打样膏或油泥翻模，采用多种配方的树脂调拌砖粉或石粉及颜料，灌注模内造型，经修磨后粘到残缺部位。树脂腻子的配方很多，可参考如下几个配方：其一，100%（E—44）环氧树脂，按比例先调入15%丙酮稀释，再加增韧剂15%~20%，然后加硬化剂

8% ~10% 乙二胺，最后加 300% ~500% 经粉碎筛过的红或灰砖粉末。如果填料选用滑石粉，针对所补陶器色泽，红陶以铁红与章丹或铁黄，灰陶以钛白粉对铁黑等矿物颜料调配相近色；其二，100% 的 191# 或 306# 不饱和聚酯树脂，调入催化剂 3% 过氧化环己酮糊，促进剂 0.5% ~4% 的萘酸钴（根据季节，夏天气温高比例要小，冬天温度较低，比例为 3% 以上），填充料滑石粉、石英粉 120% ~150% 左右。以树脂调补陶腻子配方还很多。

【陶配陶补配】 陶配陶补配，可以选择颜料、形状、厚薄相近的碎陶片切割补配。形状复杂的缺损部位，可以烧制补配。塑形翻石膏模与前面讲的基本相同，再利用石膏模制陶坯，烧制而成后补配到缺损部位。但是陶坯一定要根据泥的收缩量应有所放大。以陶片补配，要选择基本相同的陶土，泥要经沉淀滤渣，捣捶揉泥后，石膏模内涂滑石粉，易脱模。将泥片在模内挤压成形，泥坯阴干后，在焙烧炉内低温焙烧后，温度一下升至陶坯烧透的火候，关火后随炉冷却，不可趁热取出，遇冷空气易爆裂。烧制好的配片用木锉刀修锉拼对碴口合缝后，粘接复原。缝隙不严处，调拌腻子填补，干后用砂纸磨平，最后随色作旧。

【大型东汉三轮陶马车修复】 东汉三轮陶马车上世纪八十年代出土于四川成都市新都区三河镇马家

图 2-41　大型汉代陶车马修复前后对比

山。出土时是一堆陶碎片。经四川省博物馆和新都博物馆文物保护修复工作者，数年艰辛工作，

从三千多碎片中抢救、修复出这辆陶三轮马车。

马高 117 厘米，车通长 150 厘米。马身长 97 厘米，车通宽 52 厘米，高 124 厘米。现收藏于新都区博物馆，时代为东汉。

【古陶补配技巧】 陶器的修复由于碎片多，一般很难一次粘接到位，又因形状各异粘接时固定不好会出现粘接错位。所以粘接时一方面要利用砂箱固定主体，或依器形用废弃的苯塑料，制作成依靠固定器型的垫具，再依垫具逐块粘附，不要急于求成。粘过部位可以用热熔胶或胶带暂时固定，或以制作布鞋口用的寸带捆绑，待粘牢后去除固定物。也可以用雕塑泥、油泥制成垫具以此修复。另外，无论采用哪种材料的补配，针对陶器的造型与陶纹都有一定的技巧。比如说，印纹陶上的几何纹或成组的对称纹，在该器主纹部位选择一组完整纹饰，用泥片贴压印模，用石膏或者玻璃胶做成印纹凸模，以此凸模在补配部位上压印出该纹样，所补纹饰与原器纹相临纹道衔接要自然顺畅。再如绳纹，选择与陶纹相适宜的麻绳用木棍缠绕成螺旋状，然后在补配位置上滚压出绳纹，滚绳纹时注意间隔位置与原器纹协调一致。对于釉陶的修复，可用丙酮稀释 AAA 透明胶粘接，如用"502"快干胶拼粘，茬口处应先用丙酮稀释 2% 的三甲树脂涂抹，树脂渗入陶胎内形成一层阻渗层，阻碍快干胶内渗而快速粘牢。

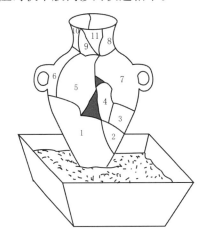

图 2-42　破碎陶器在砂箱内定位逐块粘接复位

【古陶随色作旧】 一般珍贵陶器或展陈品，对修复粘接缝和补配部位可进行作旧随色处理。补色可用丙烯颜料调配，传统所用酒精稀释虫胶漆汁，

调配矿物颜料，如陶器为粉彩或彩绘器，矿物颜料可选用土黄、钛白、松烟、红土子、章丹、朱砂等颜料调成细汁。用微型喷笔喷涂，或牙刷弹拨，一般参照原器色泽配色，初始色浅，由浅入深，层层相压，总的原则稍浅于该色，因为所补色逐渐会变深。再以白芨汁沾土粉，做出土锈。值得注意是，补色时每件陶色并不单一，如乍看都是砖灰色，稍加细辨，局部呈黄灰色、灰白色、黄橙色等色泽极为丰富，深浅不一。所以随色时，一定要与相临陶色相符，才自然。如是粉彩俑或彩绘图案的器物，先勾勒出底线再用毛笔描绘，最后再以白芨汁作土锈。釉陶补釉先做出底色，酱黄釉、绿釉、褐釉等均可直接用矿物颜料涂绘。最后以较稠的环氧树脂罩面，调配固化剂要减量，慢慢固化，造成釉面层下流淌状更加逼真。另外可用硝基清漆仿三彩釉、自然开片碎裂纹等，要针对所补器物原釉，酌摸着仿作。补做陶色也可用拓色法，扑子蘸色汁宁少勿多，把握以浅入深的原则，扑拓出色彩均匀自然。

图 2 - 43   彩陶修复拓色法

【古瓷器的修复】主要是拼对粘接、补配，残缺补瓷釉。如想粘接的好，一是用耐老化的强力胶，二就是技巧。拼粘后看不到缝隙，天衣无缝是很难达到的。破碎瓷器修复前首先是清洗。出土器一般用水洗去泥土即可，而传世文物附着污垢，可用洗洁精、消毒液、漂白粉等溶液浸泡，或以镊子夹棉球蘸稀盐酸轻擦冲口，再以清水漂洗。

1. 拼对粘接

清洗过的碎瓷片，粘接前要进行拼对。对破碎严重的，根据破碎片形状、釉色和纹饰相近的，先各自归一堆，眼观茬口形状相近的试拼对缝线，合缝无隙，将其放在一块，依次大体归出各部位散片。然后再按部位逐块细拼，拼对与下道工序粘接是一致的，有从器底开始，有从口沿开始，

具体要根据主体较大块的位置处于哪个部位而确定。拼对时注意不要碰掉新茬。每两片拼对合缝无误后，茬口之间做上标记，最好逐块绘成图形，标注上相临之间位置关系。以利于修复时循序渐进，依次粘对。破损不太严重的，可直接涂胶拼对，一步成形。粘接用胶必须是无色、透明、耐老化、可逆性好的。也就是粘接后尽量难辨缝隙，如粘接错位，重新粘接时易于溶洗干净。常用粘接剂有 AAA 透明胶、台湾修善屋牌透明胶、三甲树脂、钛得 3603 环氧胶、爱牢达快速环氧胶、"502" 胶、D801 强力胶、914 快干胶、E—44 环氧树脂等黏合剂。粘接时，茬口用镊子蘸丙酮或乙醇对其再次清洗洁除。粘接的顺序与前面陶器粘接相同，这里不多述。黏合剂要涂的均匀，缝隙一定要挤对严，粘缝胶未干，可用酒精灯或热熔枪将热溶胶点滴接缝处，暂时定位，待后再烫除。或以纸胶带拉固，油泥定位，帽带儿捆绑，就是不能错位，稍有偏差，必须拆开重粘。不然会造成接下来散片难以茬口对茬口，难以复原。挤出缝隙外的胶液，应当即用乙醇等溶剂擦净。

2. 补配

传统补配的方法有瓷配瓷，用云石胶直接补配或环氧树脂胶调石英粉、瓷粉、人造石粉等方法。瓷配瓷有两种，一种是选择与需修补的瓷器相同的碎瓷片经"杀光"去除新釉光后，经切割研磨补配在该器上，再填补缝隙，补色作釉。另一种是根据缺损部位，在有小型烧制用箱式电炉条件下，再烧制一片同样瓷片，然后补配上该器。补配片的制胎要预留出缩量为 15% 左右。瓷釉的色泽变化多样，还要根据不同的色变，选择不同氧化物与配方，再改变烧制火焰温度可以烧制出不同的釉色。一般瓷釉由五个方面组成，主要成分是石英即二氧化硅、氧化铝、溶剂、着色剂，和乳浊剂、结晶剂等。釉中熔剂是长石、氧化硼等，氧化铅用于艺术陶釉上。釉中使用的着色剂是金属氧化物。一种氧化物与主料配比，烧制火候不同颜色也不同。如氧化铜可烧成绿色、墨绿色、绿铜色釉；氧化铁烧成铁红色、棕色、褐黄色；氧化钴可烧呈深浅不一的蓝色；氧化铬可烧成绿色、亮红色、粉红色、深绿、茶色；一氧化锰烧成深浅不同的紫褐色；氧化锡烧成白色；二氧化锆可烧呈白色不透明釉。釉的配料不一样烧

开温度各不相同，一般在 900 ~ 1165℃。烧制后，用微型雕刻机切割打磨，对茬吻合后以弱酸杀去表面光泽作旧后，再粘补缺损部位。

这里还是简单介绍一下利用无色透明树脂调拌瓷粉制成的瓷腻子修补方法。选择犟力牌结构胶经调配或以 AAA 强力胶，对入较细的石英粉或瓷粉，搅拌成腻子状，瓷粉也可将旧瓷片砸成颗粒状，在粉碎机内粉碎，再经研磨成细粉。参照所补瓷的颜色调入相同的矿物颜料，再以牙科石膏或塑泥作衬模，挡在缺损部位内壁，清干净碴口，用小刮刀一层层填补平，固化后有收缩凹陷现象，还要填补平。再固化后用水砂纸蘸水细磨，打磨到手摸光滑无痕为止。现在有一种美国产陶瓷修补剂，因色较重不能用于浅白胎瓷器的修复，只能用于彩釉瓷器的补配。它是一种内含坚硬微小陶瓷颗粒的高性能耐磨的修补剂，黏度很高呈泥膏状，垂直表面修补不会塌落。树脂与固化剂的混合配比为 1:1 （体积比），1.05:1 （重量比）。使用时间为 45 分钟，不同温度下的固化为 12 小时 ~ 48 小时，固化后硬度可达肖氏 90D。有一种膏状无色修补剂，用起来较为方便。

直接以云石胶补配方便快捷。采用白色云石胶，胶体与固化剂以 20:1 的比例调配，补在残缺处 5 分钟左右即可固化，与瓷体茬口处需抹胶粘牢后，打磨平光便可喷色作釉。

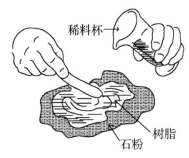

稀料杯
树脂
石粉

图 2－44   瓷器修补调配腻子图示

刮刀   牛角刮刀

图 2－45   刮腻子方法图示

补瓷釉传统的用料是丙烯酸快干色涂料，配以其他颜料，运用手绘线条与喷笔结合喷涂。或用透明度较好的硝基清漆、磁漆、环氧树脂、三甲树脂等仿釉料罩面，水砂纸磨光，揩出光泽。这些涂料修复后过几年会变色、泛黄。上海博物馆试验成功一种新型高强度仿釉涂料。在对辽白釉刻花葫芦瓶、明德化斗彩大盘、清康熙青花五彩大碗等几种单色釉瓷、青花瓷、斗彩瓷器进行的小样试验性修复中，证明这种新型仿釉涂料具有极好的耐候性、耐水性、致密性和粘结性，有较好的附着力，并且具有耐酸、耐碱、耐腐蚀、表面光亮、硬度高、装饰性强等特点。

【补瓷喷色作釉法】 喷色补釉一般适用于单一纯色釉的器物，使用微型气泵为气源，美工喷笔喷涂釉色。色料选用优质丙烯酸漆或硝基漆。第一步先作过渡层，也就是打底子处理，以增强仿釉层对修复部位的附着力。一般是用清漆与体质颜料、稀释剂调和后，用牛角刀刮涂于修复部位，先以 600 目水砂纸细磨，再反复涂刮补平，用 800 目水砂纸细磨，至完全平光为止。补釉时要仔细观察该器的釉色包含有哪几种基本颜色，比如青釉瓷器，釉色以豆青、土黄、青白等色组成，折沿、凸筋部位呈青白色、浅豆青色，所以事先要分别调配出这几种颜色的漆汁备用，并适当多加入清漆，以增加透明度，当漆汁色相互叠压融合时，能自然地接近釉色效果。用喷笔喷涂时喷嘴与喷涂面的距离要相等，行走速度要均匀，不要在一处反复喷，会把底子"咬翻"。接茬处如有明显接痕，可在接茬处涂稀料，将其采用轻轻晕开的渲染方法解决。每喷涂一层，待涂料完全固化后要用 1200 目金相砂纸耐心细磨，或用软布蘸粒度极细碳化硅研磨膏轻轻打磨，打磨后把表面擦干净，再喷第二层，然后再打磨再喷釉层，直至做到完全满意为止。釉层内存的杂质，小的棕黑色斑点，可在喷作最后两遍涂层前，用弹拨、点涂法拨棕黑色散点，点要自然，不宜多，不自然的斑点可以毛笔尖稍蘸点稀料轻点渲晕。有些单纯釉色喷涂是靠吹洒开的作法，要求是控制气泵为低气压，喷涂时去除喷笔笔针，漆料喷洒呈面状散开。也是要经过反复抛磨直至接近原器釉色为止。

图 2-46 青花瓷罐喷色釉图示

【补瓷随色】古瓷修复后的最后一关是作旧。古代瓷窑的烧制主要靠木柴，柴火烧制白釉中总带有些青，本身年代久远的旧色，现代是很难烧制出的，需要在修复的釉色中适当添加反旧杀新的物质，呈自来旧色，最后要靠人工细细蹭磨杀新处理。传世品，也有出土的，釉面变化常见有土锈、水锈、侵蚀等沉积垢。基本作旧方法可采取：土锈用稀释清漆、树脂胶、三甲树脂、"502"等胶液，牙刷蘸胶液点拨或喷在补旧部位，再用研磨过细黄土粉末对些白粉、少加一点积落微尘，扑撒在上面，用软毛刷或牙刷做成点斑状土锈，破布揩蹭呈自然状旧土锈。水锈同样喷拨涂料，扑撒滑石粉与配色粉末，趁着未干时，以稀酸物质刷涂，咬蚀分解生成反白水迹状。还有一作反银釉地子的作法，可用树脂胶加银粉喷涂或采用云母粉硅酸钠溶液刷涂，然后再以稀盐酸咬蚀出银釉效果。新补瓷要做出老光，可采用高锰酸钾调入松香水，滴入适量的硝酸，涂刷即可对新光"杀亮"。补绘描金图案可以用毛峰硬的细笔尖沾树脂胶在纹样处涂绘，用金箔纸贴上，以电烙铁熨烫平，揭下塑料薄膜，金粉留在图案处，再以尖刻刀修边。有一种金银笔，颜色纯正可以作为修补瓷器图案之用，但是时间长也会变色的。

【开片画法】开片也就是釉面呈现自然的冰裂纹，色浅发黄的裂纹称作"金丝"，色深较黑的称为"铁线"。修复中这种裂纹是靠人工勾勒画线的方法制作。画线采用狼毫小描笔，或自制的铁线笔。颜料采用丙烯酸基料调配。画线前仔细观察整个

器物上纹路的走向，勾画时才心领神会。行笔时不能有停顿，未端要有锋，线条略微比原线稍细，才能画的线条均匀而顺畅。线条稍有不畅的可以一支蘸溶剂笔尖修整，把画粗的减细，画坏的涂掉，边修整边用吸墨纸吸净笔尖。用笔尖修饰裂纹时增加了线条边沿渲淡效果，使裂纹真实感增加。绘画完线条，再喷涂外部仿釉层。

图 2-47 元代青釉三足炉修复前后

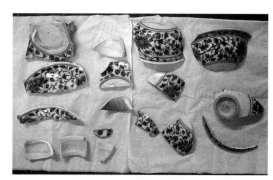

图 2-48 青花瓷盏托修复前后

〔古代壁画〕

【中国古代壁画的结构】 详见质地材料篇"中国古代壁画的结构"条目。

【古代壁画颜料】 详见质地材料篇"古代壁画颜料"条目。

【古代壁画的病害】 建筑物、石窟寺内壁画，由于长年受所处环境中空气污染、温湿度变化、日晒、雨淋、风沙与微生物、昆虫等侵蚀以及壁画所依附的墙体、地仗层材料等多种因素的影响，特别是古建筑墙基受地下湿气在毛细作用下蔓延上升迁移活动的影响，可溶盐随之由下向上、由里及表地活动而析出的硝碱，使地仗层逐渐粉化解体与支撑墙体分离；而墓室壁画则受埋藏环境中土壤内地下水的长年浸泡，水中所含酸、碱、盐类物质的侵蚀，温湿度变化、墓室塌陷、人为盗掘等破坏，均对壁画严重损害。一般壁画常见的病害有空鼓、起甲、酥粉、褪变色、表面污染（烟熏、积尘、霉菌与虫斑）、地仗层脱落、画面层脱落、裂隙、划痕等。

【古代壁画脱盐关键技术研究】 详见附录二"首批国家支撑计划重点项目课题简介"。

【壁画空鼓加固】 壁画空鼓是较为严重的壁画病害，是指壁画地仗层与支撑墙体或岩体间由于粘结性能丧失或减弱，导致地仗层和支撑体分离，而引起画面层开裂、鼓起，严重者会成片脱落。局部小片鼓起，以注射器针头向内部注射加固剂，注射剂应采用与画面层相同的加固剂，注射后在表面施加一定的压力，直至将地仗层牢固地粘在墙壁上为止。传统修复方法是采用干泥胶棍或硬杂木削制锚杆，打孔锚固。具体方法是先在画面的空隙处，钻约1.5cm、深约20cm小孔，用聚醋酸乙烯酯乳液调黄土细砂，滚成泥条晾干，或以硬杂木削出带倒齿的木锚杆，略小于孔径和长度的干泥棍或木锚杆表面涂抹白乳胶，插入孔内，靠泥条、木棍将壁画层与墙体结构粘牢。填空部位修补平，最后随色作旧。

另一种方法是利用"灌浆回贴"技术治理壁画空鼓。其方法先检查空鼓范围，用右手食指关节轻轻叩击，找出空鼓范围，再确定注浆孔位置。开注浆孔，尽量选择画面无绘画线条处或裂缝、画面层脱落处。孔径在1.2cm左右，注浆孔应呈三角形分布。钻孔用手摇钻或手拧钻头为宜，钻透到空鼓部位；注浆前将画面采用宣纸或纱布，涂桃胶粘贴保护，再将空鼓内松散地仗和墙面，通过医用透明输液管深入内壁，注入加固剂，待固化后开始灌浆。灌浆用较大的针管注射器，由下向上依次灌注配制好的浆液，用手叩击听声是否为实声，凡空虚部位都要灌到。灌浆时对壁面贴敷二三层吸水纸，将渗出的湿液吸附，每天换2次吸水纸，加速地仗层与支撑体的粘固。空鼓面积大、病害严重的为了增加强度，可以结合上述介绍的锚杆固定法，锚固补强。灌浆结束后，封堵填补注浆孔。选择原壁画地仗、画层面的相同材料，以丙烯酸乳液调配泥浆，用窄皮灰刀填实刮平，与壁画面层同一平面。最后以矿物颜料，调配取补色。处理过程中，如空鼓内腔有松散碎石、沙土要想办法掏净。另外还要做好支顶防护，防止灌浆过程中壁画层潮湿而外胀或脱落。敦煌研究院科研人员采用这种方法曾在甘肃、西藏布达拉宫、罗布林卡等部分古建筑修复空鼓病害壁画中应用。灌浆材料用的是以高模数硅酸钾PS溶液为主剂，粉煤灰和红、白阿嘎土、澄板土为填充料，氟硅酸钠为固化剂的无机灌浆材料。这种材料的特点是灌注时流动性好，强度适中，收缩率小，具有良好的透气、透水性。近年，针对古墓室终年处于潮湿环境中，空鼓壁画修复时，甘肃省博物馆科研人员研究出在灌浆材料内应掺入一定比例的烧礓石材料，该材料在潮湿环境下具有良好的粘接性，保湿时间越长，粘接强度越好，配入适量的矿物纤维与沙土等材料，此材料修复加固后的壁画地仗层具有良好的透气性。各地壁画结构材料与所处环境不同，灌浆材料应尽量选择与之相适应的，兼容性能好的材料，加固工艺上要视具体情况灵活掌握，整个工作均应自上而下逐块进行。

【壁画酥碱加固】 壁画的画面层和地仗层严重起甲、酥松脆弱的，不能直接清洗与揭取，应先对其加固后再揭取。对地仗层应以针管向内层注射加固为主，采用稀释的白乳胶或聚乙烯醇注入，同时配合烘烤，使水分尽快挥发出来，要反复多次注入，使地仗层有一定的强度为止。画面层喷涂加固剂，采用 B72 丙烯酸树脂为宜，以甲苯作稀释剂，易于渗入与挥发。操作中严格控制加固剂的浓度、用量，初始二遍浓度要低，以 0.5% 为宜，便于向深层渗入。待挥发后再以 1%～3% 逐渐增加浓度喷涂。

图 2-49　壁画酥碱采用针头注入加固

【壁画揭取】 壁画的揭取是将地仗与画面层剥离开支撑体，经修复后再恢复原状。剥离主要有分块剥离法、锯取法、拆取法、震取法、撬取法，对于画面剥离支撑体后则要以框套法和揭布法来完成。古墓葬壁画揭取修复后，多为异地保护。采用的方法有壁画与墓葬整体搬迁，或仅整幅壁画连同墙体切割后搬迁，一般多为分块揭取画面层后迁移回室内修复。建筑壁画的揭取多为古建筑迁移或落架大修，暂时揭取迁移修复后，再归复原壁，恢复原貌。石窟寺壁画主要以现场修复保护为主。

【墓室壁画规范化保护修复】 陕西省考古研究所文保人员针对墓室壁画的结构及材质特征，传统保护修复方法中存在的不足及所用保护材料的缺陷，制定出规范化的壁画保护修复工艺流程，选择了具有优良性能的"轻型蜂窝板材 + 丙烯酸类黏合"系统，取代"铝合金框架 + 环氧树脂黏合支撑体"系统，完成壁画保护修复的工艺。获 2004 年度文物保护科技创新奖二等奖。

其规范化工艺流程如下：（清理揭取程序）考古现场原始记录→画面预处理→确定分割线、制壁画夹板→烘干→加固、封护→涂胶→贴纸→贴布→烘干→切割画面→揭取→包装运输→室内暂存；（修复程序）壁画画背清理→画背加固→粘贴化纤网纱→去除画面贴布贴纸、清理画面→粘接支撑体→修整画面→填补缺失、补色（根据实际情况和具体要求）→封护→支撑体背部加标牌→展陈或入库保存。

【古墓葬壁画清理】 一般来说发掘人员从墓葬清理开始，如发现有壁画，应立即由保护修复人员介入随工清理、画面加固工作。首先沿画面层清理土方，向下逐层清理至画面，画面清除泥垢，可以用竹刀、竹签剔剥，软毛刷清。附着湿黏泥土根据地仗与画面层的牢固程度，视其质地可用挤压瓶，喷水冲洗。也可用镊子夹棉球，蘸稀释封护药水轻擦画面，药水轻擦时一方面洗掉泥垢，另一方面药液渗透地仗层，置换壁画层内水分，引导加固剂内渗，加固地仗层。每清理出一片画面，都要及时喷涂封护剂。当前国内外主要用 2%～4% Paraloid B72 甲苯或丙酮溶液渗固和封护壁画层。先喷涂两遍 0.5% 该溶液，以此作为向深层渗透引导液，并暂时封护住艳丽色泽。初始浓度要低，易于将固化剂引导入深层，将水分置换，溶液又易于挥发。接下来继续清理其他画面，每清出一片封护加固一片。清理出全部画面，再以 2% B72 溶液喷涂 3～4 遍，护住颜料层的同时，促进药液尽量内渗，增加地仗层内部的黏合力，用细针扎进，硬度不够继续喷涂，凭感觉试探加固到适当硬度。每遍药液喷涂后，同时采用烤笼烘烤，待药液与置换出水分充分挥发后，再接着喷下一遍，如连续喷涂，药液饱和会在画面层形成白蒙状，改变了画面色泽，很难去除。待画面自然脱水后干燥一些，再以 4% 药液封护两遍。封护后用中指关节叩击硬壳层，关节有痛感，即可揭取。注意该药液喷涂时要戴防毒面具操作。

这里提示一下采用其他加固剂应注意，以往多以稀释的 1%～2% 聚乙烯醇缩丁醛的乙醇溶液喷涂封护画面层。此液在壁画面潮湿状况下，渗透加固很好，但是浓度不能高，地仗层如有一定的湿度，不能干燥，否则画面也会反析出一层白雾状膜，破坏了画面颜料色泽而且很难恢复。用该溶液加固过的画面层，修复时如用乙醇洁擦泥污时，乙醇尽量少蘸，多了渗入地仗层会软化缩丁醛树脂，致使白雾状膜外渗，更难处理。而聚醋酸乙烯酯/丙酮配液，在加固修复干燥壁画面还可以，在对潮湿地仗层加固时，丙酮液内渗，聚醋酸乙烯酯被阻在画面上，形成一层膜，一擦即掉。还可采用聚乙烯醇在沸水中溶为稀液，对地仗层也可以起到加固作用。对于画面酥碱、起甲、空鼓的画面，一触即脱处，喷涂封护剂的同时用注射器向地仗层内注射加固剂，增加地仗层与画面层的强度。

图 2 - 50　古墓壁画现场喷涂 B72 加固封护处理

【临摹拷贝】 墓室壁画经现场清理、画面加固保护处理后，需要临摹拷贝后，方可揭取。临摹拷贝工作一般由经验丰富的美工进行。按程序第一步是过稿。采用透明度很强的涤纶纸（PETF 聚酯材料），将原壁画的轮廓结构、原笔画、原线条、原艺术表现手法、原精神准确无误地拷贝下来。用碳素笔按原壁画线条笔画、粗细变化描画下来。如不是线条或没有骨法表现的地方，以及画面残缺脱落处，均用较细墨线把轮廓勾描下来。严重风化、模糊不清的地方，勾描出轮廓，用相素较高的相机拍照后，在绘正稿时预似参照修补，但不能臆测添笔。

正稿，是将 PE 涤纶拷贝片上的线条忠实地过稿到预制好原大的石灰地仗层（带框架板）或熟宣纸上。开始"落笔"即白描，用笔一定要好好体会原壁画的笔韵，即线描技法，起笔、运笔，掌握好抑扬顿挫的用笔规律，做到气贯笔韵、笔道顺畅。可以将现场拍的数码照片局部在计算机上放大，反复琢磨后再动笔。完成白描后，即着色与作旧。根据摹品需要，如有用墨渲染打底子的部分，用焦、重、浓、淡、轻不同墨色，渲染出的浓淡变化，墨晕一定要染够，再上画面颜色。

上色也要多次晕染，层层加重。达到色墨融合，墨中有色，色中有墨，整个画面色彩浑化，不浮不滞。最后经作旧处理，达到出土时润泽、和谐，富有层次虚实、沉着的质感。完成的这幅临摹品一般作为陈列品展出或原壁画揭取回室内修复时的参照物。

【古墓葬壁画层揭取】 就是将壁画层从墓壁体上完整地剥离，一般分为套框法和揭布法。选择那种方法要根据地仗层与支持结构来决定。比如土壁或地仗层较厚的可用套框法，而附在砖壁或石壁上，地仗层极薄，或薄如蛋壳的白垩层画面，只能采用揭布法。根据画面分割成若干幅，画面分幅的原则单体图案要整幅完整，分割线要避开图案。画幅大小既要考虑揭取方便，又要照顾画面内容，在修复拼对时不会改变原状。揭取前要拍照与 PE 透明塑料纸临摹拷贝，仔细纪录分块位置图。注明各分块间的相互位置关系，待修复时拼对参考。画面揭取前还要贴一层绵连纸保护画面，粘贴用有机材料桃胶熬制，可逆性好，也就是修复时用热水可以轻易去除而不伤画面。可用一种 $35g/m^2$ 极薄的无纺布纸，透胶性好，且易贴实，干透快，修复时易揭取。每贴一幅，即用小棕刷刷实排气，不实处可用棕刷蹾实。干透后如有未贴实处，可用针挑破，排出气后再用胶刷反复抹，胶水渗过去贴牢。下来再贴一层揭布，如以揭布法揭取的话，裁布的四边要比整幅分割线宽出 6～8cm，将揭布贴实在绵连纸上，宽出部分暂不要抹胶，揭布一般采用粗纱豆包布。揭布贴实后要用木炭烤笼烘烤使之干透再揭取，烤笼是根据画面大小，用不锈钢板自制的一个扁方箱，盖子可以开启，添加木炭。也可以用红外灯烤，但红外线辐射穿透力强，会透过地仗层将泥背烤的坚硬，给揭取造成很大难度。此后还要作防霉变处理，一般采用 2% 五氯苯酚钠/乙醇药液喷涂一遍。

揭布法是锯裁一块与画幅同样尺寸的五合板，用白乳胶粘一层 2cm 厚海绵，将揭板靠上画面，然后将预留的布边，翻贴在揭板四边，胶未干可用图钉固定，这样画面层就有揭板为依托。然后用薄钢条揭刀从背面剥离地仗层，揭时从上向下，地仗层剥离后，逐渐将揭板向外倾斜，地仗层完全靠在揭板上，放平。再将背面泥土刷净，贴一层无纺布，待干后覆一层海绵，以同尺寸五合板夹盖，铁丝捆绑牢固运回室内待修复。同样方法逐幅揭取。如果画面层极薄，剥离支撑体时稍不注意会将画面破坏，剥离时就要用手术刀，油画刀等薄刃工具一点点耐心地剥，不可操之可急。有的砖室墓葬壁画，为保画面完整可以采用拆取法，就是将背砖逐层先剥离画面后拆掉，每去除4~5层砖时，防止裸露地仗层脱落，可以先用无纺布纸暂先贴固，或垫海绵，用同样尺寸的五合板夹着，细铁丝暂时捆绑。接着剥离4~5层砖再夹固一次，直至整幅揭下，再换整块背板重新加固。

套框法适用于墓道土壁支撑体或泥仗层较厚的壁画揭取。可以大画面整幅揭取，对画面保护较好。套框法是根据画幅大小，提前用木条制作成木框，裁两块同框边尺寸相同的五合板，一块钉在框上，内贴一层海绵。在分划好的画幅四周挖沟槽，槽宽与深度略大于框条尺寸。将框竖立套入，画面压实。套入框内部分与背面墙体剥离，土壁可以从框外两侧掏挖，土壁与画面挖离。画面向下将框体放平，盖上背板，以螺钉固定或铁丝捆绑，不可用手锤钉，敲震会破坏画面。然后可运回修复。运回室内后地仗层背泥应尽快趁湿剥离，放在干燥通风处，防止生霉。古建筑与洞窟壁画，除迁移与落架大修外，很少揭取。多以清洁画面，对酥碱、起甲、空臌、脱落画面修复加固与封护。揭取迁移方法略有不同处。

图2-51 壁画分块剥离揭取

【古建筑壁画迁移保护】古建筑壁画一般情况下应原地修复保护。但古建筑如遇整体搬迁，落架大修等情况，必须先将壁画揭取，保护修复后，再

安装归复原壁。

古建筑壁画的整幅面积都较大，需要分块揭取，面积小的可单块揭取，面积大的要分块揭取，每块以1~3m² 为宜。一般墙体整幅壁画，应分为上下两层或三、四层揭取。揭取前采用PE聚酯薄膜做好过稿临摹，并登记分块位置编号、绘制相互关系图。如画面层严重酥粉，可用稀释的聚醋酸乙烯乳液渗固或以1%~3%的B72/丙酮溶液、2%的胶矾水喷涂加固后再揭取。揭取时画面用40%桃胶水贴一层棉连纸或白纱布进行保护。

揭取的方法基本采用套框法或揭布法，具体视地仗层结构与支撑墙体材质而定。可以结合拆墙、撬取、震取、锯取等方法，使壁画层脱离墙体。具体方法详见壁画揭取。运回修复室进行修复，修复后应在背板上设定底托，采用新型蜂窝铝板或轻铝龙骨做成十字格式的框子，便于安装回原壁。安装到原建筑物内原来位置时，应先根据建筑物的结构情况，在墙体下肩以上安装悬挂壁画的轻铝龙骨支架。金属框架均应涂刷防腐漆。支架是由若干立柱和横向撑杆组成，立柱需要与建筑构架连接牢固。然后按编号顺序，根据壁画分块关系尺寸图，一块一块地进行安装。将壁画背板底托与轻铝支架的撑杆连接，反复核对无误

图2-52 经迁移复原的永乐宫壁画

后，再将框架固定牢。分块拼合成整幅时，接缝处用灰泥膏填补，并适当补线和补色，但不许擅自添加与改动。

【壁画的修复】 运回修复室的壁画，将画面朝下，平放在工作台。应先清理地仗泥背层，将局部泥背润潮，便于剥离。再用油画刀或手术刀一点点将泥沙剥离，棕刷扫除干净，保留画面的灰膏层，约 1～3mm。以揭取时采用的同样加固剂，浓度略大一些，在 2%～4% 之间，反复渗透加固至达到适宜的硬度，以探针难以扎透为止。修补残缺与找平，所用的材料尽量与原地仗层一致。也就是用淋过的白灰膏，将麻丝在石臼中反复捣砸烂后掺入，放置数月再用最好。用时掺进稀释的聚醋酸乙烯酯乳液。先在地仗背涂刷一遍聚醋酸乙烯酯乳液，再用小泥抹将白灰膏修补残缺找平。然后贴一层网眼布，上面再抹一层灰膏，网眼布或麻布为地仗层中加筋，增加强度。网眼布留出四边，拼幅时，接缝处背面互贴为一体，如果是整幅画，可以在预制的画板框四边贴固整幅画用。背面固定在画板上后，翻过来，去除套框或揭板，用毛刷蘸热水刷涂，清除画面贴的无纺布纸或绵连纸。可以采用激光清洁器清理画面霉斑、泥垢，修复勾绘接缝处画面，揭取脱落的散片要依据照片与拷贝临摹的原始部位贴复，并适当补线和随色，但不许擅自添笔和改动。酥碱画面还要再次加固。国内外普遍采用的以高分子材料刷涂。以往传统的修复采用环氧树脂贴玻璃纤维布做成玻璃钢底衬层，虽对大幅画面整体托固较好，轻薄易于搬动存放。但是树脂耐老化程度一般在 20 多

图 2－53 陕西历史博物馆文保科技术人员正在修复壁画

年，会给二次修复带来一定难度，现已不再采用。所用材料必须要考虑到可逆性，易于将来去除更换修复地仗层。现多采用了"轻型蜂窝铝板材＋丙烯酸类黏合"加固支撑体系。壁画依附该背板加固不仅重量轻，整体刚性强、不变形，便于搬运与展陈。还具有在对前一次修复过程中出现的问题可行修正的功能，能对壁画的再次修复与保护处理。

【壁画的加固封护】 在壁画的现代科学保护技术中，高分子封护材料的应用是个关键问题。对起甲、脱落壁画的修复方法及其材料的选用，应具备以下这几个特点：第一，要求材料无色、透明、不反光、操作简便，可重复使用；第二，稳定性好，至少数十年以上不发生明显老化，耐酸碱，抗污染；第三，渗透能力强，渗透的深度能保证不会与表面风化层一起成片脱落；第四，形成的防护层风化能力强，要有憎水和抗水性，但要求有透气性；第五，保护层有一定强度，不会因材料的收缩应力而产生微裂隙，另外，还要求尽量耐磨蚀强度好，要有防霉、防生物风化的性能等。日本在二十世纪二三十年代采用有机玻璃溶解后的乳液加固壁画，其后用脲醛树脂、丙烯酸树脂修复起甲脱落壁画。二十世纪六十年代埃及对墓葬壁画起甲采用 N—羟甲基尼龙加固。近年来用于壁画修复加固的合成树脂有醋酸乙烯酯、聚甲基丙烯丁酯、聚乙烯醇缩丁醛、三甲树脂等无色透明材料，能溶于甲苯、丙酮、乙醇的有机溶剂。目前国内外修复加固壁画用得最多的 Paraloid B72 树脂，它是一种丙烯酸酯和甲基丙烯酸酯的共聚物，以丙酮或甲苯为溶剂，稀释浓度 1%～3% 效果最好，喷涂加固壁画。国际上广泛应用还有 Binder—18 水溶性丙烯酸树脂，为降低表面张力常加入 5% 的乙醇，它的浸透性能优良，可以直接在画面层喷涂，使松酥的画面层坚固，且表面无光泽。

【敦煌85窟壁画保护】 1997 年，经国家文物局批准，敦煌研究院与美国盖蒂保护研究所（GCI）合作，将治理莫高窟第 85 窟壁画酥碱、空鼓病害作为研究主要内容。85 窟是一个大型晚唐洞窟，壁画内容丰富，历史、艺术价值很高，但敦煌石窟中壁画的几种典型病害：壁画酥碱、起甲、空鼓、

脱落、粉化等在此窟中均存在。因此，对第85窟壁画的保护研究成果，对整个敦煌石窟的壁画保护都具有重要意义。同时，由国际古迹遗址理事会（ICOMOS）中国委员会、美国盖蒂保护研究所、澳大利亚遗产委员会合作制定《中国文物古迹保护准则》的过程中，第85窟项目又被作为验证《准则》科学的一个范例。合作项目实施以来，中美双方通过现状调查分析、环境监测、壁画制作材料的科学检查、修复材料筛选等多方面进行了系统的科学研究，取得了现状调查方法、病害形成机理、空鼓壁画灌浆材料筛选及修复工艺等多方面多项成果。

【珂珞版技术复制古代壁画】2002年4月以来，经两年多时间，山西省古建筑保护研究所等四单位合作，采用传统珂珞版工艺与现代数码照相技术、电脑制作相结合，使用彩色底版、现场分版，按原大拍摄，再经过电脑处理并拼接成整幅壁画图像，最后手工印制而成。对散落在山西各地的古代壁画，选出540平方米精品，进行了原大、原状的珂珞版工艺复制，将其同置一堂，为考古、艺术史等研究人员提供了便于研究、比较、分析山西古代壁画的信息资料库。将原不可移动文物，以真实复制品形式在异地集中展陈，起到很好效果。

〔彩绘泥塑造像〕

【彩绘塑像的病害】一般古寺庙、石窟多位于荒郊僻岭，长年遭受风雨雷电破坏，即便在繁华都市、名胜旅游区，如织的旅客及烟熏火燎的侵蚀，自然与人为的破坏均会对彩绘泥塑造像造成不同程度的损害，如缺头断肢、局部崩塌、酥碱起甲、龟裂、鳞片状剥落、粉化、掉色、褪变色、虫蛀等。泥塑的主要材料是泥，泥对水是最为敏感的，潮湿以及风化是最大的危害，造成泥质酥碱、粉化、彩绘脱落。再者，受环境的干湿变化影响，塑泥中原有的盐类被向外蒸发的水分带出表面，逐渐形成结晶，再受干湿环境变化的影响，盐类在塑像表面反复结晶，致使泥塑表面风化酥粉。泥塑内部木骨架、麻、草、芦苇等材料同样受潮湿影响，天长日久受虫蛀、腐烂，造成塑像伤残，泥胎局部酥粉塌陷，出现断胳膊掉指等病害。

【泥塑造型、彩绘】我国古代彩绘泥塑，多属宗教塑像或民间雕塑艺术。泥塑造像又分为胸腹空腔木胎骨与实体草芯木胎骨，以及石质内胎三种。塑造泥像大体过程为先设计图样，再捆扎骨架、上泥、捏塑、彩绘等工序。具体讲：空腔体是根据塑像姿态精心设计，先用主、副木龙骨捆绑成身体形态，捆绑用稻谷草绳，芦苇等易吸附黏土的材料，包裹在外；而实心体塑像主体是以捆绑木胎骨架为支撑，主骨架以芦苇、草绳等物缠绕，捆扎密实，四肢木骨架用草绳或芦苇缠绕紧再以麻绳捆绑牢固，捆绑出造型的基本姿态，留出上泥的余量便于吸附塑泥。

彩绘泥塑的塑泥，选择黏性强，质地细而纯的泥巴，经脚踩、砸摔、捣揉后掺入棉絮、细沙及稻糠或麻筋后便可捏塑造型。泥料又分为粗泥、细泥，粗泥为内层泥，细泥为表层捏塑泥。塑型开始，自内而外先上一遍粗泥，基本为泥浆状，要完全能吸附在木胎骨外裹稻草上，主体上粗泥在八成左右，使稻草与稻草之间互相粘接牢固。待粗泥大部分干燥到八成左右开始上细泥。凡露出衣服外面的头、颈、手臂、小腿下端等部位，少上粗泥，留出上细泥的充分余地。细泥是经过对泥、沙、棉花适当精细加工配合后，质细而黏性强的泥巴。贴塑细泥自骨架主体部一直到细腻的肌肉运动和五官表情，要逐步捏塑而成。整体、全面的塑造，要压紧，边塑边改，形体、比例、

图2-54　山西平遥双林寺泥塑千手观音像
（图片来源：李瑞芝、陈晋平：《双林寺》
山西人民出版社，1999年）

神态逐步捏塑准确。敦煌石窟中的彩绘泥塑，魏、隋和唐代塑造的大型彩塑等古代石窟塑像也有以石为内胎，然后在表面上糊泥捏塑的。泥雕干透后彩绘先做打底子处理，底层多为胶与石膏、矾土的混合物，有的塑像则以麻纸满贴敷，刮磨底层处理后再绘彩。用胶主要为动物胶、干性油、虫胶和天然树脂胶。所用矿物颜料：红色多为朱砂、铅丹、赤铁矿、银朱、土红等（古人有以章丹打底，银朱罩面的涂色法）；绿色为孔雀石、绿铜矿及少量石膏，蓝色为天青石蓝；黄色为黄铁矾；白色为白垩、铅白、石膏、碱式氯化铜、白云石、石英粉等。

【泥塑积尘清除】 古寺庙内的泥塑像由于年代久远，积尘较厚，修复前必须把积尘消除干净。一般泥塑像质地酥弱，颜料层中失去胶质。清除尘土时稍不注意会损伤塑像。传统的去除尘垢方法，即用荞麦面掺水和成面团，滚搓彩塑表面，把尘污粘附在面团上，一般两遍即可以基本清除干净。当前，采用黏度较低的可撕纸胶带，根据泥塑表面积尘厚度，撕一小片纸胶带粘尘，轻贴轻粘，粘附尘土后扔掉，再撕一小片接着粘，注意到彩绘层即止，不可伤及泥塑层。

【泥塑病害治理】 泥塑像上的彩绘由于多年受潮，失去原有粘合力，空气干燥后便会起皮呈鳞片状脱落。可以采用3%的聚乙烯醇溶液，采用注射和绸拍压实的工艺，将所有随时有脱落危险的起翘彩皮粘贴复位。塑像泥质中原有盐类在温湿度变化与空气污染下反复结晶、溶解，致使表面风化酥粉。针对这一现象，采用聚乙酸乙烯树脂作为泥塑酥粉泥层的加固剂较为理想，无色、无味、无毒，粘附力较强。先用注射器向深层滴注2.5%聚乙酸乙烯酯/丙酮溶液加固。再以3%溶液滴渗一遍。渗固过程中，应用热风枪吹，尽快使其充分干燥。加固后的泥层强度明显加强，且无玄光、色泽正常。用PS—C高模数硅酸钾黏土材料，对彩绘泥塑像进行渗透加固，也能改变了酥松泥质的强度，对泥质的耐潮湿性、防风化效果都有明显变化。

【彩绘泥塑修复原则】 彩绘泥塑的修复，应以维持不塌、不毁、保持原貌的原则，适当地加固和有充分根据的复原工作。对缺胳膊断手，无依据不主张重做。修复以加固和粘接为主，填补缺损为辅。

【抽骨换木修复】 彩绘泥塑像朽烂的木骨架以"抽骨换木"的方法修换，结合修复应进行防腐、防虫害处理。加固是对朽烂木胎骨架更换或加固。一般是更换骨架，对骨架木质较好但松散的，手能伸到之处，以石膏加麻丝固定，防止石膏水分从内部浸渗软化泥料，对内腔泥层应先渗固乙醇浸泡的虫胶漆汁或2%～3%聚醋酸乙烯酯树脂/丙酮溶液渗固。对朽烂木骨掏换成新的。将其部位应先照相绘图后再动手。无法够到之处，采用锯解分体，但要慎重，要选择颈腰部位锯断，更换的新木料应采用经烘烤定型处理过的红松木，并用10%的氟化钠消毒预处理。复位衔接时要准确。抽去朽木，准备换上新木料部位的泥层内部及酥松泥层，用虫胶漆汁涂渗两遍，使其形成硬结泥壳，便于与骨架拉固。也可以注入合成树脂加固泥胎。灌注加固、充填空隙的材料可用191#、196#不饱和聚酯树脂或E—44（6101）环氧树脂。191#聚酯树脂100%（重量比）：（催化剂）过氧环己酮3%～4%：（促进剂）萘酸钴0.5%～4%（温度30℃以上为0.5%～1%，25～30℃为2%，20～25℃为3%）：填充料20%～30%。另外，E—44环氧树脂配比为树脂100%（重量比）：间苯二胺14%～16%：填充料20%～30%（增韧剂）邻苯二甲酸二丁酯10%～15%。塑像高大，修复内腔骨架，可贴纱布或纤维网眼布拉固。

【泥塑修复】 彩绘泥塑的修复是以加固和粘补为主。修补用泥要提前制备。应选择黏度高与待修复泥塑泥质相近的黏土。可用水调一些黏土，反复用手捏揉后搓成泥条，搓的很细，垂直吊下不断裂，说明泥质好。我们将土块在大盆中用水浸泡透，木棍搅动，使泥中杂质沉淀盆底，用勺将稀泥浆舀摊平铺在大型干陶砖上，用砖吸去泥浆中水分。开始捽揉泥团，为了防止塑泥干燥过程中干裂，泥中要掺拌一些棉絮或麻刀，棉花、麻刀要撕扯碎，不要成团，掺入要适量，不超过2%。把揉好的泥摊平，再把撕成碎片的棉花均匀的撒入泥中，把泥和棉花揉匀后用木棍或铁棍拍打，为减少缩变量还要内掺约50%的细砂与稻壳等，泥中加入适当防腐剂，防止棉花发霉变质。为了增强黏度，加入2%的稀释白乳胶液。最后用手仔细揉匀，揉泥的方法似揉面，边旋转泥团边揉泥，使泥的每个部分充分揉到。排除黏土中空气，揉的越匀、越细越好。揉好的塑泥分别摔成15cm见方的泥坯，用塑料薄膜包封，以防止水分蒸发。用多少取多少，暂不用在塑膜内保持柔软不硬。修补时为防新塑泥中水分渗到旧泥层中使泥质变软，破坏面扩大，先在修补的破口处涂刷一层白乳胶液，然后再填补新泥，修塑表面泥形。修复深度裂缝，填补新塑泥，必须分多次进行，先填补内层，待其干固后，再填补中层塑泥，待中层塑泥干固后，再修补最外层塑泥，使其与原泥塑结构一致。在每填补一次新泥层时，都要预先涂一遍聚醋酸乙烯乳液。泥塑翘皮部分，以环氧树脂粘对，接口边缘残缺部位，以新塑泥修补。塑像脱落部位，逐块归复粘接复位，大块的拼粘后，内部以石膏麻丝拉固，小块的以调好树脂涂刷贴上纱布或绵纸多层。胳膊腿断肢处拼粘后即用木条夹固、绳绑，等胶凝固粘牢后再解开。有的塑像破碎为多块，先拼对为整体，加固骨架后，再逐块拼粘，茬口吻合无误后贴固或用石膏加固内部，拼粘好一部分加固一部分，内壁以树脂网眼纱布拉固，待凝固粘牢后再修下一部分，总之不要操之过急。粘接缝隙尽量严实，如出现泥酥缝口大的，可以用树脂胶调拌黄土末，最好从该像内刮取同样的土，调成糊状，用修刀填补平，小片残缺部分同样可以用此泥胶填补。

大面积修补塑泥要慢慢阴干。干透后会出现一些大小裂缝，要及时弥补，小裂缝干透一次修补好。修补用细泥含砂量要多。把裂缝塞紧补平与表面形体一致，如补后再次产生裂缝再修补，总之补到裂缝不易发觉为止。

修复中搬动，难免触碰，脱落的小片残块要及时用聚醋酸乙烯乳液贴复原位。

【泥塑随色与防霉变处理】 对表面颜料层的修补绘色作旧处理，一般不主张对斑驳褪色部分重绘一新，它是年代久远的特征。补色上彩前，要求补泥表面要打磨的细致光洁，在形体表面不能有毛糙和凹凸不平的现象，有小裂缝也要补平，否则上彩后光彩投影关系造成颜色深浅不一。然后用明胶水裱上一层绵纸，再加压磨，使表层更加坚固，涂上一层桃胶水调的白色老粉，然后再补色添笔。因为白底色上施彩，会使颜色鲜明、稳定。古人的传统作法，不会造成反底色，红的不红、黄的不黄、绿的不绿等现象。

古人多用有机质动植物胶、中药白芨或鸡蛋清调配除松烟等少数几种有机颜料外多为矿物颜料。如朱砂、章丹、红土子、砂绿、洋绿、品绿、银珠、白垩土、钛白粉、土黄、铁黄、石黄、铬黄、铁黑等。描绘贴金部位，尽量贴以金箔，或以金箔纸烫贴。市面售的铜金粉描绘短期内即可变黑，尽量采用纯金研制的金粉。修补随色也可采用丙烯颜料。凡补过色之后，再进行杀新，去除光泽，也就是作旧。可用破粗布沾细尘或土沫来回蹭擦。也可用泥糊蹭，仅对表面渗透加固过胶质的封护层，未经处理的要防泥胎吸湿，造成二次破损。

为防止修复过的泥塑像再次发生霉变与虫蛀，应对塑像满喷防霉剂1%～2%五氯酚钠或麝香草酚溶液处理。骨架可采用2%～3%氟化钠溶液防霉。防虫蛀可用少量的三氯硝基甲烷消毒剂处理。我国民间也有采用多味中草药拌和塑泥内，起到防裂、防潮、防虫蛀的作用。

【敦煌彩塑保护修复技术应用】 多年来，敦煌研究院承担了新疆、青海、甘肃、西藏、宁夏、河南、内蒙古、浙江、陕西、山西等十余省、自治区的壁画、彩塑修复等数十项重大文物保护维修项目。

20世纪80年代末，开始与美国盖蒂保护研究所（GCI）、日本东京文化财研究所、日本东京艺术大学、日本大阪大学、美国梅隆基金会及美国西北大学等研究机构在壁画制作材料分析、壁画病害研究、修复材料筛选和工艺研究、壁画数字化研究、莫高窟周边水文地质环境、培养人才等多方面开展合作，合作研究不仅取得了丰硕的成果，而且与这些世界著名的文物保护研究机构建立了良好的合作交流关系。从2005年开始，由敦煌研究院与GCI、英国伦敦大学考陶尔德（Courtauld）艺术学院、兰州大学联合培养壁画保护研究方面高级专业人才项目的"壁画保护研究生班"，为期三年，英国考陶尔德艺术学院壁画保护系的硕士研究生每年来敦煌一次，每年在敦煌莫高窟进行为期2个月的现场授课和保护实践。多年来，数十个国内外科研院所、高等院校的专家、学者、学生来我所参加合作项目研究、研修、实习。

（王进玉）

〔竹木漆器、竹简〕

【漆木质文物】 古代漆木质文物可以分为地上如木塔、木亭、木桥、古建及木佛像、传世木雕艺术品；地下出土物如木俑、竹简、木牍、木胎漆器、木制器皿、棺椁及各种木雕刻鸟兽、杂器等；水下考古所获得沉船及古桥桩等木构件。早期出土礼器中有竹笏，竹器所见较早的为长沙马王堆西汉墓出土的雕有龙纹的彩漆竹勺。其他墓有汉代竹笛、竹雕笔筒等器物出土。木雕器有武威出土汉代木猴。春秋战国时期的漆器在众多生活领域逐渐取代了青铜器皿。类别繁多，应用广泛，涉及家具、容器、卧具、妆具、葬具、摆件、舟、车、建筑等等。

【漆器制作工艺】 我国髹漆工艺历史悠久，考古发现证明，早在六七千年前的河姆渡文化时期，我国先民就已发明了漆器。稍后，江浙良渚文化、辽宁夏家店下层文化也相继有漆器残片出土。商代的漆器制作，已出现漆料中掺和各色颜料及在漆器上粘贴金箔和镶嵌松石的制作工艺。春秋、战国时期漆器的制作达到鼎盛时期，应用广泛，各个领域无所不及，取代了青铜器。当时的制作工艺表现出了很高的艺术技巧，所用的胎骨有木、竹、夹纻、积竹、革、藤；装饰用彩绘、镶嵌、针刻、雕镂、金银铜扣、金银彩绘等手法表现；纹饰有鸟兽、龙凤、云雷、三角、折线、菱形以反映当时社会生活的狩猎、歌舞、宴乐、车马、房屋、树石等纹样。

秦汉至明清历代的漆器制作，技巧风韵各具特色。如西汉时期，器胎有木、竹、夹纻、木与夹纻结合的，彩绘漆色泽醒目，有的针刻纹细如发丝，有以金、银箔为地，还有以银、青铜为扣的工艺；魏晋南北朝时期采用以密陀僧和油煮沸而成的油漆，并出现夹纻法制作佛像及漆绘较大构图的屏风；唐代装饰方法有彩绘螺钿、金银平

脱，精巧华丽。并开创剔红雕漆法；宋代剔红所雕刀法圆熟，有金、银、锡、蜡地、五色漆等为胎底，覆以朱漆，镂刻纹样有深有浅，露出胎底不同质地颜色，刀法奇巧、镌刻绝妙；元代髹漆工艺有黑光、硃红、缮水三种；明代继承传统技艺基础又发展了嵌饰，如嵌宝石、螺钿、象牙等方法。并开创了泥金、描金、洒金、缥霞、彩漆等技法；清代漆器制作多为雕填、朱漆、剔红、螺钿工艺。雕漆较发达，制作多为大件屏风等家具，构图则多为楼阁、假石、人物。民间作品多见以金漆彩绘、平脱等技法制作。

图 2-55 秦代彩绘漆圆奁

【夹纻胎】 古代传统髹漆工艺。指我国自汉唐以来，漆器制作中布心纸胎或重布胎，布心纸胎是用漆或漆灰将若干层麻布糊裱在一起，外面再糊纸；重布胎则表里均用麻布糊成。特点是胎质坚实轻巧。"夹纻"，纻即麻属织物，即有重布之意。

【漆木器腐朽因素】 竹、木漆器长期在地下埋藏，受到地下水的侵蚀，内部水分子处于饱和状态下，水中腐蚀物质逐渐构成对器物木质素、纤维素的破坏，致使竹、木漆器发生不同程度的腐朽，严重的如同豆腐，无法触及。另外，地下埋藏墓葬中的恒定适宜的温湿度环境，易于滋生、各类霉菌，也是造成竹、木漆器糟朽的病害因素。

【竹木漆器技术起取】 竹木漆器从墓葬中起取时，我们一直主张文物保护修复人员应直接介入，自己动手起取对器物的状况便会了如指掌，有利于后续的清理、修复、复原保护工作，做到心中有数。对于漆器的起取。北方地下埋藏条件较差，很难保存下完整器形。在战国、西汉、东汉墓中多见为酥粉漆胎痕迹与附着的箍、铺首、耳环等

金属附件。发现相对完整的漆器就要谨慎地将其起取。如中国社科院考古所在北京琉璃河西周燕国墓地清理出豆、瓠、壶、簋、杯等一批木胎漆器，因胎子腐朽，仅存一层漆皮，无法在墓底剔土清理，故采用了套箱法将漆器取回室内。在室内先用手术刀轻轻将漆器表面的泥土剔除至接近漆器表面，然后用毛笔蘸水把余留在漆器表面的少量泥土小心的粘去即可。这样做，对漆器表面损伤极少，如此先将漆器的一个侧面清理出来，在其整个侧面，用剪裁成大小适度的绵纸，蘸水贴满。其作用是在漆皮与石膏之间起隔离作用，在绵纸上浇注或糊一层 1~1.5cm 厚的石膏外壳，继续清理出漆器的其他几个侧面均如此去做，最后漆器便包在石膏"模"内。其后逐块将石膏模揭开，为防漆膜发霉应去除贴在漆皮的绵纸，石膏模内喷涂 3% 甲醛防霉变，再将石膏模复位。南方地下埋藏环境相对潮湿，漆器保存较完整，起取也相对容易。小件漆器应用一木质托板，从漆器底部插入托起，大件器件可 2~3 人合作，将器物一边倾斜，插入薄木托板，将器物放入箱内，做好记录，标签等，再从墓坑中运到临时工作间内。对漆器表面明显污物可用墓内积水或当地井水轻轻洗去，所积的淤泥等物应细心清理。用饱水脱脂棉包器物第一层，再用塑料薄膜将器物包好。使之基本处于密封状态，不匀使水分挥发。外用 0.5cm 厚海绵包裹，以防震动与挤压，放入合适的箱内，运回修复室再作脱水修复处理。对于彩绘漆木器的彩绘颜色失去胶质而呈"粉彩"状，手触易损，其保湿可采用"半接触"法，就是包装物品只与被包装文物的部分表面接触，与绘有易擦去的"粉彩"的表面不接触。对于木俑粘附着的潮湿丝绸衣饰，十分脆弱且易碎，只有将其移回室内处理，仅能用"半接触"法保湿包裹。

饱水竹简出土时，含水率在 100%，竹质疏软，软如面条，难于起取。首先根据竹简位置分组、编号、绘图、照相。将竹简周围的文物清理干净。对于成束、成片的竹简最好一次性全部起取，便于保存在原状下易于释读。量大的分批起取，记录好批与批的相互关系。剥离用薄竹刀从竹简最下部的一端，将竹简与底层轻轻剥离，一边剥离一边插入薄而有弹性的塑料托板，托板前

端磨为圆弧状。待塑料板将竹简托起后，再从塑料板下面插入五合板将竹简托起。然后将五合板安放在铺垫塑料薄膜的木托框中，上面覆盖饱水海绵，将框内塑料薄膜从四周翻盖在海绵上，移回临时工作室。污物可在工地的临时工作间内，低水头小水流轻轻地冲洗干净。起取出的竹简不能直接浸入容器内，竹简会在水中漂动而错乱，故在竹简上铺一层白色湿棉布，棉布上再铺一层浸透水的脱脂棉以保持湿度，外面再用塑料薄膜包裹。

【饱水竹席技术起取】饱水竹席出土时，篾片也像泡过水的面条一样疏软，靠本身的强度是无法起取的。墓坑内如有水，可借助水的浮力，用一块塑料板插入席下，将竹席斜托起，流尽墓水，竹席便贴附在塑料板上。然后用一片饱水海绵覆盖上，再用玻璃板从二面夹住竹席，饱水状态下移入室内处理。墓坑内无水，可用弹性塑料板覆盖一层塑料薄膜，薄膜的一边翻压在塑料板下，以此为插切口，插入竹席底部，然后提起薄膜四角，移托出墓坑。竹席面积大，起取不易操作，只有用卷揭的方法。先采用小流量、低水头的流水洗净表面，用一块大小与竹席相近或稍大的塑料薄膜铺在竹席上面，薄膜的一边与竹席的一个边缘紧紧贴在一起，用竹刀将席边缘剥离，并同时贴到薄膜上面。竹席边缘与薄膜完全贴住时，借助于薄膜的强度将竹席卷起，卷起时薄膜在内，竹席在外。一边卷一边将薄膜的其他部分也紧贴在竹席上面。在卷起的过程中，用清水轻轻地冲洗去竹席背面的污物。初卷筒径控制在 10cm 左右。在卷起过程中，如遇到竹席破损处，可用竹刀将破损的竹席边缘剥离，拼对后贴在薄膜上面，然后再继续卷起竹席。全部卷起后，为保其水分，可在竹席两端放几团浸饱水的棉团，并将塑料薄膜的两端折起，再放在合适的托板上固定好，就可以装箱运回室内处理。

【漆木器脱水定型法】出土的古代竹木漆器因长期埋藏于地下，被地下水浸泡，饱含水分，处于相对稳定的环境中，一经出土，绝不能任其自然干燥，只有经过脱水定形，才能防止扭曲、收缩、变形、开裂。漆木器脱水定形一般有自然干燥法、

明矾法、醇醚—树脂连浸法、冻干法、乙二醛、传统物理法等脱水定型法。

①自然干燥法：有些质地较好的木漆器可在相对湿度大于95%的特定环境中，缓慢地自然干燥。大型木沉船、木桥桩等木构件，可用埋沙法，长时间地慢慢脱水，干燥定形。

②明矾法：利用明矾在不同温度下的水中溶解度差别较大的特点，使明矾溶液随温度变化而变成固体，置换出木结构中的水分。起到加固作用，防止器物变形。具体操作是将饱水的竹、木器置于煮沸的热明矾浓溶液中，明矾溶液充分浸渗入木纤维组织中，数小时后趁热取出，明矾液置换出原有水分，用热水擦净表面，自然干燥。当木器冷却至室温后，明矾溶液即凝固并充填在木材细胞组织中，防止了木器的收缩和变形，处理后的器物表面涂封一层2%左右B72封护剂或聚醋酸乙烯酯的保护膜防潮。

③醇、醚—树脂连浸法：先用醇置换出竹、木器中的水分，再用乙醚替换出醇，利用乙醚挥发快的特性，让乙醚挥发，不会造成木质结构的收缩、变形。方法是将小件饱水竹、木漆器，逐步浸泡在浓度渐增的醇溶液中，开始浓度小，此后逐步递增，最后以纯醇浸泡，同样用乙醚置换出醇。置换必须彻底。糟朽严重的还要适量填充松香、乳香胶或达玛树脂加固。出土饱水漆器如木胎较好，脱水时，可以将饱水漆器浸泡于51%乙醇溶液中脱水置换，每天检测乙醇的浓度，乙醇浓度逐渐降低，再更换新乙醇液，直至浸液浓度不再降低。证明水分已置换干净为止。再以乙醚液置换漆器中的无水乙醇。操作过程约数月之久，切不可操之过急。防漆器的变形，可以将其埋在沙箱里，让乙醚慢慢挥发。

④冻干法：真空冷冻干燥法是：采用聚乙二醇，简称PEG（详见"质地材料篇"），是利用该溶液其非吸湿的性质，在真空冷冻下置换出饱水漆木器木质结构中的水分，水经冷冻成固体，在真空条件下，由固体转化为气体，消除毛细管表面的张力，增强纤维细胞强度，抵御干燥过程中的收缩应力，使器体保持原有形状。具体操作方法是将器物在室温下浸泡在浓度8%～15%的低分子量聚乙二醇400溶液中，（根据器物胎质变质具体情况，变质越严重，浓度应该越低，胎质较好的可采用PEG分子量2000或4000处理的。）逐渐将液体加温，经数日的浸泡，将木质纤维中水分完全置换出来后，再进行冻干结冰处理。将器物置于真空干燥箱内，冰在真空下升华。经PEG处理过的木质文物，有很好的尺寸稳定性，特别是对于材质腐朽严重、结构疏松的木质来说，其效果非常明显。

⑤乙二醛脱水加固定型法：配制含有催化剂的乙二醛水溶液，将漆木器所含的水置换出来，器物在干燥过程中，乙二醛聚合体充盈木胎，并与纤维素分子产生一定的交联作用，使木胎定型加固。处理后的漆木器色泽、质感不变，无收缩变形。

⑥传统物理法：实际为真空加热干燥法。将出土后完整的饱水木胎漆器，进行洁除处理后翻制模具，或再依其型制作一石膏外套阴模，模具应在干燥箱内烘至充分干燥后，放凉。将木胎漆器外贴二层薄绵纸，固定于石膏阴模中，捆紧。置于真空干燥箱中，预热到70℃左右，开始抽真空脱水，负压控制在600mm汞柱以上，加温约90℃，石膏模内木胎中水分受热蒸发产生内压力，木胎在固定的石膏模内无法向外膨胀，不会发生变形、开裂、漆皮起泡等现象，始终处于定型脱水的过程中，直至充分干燥。但大多漆木器，出土时木胎朽烂，无法采用此方法。

【脱胎换骨法】漆器的木胎朽烂如泥，原木胎已残存不多，只能采取更换木胎方法。先把漆皮从朽烂的旧胎上小心地剥离，仿做一个新的木胎，然后把漆皮原封不动地照原样粘贴到新的胎坯上。如宁夏固原出土北魏漆棺画采用脱胎法的修复。漆画最好贴在薄木板上，不要用三合板，因其受潮易变形。首先用硫酸纸覆在残碎大漆画面上，透过纸对漆画图案准确勾绘，再用复写纸描印在换骨的木胎上。然后用801#强力胶将漆画残片拼对粘贴复位。粘复前要清理漆皮背面朽木，清洗画面污染与加固处理。漆面背面粘连着原胎黑色朽木，需要清除，但必须按顺序逐片轻拿，背面向上，平放在玻璃板上，用手术刀细心将朽木一点点地轻刮掉，用力要均匀。朽木清除后，残留的细木屑可用小型吸尘器把其清吸干净。漆皮背麻布地仗层朽蚀面高低不平，难于粘平，可用绘图纸剪下低凹不平形状，再用801#胶涂在要粘的背面部位，然后用手压紧补平。漆画泥污发黑霉变，粘接前要清洗，清洗用小镊子夹一小块脱脂棉球蘸清水，水内点几滴乙醇，清洗时要掌握好干湿度，蘸水太湿，易脱色彩，太干易擦伤画面。擦时棉球在画面上轻轻按顺时针方向擦洗污土。不易去掉的泥沙，用棉球沾附，图案中的黑线条、易起粉脱落部位用毛笔蘸聚乙烯醇涂抹加固。用漆皮汁涂刷，干后使漆画表面有一定光泽度。加固后质地差的会出现干裂、酥脆、起皱现象。可以将其毛笔蘸软化剂涂后夹放在硬塑料片中，自然干燥后柔软如布。水、乙醇、丙三醇可以作为干燥漆皮的回软剂。如遇黑线条的人物画像局部脱落，用小镊子取一小块如起皮大小的薄蜡片放在起皮部位，再用一片宣纸蘸水润湿放在该部位，起隔离作用。接着用脑压板放在酒精灯上烤热后平压在蜡片处，经热压蜡化后拿掉宣纸，起皮线条被紧贴在原有的位置上。

拼对粘贴。拼对画面时，每块碎片应按所在位置拼对，按照原件预先勾绘图位摆放，位置准确无误，用彩笔沿每片周边勾画出准确位置线条，方予粘贴。并排出粘贴顺序及标号，每粘一片都要考虑到与周边关系的吻合，不要造成差错。在画出该贴片部位线框内用油画刀蘸上801#强力胶涂匀。在该漆画背面也均匀涂上一层胶，稍待2分钟，把画块对准位置贴上，然后用绸布包丝棉小拓包，均匀挤压画面。从中部向边挤压，排出空气。对于接缝处起皱现象，可用两层润湿宣纸垫在该处，用100W电熨斗轻轻烫平。烫后再次出现的裂缝翘曲，要软化后再贴。质地较差部分，仅有卷曲漆画皮，难以贴平，要先以背贴纸找平，然后粘贴在主器面上。画面拼贴后残缺小块与缝隙用401#胶粘贴裁剪下的绘画纸填补。缝隙大的用脑压板烧热，烫蜡浇补，手术刀烤热刮平。修补过之处用漆皮汁刷涂二遍，再调配相同色油漆补色，画面对残缺露空白处，调配紫红色油漆涂刷，并处理成旧色。

【糟朽木质的加固】　糟朽的漆、木、竹器要根据具体情况，选择适当的材料予以加固修复，恢复原貌后方可以长期展陈或保存。传统的方法是采用混合蜡热渗方法加固。具体操作，加热溶化90%

的石蜡、白蜂蜡混合物，加入9%的聚环己酮树脂，1%的榄香树脂。趁热将混合液涂于竹、木器表面，用热风枪烘烤，蜡液浸渗器物内部，充盈木质纤维内，起到了巩固稳定木质结构的作用。缺点是处理后的器物易吸附灰尘，色泽加深。

糟朽脆弱的木雕、印刷雕版等木质文物，可用9:1甲苯/丙酮混合溶液，溶解聚醋酸乙烯酯或以丙酮溶释的甲基丙烯酸丁酯液体，渗进木质纤维内，或以2%～12%不同比例的聚醋酸乙烯酯/丙酮溶液内浸泡3～5小时左右渗固。此外，可用黏稠的B72/丙酮溶液调拌筛炒过的木屑，填补朽空之处。关于破裂器物的修复，先渗固后采用粘接复原。

【竹、木器防腐、霉变处理】　竹、木器长期埋在地下，受到地下水中所含多种腐蚀物质侵蚀，大多腐朽变质。出土后一方面要暂时采取封闭存放的饱水措施，另一方面要做防腐、防霉变处理。潮湿状态下的竹、木器，是霉菌、蛀虫生长的天然养料。传统的防霉变可采用药浸法处理，采用氟化钠、五氯酚钠、氯萘等药液，将其溶于纯净水中，浸渍处理。也可以采用减压渗透方法，药液渗入木质内部防霉防腐效果更好。另外，还可以毒土法、二硼合剂、Sarpec08、铜铬砷复合剂等木材防蛀防腐剂做防腐、防霉变处理，具体操作如下：

毒土法：古矿坑遗址发掘后古坑木裸露，直接与空气相接触，会使原在封闭缺氧环境的平衡被打破，在新环境中滋生微生物等病害侵蚀，木质会很快腐朽烂化。湖北铜绿山古铜矿遗址采用"毒土法"对古坑木进行处理，采用0.3%霉敌与5%木宝复配后，以慢滴与喷涂相结合的自然渗透，取得较好效果。

二硼合剂防霉、腐处理：二硼合剂是以硼砂/硼酸，以2:1比例配置。以PEG法处理古代饱水木构件时，PEG水溶液中加入5‰该合剂，可以作为PEG进入木构件组织纤维中的促进剂，起到防腐、防霉变作用。

（张孝绒）

Sarpec08木材防蛀防腐剂：系一种淡黄色液体，有刺激味，主要成分为：戊唑醇、丙环唑、氯氰菊酯、碘代甲氨酸酯。其中丙环唑是一种高效、安全的三唑类杀菌剂，具有广谱性、内吸性；

而氯氰菊酯杀虫广谱，具有强烈的胃毒和触杀作用及抑杀虫卵的药效。戊唑醇和碘代甲氨酸酯则为高效灭菌抗菌剂。这几种灭菌杀虫剂配合，对木材有良好的防蛀防腐效能。操作时，以水稀释为10%药液，均匀涂刷或喷涂在木质文物表面，施药量根据器物木质腐蚀程度、好坏而定，木雕彩绘类器物药物用量相对要少些。

【铜铬砷复合剂处理】裸露于自然环境中的古木桥、古栈道等，终年受自然界的日晒、风、雨、霜、露、微生物、虫蛀等多种因素的侵蚀，采用水溶性铜铬砷合剂对木构物进行防腐处理较为理想。其药液配制：32.6% 重铬酸钾、41% 硫酸铜、26.4% 五氧化二砷。处理方法为小件木器，将该剂稀释为10%，浸泡一昼夜；大型器物，以5%的该药液涂刷，干燥后再刷，连续刷三遍即可。处理后对环境无污染、防白蚁、虫蛀、抑制微生物滋生等性能均较好。

【竹蓆、竹制品处理】 竹蓆、竹编筐等竹制品出土后，用纯净水清洗泥污，如有污斑可用23%的双氧水或草酸溶液洁除，然后用净水洗去药液。已糟朽的竹篾片可用聚乙二醇溶液置换水分加固竹质纤维。也可用绵性好的纸裱衬一层，增加其强度。

【竹简保养法】 竹简出土后，先清除表面污垢，再用适量的乙二醇渗固，用玻璃板对夹，使其恢复到原来的平整形状。字迹模糊不清的，为使字迹清晰，用纯净水清洗干净后，先将其浸泡在5%的草酸中，竹质色变浅，字迹变清楚时，纯净水漂洗净酸液。采用醇—醚—乳香胶工艺，置换出水分，渗透入乳香胶树脂，使竹简恢复到一定的强度。竹简在脱水干燥后，应处于较稳定的环境中保护，避免环境温湿度的变化、霉变、虫蛀、光照、老化、碰撞等因素的影响，对其造成二次破坏。可以将其用绵纸衬垫，玻璃片夹固，存放于温湿度恒定之处，或放入抽真空的充氮气的密封器皿内。注意不要让其受到紫外线照射。

【MF法加固饱水古木件】 20 世纪 90 年代，德国美茵兹古船博物馆，采用这种高分子材料密胺树脂填充到古代饱水木构件的纤维细胞腔内，利用高聚物加固细胞壁的一种对饱水古代木件加固方法。据介绍，该馆处理了大量饱水木器，如 Kelten 时期的制盐作坊工具、罗马时期的古船、中世纪的木盘等。MF 树脂加固饱水古木件的效果较好，原木件上已有许多自然痕迹和人为痕迹，如木材自身的节子、年轮、木材上钉入的铁钉、粘连的纺织品、渗透到字迹及制作工艺的痕迹，全部清晰的显示。密胺树脂主要成分为三聚氰胺—甲醛树脂，其强度高、不易燃、亲水、且各向同性，故易于渗入木质材料内部，改善它们的机械性能，耐潮性和粘附性等。经该树脂处理后器物所含微量甲醛，对人体基本无害，可以有效地防止微生物滋生。近年，国内有专家采用 Kauramin800（MF 树脂水溶液）对橡木古船残块样本加固后，根据组织学方法进行观察，发现树脂小分子能够进入气孔，并扩散渗透到细胞腔以及细脆壁内，在适当条件下形成 MF 树脂高聚物，牢固地保留在木材组织结构中，达到加固、保护饱水古木件的目的。

（王晓琪等）

【丙烯酸树脂的脱水定型】 系采用改性水溶性丙烯酸树脂，对出土饱水漆木器进行渗浸，通过控制水分挥发调节聚合程度，进行脱水定型加固处理。此法分二步处理，根据出土木质文物的腐朽程度，制备浸渗液相应浓度。在100 份水中，丙烯酸树脂低浓度在 35% 左右，高浓度在 65% 左右。先将器物在低浓度液中浸泡，直至饱和时，再浸入高浓度液中，直到重量不再增加，取出自然干燥。第二步，脱水聚合，即将器物在 20℃ 左右，湿度为 55% 左右到环境中自然阴干。水溶性丙烯酸树脂需自行制备，具体方法详见质地材料篇相关条目。

〔**象牙器、骨器、角器**〕
【骨质文物的质地】 详见质地材料篇"骨质文物的质地"条目。

【骨牙器的腐蚀机理】 骨头和象牙都有其向异性的方向属性，因此遇到热力和潮湿都容易翘油。由于骨蛋白的水解关系，长时期的水分作用也能令其发生分解，无机物的构架受到酸类作用时又极易陷于崩溃；骨的组织结构中孔隙很多，颜色很淡，极易受到污染；随着年代的久远，骨质会变的酥脆；长期光照也会失去天然色彩，如遇火烧，会变成灰黯色或蓝黑色；长期在地下埋藏，盐锈和水蚀的作用，质地逐渐瓦解。水蚀严重的会变成一团海绵状的饱水物质。不被水蚀的骨质，年长日久所含有机质会逐渐消失，而剩下的石灰质则和土壤中二氧化硅及其他矿物盐类缔结起来，会向化石化转化。我们在古墓葬发掘中，常常遇到外貌看似完整的骨架，稍微一触即碎的情况，这是由于尸骨埋于地下，骨质结构受到地下酸、碱类物质侵蚀，无机质遭到破坏，质地变为石灰质和二氧化硅与土中其他沉积盐类结成为化石。骨化石非常脆弱，有特殊研究价值的骨化石，或商周到汉代的车马坑中骨架只能靠加固来保存。

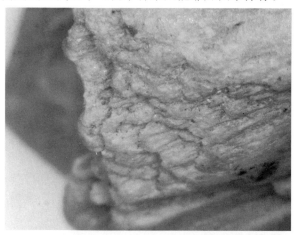

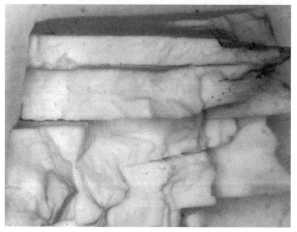

图 2-56　兽骨、象牙组织对比
中国国家博物馆实验室提供

【骨牙器起取技术】 对于难以起取的骨架、骨化石、象牙器等只有采用套箱法起取移至临时工作室，再对其清理加固。具体操作方法，先将对骨

架或器物四周边的墓土向下切掘去，形成高出的方形土台，然后将预制无底盖的木箱框套在土台上，箱板与土台尽量无缝隙，稍有间隙应灌注石膏填实，使木箱将土台固定牢。有条件的话，可在骨架或器物表面喷洒一遍防霉剂，然后以柔软的塑料微膜覆盖吸附于骨架或器物上，如膜内存有空气，用针尖扎破，再用软毛刷排出气体。然后用墓土填盖，轻轻压实，使填土挤实骨架而不至于位移。为防震动箱盖板不能用钉子钉，只能用木螺钉拧紧。再将土台下掘通，依次插入条状木板，螺钉固定箱底，最后将整个木箱起运回室内。

图 2-57　西周车马坑马骨架

【骨牙器的洁除】 在室内尽快开箱清除墓土，如果土质变干硬，可以用滴管一点点将土块阴湿，用竹钎子剥离，但不要将骨架或器物弄湿。下来即采取边洁除边加固的方法进行。骨架、象牙雕刻品出土后的洁除可用软毛刷蘸清水洗除所沾染的污物和泥土，如污物难除，稍加入一些肥皂水，清洗时间不宜过长，清洗后可用95%乙醇浸泡上三次，然后用纸巾或吸墨纸吸干。象牙雕刻艺术品如生有土锈，只能在去离子水中反复四、五次瞬间浸泡，然后用80%乙醇清洗30秒，再用90%乙醇浸洗二次，各30秒，最后放在乙醚中浸一分钟置换乙醇，取出后使其尽快脱水室温干燥，整个处理过程不宜超过3分钟。骨器出土应控制不要过快脱水干燥，过快骨质会扭曲变形开裂。剧烈干燥的骨器，可以在水与甘油混合液中浸煮渗透。

【骨牙器的加固】 对骨质器物的加固，可以采用纤维素胶，用丙酮溶解电影胶片的液体，此胶也可以粘接断裂骨器。发掘现场，骨质文物出土后饱含水分，一触即碎的情况下，先用乙醇浸泡置换出水分，再以丙酮置换乙醇，干燥后以 1% ~ 3% 三甲树脂/丙酮溶液，用小滴管滴在骨架碎块上，隔一段时间待其吸收后，再滴一次。最后以 4% 溶液渗固约 10 小时。也可用 2% ~ 4% 帕拉罗依特 B72 树脂/丙酮、5% 聚乙烯醇缩丁醛/乙醇或 4% 聚醋酸乙烯酯/丙酮渗透加固，原始人类头盖骨化石加固后，还可以用一种改性有机硅树脂为主体的 GSB—5 化石保护材料进行封护。

发黄的骨器比发白的骨质（表面失去油质的骨）更耐久。骨质加固后可以用 10% ~ 15% 的过氧化氢进行漂白。较难漂白的可用 2% ~ 5% 的草酸溶液揩擦。国内有文物保护科研人员研究出了以生物治黄斑的方法。为了提高象牙表面的透明程度，可将其浸入松节油和乙醇溶解的白蜂蜡进行渗固，然后用细布揩擦。

【骨器嵌埋法】 传统方法是采用有机玻璃材料嵌埋，现代采用透明有机硅（水晶硅胶）橡胶，优点是易操作，无毒无味，无色透明，便于观展，可逆性好。具体方法是根据象牙的外形，制作一玻璃箱体。调拌透明有机硅橡胶，在硅橡胶中加入硫化剂、催化剂，充分搅拌，抽真空负压去除气泡。预先做出一些水晶胶棒，用胶棒将象牙体支撑，暂时固定在缸体中央。再调拌足量的透明有机硅橡胶，灌注满，二次胶体与支撑胶棒粘接为一体，呈完全透明晶体状，将象牙嵌埋其中，再将盖板玻璃粘封，可观展可存放。注意调胶时勿将灰尘渗入，玻璃缸内壁应洁净无痕。该胶可逆性好，胶体固化后似果冻，很容易去除，不伤及器物。酥粉的象牙器应预做渗固处理后嵌埋，可以更有效的加以保护。

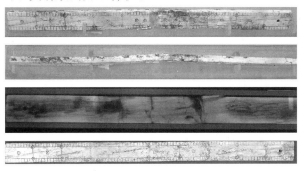

图 2-58　西晋骨尺 X 光片与修复前后对比

〔古代玻璃器〕

【中国古代玻璃器】 详见质地材料篇"中国古代玻璃"条目。

【早期玻璃的处理】 我国早期的玻璃器，战国时期的料珠、管珠、蜻蜓眼、琉璃璧、耳铛、琉璃杯、琉璃瓶、琉璃剑首等类器物。器形较小而简单，色泽多为天蓝或淡绿，不透明或半透明。属于石英晶体与玻璃质的混合体，西周、战国墓中多有这类器物出土，有些出土时为破碎状。早期的玻璃由于含有氧化铁，多为黯色。我们在清理出土的玻璃器物时，常会看到器表已失去透明的质地，表面蒙上一层微白色混浊薄层或淡红色的膜，这是古代玻璃器常见的"脓化"现象。战国时期的这类小件料器饰物，如"蜻蜓眼"、串珠之类，实则为含碱性物质低熔点的玻璃，这种碱有一种吸湿性，受地下埋藏土壤中水分侵袭，器表碱性物质析化出来被积聚在石英上形成的富集层。这类物质的洁除，最好将器物烘灼热，用 1% 弱硫酸或 5% 的柠檬酸洗刷。器表如有有机物质腐蚀的污斑，可用 5% 的过氧化氢去除，纯净水反复浸洗，最后用乙醇浸渍处理。这类酥碱严重的器物可用稀释的三甲树脂、B72 溶液类浸泡渗固。

早期玻璃器的"流泪"现象，主要还是玻璃器体内含有一种碱性极强的碳酸钾水珠从玻璃体内流渗出来的，它可以加速玻璃的腐蚀，使其失去透明性。可以采用 2% 弱硫酸，浸泡几天，清水浸洗后再进行乙醇浸洗，以根治玻璃的分解，便于在干燥的环境中存放。

【破碎玻璃器粘补修复】 对于时代稍晚，破碎的玻璃瓶等器物，修复有一定的难度，一般是采取粘接修补的方法。开始先用聚乙烯胶带条从容器的口部着手进行拼合，逐步粘为整器。再以一种几字形小钢针，两头点 502 胶暂时粘固于各个碎片之间，将碎片暂相互粘接拉固为整器，缝隙间渗无色透明树脂粘固，可以配置 10% 的聚甲基丙烯酸酯粘接，将其溶于二氯化乙烯 195ml，冰醋酸 5ml 的溶液中，混合成为胶液。若口小的玻璃瓶形器，有残缺部位需补配，器腹处可预留一条分界线先不要粘牢，将器物分为上下两部分修复。这样便于制作内衬模，内衬模可用牙科蜡片或食品包装蜡片从内部贴附。用小修刀类工具在酒精灯上烧热，修出蜡模内型，表面涂滑石粉。再以透明度高的甲基丙烯酸甲酯或异丁烯酸甲酯调固化剂和色料后填补的内衬蜡模上，24小时后去除内蜡模，再用水砂纸轻轻修磨填补面，有机玻璃补块磨的无划痕，最后用细布沾牙膏反复蹭擦，磨到透明无痕为痕为止。最后将分界线涂胶粘复整器。如果无条件配制专用粘玻璃胶，其他胶一定要选无色透明胶，如庄洛胶、502胶、丙酮稀释三甲树脂，氯仿溶化有机玻璃胶等快干胶。

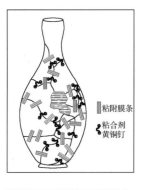

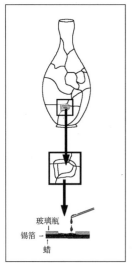
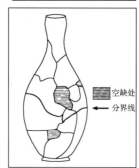

图2-59①、②、③、④　古代破碎玻璃瓶修复图示
（图片参考：陕西省考古所编：《修复与保护》，
陕西人民美术出版社，1996年）

〔皮革文物〕

【皮革文物的质地】详见质地材料篇"皮革文物的质地"条目。

【古代皮革的鞣制】我国远古的先民就已开始使用

皮革制品，由于制皮处理方法简单，很难保存长久。古代皮革制品，有些是素面，有的是涂漆彩绘装饰，有的是生皮状态，有的是经过鞣制处理成熟皮。皮革制品，长期存放中，会失去一定量的水和油脂，变得僵硬，易脆易裂。为使皮革便于使用和存放，需对生皮进行鞣皮处理。原始方法是将皮子泡在水里用脚踩，使皮子变软化。一般古人对皮革的硝皮，是将皮革经去毛、脱脂后再用鞣皮剂处理，最早的鞣皮剂来源于橡树皮中的丹宁酸，这种物质可以和兽皮中的胶束状蛋白质纤维结合，置换出其中的水分，增加蛋白质分子的枝链，使皮革的性能大大改善。

【皮革文物损坏成因】皮革文物的损坏与光、热、湿度、微生物有关。皮革文物长期埋于地下或世代相传保存下来，本身会失去一定量的油脂、水分，埋藏环境的潮湿，皮革会变的朽烂。保存环境的过分干燥，皮革会变得僵硬、脆裂。另外，皮革质文物最易受到微生物的侵蚀与害虫的蛀食。

【皮革文物防霉变】现在所多见的流散在少数民族中皮革文物，存放条件都不太好。这类文物在普通温度下存放，相对湿度超过68%以上，就会滋生霉菌，造成污迹而变色。遏制霉变的办法是改变存放环境的干燥通风条件，对于鞣皮杀菌剂可采用0.2%五氯苯酚/乙醇溶液，或采用月桂酸衍生物作喷雾杀菌。再如麝香草酚、硫酸锌、水杨酸、樟脑等均可作皮革灭菌剂。对付昆虫、寄生虫对毛皮、皮革制品的侵害，一般采用溴甲烷、氰化氢、二硫化碳、环氧乙烷等化学药品熏蒸，但效果不会长久。以除虫菊、硫代氰酸脂杀虫剂喷涂，效果较好。

【皮革文物回软法】脆弱的皮革制品可用甘油、羊毛脂、蓖麻油等保护。对已变干、变硬、变脆的皮革制品，需先作防破裂处理，方法是用一块湿海绵在皮面上擦拭一遍。再用2%中性钾皂/乙醇擦洗皮革上的污渍，晾干后涂抹10%乳酸钾溶液放置过夜，然后作鞣皮处理。配制鞣革剂以100%羊毛脂掺以7%蜂蜡、15%松油及170ml三氯乙烷混合液，鞣革处理后，羊毛脂浸透到皮革组织里，使之润滑。蜡留在皮面上把皮的酥化部分凝固起来。还可以用甘油加入少量的水软化皮革，然后用聚乙二醇4000热溶液加固，再以硅胶脱水使其缓慢干燥。又朽又脆的破裂鞣皮革，可在背面褙上一层加固物质。将皮面向下放在工作案上，有摺绉的地方，用海绵蘸水抹潮湿把它弄平，让水分能充分浸透进去，用一块玻璃慢慢地压在它上边，当鞣皮充分回软之后，可以在玻璃上放上重物加压，这种压力要保持到皮子干透为止。这时可以在皮子背面裱上一张大小和重量都很适当的生帆布，布上用新闻纸盖好，再把它压上一夜，第二天这块皮子会相当结实了。压印有花纹的剑鞘、皮囊等皮制品，软化处理会使锋棱模糊，可以作适当的加固处理。可用稀释的清漆或微晶石蜡浸渗，保持它们外观不变为宜。出土的叠层鞣皮，层与层粘连，揭剥就会破碎。早年英国人曾用赛璐珞碎末，以等量的乙酸戊酯和丙酮作为溶解剂配制成的溶液涂在面皮层，深深渗透进皮质里去，溶液逐渐变干，收缩，表层皮子会自动翘曲脱开皮层。在脱开皮层的未涂溶液的部位，再施以硝基纤维素，平放在玻璃板下压平，然后用丙酮洗除去溶剂。这样一层层揭剥完为止。有些叠粘羊皮纸层，可用回软与冷凝结合处理后，用薄竹刀或手术刀把各层膜皮分开。分开以后，再把羊皮膜冷凝一次，刮除附着的污染物。

【古代皮甲胄的起取与复原】 古代皮甲胄作为防护装备，取材于动物皮革，商周时期就有发现，埋藏于地下的皮甲胄很难完好地保存下来。在边远少数民族地区，一些明清时期的皮甲胄流传至今，但皮革也多为腐朽。皮甲胄出土时皮胎往往已腐蚀无存，仅保留其外表的鞣漆漆壳。对出土的甲胄清理不慎或处理不当，会导致损伤或完全毁掉。考古现场清理时，中国社科院考古研究所白荣金老师总结出：一般先清理出大致轮廓，要留有进一步清理与研究的余地。对于出土前已被扰乱的甲胄，或已残缺不全的一些局部残甲片，应按程序拍照绘图，然后分组逐片编号，要与图上编号相对应，并作好详细记录再提取。对未被扰动，甲胄原状保持较好的，甲片排列有序，起取时应尽量维持原状，最好采用插板整体托起或箱套法完整起取回室内再清理的稳妥办法。甲胄的清理是与保护、复原相结合的。甲胄的清理、复原过程也是考古、科技、军事、文物等多学科的综合研究，通过考古方法，逐步深入地进行考察，对出土的甲胄区分不同层位做好清理、记录和提取，全面地把握甲片的数量、类型、组合关系和连缀方法，实行反复验证，最后完成对甲胄形制和结构的复原，并以文字和图像予以显示。清理过程中，要及时地对破裂和脆弱的甲片进行鞣革回软与拼合加固处理。

【皮甲胄修复】 出土后的皮甲片往往仅遗留下为保护和装饰甲片而施于表面的漆壳，发现时保存状况大致有干硬和湿软两种情况。修复皮甲胄时，对于干硬易碎的漆壳应先予以鞣化处理，对于湿软皮甲的修复时应保持全过程湿软度，以便于进一步修复加工。有的皮甲片漆壳仍完整地保持着原形，有的则已破裂或变形，后者在修复中应加以整形。对于湿软甲片漆壳的整形，还需及时将其定形，并脱水于相应的特制甲片模具中。对已干硬的漆皮以水、酒精、甘油等浸润的方法进行柔化处理。对于甲片漆壳上彩绘图案装饰的加固，尤其在整形等环节中需注意保护，勿使脱落。对甲片上蚀空部分，可以剖开漆壳，采用同质料的

图2-60 古代甲胄修复专家白荣金老师于1994年底修复山东滕州前掌大村南西周出土的皮甲胄

皮革分别填实而后黏合，再一片片照原形将漆皮粘贴其上，随后将片上原孔打通以便缀连。对于残缺的皮甲片，则进行修整或以复制手段予以补配。全部甲片修整齐之后，即可按甲片上保留下来的编缀痕迹，或按一般甲片的组合规律，用与原来相同或相近的丝带或皮条等材料将甲片缀合起来，从而完成对皮甲胄的修复。

〔帛书、绢本画〕

【出土帛书画技术起取】

清理起取出土帛书画、绢本画、缯书类丝织艺术品时，如未完全碳化，可用细而光滑的圆棍上卷极软的宣纸，从帛书画、绢本画一边插进，沿下面慢慢转动，逐渐将宣纸垫托在帛书画、绢本画下面，再用同样方法垫入一层塑料薄膜，画面上盖一层软纸，然后用薄板插入塑料薄膜下，将帛书画连同纸、薄膜一同托起。一般帛书画多覆盖在棺盖上，若碳化严重或与棺盖板粘连较紧，则应连同棺盖一道起取运回室内，再设法揭取。

【帛书画、敷彩织物修复】

对于出土糟朽帛书画、绢本画或缯书之类的敷彩丝织艺术品，最好的办法是采用传统的托裱法。若艺术品本身严重腐朽，可采用蚕丝在丝网绕线机上做成丝网衬托，对织物实行单面衬托或双面衬托加固。对于敷彩丝织物的加固，要根据加固对象，可采用浸渍法、喷雾法、涂刷法等等。绢本画残损厉害，画心断裂，酥而脆，按操作程序，首先用开水冲洗污渍，油纸弄湿覆盖在画芯上，然后一片片细心揭去背纸。绢本旧画修复，可以采用新绢托绢的修复办法。用绢的绢丝有粗有细，疏密不同。经纬线也不一致，有经一纬二、经二纬一，有双丝绢、单丝绢、平绢等不同织法，要精选与画心一致的绢。也可以将揭下原背托绢，用清水漂洗干净，晾干后，将画心残缺部位进行刮口修正，再与画芯托裱修复。托好后，揭掉油纸，将画心刷平后晾干，这样画心平帖，色泽协调，画面气色依然。一般出土敷彩织物，可采用天然丝胶保护，丝胶是丝素的保护物质，具有黏合和增加强度的功能，是理想的修复加固糟朽丝织物的天然材料。

【车马游乐图的修复】

马王堆三号汉墓东椁壁出土的"车马游乐图"帛画，出土时呈"千层饼"状，叠粘多层，非常酥碎脆弱。湖南省博物馆在修复时，首先清洗散片状帛画，用镊子将散片夹放在两块细密的笮筛网片中央，用平口塑料夹子将网片的边缘夹好。然后放入蒸馏水中浸泡数分钟，之后用小号底纹笔轻松刷洗，同时可以轻微晃荡，将微细泥沙洗掉。然后放在网架上控水，直到未见滴水状为止。再放入吸水纸上吸水，将空白帛片、画意片分别夹在整刀宣纸中，换5～7次的纸，直至吸干。对于扭曲状帛片，放在塑料薄膜和胶片上，喷上温水让其软化，进行整形处理后，再夹入网片中冲洗。对于"大饼"状帛片，用纱布包好，置于蒸汽中（水温60℃），然后，直接在容器中（控制水温在40℃）一片一片地揭取，即"蒸汽法"。湖南省博物馆修复该帛画拼对复原时，查阅大量文献资料，在从实物、画意，绢质经纬织丝茬反反复复地交叉拼对，采用此方法共拼修出14幅画面。然后将这些拼对好的帛片移贴在整绢上，采用"整绢碎贴法"托裱，最终成功拼出一幅"车马游乐图"。

【稀薄绢画的修复】

稀薄绢类旧书画的修复，在洗除污霉时注意用水的冷热要合适，时间不宜过长，水过热和时间长，都会造成原画胶矾、浆糊溶解，颜料跑色。修复时，画面朝上平铺在漆案上，淋水清洗时发现有晕色现象，即刻停止。改用过氧化氢漂白等方法去除污斑。清洗干净原后刷胶矾水，重新装裱。

〔纸质文物〕

【纸质文物的病害】

纸质文物包括古代文献、档案、书籍、字画、经卷、碑帖等。纸质文物的病害与历代人为反复翻阅、酸度、温度、湿度、有害气体、微生物、虫蛀等都有关系。古代文献、书籍有着极其宝贵的史料价值，历经沧桑，反复的翻阅使用，会逐渐使纸张损坏；纸张在制作过程中，经过漂白等处理，纸中会残留有酸、明矾、漂白剂等物质，酸性物质会随日积月累，纸质变得脆弱，直至朽坏；古代纸质文物受存放环境影响，如光照、温湿度变化也会发生老化、变脆、酥粉、褪色发黄等现象；微生物对纸张的危害也是较大的，常见有黑霉、青霉、曲霉、大孢霉、镰刀霉等霉菌和杆菌、球菌、螺丝菌等细菌。霉菌会使纸张带有黄色、黑色、褐色等色斑痕；古书画、古文献、古籍中虫害也是不容忽视的，蛀虫主要有：毛衣鱼、书虱、白蚁、烟草虫、谷粉虫、圆皮蠹、蕈镰、短鼻木象、裸蛛甲、蟑螂等等。它们喜食纸纤维物质与装裱材料中淀粉及胶类。并产卵，孵化幼虫，咬食书画，排泄物污染书画纸张。蛀虫对纸张的危害，多为蛀蚀成洞、纸张破碎、缺字少段、污痕斑斑。

【纸张脱酸处理】 传统的纸张脱酸处理有湿法去酸法和干法去酸法。湿法去酸法是用浓度约 0.15% 的石灰水（氢氧化钙）饱和溶液、碳酸氢镁溶液浸泡纸张，约 15 分钟，取出用清水冲洗后，再用 0.25% 的碳酸氢钙溶液浸泡，约 15 分钟，纸的酸性被中和（pH 值约为 6.5）。还可以用 1% 氢氧化钡/甲醇溶液浸泡纸脱酸。湿法去酸对字迹洇化褪变及纸张易造成损坏。干法去酸法即采用有机溶剂对纸张进行喷涂、熏蒸、气相处理的方法。用 5% 氧化镁/甲醇溶液（操作时注意防毒）或 2% 的醋酸镁/乙醇溶液喷洒处理。可用甲基化镁作烟雾剂或氨水熏蒸以及二乙基锌、碳酸环己胺等气相去酸的方法处理。

【纸张污垢的洁除】 文献档案、纸张文物，长年堆积易被灰尘的蒙积，并留有霉斑、墨迹斑、水渍痕、油脂等污染斑痕。去除方法以不伤及纸质与字迹为主。如：可用软毛板笔轻轻刷或微型吸尘器去灰尘。有些斑痕、铅笔痕迹，可用软橡皮、海绵等轻擦去除。霉菌、污斑用水、有机溶剂洗除，洗除时先试验字迹遇潮湿是否洇晕，如洇必先将字迹加固后再清洗，可用 5% 纤维素等固字剂处理。霉斑、虫斑、墨迹用漂白剂、过氧化氢、氯胺—T 处理；锈斑用 5% 草酸或维生素 C 的稀溶液轻轻洗除；油渍污迹用乙醇等有机溶剂去除。凡以化学药剂清洗后的纸张，必须再以清水洗净，以防留下药物渍痕。

【炭化纸本的修复】 有些纸本文物，因某种原因而炭化为卷曲、凸凹不平状。纸本文字内容一般采用红外线摄影方法修复。先将炭化纸本展平，方法是用竹启子把一层层纸灰挑起，摆在塑料薄膜

上，下面衬一块 PETF 聚酯薄膜片或玻璃板，用大号软毛笔蘸稀释甘油从中间开始轻轻向四周推平整。纸灰卷曲摺叠处不可硬展，多施加一些水分，用笔尖轻挑，将其托回到原处，整纸完全推展平，将托板稍斜流掉多余水分，用宣纸覆托一层。托纸上好后连同 PETF 薄膜一起翻在干纸上，揭去薄膜，上墙贴平，干后即可摄影。

【纸张的熏蒸处理】 文献、档案、纸张类文物的灭除虫害，可以采用真空或熏蒸法处理，药物可用环氧乙烷、二氧化碳、溴甲烷等混合气体，一定要在密闭的熏蒸器或熏蒸室内进行，一般在 30℃ 左右，浓度 5g/m³，熏蒸 40 小时左右；30g/m³，1 小时左右。具体操作详见展藏环境篇相关熏蒸剂的配比与方法。另外硫酰氟、氯化乙烯、四氯化碳、二氯乙烯及二氧化碳等配剂也可以用于纸张的熏蒸灭虫处理。

【字迹材料显色处理】 文献、档案字迹材料随年代的变迁，字迹褪变模糊不清。多采用补色滤色镜摄影方法和化学药品显色方法恢复字迹。用补色摄影法，是通过摄影，设法使纸色和字迹反差加大，褪色字迹的色光尽量在底片上感光，密度减小，冲洗出的照片字迹比原字迹清楚，字迹颜色加深的一种方法。对于恢复褪色的蓝黑墨水字迹，传统上多采用硫化铵、黄血盐、单宁酸等显色法。其方法是将滤纸在 5% 单宁酸/乙醇溶液或黄血盐溶液浸湿，将褪色字迹纸张资料夹在其中，压实，字迹会逐渐恢复显现。硫化铵显色法方便快捷，但字迹显色后应立即拍照成影像资料保存，因字迹显清不久，又会褪回原状。

【纸质文物加固修复】 文献、档案等纸质文物在长期保存过程中，由于受到周围环境中多种因素影响，出现纸质强度下降，变脆、褪色、破残等现象。纸张加固采取的主要技术有托裱法、胶液喷涂法、丝网加固法、加膜法等。其中传统胶液喷涂法采用开水溶解明胶再与甘油、乙萘酚、中和皂的混合液，加固不溶于水的字迹纸张。还有乙基纤维素、苯溶液，聚丙烯酸甲酯/丙酮等溶液加固纸张。但以上方法容易造成纸张表面结膜变硬，影响质感和光泽。近年由天一阁博物馆与南京博物院等单位联合研制

的一种纳米材料与高分子材料、天然材料经改性处理合成的胶液，应用于古籍保护处理。古籍涂上该胶液后，墨色、字迹没有出现淡化、泛色、脱落的现象，依旧富有弹性，易于翻阅。

【纸质文物防霉防虫】 控制文物库房存放纸质文物的环境是防治霉变虫害的关键。纸张文物库房一般要求控制温度为 14～20℃，相对湿度在 50%～65% 较为适宜。（昆虫的有效温度区为 8～40℃，最适温度为 22～35℃，最适相对湿度为 70%～80%。）搞好纸质文物与保存环境的卫生防疫工作，既要做到文物入库的检查和处理，还要做好库藏环境的卫生消毒防疫工作，不留死角。并做到对纸质文物的定期检查，发现虫害，立即灭杀。纸质文物虫害的除治有化学杀虫法，又分为胃毒法、接触法、熏蒸法。熏蒸法采用溴甲烷 2 份与环氧乙烷（为防环氧乙烷燃烧爆炸，与二氧化碳 1∶9 混合使用）1 份混合使用，灭虫效果较好。其他熏蒸药物还有硫酰氟、磷化氢、敌敌畏等，因毒性较大，均应慎用。另外还可以采用高、低温、辐射等物理方法杀虫，以及生物缺氧、化学缺氧、物理缺氧方法抑制昆虫窒息而死的方法。详见展藏环境篇相关条目。

【纸质文物的保存环境】 文献档案、纸质文物的安全含水量一般为 5%～12%，最适宜的保存温度为 14～18℃，相对湿度为 50%～60%。纸质文物库房存放环境要求，第一是避光，避免自然光、紫外光的直接照射，尽量采用低功率光照明灯具，窗户安装过滤紫外线的防护玻璃，珍贵纸质文物应在避光缺氧充有惰性气体的密封柜内存放；第二是良好的恒温、恒湿环境，无条件的应采取保持室内自然通风与防潮、防灰尘、防空气污染等措施；三是对新入库品做严格的灭菌杀虫处理，确认无菌无虫害时才能入库，对库内纸质文物经常检查，一旦出现霉菌或蛀虫，应及时采取灭菌杀虫处理，方法详见展藏环境篇相关条目。

〔古旧书画、拓本〕

【古书画装裱】 书画的装裱在我国有着悠久的历史，是我国独有的一种传统装潢工艺。书画装裱大致分为挂轴、手卷、册页、片四大类，品式是根据画心的大小、形状、装裱的用途等方面而这定的。辅料色泽搭配也要结合画心内容特点而设计。旧书画、碑帖拓本因年代较长或因保藏环境不善致使破旧不堪、污渍霉变的情况，需要修复。它的修复过程比较复杂。与新书画装裱有所不同的，难度较高的是对画心的处理，就是将旧的画心从原件上揭下，洗除污霉、修补破洞、全色接笔。修裱的工具主要有大漆案、大墙、排笔、棕刷、裁刀、裁尺、裁板、针锥、镊子、竹启子、砑石、水油纸等。修裱的主要材料备有宣纸、单宣、棉连、夹宣、罗纹宣、红金罗宣、净皮纸、高丽纸、金笺、粉笺等；绢、绫、锦，浆糊、颜料、胶矾水、轴头、画杆、绳带等，以及清除霉污用的高锰酸钾、过氧化氢、草酸、丙酮等化学药品。传统修复制备浆糊以普通面粉除去面筋或以富强粉调制，先用少许温水搅开，再用沸水冲熟。浙江省博物馆根据书画装裱的特点和对黏合剂的要求，将玉米淀粉在某种碱存在下与卤代脂肪酸进行醚化反应，研制成功了改性淀粉黏合剂 SDK，这种黏合剂具有持久的防霉和防蛀性能，并且稳定性好，不易水解和变性。在装裱特性方面，SDK 黏合剂具有与面粉浆糊相似的可逆性（还原性）和柔韧性。在物质影响方面对各种书画材料的强度无不良影响，对国画颜料、纺织染料的色差影响明显小于面粉浆糊，是替代传统面粉浆糊的一种长效防霉防蛀书画装裱黏合剂。

修复古旧字画是为了使破旧残缺的字画尽可能地恢复原貌，如稍有不慎，则会出现掉色、揭伤画面，形成花斑，甚至面貌全非，而无法收拾并不会复生。所以，动手之前必须认真观察，了解画的质地、糟朽污渍的程度及笔墨设色的特点等。操作时心中有数，一定要按程序进行修裱。

【传统制糊法】 古旧书画装裱，一般采用传统方法制备的专用浆糊。浆糊要选用精白富强粉，先用凉水和成面团，然后揉洗去面筋与杂质。方法是用白纱布将面团包起来，在清水盆中反复捏揉，揉挤出淀粉汁，揉完一块将滤剩面筋去除，再包一面团接着揉，将揉出的淀粉汁集中在一个盆内沉淀，放三天，表面变为黄色，去除泛黄水，换清水搅和后再放三天，反复至不再泛黄为止。将其置于冷水中存放，使用时取一些用开水冲或火上熬制均可。浆糊制备时内应加入适量明矾，加水熬至稀稠程度，要视所装裱的书画材质，纸本、绢本、画心、绫托是略有区别的，一般加工到用搅棒挑起能拉丝，呈微黄透明状。

图2-61 传统水冲制糨糊法

【揭旧托裱】揭褙。破损旧书画展开，平铺在漆案上，如有画心粘连、酥脆、断裂可用温水喷潮，闷透闷平，切不可过湿，稍候再一点点慢慢仔细展平，把破碎的书画处拼接吻合。首先用开水冲洗污渍，用油纸湿水或网绢覆盖在画心正面上，画面向下，再一块一块逐片揭去覆褙纸，揭褙纸时要耐心、细致、不可性急。可以采用揉、搓、捻相互结合的揭，注意不要把画心揭晃。托心。

图2-62 用手搓捻揭旧纸本画心复背托纸

先配托纸，要选与画心相同质地的上品宣纸作托心纸，染色纸时要注意把颜色配好，反复试验，颜色要染的稍浅于画心。字画补好后，最好不要挪动。开始托纸，隐补的不用再托。浆糊应略稠

于新画，上糊时要轻，以免刷坏，上纸时如画心横裂纹较多，不宜竖刷，应顺着横刷，排压时也是这样，以免使裂纹撑开。在全色之前托好的画心，一定要引补，如有折条一定要贴到，最后画心打胶矾，否则全色漏底、反黑、颜色难全准。胶矾的比例

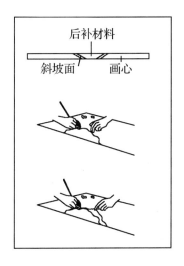

图2-63 修补旧画心破洞图示

为3:1配好后先在纸上试刷，以着色流畅、不透不洇为佳。画心完整、不脱色的刷正面，画面较差的应刷背面。如镶绫完好或要求用原绫的则应尽量将绫沿画边裁下，但绝不能伤到画心。破损修补常用碎补、镶补、隐补等方法。破损小的可用碎补，先将破口处用刀尖刮毛，在边沿处抹浆糊，把补纸对纸纹对准粘住排实，趁湿用刀刃将多余部分轻轻刮掉，搭口不应有明显的凸出痕迹。镶补会对原件损坏过大，只能在不得已时才采用。镶补必须是在画心补料挣平的条件下进行。把画心正面朝上平铺，将补料衬在下面，对好纸的纹丝，用刀按洞大小把补料切割成方形，使补料嵌入，这样镶嵌的口缝不

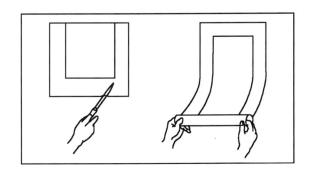

图2-64 裱褙上墙揭下示意图

重叠，不留隙，直上直下。对于残破十分严重，很糟朽的只能隐补，就是"整托"托心的材料应接近原件，颜色稍浅于画心，托时画心下衬水油纸，托好后，挣干揭下，下铺一张白纸将画背朝上展平，这时可见破洞显出，再用宣纸粘补破损处。

【除霉洗污】 古旧字画的污渍主要有霉变、水渍、油斑、落尘、鼠便等。去除这些污渍，是将旧画面朝上铺于漆案，对于酥脆糟朽的先铺一张较厚的素纸如高丽纸，刷湿，再将原件放上并喷湿，上垫吸水纸用排刷刷平，然后根据不同的污渍进行。去污痕：旧画上显有污痕，该部只要先用温水闷湿弄平，再用开水冲淋数遍，画心上的白膜、尘污、会随污痕消失。去霉：旧书画上霉斑，用淡淡的高锰酸钾溶液点滴上，斑点呈紫色，再抹上弱草酸溶液，这样霉斑轻的一次即可除净。生霉较重，一时难以去净，不可增加药液浓度，而是要耐心地反复地轻轻清除。去反铅：画面白粉色反铅现象年久会呈黑色，用毛笔蘸二氧化氢，抹在反铅的部位，瞬间即逝。去油污：用丙酮/乙醚按2:1混合，以棉签蘸涂擦，然后用清水洗净。小油污点可用锋利刀尖刮挖，但刀口不宜伤纸过深。凡化学药液处理过的，均要以清水反复冲洗，尽可能去除残留物。旧画的修复中，会遇到古墓葬中出土的书画件，这类书画不但糟朽并附有尸腐浸染的污渍及腐臭味，应经试验，不伤损画件的前提下进行除臭清洗。

图2-65　冲淋法洗纸张污斑

【镶嵌备扶】 经过以上揭旧托裱、除霉洗污等工序，画心修复基本完成，接下就是装裱的镶嵌备扶。就是在已经托修好的画心四周镶覆上其他材料，再粘上褙纸。研装，对覆褙后的裱件进行研

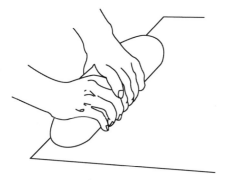

图2-66　研装

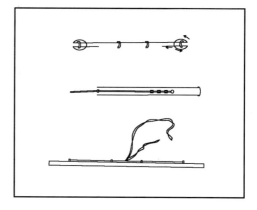

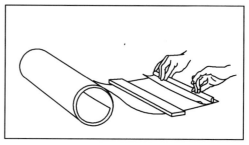

图2-67　天杆穿绳、粘接

磨，使之光洁柔软，最后装配天地杆。

　　凡裱成挂轴、中堂、片、屏、对联等形式的，如果画心有"局"，就用隔糊（桐油纸）和浆糊，往"局"的正面上糊，镶边后裁齐上下端，再镶天、地头。二三色裱的则隔界压圈，天地再压隔界。没有"局"的画心，背面上糊镶"局"，留其"局"的三分之二，镶料压"局"条上后约留半分为"局"，上下局条各裁去半分，以"局"压锦，忌以锦牙压"局"条。宋式裱上横着两条古铜色小条（古称"竹界"），应用天地及圈压住。凡属纸镶带边或宋式裱的，镶好正身材料，裁齐两边，从背后糊镶小边。裱绫圈纸天地的，可把纸天地两边各裁去容于绫圈五分，用与绫圈一样的小绫条补镶。手卷镶覆要分节镶，然后结为一体。首先把引首、画心、尾子分别镶嵌好压平，再把两个副隔界分别镶在画心套头的两旁（另一副隔界镶在天头上，同天头一样只转边）。然后，待镶缝干后，于手卷的背面，略上一些蜡进行研光。镶好的手卷，用一张厚纸包卷紧，再用带子缚紧，用手卷刀切削。务必两头平齐，不可有斜度，如略有不平，展开后将弯曲不直。切削完毕，再套边或卷边。备扶包括四裁、转边、配背等工序。a）四裁就是将镶好画幅的四边方裁整齐。b）转

边就是先把一幅扎好针眼的画幅，正面朝下，铺于案上，用一大尺压平，再以一直尺用手靠针眼处按住，右手用针锥依尺板轻划，使其微有翘动后，再往前划。划边后，从划印处往上折，随即以浆糊沿边刷边折边粘于褙上。转边完毕，即可折串留夹口。即粘裹天地杆的串纸。c）配背画背还包括包首部分，将宣纸染成淡青色或耿绢都可用做包首，但不论是绢还是纸包首，厚薄都应与复背纸相同。背纸一般是将两张纸先托好晾干备用。扶活，也就是先将覆褙纸裱在画的背面，用排刷趟一遍，手执排刷，要上下直行，用力均匀逐排。排好后，用一点稠浆糊抹在包首的两边，以防剪边后不起丝毛。接下来贴签、绊。然后贴上壁挣干。

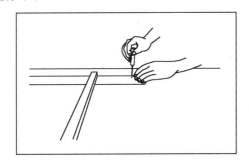

图2-68　画心扎眼

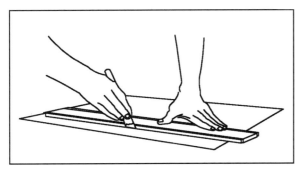

图2-69　四裁

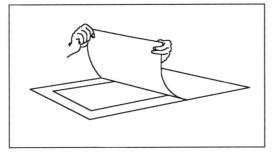

图2-70　覆托配背

【补画全色】旧书画面残损或部分模糊不全，需要用墨或颜色修补，恢复旧画的原貌，这道传统工序称为"全色"。也就是揭托画心，上墙干后即可全色。全色不能像画家绘画，一气呵成。要一次次一笔笔地往上全颜色。每全一笔，都要细细揣摩，精心研究原画的用笔、用墨、风格的精髓，根据原作的气势、风韵反复斟酌，必须掌握好点、勾、染、波、进等几种方法。调色时先用另一张纸试色，看是否合适，再用较干的笔点补，才能求得色调的统一。力求一笔一墨与全局脉络相通，气势连贯。这样全出颜色看起来自然，与原画不论是空白的或有画意的地方都能成为一体。

【碑帖（册页）装裱】碑帖修复主要为去霉污与修补残损，重新装裱的方法则要依据旧有装裱形式。碑拓装裱后仍称碑，造像与墓志装裱后仍称造像与墓志，名称是以拓本内容而定。古人为临摹碑帖习字方便，装裱碑帖时，按碑文顺序，将整幅碑拓按行一一裁成条子，装裱成册。通常我们称之为册页。册页上案装裱时，先于案上画一裱册式图案，上敷透明纸。用稀浆糊先刷四周镶边，再刷其中分心。然后将剪好拓片条子顺序刷在镶条之内，敷二三层整纸。而后即粘在纸墙上，待干起下，裁去多余纸边，再折叠起来。最后将各开粘连，前后再粘附页，上下加贴面，有嵌锦面、包锦面、楠木面等，即成为一册碑拓本。帖拓的托裱，有托裱、镶边五板经折裱、大裱、干粘本、线钉本、蝴蝶装、白绫边等。其中：托裱，多半为五板经折，将拓片背面裱二三层纸，粘在纸墙上，干后取下，四周裁齐，留边折好，再将各张连接黏合，前后分别加上附页写贴面，即成一册。镶边五板经折裱，是将帖文字外墨纸边裁去，另加白纸镶边，余下作法同前。大裱，其开本较一般帖稍大，所裱者往往为贵重旧帖。裱时，将旧帖后面旧纸，以水湿透揭下再裱，此法只裱一开，然后再粘连成册。干粘本，是节省工料之法。事先计算好需要之页数，将纸页一一裱好，装订成本，再将拓片条子顺序粘上。线钉本，将拓好之帖裁成单页，如旧书页，折成亦如书页，前后加附页与软纸贴面，再以线钉连。蝴蝶装，指的是有些宋版书、帖，它不用线钉，而是用线将拓页后面一一连住，再以浆糊粘连。每先裱一开，再

——折成一般帖之样式。看时，只能揭开前面，后面不能打开，如此可避免失页。白绫边，是以白绫镶边而装裱，绫挖镶是以整幅绫挖镶，先托一层纸，干后，再托裱贴，将帖裁好，再将托裱之绫，按帖大小挖空，将贴置于挖好之绫内，其后再裱二三层纸，其他做法同前。

【善本典籍的修复】 对每一部破损古籍修复之前，要先了解版本情况，分析和诊断破损原因和程度，据综合检查结果确定修复方案。善本典籍的修复包括清除书页的污染，补配纸的染制，书页破损的补缀、槽坏的裱补、粘结的揭补、补字补烂、镶补、喷水压平、烘染工艺。一部古籍既有虫蛀，又有霉烂、槽朽，多种破损并存时，要区分出破损的主次方面，可以采取多种方法，交替修复。

善本典籍的补破修复，首先选择与原书纸质特色相近的配纸。根据所修补位置，所用的补纸不同，纸张主要有棉连纸、粉连纸、罗纹纸、单宣纸、毛泰纸、毛边纸、绵纸等。补纸要稍浅于书页的颜色，无适当颜色的配纸，以性质相同的新纸染成仿旧色纸。染色用料，有橡碗子、赫石、藤黄、槐黄、红茶、墨，进行染纸处理时"宁浅勿深"。修补用的浆水要新熬制的，制作浆糊用去除面筋麸皮的精粉或淀粉。补配用糊可用水冲，先用少量温水调呈糊状，加入的2%明矾，冲入开水，边冲边搅拌，稀稠要适中，冲熟成透明状备用。

【书页污斑清除】 古籍书页长年在光照、有害气体、灰尘的侵蚀下，会泛黄或发黑灰；在细菌、真菌的作用下会产生霉斑；潮湿、水迹、油渍都会对古籍有所污损。去除霉迹、污迹所用的化学药品主要有高锰酸钾（灰锰氧）、草酸、过氧化氢（双氧水）。动物、矿物油的斑痕，可以使用丙酮和乙醚的混合剂，该溶剂会对漆案有损，最好在PVC或玻璃台面上操作。甲苯、汽油、醋酸乙酯、四氯化碳等溶剂对消除油污有较好效果，对纸质损坏较小。植物油渍，用四氯化碳、醋酸乙酯、苯乙醇混合剂等溶剂有较好效果。a）古籍长年的积垢灰尘，应用松软毛笔、板笔朝一个方向拂刷；b）一般的油污书页，可用二三层吸水纸夹于反正面，以熨烫法，将油污移附在吸纸上，去油污。用电熨斗在覆盖着绵性纸的书页上来回熨烫，在烫的过程中，要不断将覆盖的纸掀开，看看书页上油污、蜡痕是否被吸掉。并不断移动和更换吸垫纸，直至全部去掉油污。温度不能超过100℃。用有机溶剂除油污，在书页下垫上绵性纸，用棉签蘸溶剂，在污斑上先挤滴一点，再来回擦划。油污溶解后，吸附在垫纸上，油污消掉后，用净水洗去溶剂残液，夹上吸水纸，晾干；c）除槽朽、霉烂、焦脆严重古籍外，一股旧书的水渍可以采用书页间夹吸水纸，喷热水使水渍晕开，去除水渍。也可以用毛笔沾开水涂抹水渍去除。水渍重或有污迹可在水槽中以沸水冲漂洗，水中加2%洗涤碱。漂洗时热水沿书页四周慢慢浇灌，水冲的不要急，书页在热水中浸泡透，水凉了换沸水再泡，换掉脏水时，用手或木条在盖纸上轻轻挤压，把水页中残水挤净。为防书页墨迹浸染，水中可加入少量明矾；d）霉斑、圆珠笔渍可用镊子夹棉球，顺纸纹方向轻擦。难除霉斑用细软毛笔尖沾3%高锰酸钾液涂抹，稍后再以4%草酸涂抹即可清除，黑色霉斑可采用3%过氧化氢擦洗去除；e）铁锈斑痕可用草酸或柠檬酸涂擦而消除。红蓝墨水痕迹，可用过氧化氢擦洗去除。

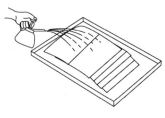

图2-71　冲淋洗书页污斑

【破损书页揭裱】 对书页之间发生粘连的破损古籍，在修补与托裱之前，先需逐页揭开。揭开的方法视粘连状况分别采用干揭法或水泡揭法、蒸揭法。干揭法适用于局部粘连及粘连严重但能揭开的书页。揭时，铺垫白纸，将书放上，用竹启子或镊子将钉线、书皮和护页顺序揭下，操作时，应戴口罩，以防呼气、咳嗽吹损碎页。然后逐页慢慢地细揭，脱落的零星小块应随时用稀浆水固定在原处，每揭一页，就用白纸夹放好；沸水泡揭法适用于"书砖"，沸水内加3%明矾和2%明胶，"书砖"浸透泡两天

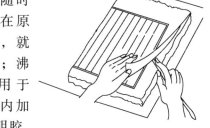

图2-72　干揭粘连严重的书页

后取出，沥尽水再逐页揭开，摆放在吸水纸上晾干；蒸揭法适用于沸水泡不开的"书砖"，将其包好放入笼屉内蒸数小时，使蒸汽穿透书页，趁热随蒸随揭。对于修裱过难于揭开的书页，先在书页补裱纸上喷水，润透后用右手中指将其一点点搓碾下来，随喷随搓，直至搓净。

补破在书页上时还要注意纸纹的走向一致，书页补破的叠缝处，粘贴宽度要恰到好处。过宽叠缝会凸起难敲平，影响整书的厚薄不一。古籍在翻阅中，往往连口的上下角磨损较重。连口修补选用染色相近薄绵纸。绵纸条粘贴连口时，应缩进一丝，折页处绵纸条就不致外露，如稍有毛边，需修剪齐。虫蛀鼠咬书页孔洞的修补基本方法是：将书页放在干净隔板上，展开铺平，正面向下。右手持毛笔蘸稀浆糊沿蛀孔边缘抹 0.2cm 宽左右，手捏着补纸放在孔洞上，用右手食指或中指稍按压，粘住后，左手沿湿印撕下多余补纸。每补好一页，放在旁边的吸水纸上。孔洞周边有虫卵、虫屎等，用小刀刮去，或用砂纸轻轻磨掉，刮磨时不要伤字。满布蛀孔的书页，修补顺序一般是先补大洞、再补小洞。或先中间、后两边，也可以先中间后补下、右面，然后页面倒过来，再补下、右，较顺手。糟朽破损书页在 50% 以上时，可以在书页背面裱托上一整张新纸。托裱时在透明的塑料薄膜上进行，以便看到破损书页的字道、格线是否对齐。操作技巧与书画托裱相仿，这里不多赘述。书页碎块过多，卷翘不平，可在托裱前先铺在透明油纸上用毛笔蘸水轻抹平，书页定位后再托裱。焦脆书页根据焦脆程度不同，可以采用冲水、修补、补裱结合的方法。焦脆书

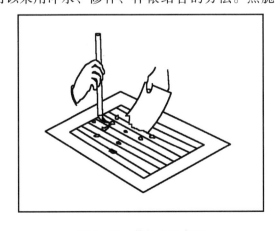

图 2-73　修补虫蛀书页

页通过冲水缓和焦性使书页变软，利于修补。

【装帧技法】 修补、托裱后的书页，装订之前，先喷水倒书页，使书页平整、舒展。将所有书页连同垫纸板一页页整体翻过来，每倒 5~6 页加垫一层吸水纸，全册书页倒完后，在吸水纸上压纸板，再压砖块。连倒三遍，使书页晾干。装订修复的工序是折页、抖叶、剪边、查书页、捶书、齐栏、压实、订纸捻、裁切、锉书、剪边、锥眼、订线、贴书签等传统工艺。折页是按照书页原来的旧折缝一页一页折叠起来；抖叶是将折好的书页按一定的手法抖齐；剪边是将修补和溜过口的书页周围余出毛茬纸边，折完页后，用剪刀将其修剪齐；查书页即对整书，从头至尾检查、避免书页颠倒、错乱和遗漏；捶书即将高出的地方用平面铁锤捶薄、捶平，使其与原书的厚度相等或接近；齐栏是将一册书页下脚的栏线对齐，使书口整齐、美观。方法有挨齐法和摆栏法；书页装订前要压实，采用压书机或石头等重物施压，使其平整；先草订，即把书页固定起来，避免弄乱秩序；订纸捻即毛订，是将书页固定成册；下来的工序是裁切，是古老的传统技术，一次可裁四五册；经过草订、裁切之后，留有刀花痕迹要用木锉、细砂纸磨光叫锉书；线装书的书脑两头边角还要用丝织材料包裹，叫包角；加封面、封底后在书脑上打穿线眼，叫锥眼；用真丝线穿订线、锁线、结扣、剪线、平整。到此，基本工序完成，最后还要贴书签、写书根、加函套。以上仅简述了古籍的修复程序、基本方法。

【"金镶玉"装饰】 详见养护术语篇"金镶玉装饰"条目。

【善本、珍本古籍】 详见养护术语篇"善本、珍本古籍"条目。

【线装书】 详见养护术语篇"线装书"条目。

【册页】 详见养护术语篇"册页"条目。

【卷轴装】 详见养护术语篇"卷轴装"条目。

〔生物技术〕

【生物风化】 详见养护术语篇"生物风化"条目。

【生物技术】 现代生物技术是以生命科学为基础，利用生物（或生物组织、细胞及其他组成部分）的特性和功能，设计、构建具有预期性能的新物质或新品系，以及与工程原理相结合，加工生产产品或提供服务的综合性技术。这门技术内涵十分丰富，涉及到：对生物的遗传基因进行改造或重组，并使重组基因在细胞内表达，产生人类需要的新物质的基因技术（如"克隆技术"）；从简单普通的原料出发，设计最佳路线，选择适当的酶，合成所需功能产品的生物分子工程技术；利用生物细胞大量加工、制造产品的生物生产技术（如发酵）；将生物分子与电子、光学或机械系统连接起来，并把生物分子捕获的信息放大、传递、转换成为光、电或机械信息的生物耦合技术；在纳米（即 10^{-9} 米）尺度上研究生物大分子精细结构及其与功能的关系。并对其结构进行改造，利用它们组装分子设备的纳米生物技术；模拟生物或生物系统、组织、器官功能结构的仿生技术等等。

【生物技术在文物保护中应用】 在未来10年里，生物科学将会从人类功能基因组、蛋白质组、生物制药、生物信息、农作物新品种培育等方面酝酿着重大突破。科学家预言，生物科学会引发新一轮的科技革命和产业革命。面对生物科学的21世纪，在文物保护技术体系中构建"生物—文物"保护技术体系，建设创新型文物科学保护机制，不失为一种"借船出海"，趁"势"奋进，迅速推进的途径。"生物—文物"保护技术体系的构建，可以促进"新文态环境"理论的研究和创建。用生物技术研究文态环境，不仅仅能看到文物周边的构筑物及其历史文化格调，而且还能看到在文物周边活跃着的生物及其这些生物对文物所造成的正、负影响。

近年来的文物保护中，文物保护工作者已经应用了许多传统的生物技术。但是这些技术的应用是单个的、零碎的、没有向体系化推进。但还是取得了一些效果，以下简介近年来生物技术在文物保护领域应用的实例。

宁夏博物馆在对宁夏贺兰县拜寺沟方塔废墟出土的一批西夏时的丝织品进行保护处理时，将生物技术运用到了丝织品保护中。在对这批丝织品进行做处理时，利用微生物技术进行了霉菌的培养、鉴定，根据霉菌的种属、性质选择有针对性的试剂、方法将其去除。由于这批出土丝织品上沾有蛋白质类沉淀污斑，如动物凝胶、鸟粪等蛋白质污斑，用水的清洗剂是洗不掉的，因此试用了木瓜蛋白酶处理污斑，在30℃~40℃条件下，恒温两个小时左右，处理时将溶液与污斑充分接触，取得了理想的效果。

（王萍）

故宫博物院是明清两朝的皇家故居，院藏文物门类众多，质地各异，其中丝织品文物占有一定比例，清除丝织品文物的霉斑是国内外文物界普遍关注的重点和难点问题。据调查，国内外专家也有人做过研究工作，但是，研究者们大多数是针对考古发掘的丝织品而言，对故宫这种馆藏古代丝织品文物，仍无成熟、可靠的方法可以借鉴。为此，故宫博物院于2000年在故宫院内特批专项经费进行课题研究。2002年国家文物局批准《古代文物丝织品霉斑清除的研究》课题立项。故宫博物院的研究人员主要围绕着故宫博物院库房藏品中古代丝织品霉菌生长和霉斑情况，查阅大量资料，进行一系列试验，鉴定霉菌的种属及其菌种的特性等。所有这些前期研究，都是为了清除丝织品文物上的霉斑。经过大量实验，目前已经找到了消除石青色丝织品霉斑的方法，并成功清洗了几件实物。如故宫博物院利用生物技术的方法对没有进行熏蒸处理过的石青纳纱四团五彩云蝠金龙单褂（留作清洗样品）进行霉菌的采样、分离、培养、鉴定工作。具体做法是将脱脂棉缠在牙签一端，放入一个直径6厘米的小培养皿中，高压蒸汽灭菌后备用。将无菌脱脂棉球在文物霉斑处轻轻擦几下后放回培养皿中，无菌操作将取样脱脂棉球在土豆汁培养基平板上接种后于30℃培养2~3天，然后转接查氏培养基平板，同样条件下培养，经鉴定，文物上主要是一种霉菌，即意大利青霉（Penicillium Italicum Wehmer）。

（田金英，王春蕾等）

江西德安博物馆在对江西德安南宋周氏墓出土的丝绸文物进行清洗加固处理时，由于丝绸文物深埋地下，长期浸泡于棺液之中，受到无机盐、松香、血迹、尸体分解物和霉菌的污染，用常规水洗法处理效果甚微。为了保护珍贵的丝绸文物，成功再现南宋丝绸的面貌，江西德安博物馆联合中国丝绸博物馆利用生物酶对其进行清洗。如有一些随葬品为墓主人身下所垫丝棉被及衣物，其上均不同程度的染有血迹，长年日久，血迹已呈黑色，所污染的丝织品局部已严重脆化，研究人员采用了木瓜蛋白酶分解血迹中的蛋白质成分，将污斑除去。有些丝绸文物上由于受到霉菌的侵袭，已在丝绸文物上形成较厚的菌落，研究人员用蛋白酶、溶菌酶将菌体分解，从而去除了霉斑。

（周旸）

湖北省荆州市文物保护技术研究中心利用微生物通过新陈代谢作用跟周围环境进行物质交换的特性，修复填充织物内损失的物质，活化出土丝织物损坏的物质结构，有效地解决了出土丝织物腐、脆等根本性难题。应用生物技术清洗出土丝织物，由于采用无动力方式，因而对文物无损伤；丝织物经加固处理后机械强度可达到 $0.088 kN/mm^2$，且加固后可任意折叠。

利用生物技术对纸张文物的保护，主要包括书籍、档案、文献、经卷、书画、碑帖、报刊等，应依据文物的实际情况，首先可采用干法或湿法（合适的溶剂）进行纸张去污处理；接着进行去酸处理，最后进行纸文物的加固与修复。目前，国外已利用生物高分子（如生物蛋白酶等）来消除文物的霉斑、血迹和污物，达到了对纸文物清洗较为理想的效果。

（杨晓慧）

此外，湖北省荆州市文物保护技术研究中心采用了生物技术对纸质文物进行清洗、加固的生物清洗修复研究，它是利用生物表面活性剂、微生物絮凝剂、菌胶团、蛋白酶、脂肪酶、淀粉酶来清洗和修复加固纸质文物。清除纸质文物上的有害结晶体、各种菌斑以及脂肪类污渍。

秦始皇兵马俑是我国目前出土规模最大，研究价值极高的一处古文化遗址，被誉为"世界第八大奇迹"。但随着展出时间的推移，长期暴露在空气中的秦俑受到空气中细菌、真菌等微生物的腐蚀破坏作用。因此研究人员利用生物技术的方法对秦俑一号馆空气中细菌、霉菌和马铃薯培养基分别对细菌和真菌在温度28℃的条件下进行微生物培养，根据培养基内的菌落数分析馆内空气中所含细菌、真菌数，依据以上试验结果采取进一步保护措施，为深入研究微生物对秦俑的影响奠定基础。

（杨丽娟、唐天斗等）

浙江大学文物保护化学实验室对野外的各种石质古迹进行考察时发现，在某些石刻文字保存完好的含钙岩石表面，有一层天然形成的亲水性半透明无机膜。其对岩石表面细微结构的保护效果令人称奇，因为在这些膜层下，一千多年前在岩石上雕刻的刀痕都还隐约可见。用 FTIR，PLM，EDAX，SEM 和 TEM 等分析表明这是一种以一水草酸钙为主要成分（含量大于55%）的致密的带有明显生物成因特点的矿化物，并推测是微生物协助下生物矿化过程的产物。其后，又通过化学方法在含钙岩石表面制得了一水草酸钙保护膜。国外科学家也对此有大量研究，2003 年 Monte 在对 Imperial Roman 纪念碑研究时也发现了类似现象，并从 Pisa 塔上采取了一些 Sporotrichum 菌株，与已灭菌处理的大理石样一起放入培养液，在28℃下培养 8 个月后，石样的表面生成了一层橙黄色的薄膜。分析表明薄膜的成分为：66% 草酸盐、16% 方解石，以及磷酸盐和微量的硝酸盐. 这一研究表明生物技术将在石质文物保护方面将起到非常重要的作用。

从上边的例子可知，构建"生物——文物"保护技术体系，可以促使文物保护工作者在新问题、新视野、新措施、新技术搭建的平台上，能更好地在不断吸纳新技术的基础上，保质保量地完成文物保护任务。国内外专家纷纷预言，在 20 世纪前 30 年中，生物技术是所有现代技术中发展最快的技术领域之一。文物保护技术领域要积极推进文物保护技术难题和现代生物技术的对接。这包括：生物芯片技术和文物保护技术的对接、生物信息技术和文物保护技术的对接，以及用现代生物克隆技术和我国已灭绝的种质资源的对接。生物芯片和文保技术对接，就是要把危害文物的那些生物制成标本芯片或基因组，蛋白质组芯片，然后用电子技术机筛出杀死这些动物的生化反映制剂或破坏那些生物基因蛋白质的酶类药物。使用生物芯片技术保护文物，可以达到准确、快速省去许多试验程序以及耗费大量时光的目的。先进的生物信息学技术和文物保护对接设计很简单，但真正对接也是一个世界级难题。一是对那些危害重要文物（如：马王堆墓中的丝绸、帛书）、难以保护文物的生物进行生物信息研究，建立基因、蛋白质结构信息数据库、镜像数据库，然后有针对性地设计出防治病害、虫害的广普生物药物。二是生物技术和毛丝、动植物标本等文物本体的对接，即保护技术和保护本体对接。有机物类文物，也有死细胞，也有 DNA 和 RNA，用生物信息技术研究那些"死"信息，也能获得意想不到的成果，这些成果为以后的加工、开发、利用提供理论依据，甚至为克隆、复制，重新复制那些有机类文物成为可能。

用现代生物克隆技术和我国已绝灭的种质资源对接。《文物保护法》第一章第三条第五款指出："具有科学价值的古脊椎动物化石和古人类化石同文物一样受国家保护"。保护古生物化石不仅是为了向研究生物进化的专家提供实证，还要提高到种质资源保护的高度来认识。化石里为人类贮存着丰富的原始生命材料，贮存有大量物种的 DNA、RNA 结构的尸骸，还有地球物候剧变的原始记录。虽然这些我们还暂时读不懂，但将来有一天我们的生物技术会读出那些藏在石头中的信息，读出地球、物种和我们人类的昨天。

现代生物技术应用在文物保护领域在国内已经有了可喜的起步，也取得了一些重要的进展，但是从我们所面临的繁重的文物保护任务、工作的广度深度、手段的完整性上来看，还远远不能满足需要。比如具有我国特色的大量的丝织和纸制文物，由于埋藏时间长保存时间久，文物的质地损坏严重，并且文物被破坏的机理复杂，污染物种类繁多，对于清洗修复有非常高的要求，需要采用更加科学和温和的手段进行清洗和修复，以避免修复中的损坏和造成二次污染。在应用生物酶和其他生物大分子进行文物清洗这一新兴领域中，应在进行更多工作的基础上适当的时候建立起利用生物技术进行清洗和修复的质量标准体系。

〔古旧家具〕

【修复理念、原则】 古旧家具的修复应严格遵守"修旧似旧"、"原材料、原工艺、原型制"和可识别、可再处理性基本原则。

1. 修旧似旧：修旧家具的目的是为使已损坏的古旧家具能够继续保存下来，使之承载的历史、文化信息能够延续下去，发挥出应有的文物作用。"修旧似旧"，什么是"旧"？首先，脏不是旧，脏只能对古典家具造成污染和破坏，故应在保障文物安全的前提下，尽力清除掉脏。其次，破不是旧，旧虽有破的成分但应是正常使用和良好环境保存下的轻微程度的风化与老化。"旧"是人们长年累月的对家具正常抚摸留下的良性痕迹，具有很高审美价值的"皮壳"，应预保留的"包浆"。而破是非良性损坏，如残缺散裂、机械洞眼、虫蛀鼠咬等损伤，凡人为破坏的痕迹，均被视为"破"而予以修复。

2. 原材料、原工艺、原型制：古代的先民，创造了具有中国特色的古典家具工艺，创建了科学的榫卯结构体系。其核心理念即尊崇自然、顺应物性，以简约经济的手法，制作出美观适用的家具。其中的用材手法、工艺特点、榫卯结构特征都能反映出不同历史时期的地域流派特色。具有较高的人文价值。所以遵守"原材料、原工艺、原型制"的修复原则，即是对历史、文化、科学的尊重。

3. 可识别：古旧家具修复"全色"作旧处理，要做到尽量很像原件，即"远看气韵贯通，近看补配分明"。应在高超的作旧效果中，保留下可供后人识别的印记、标识或破绽，以科学、诚实的态度，提示世人较易识别原件与后配之处。

4. 可再处理性（可逆性）：传世古旧家具修复时应尽量采用"可再处性"的材料结构和工艺手法。便于后世多次拆装，既能方便拆卸，又便于重装结构牢固。

【古旧家具日常养护】 许多古旧家具的损坏，不是由于使用，而是由于保养不够造成的。古家具要放在避免日光直射、远离火炉、暖气烘烤、地面不能潮湿，空气不可过干的地方存放。也要远离风口，家具的四脚应该垫平、柜门、抽屉要推平关好，以免变形。

过于沉重的家具，如架几案面，要定期翻个，长大的条案要轮流四脚朝天，并且不可在家具上长期压放重物，以免压弯变形；搬运椅子时要手端椅盘，不可提扶手，以免扶手脱榫；搬运柜子时要将柜门锁钮销牢，以免闪伤合页；应在柜子对角方位下手搬运，以免蹲伤腿足；搬运条案时，应手扶长牙板或牙头处，不可硬拽"护头板"；不得已踩踏桌椅时，应脱鞋在桌边、椅边处下脚，不可踩踏桌芯，以免踩裂面板。

应定期打扫库房中家具上的尘土，尘土多了会吸潮，并有许多微生物会腐蚀木材。要定期用干布擦拭家具，定期上蜡养护，重要的家具要做布套遮护。

【检修】对陈设于殿堂或收藏于库房的旧家具要经常查看是否有自然或人为因素造成的变形，松动，移位等变化，应及时的做适当的修理。如发现装板"拨缝"，簧舌出槽等可用敲、震、拨的方法使其归位，并应用楔片备紧，点胶托固。

图 2-74　用敲、震、拨方法使装板归位

家具框架结构晃动松散，可用小锤垫木块敲紧后，在适当卯眼处备楔加固。边线棱角处发生干裂翘起，可用上胶捆绳或上铁卡子的办法粘固，以防其损坏扩大。角牙等处榫卯松退，应及时敲紧归位，并点胶固定，避免其遗落丢失。以上各

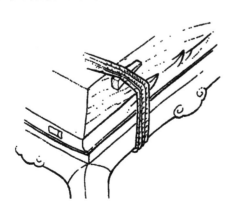

图 2-75　古家具棱边角走翘上胶捆绑粘固

种归位拨正方法实施前应注意剔除其榫卯沟槽中的尘土积垢，敲击时应垫上"挨打木"并提倡使用麻绳紧固，因铁卡子易伤家具表皮。

【局部修】在检修的过程中，如发现局部损坏应做及时修理。如果损坏部件周围的部位，尚牢固完好应尽可能不拆散修理，可用"身上连"的方式进行局部修理。

柜子的面芯，门芯等芯板易开裂，多是由于"穿带""边簧"运动受阻，移动不畅所致，应用敲震推拨等方法尽量促其归位并辅以备楔点胶，糊布条，粘木片等方法加固。

椅面边簧等受力部位裂口损坏，可在椅边上粘贴木条，托住面芯损坏部位，避免继续损坏。圈椅扶手接口处破裂，可先施好胶，再捆以小绳，最后用长楔备紧即可。椅子的"镰把棍"，也是经常丢的，如果其相邻的部位尚整齐完好，可用"化整为零"的方法补配安装。①将配好的新"镰把棍"顺木纹自然态劈开。②两端入位安装卯眼中。③用好胶将断裂处原茬粘好。④待胶干后，打磨上蜡做旧。

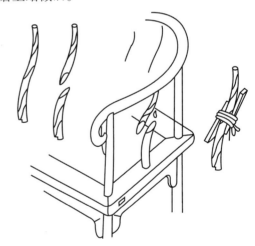

图 2-76　圈椅"镰把棍"断裂处施胶粘固

此法也适用于其他缺失部件，优点是不必拆散家具的原装结构，补配缺损部件时，能保留整体上原来的状态。总之，对整体状态尚可的古家具，应尽量不做拆散大修，原则上是能不拆散就不拆散。

【解体大修】如果家具全部松散并有严重损坏现象，则需解体大修。这有点像古建中的"落架大

修"，大修工序大致可分为：拆卸—清洗—烘烤校平—拿弯校直—熬化制胶—补穿带—修簧—接榫—拼板—补槽—接腿—修门轴—修抽屉—修椅圈—配雕花—修挂销—补牙嘴—穿带—刹肩—使鳔—打擦—补丁—补线缝—修漆—见新—随色—修铜活等工序。

【大修拆卸】古家具解体大修，拆卸时注意：

①做记号　在拆卸之前应先查看前人是否留下记号，一般古典家具的内部暗处都留有记号，是古代匠师施工组装时用的编号，一般有墨书、阴刻、刀划、凿剁等，内容常为吉祥语（天地玄黄），吉祥图案（方胜银锭）或古代数码字（俗称"苏州码"），如其清晰可辨并无混乱错位现象，则应继续使用，否则过多的重复印记的叠压，会造成混乱。如原有印记不能再使用，则需新打记号，可用凿子在榫卯集中的结构点上分别剁上"Ⅰ、Ⅱ、Ⅹ、≠"等记号，也可用刀划，但以上方法是以往传统匠师常用的手法，不符合现代观念书中的"可逆性"。如今，应提倡用可涂去的蜡笔，铅笔等工具书写，也可贴不干胶条做记号，为减少污染，可留一个结构点，不做记号。

②看结构　作完记号后，要仔细观察结构形式，分析榫卯走向。用试探的力度敲击各个结点；逐步按顺序拆解构件，一般规律是先卸下桌面、柜顶、椅背等上部部件，再逐渐向下拆卸。

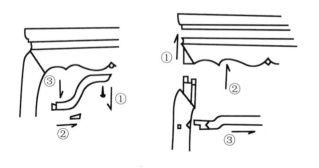

图2-77　拆解结构示意

③除楔钉　在拆的过程中，如遇有竹销，可用小于销眼的"三簧钻"钻碎之，行语叫"投眼"，如投眼上有"鸡心榫"，和"破头楔"，可先用钻将其"投"出，再行拆解，不可硬锤楞敲，免得损伤榫卯，松动的木楔可用木螺丝拧入拔出。

如旧家具上有铁钉，可用摇动、震击、点柴

油、灌蜡等办法拔出，如已成断钉，可先用钢锯条截断两木之间的连钉，待拆开后，再用冲子冲出残段，如各种招数都使尽了，确已成"钉死木里"之态，只可用"埋钉加盖"法来处理了。

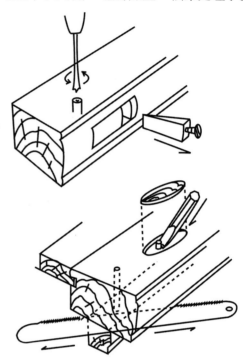

图2-78　旧断铁钉去除方法

另外，在敲击过程中，全部要垫上"挨打木"尤其是在有线型雕刻或糟朽的部位，更要使用，否则，待修理完工出亮后，全部锤痕毕现，非常难看。

④闷胶　如楔、销、钉都已卸尽，某些结构仍拆不开，说明榫卯结构之间尚有残胶在起作用，此时需用"湿布"包裹结构周围，使湿气沿榫卯空隙及楔钉孔洞渗入其内部，待半日左右即可软化，如其仍不松动，可再用热风枪烘吹，此时，不管是普通白乳胶还是热溶性动物胶，均可软化松动了，但有些树脂胶湿热不吃，此时可用"预应力＋强震力"法拆解此结构，但此法破坏性强，容易造成榫卯的伤残，实属无奈之举。

⑤卸穿带　穿带对于家具，如同房屋上的栋梁，是家具的核心部件，穿带有大小两头，可在穿带两端燕尾上看出，拆卸时一定小心看清方向将芯板正面向下，平放在地面上，用脚踩住芯板，用锤垫上"挨打木"由小头向大头方向击打穿带榫头，即可将穿带卸出。切记！不可击打芯板边簧边沿。

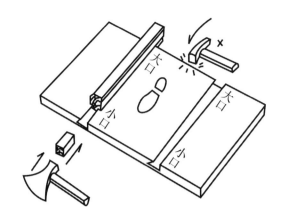

图 2-79 卸穿带示意

　　⑥护漆里　在拆卸家具过程中，往往会有许多漆里（即漆布、漆麻、漆灰）掉下来，这时应及时收集，随时用胶贴回原位，如有必要，可用高丽纸刷稀浆糊作整体封护，待木工完工后再行闷湿揭除护纸。

【拆散清洗】　硬木家具拆散后，应先做除尘清洗：①除尘可用清水＋适量洗剂擦洗各部件，以除去尘土泥垢，如系十分脆弱易损的家具，可用酒精、汽油、稀料、丙酮等溶剂洗擦，以免过度受潮变形。②如家具表面粘有厚重油垢，可用 400# 以上乏砂纸沾水研磨，或滑石粉＋丙酮沾棉丝吸附，并可附以木片，棕刷，细钢丝棉来清除，以显现家具本原质地为目的。传统手法是用"锉草把"沾过箩细炉灰沫去油垢。③除残胶，在除尘除垢的同时，榫卯内的"宿胶"已被泡湿，此时可用热风机或温水对其进一步加热，再用竹片、棕刷等洗净残鳔，除胶时不要损伤榫卯构件。④除漆，附着在古典家具上的非本体性漆物，多数应在拆卸工作前完成。现市场上有销售强力脱漆剂的，是针对脱大漆所研制，脱古漆安全有效。应选择风和日丽之时，先将家具晒热，再行涂刷，为提高效率，可加盖报纸。待漆皮松动剥离，随即用棕刷清水冲洗，漆层可除净。不提倡传统方法所用的氢氧化钠刷洗之法，会浸渗伤及木质组织。市售几种脱漆剂不可相互替代，应在做好局部实验的基础上再进行实施。难度最大的脱漆方式应是用小刀极小心的剔崩剥离，在不伤下面表皮的前提下除掉后罩的漆层，使埋在其下的家具本色再现风华。

【烘烤校平】　校平要趁刚清洗过板芯的潮湿气，就势做校平工作，古旧家具的板芯，往往有不同程度的横向翘卷。轻微者可将其凸面朝上，扣在潮湿地面上日晒，由于"干缩湿胀"的原理，板芯很快便恢复平整，这时应穿上旧"带"或打上擦杠，放在烘房或干燥通风处风干，如遇阴天或冬季，可用火烤其凸起一面，水湿其凹卷一面，也可使其平复。旧家具的芯板因长期静置疲劳，有时会出现纵长方向的弓背弯，这种毛病可先用热风枪烘烤其弓背处，再压以重物，也会很快恢复平整。

图 2-80 古家具芯板弓背弯校正

　　除以上干湿不均造成的卷翘弯和因重力造成的弓背弯外，还有一种局部不平整的"罗锅弯"，是由于木材的节疤根杈等生物缺陷造成的，很难治平，下策是用小抽锯沿木纹锯开其中心部位，再施以烤、压、线、补方可治平，也可用脚沿木纹小心端裂踩开，再施以烘烤、压平、线缝，修复后效果也较自然。

【拿弯校直】　旧家具上许多部件已弯曲变形，清洗后应立即趁湿"拿弯"校直。

　　①单拿法：把变形部件的变凸部位用微火烤热，用绳子或卡子固定在一坚实木方上，使其凹

面与木方相对，再用斜木楔入二木之间，视其变形程度而"矫枉过正"之。②对拿法：古家具上的零件大多是对称的，如果对称零件出现同样变形，可将两者烤热后，凹面相向捆绑，两端再插入长木楔，待其冷却后再"松绑"，既可恢复平直。③骟法：古家具上有些部件严重变形，是由于木材因受潮，受热，内部应力发生变化所致，

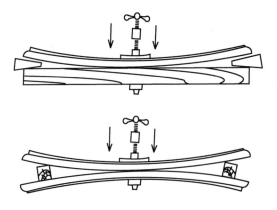

图 2-81　木构件变形"拿弯"校直

节疤根权部往往形成死弯，很难校直，旧时匠师常用"骟"法去其"性"。方法是先用小齿锯，沿木纹方向从变形部位一端剖开，直至死弯中心处停锯，然后在锯口内使好鳔卡紧，同时，将死弯处调直。锯口尽量平顺，少留疤迹。这叫"直骟"。另外，还可在死弯处斜锯一口，直至死弯中心部位，再上胶调直、卡紧，这叫"斜骟"，此法应尽量选择隐蔽处。骟法拿弯便捷有效，一般不"回楂"，不反弹。

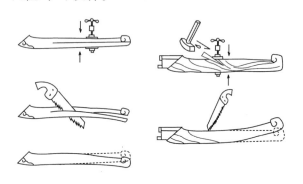

图 2-82　木构件死弯"骟法"调直

【熬化制胶】修补榫卯和组装家具均要用胶，传统的动物胶是最经济坚固和最具可逆性的胶种。但由于其为热溶性胶，使用起来较为麻烦，故多被现代的半可逆性的白乳胶所代替，但真正重要部

位的修理，还应遵循古法，尽量使用动物胶。

熬鳔：①在水产店购买大号干鱼鳔若干只。②用水洗净，闷软。③用刀划成 3 寸段并用手撕成丝状纤维。④将纤维放入鳔锅加清水，用木杵反复捣成稠糊状。⑤加清水用微火慢炖鳔浆，同时用鳔铲不停搅动，勿使其糊底。⑥把炖沸化匀的鳔浆倒在纸上，待其刚凝固而尚未硬时，用刀划成色子块，晒干后收取待用。鱼鳔俗称大鳔，足显其质量上乘。

化鳔：将预制好的鱼鳔块，猪鳔块或骨胶粒，放入鳔锅内，用清水泡软后再用文火炖开，便可使用。要趁热使，随使随热，随热随点水、随搅动，防止焦煳失效，并要按"夏稠冬稀"特点炖制，注意防霉变。

图 2-83　传统熬制鳔胶方法

【补穿带】穿带多数易在燕尾边楞处损坏，有如下几种修法：①局部一角损坏，可扩创剔平后，粘贴新木做出燕尾，再用竹钉加固。②一侧通长损坏，可通裁去一侧燕尾，新贴补木条，胶干后裁出燕尾。③两侧燕尾均有严重损坏时，可将燕尾全部刨平，重粘同种木材做出新燕尾，并用竹钉加固。④有一侧修一侧补的办法，但在安装时要剔宽卯眼锯窄榫头，两者都会损伤古家具，尽量少用。

【修簧】桌边装板的小槽口叫"边簧"，边簧损坏叫"挑簧"，而板芯四周通长的樟条叫"芯簧"，芯簧的损坏叫"撕簧"。修法如下：

补边簧：①粘补边簧常在一头开裂，如不缺失，可用砂纸清除裂缝污垢，灌胶后压紧粘牢即可。②斜补，如桌边一端边簧缺失，可视木纹走向错开损坏位置，补配宽于缺失部分的斜形木料，用好鳔粘牢。③深补，如边簧大部分损坏通长开裂，可全部裁掉，并加深加宽截面。补粘木条，粘牢后，再重新裁出边簧口。④盖补，如边簧损坏，相邻桌边部分也残损严重已无法修补，可彻底刨光簧口以上部分，重新粘贴整块木板，俗称"盖面儿"，此法对原物伤害也较大。

拼芯簧：①齐荏拼，如芯簧小部分劈裂缺损，可在原缺损处拼接粘补，但不坚固。②搭荏拼：在芯板背面，芯簧缺损处，裁出阶状口粘补上新的芯簧木料。用此法修复簧榫较为坚固，但是芯板底部会露出新粘木料，不甚美观。③移位拼：如芯簧大部分已损坏、可错开原簧根位置。向后移动粘合面来拼接木条，胶干后重新开出芯簧，这样可使新粘配芯簧更加牢固。④不拼：是旧时匠师常用的修簧法，如芯簧一边尚好，另一边已有一些损坏，可在组装家具时，在损坏的一边点些胶，这样，芯板在"干缩湿胀"运动时，芯板只会在未点胶一侧开合，另一侧因为有胶点牵连，故不会动作，坏簧榫就不会出槽，这样可暂保桌面无恙。

【接榫】榫头的断失、朽烂是旧家具中常见的损坏现象，修复时采用拼接、拍接、栽接等方法将损坏榫头接补。

1. 拼接：如榫头在窄侧方向断失，可采用拼

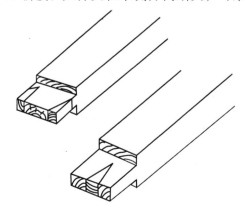

图 2－84　破损木件榫头的直拼接与楔拼接

接。又分为：①直拼接：把损伤部分削成平面，粘上木料即可。②楔拼接：如榫的中间部位被销钉穿烂，可用小锯将伤烂部分锯成楔形豁口再补以同样的楔形木料即可。③栽拼接：如榫大部分残缺，可将剩余部分铲出平面，再在残缺部位根部打眼，连栽带拼，补齐余料即可。

2. 拍接：当榫头在宽度方向断失时可用拍接的方法接好。（二木平粘为"拍"）①斜拍接，若原榫是斜荏断失，可顺势把原荏铲成斜面，再粘以新木，开成新榫即可。②平拍接：若原榫缺失部位延及一侧榫肩可将伤榫肩断齐并铲平残榫，贴以新木，开成新榫即可。③燕尾拍接：枨榫有拉扯两端部件的作用，为

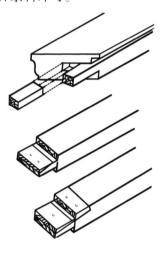

图 2－85　榫头的栽拼、斜拍、平板拼接

了增强抗拉力，在接榫时可采用燕尾形的拍合。

3. 栽接：当榫头完全齐根断了，行活叫"齐荏断"，这时就要栽接了。

①夹头栽：将枨子或腿子锯开一个同榫等厚的敞口，将新榫夹进开口，称为"夹头栽"此法破坏较大。只是省事，并不美观，较适合暗部榫卯的修理。有一种半夹头栽按法，一面开口，一面封闭，较适合一面隐蔽的部件修理。②蝇拍栽：有些四面明露的枨子，要制成一个蝇拍状榫头，小头栽入枨端，使周围不见接榫痕迹。较美观而巧妙。只是强度差些。③菜刀式栽：与蝇拍式原理大同小异，只是一面出肩形式很像菜刀，故称之。大多用在腿子上端的"长短榫"和桌椅大边断榫的修理上。优点是不露修

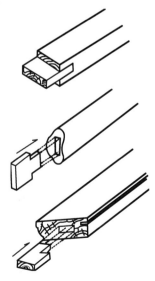

图 2－86　榫头的夹头、号拍、菜刀式栽接

补痕迹，对文物伤害较小。

④囫囵栽：将与断榫等粗的补配榫，直接栽入断榫根部新凿出卯洞中，因不需要留肩，整入整出，俗称"囫囵吞"，多用于圆包圆家具的断榫修理上。

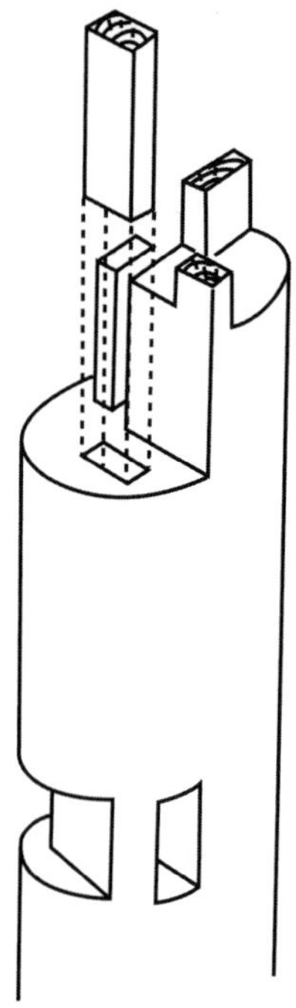

【拼板】 古典家具上的板芯，常常很薄，尤其是苏式家具装板，薄的部位常常只有 2 ~ 3mm 厚，一旦损坏，极难拼补。因此要尽量用贴布，托板，补腻子等方法维修，如果确要补换新板，则应错开薄弱环节来选择拼接部位。

北式牛角刨子拼板要用木卡子夹板，最好使用南式穿把刨子。在溜板上拼薄板效果不错。方式是将要拼合之板，面对面相向平放，将穿把刨子侧放在溜板上，刨刃垂直溜板，依次将面板刮严，溜板要用滑顺不变形之木制做。总的来讲薄板拼缝要中间虚，两头严，使胶后尽量用杠拢严，不宜用铁卡子硬卡。

图 2 - 87　断榫的囫囵栽接

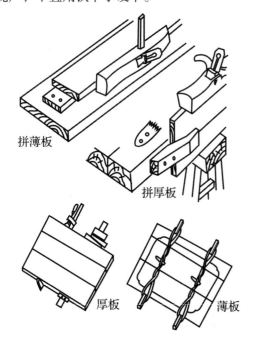

拼薄板

拼厚板

厚板　　薄板

图 2 - 88　古家具板芯拼板示意

【补糟】 古旧家具上的糟朽，分为虫蛀与霉菌侵蚀等造成的，应在家具组装前修好。

1. 虫糟：多发生在南方家具上，如系表皮完整，内部蛀空的，可以小心取下表皮，剔净糟粉，喷洒杀虫剂后，填补木料或木屑胶，树脂等，待干燥磨平后，再将表皮贴上，如果虫洞小而密，木质又未完全蛀空者，可先用杀虫剂水浸刷，也可用火烤，日晒，烟熏等方法处理，最后填以同色木粉腻子，打磨作旧。

2. 菌糟：多发生在家具腿足部分，南北方都很常见，对于较轻的糟朽发白现象，可不做修理，用热风枪烘烤除湿后，移放干燥处既不再发展。

【接腿】 常见家具腿足因糟朽程度不同，而呈长短不齐状，以往有用最短的腿作为标准，截去其余高足，瞬间完成修理，对古物造成永劫不复的破坏。或者是以中等糟朽的两腿为标准，截去最高的腿，取长补短腿，这样，虽只截短一条腿，并只接高一条腿，破坏较小，但终究也是造成了破坏，我们反对这两种为图省事，改变原状的作法。

严谨的修复应根据现旧家具的比例造型，推断出原家具的始制高度，择选科学的方案进行细致的修补。目前，较现实而负责的方法是，先将最高一腿糟朽部分浸注树脂或胶液加固，并以其

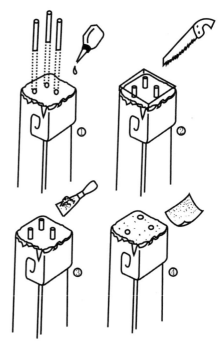

图 2 - 89　木腿糟朽部位"木粉接"修补

高度为标准对其他腿做修补。具体修法分为：①木粉接：如轻度糟朽短失高度在1.5厘米以下者，可先对其清洗烘干树脂加固。然后栽上2~3枚软木桩，并截准高度，软木桩周围敷以粗木屑胶泥，待干后，再敷上和家具同种同色的细木粉胶泥，同时细塑造型，干后细磨上蜡作旧。②贴补接：有的家具长期贴墙摆放，后腿常有成片纵向糟朽，可用"三同木"片顺纹、顺势做成补丁贴补，应尽量做到美观不露痕迹，最后用木粉胶对底部补糟接高。可收良好效果。③墩接：超过1.5厘米以上的糟朽，如果位置状态平齐，可采用墩接方法，先将糟朽部分截平锉光，再选"三同木"顺纹墩接补齐高度，待胶干后用一圆榫贯通其中，栽入残腿，然后上色做旧。这种方法的要领是接腿一定要和旧腿木质、木纹、木色相近，尽量做到接口严密。墩接还有许多变体形式，如斜接、阶梯接等等，可视糟朽状态酌情选用。④混合接：有的古家具腿足糟朽状态十分复杂，修理中应尽量不要截短，这对保护文物信息和保护家具坚固十分重要，对于这种复杂糟朽，可采用木粉塑补、墩接、贴补等多种方法来混合接补修复。

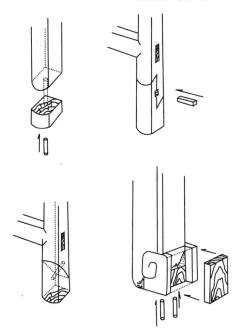

图2-90　木腿糟朽部位"混合接"修补

【修门轴】 木门轴是古家具上最易伤损的部位，应根据具体损坏情况修复。①如果是劈裂，可先撑开裂口，清除杂物，再施以好胶上卡子卡牢，待干后再销以细钉，以增加其受力性。

②如门轴断失，可顺断茬木纹走向，削出斜面，再配以新轴，仍需销以钉销。③如门轴断茬齐整，可锉平断口，并沿轴心方向打眼插接带圆榫的新轴，此法美观有力，因样子极像手榴弹，故可名其"手榴弹接法"。④如门轴下端磨短磨平，会造成门子下边拖扫底枨，使门子开启不畅，这时，

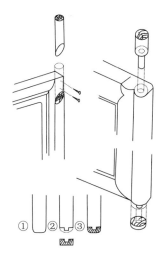

图2-91　古家具门轴的修复

可在底枨轴臼内垫上木片，或将下轴底端圆弧就势销成小榫，再粘接短浅圆轴，可使门子下边不扫底枨，并使门子与顶子之间"风缝"变小，一举两得，因其形态极似子母扣，可叫"子母扣"接法。

【修抽屉】 抽屉常见的毛病有以下几种：①如屉帮磨损，可将磨损部分刨直，再粘上相同的木料即可，但要使拼缝位置错开屉底槽，才算结实。②如抽屉枨（滑道）磨损，可将磨损部位取直，贴上直长木条即可。如果取月牙状木条粘补在磨损弯缺部分则更好。③老家具抽屉面两端的燕尾榫卯常常会出现"松动劈裂"，可先将屉帮燕尾烂损部分切平，粘以新木，重新做出燕尾榫，如屉面上燕尾槽卯崩损，可剔除损坏部分，将燕尾槽扩大，然后粘补木片修复。

④如果屉帮燕尾榫头烂得实在没法收拾，可将其从榫根部截去，在重新向后做出全部新的燕尾榫，这样可获得新的坚固美观的抽屉结构，缩短了原抽屉尺寸，实为出于无奈的下策。

【修椅圈】 椅圈也是古典家具上易损坏的部件，最常见的是椅圈榫部发生三角形劈裂，但往往并不会丢失。这时，可小心取下残榫，除净创面污垢，涂以好胶粘合，并用潮湿细麻绳绑紧粘合处，并备紧长楔，便可使该处恢复坚固。

如果椅圈伤残严重，可卸下修理，其步骤如下：①用三簧钻"投出"四腿上端竹销。②卸下椅圈。

③退出接圈榫（楔钉榫）内楔钉，拆散椅圈。④清洗榫内残胶污垢。⑤修补损伤处。⑥重配新楔钉（要长些）。⑦组装椅圈，根据四腿上端位置调整椅圈弧度，边备楔边煞严各条肩缝。⑧使胶打鳔。⑨胶干后重新打上腿上部竹销。⑩清理，上蜡，完工。

【配雕花】 旧家具上的雕花部件如缺失残损了，就需要补配，将黑烟子与牛油熬成油烟膏。用细绸布包棉花，制成油擦，用半透明的软纸（拷贝纸）蒙在雕刻部件上，用油擦轻沾油烟膏，在拷贝纸上浮擦，即会将雕花图案的轮廓拓印下来。

将拓有花纹的拷贝纸糊在开好榫的木料上，按图雕刻，即可修复雕花部件，雕工应注意，要在与其他部件连接处预留"接头"待木工组装完毕后再行继续雕刻"接线"。如补配残破雕花要注意找图案的隐藏处隐藏接口，这如同玉器行琢玉时的"剜脏掩绺"。另外，在最后磨活时，要尽量同原雕花部件粗细度一致，才能取得统一协调的效果。

【修挂销】 挂销是苏广两地硬木家具榫卯的特色，其源于"干插榫"工艺，除便于煞肩工作外，还便于长途运输组装。但挂销却是古旧硬木家具上极易损坏的一个部位。修法如下：

①小伤：如是撕伤劈裂，可清洗后灌胶卡紧，待干后销上竹铜小钉加固，注意一定把钉帽锉平。②半残：如挂销燕尾一侧损烂，可剔除伤损部分，重新粘以新木，再铲出新的燕尾销即可。③整缺：如挂销已整体缺失，可彻底铲平其基础，并在其根部凿出斜卯，按原样制成新销，使其底端卡进斜卯，待粘牢后钉上铜钉加固。

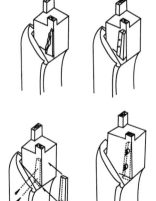

图2-92 古家具"修挂销"
的几种方法

④简易栽销：有一种更简便的办法，是模仿日本炕桌挂销结构的修法，用于整销缺失修复，首先把伤残挂销连根清除，再在原位置上打孔栽上圆棍，（上下各一枚）。然后准确的铲出内侧燕尾边棱。此法省工、坚固、但稳定性差些，只能在腿足

粗壮的家具上使用，否则，会造成劈裂。

【补"牙嘴"】 检修及大修时如发现牙嘴缺失要及时补上，方法如下：

①铲平断损部位的木茬。②选"三同木"料，用长刨刮出粘接面，并在一端锯好牙嘴角度，截下长于牙嘴的一段。③用好胶粘于缺失处，用水布擦净余胶。④待组装完毕后，用木锉随出内曲线，并用勒子，勒出线型。⑤用刻刀划清楚格角线，最后打蜡出亮。

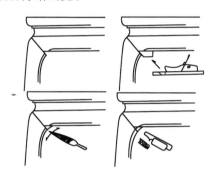

图2-93 古家具"牙嘴"修复示意

【穿带】 古旧家具上的穿带，由于年久干缩在芯板燕尾槽内往往松旷，不能有效控制芯板变形。严重的可造成"挑簧"，对于松旷的穿带在穿入芯板时要加以处理。①对于空隙较大的燕尾槽口，可夹入薄木片，薄竹片来填充空隙，使带下槽时有"夹紧感"才好。②对于空隙极小的带槽之间，可先将老藤皮贴放在槽侧，并用铅笔沫或化石粉，涂于穿带燕尾沟内，并用脚踏住芯板，用锤垫上

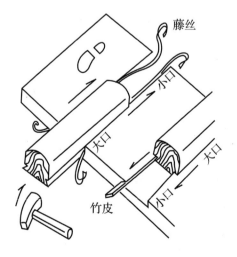

图2-94 穿带松旷夹贴竹皮、老藤皮紧固

"挨打木"徐徐掼敲带肩，完成穿带入槽操作，如手感仍松旷，可在另一侧也贴夹一根老藤皮，直至有硬下紧涩感方好。

【刹肩】 又称"煞肩。"古家具攒边装芯的结构，日久会因木材干缩而出现各部件之间不严密的缝隙，严重时会使结构松动，甚至损坏。在大修时就需通过煞肩将其搞严。以桌面为例，煞肩方法如下：

①以穿带两肩长度为依据，拼好面芯。②将面芯穿带与大边组合起来，在面芯宽带口一侧，留出适量伸缩缝，（北京地区冬春季留3~4毫米；夏秋季留1~2毫米；梅雨连阴天不留）其宽度可用在伸缩缝中夹火柴棍、木片，藤丝等方法来控制。③用摞绳将两大边和面芯摞紧。套上"抹头"，并将其用长楔备紧。④视四角肩口缝隙大小，及"头缝"宽窄，用小煞锯煞肩，并要随时打开榫卯，用铲刀铲净锯口内的余木，直至头缝严密，四角肩口适度严密为止。注意：刹肩的过程，是一个辨证施治的过程，一定要统筹兼顾。绝不可埋头苦干，顾此失彼。肩口有七八成严即可，否则，会造成桌面与以下诸榫卯错位，给以后工序制造很多麻烦。

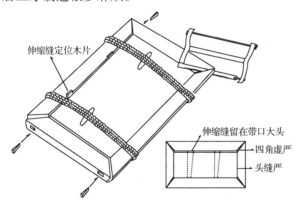

图2-95 装芯板松动"刹肩"修复

煞肩总的规律是：头缝尽量严（如不严，易挑伤边簧），水缝一侧严（另一侧留有伸缩缝），肩缝适度严（要兼顾下面榫卯位置）。

【使鳔】 传统匠师的"使鳔"，既是紧张有序的工作过程，又是对以往各项修理工序质量优劣的总检验，以往哪修的不合适，都会在"使鳔"这一工序中显现。大件家具使鳔前，工匠们除准备好各种工具，清扫地面，停止一切其他活动，由于动物胶的热熔冷凝性所迫，必须全身心地投入到使鳔工作中来。南方地区湿热，动物胶容易霉坏失去胶力，故古代苏广两地硬木家具从不使胶，全凭严密的榫卯连结，这叫"干插榫"，半榫则用竹销固定，技艺令人惊叹。淮河以北地区四季分明，木材干湿不定，家具榫卯容易松动，非靠胶粘固不可。这就是"南销北胶"的原理。使鳔前，可将准备好的部件放在炉边烤热，也可在日下晒热，鳔也要化热，并准备好相关的工具，如檩绳、棵杠、楔子、卡子、垫片、锤子、挨打木、水刷、水布等，如家具较大，操作时间长，为防止鳔冷反复热鳔，可将鳔桶置于铁桶制的保温桶内，内盛开水，可使鳔浆长温不凉，鳔刷可用藤棍砸烂一端制成。吸鳔多而刚劲，可直入榫卯底部，是最好的刷鳔工具，刷鳔的动作要匀而快，重要部位要使两口鳔，榫卯拍合后，应用水布及时擦去肩口处溢出的余鳔，随溢随擦，尽量不要留下痕迹，否则干后将很难清除。待家具全部榫卯插结完毕后，要用摞绳、摞杠、铁卡子等"打摞"，为使各部位肩口严密，再逐步"加揉"（胀紧）的同时，还要用烧红的烙铁或热风枪烘烤各榫卯结点肩口，务使凉鳔再次熔化，同时用锤子进一步震动敲击（连脚锤）。这时肩口在挤出热鳔的同时，会更加严密。旧时工匠，在冬季如遇大件家具修理，还会在地面上点起一堆刨花来烘烤家具底部，使凝鳔重新熔化，效果会更好。但出于安全原因，现已不再提倡了。北方匠师在修理古家具的过程中，总结了一些使鳔原则，体现了哲匠对木性的

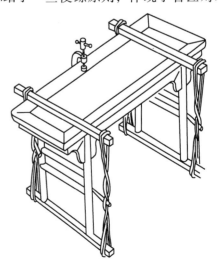

图2-96 古家具修复时"打摞"捆绑

尊重，它们是：边簧不胶、夹头榫不胶、龙凤榫不胶、穿带不胶、插肩榫不胶、裁销不胶，走马销不胶等等。

珍贵古代家具在修复操作中严禁使用化学胶，会造成旧家具的不可拆卸重修。半可逆的白乳胶可作为一般性家具修复用。

【打摽】古旧家具经"修补"，搞严、使鳔、插结组装后，马上要进行"打摽"，即用麻绳、棍、铁卡子等工具将各部捆绑勒紧，使其肩口严密，形体端正。

以桌子为例，其方法如下：

①先将插结好的桌腿下放两根摽杠用中号摽绳，通过桌面兜在探杠两端，用揉棍穿在绳间拧绞，使其勒紧桌面与四腿之间的肩口，使之严密。②用铁卡或揉杠摽绳兜紧桌面与牙板下沿，这样会使牙板与桌面结合得更加紧密。③用大方尺搭在桌面上，分测四腿与桌面的角度是否一致。并用卷尺在各对角之间测量，看是否对称。并站在远处用肉眼"照量"各腿之间是否平行一致，有无"齐步走"现象。若有毛病应及时处理解决。

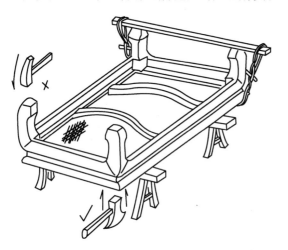

图 2-97　古床面倒置床腿"打摽"

打摽的目的是为了榫卯肩口更加严密，如发现不严的肩口，可边绞探棍"加摽"，边用锤子连续轻轻的敲击不严处，行话叫做"连脚锤"。如遇大床床面与床腿牙板肩口不严，可将床座倒置板凳上，用锤子从下向上反击床面四角的腿榫下方，利用床腿自重下沉使肩口严密。切不可用重锤猛击床腿足。因旧床腿多数都有糟朽，重击会造成破坏。打探的过程中，所有锤击都应垫上"挨打

木"，开工前应备好备用木楔、水布、水刷（擦余胶用）、摽棍（要用光滑的硬木棍），探杠（选用不易变形的榆、柞、黄花松等），操作中还要小心摽棍滑脱打手。

【掰夘】出夘是中国古典家具普遍存在的做法。有夘的家具更坚固结实，更具稳定感（相当于古建筑柱墙根基稍向外倾，墙体上部向内收）。组装时，使鳔打摽后，对不符合要求的，要进行"掰夘"，易动的可用手掰或掌推，难动的可用锤敲，脚踢等方法"掰"正角度，对易滑动移位"回楦"的腿足，可用石挡，棍撑楔子垫等手法固定，待鳔干后位置即可稳定。

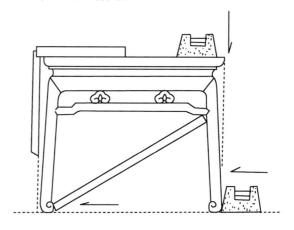

图 2-98　古家具使鳔、打摽时的掰夘

总结以上方法，归纳为"量"（尺量）、穿（单眼看）、照（远观）、掰（手向外掰）、推（向里推）、敲（锤子震敲）、踢（脚踢下足）、挡（重石挡在足下，防移动）、撑（木棍撑在两腿之间）、垫（用楔子，木片垫在肩口空隙处）等十字经。

【补丁】古旧家具上常有些洞眼，针对具体孔洞的修补称为补丁。①鼠洞，古旧家具上最大的是鼠洞，往往在薄板上咬穿，多数是一面齿痕的缺口，可先用木锉顺着坡口方向随形锉成"马蹄口"，再用同样的旧木板拓下鼠洞形状，作成马蹄补丁，粘堵于洞上。随形补丁的优点是不扩大鼠洞面积，马蹄口便于卡牢补丁。②深洞，木材结疤，因年久脱落或朽烂成洞，还有枪眼，机械眼等都很深大，这时可先用松软木材，随形填堵在洞眼之中，使其低于洞眼表面若干毫米。待胶干后再随洞眼

形状用同样木材做出补丁，贴补在洞眼表层。

③烧痕，桌面上常见的较浅的伤损多为灯火烧痕，如面积较小，深度软浅，形状位置尚可，可做适当处理后留下，作为人文信息故事，也是一景，但如果其烧损程度较大，位置形状又不适当则须对其修补，可在原伤损形状的基础上，略作修整，因势利导，使其外形轮廓呈花叶，水流，鱼跃，鸟飞之状，则是一举两得，能兼收补残增色之效。④钉眼，木材中的钉眼，常常形成枣核状锈洞，修补时，大者可用小凿剔出锈痕，使其成眼睛状，再补以顺纹同色之小木块，也较美观，小者可用细木粉掺胶做成腻子，填入钉眼里，干后打磨上蜡即可。另外，如钉眼位于肩口边缘处，可就势将肩口近钉眼处切开，连钉眼一同，做成楔形小口，再补以同种楔形木料，如处理得当，可不露斧凿痕迹。

【线缝】古旧家具上常有劈裂长缝，将其用细木条填补严密称为"线缝"。通常线缝要在修整组装工作完成之后，打磨上蜡之前完成。其法如下：①先将裂缝中的木纤维，杂垢等用小刀锯（抽条锯）锯断剔净。②取同种木料依裂缝宽度锯成刀刃状小木条。③将木条沾胶用小锤敲进裂缝之中。④待胶干后，用小刨刮去缝外剩余木条。⑤打磨、勾色上蜡即成。

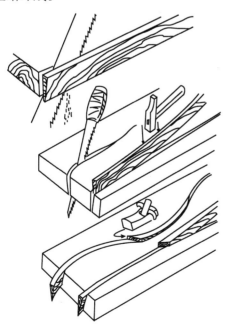

图2-99 木板劈裂缝的嵌木条加固

如遇长缝或弯缝，嵌条常用数段衔接而成，并一定斜接，才能美观严密。为保持线缝牢固，还需在其背面做加固俗称"缝链"。方法如下：①打锔子如木板较厚，可将小木料只制成银锭或半银锭形燕尾锔子，嵌卧在线缝背面。②贴木片如木板较薄，可用薄木条截成，小段，均匀贴在骑缝处，并倒棱以增加美观。③糊布用结实细密之绸布条，贴于线好的裂缝背面加固，效果平整美观。④填腻子有"漆里"家具线缝后，先用油漆加滑石粉调成同色腻子，填补在线过之缝后面，干后打磨平整，最后再用同色油漆，描盖腻子缝，作旧完工。

【罩漆家具修漆】罩漆家具不披麻挂灰，漆的主要成分为油，漆皮薄，多数情况可隐约看见木质木纹，漆皮软，经常使用的部位漆面常出现大片的磨损和脱落，它是漆家具中的主流。其修理方法大致如下：①罩漆家具木活修好后，先将补配和见了新的部位反复干湿打磨几次，使其光净。②将无需补漆的部分（多为自然磨损部位），随好颜色，使之接近旧漆感觉，勿使其反差过大。颜色干后，在该部分罩补稀释透明漆以保护颜色，免其掉色，并增加其光感和包浆感。③在需补色漆部分。用透明漆＋颜料或颜色漆勾兑出合适的漆色逐层刷罩，并随层磨掉毛刺。④在局部漆色罩补好后，可视情况在家具整体罩擦薄薄的一层稀薄透明漆来提色。以取得整体上的统一协调效果。如生漆、合成大漆、虫胶漆或硝基漆等，但要注意，漆要宁稀勿稠，避免"犯新"。⑤待漆干后，可涂抹蜡油消光做旧。

【披灰大漆家具修漆】大漆家具其底子是用大漆血料等拌以青砖灰、骨粉、或石粉等制成的，用以保护家具木质，其上再饰以彩漆，并描绘金漆图案，并时常罩以大漆保护。工艺较为复杂。通常大漆家具的修法如下：

①将修完木活的漆家具表面清扫干净，并用"皮老虎"或橡皮吹子吹净起翘的漆皮裂缝中的尘土，必要时，可用小腻子铲掀起漆皮吹扫。②用注射粗针头将乳胶液灌进漆皮裂缝之下，并用水布随时擦净溢出的胶液，然后用平底重物垫薄棉纸压在该漆皮之上待干。注意，不可用502等强力

快干胶粘贴，否则，会使漆皮发硬发脆，造成不可逆转的损失。③在大面积缺失漆灰处的木胎上，粘覆皮棉纸或牛皮纸。并将其表皮糙磨出纤维毛。④用血料稀油漆或稀胶液拌匀滑石粉等填料，披抹在该处，待干后打磨平整。（此工序可分几次补平）。⑤用油漆＋各色颜料（银珠、樟丹、石绿、石黄、红土、群青等）。调制成与原漆面一样的颜色和光亮度，涂刷于缺失处。⑥在打磨调整后的漆面上绘制彩画（尽量用矿物颜料，小面积也可用油画色来代替），最后打金胶贴金。⑦整体罩些薄漆或漆片来调整其光度。⑧适当用钢丝棉、硬棕刷、头发和各种稀料揉抹退光作旧。⑨最后涂抹些蜡油使光线柔和，完工。

　　另一种简便的修法，较适合那些漆皮整体状态尚好，但又裂有细密"断纹"的漆器。尤其适宜那些漆皮与木胎尚未脱离，但又略有些松动的大漆家具，其方法如下：

　　①先用气吹子吹净断纹裂缝中的尘土。②用淘洗出面筋的面粉水加入适当的颜色，打成稠稀适度的浆糊，其颜色可根据漆家具底色来调整。③用细毛小棕刷沿裂纹方向，在漆面上作整体涂饰。④趁浆糊未干时，用干软粗布（不可用绵丝或毛巾以免刷起漆皮）细心擦去漆皮表面的浆糊。⑤最后用小块略潮湿细布缠在手指上仔细揩净漆面上剩余的浆糊痕迹。⑥待裂纹中浆糊干透后，视情况擦抹蜡油或薄漆作封护。此法简便、安全、有可逆性，可在加固漆皮的同时对其进行清洗，可谓一举两得。

【编藤】古家具上的藤屉大多已朽坏，需要重新编制，方法大致如下：①修框　首先将劈裂的棕眼框粘牢修好，必要时可以采用打木橛，卧螺钉的办法将拉裂的棕眼框固定，如要拼补缺失部分，最好将粘接口错开易损坏的棕眼一线。如大边内侧已被改动过，变薄了，要用木条恢复补平，其内棱要倒小圆弧以免硌伤棕绳。②修弯带　弯带是棕藤床椅的栋梁，除要用好胶修补粘牢劈断之处外，最重要的是要垫严弯带榫肩与大边内侧的肩口，因为弯带的主要吃劲方式是两者之间的顶劲。③编棕绳　先把棕绳泡湿，用细软钢丝拧成"穿棕针"，将棕绳2~3根一组穿入绳眼内呈45°角斜向编结起来。为了防止拉歪床框，应从四角

对称编起，随编随用软木棍堵塞棕眼，以防棕绳退缩懈劲，在编织过程中，应始终保持棕绳的潮湿。④编藤　编完棕屉后，还要编藤，真正的编藤工艺繁杂费工，需用专用的工具和技术，现可用压藤席方法来代替。先将藤席拆散四边，润湿后分股穿入棕眼内，并将所有棕眼内藤丝用胶加藤芯棍或软木楔备紧，并趁湿砸实，最后将棕眼边框下面的藤丝头系紧成结，并割去多余的丝头，注意，压席过程中，应始终保持棕面的干燥，不然最后由于棕绳的干缩，席面会绷不紧。影响使用效果。

【压席边】用压席边的目的是用席边挡住杂乱的棕席绳眼，使席面美丽利落。工艺方法如下：

　　①先用扁铲铲平棕绳眼内的藤芯头，木楔头。②用单线刨修整床椅棕屉大边内口（此工序最好在棕屉组装前完成）③将压席边料靠藤席一侧，倒成"适度圆弧"（亦称门洞圆），再将两端格成45°角，并要大致加工出四个角的内角圆弧。④将压席边用卡子，小钉协助粘合固定在棕屉大边上。待胶干后再铲圆锉光内角圆弧，同时刮平大边与压席边的粘合缝。⑤为防止压席边日久松动，可用竹木细钉穿过压席边，栽入边框内来对其加固。

【打扫活】这是木工最后一道工序，组装完毕的家具，待胶干撤去摞绳摞杠后，均需"打扫"整理。凡肩口不平的用铲刀随平；榫卯结构不严的备楔线缝；锯刨毛茬用刮刀粗砂纸理平；鳔胶涂痕用热水刷净；锤凿，斧印，用热水闷起刮平，锉牙嘴，接圆线等木工扫尾工作均叫做"打扫活"。

【留旧】古旧家具经过初期的清洗已基本清除了脏垢，但对于不同程度的风化包浆，还要做进一步的调整。才能符合不同用途的要求。对于旧家具表面过度的风化和不美观的使用痕迹，应做适度清除，对于因水湿油浸糟朽的桌面，土浸碱黄的腿足等恶性包浆，可用刮刀蘸水轻刮后，再用400#~600#细砂纸蘸水揉擦。直到看着合适为止。

　　根据家具的年代、级别、质地和用途等情况，对于较正常的包浆也可做适当的调整弱化。可用酒精、丙酮等材料来擦洗减弱较厚包浆的旧度，使家具较多的显现出应有的原始风采。这也是最

保险安全的一种手法。还有一种留旧的方法是用蜡油+滑石粉均匀地涂抹家具表面，也可减轻旧度。适度显现出家具的本原质色，是比较保守的一种做法。

旧时匠师常用乏软的锉草把子，沾上过箩筛细的炉灰沫。揉磨家具上过度的陈旧污垢包浆，乏草把子有研磨作用，可清除油泥污物，此法不失为一种经济简便的去油污的方法。

【见新】 新补配的部件、过度风化和过度伤损的家具表面都需要见新，具体方法如下：①用净刨刮净木材表面，要尽量少留下刨缕和"欠茬"（戗茬）。使之与周边未见新部位过渡平滑。

②用刮刀片刮去硬木表面剩余的细小"欠茬"，可将木材表面擦湿后操作，并要注意调整刮刀的角度，尽量不要留下"波浪状"的刮痕（噜嘟）。对于较大面积的刮光，可选用耪刨来提高效率，小的线型或补丁可采用马牙锉来刮光。③刮光完毕的木材还需要 150# ~250# 砂纸干磨，除去工具刮痕然后再用 250# ~350# 水砂纸进行水磨，在水磨过程中随时用水布擦去"磨活浆"，当将木茬磨成白色时即算完工，待加工面完全干燥后，再用 350# ~600# 细砂纸干磨一遍去掉水磨干燥后翘起的细小纤维绒毛，磨活才算完工。

以上磨工活传统方法是使用磨石（羊肝石）、锉草（木贼草）、光叶等自然工具来完成的。

【随色】 传统的随色用料是将苏木（出红色）、槐子（出黄色）、黑矾（出黑色）、石榴皮（着色剂）等中药材放在铜锅（铁锅易漏）里熬制成的，可根据不同木材所需之色，具体的调配比例，便可获得所需之色。

现代调色方法很多，上蜡硬木家具可用黑钠粉（出红色），碱性嫩黄（出黄色），直接煮黑（出黑色），各用水煮化后备用，用时可视木色需要，临时调配几者之间比例进行勾兑，如木色较深还可用双氧水减色后再配色涂刷。着色时要视最后的出亮方式来决定其木色深浅程度，烫蜡活看湿色，干抖亮看干色，蜡油活看不干不湿时颜色。

【出亮】 出亮作法分为水亮、干抖亮、干抹硬亮、蜡油亮、烫蜡亮、罩漆亮等。①水亮保存完好的硬木家具，在清洗过泥污后，只需用粗布揩抹就会将木质里的旧蜡带出，使家具出现淡雅的光泽。行话叫"水亮"。②干抖亮如家具表面有雕花等凸凹不平处可用沾有少许蜡沫的硬毛棕刷反复抖刷即可出亮，行话叫"干抖亮"。③干抹硬亮如系鸡翅木，铁梨木等特殊木种，或想使黄花梨，红木等家具表面呈现亮丽清雅之色，可用蜡块轻轻均匀涂抹于家具表面，然后再用棕刷赶匀，最后用硬粗棉布折成硬捻，用力将浮蜡砑进木纹里棕眼，使家具表面平整如镜，纹理清晰，毫发毕现。行话叫做"干抹硬亮"。④蜡油亮将蜡油溶于煤油、稀料等液体中，均匀涂抹在家具表面，待未干时擦匀，使之形成一层蜡膜，称"擦蜡油"。蜡油有优劣之分，较好的蜡油，如英国的"民生蜡"，出膜饱满，光度柔和，很像古旧包浆，蜡油可配成许多颜色，可根据木质不同进行调配使用。"碧丽珠"等适用于小件，可使清洗上蜡一次完成。上蜡油后，家具的深浅度相当于"干抹硬亮"与烫蜡之间，蜡油若固体含量低，日久颜色会变浅，光度减弱，会有失蜡感，应间隙的多上几次。⑤烫蜡亮 烫蜡是最基础和最古老的一种涂饰工艺。它可使木材光润，同时不易受潮变形，其方法如下：首先将磨好随过色的家具烤热，把烤软的蜡块均匀涂抹在家具表面，然后用热风枪将蜡熔成液体状，同时用蜡刷往复刷涂，使之均匀，此时，湿度一定要均匀，不可使局部过热，否则木材过热，蜡液会无休止地渗进木材棕眼内部，同时表层蜡质蒸发，很难出亮。待蜡液完全凝固后，趁蜡尚有余温，用蜡起子将余蜡起净。蜡起子可用硬木，牛角，竹片，钢板等磨制，刃部应圆润不伤木质。蜡起净后，要用硬毛棕刷抖匀浮蜡，再用粗棉布叠成硬捻，赶净压光浮蜡，并使之成膜出亮，最后用细布进一步抖亮使之光泽如鉴。烫蜡家具往往给人以整旧如新之感，但对保护硬木家具确有好处。烫蜡用蜡，主要以蜂蜡为主，适当加入川蜡，川蜡古称贡蜡，是四川矿产蜡，其手感利索，蜂蜡加入川蜡，可使家具表面光亮，手感滑爽，如冬季烫蜡，则应多加蜂蜡，不然蜡层坚硬，起蜡会很困难。蜂蜡亦称黄蜡，川蜡亦称白蜡，川蜡落地即碎可露结晶状白茬，现老川蜡很难找，可用矿蜡代替，但效果不如"贡蜡"

之川蜡理想。在烫蜡过程中，如木材颜色不对，可用色蜡来纠正补救。色蜡是在黄蜡中加入油红、姜黄等颜料熬制成的，常用来填补蜡活后期发现的家具上的小眼，小缝等瑕疵，传统修复"沟满壕平"的工艺中常常使用。

还有一种用于修补的材料叫紫胶、是用虫胶漆片、松香块等加各色颜料熬制成的，用时可将钢片烧热烫下一块，趁热补在上蜡后的小缝小洞之中，可获平整外观。再者可以罩漆亮，有些古旧硬木家具擦有薄薄的生漆，以苏广两地为多，行活叫"擦漆皮"。修理时如遇破损或修补处可在随色之后，补擦稀薄的生漆，合成大漆或硝基漆。有些家具因腐朽程度已深透表皮，木质松软无光，难以出亮，可用以上漆种稀释后反复渗涂表层，待漆干透后，经打磨、上蜡、便可出亮如故了。用虫胶漆（漆片）可使家具产生柔和雅致的光泽，但虫胶漆耐水，耐冲击性差，遇潮易泛白。可以在家具的内部、后身板、抽屉底等暗处使用，可收到鲜润、干净的效果。

民间有用抹核桃油或黄油来保养发亮，这样会使家具显得晦暗无光，油浸造成木质的污染，且勿吸尘粘垢。总之，除抹油发亮外，以上诸种发光出亮办法，都很实用，修复时可根据家具的不同情况选用。

【修铜活】 古旧家具上的铜活（配件），有的锈蚀严重，有的缺损，修复时需要去锈和补配。①去锈　可用醋水、杏干水，红果浆等闷擦减弱到适宜程度，可用细钢丝棉沾水揉磨，可收到理想效果，传统匠师有用萝卜根沾炉灰沫磨铜锈的手法，最好不要除的发亮，旧的氧化铜包浆要保留，除锈后要用清水漂洗干净。②配铜钉　铜钉分明钉和暗钉，明钉可用粗细铜丝截成小段，卡在台钳上用锤敲击上端逐渐使之呈蘑菇状钉帽，再经磨尖成铜钉。暗钉，明式家具上有的铜活平素光洁，不显钉帽，是用暗钉钉成的。可用厚铜板剪剁成针状三角形小钉，或用细铜丝经锉磨截成平头小钉，钉在打好小孔的铜活上，并可点上502胶水，（古人可能用白芨、硼砂等），待胶干后，锉平铜活面上余露的部分即可不显铜钉痕迹。在打眼时，应从反面暗打眼，否则铜活平面会出现小凹坑，难以磨平。③修合页　合页是古家具上最易损坏

的饰件，尤其是轴套部部位，长年累月的磨损往往会使套口偏斜，门子便会下沉扫底枨。修补时可将上下轴套的斜口锉平，缺失的部分可用相同厚度铜板卷成铜管套在轴杆上补齐。平卧合页背面所栽焊的铜腿，常常会齐根断裂，如不准备改成明钉，可拆下在原位置上用铜锡焊补上新的合页腿。柜子腿上钉合页处，常因过度磨损变成"大眼瘘"洞，在钉补新合页前，应首先将木洞边缘铲齐，补以同类坚固木材，再钉新钉，才能使合页坚固耐用。④屈曲　缺失的屈曲可用铜板敲制，弯曲处一定要敲磨成圆弧，尾部一定要剪成长短不等的两尖，以便安装时操作方便。尾尖一定钉入木中，这样才美观安全，不会伤人伤物。

新配的铜活，参照本篇青铜器化学处理等方法随色做出古铜色包浆的方法。

【作旧】 旧家具上添补的新料，如不协调，则需要作旧。①新补之料往往比老家具木质色泽光鲜，可用双氧水或氢氧化钠等溶液试探性涂刷，可使木色减淡，干后再涂以所需颜色即可，如补配的是大部件，磨光后用生石灰加水呛埋，待表层暗淡后再做适当的补色，如时间允许，可用风吹日晒方法处理，使之褪色。②有的新补配部件，木材表面平滑，与老部件的木纹风化程度不一致，可用金刚砂加豆油反复揉磨，即可使木纹棕眼呈风化状态。③有的补配部件周围风化严重，可先用氢氧化钠烧后再用盐酸中和，再用硬钢丝刷沾水顺木纹划扫，可获得较深的风化效果，此法尤其适宜铁梨木作旧。④有的旧桌子腿足部位糟朽严重，可先用斧凿砍剁新配之足，模拟出糟烂大形后，用糙锉、钢刷等物进一步"刮划"，再用强酸或强碱装在瓶子底内沤泡，最后用双氧水刷腿做过渡性褪色。还可涂以土黄，地板黄，松烟等与稀油漆或树脂的混合液，使之更加接近旧腿之状。⑤如系紫檀，红木等光亮木材，整体包浆较好的家具可先在补配件上完成磨光褪色，随色烫蜡等工序，再用热水布烫擦，用黄油核桃油等浸润，来模拟长期使用的过程，也可获得一定的作旧效果。⑥古家具的柜底，椅座下是最具工艺特色的部件，如新配木料与其原貌不协调，可做适当的调整。如系漆里，可补刷接近原貌之漆，待漆未干时撒与水泥，松烟等粉末，以求退其贼光。

如系"清水里子"，可用柴油灯烟熏黑，或涂刷"色浆糊"等办法模拟旧的感觉。⑦石料如缺失了，应尽量用同种残旧石料以大改小补配。如所配的是新石料，则应作旧。可先用磨石工具将机制平面随花纹走向，磨成凸凹不平状，这叫"随形"（旧石板是不绝对平的）。待进一步用砂纸摸细抛光后，再用盐酸酎情将其腐蚀成亚光状，然后用高锰酸钾溶液或洱茶等浸染呈旧石色，涂以蜡油上光，作旧完成。（古家具修复部分撰稿：张德祥）

〔近现代文物〕

【近代纸本文物】 我国各地近现代纪念馆展出的文献中文书告示、书信、报纸、票证、照片、胶片及老一辈革命家的手记等多为纸质文物，展品多为影印照片或仿真迹复制的。战争年代困难时期保存文物是相当不易的。由于受潮湿、水浸、虫蚀、烟熏、污染等诸多原因，有的质地十分焦脆；有的严重粘连。

【纸张文物的处理】 近现代纸质文物修复参照前文的古籍与旧书画装裱技艺。这里补充一些近现代文献字迹的恢复与纸张的加固的方法。文献字迹材料有：墨和墨汁、黑色油墨、碳素墨水均属于最耐久的碳黑色素成分；蓝黑墨水、彩色油墨、红蓝铅笔、印泥、蓝图铁盐线条属于较耐久颜料的色素成分；纯蓝和红墨水、复写纸、圆珠笔、印台油、蓝图重氮盐线条、纸笔属于不耐久的字迹材料。这其中，铅笔字迹最差，红、纯蓝墨水不耐水，圆珠笔、复写纸字迹不耐热等等。对字迹巩固和纸张加固采用明胶—甘油溶液，强度可增加一倍。对于有黑色铅笔字迹的纸张，用乙基纤维素与苯溶液加固，也可用有机玻璃、三氯甲烷溶液加固。聚丙烯酸甲酯、氟树脂的溶剂也可用于加固纸张字迹。破损严重或有较大裂纹易碎、双面字迹、彩色水溶性字迹的档案，可用薄膜或丝网加固方法。对手写字迹褪变色的恢复，可采用滤色镜摄影、补色滤色镜摄影、硫化铵显色法、黄血盐显色法、单宁显色法恢复。近现代文献修补方法可参照前面的书画与古籍修复方法。修补用纸与古籍修复稍有不同，主要用手工纸、薄型绵连纸外，还可采用电器纸如云母原纸、电容器薄膜纸、尼龙砂纸等。修复机制纸文档用绵连纸，珍贵双面字迹档案、地图托裱用薄软的云母原纸。电容器纸薄而透明可用于档案保护层，尼龙砂纸薄而结实。可用于双面字迹档案托裱。

对于长期埋藏于地下或浸泡在泥水中的文献、书籍，纸张粘连并包裹着泥沙，呈板结块状。需要先浸泡在流动的清水中，渗入纸张的泥沙慢慢松动，渐渐出现一叠叠的分离。接下来在 40～60℃热水中浸泡，粘连固结的纸张便可以逐页揭开。将逐页揭开的纸页，平浮于水面，从纸页下面用大小适宜的塑料薄膜托住纸页，将一端与纸页一起先提出水面，再较迅速地全部提出来，这样提出的纸页完全展平在薄膜上，干燥后纸页与薄膜自然分离。湖北省博物馆采用此法揭开了沉于水底中山舰中打捞出的电报稿等千余页板结纸页文献。板结书籍也可用竹签逐页揭开。先在容器内用水浸泡松软后，置于搪瓷盘内，更换清水再逐页揭。纸页边缘总有溶开部位。在水中以薄竹签插入，左右方向小心移动，靠浸入水的浮力分离空隙，逐渐将全页分离。用同样大小的宣纸，盖在揭开页张上，宣纸有一定拉力，用镊子轻夹起书页一角，慢慢将宣纸提取，翻在盘边案上吸水，然后以此法逐页揭开。

【残损文献修复】 对于严重残破文献，字迹模糊难辨的，有条件可以借助红外摄像系统与微机上对字迹辨识，再用传统的实托法修复。残破文献托纸后难以从案子上取起来，可采用如下方法：先将一张油纸或潮湿机制纸平铺在案上，把文献字面向下平放油纸上，文献已碎成若干片，应先拼对，摆准位置。浆糊先刷大纸片的，再刷小片的，边刷边核对字迹相连部位，不要错位。纸质非常薄而脆弱的，先刷清水，用排笔轻移拼对位置，潮毛巾沾去水后再刷浆糊。然后用传统"飞托法"进行修裱。绘有水粉颜料的文物，不能用水修，颜料见水会四外洇烘。可采用如下方法：案上平铺三、五层打潮的白报纸，另放一张撤潮纸，画面朝下放在潮纸上。把打潮纸平放画上，再盖上潮毛巾，将画背纸闷透。取下潮纸与毛巾，然后针尖挑开背纸一角，慢慢撕开背纸，再以"飞托法"重新托裱。

【近现代文物的复制】 各地近现代纪念馆、名人故居的陈展，展品原物主要靠征集和馆际间调拨再现历史的真实，但毕竟有限，如领袖人物用过的每种物品，就那么一两件，各地纪念馆只能用复制品。文物的展品，门类众多，但多集中在武器类、文献类、服饰类。这里简单概述文物中的主要复制方法，如武器类土雷、手榴弹、老式枪械或重型武器如坦克、火炮完全可以用经烘烤过的红松木制作成模型，用铁板包镶，自然生成铁锈，刷涂油漆作仿铁锈处理，效果相当逼真。服饰类的复制，主要是选料，当时多为传统土法纺织的粗糙布料，手工染色，现在很难觅到，为了真实再现，只能土法织染，缝制样式、工艺均要符合同时代的真实，还要作残作旧褪色处理。旧址的布置，旧桌椅等多是在民间征集的旧家具，式样与旧木质符合同时期家具特征。但有些纪念馆新仿制的桌椅，虽是旧样式，但油漆色太新，有的直接以三合板做桌面，均违背了历史的真实。战争年代，领导人暂住的旧居并非富户豪宅，多为农舍陋屋，普通的土炕、炕桌、条凳、煤油。复原陈设的木桌凳可以仿做，并不一定油漆。新木质面可以用水稀释氢氧化钠或弱酸，对入几滴墨汁与积尘的脏色水，反复涂抹，将木面咬蚀毛糙，脏色渗进木纹。自然干燥后旧布蘸积尘反复擦蹭呈旧木质感。残缺、腿断、脱榫卯，可用人工方法作残，镶板开裂起翘现象可在咬蚀湿后阳光晒或烘烤局部使之自然形变。新刷油漆，可用刀刮、咬蚀等方法作出自然旧漆色与斑驳漆皮脱落状。

【近现代文献的复制】 文献的复制比较复杂，主要分为选纸、拷贝（仿照原件印刷或临摹）、染旧、做残四个工序，分别参见纸张染旧色与做残的方法。

【文献仿纸染旧】 所用的颜料为块状国画颜料，赭石、藤黄、花青等，以及高级书画墨汁、骨粒胶，煮红茶水。调配色可用玻璃杯、塑料盆，浸染用搪瓷盘，刷涂用羊毛板刷或排笔，晾纸用木杆，及煮红茶的不锈钢锅。调配色汁，先把赭石、藤黄、分别溶于杯中浸泡十余小时，溶化后用玻璃捧搅动使之完全融合，颜料中渣子还应沉淀或过滤掉。再以凉水泡红茶，置于火上慢煮，煮的时间长，茶色偏重为好。骨粒胶先用凉水泡开，配

色时用沸水冲化，浓度要稀。以国画色对入红茶水中，调出原件相符的色汁。点入骨胶水，加重染旧汁的浓度，染出颜色要均匀。要染出与原件近似的黄旧色，可滴一滴墨汁。根据原件旧的程度，可以适当调整茶水的深浅，用调好的色汁染一小片纸试色，试色很难一次成功。特别旧的原件可在红茶水中再多添加一些藤黄与赭石汁，及两滴墨汁，以加深色度。色重了，可以加清水稀释。经验丰富的修复人员，调色时凭经验用排笔蘸足颜色水，在白瓷盆边沿上刷一下，等色汁快流完时，对比原件旧色观察调整深浅度，基本八九不离十。没经验的应将试色纸晾干，干后颜色比较准，与原件对比相符方可正式染纸。染旧主要有搭杆法、伏案法、拉染法、漂杆法、干染法五种。下面分别简述：（a）搭杆法：一般复制的印刷品文献经染色后，搭在木杆上晾干。染纸时，下垫一张干净的纸，用排笔搅匀色汁，蘸汁适量，自右向左刷，刷色要轻，每刷一笔再刷第二笔时，尽量减小排笔刷过的相互接触部分，相叠易出现色重花道。为防纸张移动，用指尖压着左下角。每张纸所刷遍数应一致。一般刷两至三遍。同一文献，纸页较多，应以一次所配色汁，尽量一次染旧，避免多次染色出现色差。刷好后，将纸搭晾在木杆上。木杆相互间留有空隙，便于空气流通。自然干燥到九成时，取下放在平案上，用木板压在纸上，上压重物，压实、压平。第二天取出，纸便干透平展。（b）伏案法：一般以宣纸、毛边纸、东昌纸、高丽纸等纸质复制的文献，直接平铺在案上刷色，干透后揭下来。伏案法染色汁中少加骨胶水，刷第一遍时，排笔蘸汁后将汁在盆边刮入盆内，仅以湿排笔先将纸"打潮"，之后再度蘸足色汁，从右向左刷两至三遍。晾干透，轻轻揭下。（c）拉染法：即复制我国土地革命时期以来，布告、传单、标语、大字报等纸质文物，染成年久的旧红绿纸色。用热水冲开化工颜料试色，染色应在70℃左右恒温水槽中进行。具体操作，先将纸的一端粘在晾杆中段，干后右手拿晾杆中部，将纸平放入槽内，左手用丁字棍在靠近玻璃棍部位向下按纸，将纸浸入颜色水中，右手将纸紧贴玻璃棍慢慢拉出，再用搭杆法晾干、压平。（d）漂杆法：把纸平放在略大的垫纸上，在案上刷染，搭杆法晾干。（e）干染法：字迹遇湿

掉色的油印、铅印、复写及手写墨迹复制件，应采用干染法处理。用长年积尘、黄土末、颜料粉调拌为染粉，棉团沾着土粉在纸上擦，用力要轻而匀，色泽由浅入深。

【文献仿纸作残】 复制件要忠实于原件的原貌，还要进行作残处理。复制件放在原件上，使字迹、图形重合。放在毛玻璃灯箱工作台上，用硬铅笔勾绘出残破的形状。然后分别采用不同的方法作残。用橡皮擦去铅笔印。作残的方法主要有：破损残边，用针划去没用部分，绵纸类用橡皮擦残口，机制纸用细砂磨毛残口，清水润潮，旧布沾墙土轻擦自然。硬刀痕可用刀割、剪开；仿撕碎毛茬，可用针尖轻划数遍后撕开；防虫蛀孔，用细针扎出密集小眼，撕去无用部分，细砂纸轻擦针口，呈不规则状毛边；原件残口是犬齿状，在做残的部位上垫上三五层纸后，用锯条的齿冲，撕去没用的部分后，用细砂纸轻磨犬齿口；原件有曲别针、大头针的铁锈与针孔痕迹。扎针孔时，下垫几层纸。用小楷毛笔蘸高锰酸钾水溶液按原样色画，晾干后即呈铁锈状。面积较大的锈蚀斑迹，先将纸面打潮，用牙刷蘸高锰酸钾，轻拨刷毛，散抖下高锰酸钾，纸面出现紫点，晾干后即呈"锈迹"；有的仿件有捆系绳用的冲孔，选择与孔大小相同的冲子，垫以十几层纸冲，冲出孔比较自然；旧有油迹的仿作，剪一片比原油迹略小的纸片，涂上油放在复制件上，盖上几层纸，轻轻按压，将油迹印在复制件上，新油渍撒上尘土，稍后抖掉，用软布轻擦，即呈旧油迹。

【纺织文物复制】，首先是选料，选择与文物原件厚薄，织纹粗细一致的。为了在织物面便于勾摹临写字迹、墨迹、污斑等，先要对织物进行相应的技术处理。将织物用温水浸泡透，反复揉搓拧洗，使其增加吸水性能，然后铺平晾干。为便于书写墨迹而不晕浸，再浸泡入千分之一胶矾水中处理，充分浸泡后搭在架杆上阴干，最后用电熨斗烫平，处理后的织物面宜于书写。临摹过字迹后，还要进行作残作旧处理。主要方法与前面提到纸质文物作旧方法相似。第一是以赭石、土黄、藤黄等国画颜料与墨汁加水调拌出深浅不同的色汁浸染方法。第二是沸水煮红茶或花、绿茶水，浸渍织物的方法。第三是较长时间地暴露于自然光下，任其自然褪色、泛黄、变旧。

〔油画〕

【油画的材质】 油画是用透明的植物油调颜料，在制作过底子的布、纸、木板等材料上塑造艺术形象的绘画。起源并发展于欧洲，到近代成为世界性的重要画种。15世纪初期欧洲画家采用亚麻油、核桃油为调和剂作画，形成丰富的色彩层次和光泽度，干透后颜料附着力强，不易剥落和褪色。油画技术很快在欧洲国家传开并迅速发展。中国油画是在清朝末年，欧洲技法传入、日本间接传入与自费留学欧洲画家归来的基础上发展起来的，成为中国画坛的新画种。

油画的主要材料和工具有颜料、画笔、画刀、画布、上光油、外框等。颜料分矿物颜料与化学合成两大类。早期的颜料多为矿物颜料，由手工研磨成细末，作画时用植物油、明胶等调和。近代油画颜料为踢管状，颜料的种类相当多，性能与所含的化学成分有关，调色时，化学作用会使有些颜料之间产生不良反应。因而，掌握颜料的性能有助于发挥作画技巧。

【油画结构层次】 油画结构层次为画框上所绷亚麻布的支撑物，亚麻布面先涂胶水层，再涂底子的第一涂层，第二涂层，其后才是画面层。画面层又是几层颜料层组成，例如：底图→在底图上的覆盖层→薄涂的色彩→隔离光油和遮盖层→绘画光油→积尘。

【油画的损坏成因】 油画因长期悬挂展示或存放环境的温、湿度变化，污染等多方面因素的影响，致使框架变形，画布、色彩变异。尤其是在画布上画的老画会出现到处是裂缝以至产生膨胀、圆鼓的现象，有时这些地方是凸面或凹陷。这种表面不平整是由未破损的颜料和胶料对布的不均衡的压力，以及颜料层中断的裂缝网造成的。胶料厚度的略微变化，或不均衡压力都会在画的表面造成块状或其他不规则形状。修复时要巧妙地使用压力对衬垫减到最小程度或全部的矫正，不能通过熨烫衬垫而加以矫正。

【油画修复】油画受到种种损坏后应及时予以修复。框架变形应及时更换，画面污染、霉变要采用适宜的药剂冲洗、熏蒸虫霉。画布出现严重的损伤或腐蚀，应用柔润性胶粘接裱衬垫、压力矫平，缺损处应按原风格、手法添色补全，画面涂罩上光油，保持画面的光泽度，防止空气侵蚀和积垢。

【油画修复规则要求】西方国家对油画的修复规则要求，尽量避免做不能毁掉的东西，保存原作的每一块颜料，只有在原来颜料已掉光的情况下才能重上颜料，如画上有窟窿、烧残等情况，也仅是最小的干预，绝不允许强加的修补，改变作品的原创性，修复师不能将自己的艺术价值强加给被修复的作品，不能任意添加一笔。

传统的、老的，经过多次使用的方法优于较为新近的方法，但相当数量的现代材料和方法强于旧的方法。如亚麻油不是特别好的黏合剂或胶。效力大的胶并不一定要使颜料粘在画布上，关键的是黏合剂的稳定性要好，在效力正常情况下长期"固定不动"保持稳定不变，并有一定的可再处理性。

对老画的清洗尽可能少的用水，清洗后必须马上干燥。因为画布上涂油底子之前，通常要上一层胶，水、水汽、潮气会通过画布裂痕与缝隙间渗入，造成画面与画布的分离。

修复部位重新涂颜料，必须严格地限制替补失掉的部分，不能覆盖一点原来的颜色，也不能用新颜料去改进原作。一般要求油画经修复后地方，不会显而易见，但仔细观察便可不费力地发现修补痕迹。要求修补用笔技法与原作略改变，如填充物和堵塞物富有立体感，以使之略低于画面，仔细涂上颜料，与相接颜料略有差别的颜色；或使之模糊空白，染上与周围颜料大致相配的色彩。

修复工作真正的目的，是抑制油画作品的损坏和防止进一步的崩解外，还应力求给一件作品一个能令人接受的良好外观，使人们可以将之作为一件完整的东西去欣赏或研究。

【涂补颜料】油画修复所用颜料应尽量采用与原作一致的颜料。传统油画颜料基本是三类材料组成，分为基底材料、油画颜料和媒介材料或载色剂。

基底材料既依托材料和底子涂料，起到依托材料与画面粘合作用。油画颜料是由各种颜料微粒，经调制均匀地分散在载色剂中，绘画时直接表达色彩和肌理效果的；媒介剂材料又称结合剂，则是用于调整颜料性状并使其和基底材料结合在一起的各种稀释剂、干性油。如达玛油、亚油酸、亚麻仁油、核桃油、罂粟油、蓖麻油、聚合脂肪酸等。成品软管油画颜料，系采用耐光颜料研磨成精细微粉，以精炼植物油配制的软膏体。用于修复油画，应选用知名品牌的，色彩鲜艳而稳定性好，耐光不易变色的。

【整体托裱法】油画整幅画布老朽，颜料严重粉化、起翘的作品宜采用整体托裱修复。此法分为拉裱画心与裱衬垫两道程序。第一步为拉裱画心，预制一个稍大于旧画的拉裱框，用甲基纤维系贴两层湿牛皮纸夹住画心，利用湿牛皮纸干燥时的收缩力绷紧画心。拉平原画心背面用蜂蜡贴上一层纱布。第二步是在拉裱框上新绷一块亚麻布，将画心背贴覆与亚麻布一起，新亚麻布刷蜂蜡，用熨斗加热、加压，蜂蜡受热渗透至画背，将新老画布粘合。粉化、起翘的地方用蜂蜡直接渗入颜料层加固。

国外传统的修复方法是直接裱衬垫修复。裱衬垫：即当画布上的一幅画出现损伤或腐蚀，以至用修补，润饰或用其他方法都无法矫正或阻止画的进一步分解，并要长期保存时，必须采用裱上衬垫的方法修复。将原有的整幅画老朽画布裱糊到一个新的支撑物上，通常是在一临时的画框上绷上新的亚麻布，布面要涂一层水溶性胶水处理。每边要比原作稍留出一些，亚麻布质量上乘，最好用相同经纬线织成并宽阔结实的。大画布的内框要用硬质木头，用铁角连接。图画的轮廓可以在画布的两面用铅笔画出。

将原画小心地，整齐地与原有内框分开，先用改锥去除平头钉，然后用手术刀把边缘部分裁掉，注意保持画面大小原状。重要的署名及文字标记都应拍照或小心地临摹拷贝下来保存，留待二次复原。画背在必要时还应用砂纸打磨掉疙瘩及不平处，用吸尘器或刷子扫净。

【粘胶方法】在新画布上采用宽而扁平的刷子涂上

热胶水，完全凝固后，视具体情况再涂第二层、第三层。国外用传统混合胶为法国兔皮胶、墙纸浆、威尼斯松节油，按比例混合，即有所需的粘结力、渗透力，很好的柔韧性，形成结构坚固的胶膜。或用酪蛋白与乳液、防霉剂合成的水溶性胶。再者可用5份蜂蜡、3份松香（或达玛树脂）、1份威尼斯松节油调配为粘结胶。然后在老油画背面上一薄层热胶，覆在新亚麻布上。画框下临时垫一平整胶合板，画面上铺盖二层保护纸，用一橡皮滚筒将画布压在一起，或用手掌从中向四周压，排出气泡。晾干后翻过来，画面下衬入一块软绒织物。用电熨斗在背部熨烫，控制熨斗温度不宜过低或过热，熨烫应连续滑动，使胶粘剂透过旧画布渗到底子的背部并形成平滑、均匀的状态。熨烫时可在表面抹上蜂蜡或石蜡以使画有适当的滑润性和保护层。画面平展后便可清洁处理。

【衬垫矫平】 有些老油画出现裂缝以至产生膨胀、圆鼓的现象。有时这些地方是凸面或凹陷，这种表面不平整是由未破损的颜料和胶料对布产生的不均衡的压力，以及颜料膜中断的裂缝网造成的。采用熨斗反复熨烫是无法加以矫正的，使用压力可以巧妙地加以矫正。用湿海绵润湿画布背面，再以几层蜡纸盖在画面、画背，以防油画贴在压板上，以沉重平光的胶合板对夹油画，画布和胶吸收了适量水分，重新变得均匀潮湿和恢复了柔韧牲。以大号夹具夹固定在48小时以上，移开夹具后，立即将画拉直。如果画布绷实在画框上，画布自然会拉紧。

【局部修补】 油画出现的油彩龟裂、起翘、小刺痕、撕裂等，可用明胶、胶粘剂、蜂蜡、水质胶、等材料粘补，也称打补丁。对于相当多的褶皱、翘棱或开线的裂缝，适于用胶补，用油画刀蘸胶渗入裂缝，或针头注入胶液等方法粘合。较宽接痕、裂口用几缕亚麻线交织编在裂缝上或用蜂蜡粘补补丁布，不太热的熨斗熨平。填充料采用明胶调白垩粉（碳酸钙），国外有用酪蛋白经水稀释，与达玛光油混合乳化，调白垩粉呈糊状，或用成品"水状胶石膏"填料。用油画刀填补。

【油画清洁、上光油】 油画用溶剂清洗去除旧光油时，不应把画体保护层的任何痕迹都全部去掉，操作中稍有不慎容易造成脱皮现象。正确的使用清洗剂、控制好用量，才能取得满意效果。采用小棉签或小块脱脂棉涂除溶剂，不仅安全，而且能控制施用剂量。清洁剂采用松节油、乙基醋酸酯、酒精稀释的混合剂，禁用肥皂或化学等洗涤剂。国外有采用海猩油，将酒精与溶剂的混合物用软刷揉在其中，进行清洁油画的方法。

采用手术刀等物理、机械方法清除旧光油覆盖层是最安全的方法。凭经验，熟练地操作，不会损坏脆弱颜料层，并可以去除最错综复杂的画面不平处的灰尘或光油。

上光油多采用蜂蜡、威尼斯松节油、达玛树脂等材料合成。

〔民族民俗文物〕

【民族民俗文物】 民族民俗文物包罗万象，种类繁多，指各民族及民间民俗生活中所使用的一切工具、生活用品和工艺制品。以质地概括地分有：金银器、青铜、锡器、铁器；竹、木、藤器；皮毛、皮革、毛发、丝绸、棉、麻织物；玉、石、牙、骨、玻璃、陶瓷器；宗教祭器、泥塑石雕；植物树叶果实等。民族民俗文物的范畴极广，这里通篇很难列举清楚。各民族的先贤和劳动人民，不断创造着独具地域和民族特色的文化和原始生活用品，比如解放前，我国西南边远少数民族地区一直处于刀耕火种时期，所用生活用具大都是竹、木、藤编器物，以刻木记事、结绳记事的木棍、麻绳，以记数的工具实物如木棍、石子、沙盘、念珠；以及各民族中不同形式的原始宗教巫术占卜用羊骨卜、猪羊鸡动物卦、竹签、竹竿等占卜卦具类等实物都属文物范畴。再如民族服装都是用土法织染，服饰上多缀金、银、珠、宝石、珍珠、羽毛等饰品。用竹笔写在贝叶上的古籍经书，以果实作为信物传达心意的信息（这类器物处于潮热环境中易腐朽、虫蛀，很难保存）。还有如千百年来数代相传的新疆维吾尔的花帽、地毯，藏族古代工艺特有的藏刀、藏木碗、藏毯、唐卡、毛织挂包、藏桌、宗教法器、面具、经卷雕版等。北方少数民族的兽骨、皮革、毛毡、树皮、草编制品等等。

【民族民俗文物的修复】 此类文物的修复按质地可以参照本书各章节介绍的同类器物修复方法，基本与前面叙述的各类型文物修复方法相同。但是，我们特设本条目目的，是要尊重各民族文物原有的特殊制作工艺。修复所用材质与技法，尽量按原有工艺去操作，不可盲目轻易动手。我们说虽然有些工艺各民族之间基本相近，比如捶揲锻打红铜与金银制作的艺术品、实用器皿或土陶用品等，但是每个民族在器物制作工艺上，会有其地域的特点。他们在一个特定的地域环境中，数代承传下来，具有本民族闪光的东西。针对民族文物的修复，必须对各民族传统工艺有所了解。比如著名的云南斑铜工艺承传至今，他们以独有的工艺，其中化铜铸造时坩埚放稻草阻铜液中的浮渣，打磨抛光后放入独具配方的药液内浸泡，表面即呈古色铜斑。再如藏民承传下来的最广泛的金属工艺主要制作佛像、神灯、供神器、铃铛、铙钹、藏刀剑等。如铜与锡的合金"卡瓦"专用于铸铃铛，与铁合金称黑青铜，紫铜与黄铜合金称白青铜。藏族的能工巧匠在雕刻上都有一手绝活，藏族金属雕刻"擦得"工艺分三种，在金属平面用单锤錾笔，轻敲浅刻的浅雕或浅镂称"江木擦"。镂刻出花纹图案如叶纹、火焰纹、云水纹、昆虫、花卉、草木纹饰。用内雕外刻錾花浮雕或阳纹称"布尔擦"常用此雕刻佛像的宝座、莲座、靠背，佛塔、寺庙殿脊构件如宝瓶、日月法轮等。镂空雕刻称"锥擦"。对成形铜器镀上金，称"擦塞"。他们能在拇指大小的金银器上雕刻出成套微型图案如"八吉祥徽""八吉祥物""六种长寿""五欲供"等吉祥长寿成组图案。又如流传两千多年的传统毛织工艺的羊毛氆氇（囊木普）、藏被（祖丑）、藏毯（萨垫、卡垫）、围裙（邦典）、毛织口袋（一类是挎包褡裢称为多摆、扎布杰、开达；另一类装盐巴、粮食为查杰、该莫）、鞋帽（松巴鞋、嘎落鞋、多札鞋）等，都是用材、做工精致考究的，特别的制作工艺。如松巴鞋的鞋底有的是用牛皮捻的绳纳制，有的是牛皮包起来，鞋面鞋腰用红绿相同的毛呢装饰花纹、线条。嘎洛鞋的鞋尖如木船前端（狗鼻）耸起，牛皮做底，鞋帮是三层氆氇粘缝而成，后帮竖口边用染红羊皮加固，鞋跟、鞋尖缝上黑色牛皮，鞋面用黑牛皮拉条及金丝线镶边。又如一种

"次仁金克"长寿金丝藏帽的制作，以土产氆氇和皮毛为原料，以金、银丝缎和金丝带做帽顶装饰。藏族的泥塑工艺历史悠久，主要是塑造佛像和以模子压印而成的浮雕佛像、神灵的供品"擦擦"。塑泥采用红黏土与黑黏土，加入稀薄纱布、毛头纸、碎石渣、木纤维与水揉拌而成。"代万"是也是一种专用"抹子"泥塑刀；木雕法器、木雕像也是藏民族民间的特有的传统工艺。如压经板是藏族保护压经书的，雕刻十分讲究，图案丰富精致。以整块桃木板，四周刻多道纹饰边框，外缘为卷叶纹、内缘为连珠纹、覆莲纹。边框内横刻三世佛、护法狮、竖刻化佛小像及卷云纹、鸟兽动物纹等；利用桐木、桦木、杂木的树瘤镟雕而成的纯木碗，经细磨，加鱼草汁涂抹碗壁内外，呈橘黄色别具特色。藏式柜桌等木器家具的制作，造型独特，特别是雕图绘画，如框架雕以玲珑精致的龙、凤、虎、狮、回纹、竹节纹，平面绘以花草、人物、禽兽等，富丽堂皇。我们还要注意这样一个现象，即众多的民族民俗传统工艺逐渐近于失传。比如新疆喀什市原有二位专修复瓷器的民间老艺人，他们的修复技艺相当高超，当地人家传的古瓷器破损，均找上门去修复，但是上世纪末相继去世，技艺未传承下来。所以，我们还要注重对传统民间技艺，无形文化遗产的抢救。

〔大遗址保护研究〕

【大遗址】 大遗址是构成我国五千多年文明史史迹的主体。大遗址是指从历史、美学、人类学的角度看，具有突出的普遍价值的人造工程或自然与人类结合工程以及考古遗址地区。大遗址一般包括考古学文化和我国历史上占有政治、经济、文化重要地位的原始聚落、古代城市、宫殿、陵墓和宗教、丧葬、军事、交通、手工业、水利等建筑与设施的遗迹及相关环境。还应包括与人文地理环境相关联的遗址及包含文物、建筑群的综合体系。

【大遗址保护意识】 我国是一个文明古国，历史给我国留下了丰厚的文化遗产，其中古文化遗产遍布全国合地，而且有众多的大型遗址叠压在现代城市下或距城区较近，受到的自然或人为损坏日趋严重。近年来，随着我国注重对大遗址的保护

工作，越来越多的文物保护修复人员投入到这方面的工作中来。大遗址是构成我国五千多年文明史的主体，社会价值和作用是许多其他文物无法替代的，对现代社会的作用可概括为：一是对历史的了解，增强民族凝聚力；二是有助于恢复昔日繁荣和美好的生态环境；三是促进现代旅游业的可持续发展；四是大规模抢救的综合投入可以有效拉动经济增长，有助于构建和谐社会与精神文明的建设。

【土遗址的物质结构】土遗址的组成物质是由固体颗粒骨架和颗粒之间的孔隙构成的多孔介质，孔隙中存在水和空气，土遗址大多处于孔隙未完全被水充满的非饱和状态。土遗址固体颗粒骨架的结构性和孔隙中的水汽形态，对其力学性质有很大影响。

【土遗址风化机理】大型土遗址一般规模、面积都比较大，以地质体作为建筑材料和地基，直接与大地相连，不可能像其他文物那样给予特殊的照顾和保护处理。千百年来，由于自然界各种侵蚀作用和人为挖取土方的破坏，裸露地面的土遗址逐年在缩小，而埋于地下的遗产也会受来自多方因素的侵蚀。大型土遗址以地质体作为载体，病害主要受地质环境的影响和制约。主要病害有地下水渗透、雨水冲蚀、土体表面开裂、遗址围岩或坑木（墓壁）变形开裂、坑壁坍塌、边坡失稳、冻融侵蚀，以及自然风化剥蚀、太阳辐射、温湿度变化、空气污染、微生物的破坏等。

【土遗址关键技术研究】土遗址关键技术研究项目，是首批国家支撑计划重点项目之一。承担单位：敦煌研究院，负责人王旭东。参加单位有兰州大学、西北大学等六个科研院所。该课题将开展六个方面的研究：①基于 GIS 理论，以土遗址信息数据库建设为核心，开发研制我国土遗址信息系统，实现对土遗址信息的科学管理。②通过现场病害调查、室内、现场试验，研究土遗址在干湿循环和冻融循环条件下的耐久性，提高土遗址的耐久性预测和病害评估方法。③调查分析潮湿环境土遗址的病害，主要针对环境条件变化和生物因素研发保护加固材料和加固工艺，研究潮湿环境土遗址的最佳保护环境和防止遗址破坏的工程技术措施。④利用非饱和土力学理论，研究遗址土体的非饱和特性，分析 PS 材料渗透机理，建立 PS 渗透加固土体的本构模型。优化土遗址表面防风化材料和工艺。⑤基于复合材料力学的方法和理论，通过室内、现场试验，结合交河故城土质崖体及文物本体加固工程，揭示复合锚杆的工作机理，提出土遗址锚固灌浆加固最优施工工艺和加固效果的检测评价方法。⑥基于上述对土遗址的深入研究，提出土遗址保护工程勘察、设计、施工和检测规范，初步筹建我国土遗址保护国家文物局重点科研基地。（摘自《中国文物报》2007 年 4 月 27 日）

【大型古遗址的保护方法】目前，国内外对土质古遗址的保护，基本有四种方法：（1）采取修建遗址遮盖棚或展示厅形式保护。（2）遗址填封土，使遗址在饱水状态下封护，种上植物标示遗址范围。（3）复原性保护，在原遗址上覆盖填土，包砌砖石，恢复原状，以供观展。也就是在其上复制一个与地下埋存遗址相同的"复制品"即解决了保护问题又满足了地面观展的需要。（4）化学方法对古遗址进行加固，防风化处理。我国对土遗址化学保护研究从上世纪八十年初至今快 30 年了，主要方法有对土坯砖建筑与夯土遗址采用丙烯酸树脂、采用硅酮和烷气硅烷、乙基硅酸盐（或酯）合剂、TB1～3#有机硅类保护材料、改性有机硅高分子材料、PS—C 高模数硅酸钾——黏土材料、以氯化乳液为主的竹质锚杆加固技术等。

图 2－100　唐大明宫麟德殿遗址保护
（西安市文物考古所提供）

图 2-101 洛阳"天子架六"车马坑（摄影/孙海岩）

图 2-102 金中都水关遗址的展厅保护

【土遗址化学加固】 在我国土建筑遗址加固处理的科研项目中，多项获得文化部科技进步奖。如洛阳含嘉仓土遗址加固、北京大葆台汉墓车马坑、

新疆交河故城、高昌故城、甘肃玉门关等土建筑遗址加固保护。其中，含嘉仓窑松散粉蚀的土壁、木板、席片痕迹，采用氯化乳液为主的化学材料结合竹质锚杆进行加固，保护效果较好，保护了文物原貌。在施工工艺上，以滴注渗透。在第二次滴渗时用清水冲洗表面，保证了加固表面的无光亮。为增加材料渗透深度，提高强度，成功地将水玻璃十氯化钙用于窑体基础加固。此成果曾在三门峡虢国车马坑和宁夏北魏土筑房的加固中应用。另外，北京大葆台汉墓车马坑利用丙烯酰胺高分子化学灌浆材料与砂土在地下形成了高强度弹性橡胶的原理，对车马坑地基进行了防水加固，经过 20 多年的检验，效果明显。

图 2-103 大葆台汉墓遗址"黄肠题凑"保护

PS—C 硅酸钾黏土材料，是敦煌研究院研究成功的以无机材料二氧化硅为主要成分的硅酸钾水溶液，$SiO_2 : K_2O = 4 : 1$（C 为黏土）加入适当的固化剂和扩散剂，渗透到土遗址上大大提高了土质的耐水性和力学强度，有十分明显的防风化加固效果。此项研究始于 80 年代初，他们针对古丝绸路上的石窟，绝大多数为沙砾岩崖体，石质松散，其中胶结泥质中含有膨胀性黏土，在风吹日晒雨淋下，反复膨胀收缩，直接危害石窟表层的安全。以敦煌研究院李最雄先生为首的课题组，取麦积山胶结泥质土块做多项试验，用最佳配方的 PS—C 无机复合体做成小试块，自然干燥后，浸泡在水中对比观察其耐水性，在水中浸泡 6 个月无崩解现象；渗透性能也比较理想，将 PS 以水稀释到 20Be，加入适量固化剂和胶粘剂，再加入微量扩散剂 NNO，在试样喷涂四次后，可以透过风化层。经 CO_2 试验三个月内无变化（一般配方试块几个小时离析了）。做耐老化、紫外线试验，

一部分试块放在户外五个月，一部分放在 30W 紫外灯下，距试块 2cm 照射 1000 小时，一部分在 70℃烘干箱中烘 1000 小时，然后作耐水性和 CO_2 试验，性能良好；还在 $-30℃$ 冻 4~8 小时，在常温水中融 4 小时，循环 15 次的冻融试验，只是外表有 0.5mm 左右厚掉皮现象，无裂缝。另外还作了抗折强度、崩解、耐酸碱性能，收缩形变等的多项试验。该项研究于 1993 年秋在新疆交河古城和甘肃安西破城子遗址等做了现场加固试验。1994 年在半坡遗址，秦兵马俑坑土隔梁和三门峡虢国墓地大型车马坑做加固试验已取得阶段性成果。经 PS—C 加固后的土遗址其耐水性和耐风蚀性都有大幅度提高，特别是加固后的墙体表面透水、透气性能良好。且质感和外观都无明显变化。而且该材料价格非常低廉，适合大型土遗址的保护。

图 2-104　新疆高昌故城遗址（摄影/李成）

　　新疆交河故城、高昌故城和甘肃安西破城子等古代土建筑遗址加固效果较好，但这几处遗址处于风沙大，少雨干燥的环境中。而三星堆祭祀坑、金沙遗址、秦兵马俑坑、车马坑等遗址处于

图 2-105　汉长城遗址

遮盖的棚厅内，不受阳光辐射和降水等侵蚀。所以，其他地区的土遗址要根据所处环境与温湿度变化，还要根据土质的杂质，夯筑密实度，经调整配方反复试验，并结合防地下水上渗、地面排水、防尘、防紫外线辐射等多方面综合治理措施。

【唐大明宫含元殿遗址修复保护工程】含元殿是唐大明宫前朝的第一座正殿，是唐长安城的标志建筑和重要的国际交流场所。含元殿毁废后遗址经千余年的风雨剥蚀，成为一处残破不堪的历史文化遗产。为有效保护含元殿遗址，联合国教科文组织、中国、日本三方签署协议，于 1995 年立项，历时 10 年，利用联合国教科文组织保护世界文化遗产日本信托基金，采用工程技术方法立项的中国第一个大型遗址保护项目。日方提供 235 万美元，西安市政府提供了 760 万元配套资金。日本政府提供的 2.8 亿日元无偿文化援助项目——大明宫含元殿遗址展馆和砖窑址保护厅，也已于 2004 年竣工移交中方投入使用，2005 年 5 月 1 日，含元

图 2-106　唐玉门关遗址

图 2-107　唐大明宫含元殿遗址保护工程

殿遗址对公众开放。2005 年后西安市政府投资 2 亿元立项，恢复其唐代大明宫御道、丹凤门遗址和前朝区的基本格局。

【干旱环境下土遗址保护技术应用】敦煌研究院李最雄先生在日本攻读博士期间，应用 PS 无机胶结剂（即最佳模数的硅酸钾）渗透加固干燥环境中的风化砂岩石刻已经取得较理想的保护效果。20 世纪 90 年代以来，李最雄博士进行了应用 PS 材料在敦煌莫高窟崖顶的化学固沙实验，也取得了成功。1992 年敦煌研究院承担由国家文物局下达的"古代土建筑遗址的加固研究"科研项目，从此，由李最雄博士领导的课题组又开始进行了用 PS 材料加固风化土遗址的实验研究，本研究所筛选出的 PS 加固材料，与遗址土体作用后，改变了土体的微观结构和工程性能，非常明显地提高了土体的抗风蚀性和耐水性，使加固遗址土体有了可靠的理论基础。同时，本研究经过在新疆交河古城等不同类型遗址的大量现场加固试验，总结出一套完整的、行之有效的工艺方法。如裂隙灌浆、锚固、土坯支顶、夯补等加固技术。该项研究已于 1999 年 6 月下旬通过由国家文物局组织的专家鉴定，其研究成果达到国际领先水平。并荣获 1999 年度国家文物局文物科技进步奖二等奖。2000 年受国家文物局的委托，敦煌研究院举办了"土遗址保护培训班"。近年来，这种技术和工艺方法已成功地应用在甘肃敦煌玉门关、河仓城、安西锁阳城、宁夏银川西夏王陵、新疆吐鲁番交河故城等土建筑遗址的保护加固中。　　（王进玉）

〔**文物保护工程**〕
【文物保护工程】文物保护工程是指不可移动文物的纪念建筑、古建筑、近代典型建筑、石窟寺壁画、造像、古碑石刻，以及新建的古遗址、古墓葬地上保护建筑等。

【文物工程保护原则】文物法对保护不可移动文物，即文物保护工程必须遵守"不改变文物原状"的原则，全面地保存，延续文物的真实历史信息和价值；按照国际、国内公认的准则："保护文物本体及相关的历史、人文和自然环境。"文物工程的保护严格按文物保护法规定"对不可移动文物

修缮、保养、迁移必须遵守不改变文物原状的原则"；修缮工程按照《中国文物古迹保护准则》中规定"现存的实物必须是历史上遗留的原状，包括始建时完整的状态，历史上多次改建后的状态和长期受损后残缺的状态"的要求，对于少量缺失部分的恢复或去除后代增添无保留价值的部分时，必须有足够的科学依据并经专家评估，准确判断后制定合理的保护措施，力求做到最小干预的原则。

【古建筑原状】古建筑的原状，是指它的规模和布局、建筑结构和形式、材料和工艺等，以及它周围的环境风貌。古建筑的完整与统一，是与周围环境气氛相协调的。修缮维修中恢复原来的面貌，才能真正反映出历史的真实情况和科学技术水平。但是，一般年代久远的古建筑历经修葺，始状早已被改变，修缮中要加以科学的鉴别。原状是相对的，要根据各自古建筑的具体情况而定，坚持不改变文物的原状原则，达到全面地保存、延续古建筑的真实历史信息和价值。

【古建筑保存修复理念】古建筑保存修复，其实是在古建维修的过程中，应用多学科综合研究的过程。修复前，应充分利用现代科学技术手段，对古建筑进行测绘，对其材质、成分、结构进行分析，尽可能的获得物理的、化学的、生物的科学证据，以及掌握材质的性能，通过这些数据来了解病变的原因和程度；同时要了解这座古建筑的营造、加工方法，自然破坏的痕迹，哪些应保留，哪些应去除；具体修复时，采取哪些方法，操作过程的研究。如何改善保存的环境，保护古建筑和其附属文物的最佳环境是什么。使用新材料、新技术时，需要做室内和现场试验，修缮后还需要检测保护的效果。

【古建筑维修的四保存】修缮古建筑的目的，既要以科学技术的方法防止其损毁，延长其寿命，必须最大限度地保存其固有的历史、艺术、科学的价值。在维修工程中如何保存其原有价值，对此古建专家罗哲文先生认为：首先，保存原来的建筑形制。包括原有的平面布局、原来的造型、原来的艺术风格等；第二，保存原来的建筑结构。

古建筑的结构主要是反映了科学技术的发展。不同时期各种建筑物的结构方式都有所不同，它们是建筑科学发展进程的标志；第三，保存原来的建筑材料。古建筑中的建筑材料种类很多，有木材、竹子、砖、石、泥土、琉璃、金、银、铜、铁等。它们都是根据不同建筑结构的需要而选择使用的，什么样的建筑物用什么样的材料，什么样的材料产生什么样的结构与艺术形式，都是要合乎力学原理的，建筑材料、建筑结构与建筑艺术是密不可分的；第四，保护原来的工艺技术。要真正达到保存古建筑的原状，除了保存其形制、结构与材料之外，还需要保存原来的传统工艺技术，方可成功。

【文物工程测绘】传统文物工程测绘是以经纬仪、皮尺、线锤、水平尺、绘图板、米格纸、铅笔、等简易工具，手工测量后再绘制图纸。20 世纪 80 年代初，不断有新的测量技术如近景摄影测量、计算机技术等应用于文物工程的测绘制图，现代文物保护理念对文物工程测绘提出了更高要求，不断有现代高科技测绘技术应用到文物工程中，如：精密工程测绘技术对古建与文物测量、对大型古建筑基础稳定性的确证、古建变形的监测、古建筑的复原；低空平台遥感技术对古遗址、古建筑结构等信息的分析与测量方面技术的综合应用；三维激光扫描技术应用于文物古迹测绘与克隆；GPS 卫星定位系统应用文物保护工程精确测量、古建沉降变形古塔倾斜等监测、文物保护规划范围的监测等等。

【古建筑的病患】我国的古代建筑，一般都是经历了数百年漫长历史的。受到自然界侵袭、人为损伤和社会的发展变革，不可避免地要给古建筑造成损害，如出现椽折瓦顶沉陷或坍塌，柱体歪闪、梁架倾斜、墙体的残损、门窗缺失、台基颓废，以及油饰彩画地仗空鼓开裂、起翘剥落、颜料脱胶、褪色粉化、彩画模糊等现象。对于这些情况历史上常以重修补葺的方法使之延续，但有些拙劣的修葺，如随意的改动、低劣的添加或拆除后任意重建，还有近代将一些古建筑改作他用，如古寺庙殿堂做为单位办公室、校舍、仓库、营房、住宅等用，为了使用将其墙体、门窗、天花等任意改建。这些都给古建筑的规制、结构、艺术等方面造成严重损害。

【古建筑的工程设计】据古文献载，我国自西周时期朝廷就设有掌管设计与施工的管理官员。以后历代相沿成习，隋代宇文恺、唐代阎立本、宋代李诫都是营造工程的管理官员，又是建筑工程专家，既主持施工，还负责图样设计。宋代李诫编著《营造法式》、清《工部工程做法则例》在建筑构造的尺寸、彩画、物料名色等都作有严格的规定，依此设计绘制各种比例尺的大样图。以往我们在古建筑修缮中，首先对古建筑构造进行传统手工测绘，取得资料后，进行分析研究、科学论证后，再进行恢复原状的修复设计，主要靠铅笔、橡皮手工绘图、用硫酸纸描图拷贝底图、重氮氨熏蓝晒图，才完成设计的图纸。现代借助精密工程测绘技术、近景摄影、4S、等先进科学仪器与测绘技术进行全方位测绘，然后以计算机信息处理等先进的绘图技术，绘制打印出工程设计图纸。对设计图纸比例的要求，文物保护工程管理办法中规定"建筑群总图——位置图 1/500 比例尺；建筑群中的主体建筑一个层平面、立面、断面图，均用 1/50 ~ 1/100 比例尺。"照片资料，"应不小于 10 厘米×10 厘米"。

【古建砖瓦饰件、木构、石件的修复】古建筑大修时，具有文物价值并已残破的吻、脊、兽、砖雕等饰件需要修复后重新安装。修复方法基本与陶器修复相近，但补配部位应找相同材质的残片粘补，或以耐老化性好的树脂胶调青砖灰粉末为宜，一是颜色相近，二是较长时间的耐日晒雨淋。石质建筑构件的修复首道工序是清洗，分为干洗或湿洗，干洗借助软毛刷、吸尘器物理方法去除石件表面积尘泥土等沉积物。湿洗法是借助水或溶剂去除石件表面硬结物、锈蚀等附着物。冲洗时用低压水枪或喷雾器，采用纯净水呈雾状喷淋，边冲边用软刷刷洗。难溶硬壳可用些中性溶液软化后，再用棕刷或刻刀等机械方法去除。表面风化酥粉脱层严重的不宜湿洗，应采用干洗，同硅酸乙酯边加固边洁除。洁除用溶剂也可参照前文中石质文物处理方法。石质文物加固所用较多是有机硅树脂、硅酸乙酯、烷氧基硅烷、丙烯酸酯等互配材料，加固后既有憎水性，又有较好的透气性。另外传统的石灰水、氢氧化钡浸渗方法，也可以起到对石质的加固。大的断裂在隐蔽部位先打孔锚杆定位，残缺与裂缝的填补采用合成树脂调拌相同材质的石粉、细石英砂填充内芯层，表面再粘与石表面相同的粉料，采用相同的石粉与粒度相近细砂、石英砂、少量矿物颜料调拌成石色相同的粉料，粘贴石面。

中国木结构建筑的传统维修基本是落架大修，是指在维修过程中，需拆除承重的梁柱檩部分，经加固地基，对原有构件加固后再原样装配回去，严重糟朽构件依原样、材质重做后换上。或另一种做法是揭瓦亮椽、抽梁换柱、更换或墩接糟朽部分。更换、墩接虽与原同种木材一致，但毕竟没有原构件年代久远的固有特征。现代维修中有保留其木构原件，用工字钢等钢件加固或化学加固的补强的方法，但此法对大型古建木构承重问题难以解决，化学加固剂的老化等性能尚待时间的考验。

【古建筑彩画装饰保护修复】 古代建筑油饰彩画传统修缮方法是铲去旧油饰彩画重新彩妆，先作彩画地仗基层，以油满、血料、和砖灰配制而成，主要由捉缝灰至细灰，逐遍增加血料和砖灰，按一定比例调配。地仗上用的糊状细腻子用血料、水、土粉子所调成的。一般古建彩画多用土粉子、大白粉、胶水配制的沥粉沥以粉条，在粉条上或两粉条之间贴以金箔，再用各种颜色绘出花纹。其彩绘颜料则以各种矿物颜料、植物颜料、骨胶、矾水配制。矿物颜料主要用：银朱、赭石、朱膘、雄黄、雌黄、土黄、靛蓝、群青、沙绿、洋绿、石绿、铜绿、巴黎绿、加拿大绿、钛白、锌白、铅粉、黑石脂等；植物颜料：藤黄、胭脂、墨等。配制调色分为大色配制、二色配制、晕色配制、小色配制的配制方法，用胶采用黄明胶、阿胶、桃胶或白乳胶。各种颜料的用胶量、用水均有严格的比例，胶液过大，彩绘层干透后会出现裂纹翘皮脱落。彩绘时地仗层必须干透后再绘，以防生油浸色咬晕绘彩。绘画时勿用舌尖舔笔尖，以防某些有毒颜料伤害。铲掉重作的方法，不但会去除原有的历史信息，也不符合"最小干预"的修复原则。

当今修复则是通过表面清洗、颜料加固、地仗加固、补彩修复，整体封护等技术处理措施。尤其是采用水与乙醇、丙酮等溶剂的除尘，ParaloiqP72、Remmers300等新型材料的加固、封护等措施，在"修旧如旧、不改变原状"的原则下，完成对古建彩绘层的修复保护目的。对古建筑油饰彩画尝试的科技保护措施还有时间的考验。

【木构油漆作】 古建年久失修，木构梁柱多为油漆灰皮严重脱落，传统修缮时应全部砍去重作地仗，有些灰皮个别处损坏，应找补地仗。木基层的先斩砍见木，用小斧子砍出斧痕，用挠子挠净，易抓牢油灰层。木基裂缝大的用木条填嵌"楦线"，窄缝用铲刀撕成V形，再用油满、血料对半加水调成油浆将木件全部刷涂，渗入细缝内便于油灰粘牢。皮灰层一般按一麻五灰操作，先作捉缝灰、扫荡灰、再使麻，然后压麻灰、中灰、细灰，细灰干后"磨细钻生"，是以丝头蘸生桐油，跟着磨细灰的后面随磨随钻，同时修理线脚及找补生油，油要浸透细灰，干后砂纸细磨扫净。修补旧活时，将破损处砍掉，周围要砍出麻口。油作一般要做三道油，旧式油作，以光油为主，加入樟丹、银朱、广红等颜料以丝头蘸油搓在地仗上，操作工序先作一道浆灰，干后磨光，水布掸净再作二道细腻子，之后使头道光油，磨后掸净同样方法再作二、三道本色油，最后罩光油，用油拴横竖顺均匀，不流不坠，干后成活。

【古建筑防虫蛀措施】 古建筑木构件，极易受到霉菌、木蜂、白蚁等蛀虫的侵蚀，发生糟朽、霉烂，柱体中空。气候干燥地区，维修时要在木柱部位，墙体外皮柱根处留有通风口，木柱上涂刷防霉防腐剂。防治白蚁多以毒杀法为主，所采用的药物较多，如灭蚁灵、水杨酸、氯丹乳剂、氯丹油等药物进行喷杀。

使用二糖甙处理木柱与木构件，可以刷涂或多次喷涂，蛀洞可采用针管注射方法，使其药液尽量向深层内部浸渗。

【古建筑防火安全措施】 我国古建筑多系砖木结构，有些在城市的拥挤区，通道狭窄，有些远离城市，在崇山峻岭之中，交通不便，水源短缺，危险性很大，这些砖木结构的建筑物一旦着火，顷刻会化为灰烬，损失无法挽回。根据《消防法》与公安部、国家文物局《古建筑消防管理规则》的有关规定，一方面落实责任制与防火安全教育。古建筑的消防工作，要由各古建筑管理与使用单位具体负责，使用单位行政领导人，即为防火负责人，全面负责本单位消防安全工作，每处古建筑都必须指定专人负责防火工作，由当地市、县文物管理部门领导。地方公安机关予以监督管理负责技术指导。第二方面是防火措施到位。古建筑保护范围内严禁堆放易燃物品，古建筑内内严禁用火；照明、电器安装经文物行政部门、公安消防部门批准，严格执行电气安全技术规程。古建筑保护范围内应开辟消防与疏散通道，设有明显标示，必须保持畅通，严禁侵占堵塞；设置泡沫灭火器、干粉灭火器、砂袋、水桶等消防器材，并要定期进行检查和维修保养，保证避雷、消防设施和器材处于完好状态；按规定设置相当数量的消防用水源，消火柱；缺乏水源地区，要修建蓄水池、设消防水缸等。木构古建筑均应安装可视监控系统、烟感报警器、防排烟系统与自动喷淋式灭火装置。

【古建筑防雷电措施】 需要安装防雷设施的古建筑，首先应考虑整组建筑的安全，在高大的古建筑物上，应视地形地物需要，安装避雷设施，防雷设施安装常采用避雷针、网结合的方式。大型木构殿堂应在正脊两端安装避雷针，在各条脊上铺装避雷线。古塔在塔刹顶安避雷针。引下的接地线，宜选在殿背不影响观赏与保障人身安全的部位，应露明安装，弯曲部位转角不得小于90°。避雷针线网设施，应在每年雷雨季节前进行检测维修，保整完好有效。

〔档案、影像资料〕

【文献档案修复要求】 古代文献档案的载体材料种类较多，修复时要求采用与其载体材质相符的方法与材料，做到对破损文献档案的修复，去除对耐久性不利的因素，使其恢复原貌的基本原则。目的是延长文献档案的寿命，保持文献档案原有面貌，满足长期利用及不可替代的作用。

【影像资料保护】 文物影像包括照片、底片、影片、幻灯片等。文物档案影像照片在博物馆展览中发挥着重要作用。以往对珍贵变黄影像消褪的底片、照片资料的抢救采用重新定影、水洗、干燥或翻拍、反转显影、复制底片、冲印、放大成复制照片等方法。而今随着科学技术的发展，对陈列图像质量的要求越来越高。利用计算机技术对文物图像数字信息的技术处理，取代了以往暗房对银盐的技术处理操作。

对于文物影像在微机上修复，可利用市场上出售的功能强大的处理图像信息的软件，如 Adobe Photoshop，可对影像资料进行修理或再创作的工作，其中包括对曝光、反差、色调的再处理，以及变换背景、影像整修、变形、拼接合成等创作过程，可以修正在摄像时因各种因素限制，无法完善的影像。首先使用与计算机相连的扫描仪对图像资料进行扫描，输入计算机。在电脑荧光屏上显示，可以随心所欲地放大、缩小、剪裁、修补缺陷、变换或修正灰度与色泽、调整反差、对黑白影像进行着色、改变清晰度；利用微机还可以对影像进行左右或上下变位、旋转、仿底片反视差处理。对陈展品进行浮雕效果、中途曝光效果、仿马赛克效果版画效果，增加展陈中明显的视觉效果。

文物影像资料上的污渍，可用氨水、水异丙醇或四氯化碳、丁醇、水等溶液擦拭，灰尘可用鹿皮及擦镜头纸擦除。对拍摄年代久远的褪变色纸质酥脆珍贵照片，必须将原件修复存档的，一方面输入计算机修复拷贝，另一方面可采用药液加固的方法。以420ml 蒸馏水配13g 明胶、4.5ml 丁醇、3g 医用软皂、150ml 乙醇、9g 苯酚（50%）、7.5ml 甲醛（10%）、9ml 甘油。药液配制，以一半蒸馏水加温溶化明胶，另一半依次溶入丁醇、乙醇、苯酚，两液混合后再兑入其他药物。以此药液刷涂照片后阴干。照片加固后强度有明显的加大，易于长期存放。

【照片、底片保存】 老照片、底片是人类活动和事物历史的记录，是文献档案材料重要的组成部分。照片、底片发黄、影像消褪的主要因素是照片乳剂层中的化学物质硫代硫酸盐、卤化银及各种金化合物在高温和潮湿的影响下的化学变化，以及存放环境中空气中灰尘、酸碱腐蚀物质的腐蚀破坏。采用的保护方法有重新定影或翻拍成底片，重新冲印的方法处理。

时间长久，严重变黄或影像消褪的老底片或照片，要先复制翻拍一张底片，然后再冲印成照片。程序是用胶片翻拍发黄底片，反转显影复制底片再冲印成照片。而翻拍发黄照片，正常显影，制成翻版底片后再冲印或放大成照片。

照片、底片保存最广泛的材料，相册、相夹、相盒、底片袋。但是相册、底片袋纸张要求光滑平整，造纸原料由高含量的纤维素组成的"中性纸"或"无酸纸"，偏碱性 pH 值 = 9.0 左右，无漂白剂、增塑剂、甲醛等残留物与金属微粒等物质。塑料照片、底片夹、袋保存最常用方法。这类保存袋应用惰性的聚酯、聚乙烯、聚丙烯材料，宜选用无色透明、无表面涂层、无抗氧化剂、无紫外线吸收剂的产品。最好在稍大一些的照片袋内再加一层无酸纸板内衬，能更好地保存照片。而传统的硫酸纸袋保存方法，由于纸质坚实、密致而稍微透明，具有抗油脂和水的渗透力强等特点，一直被普遍使用，这种纸生产工艺中应用的浓硫酸如不能完全排除，难以达到对照片保放要求，不宜选用。彩色照片、底片保存方法基本与音像文物相同，详见其方法。但为防止其褪色，应尽量在低温（冷藏柜或低温库房）干燥的环境中密封保存。

【音像文物保存】音像类文物是指通过图像、声频、视频等手段，记录下来的人类知识的各种载体。音像制品材质除早期出现钢丝录音带外，多由胶木、塑料聚合物制作。这类文物的保存要注意以下几点：①保存的环境应设定在 18 ~ 22℃，相对湿度 45% ~ 55% 之间。②应将原影声母带、母盘复制拷贝，对陈列和外借研究等仅提供拷贝品。③定期倒带，也就是每半年至一年，以播放速度倒带一次，以防音像的消褪。④存放时注意防磁化，应远离磁场。⑤防尘与微生物滋生，入库严把消毒关，取放盘片应戴手套操作。如盘面有灰尘，可用干净绒布、软毛刷沿声槽轻拭，切忌用乙醇等溶剂擦除。⑥音像文物应用中性偏碱性纸袋存（纸张应不含漂白剂、增塑剂等物质），纸袋一面为硬纸板支撑，每盘一袋，竖放盒中。

【玻璃干板底版保存】玻璃干版保护的主要程序是清洗、坚膜、定影、水洗、干燥、洗印、再翻拍成胶片。第一步：先以缓慢流动纯净水冲洗，水温在 15 ~ 20℃，药膜面严禁用手触摸，用脱脂轻拭干净；第二步：坚膜、定影。将玻璃底片浸入坚膜液中约 3 分钟。坚膜液配方：纯净水 800ml、甲醛 10ml（37%）、无水碳酸钠 5g、加水至 1000ml。底片经坚膜处理，水冲洗后再在酸性定影液内定影 5 分钟。定影液配方：水（约 50℃）600ml、硫代硫酸钠 240g、无水亚硫酸钠 15g、醋酸（28%，将冰醋酸 3 份加清水 8 份即得 28% 的醋酸）48ml、硼酸 7.5g、钾矾 15g、加清水至 1000ml 依次溶解；第三步：透彻水洗，水温在 15℃ ~ 20℃之间。底片应在流动的水中漂洗约 30 分钟，然后将干板竖立于无尘的环境中自然晾干；第四步：印相翻版。印相按传统黑白照片的冲印程序冲洗，再翻拍成胶片。玻璃干板则装入专用无酸底片袋中长期保存。也可以采用数码相机直接翻拍处理过的玻璃干板，在电脑上运用 Photoshop 图像处理软件，在图像负片转换成正片，使用时可方便快捷地下载成正片影相资料。

图 2 - 108　贾氏珍藏古器物民国玻璃干版

〔综合修复技法〕

【石膏范模翻制法】石膏块范模，或称套模，适用于金属、陶艺、石质等类文物传统修复、复制工作。它是根据器物形体，翻制大小形状不同的模块而组成的石膏范模。

一件器物在翻制石膏块范模前，先要考虑如何分块，总的要分多少块模，先后顺序要分的合理。

翻制分块规则：

①分块越少越好，既不要损坏原器物，又便于脱模。

②分模范线要选取成组纹饰分界处，尽量避开纹饰处，特别是精细纹饰。

③一般陶俑、人物造像先做两侧，后做上下头足处，再做前后两大块套模，夹固一周的分块模，足底留灌注口。

④视其器型凸凹异形复杂处，先做局部小块模，要考虑外套模的定位关系，考虑到整体模捆好之后，块与块之间要衔接牢固，不易脱落，又便于脱模。

⑤复杂器物可将足、耳、角、扳、盖等部位翻制分体范模。

模块按先后顺序翻制。每翻一块时，要在拟翻处涂脱模剂，一般用热软皂水涂刷，为保证阴模面光洁与纹饰清晰，用毛刷将皂沫吸蘸干净（千万不要用油脂类脱模剂，会对器物造成污染），然后四周用塑泥做好挡墙，浇石膏。调石膏一般用牙科橡皮碗或半个橡胶篮球。水与石膏粉调拌，大体是一浅碗水，将石膏粉均匀洒下去，使其都能浸到水内，洒到与水面基本相平为止，用不锈钢勺擦底调匀，排出气泡与表层浮渣，然后浇到器物围挡墙面内。等石膏发热凝固即可取下，把石膏块范模四周修平光，再修出定位阴卯口，看情况可以做成三角、梯形、乳丁形凹度卯坑，然后放回原位，同样方法翻下一块。凡与前一块相连、相压处，不用再围挡塑泥。模块大的可以内置8号铅丝及铺一层麻丝，不易破碎。然后按顺序将模块逐一取下，阴模面如有气孔，用毛笔尖蘸水沾石膏粉修补。阴模刷几道稀虫胶漆汁，渗透的越深越好。最后将块范模有次序地一块块拼拢，以寸带（帽带）捆成整模待用。

【硅橡胶模翻制法】 有机硅橡胶制模，在文物修复、复制领域广泛使用。其中文博单位普遍采用的室温硫化型有机硅模具胶是一种白色流动液体"遥爪"予聚物。主链由二甲基链节〔(CH₃)₂SiO〕和不饱和单体接枝共聚而成。使用时按比例加入催化剂、交联剂，充分拌和排出气泡，在常温下聚合为高分子量的弹性胶模体。目前各地生产的型号很多，要选择弹性好，不易撕碎变形的。我们对多种型号胶液对比使用，深圳产的RTM—2型硅橡胶较为理想。

硫化型硅橡胶翻制模具的有灌注法与涂刷法，下面我们介绍涂刷分体模的方法。针对器物的形状，将胶模分为几大块翻制，然后以石膏外套模固定。预将器物划分几大块，按先后顺序先做器内腔模，再以尽量少的分块做器型外模，每做一块，塑泥围挡，先做胶模层，再翻石膏模固定，这样模具不易变形。器内腔做一整模，器壁应先刷一层聚乙烯醇、纯水、酒精，加温配制的脱模剂，在器物表面形成薄膜，不伤器物，易脱模。每块模刷两遍面层胶后，待胶液快凝固时贴一层网眼砂布，起拉固作用，不易撕裂，外再刷两遍胶液，总厚度约0.4厘米为宜，模具块大可适当的加厚。事先在玻璃板上摊一胶片，固化后切成约1厘米见方的小胶块。刷涂胶液最外层时，将小胶块散贴在胶模外面，胶模整体固化后呈凸起乳丁状，外翻石膏套模，起定位作用。外石膏套模，块与块相压、相连、定位卯做法与石膏模翻制法相同。翻制好的胶模，暂时不用，应整模捆好，内灌一石膏芯不要取出，长期存放不易变形。

图 2 - 109 青铜鬲硅橡胶模翻制

图 2 - 110 青铜簋硅橡胶模翻制

【器物造型技法】文物修复工作的基本功之一。这里所指技法，仅指单件器物的造型，例如一件青铜簋、青铜鲆或陶瓷器、陶俑、陶马等。凡稍大的器物，坯胎都必须是空腔的。陶俑、陶马类器物可以捆扎骨架，缠绕草绳，器型大的还要捆扎小十字，用于拉扯泥胎。泥料现多为美术商店供成品料，一种为黄红色红胶泥的雕塑泥，干缩量大一些，使用时预留缩量，另一种瓷泥、高岭土的塑泥，有黑灰色、浅粉色、白色，相应的缩量小些。造型前可将软硬适度的泥料用手拍或擀杖擀成泥板，切成板块，盖以湿布备用。

一般青铜器造型基本采用堆雕方法。根据器形大小选择直径尺寸适宜的旋转工作台。在旋转工作台上，小件直接堆塑泥形，大件器物可用一铁棍为中心缠绕草绳芯，草绳弄湿后贴泥塑型。器物表面花纹仅塑出浮雕部分。基本器型塑成后，器体与盖用薄铁片插入，为分模线挡片，翻一石膏废模。也就是将泥型外满糊一层石膏，不要太厚，根据器物大小而定，只要模体不碎就行。然后将泥芯掏出，修光模面，涂脱模剂，灌注石膏，

石膏芯凝固后打碎废模。在取出的石膏型上修刻花纹。也可以制成蜡芯，在蜡型上修刻花纹。在修刻好纹饰的石膏型上涂渗两遍虫胶漆，便可翻模使用。另外，可以利用青铜器造型、纹饰对称性的特点，可以仅塑一面一耳等，翻模后压印泥型，拼对成型，即省工，又做到器形与纹饰的和谐统一。

传统陶瓷器制作多为"泥条盘筑""泥条圈筑""陶车拉坯"成型法。较规则或单纯的圆型器物可以采用陶车拉坯与塑造结合的手塑成型，拉坯虽然在轮盘上进行，但要根据造型构想，用陶泥先行在陶车轮盘上以手工拉胚方式立起一个相应造型的圆形坯胎，然后再在坯胎上雕塑变胎体造型。此方法拉起的造型和圈围胎壁厚薄均匀，是一种手工技艺性极强的成型方式，拉坯一靠熟练，二靠技巧，利用快速旋转中的离心力作用和两手控制加压方向，使塑泥坨逐渐向上提拉形成各式空心薄壁的圆形坯胎。

【印模纹】古人在制作陶器时，可以选择绳子、树枝、蔓藤、花草、几何形物体压印在胎型，形成协调一致的自然纹饰。仿雕这类器物坯型时，应先制作一个黏土印模坯，阴干后烘烤硬结，有一定强度后，在其表面刻画出所要装饰纹样，再经焙烧后便可用于压印陶坯。也可以制成石膏印模，使用更方便。有些陶器布纹要选择网眼粗的粗布、麻布、纱布印纹，注意不要将手印压上。

【浮雕刻纹】系指将泥型坯体表面，雕刻出浮凸的花纹的一种技法，因此称它为浮雕，根据凸起纹饰的高低程度，又分为高浮雕、浅浮雕。高浮雕可以在器型上划出轮廓，再以泥条片粘贴雕塑。大多是将雕成的坯胎表面晾至三五成干，瓷泥坯要八成干，即可雕刻。首先划分线雕轮廓，如青铜鼎按器面分为三组，圆簋双面对称两组。雕刻时，要以倾斜的方式，向外逐渐刻线。青铜器的浮雕纹周边凹下的间隙处应填刻地纹、填空纹，又称"回纹"。多在翻制好的石膏胎上或蜡型上，最好采用刻蜡笔钢针刻，纹道纤细规整。还有一种平雕纹饰，最好用器物拓印的纹饰，过稿在石膏器型面上，用刻刀向下雕刻，深度适中地子要平。

〔颜色调配、作色基础〕

【颜色（色调、明度、饱和度）】 调配颜料作色，是传统文物修复技术的基本功之一。首先要知道什么是颜色，它是人眼受到一定的波长和强度的辐射能的刺激后所引起的一种视觉神经的感觉。光波的物理刺激、人的生理系统，而引起人的心理反应是颜色辨认的三大要素。

一个颜色可以由色调、明度、饱和度三个属性来确定。色调，表示红、黄、绿、蓝、紫色等颜色特性；明度，表示物体表面颜色明亮程度的视知觉特性值，以绝对白色和绝对黑色为基准给予分度；饱和度，用距离等明度无彩点的视知觉特性来表示物体表面颜色的浓淡，并给予分度。

【三原色、间色、复色】 调配颜色原理是文物修复工作中应掌握的基本知识。我们知道在千变万化的物质色彩中，红、黄、蓝相互调配可以得到众多的色彩，但这三色是任何颜色都不能调配出来的，因此它是最基本的色，故称三原色，又称第一次色。由二种原色相混合，如红＋黄得橙，黄＋蓝得绿，橙和绿即是间色，又称为第二次色。原色与间色或间色与间色再调配出的颜色，即为复色，又称第三次色。每种复色都包含着三原色，只不过所含某种原色的成分较多或少而已。复色的变化是非常丰富的，器物随色基本是靠多种颜料调配出的，都要先仔细观察原物色彩，看清什么色为主，确定其中所含成分，确定色相、明暗度，就可以调配出所需的复色。

图 2－111   调色原理图示

【色素】 在可见光部分有选择吸收的物质称为色素。一般指本身具有颜色并能使其他物料着色的物质，包括颜料。

【色原】 不含无机基质或载体的有机颜料。

【补色】 互补色、余色。每一钟颜色都有一个相应的补色。在 12 色轮上相对的色相，是一原色和不包含这一原色的间色的对比关系。如红与绿、蓝与橙、黄与紫都是补色关系。如果两种色光（单色或复色）以适当比例混合而产生白色感觉时，则这两种颜色称为补色。如橙黄与蓝、黄与紫，即三原色中任一种原色对其余两种的混合色光都互为补色。补色并列时，引起强烈对比的色觉，将感到红的更红，绿的更绿。如将补色的饱和度减弱，即能趋向调和。

【调和色】 12 色轮上 90 度以内的色，色相较接近，性质相差不多，两个或两个以上的色的组合而产生的较协调的颜色都是调和色。色彩的调和有几种规律，美术学上分为：同类色、近似色、同一、秩序、面积等的调和。

【调色】 又称找色。调色是文物修复随色作旧处理一项基本功，要调准色，需要具备色彩知识、颜料常识等。每做一件器物应根据器物所需随的颜色，首先要掌握所调颜色的色相、明度及哪几种颜料，并确定以哪种颜料为主，哪种颜料为辅，色与色之间的配比用量约为多少等等。再一点是确定随色器物所用的基料，如青铜所用虫胶漆、酒精，调配矿物颜料作色。而仿瓷釉的调色，要确定是丙烯酸漆还是硝基清漆等材料为基料，再根据色料的特性来调准用色。

【着色力】 着色力是颜料吸收入射光的能力，一般定义为在规定条件下，有色颜料给白色颜料以着色的能力。

【遮盖力】 系指所用颜料的涂膜遮盖器物表面颜色的能力。

【消色力】 在规定条件下，白色颜料使有色颜料的颜色变浅的能力。

【影响配色效果的变化】 影响配色效果，除与所调配颜色的用色的准确性、配量有关外，影响偏色的外在因素也很多，如周围媒介的性质、自然光泽程度、照明的强度、周围颜色的效果等，都要加以调整或改观的。

【器物基本颜色】各类文物的质地不同，器质表面的颜色也不尽相同。如铜器分为出土器与传世器，出土器的氧化层基本色有灰黑、豆绿、褐红地子、泛金地子，黑漆古、豆绿漆古、红漆古、蓝绿漆古、蛙皮绿漆古，锈蚀物色多呈孔雀石绿、粉绿、群青蓝、豆灰、土黄、橙红斑等色彩斑斓，极为丰富。而传世的古铜包浆，多呈灰黑、枣皮红、蛙皮绿、豆绿等浸润的色泽，宣德炉等类器物并有鸡血红古斑、洒金等黄色古斑，色彩深邃而沉润。再如古陶瓷类器物表面颜色，素烧陶器以砖灰、砖红色、为主，并有黑色和白色的；早期青瓷一般为较浅的豆绿色、浅褐色、淡黄绿釉色；釉陶基本呈单色，早期汉代出现多呈褐、黄、绿色釉，发展到唐代色彩很多，以白、绿、黄三色为基色，有深绿、翠绿、浅绿、蓝、黄、黑、白、赭、褐等；历代白瓷有纯白、黄白、青白、灰白、月白等釉色。古代瓷器按时代、窑口区分色彩极为丰富，不胜枚举。

【喷色法】传统修复的一种作旧方法。早期是用自制 L 型"嘴吹子"，以吹气喷涂色汁的方法喷色，现代多用喷笔通过气泵的气压，将颜料色汁均匀细腻的呈雾化状喷涂在所修复器物部位，喷涂法特点是着色均匀、细腻，柔和、速度快。现已广泛应用于各类文物修复的补配随色工作，特别是古陶瓷器的修复。色汁的调配一定要细，应经过细研、细网筛过滤后使用。喷涂前要调整好气流与喷嘴喷射的大小（拧下笔尾帽，旋转圆片形螺母，食指扣动扳机，调整出气针杆的出气大小），找一硬纸片做喷涂测试，合适了才能对器物喷涂。针对不同器物的色泽，喷涂时要食指灵活操纵扳掣，运用不同的喷涂技法，会喷出满意的色泽。

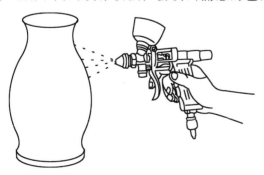

图 2－112　喷笔作色法图示

每次喷笔用完，必须用乙醇或稀料等溶剂完全清洗干净，包括喷嘴、针杆、内腔、掣手，扳动掣手试试，喷气灵活自如方可。

【拨色法】传统随色作旧的主要方法，即用牙刷蘸色汁在修刀刃部拨动，使色汁弹向器物补色处的一种方法。如铜器、陶器的表面色泽均可以用牙刷分别蘸取多种颜色的色汁弹拨，拨完一种颜色，干后再拨另一种，最后拨该器主色，不同色汁呈雾点状相互叠压，最后经蹭磨碾压出器质感，颜色揉为一体，主色不变，细看色泽层次丰富多彩。如再作剥蚀状锈斑、硬结土等锈蚀物，将色汁内调入细砂或土粉，拨向器物即可，详见"点土拨锈"法。

图 2－113　传统拨色法图示

【拓色法】采用小拓包，蘸取色汁在器物上墩拍施色的方法。拓包制作，采用布纹较细薄的棉绸布，包扎蓬松纤维棉，棉球大小根据补色器物大小而定，用绸布包好纤维棉，捏成团扎紧拓包布即可，根据不同色多扎几个拓包备用。使用时蘸取色汁，色汁不宜过多，每次蘸色后先在调色板上墩几下，润润色，使拓包面润色均匀后再拓向器面。拓色面积较大，可以采用擦涂方法，器表色泽丰富，可用多色交错叠压拓色，总之要根据原器色泽，随拓出相似的器质表面颜色。

【立粉】古代建筑彩绘与古代某类器物用立粉处理线条或块面凸起，再将其用金粉、银粉或醒目颜色描绘的一种装饰方法。具体操作为用塑料瓶、塑料袋（古人采用猪尿泡做粉袋子）装填明胶调拌呈膏状的大白粉或立德粉，塑料袋、瓶口捆扎一笔帽形铜锥管粉尖子，沿预画图线位置，挤出粉浆粘堆成图案线条即可。

【刷、拨、洒、墩作色法】 传统修复随色的基本方法，靠刷、拨、洒、墩相互结合的一种手法。如某些器物贴骨色泽极为丰富，单靠一种作色无法做出丰富多彩，多种色泽相互交错相融的效果。第一步采用刷涂主色调颜料，反复涂几遍，为底色；第二步，选择变化后的副主色，用喷笔喷或牙刷拨色，局部盖住主色，有一对比变化；第三步，选择再起变色的片小局部，采用小拓包拓补相交相压的变色。如有斑点色，可用洒的方法处理，洒的难度较高，全凭经验。

【线描法】 线描是文物修复作旧常用技术，如彩陶、彩绘、壁画修复，以及古旧书画装裱都离不开线描技法。修复不同器物的图案，要注意观察图案用线的气势、主次关系和质感。因为文物材质不同，所用颜料不同，用线的粗细、轻重、浓淡、顿挫、刚柔、虚实变化，单双线的灵活运用，构图的丰富形象，都是与器物造型结构有关的。一般来说，粗犷线条表现坚实有力，圆润的粗线条表示肥厚的造型，细线则有挺秀、质薄的感觉。总之文物修复中线描运笔要掌握这样一条规则：直线坚、圆线柔、干笔枯、湿笔润，线条的流畅、涩滑、疏密均能充分表面图案的层次、浓淡、深浅的不同效果。

【拓印器纹法】 文物修复中常遇一些破损器物的纹饰残缺，需要补配，补配可采取在原器物纹饰相同部位拓印纹饰后，将拓纹过稿到补配处，再修刻纹饰复原的一种方法。拓印器印具体方法为，首先制作小拓包，又称扑子，方法详见拓色法。将所拓部位纹饰清洗干净，选择纸质洁白细腻、柔软而有拉力的薄宣纸或皮纸，贴敷上纸。上纸可以干上也可以湿上，干上纸时器物表面均匀地刷上稀释的白乳胶，（传统技法是涂白芨水）然后从一边开始放纸，边放纸边刷，贴完后再覆盖一张纸，用棕刷均匀地扫平刷实。干上纸如不涂胶，可用嘴含清水，呈薄雾状将纸喷湿，用排刷及棕

刷从中间向四周刷平展，无皱痕即可。湿上纸系指先将宣纸用热湿毛巾包好，将宣纸润湿透，上纸前用干毛巾吸去纸上水分，两手捏一边轻轻贴覆拓印处，用棕刷把纸边平正刷在器面，纹饰字口处用打刷敲实或敷一小片细毛毡，用木槌轻砸细毡，敲压实字口。上墨时最好用纯墨锭自己研墨较好，上墨时左手捏着拓包，蘸墨后在玻璃板上扑打几下，使拓包墨色墩均匀后再上墨。上墨时先从边缘开始，从素面逐渐到纹饰处上，然后从左向右，从上向下的拓，每拓一圆墨痕，要压在前一圆墨痕的一半，墨墨相压，由浅入深，墨色均匀一致为止。拓完墨后趁纸潮即可揭下，不易揭取的用嘴靠近呵气，便可揭开。

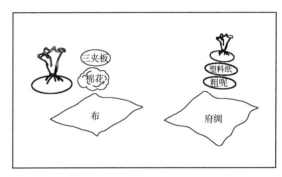

图 2 - 114 拓印工具：拓包的扎制

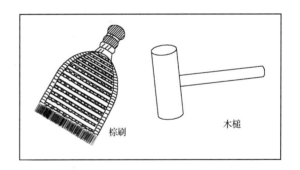

图 2 - 115 拓印工具：棕刷、木槌

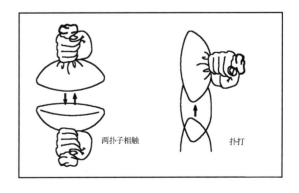

图 2 - 116 传拓扑打示意图

图 2 - 117　西安碑林技术人员在拓印碑帖

〔囊匣制作〕

【囊匣用材】文物藏品必须配置囊匣、封套加以妥善收藏。在展陈搬运过程中，异地展出运输中，必须置于囊匣里。到国外展出品每件器物都必须配备特制囊匣。配制文物囊匣，首先准确测量出器物的外形，附着特殊部位的尺寸并描绘出形式，然后根据测算结果，设计囊匣的种类及工艺过程和工艺尺寸。外匣与内囊的比例，就是内囊棉层的厚度与文物安全成正比，也就是外匣的最佳尺寸。絮棉层的薄厚与器物本身的质地、重量成正比。器物体轻，絮棉厚度要适度。必须充分考虑到，囊匣的整体防震。也就是絮棉太实，会降低棉层弹性，影响搬运过程中防震功能。③囊匣挂面的布料，用糊也是有区别的，布吸湿性较强，用糊要求均匀稍稠，绸缎类面料略薄，用糊稍大面料容易把卷，影响使用。粘接剂是以面质浆糊为主，质量要求较严。囊匣表层的霉点、虫蛀都与面质浆糊有关。制糊进程中，加入适量的防虫剂，掌握水与面粉比例，制作浆子不宜欠火，可煞暴性，见透明即可加入。调制热开水时要分多次进行，调制的浓度，要根据囊匣所裱的面料而言。在制作时，先制作外匣而后再制作内囊。

【外匣】囊匣的主体，除大型匣体材料用五合板外，中小型器物根据大小均采用厚薄不等的草板

纸。经对器物测量后设计出形式，再裁修料、组装、裱外锦等工序而装成。

【裁料】首先根据器物大小，选择适宜裱厚度的草板纸。草纸板是根据所需厚度，先期将多层纸板粘合而成。大而重的采用 6 ~ 8mm 裱厚度草纸板，小而轻选用 3 ~ 4mm 裱厚度。匣料各块板的名称分别是盖、底、前后墙、左右堵。平视匣体长乘高而形成的前后板称为"墙"。左右两侧宽乘高形成板叫"堵"。根据设计出尺寸，计算出各块板尺寸。在量好底、盖尺寸下刀时，应顺纸板的横纹裁。可以防匣体变形。在量尺寸裁料时盖的宽度比底的宽度多留半分，目的是使盖能吻合在盒身的墙堵上。盖、底纸板用刀裁下后，还要将两块草板调整。将两块纸板放在一起，对齐于内直角处，如果靠身体这边是直的，右下角也对准了，再把上面那块料翻个个儿，用以上一样的调法进行调整；如果不齐，就要用刀裁去不符合要求的部分。先从右上角切一刀（用刀尖），然后把上面那块料翻过来，用尺比好，上刀口对准下刀口，对准后再下刀裁去不齐的部分，这样裁出的边就会是齐的。裁墙、堵时，应将两块墙和两块堵叠在一起，分别裁。裁两块堵料时，其长度应减去两块前后墙的厚度。

【修料】底、盖、墙、堵料裁好，修整每块料的四边。可以叠在一起，将一条边墩齐向上，夹在台钳上，用方木块包木砂纸，磨平打齐。修平一条边，再换一条边磨。

【挖别眼】挖别眼。别眼位置要根据匣的大小而设定，如长方形的外匣，其别眼对称的，一般对称挖在前墙板的四分之一与四分之三处。高低在三分之一处。

【组装外合】组装外合。将底与两墙、两堵五面粘合。用白乳胶或以开水熬聚乙烯醇为粘接剂，将胶涂在两墙的底边，两堵的底边和两边，然后对粘于底板上，盖上盖，用绳横竖捆住待干，为防匣体变形，上面可压平整重物。匣体粘牢，再将盖板在墙堵上反复调配，使盖与堵四周平整。然后粘上瓦条，再用布抹缝。

【裱外锦】裱外锦。裁剪锦料，先裁一块长条料，长度按前墙长度加两侧堵宽尺寸，料的四边再放出包口、包边尺寸。裱时，将裁好的料反铺在工作台上刷上一层浆糊，先裱前墙，摆正抹平，再折向两侧堵。粘折包边、包角。再裁一块盖与后墙锦料，料长按盖的宽加后墙高，料宽按盖长，四边均加放出翻包边尺寸。以此锦料将匣盖与后墙料裱上。匣子裱好锦，再用白纸贴底，贴底纸四边裁去1cm。

【窜扣辫、扎别眼】窜辫，扎别眼。匣子外锦裱好后，要窜扣辫，方法是先串锦，串好后用锤子轻轻打平。然后，用骨别子穿一锦辫带，拉直辫带并向上往匣盖上比试长度，在距盖上盖边瓦条内侧，用刀尖向下扎，扎通为止。再把辫带穿过去，将穿透到盖内辫带尖弄潮并粘上胶水，下面挖个平槽，将辫尖贴在槽内，锤子打平。

【内囊】囊匣一般分为硬囊匣、软囊匣，区别是内囊的制作工艺与制作方法有所不同。

【软内囊制作】软囊匣制作，首先裁制卧放器物的"屉"。屉由底、墙、堵组成，呈斗状。絮棉，先薄薄地絮上一层，棉花多的地方塞上一层薄薄的棉花并用刀尖将四边棉花絮进屉内，使棉花整齐平正，棉花絮好后上绸布。上绸布的方法是：先将绸布铺在絮好棉花上，再把器物卧放在上面，使其固定在絮好棉花屉内，用手按着器物，沿四周将多余绸布剪下，再将绸布四边展平，沿屉四周边粘贴牢。在制作屉的同时还要制作"反手"，也就是盖板内侧的软囊。单掀盖囊盒需制作瓦条，扣盖则不需要。瓦条的宽度应根据囊盒大小而定，一般宽度为1.5cm左右，瓦条裁好后用胶水粘在盖里面的四周边上，粘时应稍留下一点坡口，便于粘后锤平，并保证同匣盖的一致性平整，然后再裱上锦。用纸板裁一块反手，裁的尺寸要比瓦条框内的长、宽小于1mm，目的是便于絮棉花包绸布后放进瓦条框内，在反手上絮棉花时应注意中间要絮出鼓肚。将棉花面反扣在工作台上来回蹭几下，使棉花压实在，并平整一些。再裱上绸布，然后用胶水涂在反手背面的四边粘在匣盖板内。将制作好的屉放入囊匣内，再以同样绸布包粘内墙、堵条，粘在内囊屉上部四边，以固定内囊屉。

【硬内囊制作】硬囊匣制作。内屉的墙、堵分别由4层、3层厚草纸板裁成。托固器物的面板称"敦"，敦采用3层厚纸板。将器物平卧放在纸板上，勾画出器物形状，用刀尖刻挖去，形成器物敦面。再做屉墙与堵，高度要将盒高减去器物放卧在敦面露出的高度，将它的粘贴成一体，裱上绸布。内屉制成放进盒内紧贴匣身即可。裁盖内反手纸板，裱上绸布，贴在盖板内。

【软硬囊制作】两种屉制作的结合，即把粘好屉、敦放进匣内，敦面上絮一层厚厚的棉花，棉花要高出器物约4~5mm。絮好棉花后再裱上绸布，匣盖反手边都要絮上棉花，反手中部棉花要厚，蒙上绸布，反粘在盖板内。屉上四边都要用墙条、堵条粘贴，将屉稳固在囊匣内

对于特殊器物的内囊，可做两层囊，结合分体积木包块的分散法制作内囊。比如制作一件易碎的瓶体内囊。具体操作是先按底部的尺寸做硬囊胎形，第二层取棉花搓条絮在胎上，絮在瓶体部，形成一个瓶体部的模套，搓条需先实后暄，目的是突出棉花弹性的防震功能。制成的内囊仅到瓶体的二分之一到肚部。另一半瓶颈部分采用积木包块制作。按比例制成几个分散的包块，编成号码，取出包块露出瓶颈，有利于器物提取。为保护瓶口的安全，可以制作一个单独的内囊盖。再制作外匣盖内囊，双重囊盖，使囊匣内外形成一个整体，防震效果极佳。合理的制作方案，制出的文物囊匣才能起到保护文物的作用。囊匣制作受季节影响较大，如棉花在雨季易吸潮，用糊也难干燥。内囊棉花吸潮后，湿气放不出来，易使内囊型腔破坏。尤其是对存放酥脆陶器、甲骨、封泥类土质文物，易造成膨胀；对已氧化的酥粉金属文物，是不宜置内囊的，因为囊匣的制作材料，是有机纤维制品，具有细胞样的结构和吸湿能力，对湿度的变化敏感，会造成囊内湿度过高，致使易蚀文物的劣化。

质地材料篇

〔各类器物质地〕

【石质文物矿物成分】石质文物跨越历史时代最长，从原始人类使用的早期砍凿成形的生产工具，磨钻的生活用品始，一直延续到近代石雕艺术品，种类繁多，凡天然石材均可加工雕琢和磨制。按质地分，主要有火成岩、沉积岩、变质岩等。火成岩中，花岗岩和玄武岩都是坚硬、无孔隙的。花岗岩是一种酸性岩石，含有66%以上氧化硅。玄武岩则是一种盐基性岩石，所含氧化硅不足52%；沉积岩中，砂岩和灰岩都是比较多孔的，这类岩石是由一些砂粒凝结在一起形成间架状态，一经破裂，那些砂粒就会游离开来，脱落为砂粉。另一方面，砂岩表面会形成一层天然石肤或石斑，在雨蚀风化等作用下，石肤层脱落，里面的粉末层就会暴露出来；大理石在古代建筑、石雕艺术品中被广泛应用，它是由灰岩变质而来的。灰岩受到热力、压力共同作用，灰岩失去原有性质，变成一堆方解石晶体的集合体，按所含杂质情况，有纯白的、杂色的、花纹的、黑色的。同样石头孔隙空间被压缩，没有灰岩那么大了。但是石纹还是易受污染的。按矿物成分，主要分两大类：一类为硅酸盐类，硅和氧的化合物（硅土 SiO_2）是大量矿石的基本部分，这类矿石包括燧石和石英以及玄武岩、曹灰长石、花岗岩、长石等；另一类为碳酸和钙、镁的化合物（$CaCO_3$、$MgCO_3$），包括大理石、白云石、汉白玉、青白石、石灰石等。从修复角度讲，分为两大类，一类是可移动的小件石器，包括出土或传世的各种石制品；另一类不可移动的石窟寺、摩崖石刻、石塔、田野石雕、碑石及附着于古建筑上的石雕饰品等。

【古玉的质地】玉石的种类很多，自然界约有200多种。古人用玉之材无严格要求，以色彩艳丽为主，凡称之为美石均可治玉。从新石器时代始，古人就近取材，以美石为玉，雕琢成器。古玉的大多材质是硅酸钙、镁铁成分纤维结晶体的透闪石和阳起石、蛇纹石系列的软玉，即硬度为摩氏6~6.5度，密度在 $2.90 \sim 3.02g/cm^3$ 之间。纯正基本色主要有白、青、黄、黑、碧色，由于各自含混其他杂质，呈变幻多彩的色泽。软玉有一定的韧性，所以出土玉器，破碎断面多为参差状。相对而言，学者则多将含铝和镁的硅酸盐矿物翡翠为代表称为硬玉。即硅酸钠、硅酸铝为主的辉石类矿物，属单斜晶系，以微晶集结成集合体。硬度为摩氏6.5~7.5度。其中，金刚石是由碳元素组成，水晶是由氧和硅二种化学元素组成，萤石由氟和钙组成，松石由铜、铝、磷、氧、氢等化学元素组成。

【古玉石的品种】新疆玉属于软玉，又称为"和田玉"、"昆仑玉"。系角闪石，是含钙、镁、铁的硅酸盐矿物。新疆软玉因所含铁、钙、镁离子及杂质不同，在色、形、质等方面形成较大差异。根据玉料颜色，又分为羊脂玉、白玉、青玉、黄玉、墨玉、碧玉、糖玉。

翡翠属于硬玉，系辉石类，是含铝、镁的硅酸盐矿物。翡翠的颜色分为本色、脏色、杂色，另外也可分为地子色、其他色两类。地子色有白地、油青地、藕粉地、淡绿地、花绿地、灰地、灰黑地、紫灰地、油青灰地，其他色有绿和黑两种。地绿品种又分为：玻璃地、灵地、绿水地等。其中玻璃地中有艳绿、宝石绿、白雅堂、黄阳绿、葱蕊绿；灵地中的有宝丝绿、灵地绿、丝丝绿、丝絮绿。另外，半透明至不透明的有白地俏、干疤绿、花绿、瓜皮绿等。

玛瑙是二氧化硅的隐性质玉石。缠丝状的称为玛瑙，玉行多以色命名，分为红玛瑙、蓝玛瑙、紫玛瑙、白玛瑙、黑花玛瑙、缠丝玛瑙、藻草玛瑙、水胆玛瑙，而无纹理单色的则称为光玉髓。

水晶又称晶石，水晶体呈六面柱锥形，其形态有水晶、紫水晶、黄水晶、烟水晶、发晶、鬃晶。自然界中独立存在的石英可形成单或多晶体、隐晶体、非晶体，称为晶石。

河南玉又称密玉。因产于河南密县而得名。属于绿石英岩类，主要含二氧化硅及少量铁锂云母的矿物。

南阳玉又称独山玉，因产于河南南阳独山而得名。为斜长石矿物，主要成分是二氧化硅、二氧化二铝、氧化钙等。质地复杂，以白、绿色为主，有以灰黑、褐色为主，有的白、绿、灰、黑、褐等颜色交染杂乱，优质料较少。

岫玉又称蛇纹石，属闪化辉绿岩，是质地优良的玉料。是一种镁含结晶水的硅酸盐，含有少量的铁、铬和镍，是一种分布很广的矿物。辽宁岫岩县因产岫玉而名扬海内外。呈浅绿或橄榄绿颜色，很像碧玉和翡翠。蛇纹石色如墨绿，斑驳的花纹似蛇皮而得名，产于广东信宜县。

青金石，一种钠铝和硫的硅酸盐矿物。是一种名贵玉石，汉代有所出土，今多见于清代宫廷装饰品，如北京故宫藏有青金石双耳环炉、双耳捧盒、太平景象等艺术雕刻品。

自古至今，各地产玉的种类还很多，如有绿松石、京白玉、贵州玉、芙蓉石、桃花石、木变石、虎晴石、萤石、孔雀石、珊瑚、琥珀以及各色宝石等等。

【绿松石】 绿松石是矿物名称，通称松石，国外称为土耳其石。松石是一种铜和铝的碱性磷酸盐。松石质地细腻，光泽柔美，颜色从海蓝色到绿色。我国从新石器时期至今，已有6000多年艺术品加工、装饰使用的历史。松石是一种致密的隐晶质体，不少的松石具有球粒、环带、葡萄状构造，并有石英晶粒。松石有天蓝色、淡蓝色、月蓝色、蓝绿色、豆绿色、淡绿色、浅灰色等，以天蓝色最佳，亦称海蓝色、翠蓝色。松石按质地分为三类：瓷松，松石中最佳上品，性脆而略带柔性，质地坚硬（硬度5.3度），光滑如瓷，又分海蓝色、苹果绿色；铁线松，硬度较高（硬度4.5～5.3度），不如瓷松。常见黑色网状细纹。分铁线和泥线两种。铁线纤细，质地坚硬，有天蓝色或蓝绿色，花纹似龟背、似脉络，有如墨线勾画的天然花纹图案，以纹线细而清晰者为佳品。面松，质地较软而糟，用指甲能划出痕迹，（硬度在4度以下），价值不高，仅适宜做器物嵌饰品。

【角银】 氯化银，古代银在含有氯化物土壤中长期埋藏，表面沉积物会转化为稳定的氯化银，也就是角银。多呈微褐紫色或岩灰色的古斑。质地纯正的则呈洁白的丁香花色或泛淡红、淡绿色。

【古代青铜器合金成分】 青铜，是指红铜和其他化学元素的合金，常见的是铜与锡、与铅的合金，颜色呈青灰，故而得名。它是人类最早用两种或两种以上的金属，经高温熔炼在一起，成为另一种合金。青铜合金的"六齐"，是古代铸工在长期生产实践中总结出六类器物铸造的不同含锡量，主要为获得不同的硬度、韧性和机械性能等。商早期的青铜成分不甚稳定。含铜91.2%，锡7.1%，铅在1.12%左右；商晚期到西周早期礼器的合金成分相当稳定。如铜含量在80.02%～84.11%之间，锡含量在11.64%～14.95%之间，铅含量在2.79%左右；西周中晚期铜含量为78.12%，锡12.28%，铅为5.52%左右；春秋战国时期的铜含量在65.89%左右，锡的含量11.08%，铅的含量增大，从10.8%～20.22%。商周时期兵器含锡量在6%左右，含铅量则在10%～17%。春秋战国时期兵器大多铜含量在80%左右，锡含量在13%～16%，铅含量在3.5%～6%。

【青铜器锈蚀层次】 详见技法工艺篇"青铜器锈蚀层次"条目。

【青铜器锈蚀成分】 详见技法工艺篇"青铜器锈蚀成分"条目。

【碱式碳酸铜】 Cu_2O，孔雀石，$Cu_3(OH)_2(CO_3)_2$，

蓝铜矿，青铜器的主要锈蚀成分之一。多呈蓝绿色，贴骨锈、层状锈均有。

【氯化铜】$CuCl_2 \cdot 2H_2O$，青铜器有害腐蚀物之一，呈浅绿色粉状的锈蚀物。化工成品为绿色菱形结晶，单斜晶系。用于制作玻璃、陶瓷、颜料等工业的催化剂及水处理的消毒净化剂。

【氯化亚铜】$CuCl$，青铜器的有害腐蚀物之一，呈浅绿白粉状或蜡状物。市售工业用氯化亚铜，为白色立方体结晶。广泛用于化工产品生产的催化、还原、脱色剂等作用。

【碱式氯化铜】$Cu_2(OH)_3Cl$，氯铜矿，青铜有害腐蚀产物之一。

【硫化亚铜】Cu_2S，辉铜矿，青铜腐蚀产物成分之一。

【碱式硫酸铜】$Cu_4(OH)_6SO_4$，水胆矾，青铜腐蚀产物成分之一。

【硫化铜】CuS，铜蓝，$Cu_3(OH)_4SO_4$，羟铜矾，青铜腐蚀产物成分之一。

【硫酸铜】$CuSO_4 \cdot 5H_2O$，青铜腐蚀产物成分之一。

【氧化锡】SnO_2，锡石，青铜腐蚀产物成分之一。

【氢氧化亚锡】$Sn(OH)_2$，青铜腐蚀产物成分之一。

【偏锡酸】H_2SnO_3，青铜腐蚀产物成分之一。

【氯化铅】$PbCl_2$，氯铅矿，青铜有害腐蚀产物成分之一。

【碳酸铅】$PbCO_3$，白铅矿，青铜腐蚀产物成分之一。

【碱式氧化铁】$FeO(OH)$，呈棕黄色，铁器腐蚀产物成分之一。

【水含碱式氧化铁】$FeO(OH) \cdot 12H_2O$，呈棕黄色，铁器腐蚀产物成分之一。

【四氧化三铁】Fe_3O_4，呈黑或暗褐色，铁器腐蚀产物成分之一。

【碳酸亚铁】$FeCO_3$，呈棕黄色，铁器腐蚀产物成分之一。

【水含磷酸亚铁】$Fe_3(PO_4) \cdot 8H_2O$，呈蓝色，铁器腐蚀产物成分之一。

【磷酸铁】$FePO_4$，呈白色，铁器腐蚀产物成分之一。

【硫化亚铁】FeS，呈金黄或黑色无定形，铁器腐蚀产物成分之一。

【硫化铁】Fe_2S_3，呈黑色无定形，铁器腐蚀产物成分之一。

【三氯化铁】$FeCl_3$，呈黄色，铁器腐蚀产物成分之一。

【氯化亚铁】$FeCl_2$，呈淡绿色，铁器腐蚀产物成分之一。

【硫酸亚铁】$FeSO_4 \cdot 4H_2O$，呈黄色，铁器腐蚀产物成分之一。

【中国古代壁画的结构】中国古代壁画分为墓室壁画、殿堂墙体壁画、寺观壁画、民居壁画、石窟寺壁画等。壁画结构主要分为支撑墙壁、地仗层、画面颜料层三部分组成。但是作法有所不同。壁画的支撑结构有作于土壁、砖壁、石壁面的。地仗层有以草拌泥作底，面刷薄如蛋壳加胶矾的白垩层（白土泥），有的没有泥底仅以麻筋白灰抹层直接作画，还有以细泥作底，面抹白灰层，有的以黄土泥灰作底，或仅以白垩薄薄涂层直接绘画。

【古代壁画颜料】我国古代壁画使用的颜料，大体分为无机矿物颜料和有机天然颜料两大类。无机矿物颜料有朱砂（辰砂）、银朱、铁红（硫酸亚铁，红色）、降矾（经过冶炼的铁红）、铅丹、孔雀石（绿色）、石绿、蓝铜矿（蓝色）、天然群青（又叫青金石）、石青、佛青、回回青（蓝色）、石黄、雌黄、雄黄、密陀僧（一氧化铅）、白垩、云母粉、铅白、赭石、松烟、炭黑等；有机植物颜料有胭脂、藤黄、花青、靛蓝等；其他人造颜料有金粉、金箔、银粉、珠粉等等，这些颜料经调配，可以调出各种色调的颜色。

【秦兵马俑彩绘颜料】 秦兵俑彩绘材料是由底层生漆和颜料层构成，彩绘颜料层有较薄一类与较厚一类。也有少数彩绘仅由单一的生漆构成。生漆底层有单层的，也有经两次涂刷的双底色层。其彩绘工艺大致是：先用腻子在一些陶俑基础表面填补缺陷抹光，然后在陶俑表面通体涂刷生漆，之后调配颜料平涂于生漆层上，最后对局部细锦进行描画或晕染。

秦兵马俑彩绘颜料，主要有红、绿、蓝、黄、紫、褐、白、黑等八种颜色。各种颜料经对取样标本进行光谱测试和 X 射线衍射分析，彩绘颜料成分：红色为朱砂、丹砂（硫化汞 HgS）、铅丹、赭石；绿色为孔雀石；蓝色为蓝铜矿；紫色为铅丹＋蓝铜矿；褐色为褐铁矿；白色为铅白、高岭土；黑色为炭黑，填料为高岭土、蒙脱石、云母、黏土，黄色为雌黄（As_2S_3）。

【陶器彩绘颜料】 出土的历代陶器中，有一部分带有灿烂色泽的彩绘，称为彩绘陶器。表面各色彩绘颜料主要是：红色为朱砂、铅丹，褐色为赭石，白色为铅白、白垩、高岭土，黄色为雌黄等。古代先民们利用这些天然矿物颜料，调以动、植物胶，将纹饰图案绘在已烧制的陶器上。秦汉时期，一些陶器彩绘前，先涂刷一层生漆底子、或涂一层猪血漆底子再绘制图案。此类彩绘陶器出土后，如遇环境干燥，急剧脱水，褐灰底层会皱缩龟裂呈酥粉状脱落，遇此类器物详见"养护技法篇"，按相关方法处理。

【古陶器的质地】 陶器是由黏土，经过选料过筛、淘洗、沉淀、混合捣揉、制坯、成型、干燥，再经低火候，800～1000℃之间烧制而成。陶器的种类，按质地可分为细泥陶、夹砂陶及彩陶、釉陶等。按其颜色又分为黑陶、灰陶、红陶、白陶、紫砂陶等。黏土是某些岩石风化的产物，是由石英、长石、云母、高岭土、多水高岭土、方解石，以及铁等金属矿物质、有机物组成。黏土的主要成分有硅、铁、钙、钾、铝、钠、锰等元素。不同地区的黏土，所含矿物质成分有所不同，烧制出陶器的颜色、质地也不相同。陶器的烧制，是以水湿润自然物黏土，使之具有可塑性，将其塑造成一定形状，干燥后用火烧，黏土的原有物质成分发生一系列化学变化，包括失去结晶水，晶形转变固相反应，改变了自然物的形态和它的本质，使柔软松散的黏土颗粒变成粘合一体致密、坚硬的陶器。

【古陶瓷的烧制质地】 瓷胎的质地是经过加工后特殊的黏土，是由含石英、白云石、长石、方解石等矿物质所组成的瓷石，经粉碎、淘洗制成土块，俗称"不子"，音（墩子）；或由高岭土、石英、长石的混合物。高岭土是由石英、长石、经过钠、钾、钙、铁等元素的流失和水的变化而成。石英的化学成分是二氧化硅，长石是以二氧化硅、氧化铝为主，夹杂钠、钾、钙的混合物。

【釉】 釉是熔在坯体表面上的一层薄膜，同玻璃一样，没有固定的化学组成，有时也将其看成固溶体。有一定的硬度，几乎不溶于强酸和强碱以外的物质，对气体和液体具有不透过性，覆盖瓷胎表面能提高器物美感。从釉色来讲早期釉料属于石灰碱釉，釉中含有铁元素，烧出釉色多呈青色或浅黄、褐色。东汉到隋唐时期的青瓷、白瓷，是透彻见底的玻璃釉。而宋代出现以展露自身质感美的乳浊釉、结晶釉、石灰碱釉、多层厚釉等。元代景德镇白瓷胎料是瓷石加高岭土的二元配方，提高了烧结温度，开始由软瓷向硬瓷的飞跃，同时青花、釉里红的烧成，使中国绘画技巧与制瓷工艺的结合趋于成熟。熟练掌握各种呈色剂的配量，高温烧制出卵白釉、红釉、蓝釉等高温釉，也是制瓷业的一次突破，开创了瓷器工艺的新纪元。其中，青花瓷器是指用含钴的颜料在瓷胎上绘画，然后上一层透明釉，同时在石灰釉中加入了含钾、钠的硝酸盐或碳酸盐，在高温下一次烧成，呈现蓝色花纹图案的釉下彩瓷器。明清彩瓷，运用了青瓷、白瓷的胎釉烧制工艺，将汉代以来发展的低温色釉用于彩绘与烧制工艺之中，也达到历史最高水平。

【化妆土】 是一种纯白色高岭土，又称白碱，在上釉前挂在质地粗糙不够白的坯体上起化妆作用的。也有用天然黏土、熔剂和非可塑性原料的混合物，在粗糙坯体上挂上一层，质地均匀的覆盖，也称为化妆土，目的都是掩盖坯体表面小孔等缺陷。在化装土上再上釉时，称为釉底料，其目的掩盖坯料中杂色，烧后显其釉下为白色黏土瓷胎。

【早期青瓷的烧制质地】 又称原始青瓷。我国早在河南商代遗址发现"青釉器"后，在陕西、山西、河南、河北、湖北、安徽、江西、江苏、浙江等地周代遗址均有出土。胎质坚硬、胎色灰白，釉色呈淡黄、灰绿、浅褐等色。经考古与科技界有关部门对其胎釉检测研究，发现氧化硅含量在75%左右，氧化铝含量在15%，加起来约为90%左右。说明制坯所用材料，已不是制陶所用的易熔黏土，胎体即为粗放瓷土。并且胎体中氧化钙、氧化镁等碱性氧化物含量较少，烧结温度应在1200℃左右。外层浅薄的玻璃釉，是以氧化钙为助熔剂的石灰釉，以氧化铁等为呈色剂，在800℃左右还原气氛中烧熔，呈淡青色或浅黄、褐色釉质。这类器物一直延续到战国、秦汉时期，江浙

图 3-1　景德镇传统小柴窑

地区出土器较为多见。东汉三国时期起，制瓷业的发展，青瓷工艺有了质的变化，烧制时由于对窑温和通风状况严格控制，釉药中对呈色剂氧化铁含量的合理配置，烧出器物胎质坚硬细腻，釉层烧制均匀，釉色基本以纯净青绿色为主。到隋唐，青瓷的烧制技术已相当成熟。东汉以后，标志着瓷器的诞生，青瓷独盛的局面一直延续，历数代而不衰，一直到明清时期的龙泉青瓷的最终衰微。

【早期白瓷的烧制质地】 早期白瓷最早是在北齐时期墓葬中发现，隋唐时期墓葬中多有出土。当时烧造技术已较为成熟，烧制的白瓷，胎白致密、釉白光亮。早期白瓷原料瓷土中大都含有少量的氧化铁，烧成后胎质泛青。我国北方地区瓷土、高岭土中所含氧化铁较南方少，故有"南青北白"之说，北方白瓷也早于南方出现。一般白瓷胎中氧化硅含量在60%～65%左右，氧化铝含量在28%～35%左右，仅含微量的金属氧化物。即瓷土要质地纯净，含氧化铁越低越好。所烧制作的器物，瓷胎如玉、釉洁白如雪。制作中，当时瓷工有意在胎釉之间再涂一层颗粒极细的化妆土，就更增加了釉质纯白的光洁度。

【古代琉璃器的釉质】 一般称为琉璃釉，属于铅玻璃，就是铅釉。该釉料涂于陶坯表面烧制而成釉陶，最早出现在战国时期，流行于秦汉。铅釉是以铅丹、石英粉为主，分制配以铁、铜、钴、锰氧化物，涂在经烧过的素陶胎上，再经900℃左右烧制而成。唐代以后，铅釉技术的成熟，被用于建筑瓦件的生产中，琉璃制品在宫廷建筑、王府、寺庙建筑广泛应用。宋元以后又出现以琉璃构件建造琉璃照壁、琉璃塔等建筑物。

【古代粉彩瓷器的釉质】 粉彩瓷器颜料的化学组成基本是在低温釉中掺入一定量的金属氧化物呈色剂和含砷的白色彩料（玻璃白）配制而成，约在750℃左右温度烧烤时，氧化砷使釉色变乳浊，给人以粉的感觉。粉彩的画面大多采用"玻璃白"粉打底，它是一种乳白色低温玻璃，是以氧化砷为主，少量铅、硝酸钾配制熔炼而成。

【开片】 又称冰裂纹，是指瓷器釉层中出现的裂纹

而言。其原因是胎料与釉的膨胀系数不一致，再者也与烧成温度有关。古代工匠利用这些缺陷来美化瓷器，按其裂纹疏密形状，有冰裂纹、蟹爪纹、鱼子纹等，并成为一些瓷窑产品的特征。

【冲口】 系指瓷器因碰撞或器物倾倒时沿口磕碰造成的口沿向器体延伸的裂纹。旧时民间实用瓷器，使用时磕碰出"冲口"，有以"锔瓷"法修复后继续使用现象。

【炸底】 系指古旧瓷器因相互碰撞或与其他物磕碰，造成器底的釉面的裂痕。造成裂痕有的是烧制后装运、使用中瓷胎、釉质碰裂的；有烧胎时造成的微细不明显胎裂，二次烧时釉流入胎的裂隙中的烧釉裂痕。年代久远的炸纹有着明显的沁渗入物，裂痕呈深褐色。

【古代玻璃质地】 我国陕西、河南的部分西周墓出土有人造管珠之类的小件器物，呈不透明白色或淡绿、浅粉色，质地疏松。这种管珠的玻璃质体实际属于高二氧化硅与石英晶体烧结粘合体，称为"琉璃器或料器"。严格地讲，中国早期玻璃是战国以后形成的，春秋晚期至战国早期出土的器物仅有蜻蜓眼式玻璃和嵌在剑格上小块玻璃。经检测为 $Na_2O—CaO—SiO_2$ 钠钙玻璃。战国中晚期玻璃器物品种数量增加。除珠、管、耳铛等小件器物外，出现了璧、剑饰、印章等物，这一时期玻璃主要为 $PbO—BaO—SiO_2$ 铅钡玻璃。经测试以高铅玻璃为主，其中含铅 26.51% ～ 48.50%、钡 5.92% ～ 19.2%，并含有钾或少量的钾钙、钠钙等成分，为多种材料经化学组合而烧制。这一时期还有一类 $K_2O—SiO_2$ 成分体系的钾硅酸盐玻璃。早期玻璃由于添加少量氧化铁等物质，多为不透明黯色。

汉代开始出现玻璃盘、杯、碗、钵等容器，以及耳铛、带钩、蝉等小型玻璃器。玻璃壁的器形比战国的大。玻璃珠为单色球形，如蓝色、黄白色、白色的串珠；天蓝、墨绿、湖蓝、绿、黑、白、月白、砖红等色的圆形算珠。这一时期的玻璃有翠绿色半透明状，主要成分为硅和铅，并含有钠、钡，属铅钡玻璃；有呈晶莹透明的浅蓝色或浅绿色，氧化钾含量在 13.7% 以上，属于钾硅

玻璃。同时出现有紫红色、白色相间的玻璃搅胎器残片，经检测为钠钙玻璃。

魏晋南北朝时期，出现了吹制较大的薄壁玻璃容器，主要有瓶、盒、杯、碗、钵、蛋形器、管形器等，呈透明的天青色，制作较为粗糙，玻璃中含有气泡。经检测为高铅玻璃和碱玻璃。铅钡玻璃已不见。这一时期西方玻璃大量输入中国，出土器物有乳丁纹、波浪纹、网目纹、磨花及一件外壁磨有二排突起的圆形纹饰的碗。经检测分析为钠钙与钠铝玻璃。

唐宋时期的佛教寺塔基出土的舍利瓶、葫芦瓶、细颈瓶、空心球等物较多，唐代主要为高铅和碱玻璃，宋代则以高铅和钾玻璃为主。唐宋时期外来玻璃为中亚、西亚制品。出土所见的胆瓶、刻花瓶、带把杯等均具有伊斯兰特征。元、明、清的玻璃生产已经普及，元代出现官办作坊，明代玻璃器已在民间普及，清代康乾时朝玻璃器生产达到极盛时期，品种多样、器形华丽、花纹精美。皇家清宫造办处专设玻璃厂。在北京、山东、苏州、广州等地民间生产的玻璃器，大量出口到东南亚、北欧等地。这一时期烧制材料为多系统化学组合的玻璃，如氧化钾、铅与二氧化硅；氧化钾、氧化钙与二氧化硅；氧化钠、氧化钙与二氧化硅；氧化钠、钙、氧化铅与二氧化硅等系统的化学组合。

玻璃的主要成分是由酸性的和盐基性氧化物熔化而成的。其中主要酸性氧化物是矽土和氧化硼，盐基性氧化物是苏打（晶碱）、碳酸钾、石灰、铝矾土、正方铅矿（密陀僧）、镁、氧等，这些氧化物的几种混合起来，经高温熔烧，就会烧制出透明玻璃。在熔化状态时，添加金属氧化物会形成不同色泽的玻璃或不透明玻璃。如氧化钴、氧化铜、氧化铁、氧化锡、氧化锑等，

【唐三彩烧制质地】 唐三彩是唐代铅釉陶器的总称。制作的基本工艺是：所用制坯的瓷土，就地取材，经粉碎、细筛、加水捣揉后制作泥胎。泥胎的加工有模制、轮制、雕塑、粘接等，再经工匠的精雕细刻，塑造出形式多样、形态逼真的坯型。阴干后经 1000℃ 左右，烧成素坯。再以铅丹粉分别调配不同比例氧化铜、赭石、氧化钴、等矿物颜料，再经低温（800 ～ 850℃）烧制，呈色

的氧化物随着铅熔化向周边扩散流动，互相浸润，形成色彩绚烂的釉层。三彩釉色中呈多彩的，有深绿、浅绿、蓝、黄、褐、黑、赭、白等釉色，但是以白、绿、黄三色为基本釉色。

【唐三彩釉色化学成分】唐三彩的釉色，是利用金属氧化物性能的呈色机理，在高温下烧制而成的。主料、辅料的配比成分不同，烧制后所呈釉色不同。如：褐红釉是由氧化铁（Fe_2O_3）辅以氧化铅（PbO）烧制而成；浅黄釉是由氧化铁（Fe_2O_3）、氧化锑（SbO）辅以氧化硅（SiO_2）、氧化铅（PbO）烧制而成；赭黄釉是由氧化铁（Fe_2O_3）辅以氧化钛（TiO）烧制而成；绿釉是由氧化铜（CuO）、氧化铬（Cr_2O_3）辅以氧化钙（CaO）、氧化镁（MgO）烧制而成；蓝色是由氧化铜（CuO）、氧化钴（CoO）辅以氧化钾（K_2O）烧制而成；紫黑色是由氧化锰（MnO_2）辅以氧化钠（Na_2O）烧制而成。

【素三彩】明代开创烧制彩瓷的一种方法。以黄、绿、紫为主的彩瓷。因没有红彩，比较素雅，故称"素三彩"。是以浅翠、冬青及青花加紫或部分剔雕挂粉做成，色彩淡雅清秀而著称。

【皮革文物的质地】一般动物的生皮组织结构分为三层，表皮、真皮、和结缔组织。它们的化学成分主要是蛋白质和脂肪。兽皮的显微结构中真正的基本组织是真皮，加工中要去除表皮和结缔组织。真皮又分为两层，上层是呈粒状结构的表面层，下层是网状的纤维层，上层是衡量皮革质量

图 3-2　羊皮书

的重要因素，下层是决定皮革的物理强度。皮革经鞣制加工后的主要成分是由蛋白质纤维的网状组织构成的，包括胶原纤维、弹性纤维、网状纤维。皮革除蛋白质外，还有大量维持皮革弹性的水和油脂等物质。当皮革质文物在长时期的保存中，逐渐失去一定量的油脂、水等物质，所以会变得老化，僵硬、易脆裂。

【骨质文物的质地】远古的祖先从旧石器时代开始以兽牙穿孔做装饰品，新石器时代多以兽骨制作小型工具，如骨针、骨刀、骨匕、骨哨、骨笛等，而以兽角、象牙制作器物也很普遍，特别是出土器所见商周以来象牙器如圆形器、象牙筒、象牙琮、象牙梳等并雕刻十分精美的纹饰。唐宋明清历代骨牙角器的使用范围更广。古代骨牙器的质地，均是由无机组织和有机组织组成的。无机物质大都是磷酸钙和一些碳酸盐及氟化物，有机物质是由油质骨髓、骨蛋白构成。兽骨与象牙的主要无机组织成分基本是一样的，有机组织骨蛋白的量上稍有差别。将其雕琢制成艺术品，肉眼是很难分辨的。通常要在显微镜观察分辨，因为骨与象牙二者各有它的细胞组织，显微组织不同。从截面上看，骨头的纹理比较粗糙，而象牙则为齿质的坚硬致密结构，呈中心辐射的网状纹理。这些条纹互相交错，构成一些由极细微的呈扁豆状格子联成的网状组织。这些就是骨头与象牙的纹理区别。

【角质文物的质地】旧石器时期远古祖先就已用兽角制作工具，从事狩猎活动。角制品自古以来多以鹿、羊、牛为主要原料。明清时期，犀角器特别稀贵，犀角杯被称为"兕觥"。乾隆时期，犀角器雕刻加工达到高峰，犀角稀缺，以虬角替代，虬角即海象牙，断面无纹，中心呈脑状，体小于象牙，多经染色沁呈绿色，以其制作小艺术品。角质类文物通常是薄而中空的，如鹿角的中心是一种海绵状组织，外盖一层延展角壳，长期埋藏，海绵状组织均已朽坏，仅留存外壳。

【古代甲胄的质地】从古文献与考古出土物得知我国早期的防护装备，商代已有皮甲和头盔，西周时期的各地出土的青铜头盔、皮甲等防护具渐多。

战国时期已出现铁甲，秦代还出现石胄。汉代钢铁兵器的发展，铁铠甲逐渐取代皮甲成为主要装备。汉代扎制甲衣的甲片由大型向中小型变化，由扎甲向精密鱼鳞甲过液，东汉以钢甲片代替了铁甲片，由仅护体的身甲、披膊而扩大到保护其他部位的兜鍪、盆领、腿裙等，甲制上逐渐地发展完善。其后，不同时代、不同地区、不同民族和文化类型的差异，虽然发展有所不同，但防卫功能和扎制规律基本相近，甲胄的形制组合设计及制作皆以人体的效能和服务的便当与灵活性方面发展。

三国、魏晋南北朝时期，甲制上有筒袖铠、两当铠、明光铠、环锁铠等。材质上铁甲、皮甲共存；隋唐时期，隋代以明光铠为主，唐代甲制有十三种，按质地分为：钢铁类（明光、乌锤、细鳞、山文、锁子、光要），皮革类（皮甲）、绢布类（布甲、皂绢、布背），另外还有木甲、毡铠、纸铠；宋代出现五种甲制，每种包括头鍪、顿项、披膊、身甲、腿裙、鹘尾等六部分；元代甲胄，皮铁制作，以皮衣为襦，外面嵌挂铁片，甲片如鳞状相连，还包括"覆膊、掩心、捍背、捍股"等；明代甲胄种类多达27种，以钢铁盔占多数。甲的构成有胸背甲、腰圈、臂缚、腕甲、甲裙、甲裤、甲靴。材质上多为钢丝编缀的连环锁子甲，还有绵甲、绢甲，以棉布或丝绸为甲面，上面钉缀甲片，有以青布缀铁甲。皮铁甲有些则是将铁甲片钉在熟狗皮上，既可起防护作用，又能灵活自如。有一种藤甲以藤浸晒后编成；清代胄有铜、皮、棉，甲有棉、布。铁盔，以铁两片，形如帽形，前有遮眉，下有护额，左右垂有护耳，

图 3-4　西周青铜胄

后垂护项。甲为两截，上为衣，下为裳，外布铜钉。王亲贵族的铁甲，以绸缎为表里，中敷铁叶，外钉以金或银或铜钉子。普通甲衣均以绸表布里，中敷棉，外布白铜钉。

历代胄的造型，青铜铸者多作整体，皮革或铁质一般由多块组合而成。其主体为多为覆钵体，直径或式样与头面相适应。顶部或圆或平，有的设缨管或其他装饰，或有护耳、护颈等附件。

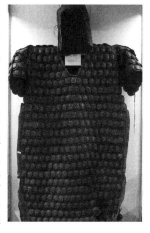

图 3-5　古代皮甲胄

【古代漆器的质地】古代漆器制作主要材料为漆树自然分泌的树汁，天然漆，又称为生漆、大漆。我国古代先民利用它来涂抹、修饰木胎、陶胎、麻布胎等胎质的器具上，漆汁内调入矿物颜料，干燥固化后便形成坚硬光亮的红、黑涂层，并绘上各式美观的装饰花纹。生漆本身属于一种高分子材料，漆膜的固化就是高分子化学的反应过程。漆汁是由漆酚、漆酚化学分子组成。在一定的温湿度下，漆酶能催化漆酚的氧化作用而生成半醌作为引发点，经过半醌的催聚，漆酚多聚成链，再经过氧交联，使链交织成片状漆膜。如与麻布（夹苎胎）等物复合，则可立交成为体状的高分子复合材料。

图 3-6　古代漆器

【文献档案载体材料】古代文献档案的载体材料种类很多，主要有甲骨、金属、木、竹、石、陶、皮革、纺织品等。东汉以后纸的普及，成为文献档案的主要载体。近代出现了感光材料。

【音像文物】指通过声频、视频、图像等手段，记

录下来的人类知识的各种载体，它是进入工业革命以来人们在社会实践中依赖科技手段有目的形成的音像记录材料。

【影像文物】是指利用感光技术和影像感光材料保存下来的人类影像资料的载体。早在1839年法国人雅克·达盖尔发明的银板照片，只是负片不能再复制，保存下来都极为珍贵。随照相技术的研究改进，光学摄影技术的发明，铁板照相、白金照相、炭黑照相法相继出现，盐化相纸、铁氰相纸、蛋清相纸、硝基纤维素玻璃正负片技术、明胶玻璃正负片技术、明胶卤化银胶片和相纸的相继产生，胶片从笨重的玻璃干版，变成硝基纤维素片基再到当代的醋酸纤维素和聚酯片基；由单纯的黑白照片在减色法照相的基础上产生出可无限加印彩色照片的技术。延续一个半世纪以上的传统摄影技术，由黑白、彩色、立体、即拍即得到逐渐被数码摄影电脑输出成像技术取代。保存好旧的影像文物资料更为珍贵。

【干版】照相干版，以玻璃为支持体的一类感光材料。清末、民国期间我国许多影像文献资料即是这类玻璃干版的。干版感光材料影像尺寸稳定性最好，一直被用于光谱摄影、天文摄影、显微摄影和计量刻度制版、印刷制版、幻灯片等制作等。因其笨重、易碎等，随时代的发展，先被片基感光胶片取代，现又被数码影像技术所取代。玻璃干版的保存详见技法工艺篇相应条目。

【油画的材质】详见技法工艺篇"油画的材质"条目。

【古旧家具材质】我国早在七千年前的新石器时期开始出现使用漆木器以来，漆器、木器在古代曾为一体。春秋楚国的木器一概髹漆，故汉简文字称漆器为"木器"。春秋战国、秦汉时期髹漆木胎的床、曲几、案、俎、橱、屏风等家具广泛使用。南北朝以后凳、扶手椅随之出现。唐宋以后桌椅等高型家具普遍使用，完全取代了南北朝以前席地而坐的生活方式。出土的早期家具多为普通木材，又因埋藏环境较差，多为腐朽状。今人所见多为传世的明清家具，用材多为硬木。硬木材质坚硬，木性稳定，可以制作出复杂的榫卯，刻出各式各样的装饰线条和花纹。硬木中紫檀、黄花梨木为上品，紫檀质实而密，色泽深沉，黄花梨纹理丰富，色泽秀润。其他还有鸡翅木、铁梨木、红木、楠木、瘿木、乌木、黄杨木、榉木等，详见各自条目介绍。

【古旧家具修复备材】古旧家具的专业修复工作，因为修复中涉及木材都品种较多、材质珍贵，特别是小修小补中，有些木材一时难寻，所以需要建立一个小库房，平时注意收集备材。一般准备常用的主料外，要多收集各种旧家具的残散部件、碎料等，并要分类存放，如楠木、樟木、红木为一类，核桃木、楸木为一类，杨木、椴木、柳木为一类，榆木、柞木为一类。另外板料、方料分开存放，便于选取。码放应选择通风、干燥之处，注意有些料要垂直立放，避免叠压变形。对于油漆、稀料等易燃物品应随用随购，少量购买，不够再买，剩余物及时处理掉，切忌与堆放木料同处存放。

【茧丝】蚕茧的丝缕，系由两根被覆着丝胶的丝朊纤维胶着在一起。其长度和纤度视蚕茧的品种而异，桑蚕茧一般丝长为650～1200米，外层茧丝纤度一般为2.4～3.2旦（茧丝粗细纤度用denier旦尼尔表示）；柞蚕茧丝长为450～700米，纤度为5旦左右。

【天然丝】又称"蚕丝"。蚕结茧时吐出的丝缕，由丝朊和丝胶组成。按蚕的种类分，有桑蚕丝、柞蚕丝、蓖麻蚕丝等。除去丝胶后的天然丝光泽良好，富有回强性，柔软而强韧。我国新石器时期已出现蚕丝织物。汉唐时期，我国丝绸沿丝绸之路远销欧亚各国。

【丝胶】构成蚕丝的一种蛋白质，为蚕丝的主要成分，占桑蚕丝总重量的20%～25%。构成茧丝外层，对丝朊起保护作用，略带微黄色，质地脆硬。

【丝素】又称丝朊、丝质。本身是一种蛋白质，蚕丝的主要组成部分，与丝胶组成茧丝。

【丝织品】是由蚕丝或蚕丝与其他纤维交织而成的织物，蚕丝是由十八种 α—氨基酸组成的天然蛋白纤维，品种有绢、纱、绮、绫、罗、锦、缎、缂丝等。

【古代缂丝】又称刻丝或尅丝，中国古代的一种传统织绣工艺。是以生丝为经线，用各种彩色熟线作纬，纬线成曲纬状，由于采用通经断纬的织造法，所以在花纹和素地结合处，呈现一丝小裂痕，又因使用"抢"色技法，在二色衔接处形成线糟，如阴线刻浮雕效果。作品花纹正背两面一样。其工艺过程分为：落经线、牵经、套筘、弯结、嵌后抽经、拖经、嵌前抽经、捎经面、挑交、打翻头、拉经面、墨笔画样、织纬、修剪毛头，达到反正一样。

我国缂丝技艺始于汉代，隋、唐时代采用技法简单的缂丝常用于书画包首。宋代以后随织绣工艺的高度发达，多种织绣物上应用上缂丝工艺，如包首、装裱、观赏山水、花鸟艺术品等，图案精巧艳丽，自成风韵。南宋时期，缂丝技艺在苏州、松江地区得到发展，艺人集中形成规模。明清时期苏州缂丝多为贡品被进贡京城，供皇族使用。清末民初不少名匠缂制的花卉、翎毛、山水等作品，流传至今。总的来讲：宋代缂丝重画理笔；元、明两代缂丝改变前代用色单调倾向，采用金镂勾勒，再以不同色间隔，作品层次分明，清新隽秀；清代缂丝则精致细腻。

【古代刺绣】用针引线在锈料上穿刺出一定图案和色彩花纹的装饰织物。我国古代刺绣按针法种类分为：直绣、编绣、绕绣、变体绣、套针、戗针、平针、盘针、施针、擞和针、散错针、辅助针等。我国自新石器晚期就出现了先民用线将花纹刺在衣服上的现象，夏、商、周时刺绣工艺得到发展。西周时期出现用黄色丝线在染过色的丝绸上锈出花纹线条轮廓，花纹部位再以涂绘填彩的刺绣形式。春秋战国时期刺绣工艺趋于成熟，出现完全用辫绣法全部施绣，不再加画绩填彩。汉代刺绣的刺绣针法以辫子股绣为主，纹饰题材广泛，纹样繁密，色彩鲜艳。唐代刺绣已运用了戗针、擞和针、扎针、蹙金、平金、盘金、钉金箔等针法，使绣品出现晕染的效果。宋代绣画艺术使刺绣工艺走向巅峰。明清时期各地刺绣艺术异彩纷呈，以苏绣、鲁绣、湘绣、粤绣、蜀绣著称一世。

【古代毛织物】我国古代以羊毛为主，骆驼毛、马毛、牦牛毛、兔毛、羽毛等动物纤维为原料织成的纺织品。约在公元前 2000 年，我国新疆、甘肃等西北地区已用羊毛编织出毛织物，早期的毛织物呈密度较稀的平纹组织结构。商代晚期出现精细的斜纹与色织方格纹的组织结构。秦汉时期，我国的毛织与染色技术相当成熟，出现了拉绒缂毛织毯技术，羊毛织品出现有色彩艳丽的"人兽葡萄纹、龟甲四瓣花、八角四方交错几何纹"等纹饰。南北朝时期，我国毛织技术稳步发展，毛织原料更为广泛，特别是缂织、裁绒织毯技术流传到中原，各地均有构图新颖、色彩丰丽的各类历代毛织物面世。

【中国古代丝织物】我国远在新石器时代，已发明了以蚕丝为原料的丝织技术，商周时期已采用多种织纹和彩丝织出精美的丝织品。技术上不断创新，出现了印花、绣花、手绘、织金等工艺。中国古代的丝织品种类十分丰富，一般分为梭织物与编织物两大类。梭织物是由经、纬两个系的丝线在织机上互拍交织而成到织物。其组织就是在织物内经纬线按一定规律相互浮沉交织变化，基本分为平纹、斜纹、缎纹、绞经、起绒等五种交织组织。

中国古代丝织品的常见品种主要有绮、锦、缎、绫、缣、纱、縠、罗等品种。其中，绮是指平纹地起斜纹花的丝织物，除双色绮外，都是用生丝织造后染色；锦系多彩提花熟丝织物。早期是以两种以上的彩色线提花的重经织物，到了唐代出现纬线起花的纬锦，即以纬线显花为主，用多把不同色的纬棱轮换织造的工艺。缎是指缎纹组织的丝织物。宋代以后出现的，在纬锦的基础上，通过织机的改进，增加了控制地纹经线的综片数。经纬丝中只有一种显现于织物表面，相邻的两根经丝或纬丝上的组织点均匀分布，不相连续，故外观光亮平滑，质地柔软，是极具高雅的丝织品种。绫是指斜纹地起斜纹花的织物。缣系双根并丝所织粗厚平纹丝织物。缣与绢、绨、绅、缦、纨、縞均为平纹织物，纨、縞为薄或超薄织物。纱为表面有均匀方形孔眼的纱组织丝织物。縠是以强捻丝织造的薄型织物。织后煮练定形，织物表面因抽缩而呈现凹凸皱纹，即绉纱。罗是用纠织法以地经纱和绞经纱与纬纱交织，形成椒形绞纱孔隙的丝织物。

【中国古代棉织物】 是指我国古代以棉纤维做原料的棉织物。我国发现早期的棉织物为秦汉时期的遗物。多为南方地区和西北的河西走廊地区出土。汉唐时期的棉布为蓝白印花，花纹有圈点纹、齿纹、米字网格纹、龙纹、鸟纹、几何纹等。宋元时期棉花种植开始在中原地区推广，明代以后植棉普及，棉纺织业遍及全国，棉布为民众的主要衣料。

【中国古代麻织物】 我国古代以葛、苎麻纤维为原料的纺织物。我国早在新石器时期已经出现。早期麻织物的编织方法多样，有平纹、斜纹、一绞一的纱罗绞扭、绞扭与绕环混合等多种编织手法。麻织物一直是历代百姓日常衣料，元明以后，棉花普及，棉织物逐渐取代了麻织物。

【装裱用绫、绢、锦、缎】 古旧书画装裱材料，常用的有绫、绢、锦、缎等。

绫：斜纹地上起斜纹花的中国传统丝织物，是在绮的基础上发展起来的。始产于汉代以前，盛于唐、宋。绫光滑柔软，质地轻薄，用作装裱的称裱画绫。绫类丝绸按原料分为有纯桑蚕丝织品、合纤织品和交织品。绫类织物的地纹是各种经面斜纹组织或以经面斜纹组织为主，混用其他组织制成的花素织物，常见的绫类织物品种有花素绫、广绫、交织绫、尼棉绫等，素绫是用纯桑蚕丝做原料的丝织品，它质地轻薄，用于装裱。

绢：绢类织物为平纹组织，质地轻薄，坚韧挺括平整，没有图案。

锦：泛指具有多种彩色花纹的提花织物，有经线提花的经锦和纬线提花的纬锦。锦是古代最贵重的织物，有"其何如金"的说法，也就是说它的价值像黄金一样的贵重。在我国，锦有三千多年的织造历史，战国、汉代已经流行经锦，唐代有大量的纬锦出现，在这之后由于纬锦在织造时比较灵活便利，一直沿用到清代。我们把有花纹图案的彩色丝织品和以书画为底本用织锦工艺织成的书画作品叫做织锦画，织锦画也叫彩织。

缎：缎类织物俗称缎子，品种很多。缎类织物是丝绸产品中技术最为复杂，织物外观最为绚丽多彩，工艺水平最高级的大类品种。我们常见的有花软缎、素软缎、织锦缎、古香缎等。花软缎、织锦缎、古香缎可以做旗袍、被面、棉袄等。其特点：平滑光亮、质地柔软。古香缎、织锦缎花型繁多、色彩丰富、纹路精细、雍华瑰丽，具有民族风格，多数唐装以此类织物为面料。

【传统手工纸的种类】 由传统手工抄造而成的纸，按不同原料纤维制作的纸分为皮纸、麻纸、竹纸等，由原纸经加工制成的纸为加工纸，以生纸加工后的纸谓之熟纸。我国各地产传统手工纸的种类有数百种，其中按造纸原料、造纸方法分别为皮纸：宣纸、浙江皮纸、广西皮纸（砂纸）、白棉纸、腾冲宣纸、迁安高丽皮纸、六吉纸、罗纹纸、三层皮纸、科半、温州皮纸（机制）等；竹纸：连史纸、毛边纸、毛大纸、贡川纸、大罗地、官堆纸、元书纸、表芯纸、夹江宣纸、大千书画纸等；加工纸：洒金纸、蜡笺纸、色纸、云母笺、虎皮宣等等；新手工纸：富阳宣纸、各类"书画纸"等。

【传统造纸原料】 一般取自植物纤维，大体可分为两类：木材纤维原料：针叶木（松杉等）与阔叶木（杨、桦木等）；非木材纤维：①韧皮纤维：麻、桑、楮等，②茎纤维：稻麦秆、竹等，③棉毛纤维：棉等。

【分析滤纸】 系用精制漂白的木浆或棉浆制成的不经过施胶的纸。文物保护工作常用于药品配置的称量、过滤。分析滤纸又分为定性用滤纸和定量用滤纸。定性滤纸适用于过滤沉淀或滤去溶液中的悬浮物。而定量滤纸由特殊处理过的纤维制成，含杂质极少，能得到准确的过滤物质。另外采用无机纤维与合成纤维制成的滤菌纸，可以用于药用及过滤空气。

【宣纸】 宣纸是中国古代用于书写和绘画的纸，起于唐代，历代相沿。宣纸的原产地是安徽省的泾县。此外，泾县附近的宣城、太平等地也生产这种纸。到宋代时期，徽州、池州、宣州等地的造纸业逐渐转移集中于泾县。当时这些地区均属宣州府管辖，所以这里生产的纸被称为"宣纸"，按加工方法分类，宣纸分为一般可分为生宣、熟宣、半熟宣三种。

生宣的品类有夹贡、单宣、玉版、棉连、净皮等。生宣是没有经过加工的，吸水性和沁水性都强，易产生丰富的墨韵变化，以之行泼墨法、积墨法，能收水晕墨章、浑厚华滋的艺术效果。写意山水多用它。生宣作画虽多墨趣，但落笔即定，水墨渗沁迅速，不易掌握。

熟宣是加工时用明矾等涂过，故纸质较生宣为硬，吸水能力弱，使得使用时墨和色不会洇散开来。因此特性，使得熟宣宜于绘工笔画而非水墨写意画。熟宣可再加工，珊瑚、云母笺、冷金、洒金、蜡生金花罗纹、桃红虎皮等，皆为由熟宣再加工的花色纸。

半熟宣也是从生宣加工而成，吸水能力界乎前两者之间，"玉版宣"即属此一类。

另外，宣纸按用料配比不同，又可分为棉料、皮料、将净三类。其中又有单宣、夹宣、二层、三层等之分，规格上有4尺、6尺、8尺、丈二、丈四、丈八等。一般来说，棉料是指原材料檀皮含量在40%左右的纸，较薄、较轻；净皮是指檀皮含量达到60%以上的；而特皮原材料檀皮的含量达到80%以上。皮料成分越重，纸张更能经受拉力，质量也越好；对应使用效果上就是：檀皮比例越高的纸，更能体现丰富的墨迹层次和更好的润墨效果，越能经受笔力反复搓揉而纸面不会破。

〔胶粘剂〕

【胶粘剂】 凡是能将各类材料（破损器物）通过一定的技术处理，能紧密粘合在一起的物质，称为胶粘剂，分为天然胶粘剂与合成胶粘剂。凡文物修复使用的胶粘剂，均应具备以下条件：①室温固化快，流动性好。②良好的浸润性。③在一定的室温、压力、时间条件下能将破损件牢固地粘接成一个整体。④粘接力强与耐老化性能好。⑤可再处理性能好，易于二次溶解软化去除。

【天然胶粘剂】 古代先民从天然动植物中提取的有机质黏性物质作为粘接剂使用。可分为动物胶、植物胶。动物胶中有黄明胶、皮胶、骨胶、虫胶、酪素胶、白蛋白胶、鱼鳔胶等；植物胶中有淀粉、糊精、阿拉伯树胶（桃胶）、白芨胶、石花菜汁、松香胶、漆姑汁、天然橡胶。另外，还可以从矿物蜡、石油中提炼出沥青等天然矿物胶。

【合成胶粘剂】 有机合成胶粘剂按化学成分分为树脂型、橡胶型与复合型三大类。

树脂型：热固性树脂有环氧胶、酚醛胶；热塑性树脂有聚酰胺、聚醋酸乙烯酯等。

橡胶型：氯丁橡胶、有机硅橡胶、丁腈橡胶、聚硫橡胶等。

复合型：环氧丁腈胶、环氧聚酰胺胶、环氧聚氨酯胶、酚醛丁腈胶等。

【黄明胶】 别名动物明胶，指牛胶、鹿胶、骨胶、鱼鳔胶、腰胶等，属于天然胶粘剂。古人又专指以牛皮、驴皮精制，取其纯净物为黄明胶，一般为淡黄色透明、半透明的薄片或颗、粉粒。溶于热水，在火上熬成糊状，古人用于绘画调色、制墨，传统修复中古典木器等文物的粘接。干燥保存，遇潮湿后易生菌霉变。

【明胶】 一种从动物的结缔或表皮组织中的胶原部分水解出来的蛋白质。它具有许多优良的物理及化学性质，如形成可逆性凝胶、黏结性、表面活性等。在文物保护中常用于颜料的固色。

【桃胶】 又称阿拉伯胶、树胶。是桃、李、杏、樱桃等树干的黏稠多糖分泌物。微黄色半透明珠状。用途广泛。由于可逆性好，被广泛应用于壁画揭取、泥塑彩绘、纸质文物的修复。用作书画修复的金粉胶粘剂。

【水胶】 又称骨胶，用动物骨制成，性能同牛皮胶。有专用鱼骨制成的称为鱼胶，黏性稍差。

【海藻胶】 一些海藻类植物经蒸煮提炼出的一种黏性物质，其重要成分是琼脂，保水性能较好，用于书画装裱可改善裱件的柔顺性，但粘接强度较弱。

【合成胶水】 系一种用丙烯、乙烯、纤维素等材料合成的胶水，无色透明，溶于水，黏性大且粘贴牢固。用于某些有机质文物粘接或调补作色。

【914 快干胶】 适用于各类金属器、砖石器、陶器等破损文物的粘接修复，是应用最广泛的一种粘接剂。"914"快干胶是一种双组分的胺类环氧胶粘剂。具有如下特点：①固化速度快，约30分钟后开始固化，室温25℃约3小时或20℃约5小时可达到最高粘接强度。②粘接强度是一般常用室温固化环氧粘接剂的1.4倍。③耐老化、耐高温、低温，耐水、耐油性能均较好。④操作简便，使用时首先将被粘接件的表面用锉刀、砂布打磨去锈，再用丙酮、乙醇等溶剂清洗两次。用胶管塑料帽内尖头先将挤胶口顶破，再将胶管A、B组分按6∶1重量比或5∶1体积比挤出混合均匀。将混合后的胶迅速涂抹于被粘接件的表面，然后对粘并施加接触压为，棉球蘸乙醇擦去粘接缝挤出的多余胶，室温下三小时即可使用。

【AAA 超能胶】 适用于粘接金属、陶瓷质、玉石质、玻璃等类文物的粘接，因该胶无色透明，特别适用于玻璃、陶瓷器的粘接修复。其特点是胶体无色透明，固化速度快，且无毒、无味、无刺激性，使用方便，且富有弹性，具有良好的防水、耐酸、耐碱、耐高低温的性能。使用时将A、B组分按1∶0.5～1份挤在玻璃板或硬纸片上，充分调匀。粘接后约1小时凝固，24小时完全固化。施胶后若加温至60℃，15分钟便可固化。

【爱牢达环氧胶粘剂】 德国产，室温快速固化。适用于金属、陶瓷、玻璃、木质文物修复。室温18～24℃，双组分A∶B胶，按1∶1调拌后尽快使用，5～10分钟快速凝固。3小时后可以使用，8小时后达最高强度。

【金属专用粘接剂】 该胶为台湾产修墙屋牌40C6强力胶，由特殊高分子材料组成，适用于金属、陶瓷、石质等类文物的粘接修复，尤其对于金属具有良好的粘接效果。本胶粘剂与固化剂按1∶1比例调拌，胶体调拌后可在4分钟内使用，粘接后约15分钟可以初步硬化，1小时完全硬化。

【聚醋酸乙烯乳液】 俗称"白乳胶"。由聚乙烯醇、醋酸乙烯酯、邻苯二甲酸二丁酯、辛醇、过硫酸铵等乳液聚合而成，并添加钛白粉。可逆性好，在文物修复中用途较广。如用水稀释后可加固壁画，调拌彩绘颜料，修补砖瓦件调灰膏腻子，以及木构件、纸质文物的粘接修复。

【D—801 胶】 无色或微黄色透明胶体，无毒、无刺激性气味，是由聚乙烯酸与甲醛在酸性介质中缩聚反应后再经氨基化而成。常用于破碎陶器或竹木、漆器粘接修复。

【DG—4 光学透明胶粘剂】 又称双酚A型环氧树脂胶粘剂，是一种新型高分子材料制作的无色透明环氧胶粘剂，系以双酚A型环氧树脂为主体Bispnenol a cpoxy Yesins双称，双酚A二缩水甘油醚，特殊分子构成。适用于金属、陶瓷、石质、皮革、玻璃、木材等多种质地文物的粘接。粘结牢度大、机械强度高、收缩性小、固化快、化学稳定性能好。使用时室温条件下1.5～4小时内固化，24小时能达到最大强度。

(李钢)

【502 瞬时胶粘剂】 文物修复中常用粘接剂，对一些小件金属、玉、石器，以及大型器物脱落的嵌饰物，如金银丝、松宝石、螺钿等物，快速粘接复位。如修复金漆铜佛像表面脆裂、卷翘漆金层，加热回软后用此胶粘贴复位。502胶是以氰基丙烯酸乙酯为主，甲基丙烯酸甲酯—丙烯酸甲酯共聚物及磷酸三甲酚脂为辅，及微量对苯二酚、二氧化硫配制而成，无色透明液体，使用时，手部、皮肤浅上胶液速用丙酮擦除，注意勿将胶液溅在面部或眼部。

【FS—101 加固剂】 系一种甲基硅氧烷的碱水溶液，具有良好的疏水透气性能，能防污、防潮，并具有一定的耐高温、耐寒性，无毒环保等特点。将该加固剂稀释到3%左右喷涂或刷涂于风化石质文物表面，与空气中的二氧化碳接触后发生化学反应，生成一种硅化合物，渗透进石质基底，可在石器表面形成一层保护层，从而降低外界水分的吸收，减少由于风化产生的剥落状况，延长石质基底的寿命。该加固剂特别适用于潮湿环境下

的石质文物保护。　　　　　　　　　　（李钢）

【钛得系列粘接/修补剂】 钛得粘接剂主要成分是由高性能环氧、丙烯酸酯、聚氨酯构成。其中3603 型 3 分钟环氧胶，透明性好，气味低，双组分按 1∶1 配比，快速固化，粘接强度高等特点，适用于金属、陶瓷器类文物的粘接。3101 钛得修补胶，双组分，胶泥状，是对金属、陶瓷修复补配时，填补用改性环氧修补材料，可以在低温潮湿的环境中使用。按配比 1∶1，室温 25℃，初始固化 40 分钟，24 小时全固。硬度达 82D，可以锉磨修整加工。

【金属修补胶棒】 详见质地材料篇"金属魔力胶棒"或"原子灰胶棒"。

【金属魔力胶棒】 美国乐泰牌，10 分快凝胶棒，双组分内为灰色膏体，外层为固化剂。用于金属文物补配，方便快捷。操作时截取一段，用手捏合均匀，补在器物缺损处，快速固化后十分坚硬，可以锉磨随形，然后随色作旧处理。

【原子灰胶棒】 原子灰又称不饱和树脂腻子，是由不饱和树脂、滑石粉、苯乙烯等料经搅拌研磨而成的主体灰及固化剂组成的双组分填平材料。广泛使用于金属器物的修复与补缺，也可应用于器物内部的承托与加固。

　　1. 基灰和固化剂的配合比例为 100∶2 ~ 5（重量计），气温愈低固化剂用量愈多。

　　2. 待涂的金属表面应彻底清除油污、锈斑、旧漆及水分。

　　3. 原子灰用量以一次性用完为宜，基灰和固化剂按比例进行调配，至颜色均匀一致即配完成。

　　优点是有常温固化干燥速度快附着力强、易打磨等特点。

【PKD 云石胶】 云石胶系一种双组分不饱和聚酯树脂，呈白色或米色黏稠膏状体，主要成分为不饱和树脂、过氧化物、填料。应用于古陶瓷、石质文物的修复残缺补配，方便快捷。常规配比量为 100 份胶体，3 份固化剂，固化剂的配比量多少决定固化速度快慢，陶瓷补配的实际配比为 20∶1，

固化时间为 5 分钟左右。云石胶也可以作为非结构承载石质文物的粘接补配。

【阿拉伯胶】 也称为阿拉伯树胶，是从金合欢树和阿拉伯胶树的枝干分泌出来的，这种树产于西非地区南撒哈拉。是一种安全无害的增稠剂，并在空气中自然凝固而成的树胶。为淡黄色的块或白色粉末，是分子量为 22 万 ~ 30 万的高分子电解质，加水则缓慢地溶解成浓厚无味的黏稠剂，经过一些时间则黏度减低。

【白虫胶】 俗称白洋干漆。将虫胶溶解于热纯碱溶液后，经滤去杂质、漂白、沉淀而制得的白色块状或棒状固体。主要成分为光桐酸、三羟基软脂酸的酯类，溶于乙醇。传统修复中以乙醇浸泡的稀胶汁调拌矿物颜料，用于较浅色器物的随色作旧。

【虫胶漆】 又称紫胶漆。是一种天然树脂。由寄生于虫胶树上的紫胶虫吸食和消化树汁后的分泌液在树枝上凝结干燥而成。紫红色经精制后成棕色、黄色或白色的虫胶漆片。成分主要为羟基脂肪酸和羟基酯环酸及酯类的复杂混合物。溶于乙醇。传统修复中以乙醇浸泡的稀胶汁调拌矿物颜料，俗称"泡立水"、"漆片汁"，用于金属、陶质、古典家具等多种文物的随色作旧。

【聚乙烯醇溶剂】 简称 PVAL，由聚醋酸乙烯酯经皂化而成的高分子化合物。白色粉末。溶于乙醇与水，耐油和大多数有机溶剂。配制时一般为 10% ~ 20% 浓度，先将水加热 60 ~ 80℃ 再加入聚乙烯醇粉末，边搅拌加热直至完全溶解，呈无色透明黏稠液体，过滤杂质胶团后即可用。注意温度超过 80℃，会出现"焦化"现象，致使粘接力降低。

　　聚乙烯醇溶液宜在 80℃ 以下使用，200℃ 以上可以软化分解，具有一定的耐水性，粘结力好。作为彩绘泥塑、壁画、织物、皮革、朽木件等文物修复时加固剂、胶粘剂，金属文物翻制硅橡胶模时的脱模剂。

【环氧树脂】 环氧树脂是泛指分子中含有两个或两个以上环氧基团的有机高分子化合物，除个别外，

它们的相对分子质量都不高。环氧树脂的分子结构是以分子链中含有活泼的环氧基团为其特征，环氧基团可以位于分子链的末端、中间或成环状结构。由于分子结构中含有活泼的环氧基团，使它们可与多种类型的固化剂发生交联反应而形成不溶的具有三向网状结构的高聚物。自配环氧树脂应用于大型石质文物及古建砖瓦构件的粘接修复，成品改型双组分环氧树脂胶广泛应用于各类可移动文物的粘接与修补。

作粘接剂使用时最好按用途选择不同强度的树脂，如器物粘接一般采用中等环氧值的6101、634树脂，残缺补配作浇注料时最好选用高环氧值的618、6101树脂；另外环氧值低的601、604、607、609等可做器物渗固或调色用。注意环氧值过高的树脂强度虽大，但较脆；环氧值中等的高低温度时强度均好；环氧值低的遇高温时则强度差些。环氧值较低的树脂固化快，而环氧值高的渗透性好，强度也较好，选用时要综合考虑。固化剂从性能要求上选择：有的要求耐高温，有的要求柔性好，有的要求耐腐蚀性好，根据用途选用适当的室温固化剂如：二乙烯三胺、乙二胺、间苯二胺等。为了改善环氧树脂的鞣性、抗剪、抗弯、抗挤压性能等，需要适当添加某种改性剂，如聚酰胺树脂可改善脆性、聚乙烯醇叔丁醛可提高鞣性、乙烯树脂可提高抗剥性和抗冲强度、糠醛树脂可改进弯曲性能并提高耐酸性能等。环氧树脂胶中适量添加一些填充料可以改变胶体性能，降低成本等优点，填料可选择石英粉、瓷粉、氧化铝、铝粉、铜粉、滑石粉、石棉粉、等等。

【增塑剂】增塑是指增加塑料的可塑性，改善在成型加工时树脂的流动性，并使制品具有柔韧性的有机物质。它通常是一些高沸、难以挥发的黏稠液体或低熔点的固体，一般不与塑料发生化学反应。在文物保护中常添加在环氧树脂粘接剂中，以改善其流动性和稳定性。常用的增塑剂有邻苯二甲酸二丁酯（DBP），邻苯二甲酸二辛酯（DOP）等。

添加增塑剂可降低塑料的玻璃转化温度，使硬而刚性的塑料变得软且柔韧。一些增塑剂还具有无色、无毒、无臭、耐光、耐热、耐寒、挥发

性和迁移性小，不燃且化学稳定性好，廉价易得等优点。

【热熔胶棍】在古陶瓷修复中，热熔胶作为陶瓷器拼对定位时辅助用胶，装入电热熔枪内使用。热熔胶棒一般为乳白色圆柱状，直径约1cm，长约15cm左右。

【L—TR粘合剂】（德国产）透明胶，溶于合成溶剂。适用于瓷胎的补配重塑。可用于纺织物、革、纸板、木材粘合。

【107水溶胶】适用于陶瓷器修复，补配打底调拌腻子用胶。主要成分是聚乙烯醇甲醛，无色透明，该胶调拌好腻子应立即用，一般十分钟左右开始固化，二天完全硬化，腻子层便可以用水砂纸打磨。

【胶矾水】胶矾水古代绘画时，专用于调色。古人是按"二胶一矾二斤半水"比例调制的，即二两胶、一两矾、二斤半水。胶矾比例按冬夏增减，如冬季四胶一矾，夏季三胶二矾。

【蛋黄胶】用于古代泥塑彩绘、油画等修复的调色胶。为水油合剂，乳黄色稠糊状，可溶于水或油。是由生鸡蛋黄加亚麻仁油调和而成。调出颜色表面有微亮的光泽。

【淀粉粘合剂】是以淀粉和水为原料，在加热条件下，经糊化作用而形成的一种天然粘合剂。又称浆糊，详见技法工艺篇"传统浆糊制法"条目。

淀粉的原料包括小麦、玉米、土豆、红薯等，不同的淀粉其直链淀粉与支链淀粉含量不一样，性能上存在一定差异。

【长效防霉防蛀装裱粘合剂】由浙江省博物馆研制的一种特殊结构的变性淀粉，这种新型粘合材料不需添加辅助材料，本体具有防霉防蛀抗酸性功能。与传统装裱粘合材料的相关性能比较：SDK能在冷水中糊化，糊化物的稳定性较好，具备小麦面粉浆糊的粘裱特性和操作手感。同时其装裱件的平整度和干缩润胀比例均优于小麦面粉浆糊，

并具有防霉防蛀功能的装裱材料，是传统装裱粘合材料的优良代替品之一。

〔化学药品、溶剂〕

【有机溶剂】 又称真溶剂，通常干燥条件下，可挥发的，并能完全溶解树脂、高聚物、漆基的单组分或多组分的液体。有机溶剂按类可分为七类：

1. 芳香烃类，如苯、甲苯、二甲苯等
2. 醇类，如甲醇、乙醇等
3. 酮类，如丙酮、丁酮、等甲基异丁基甲酮
4. 氯代烃类，如二氯甲烷、三氯甲烷、四氯化碳等
5. 酯类，如乙酸乙酯、乙酸丙酯等
6. 烷烃类，如正乙烷、正庚烷、正辛烷等
7. 醚类，乙醚、甲乙醚等

【助溶剂】 在通常干燥条件下可挥发的液体，不能单独起到溶剂作用，但若以适当比例与某种溶剂混合，能成为溶剂的辅助组分，能增强溶剂的溶解能力或溶解物在某一性能方面起到改进作用。

【混合溶剂】 在配制某些文物加固、缓蚀、封护处理药剂时，为获得满意的溶解或挥发成膜效果，往往以两种以上按比例配合，组成挥发性液体的溶剂。

【稀释剂】 稀释剂分为两大类：一类为非活性稀释剂，俗称溶剂。以单组分或多组分的挥发性液体，加入树脂、聚合物中能降低其黏稠度；另一类是活性稀释剂，它既可以降低胶粘剂的黏度，又和胶粘剂的固化剂起化学固化反应，如环氧类胶粘剂中添加甘油醚等。常用的稀释剂有无水乙醇、丙酮、乙醚、三氯甲烷、四氯化碳、甲苯等。

【活性稀释剂】 既能溶解或分散文物封护成膜或加固物质，又能在加固或封护涂层成膜过程中发生化学反应，形成不挥发成分而留在加固剂或封护膜中的化合物。

【香胶水】 又称硝基稀料。用作硝基喷漆的稀释剂，是一种由酯、酮、醇、甲苯等配合而成，具有香蕉气味的混合液体，无色透明，挥发性大。

文物修复工作中常用作青铜器表面"漆古"制作时调配稀释硝基漆用。

【稀料】 涂料稀释剂。用以稀释一般醇酸等类油漆涂料的挥发性有机溶液，可降低油漆涂料的黏度。作为文物修复中辅助物着色的刷涂、浸涂或喷涂漆料的稀释用溶液。

【乳液】 两种互不相溶的液体均匀混合而形成的稳定分散体，即两种液体中的一种乳化液，以微粒的形式分散于另一种液体（分散液）中所形成的乳状液。

【高分子化合物】 又称高聚物、聚合物、大分子化合物。分子量高达几千到几百万。绝大多数是由许多同样结构单元重复组成，但多系分子量不同的同系混合物。

【缓蚀剂】 也叫腐蚀抑制剂，是指那些用于金属文物表面起防护作用的物质，加入微量或少量这类化学物质可以阻止金属文物在该溶剂中的腐蚀速度或明显降低。经缓蚀剂处理过的铁器、青铜器等类金属文物都较为有效。详见技法工艺篇，铁器、青铜器缓蚀处理的相关条目。

【硝酸银】 $AgNO_3$，无色透明斜方片状晶体。硝酸银溶于水，微溶于酒精。呈弱酸性，pH 5～6。见光易分解。配制1%硝酸银溶液，用于检测青铜器粉状锈内的氯离子。

【氧化银】 AgO，褐黑色粉末状药物。青铜粉状锈蚀物去除后蚀坑内填充该粉剂，以乙醇为介质，可以有效置换 Cl^-。

【无水碳酸钠】 Na_2CO_3，别名苏打、纯碱、曹打灰。白色粉末或细粒结晶，味涩。易溶于水，呈强碱性反应，微溶于无水酒精，不溶于丙酮、乙醇、乙醚。与酸呈中和反应。传统文物保护工作中，将该药品与碳酸氢钠按比例配置的药液用于浸泡患有青铜病的文物，利用超声波清洗器，可以较为安全、快捷、有效地置换出 Cl^- 的一种方法。

【碳酸氢钠】$NaHCO_3$，别名小苏打、酸式碳酸钠、焙碱。白色粉末，或呈不透明单斜晶系细微结晶，无臭、味咸，溶于水呈微碱性，微溶于乙醇。传统文物保护工作中，将该药品与无水碳酸钠按比例配置的药液用于浸泡患有青铜病的文物，利用超声波清洗器，可以较为安全、快捷、有效地置换出 Cl^- 的一种方法。

【AMT】有机杂环化合物 5-氨基2-巯基-1，3，4—噻重氮（AMT），它是淡黄色的结晶固体。熔点238℃，溶于热水和酒精。AMT 化合物和青铜病中离子化的铜形成络合物在青铜病区以淡黄绿色沉淀形式出现，因此使得铜器除去青铜病。当青铜病完会除去后，AMT 在金属表面形成一层均匀薄薄的多聚络合保护膜。

将清洗后的器物浸入 0.01M 的 AMT 的水溶液中。为了加速反应，加入几滴硝酸（1:1）。然后将溶液加热到60℃。这时可以观察到器物腐蚀区有淡黄绿色的凝乳状沉淀产生。1 小时后将器物取出并用蒸馏水清洗，将此过程反复，直到没有沉淀产生为止。

主要针对细小纹样且腐蚀严重，铜芯少的器物的保护。

【BTA】苯并三氮唑是一种很有效的青铜缓蚀剂，乳白色粉末结晶，能溶于乙醇等有机溶液中。苯并三氮唑可与铜及铜合金形成不溶于水及部分有机溶剂的透明覆盖膜，生成膜比较牢固，青铜器中的铜与苯并三氮唑交替结合，形成类似 Cu—BTA 金属配合多聚络合物，而且很像高聚物的线状结构形式，有效地隔断金属与种腐蚀介质的接触，使器物得到保护。

作为表面封护剂，BTA 的浓度为 0.1mol/L，在苯并三氮唑中加入少量的碘化钾，是由于碘离子优先吸附于青铜表面，引起初始电位的降低，从而导致苯并三氮唑的吸附量的增加，多余的碘化钾亦可通过空气氧化除去，不会有副作用。在苯并三氮唑中加入少量的对氨基苯胂酸后，由于苯并三氮唑优先吸附铜质点上，对氨基苯胂酸优先吸附于锡、铅点上，二者相辅相成，在青铜器表面形成致密的保护层，从而导致缓蚀率的增加。缺点是反应生成的绿色不溶性多聚络合物能覆盖

铜器纹样细节。不适用细小纹饰器物的保护，如钱币、小饰件等。

【EDTA】EDTA 是以氨基二乙酸为基体的有机络合物，通常为白色粉末，不溶于冷水、醇及一般有机溶剂，溶于氢氧化钠，碳酸钠及氨的溶液中。EDTA 具有氮和氧两种亲核力很强的配位原子，络合能力很强可与许多金属离子形成稳定络合物。在缓蚀剂研究中，根据这一原理，使用复合缓蚀剂要好得多，此时其缓蚀率比简单加和值要大得多，这种发挥各种成分作用的效应称为缓蚀剂的"协同"效应。

采用 10% 硫脲 + 10% EDTA + 10% 罗歇尔盐能有效地除去绿色铜锈，红色的氧化铜以及与泥土混为一起的锈层。另外一种钼酸钠药液也有较好的缓蚀效果。钼酸钠溶液会使金属的钝化膜抵御氯离子的能力提高，并降低某些金属点腐蚀小孔中氯离子的富集作用，随钼酸钠的增加作用会越明显。

【重铬酸钾】$K_2Cr_2O_7$，别名红矾钾、橙红色三斜或单斜晶系结晶。溶于水，不溶于乙醇，其水溶液呈酸性。该药品与硫酸水溶液的配剂，可应于去除氧化亚铜等青铜锈蚀物。

【亚硝酸二环己胺】$C_{12}H_{23}N \cdot HNO_2$，白色结晶，溶于水、乙醇、甲醇，在碱性介质中稳定，在酸性介质中变为亚硝酸铵。主要用于金属铁器的缓蚀保护处理，防锈期长，效果好。但对黄铜和锡及其合金有腐蚀作用。

【碳酸二环己胺】$C_{12}H_{23}N \cdot H_2CO_3$，物理吸附型缓蚀剂。与亚硝酸二环己胺配剂，主要用于金属缓蚀封护，能有效阻止金属铁器等锈蚀物的继续发展。

【磷酸】H_3PO_4，85% 磷酸呈无色透明糖浆状稠厚液体，溶于水和乙醇。10% 磷酸可用于酥粉铁器加固前的钝化处理。

【鞣酸】$C_{76}H_{52}O_{46}$，别名单宁酸，是植物中的一种防卫用化学成分，分为水解单宁酸、聚合单宁酸。

能沉淀蛋白质具有收敛作用，为黄白色或淡棕色闪光性鳞片或无定形粉末，无臭味，极涩，易溶于水、乙醇、丙酮、甘油。遇光色变深，久置则缓慢分解。常用于铁器缓蚀的钝化处理与皮革文物的回软处理。

【柠檬酸】2-羟基丙烷-1，2，3-三羧酸，用于香料或作为饮料的酸化剂，在食品和医学上用作多价螯合剂，也是化学中间体。常用于文物的清洗处理，清除文物表面上的霉斑等污渍。取其2%～5%水溶液，用棉签蘸取，在污渍处涂抹，后用蒸馏水清洗。酸性温和适中，与草酸功能类似。成品粉末可燃，具刺激性。粉体与空气可形成爆炸性混合物。遇明火、高热或与氧化剂接触，有引起燃烧爆炸的危险。

【六偏磷酸钠】白色粉末，易溶于水，不溶于有机溶剂，吸湿性强，在空气中逐渐吸水显粘胶状，可与 Ca，Ba，Mg，Cu，Fe 等金属离子形成可溶性螯合物。磷化处理可使铁器表面形成一层致密的保护膜。用磷酸水溶液浸泡铁器，可在锈层孔隙沉积磷酸铁，增强铁器表层的致密性。六偏磷酸钠是多磷酸盐，能产生连续无定形的保护膜，是理想的铁器表面处理材料。

【酒石酸钾钠】$NaKC_4H_4O_6 \cdot 4H_2O$，白色晶体，无臭、有酸味。易溶于水和乙醇。该药品与氢氧化钠、去离子水的配液，可应用于软化去除青铜器硬结锈蚀物。

【Paraloid B72】Paraloid（帕拉罗依特）B72 树脂，是现今国内外文物保护领域中使用最广泛的一种聚合物材料。它是一种由丙烯酸酯和甲基丙烯酸酯的共聚物，成品为无色透明的颗粒状结构物。溶于丙酮、甲苯、二甲苯、四氯化碳等溶剂。B72 作为一种优秀的热塑性树脂，它不会变色，具有良好的弹性，对热、光化学、氧化分解具有良好的稳定性及优异的成膜性，耐候性能好等特点。应用于文物修复的加固剂、文物修复粘接剂、文物保护封护剂等。是一种靠溶剂挥发后成膜而起到加固作用的树脂，在欧洲壁画保护中得到广泛应用。上世纪八十年后，国内开始应用于金属、

砖石、彩绘陶器、壁画等文物，以及漆木器、骨牙器等有机质文物保护的加固、封护。

B72 最大的缺点是成膜后较脆，不抵抗紫外光的照射，光老化后材质的可逆性降低，有时也会使艺术品表面颜色变深。

【REMMERS300】德国产，主要成分是硅酸乙酯的加固剂，对风化严重的砂岩加固处理，能形成一种新的抗风化的矿物质状岩石胶结物，渗透性能良好，能渗透到未风化内层，降低对水和其他有害物质的吸收，不会改变石质色泽。

【WD—10 封护剂】以十二烷基三甲氧基硅烷为主体的长链烷基三甲氧基硅烷，是一种无色透明的中性液体。其膜层有良好的憎水性，能抗多种腐蚀和有机溶剂。能阻止霉菌的侵蚀，无毒，涂施工艺简便易行。采用乙醇溶液稀释，浓度在5%～10%为宜。

【聚乙二醇】简称 PEG，平均分子量在 200 到 6000 的乙二醇高聚物的总称。随着平均分子量的不同，性质也有差异。无色无臭黏稠体至蜡状固体，溶于水、乙醇和众多有机溶剂。聚乙二醇主要应用于饱水漆木器的置换真空冷冻干燥处理。

【聚乙烯醇缩丁醛】PVB，是由聚乙烯醇与丁醛作用而成的热熔性高分子化合物，白色粉末或淡黄色颗粒。能溶于醇类、乙酸乙酯、甲乙酮、环己酮、二氯甲烷和氯仿等。聚乙烯醇缩丁醛具有良好的耐寒性和黏合性，对金属、木材、陶瓷、皮革和纤维等有良好的粘接力。聚乙烯醇缩丁醛2%～5%乙醇溶液通常作为丝网加固黏结剂喷涂用。具有高透明度、挠曲性、低温冲击强度高、耐日光暴晒、耐氧和臭氧、耐磨、耐无机酸和脂肪烃等性能，并能和硝酸纤维、酚醛、脲醛、环氧树脂等相混，改善它们的性能。溶液主要作为文物保护封护加固材料，用于金属文物封护，粉彩陶器、壁画及酥粉有机质文物的加固修复。

【三甲树脂】甲基丙烯酸甲酯（MMA）、甲基丙烯酸丁酯（BMA）和甲基丙烯酸（MA），以过氧化苯甲酰（B.P.O）为引发剂，通过溶液聚合得到

的共聚体。成品三甲树脂为无色透明黏稠状胶体，我国自六十年代初将其应用于骨、牙、石、陶、瓷等文物的粘接修复中。溶于丙酮，稀释为 2% ～ 3% 溶液，可用金属、石质文物，骨牙器、彩绘陶器、壁画、泥塑的加固封护，具有耐老化、耐潮湿、耐生物侵蚀等特性。

【水溶性丙烯酸树脂】 对出土饱水木质文物进行脱水定型处理的新型材料。是经过改性自行制备的。具体调配比为：丙烯酸 30ml、甲基丙烯酸 20ml、甲基丙烯酸甲酯 10ml、苯己烯 5ml、异丙醇 30ml、偶氮二异丁腈 0.3g、水溶液 30ml。将上述配置好的溶液在烧杯中，加入一定量的乳化剂充分搅拌均匀，火上加热至沸腾，反应十分钟后，搅拌降温至 60℃ 时，加入三乙醇氨进行中和，pH 值约为 8～9 即成。

【醋酸纤维素】 透明或不透明的热塑性塑料纤维，对光稳定，不易燃。采用丙酮溶解后呈黏稠状，可用于玻璃纤维粘接剂。

【硝酸纤维素】 又称硝化棉，由硝酸、硫酸的混合物与纤维素酯化反应制得的纤维素酯。用酮或苯类溶剂溶化稀释后，用于酥粉陶质文物的浸渗加固。

【乙二醛】 C_2H_4O，黄色晶体或淡黄色液体，溶于水、乙醇、乙醚。可用于古代饱水漆木器脱水加固定型处理。乙二醛水溶液对饱水漆木器处理时，充盈木质纤维结构中，将水置换出来，并与纤维素分子产生一定的交联作用，使木胎定型加固。

【硅胶干燥剂】 硅胶对文物保存的局部环境，是一种很有效的干燥剂。在使用时不会因接触人手而变潮，并且不会引起污迹；它的色泽是不变化的，制造时特意添加钴质的盐类，干燥时呈深蓝色，当颗粒状硅土凝胶吸收了空气中水分后就会逐渐变成粉红色，也就是表示潮湿水分达到了饱和程度。此时，将其放入干燥箱内烘烤，水分蒸发，又恢复了深蓝色，可以重复循环使用。

【袋装干燥剂】 主要成分为氯化钙干燥剂，125g 的干燥剂可吸收 200g 水分，水蒸气可以从袋子上面通过，直立时袋子里干燥剂分布保持均衡。干燥袋吸潮饱和后密封，不会泄露。不能重复使用，按垃圾处理。

【分子滤网】 分子滤网主要成分为土黄色球形合成粘矿土。用于迅速干燥或者保证物体的潮湿度为 0，并可吸附有害物质，加温至 250～300℃ 后可重复使用。

【湿度指示条】 用于粗略测量气候、文物所处环境的相对湿度。指示条不同的颜色分别显示湿度值为 20%、30%、40%、50%、60%、70%、80%、90%。所测环境超过相对空气湿度值，相应颜色点就会显示。

【除氧剂】 除氧剂是能够除去氧气的药剂，这种药剂是通过与氧进行化学反应，有效地吸收密封空间内空气的氧，以达到除氧目的。当前国内使用的 801 铁基型除氧剂，除氧能力大，杀虫、灭菌彻底，无毒无污染，有效封存期一年以上。

【铁除氧剂】 一种防治文物霉害的除氧剂，系利用铁氧化而大量除氧的机理，将铁粉经过特殊处理而得到活性氧化铁而配制成除氧剂。除氧剂为小包纸袋装，市售的为若干小包封装在复合薄膜的塑料袋内，并附有氧指示剂。801 除氧剂是一种铁基型除氧剂，使用时能在 24 小时内使密闭容器氧的含量降到 0.1% 以下。吸氧速度一般受温湿变化的影响很小，适用于含水量较低的文物藏品封存。

【氧指示剂】 氧指示剂是一类通过颜色变化来了解密封系统中有无氧气的药品。它能方便可靠地检测除氧剂的效能，是除氧封存技术中不可缺少的一部分。一般的氧指示剂在有氧环境中呈现蓝色，无氧环境中呈桃红色，从有氧环境过渡到无氧环境时呈紫色，氧指示剂能可逆地变化，可多次使用。

【活性炭】 系采用有机物，如木材、果核等通过加热和专门的加工方法制成，内部有许多细小的孔隙，接触空间范围广泛，1g 的活性炭接触空间约

为 $30m^3$ 左右，每千克活性炭过滤净化工作时，可吸收空气中尘埃及有害物质约为 200g 左右。用活性炭为主的过滤净化装置已被广泛应同于文物修复室、实验室、文物库房等部门。

【香叶醇】用于有机质文物防霉变的化学药剂。是一种无色或黄色液体，不溶于水，溶于乙醇、矿物油和动植物油，存于香叶油、玫瑰油等中。香叶醇除放剂具有较强烈抗霉能力，对黄青霉、高大毛霉、黄曲霉等具有良好的灭杀效力。

【五氯苯酚钠】又称"硝基甲醛"。在古墓壁画清理揭取或出土饱水木构件、彩绘文物等时，应采用 1% 的五氯苯酚钠溶液，对其喷涂，能有效地防止有害微生物滋生。如将器物包装纸用该药液浸泡晾干处理后，用于包裹文物具有毒性小、药效久、效果好的特点，对金属文物无腐蚀作用。

【麝香草酚】用于纺织品、纸质文物的熏蒸灭菌。呈白色结晶粉末，有百里香或麝香草气味。溶于乙醇、氯仿等溶剂，微溶于水。用吸潮纸放在 10% 麝香草酚/乙醇溶液中浸透后，晾干即成防霉纸，可用于纸质、纺织品文物的防霉。

【霉敌】用于壁画、纺织物、漆木质、皮革、纸质文物的高效、低毒的防腐防霉剂。白色针状结晶体，溶于乙醇、丙酮等有机溶剂，溶水的溶解温度为 25℃。可与碱生成盐，其铵盐及钠盐有较好的水溶性。药液可以喷涂，也可以制成防霉纸，用于器物包封。

【PM 防霉剂】主要用于书画、纸张文物的抗菌低毒防霉剂。浅灰色或乳黄色结晶体或粉末，溶于水，微溶于乙醇、甲醇。性能稳定，见光不易分解。对真菌和细菌，能较有效的抑制和杀灭作用。

【环氧乙烷】是一种杀菌力强防治害虫的杀虫剂。利用环氧乙烷与二氧化碳混合气体（1:9 V/V）在室温条件下以熏蒸法灭菌杀虫。该气体蒸发混合于空气中，在密闭的环境中达到一定浓度，害虫通过呼吸系统进入内部组织，引起中毒并经一定时间而致其死亡。

【樟脑精】$C_{10}H_6O$ 无色或白色晶体，呈颗粒或块状。是文物存放环境中驱虫防蛀较为有效的驱虫剂。樟脑主要是将樟树的枝干、叶切碎，用水蒸气蒸馏而得的樟脑油、樟脑烯、黄樟素等物质。一般置于文物存放的柜、箱、囊匣中，樟脑精块外包装塑料纸用针扎些透气孔，对古籍、书画、古文献的防虫、驱虫较为长久。

【百菌清】一种白色或灰褐色粉末，溶于乙醇、丙酮，药剂安全性高，采用 0.1% ~ 0.5% 药液，可杀死大部分霉菌。

【萘】$C_{10}H_8$，俗称卫生球，是一种驱虫性药物，可防纺织物、皮革、纸张等有机质类文物的害虫。有强烈的气味，使用时用纸包成小包，置于藏品包装里或缝隙中即可。

【溴甲烷】防治文物害虫常用的一种熏蒸药物。溴甲烷常温下为无色气体，接近摄氏 4℃ 时凝成无色透明易流动的液体，有时稍带淡黄色，少量存在时无臭味，较浓时有不显著的三氯甲烷及乙醚的气味。液体难溶于水（25℃ 在水中溶解度为 1.34 克），易溶于乙醇、乙醚、二氯乙烷、苯及油类。溴甲烷吸附性小，熏蒸后散毒快，溴甲烷易挥发，具有较强的杀虫效果。具体操作详见"展藏环境篇"溴甲烷熏蒸法。

【对二氯苯】$C_{10}H_4Cl_2$，是文物虫害防治的一种驱虫、灭虫药物。呈白色结晶体，室温下易挥发速度较快，药效一般是萘的五倍。文物库房中长期使用会对某类质地的文物产生副作用，如会使丝绸、纸张变黄。

【氯化苦杀虫剂】又称硝基三氯甲烷，防治文物虫害的一种熏蒸药物。呈无色油状液体，易在空气中挥发，有强烈的刺激性臭味。易溶于乙醇、二硫化碳、石油醚类溶液，难溶于水。氯化苦化学性质比较稳定，遇水不分解，常温下且能挥发成气体，具有较强的消毒、杀虫、防蛀、防腐效能。

【除虫菊脂】又称苄氯菊酯，是一种低毒性合成杀虫剂。是从除虫菊中提炼出的，再经合成而得的杀虫药物，又称二氯苯醚菊酯，呈无色结晶或淡黄色油状液体，溶于乙醇等多种有机溶剂，难溶于水。该药对白蚁、衣鱼、蜚蠊等害虫均有防治效果，杀虫力强且毒性低，是一种良好的文物害虫灭杀剂。

【DA91 多效杀虫灵】系从天然植物中提取的精油经加工精制而成的新型杀虫剂。对古籍、图书、文献、档案等纸质文物保藏环境中杀虫效果好，驱虫效力较强。对纸质和字迹无明显影响，对环境无污染，对人为操作时较为安全。该杀虫剂用药由重庆市档案馆研制完成，曾获国家科技进步奖。研制时经反复试验，药量在 $40g/m^3$ 时，档案窃蠹、烟草甲、毛衣鱼等蛀虫在一昼夜间会完全杀灭。在半封闭条件下药材甲、花斑皮蠹、赤拟谷盗、毛衣鱼、书虱等害虫的老幼虫经 6 天，也全部死亡。

【微晶石蜡】金属文物的封护剂，是从原油蒸馏所得的润滑油，再经馏分、溶剂精制处理并补充精制得的片状或针状结晶而制得的蜡膏。使用时采取擦涂后烘烤热熔的方法封护。

【石蜡】固体烷烃的混合物。由天然石油或人造石油的含蜡馏分用冷榨或溶剂脱蜡、发汗等方法制得，为白色无味固体。应用于青铜器复制时失蜡法铸造的胎型制作。

【蜂蜡】又称密蜡。系由蜜蜂（工蜂）腹部蜡腺所分泌出来的蜡质，是构成蜂巢的主要组分。一般是从蜂窝中提取，经过滤，去色并用醋酸、酒精等化学物质处理，成品呈黄色固体或乳白色块状，较柔软细腻，熔点：62～65℃。主要成分为十六碳脂肪酸与三十碳脂醇所构成的酯。加热中溶于松节油，高标号汽油和水。文物修复中主要用于油画修复，古铜佛的传统拨蜡造型，器物复制蜡胎配料，以及油泥调配的主要用料。

【白蜡】又称川蜡。因盛产于四川等地而得名。系白蜡虫分泌在所寄生的女贞树或白蜡树枝上的蜡质，为白色粗结晶固体，质硬而脆。熔点 80～83℃，主要成分为二十六碳脂肪酸、碳脂肪醇所构成的酯。主要用于金属文物补配复制，铸型制作之蜡胎配料。

【锌粉】极细的深灰色金属粉末，具有强力的还原性能。是一种重要的还原剂。受潮后，能与水作用而产生高温。在青铜病治理工作中，潮湿锌粉通过介质作用与 Cl^- 置换反应，是一种简便快捷的治理有害锈方法之一。

【火漆】文物印封用的一种物料，是由松香经熔融后加入白垩、石膏等无机填充剂与朱砂、铁红颜料拌匀浇注而成。使用附加热将火漆熔浆涂在待封处，牢固地附着在器物底部，未硬结前加盖印章。"打火漆"是文物允许出境的凭证。

【乙酸乙酯】$C_4H_8O_2$，又称醋酸乙酯。为无色澄清液体，有芳香气味，易挥发，微溶于水，溶于醇、酮、醚、氯仿等多数有机溶剂。由于其挥发快，常用文物修复中用于瓷器作釉料的稀释剂。但该剂对眼、鼻、咽喉有刺激作用，操作时应带防护口罩、手套并在排气工作台内进行。

【高锰酸钾】$KMnO_4$，别名灰锰氧，PP 粉。深紫色晶体，溶于水，在器物洁除时可用作消毒剂、氧化剂、漂白剂，也可用于仿刻石雕的作旧处理。

【氯化铵】NH_4Cl，别名硇砂、盐脑。青铜器修复、复制中化学作旧的主要材料，以及现代失蜡法铸造复制青铜器时，模壳硬化的辅助材料。呈白色粉末或结晶颗粒。无臭，味咸凉。易潮解，溶于水，呈弱酸性，与碱作用放出氨气。

【氨水】NH_4OH，别名氢氧化铵。青铜器复制中，将铜胎浸泡在浓度约 50% 氨液中，配入少量碱式碳酸铜，可以薰泡呈蓝绿斑的灰黑地子。它是气体氨的水溶液，无色液体。约含有 28%～29% 的氨，溶于水。易挥发，有强烈刺激窒息气味，对人体眼、鼻及皮肤有敏感的刺激性。操作时，在排风厨内或良好通风处进行，戴橡胶手套、鼻眼应戴好防护面具。

【氨软膏】中性洁除剂。采用 100ml 去离子水、10g 医用软皂、1% 氨水配制而成。适用于大理石、青白石、汉白玉类石质文物表面污染物的清洗。

【漂白粉】$Ca(ClO)_2$，化学名次氯酸钙，强氧化剂。白色粉末，有极强的氯臭。其溶液为黄绿色半透明液体。用于某类文物洁除，作为清毒、杀菌剂。本品有刺激性，吸入体内能引起鼻、喉疼痛，甚至中毒。

【84 消毒液】一种以次氯酸钠为主的高效消毒剂，有一定的刺激性与腐蚀性，必须稀释以后才能使用，一般稀释浓度为 2‰ 至 5‰。文物修复工作中常用于器物的清洗消毒，浓度稍大些可用于复制鎏镀金器的杀亮作旧。

【洗洁精】一种温和安全的清洗剂，用于清洗文物，能迅速分解油污、霉斑、除菌等功效。

【天然生漆】也称大漆、中国漆。是漆树的树汁，漆树汁经过去除部分水分并滤去杂得到生漆，主要化学成分为漆酚、漆酶。一般温度在 20℃ ~ 30℃ 和 80% ~ 90% 相对湿度下固化成漆膜，与麻布、纸胎、木胎复合，则可成为体状的高分子复合材料。漆膜坚韧光滑，经久耐用。我国自新石器时期开始出现使用生漆，距今已有 7000 年历史。

【甲醇】CH_3OH，俗称木精。最简单的醇，密度 0.7915 单位。最早从干馏木材的蒸出液中分离得到，故又称木醇或木精。绝大多数以酯或醚的形式存在于自然界中，只有某些树叶或果实内含有少量的游离甲醇。可燃的无色有毒液体。熔点 −93.9℃，沸点 65℃，相对密度 0.7914。纯甲醇略带乙醇气味，粗产品刺鼻难闻。溶于水、乙醇、乙醚、丙酮、苯和其他有机溶剂。甲醇与硫酸、碳酸容易发生酯化反应；160℃ 时在硫酸、偏磷酸或三氧化二硼的作用下可失水生成甲醚 CH_3OCH_3，甲醇蒸气通过氧化铝、氧化钍也可失水生成醚。工业上甲醇由一氧化碳与氢反应制得。甲醇可作溶剂，也是制甲醛、甲酸和无机或有机酸酯的原料。从消化道、呼吸道或经皮肤摄入甲醇，都会产生毒性反应。

【乙醇】CH_3CH_2OH，俗称酒精。密度 0.7893g/cm³。在文物保护修复工作中最常用的一种有机溶剂，无色透明易挥发和易燃的液体，有酒的气味和刺激的辛辣滋味。溶于水、甲醇、乙醚、氯仿等，有吸湿性，能与水形成共沸混合物。普通酒精含乙醇 95.57%（重量计），能溶解许多有机化合物和若干无机化合物。

【丙酮】CH_3COCH_3，密度 0.7898g/cm³。在文物保护修复工作中最常用的一种有机溶剂。无色易挥发和易燃液体，有微香气味，能与水、甲醇、乙醇、乙醚、氯仿、吡啶等混溶。能溶解油、脂肪、树脂、橡胶。化学性质活泼，能起卤代、加成、缩合等反应。

【甲苯】$CH_3C_6H_5$，密度 0.866g/cm³。在文物保护修复中常用的一种有机溶剂。无色易挥发的液体。有芳香气味。溶于乙醇、乙醚、丙酮。化学性质与苯相像。

【硫酸铜】$CuSO_4 \cdot 5H_2O$，又称胆矾、兰矾。蓝色三斜晶系结晶，无嗅，易风化，表面变白色粉状。青铜器复制中化学做锈的主要材料之一。

【醋酸铜】$Cu(CH_3COO)_2 \cdot H_2O$，又称乙酸铜。蓝绿色结晶粉末，溶于水及乙醇，微溶于乙醚及甘油。常用于青铜器复制的化学作旧。

【硝酸铜】$Cu(NO_3)_2 \cdot 6H_2O$，蓝色斜方晶体，系由氧化铜与稀硝酸作用制得，易溶于水、乙醇，易潮解，加热时分解为氧化铜。常用于青铜器复制的化学作旧。

【硫化钾】K_2S，红色结晶体，易潮解，溶于水、乙醇、甘油。用水稀释的该溶液，用于浸泡新铜表面，仿氧化层地子的蚀新处理，或用于反复刷涂加热的大型铜雕表面，会逐渐呈黑褐色的古铜色。该溶液会释放出刺激性的臭味，操作时需穿带防毒口罩手套，并在通排风好的环境中进行。该品粉末遇酸分解，放出剧毒易燃气体，应注意妥善存放。

【氢氧化铜】$Cu(OH)_2$，浅蓝色粉末，不溶于水，溶于稀酸、氨水等溶液。可用于复制青铜器的化学作锈处理，即采用稀盐酸将其调呈糊状，涂刷新铜表面，即反应为铜绿锈层。

【硇砂】为一味卤化物类矿物硇砂的晶体的中药，咸苦辛、温，有毒。上世纪初传统文物修复中，最早应用于金属文物化学作旧的主要药物。又称白硇砂，为含氯化铵类矿物硇砂的白色结晶体。现青铜器化学作旧，多采用替代品氯化铵处理，在潮湿环境中快速发蓝绿色土粉锈。

【镪水】低温熔焊助焊剂，所谓镪水，是盐酸的俗称。在锡焊时，是用与锌反应过的盐酸溶液即氯化锌溶液，涂在焊件表面再进行焊接的。氯化锌在焊接中起到清洗、还原、保护焊件表面金属和焊锡的作用。单纯的"镪水"（盐酸）是起不到这种作用的。

【配剂液体平均密度及容量、重量换算表】

溶剂名称	平均密度（g/cm^3）	千克/升	备注
乙醇（酒精）	0.80	800	
乙醚	0.74	740	
丙酮	0.79	790	
甲醛	1.08	1080	
乙酸	1.05	1050	
石碳酸	1.07	1070	
硫酸100%	1.83	1830	
盐酸40%	1.20	1200	
硝酸100%	1.51	1510	
汽油	0.74	740	
二甲苯	0.86	860	
苯	0.90	900	
蓖麻油	0.96	960	
甘油	1.26	1260	
松节油	0.87	870	
桐油	0.94	940	
水银	13.59	13590	

〔颜料、辅助材料〕

【颜料分类】颜料可以根据颜色、用途、耐久性等分类。但习惯上按材质来源分类，分为无机颜料、有机质颜料两大类。按加工方法又分为：天然无机颜料与合成无机颜料，天然有机颜料与合成有机颜料。天然无机颜料即来源于自然界的无机物，是经物理加工而制成的颜料；合成无机颜料即由化学方法制得的无机颜料；天然有机颜料即来源于动物或植物的有机物，经加工处理而制得的颜料；合成有机颜料即由化学方法制得的有机颜料。

【矿物颜料】又称无机颜料，由天然矿物质经粉碎、研磨、漂洗、提纯、胶液悬浮或水飞等等一系列的加工之后制成的颜料。因它们化学性质稳定，而且色相纯美，加之它又多为结晶体矿石所制，结晶体的光泽增加了色彩的明度，色彩能保持长久不变，并具有良好的耐光性、耐温性、耐候性，覆盖力极强，被广泛应用于文物修复的随色作旧。矿物颜料又分为：

1. 天然土：赭石、生棕土，等等。
2. 焙烧过的天然土：棕土、浓黄土，等等。
3. 人造矿物颜料：镉黄、氧化锌、钛白粉、土红，等等。

【有机颜料】有机颜料具有色彩鲜艳，耐光、耐热以及着色力强，文物修复随色作旧采用有机颜料弥补矿物颜料品种少的缺陷。

1. 植物：藤黄、靛蓝、染料茜草，等等。
2. 动物：胭脂。
3. 有机合成颜料。

经提纯的天然土作颜料，其耐久土色很少含有害杂物。一些人造天然矿物颜料是经过高温加工，如氧化铁红、铁黄等色彩鲜艳。耐久性好。一般来讲，从天然资源取得的颜料不如合成颜料耐久。合成有机颜料具有色彩鲜艳和明暗度大的特点，但有一些颜料易褪色，加工时要添加惰性固色剂。色淀颜料是使染料沉淀或固定在一种惰性颜料或色淀固色剂上的一种颜料。

【金属颜料】由金属或合金经物理加工制得的颜料。如金粉、银粉等。

【体质颜料】 在涂料中起填充作用的颜料。如白垩粉、钛白粉、瓷土等。

【天然体质颜料】 来源于自然界的无机物，经加工制得的体质颜料。

【合成体质颜料】 由化学方法制得的体质颜料。

【白垩】 人造碳酸钙，最白，最纯，是一种沉淀的白垩粉，有不同的成分和性质。主要成分是碳酸钙，白色或灰白色固体。质地松软，易破碎，是生物有机质形成的沉积岩，由方解石质点和有孔虫、软骨动物和球菌类的方解石质碎屑组成的沉积岩。古人用于粉彩、彩绘颜料。

【钛白粉】 TiO_2，二氧化钛，白色颜料。钛白粉的制造，是将天然氧化钛矿，用硫酸分解取得硫酸钛及硫酸铁混合液，除去硫酸铁后，再经加热水解，析出白色沉淀，经过滤水洗后，高温煅烧而得。或用高钛渣与氯气在高温下反应而成。颜色洁白，遮盖力强，对酸性、碱性均无反应，是文物修复中性能良好的随色做旧颜料。

【立德粉】 锌钡白，硫化锌和硫酸钡的混合白色颜料。由硫酸锌和硫化钡溶液起反应而得沉淀，经过滤、干燥及粉碎后煅烧红后、倾入冷水而得。颜色纯白，遮盖力比锌白强，但次于钛白，不透明。溶于水或油，但不溶碱性物质。

【铅白】 $Pb(OH)_2 \cdot 2PbCO_3$，碱式碳酸铅，白色重质粉末。主要是利用二氧化碳、醋酸及水蒸气与铅起腐蚀作用而制成，有毒。古代陶器彩绘、壁画常用颜料。

【孔雀石】 $Cu_2(CO_3)(OH)_2$，粉状物，俗称铜绿。晶体针状，通常呈放射状或钟乳状、肾状集合体。产于氧化带中，是次生的含铜矿物。由于孔雀石经琢磨后显美丽的翠绿色似孔雀尾的花纹，故得名。是一种优质的矿物质颜料，金属文物修复与复制，手工或化学作旧颜料。

【砂绿】 天然矿物颜料，呈蛙皮绿色粉末，系由绿铜矿经粉碎磨细加工而成，一般市场、化工店有分袋装品出售。是青铜器修复中主要随色用颜料。

【群青】 $Na_6Al_4Si_6S_4O_{20}$，蓝色粉末颜料。含有多硫化钠具有特殊结构的硅酸铝。由纯碱、高岭土、硫黄、木炭等经高温煅烧而成。传统修复中用于金属文物、陶质、石质文物彩绘、随色作旧的主要颜料。

【酞菁蓝】 也叫"铜酞菁"合成颜料。蓝色的含铜颜料。将苯酐、尿素、氯化铜混合，用钼酸铵为催化剂，经加热而制成。用于传统文物修复的随色作旧。

【天蓝颜料】 Cerulcan blue，锡酸钴，钴和氧化锡的一种化合物。呈不透明的天空蓝色颜料，遮盖力强，应用于文物修复随色时调配色颜料。

【佛头青】 古人在制作佛像时，将佛像头发涂成青色，称为"苏渤泥青"、"苏麻泥青"，"回青"故叫佛头青。其实就是一种天然矿物珠明料氧化钴（CoO），俗称"青料"，是陶工烧制釉下青花和天蓝釉的主要原料。

【硃砂】 又称辰砂。产于天然生成的晶体矿石，汞矿（硫化汞），其结晶体有镜面、箭头、板状等。朱砂矿由于硬度低，一般制取，可在研钵中，先将其捣碎，研槌细研，研好的硃砂粉用胶液悬浮去掉硃膘即可使用。

【银朱】 古人早期使用的一种鲜红颜料。由汞和硫黄经加热，升华而成的红色硫化汞。质重，遮盖力强。古人用于制作印泥、朱红漆器、器物彩绘颜料。

【红丹粉】 Pb_3O_4，亦称"铅丹"。橙红色粉末。是将一氧化铅粉末在空气中加热氧化而得。用于传统文物修复随色作旧的主要颜料，古人烧制釉陶、古玻璃的材料之一。

【土红】 氧化铁红，主要成分三氧化二铁。有天然或人造的两种。天然也叫"西红"，即天然矿石经拣选、研磨、水漂、煅烧而成深红或略带紫色的棕红色粉末。人造可以采用多种方法制得。传统修复中俗称为"红土子"，用于金属、陶质、石质等文物彩绘、随色作旧的主要颜料。

【胭脂红】一种易褪色的红色的色淀颜料。由干燥的雌性胭脂虫经用纯碱、明矾、酒石酸等处理沉淀而得。古代用于化妆品的着色。

【赭石】Fe_2O_3，自然矿物质颜料"赤铁矿"。系一种含锰成分多的氧化铁。我国古代用于器物彩绘、壁画的矿物颜料。

【铬绿】Cr_2O_3，别名氧化铬绿，三氧化二铬。为六方晶系或无定形深绿色粉末。通常将铬黄与铁蓝用湿法或干法混合而成。传统修复中用于金属文物、陶质、石质文物彩绘、随色作旧的主要颜料。

【铁黄】氧化铁黄，是一种黄色氧化铁颜料。在硫酸亚铁溶液中引入晶核悬浮体，经空气氧化、沉淀、过滤洗涤、烘干而成。分为浅黄、橙黄、赭黄等颜色。遮盖力好，是传统文物修复中随色作旧的常用颜料。

【土黄】又称黄赭石。有火山的地方易于提取，是一种含三氧化二铁的土性天然矿物颜料。一般为针铁矿晶形，土黄颜料的颜色深浅与羟基氧化铁的含量有关，从纯黄到暗黄、黄褐、暗棕、棕红色之间变化，水合三氧化二铁的含量越高，杂质含量越低，颜料质量越纯正，颜色越好，覆盖力强。传统文物修复作旧的常用颜料之一。

【铬黄】又称铅铬黄。一种黄色颜料。主要成分是铬酸铅。由重铬酸钠或钾溶液与硝酸铅或醋酸铅溶液作用而成。呈柠檬黄、浅黄、深黄色。遮盖力较高。传统文物修复中常用随色颜料。

【镉黄】一种黄色颜料。主要成分为硫化镉。由沉淀法制成硫化镉，再经高温焙烧而得。呈淡黄到橙黄色，色泽鲜明。传统文物修复中常用随色颜料。

【松烟】黑色纯正，传统修复中常用于随色颜料。用松材、松根、松枝等在窑内进行不完全燃烧而熏得的黑色烟炱。用于制松烟墨、墨汁等。

【炭黑】又称油烟黑，轻松而极细的炭的黑色粉末。系有机物受热而分解而成的无定形碳。是从石油、天然气或液态氢化合物在空气不足的条件下经不完全燃烧而提取的黑色颜料。着色力很强，传统修复中用于随色做旧。

【金粉】古人以黄金锻打加工成金箔、金粉、泥金。泥金一般用胶粘在小瓷盅内，又称金盅，修补金器、金佛像、古字画时用毛笔尖尖先蘸明胶水，再沾泥金补色很方便。纯金粉多用于古代建筑、器物等的描金彩绘。现代市面所售金粉，是一种铜合金的金色颜料。主要成分是铜及少量锌、铝、锡等金属。加入少量润滑剂，经捣击压碎为极细的粉末。是文物修复中常用的随色颜料。但随时间变化，金色很快会变暗、发黑。

【银粉】古人以白银煅打加工成银箔、银粉、银盅。古代银器、古书画、古建筑修复常用颜料。现代是以"铝粉"替代，具有银色的金属颜料。是以纯铝薄片加入少量润滑剂，经捣击压碎为极细的鳞状粉末，再经抛光而成。质轻，遮盖力强，是文物修复工作中常用的随色颜料。

【金箔】采用24K纯金，利用其质软而延展性强的特点手工锤制为极薄的薄片。市售的金箔规格约为10公分见方，两层薄棉纸相夹。

　　按成色分为：紫赤金（偏红金色）、库金（金黄色，九八成金）、大赤金（略带黄色、18K金）、田赤金（淡黄色，14K金）。

【泥金】有青、赤两种。传统制备金泥，初以金箔，俗称飞金，抖碎入碟内，以两指蘸浓胶加热水研磨细，再以开水淘洗，去除胶、锈末。传统洗锈法，用猪牙皂荚泡水冲入，置于深杯内，文火烘之至翻滚，取下杯，用纸封盖杯口，稍后揭开，用纸反复拈吸出黑水，如此烘洗三四遍，至水白而金亮为止。泥金多用于古代彩绘泥塑、铜佛像、古书画的修复。

【上光油】油画修复专用油，油画修复后，修补部位完全干透后，罩涂上光油，保持画面的光泽度，防止空气侵蚀和积垢。

【丙烯颜料】是一种用丙烯合乳剂、颜料、塑性材料等制成，管装或罐装的聚合丙烯颜料。这种颜料能防止发黄、龟裂、氧化、变脆和其他种类变质的特点，它在嘲湿、干燥、冷热变化条件下性能稳定不变。能以水调后对器物进行涂绘，遮盖力强，干燥后却具有不透水的特点，还可以用"丙烯调合剂"稀释。这种颜料色相品类丰富、色彩鲜明，器物表面涂绘后层次感强。无光或半光泽，其光泽度取决于颜料稀释程度和器物底子的吸收能力。非常适合金属文物、陶质、石质等类文物修复的随色作旧。

【陶瓷玻璃颜料】可用于在陶瓷表面修补涂色的颜料。主要以醇酸树脂为基料，醇酸稀料为稀释剂。一般为十二色，对陶瓷表面有很好的附着力。

【自喷漆】青铜器、瓷器修复中常用的各色硝基漆涂料，装在含有气雾剂的金属罐中，使用时掀压按钮，漆料随气化呈雾状喷出。可少量色漆喷至调色盃中，稀释调配后用喷笔做色。

【瓷漆】又称磁漆，人造漆的一类，以清漆为基料，加入各色颜料用机器研磨而成。传统文物修复中，采用喷涂方法，仿做青铜器"地子"，古瓷器补配、粘接缝隙处施涂"釉"色等。所形成的漆膜坚硬、平整光滑，外观类似搪瓷的色漆。漆膜光泽可变化于有无之间。

【高强度仿釉涂料】由上海博物馆与上海合成树脂研究所科研人员含合作，于2002年8月试制成功的一种新型树脂涂料及固化剂，通过了国家文物局、上海市文管委组织的课题专家组鉴定。这种新型仿瓷涂料，具有极好的耐候性、耐水性、耐腐蚀性和致密性、黏结性好，并具有较好的附着力，表面光亮、硬度高，装饰性强等特点。

【硝基喷漆】人造漆的一类。由硝酸纤维素、树脂、溶剂、稀释剂、增塑剂等制成，称为清喷漆，加入各种颜料制成有色喷漆。干燥快、光泽好。传统文物修复中，采用喷涂方法，仿做青铜器"地子"，古瓷器"釉"色等。

【聚胺酯漆】又称聚氨脂清漆，即聚氨基甲酸酯漆。漆膜强韧，光泽丰满，附着力强，耐水耐磨、耐腐蚀性好。有单组分或双组分之分，被广泛用于高级木器家具，近年来国内有单位将其应用于金属文物的保护处理。其缺点主要有遇潮起泡，漆膜粉化等问题，与聚酯漆一样，它同样存在着变黄的问题。

【水性树脂】水可稀释，分散于水中的一类树脂。能溶解于水一类树脂，又称水溶性树脂。

【热固性树脂】通过加热或其他方法，如辐射、催化等，能一次固化成为不溶的一类树脂。

【水溶性树脂】由植物提取制成的有机质胶脂，用水可稀释或在水中能形成黏稠胶态溶液的聚合物。

【达玛树脂】又称达玛胶。由贝壳杉属常青树或龙脑香料植物的几种树取得的软质天然树脂。油画修复专用材料。

【滑石粉】$Mg_3[Si_4O_{10}](OH)_2$，主要成分是滑石含水的硅酸镁。滑石属单斜晶系，晶体呈假六方或菱形的片状。通常成致密的块状、叶片状、放射状、纤维状集合体。无色透明或白色，但因含少量的杂质而呈现浅绿、浅黄、浅棕甚至浅红色；解理面上呈珍珠光泽。用于文物修复调拌腻子的填充料或翻制泥范的脱模层。

【湿黏土】又称雕塑泥。主要成分是瓷土与硅土的混合物。这种黏土呈坚硬的块状、干粉状，需要经过粉碎、弄湿、去除杂碴，捣揉成柔软细腻的成品塑泥。各地的土质不一样，泥色有灰黑、浅粉、白、紫红色等。主要应用于文物修复的器物补配造型，粘补、焊接定位，范模翻制档泥等等。这种湿黏土应该保湿存放，暂不用的呈块状，应用塑料薄膜包封。常用的可以反复使用，放在泥盆或桶中，盖多层湿布，并要经常喷淋水保湿。

【石膏粉】又称熟石膏，是生石膏矿，天然硫酸钙$CaSO_4 \cdot 2H_2O$，在150℃以上焙烧，其矿石结晶体中75%的水分会蒸发而变成$2CaSO_4 \cdot H_2O$熟石膏。熟石膏的特性是当它与水混合成为一定稠度的糊状时，又重新吸收75%的水分，而后固化变硬成为一块坚实的固体。文物修复中利用熟石膏这一特性，广泛应用于多种质地文物，特别是陶器、古建筑构件的补配，调配腻子的填充料，范模的翻制等。

【打样膏】原为牙科镶牙时咬牙印专用的一种胶粉，调和呈膏状，几分钟即凝为柔软胶状模。由于压印阴模清晰，不走型，简便易操作等特点，被应用于文物修复精细花纹的补配印模与小型器物复制时翻制模具。

【室温硫化硅橡胶】文物翻制软模具的胶体材料。这类模具胶液翻制模具纹饰清晰，不失真，由于流动性好，一般器物难以翻制的部位，均可以流到，且分模线少，易脱模，不伤及器物等特点，近三十年被广泛应用于我国文物修复工作的模具翻制。

应用于文物翻模的硅橡胶有双组分腻子型硅橡胶和室温硫化型硅橡胶。普遍应用的室温硫化型有机硅模具胶是一种流动状液体"遥爪"予聚物。主链由二甲基链节[$(CH_3)_2SiO$]和不饱和单体接枝共聚而成。使用时加入催化剂（二月桂酸二丁基锡）和交联剂（正硅酸乙酯），充分拌和均匀，在常温下进一步聚合为高分子量的弹性体。这种材料$-50℃\sim+250℃$温度范围内可长期保持其弹性，同时又有其良好的化学稳定性、耐水、耐老化性能也较好。室温硫化1.5~2小时，室温下24小时即可成型脱模。各地产的硅橡胶型号很多，我们现应用性能较好为深圳产，RTV—2型室温硫化模具硅橡胶，具体使用方法详见"技法工艺篇"硅橡胶模具翻制方法。

【水晶硅橡胶】系一种新型高分子有机聚合物材料，具有固化后完全透明、不透气，对温度不敏感的特点，并具有优越的耐高低温性能、耐气候

老化、憎水防潮及与大多数材料不粘连等性能，可再处理性特别好，可以随意的去除，近年来被用于某类严重风化酥粉或有机质器物的嵌封保存。

图3-7　金沙遗址博物馆展出的水晶硅橡胶嵌封出土的古象牙

【橡皮泥】传统文物修复时常用于器物定位，翻制模具时，用于浇注石膏浆时临时围挡分块模的挡墙。用凡士林、石蜡、陶土、滑石粉等熬制冷却后而成。冬季较硬，用时应在暖气上烘软。

【医用软皂】一种高级脂肪酸的钾盐，比高级脂肪酸钠盐要软，故称为软皂。系将橄榄油或茶子油和氢氧化钾一起共煮。油脂和碱在溶液中进行的皂化反应，再加入食盐分离出的半胶状物质，即软皂。该软皂用热水溶解稀释后，可用于文物模具翻制的脱模剂使用。

【研磨膏】立方氮化硼研磨膏，是一种金刚石微粉和其他原材料精细配制的研磨膏剂。将该膏剂用水或甘油1:1调稀，对修补瓷器表面研磨处理，可以消光"杀亮"。

【脱模剂】文物翻制模具时，为文物安全，以硅橡胶材料翻制范模，采用热水稀释医用软皂做脱模剂。石膏模翻制玻璃钢型胎时，可用乙醇或热水熬制聚乙烯醇作脱剂。大型仿石雕塑，也可用凡士林、黄油等物作脱模剂。

【凡士林】文物修复、复制工作中常用的一种润滑剂。一种油脂膏状石油产品，是液体和固体石蜡烃类的混合物。白色至黄棕色。用于某些矿化器物减压渗固，抽真空时负压器皿与盖口的涂抹密封。并可用作翻制范模的范线隔离剂及配制油泥的材料。

【松香】俗称熟松香、熟香。低温熔焊助焊剂。透

明的玻璃状脆性物质。浅黄色至黑色。有特殊气味。不溶于水。溶于乙醇、乙醚、丙酮、苯、二硫化碳、松节油、油类和碱溶液。由松脂蒸馏去松节油而得，主要成分松香酸和松酯酸酐是不饱和化合物，活性较大。

【PETF 聚酯薄膜】又称 PET、涤纶树脂。无色透明薄膜体，常用于 X 光片基、装饰用薄膜。用于文物修复中，有机质文物，古文献、纺织品残片的夹固封存。壁画揭取前的临摹过稿、炭化纸本污渍清洗的托板等。

【蜂窝铝板】用壁画修复的一种新型复合支撑材料，内芯为蜂窝状轻型铝合金背板。

〔古旧家具材料〕

【硬木】硬木包括紫檀木、花梨木、红木、乌木、铁力木、鸡翅木等。

【柴木】柴木包括楠木、樟木、榆木、柞木、核桃木等中硬性木材。不包括松、柏、杨、柳等木材。

【紫檀】紫檀是一种常绿亚乔木，高五六丈，叶为复叶，花蝶形。产于我国广西、湖南、广东及越南、印度等地的热带森林中。因产量不多，是古代最为名贵家具的材料，紫檀木质十分坚硬，无疤痕，制作成家具的表面，经打蜡磨光和空气氧化，有稠密的纹理和光亮。年长日久逐渐披上棕紫色或黑紫色外衣，呈现出润泽内蕴的光辉色彩。

【花梨】花梨是一种阔叶的高干乔木，又名花榈。产于我同浙江、江西、湖北、云南、广东、东南亚及南洋诸岛。质坚而不过重，色泽鲜明，棕眼细密，纹理精致美丽的优点，是雕刻和制造家具的上等良材。可做家具、桌、椅、文房等类器具。特别是明代用花梨木做的台面，有琥珀的色调，稠密的纹理，有一种深的斑纹和富于变化的线条。木纹的杂色斑点，形似彩云状，显得非常漂亮。唐、宋时期花梨木已用制作器物，明清时期，多使用质地优美的棕黄花梨木，清末新花梨取代了老花梨。

【红木】红木产于广东、云南及南洋群岛。是一种质地坚硬，略轻于紫檀，年轮纹都是直丝纹，鬃眼比紫檀大，颜色近似枣红，有呈棕红色或浅红色的。木质仅次于紫檀，由于产量大，较易得到，为乾隆时期制作家具的主要材料。

【乌木】一种常绿亚乔木，产于海南、南番、云南等地，叶似棕榈，青干耸直，高十余丈，雌雄同株。其木坚实如铁，纹理细腻，颜色纯黑。乌木有数种之分，木质不一致，有沉水与不沉水之别。乌木材小，仅做炕桌类小型家具。古人多用做大件器物的镶料，利用其颜色变化制作出特殊效果的家具。

【鸡翅木】又称杞梓子、鸂鶒木。其木质纹理酷似鸡翅而得名。产于西番、广东、海南。鸡翅木属红豆属，计约 40 种，在我国生长有 26 种。可见传世鸡翅木非同一树种。鸡翅木有新老之分，新者木质粗糙，紫黑相间，纹理浑浊不清，僵直呆板，木丝易翘裂起茬。老者肌理细腻，有紫褐色深浅相间的蟹爪纹，细看酷似鸡翅，为名贵木材。

【铁力木】又称铁梨木。铁力木产于广东，紫黑色，质地坚硬而沉重，色泽纹理与鸡翅木近似。因其料大，古人用铁力木制成大件家具较多，在明代遗物中占有一定的数量。

【楠木】楠木为常绿乔木，高十余丈，叶为长椭圆形，木质坚，有香味。又分为香楠、金丝楠、水楠三种。产于我国四川、云南、广西、湖北、湖南及越南等地。楠木可做几案、桌椅、箱柜。香楠木纹美色微紫而清香；金丝楠木纹有金丝；水楠木色清而木质甚松，仅可做桌凳之类。

【樟木】樟木为常绿乔木，因木理多文成章，故名樟木。它产于豫章、福建、广东、西南等地，木高五、六丈，大者数抱，纹理甚细，有香气。

【榉木】榉木为落叶乔木，高数丈，叶长卵形，端尖有锯齿，花小淡黄，生长在我国南方等地，木质坚固，木理秀美，色黄，是做箱箧几案之材。由于榉木产量多，不属于华贵木材，价格低，拥有质坚纹美等特点，明清时期在江南各地民间，被普遍用做桌椅、床、箱、柜、橱、等家具。

【黄杨木】黄杨木为常绿灌木，枝丛而叶繁，不花不实，四季常青。南北方均常见。黄杨木木质坚硬，因其难长，故无大料。普通多用于制作小件木雕、木梳、刻印与大型装饰木雕艺术品的嵌饰花纹。

【计算机在文物修复中的辅助作用】 随着高科技信息时代的到来，电子信息、网络化管理、计算机辅助设备应用已成为文物保护、修复工作必不可少的工具。文物修复人员应能熟练地操作电脑。能登录、下载及修改相关技术数据，能在网上查寻、交流信息，随时掌握了解国内外文物修复保护技术方面的动态信息。对修复人员更高的要求，是能懂得计算机语言，编制程序，研制开发适合各类破损器物修复的应用软件。

计算机在文物修复中的辅助作用具体地讲，计算机控制的 CT 无损检测可以对破损的多类器物内部结构与表面颜料涂层成分等进行精确测定，另外计算机全息摄影技术，对器物的检测转化，能够发现细微的损伤迹象，可以帮助我们制定合理的修复方案。目前被广泛应用的超景深视频设备，配以数码摄像镜头，将破损器物全方位摄像，与计算机接口相通，利用三维成像技术对其进行处理和加工，模拟复原修复，将补配件指令传输至铸型机直接制模成形。这一技术国外已用于克隆人体头像，此技术对造型复杂的文物无须翻模，不伤文物，短时间内即可复制出文物。其次，利用先进的数码技术将破损形变文物影像输入计算机进行模拟矫形复原处理，绘画并编制方案与程序。数码相机所拍的图比分辨率高，图形清晰，方便易用。处理图像信息的软件（Photoshop 3.0）功能强大，在 Windows 操作系统下运行，并配置数码摄像、扫描仪、Photo CDs 等高质量的扫描设备，文物修复人员即可以在计算机上对历史照片、文物图案资料进行修复。首先将破损模糊的影像照片进行扫描输入到计算机中，在荧光屏上可以灵活自如地拼对复原。该系统可以对图像进行修理或再创作。其中包括曝光、反差、色调的再处理以及变换背景、影像修整、变形、上下左右变位、拼接合成等创作过程，它可以解决原拍摄时所遇到的问题，诸如受空间、时间、光线及摄影器材等因素限制而无法拍摄完善的作品。计算机则可轻而易举地解决。在图像上进行文字处理，变换或校正颜色，对黑白照片的反差、灰度变化、清晰度进行调整，修补缺陷。对修复后的影像资料刻录于光盘，可以长久保存而不损坏。在古墓壁画揭取前以及清理过程中用数码相机进行全部拍摄，下载入修复室的微机。在修复过程中，随时打开微机对照修复。文物修复前后，下载至计算机内，随色时对照屏幕影像作色。再其次，利用计算机接口与体视显微镜等其他检测仪器相连，对不同文物质地成分和劣化程度，进行监测、分析、模拟试验，修复中可以避免造成二次破坏。再比如古旧书画修复中，利用计算机对破损画面进行模拟拼接补配、全色、作旧处理试验后，打印出彩色效果图，可以尽量减少修复中的失误。有关科研人员通过对文物破碎片进行三维扫描，提取存储其形状轮廓特征点数据，实现轮廓线的电脑自动拼接，加以手动逐步细化，以使曲面碎片的拼接达到准确吻合，最终使一堆碎片整合恢复成为文物的原状。这种虚拟技术较为快捷，十余块碎片只需几分钟就可以拼接复原。这项新成果填补了国内外计算机辅助虚拟文物修复技术的空白。总之，计算机在文物修复中的应用前景很广，亟待开发多类质地及造型复杂器物修复的通用软件。

〔实验室设备〕

【扫描电子显微镜】SEM 扫描电镜的原理：由电子枪发射出来的电子束通过会聚透镜和物镜聚焦，然后轰击到样品上，在扫描线圈磁场的作用下，入射电子束在样品表面按一定的时间和空间顺序逐点扫描。由于入射电子与样品物质之间的相互作用，将从样品物质中激发出背散射电子、二次电子等粒子，这些粒子通过不同收集极的作用，汇集后经加速器加速，在闪烁体上转变成光信号，经光电倍增管将光信号转变成电信号，再经视频放大器放大后输出到显像管，在荧光屏上形成图像。其中，二次电子成像技术是扫描电镜中所获得的各种图像中应用最广泛、分辨本领最高的一种图像技术。扫描电镜一般由五部分组成：电子光学系统、样品室和操作系统、镜体真空抽气系统、信号检测放大及显示系统、电源系统。其中电子光学系统又包括电子枪、电磁透镜、扫描线圈。扫描电镜是一种精密的分辨率非常高的仪器。具有景深大、立体感强、放大倍数连续可调、样品制备简单等优点。二次电子成像分辨本领可达 60～100Å。放大倍数在 10 万～15 万倍连续可调。在观察表面图像的同时，可进行样品元素的综合分析。该仪器广泛用于金属文物、多种非金属文物、高分子材料、有机质材料微观结构的观察，对样品所含元素进行定性定量分析，是现代实验室普遍应用的综合性观测分析仪器。

20 世纪 60 年代末 70 年代初，扫描电镜就受到了考古工作者的重视，现已成为考古学中所使用的重要仪器之一。利用它可以研究古陶的表面形状、晶粒大小及相互结合的状况以及内气孔的形状分布等。此外，还可以用于估计古陶的玻璃化程度，从而进一步推断烧结温度。利用扫描电镜和电子微探针等实验技术还可以对古代铜镜进

图 4-1　扫描电镜 S—3400N

行研究。在国外，有利用扫描电镜对燧石、金属古钱币进行研究的报道。除了以上一些应用之外，还有对石器表面的擦痕、牙齿表面磨损痕迹和生物材料的细胞结构等样品的分析。目前，扫描电镜已在金属陶瓷、丝织品、颜料字画等各类文物腐蚀产物的形貌观察中普遍应用①。

【X 射线能谱仪】X 射线能谱仪是为扫描电子显微镜配套设备，目的是测定披被测物质的成分含量，实现扫描电镜的定量分析功能。

图 4-2　X 射线能谱仪

【三维视频显微镜】全新的超景深的三维视频显微系统，优点是易于操作，从观察到快速 3D 显示，浓缩了观察、保存、测量的所有功能。采用装有调节器的 CCD 多重扫描方式，实现最高为 1800 万像素的高精细的动态观察。通过不闪烁的逐行扫描方式，使接近肉眼和质感表现与颜色的再现。优化 15 帧/秒和图像的模仿性，可顺利进行倍率的变换和对焦。只需调镜头上下移动，便可瞬间实现三维显示。内置 160GB 的 HDD，通过 LAN 可简单地将图像文件捕捉到 PC 中，并可与各种存储器连接。装载的高分辨率 15 英寸液晶显示器，主机可执行观察、保存、测量的所有功能。三维视频显微镜可对各类文物材料的立体新貌进行观察与记录。目前，在首都博物馆、国家博物馆、中国文物研究所、故宫博物院等文博系统应用较多。

---

①　李士、秦广雍：《现代实验技术在考古学中的应用》，科学出版社，1991 年。

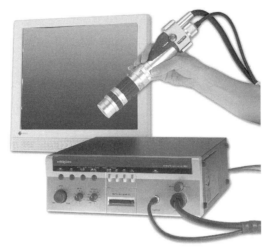

图 4 - 3 　三维数字视频显微镜系统

【X 射线荧光分析仪】 又称 X 射线荧光分析谱仪，根据不同的色散方法，可分为波长色散和能量色散两种类型。波长色散 X 射线荧光分析谱仪分辨率和灵敏度很高，但分光系统复杂，造成仪器体积大，价格较贵，不适合便携和现场使用。能量色散 X 射线荧光分析谱仪体积较小，价格便宜，适合便携使用，但分辨率不如波谱仪。其测定的基本原理是：被测样品受到 X 射线照射后，各组分元素的原子受到激发而产生次级 X 射线荧光，根据各荧光射线波长的特征，来对物质进行定性分析，根据不同射线的强度，来测定样品中各元素的含量，进行元素定量分析。

　　该仪器的优点是鉴定珍贵古代书画、陶瓷、金属等文物时无任何损伤。测定元素范围广泛，且快速、简便。X 射线荧光分析仪在考古学中的

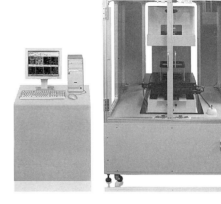

图 4 - 5 　考古专用型 X 射线荧光分析显微镜

应用开始于 20 世纪 50 年代，研究的考古样品涉及金、银、铜、古陶瓷、玻璃、釉、颜料、硬币、宝剑和弓箭等。

【电子探针】 EPMA，电子探针也叫电子探针 X 射线显微分析仪，简称电子探针。是扫描电子显微镜和 X 射线荧光光谱仪组合而成的仪器。其基本原理是利用电子显微镜的电子光学系统，将电子束聚焦到直径 0.001 ~ 0.1 微米左右，打在待测标本上，用 X 射线光谱仪探测被测样品所产生的 X 射线的波长和强度进行分析，达到定性、定量测定的目的。电子探针的主要部分由电子光学系统（自偏压式发卡形钨灯丝电子枪系统、彩色照相机和彩色显示器的光学观察系统）和多种类的电子检测器（吸收电子检测器、照射电子检测器、二次电子检测器、高灵敏度背散射电子检测器）组成。

　　该仪器应用于古代彩绘颜料，陶器、石器、金属器、玻璃制品的质地成分分析，可对各类文物材料和腐蚀产物的样品进行微米领域高灵敏度的元素定性、定量无损分析。该仪器价格昂贵，文博行业中首都博物馆已在应用。

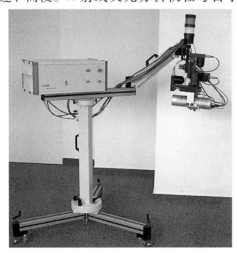

图 4 - 4 　便携式 X—射线荧光光谱仪

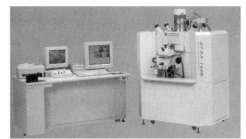

图 4 - 6 　电子探针 X 射线显微分析仪

【X光无损探伤仪】 利用X光透视影像，对器物尤其是金属类文物修复前进行检测，搞清楚各类器物内部裂痕、孔洞、嵌饰、铭文等锈蚀物与硬结土掩盖下的各种情况，可作为器物对症修复的参考依据。也可对金属类文物尤其是青铜器的古代铸造工艺进行研究，如芯撑的放置方式等。还可以在文物鉴定方面发挥作用。该仪器在考古界的应用已较为成熟，已经取得许多研究成果。

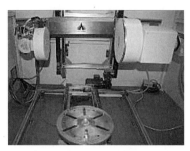

图4-7　X光无损探伤仪

目前，新型的X光无损探伤仪种类较多，应用更加便捷，产生的高电压、电流连续自动可调，样品台和X射线管可以实现五维动作，便于实现对文物进行全方位透视。数码拍片（正片、负片）功能取代了以前较为繁琐的胶片洗相技术），提高了文物透视的效率。

【X射线衍射仪】 X射线通过晶体时会发生衍射效应，满足布拉格公式 $n\lambda = 2d\sin\Phi$（n为1、2、3……），根据 λ、d、Φ 三个参数的特征来确定结晶物质相的方法，称为X射线物相分析法，简称为X射线衍射（XRD）。X射线衍射仪主要由X射线发生器、测角仪、发射狭缝、充Xe正比探测器、样品台等组成。

晶体的X射线衍射方式有：劳厄法、周转晶体法、粉末法、X射线粉末衍射卡片法。

采用该仪器可以对陶瓷样品中无机矿物材料的物相进行测定，研究古陶瓷的烧结温度和烧结工艺。也可以对金属锈蚀物相进行测定，来分辨锈蚀的矿相组合及化合物类型。如对古铜镜表面"黑漆骨"和"瓜皮绿"锈蚀机理的判断分析[1]。X射线衍射

图4-8　X射线衍射仪

的物相分析是在考古学中应用比较成功的一种分析方法。

【可见显微共焦拉曼光谱仪】 激光拉曼光谱法的基本原理是：一定频率的单色光照射到样品上时，会发生弹性碰撞（即不发生能量交换的碰撞方式，也称瑞利散射）和非弹性碰撞（发生了能量交换，光子的方向也发生了改变，也称拉曼散射）。后一种碰撞相应的谱线称为拉曼散射线。研究拉曼散射线的频率与分子结构之间关系的方法，称为拉曼光谱法[2]。拉曼光谱法在文博行业中主要应用于有机质文物从定性到高度定量的化学分析和测定分子结构。

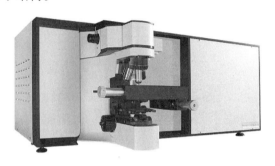

图4-9　可见显微共焦拉曼光谱仪

【傅立叶变换红外光谱仪】 红外光谱仪（IR）分为色散型红外光谱仪和傅立叶变换红外光谱仪两大类。所谓傅立叶变换，就是将时间函数和频率函数进行互换的重要数学工具（因为波谱的重要性质之一就是其强度可以用时间函数表示，作为时间函数，可以直接利用复合光得到含有各色光信号的信息。但这种信号必须通过傅立叶变换作进一步处理，将其转换为常规的波谱图），傅立叶变换红外光谱仪是一种分析物质结构的有效仪器，它由干涉仪、光学系统、分速器、光源、检测器等部分组成。红外光谱的测定，主要凭光谱的吸收谱线的位置、形状和相对强度量及化学键的性质，而红外光相对强度与分子的对称性，跃迁几率和分子结构有关。对于任何形式的文物样品都可以做定性分析。仪器便于操作，灵敏度较高，测量时间短。

红外光谱在考古学中的应用是一种行之有效的方法，现已成为考古学实验室常规的分析方法

①　李士、秦广雍：《现代实验技术在考古学中的应用》，科学出版社，1991年。

②　方惠群、于俊生、史坚：《仪器分析》，科学出版社，2002年。

之一。有对古代青铜制品（汉代铜镜）腐蚀产物（碱式氯化铜的三种同分异构体）进行的研究，对古陶瓷的研究，也有对有机质文物（古代树脂、古字画）进行的研究①。

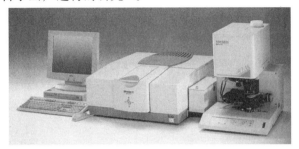

图4-10　傅立叶变换红外光谱仪

【研究级全电动体视显微镜】一般放大倍数为100倍，但其景深较大。它将两个目视镜设为不同的颜色（如一个设为红色光，一个设为蓝色光），二目观察时，可以欺骗大脑皮层产生很强的立体感。它可接计算机接口，用于精确观察和分析器物材质和有机质文物微观质变机理，并做出或存储

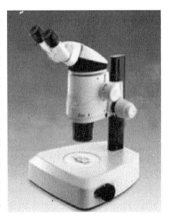

图4-11　研究级全电动体式显微镜

图像记录。而普通实体显微镜，仅用于一般器物标本的表面观察。研究级全电动体视显微镜在考古学中的应用较为广泛，如通过清晰的立体图像观察，可研究古代织物的编织方法。

【气相色谱—质谱仪】由于质谱法灵敏度高，扫描速度快，特别适合与气相色谱联用，为柱后流出组分的结构鉴定提供确证的信息，可以鉴别 ng 级、数秒钟内流出的物质。它将气相色谱仪和质谱仪的功能合二为一，主要由进样系统、色谱柱、色质谱接口部分、离子源、接收检测器等部分组成。在文物界主要用于有机质文物及有

图4-12　气相色谱—质谱仪

机类文物保护材料的分析鉴定，如古代器物中残留物、附着物中复杂有机混合物质的分析等。

【三维激光扫描仪】三维激光扫描仪的原理是激光线直接照射到物体表面上进行扫描，获取三维数据，利用三角形计算原理合成被测物体的数码图像。其扫描精度一般可达到0.1mm。通过更换不同的光学镜头，可以扫描小到牙齿大到数米的物体。近年来，三维激光扫描仪在考古工作中应用较多，尤其是在文物保护与修复工作中发挥了很大作用。

图4-13　三维激光扫描仪

【核磁共振】通过核磁共振谱线的参量可确定物质的分子结构与性质。核磁共振是利用物理的原理来分析物质结构的一门新学科。核磁共振技术可以不破坏文物样品就能分析各类物质样品的内部结构，并具有非常高的分辨能力。核磁共振的谱线参量比较多，采用其方法可间接检测多类质地的文物。

【14C测定仪】考古研究中最有效的测年手段。用于精确测定一千至五万年间的考古样品的年代。凡含有碳元素的样品都可以测定。常见的 14C 测年技术是靠测量样品 14C 原子衰变率，也称为衰变计数法。此检测方法缺点是样品年龄愈接近，可测年代上限时误差愈大。

【热释光测定仪】热释光断代技术是一种绝对年代测定方法，不需要用已知年代的标准样品校正。测定样品的年代范围宽，五十年至百万年间。样品用量少，测定速度快，精确度高。常用于考古方面，古陶瓷、燧石和烧结材料的年代测定以及陶瓷品的真伪鉴定。

---

① 李士、秦广雍：《现代实验技术在考古学中的应用》，科学出版社，1991年。

【真空冷冻干燥箱】利用真空泵使箱内达到较高的真空，对糟朽漆木器等有机质文物和酥松锈铁器、彩绘陶器的脱水干燥及减压渗透加固处理。

【光加速老化仪】1200CCPS 文物保护、修复工作中，对新工艺、新材料应用前的模拟试验，利用该设备特殊的光源，全天候对试样进行加速老化处理。

【盐雾试验箱】对新型文物保护材料作模拟试验时，试验其在不同的盐雾浓度下的耐腐蚀程度。

【综合热分析仪】用于低温烧制陶器的烧结温度测定，纸张原料分析，古代玻璃、冶金原料的分析。

【ATP 测定仪】用于快速测定文物样品中是否含有微生物。

【数字式酸度仪】PHS—25 型酸度计，是一种 31/2 位 LCD 数字显示的酸度计。适用于文保实验室。对各类文物腐蚀物取样测定水溶液的酸度（pH 值）和电极电位（mV 值）的精确测定。

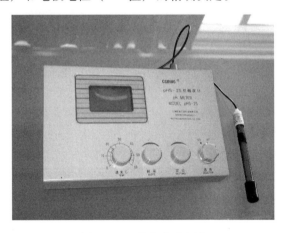

图 4 – 14　数字式酸度计

【离子分析仪】用于测量器物附着腐蚀物稀释后溶液中的各种离子含量。

【美能达色度仪】用于文物表面颜料的色度分析。

【色彩分析仪】北光 TCS 对彩绘文物加固封护时，取封护试验样品，在高于环境温湿度（40℃，HR75%）的情况下，加速老化 72 小时后，测试其色差值的变化。

【电子秤】采用先进的单片机微处理器和高精度传感器及高精度放大器，性能稳定可靠，显示采用高亮度数码管。用于文物及文物标本取样分析的精确称重。

图 4 – 15　电子秤

【精密电子配剂秤】用于金银、宝石等珍贵文物及药液试剂微量配制时精确称重。

图 4 – 16　精密电子配剂秤

【灭菌器】用于实验室无菌操作所需仪器、玻璃器皿、药品、实验品废弃物的消毒灭菌及销毁。

〔文物环境设备〕

【紫外线辐照仪】用于测量文物环境紫外线辐照的强度。

【便携式测光表】用于测量对有机质文物、艺术品危害最大的紫外光、可见光。光线能使很多材料褪色，变暗和变得脆弱。该仪器可测量可见光中的紫外线，也可以显示紫外线对物体的总损伤力（mW/镨）。可见光以照度或堪德拉显示。如纸张、纺织品允许的极限值为 50～60 照度。

【温湿度快速检测仪】广泛应用于现场温湿度实时

检查。在文物保护方面，主要是通过监测对文物造成腐蚀损坏有影响的因素，为文物保护工作者提供可靠的数据。

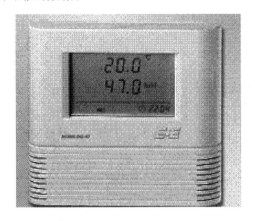

图4-17 环境/温湿度测试系统

【氧气二氧化碳测定仪】适用于文物展陈、保藏环境中O_2和CO_2的浓度测定。仪器分为测定仪与便携式检测仪二种，便携式适合于文物陈列、存放环境中移动检测。一般仪器为液晶数字显示，读数直观、清晰、准确。

【环境材料试验机】也叫电子万能材料试验机，主要用于材料的拉伸、压缩、弯曲、剥离、循环、松弛、蠕变等的各种控制试验。考古工作中，可以模拟文物环境条件下（低温到高温）对各类文物保护材料进行物理性能测试。

【空气、粉尘采样器】采集文物所处环境的大气样品。

【大气污染监测仪】测定室内空气中甲醛、TVOC等气体的现场快速测定仪，可直接在现场测定，对空气污染状况进行实时监测。与化学法相比，仪器法更简便。

【人工气候箱】模拟不同气候条件对文物的影响，以及文物保护材料抗环境性能检测。

【空气洁净屏】是超薄隔板型空气净化机，主要是靠活性炭过滤净化有害气体，适用于文物修复室、实验室、库房。由送风机将室内异味及有害空气吸入，通过高效酶杀菌及冷触媒活性炭组合过滤器的净化，送出净化后空气。可采用嵌入墙体或吸顶安装，不占空间。一般常用可移动式，仅占少量空间。

图4-18 空气洁净屏

【新风换气机】用于通风换气。将新鲜的室外空气送入室内，将室内污浊的空气排到室外。可有效阻止灰尘和有害气体等污染物进入室内。应根据房间大小及室内人员数量考虑选择机型并确定合理的安装方式及位置。

【恒温恒湿展品柜】展柜的金属材料经特殊处理后完全能达到精密加工的要求。金属部件之间的接合处采用特殊的粘结剂。门密封条采用特殊的防风化防收缩中性硅橡胶，既密封，又防紫外线、防震、防热等。展柜除密封性外，又保留一定的气体交换，形成最佳的展柜小环境。空气交换率一般达到0.1/天。进入展柜内的空气经过过滤，以吸收污染物质和有害气体。根据展品的特性可选择不同类型的过滤器。

【真空充氮气展品柜】在相对密闭的展柜中用氮气将氧气置换出来，防止文物氧化损坏。

【加湿柜机】加湿降尘，保持环境所要求的湿度，洁润、净化空气，营造卫生环保的空气环境。提供文物所需的湿度环境。

图 4 - 19　空气净化器

〔修复室设备〕

【超声波振荡器】〔洁牙机〕一般分为台式普通型或 P5 型简易式，（台式普通型有三档振动功率可选，分泵送、自滴二种喷淋供水方式。P5 型简易式有 14 档功率可调，一种泵送喷淋供水方式。）由手特式操作杆、触头、悬吊水瓶及脚踏部分组成，利用换能器产生的超声波几万次频率的振动传送到细细的工作头上，即振荡

图 4 - 20　P5 式简易型超声波洁牙机

尖上。可以改换不同规格的振荡头（青铜器除锈常用振头分为 1P、2P、10P、根管式多种），以此尖轻触器物表面硬结土与锈蚀物，振荡尖把振动传送到锈蚀层上，可迅即粉碎。粉末被触头喷淋水雾冲洗掉。洁牙机主要用于金属文物打磨、震松厚锈层等去锈洁除工作。操作工作台配有压力空气透平装置，用脚踏开关控制手持操作柄振荡

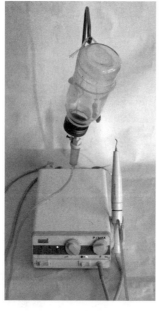

图 4 - 21　台式普通型超声波洁牙机

头。操作时应打开喷头淋水，及吸尘器将粉尘吸走。

【新型多功能超声喷砂洁牙一体机】该仪器采用双向动力高效能超声发声器，将反馈式控制应用于超声波领域。它的工作原理是当超声发生器被调定在需要的功能范围后，其他的控制完全是自动的。电子反馈机制和智能频率协调机制精确调节振荡头，使之保持恒定、良好的工作状态。通过电子调节，自动适应工作尖遇到的阻力，保证其工作持续在最佳状态，不再有功率波动，对器物洁除处理更有效。随时按下"最大功率"开关以增强功能，轻松去除器物表面硬结锈蚀物。

该设备的另一项功能是对精细器物、瓷器等采用钛金属喷砂笔洁除处理。喷砂笔与工作头拆卸方便，采用牙料超细喷砂粉，良好的洁除效果，对器物表面基本无损伤。

图 4 - 22　超声波洁牙、喷砂一体机照片

【激光清洁器】是一种利用能发射短脉冲的脉冲激光器，能安全有效地清洁多种器物表面污斑、锈蚀物的装置。这种激光器能将激光光束所用"峰值功率"调至几百千瓦和几十兆瓦之间，使用时针对不同器物，选择调节激光光束的直径。适用于金属文物、石质、陶瓷质、木质、玻璃、纸质、壁画等类文物的表面洁除处理。

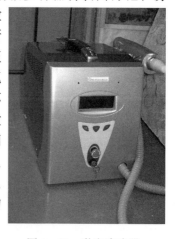

图 4 - 23　激光清洁器

【新型超声波乳化清洁器】 该清洁器利用换能器产生的超声波振动频率传送到手持工作头的微型工作尖上，适用于非金属类有机质文物如纸张、织物、皮革等文物表面污渍、霉斑、蛀虫分泌物进行乳化处理后再进行洁除处理。

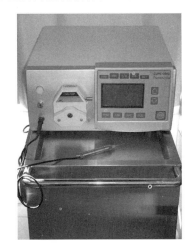

图4-24 新型超声波乳化清洁器

【缸体数控超声波清洗器】 该仪器以电能转换为声能，将清洗液产生机械、热、化学效应，声波传递给水槽中的清洗液，利用水空化和共振的机械作用，对金属文物内氯离子进行浸渗式的快速清洗。可以选用清洗槽较大的，超声波的换能输出功率、加热温度可调控，数码显示调控声波能量，适用于清除青铜器粉状锈的处理。以往用倍半液浸泡青铜器，需要三个月左右，并不断地更换药液，温度难以控制，费工费时。选用适当容量内槽的超声波清洗器，控制一定的液体温度，在短期内，能迅速清除青铜器粉状锈及置换出氯离子。

图4-25 缸体数控超声波清洗器

【去离子水器】 去离子水主要用于置换发掘出土金属及陶石质等文物上的盐离子。去离子水器包括阴离子、阳离子和转换树脂，这些树脂分装在袋子里，按顺序排列。一般要求自来水先经过滤净化，再经电热水器加热。并要求水的流量大于250L/h，净化1000L水后，要更换阴离子、阳离子、转换树脂。

【干式喷沙箱】 利用空气压缩机产生的高速气流通过微型喷头，将200目以上微粒的金刚砂、石英粉，呈束状喷向金属器物，清除器物局部表面坚固锈蚀附着物非常有效。

【微型空压机】 喷涂作旧专用设备，配以美工专用喷笔，空气压缩机产生高压气流，通过软管供喷笔，将调拌的不同色汁，呈雾状均匀的覆涂在修复痕迹上，多种色泽叠压，可以随出原器物表面的不同色泽，特别是瓷器的补釉，青铜器的漆古地子。

【电刷镀器】 刷镀技术应用于文物修复表面处理，是近年来发展起来的一项无毒刷镀新工艺，取代了老一辈文物修复工作者在二十世纪六七十年代还在沿用，在我国传承两千多年的传统鎏金，即"火镀金、银"技术。电刷镀工艺，是由一台DSD—15—Q型专用电源，多套可以更换的小号阳极镀笔，和预处理电净液、活化液、特殊镍、金镀液、银镀液、碱铜液、碱铅液等。特别适宜刷镀金银器、铅锡器、传世熟坑呈古铜色文物的补配部位。操作时，阳极镀笔上脱脂棉包裹作为吸附内层，用涤棉带套在外层。镀笔接正极，器物接负极。镀时按所镀液不同，可将电源开关拨至

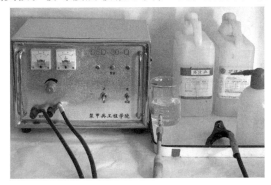

图4-26 电刷镀器

反或正。电表调至设定的直流电压。将镀笔浸蘸预处理溶液或金、银、铅、锡镀液。刷镀时对器物刷镀部位周边用胶代纸粘严，防止镀液流溢，浸及其他部位。操作时下盛塑料盘，每涂过一种镀液，即用挤压瓶喷纯净水，将残液冲掉，再刷涂下一层溶液，直至满意为止。

【自动恒温干燥箱】文物在浸泡清洗后，置于干燥箱内，设定适当的温度，箱内自功恒温烘烤，使器物快速烘干。

【恒温恒湿箱】250L，用于有机质文物修复与保护中的微观环境控制。

【电动多功能搅拌器】适用于配置难溶药剂或装裱浆糊脱筋时的搅拌。特别是调配倍半液时，无水碳酸钠、碳酸氢钠碱液难溶。采用小型无级调速电动搅拌器，搅拌速度快，省时省力。

图 4 - 27　电动多功能搅拌器

【多功能文物修复工作台】不锈钢多功能文物修复工作台，内部装有吸排尘装置，将金属、陶瓷等类文物修复中产生的粉尘等污物通过台面网孔吸附，并将异味气体排出。台面中部为旋转盘，修复中的器物可以360°自由旋转。工作台两侧立板，立面翻盖打开，为多组电源插座，适合多台小型电动工具的同时使用，方便安全。

图 4 - 28　多功能文物修复工作台

【洁净工作台】洁净工作台。适用于文物保护新材料试验、化学药品配剂、进行器物封护等处理时，在工作台内操作，排除有害气体。

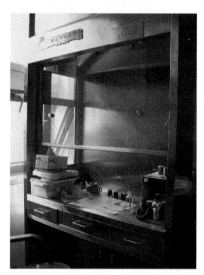

图 4 - 29　洁净工作台

【拷贝工作台】专用于古文献、古籍修复，影像文物修版，革命文献、纸质文物复制等工作的灯箱拷贝工作台。台面为可推拉活动的磨板玻璃，下为灯箱，内嵌固定式日光灯管，工作时让光线均匀透过玻璃照上来。

【低压真空字画、织物清洗装置】字画、织物清洗装置是利用真空泵，在其工作面上产生可控调节的负压，以满足不同纸质品、织物对于负压的需要。通过负压作用，对纸品、织物进行负压清洗、风干、平整、拖裱。由机柜、透明薄壳罩盖、微孔不锈钢板、格栅槽形篦板及锦纶衬网、区域控制板、真空抽吸系统、蒸汽发生器、电加热供水系统、超声乳化系统、辅助台面等组成。是根据古代字画不同的污染程度及染色配料情况，选定不同的清洗液温度、清洗时间、清洗强度、循环次数，预先设定在控制器上。操作时，工作台面上铺好衬网、控制板，上面铺好需清洗的字画或纺织品。启动清洗程序，对其表面进行浸润，冷热水喷淋，扣上罩盖，启动真空系统，中国书画的材料为宣纸和矿物质色，具有一定的韧性与通透性及不易掉色的特点，用热水喷淋画面再由真空泵产生的负压瞬间抽干画面积水。以上程序反复循环操作。设定机内相对湿度，启动自动回潮系统。可以去除画面黄赭病、霉斑、污迹等病状。用于纺织物的清洗，可使古织物得到有效清洗保护。

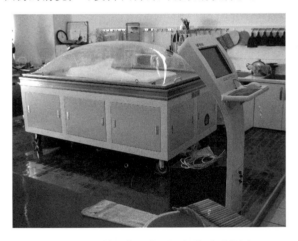

图 4 - 30　低压真空字画、织物清洗装置

【丝网机】对残破脆弱的纺织物修复，多采用丝网、丝胶，背衬加固的方法处理。丝网的制作以往是用手摇绕线机改制，现采用如照片所制的丝网机加工。该机的夹具将网框固定，电传动网框，编结出丝网成品，再以4%左右的聚乙烯醇缩丁醛/乙醇溶剂加固后备用。

图 4 - 31　丝网机

【裱画机】现代装裱新书画作品的快速简便的一种装裱机械。该机器主要是将传统手工装裱画心的托裱飘墙晾干等主要工序，采用机械方法处理。操作时以数学显示控制烘干温度及时间，方便快捷，裱出作品平展、不易卷翘，被广泛应用于新书画作品的装裱。

图 4 - 32　裱画机

【真空负压装置】利用该负压装置，将矿化严重的小型金属文物，特别是铁器，以及有机质文物的酥脆粉化的骨牙器、竹木器，浸泡在加固药液内，进行负压渗透加固处理。

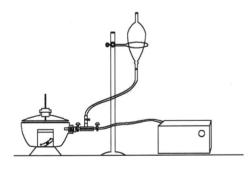

图 4 - 33　真空负压装置

【水浴箱】金属、陶瓷、石质等文物二次修复时，利用浴箱沸水去除丙酮、稀料等溶剂难溶的原修复所用已老化的树脂、漆材料。

【体视显微镜】用于一般器物标本的初步观察分析。

【金相显微镜】用于金属文物标本金相组织结构观察分析。

【岩相显微镜】用于石质文物岩相结构观察分析。

【纸张快速测酸仪】在对纸张无破坏的情况下，快速测量纸张的 pH 值。

【便携式酸碱度计】适用于考古发掘现场，对破损严重、转瞬即逝文物技术起取时，对器物与埋藏环境 pH 值的简易测试。

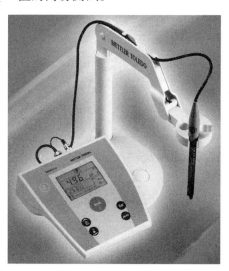

图 4-34　便携式酸度计

【土壤水分速测仪】用于古墓葬文物埋藏环境、土遗址、土质文物所含水分的快速测定。

【便携式硬度计】用于对酥粉文物化学加固的强度作简易测试。也可对发掘现场出土破损古建筑砖瓦构件、陶土质文物质地强度，附着硬结土及壁画的强度做简易测试。

【超声波塑封机】该机器是利用超声波速度和振幅，采用 PETF 聚酯薄膜对纸张文物、档案资料进行夹固，通过在薄膜上颤抖头颤动能量转化，聚酯薄膜融化粘合而塑封保护。

【电动数显切纸机】用于书画装裱、文献、档案、书籍修复纸边的精确裁切。由数字显示裁切的尺寸，如测量刀后尺寸，调整裁切尺寸，按上下触点微调校对。刀口与拉规显示数与实际尺寸一致。刀前尺寸每切一刀便自动变回"0"。操作时摇动进给手柄，拉动后挡规，调到纸张需要的尺寸，启动压纸按钮，压紧纸张，双手同时按下左右切纸纽，切刀裁切纸张后自动返回最高点。该裁切准确，操作简便。

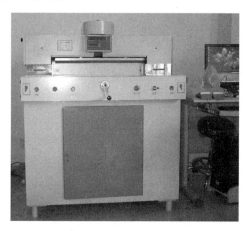

图 4-35　电动数显切纸机

〔常用电动工具〕
【电动台式砂轮机】一般采用直径 200mm 砂轮机，主要用于打磨修复刀具，钻头磨刃，抛光轮可用于精细加工。有一种 DS—100 型微型万能台式抛磨砂轮机，功率 270W，带传动软轴，活夹头可卡各式磨头，打磨器表坚硬土锈，并可以伸入器物内部打磨到一般机械难以触及的部位。打磨应在吸尘及水雾喷淋装置下进行，防止铜盐粉尘吸入体内。

图 4-36　电动砂轮机照片

【吊磨机】一般是在工作台边固定悬挂式的，活夹头直径4mm，电机功率240W。实际如吊扇上微型电机，悬挂在工作台上空，可以调整转速，传动软轴带动磨头，打磨青铜器内硬结土锈，可以自由伸入到器物的内部弯角处打磨。换上微型金刚砂切片可以任意的切割。

【化锡炉】适合于金属文物修复、补配时，熔化锡铅合金，浇铸配件之用。

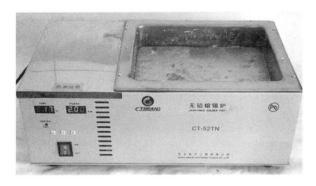

图4-37 化锡炉

【热风枪】热风枪的温度可以调整，开机时升温快，几十秒即可达到，风量也比较稳定。有些带有数子温度显示器。

【热熔胶枪】热熔胶枪轻巧易用，只需将胶条插入，接通电源瞬间便能将胶棒熔化，手压板机，熔化的黏稠胶体，顺枪嘴挤压出，快速将破碎器物残片间拼接缝定位粘牢，即使粘贴面有少许凹凸不平，也可使器物残片固定，又易于去除，而不伤及器物，用途广泛。

【台式微型磨钻】又称手持打磨机、微型打磨机。

图4-38 台式微型磨钻

采用永磁直流电机为高速旋转动力源，手持柄夹头可以灵活换卡夹微型金刚磨头或钻头、切割片。适用于多种质地的文物修复。

【台式钻床】钻杆的驱动轴为直立式安装，钻卡头作垂直旋转，手压调节杆，可以控制钻孔深度。电机位于驱动轴的后上方，以三角皮带传动来带动主轴，转速较高。台钻需固定在工作台上，以防震动。一般钻孔径在3～13mm之间，或更大一些的孔径。钻较大较深孔时要随时加一些冷却液，为钻头降温。台式钻床在传统文物修复中应用广泛，用于多类质地文物的修复，修复工夹具的制作、辅助设施加工等。

图4-39 台式钻床

【手电钻】手电钻，钻孔径在1～8mm，或钻孔径在3～13mm。手电钻在文物修复中用途广泛，金属、非金属文物修复，工具制备，考古发掘易损文物时套框法技术起取，修复辅助工作都离不开电钻。石窟危崖的锚固、大型断裂石雕的修复，一般采用冲击钻或电锤，靠冲击力打钻18～30mm左右的深孔，嵌入锚杆而加固。

图 4 - 40　手电钻

【小型空气压缩机】又称气泵。有电控及气控之分。电控全自动式系以压力开关来控制空压机的停车及运转。当系统压力达到设定之压力上限时，压力开关动作，即自动切断电动机的电源，使空压机停止运转。当系统压力降至设定之压力下限时，压力开关又自动接通电源，使电动机重新启动，空压机恢复运转。电控全自动操作方式适用于间歇性的工作。气控全自动式系以压力调节器来控制空压机的空车与重车。当系统压力达到设定之压力上限时，压力调节器打开并推动吸气卸荷器，使空压机在无负荷情况下运转。当系统压

图 4 - 41　小型空气压缩机

力降至设定之压力下限时，压力调节器关闭使空压机恢复重车运转。气控全自动操作方式，适用于压缩空气使用率高的场合。

【手持转角磨机】文物修复时用于文物碎片及修补材料的清理、去毛，焊缝的坡口与砂磨、切割等。特别对其他机械所不能及的复杂的部位，更见优越。更换适当的工作头附件后，还可用于金属或其他材料的去锈、砂光、抛光等。

【便携式切割机】适用于文物修复中金属材料的切割，大型石雕文物修复或石材的切割。

【箱式电炉】箱式电炉使用温度可以调节控制在 300 ~ 1300℃。应用于传统文物修复工作中的金属、陶瓷、玻璃补配件或试样的烧制，修复錾刻工具的淬火、退火、回火等。

【红外线灯箱】适应于野外考古工地出土金属、陶、石等无机质文物浸泡洁除后，快速脱水烘干。现多采用新型"浴霸"。将其相应固定即可，烘烤的器物应放置一温度计，调整器物照射距离，温度控制在 200℃左右。

【雕刻机】分为台式雕刻机与软轴雕刻机两种。都是通过更换磨头工具，进行锯割、轮磨、擦磨、砂磨、抛光等多种作业方式的专用设备。适用于小型石件、玉件、陶瓷、玻璃器等文物的修复。详见微型磨钻。

【电冰箱】用于存放易腐坏变质的修复材料、药品及文物。根据要求可选择冰柜或冰箱。

【电动牙刷】是一种新型的，适用于多种文物洁除的微型电动工具。它是利用电磁能量通过电声换能器将高频率电源的电磁振荡能量转换成机械振动的能量而发出超声波振动牙刷。适用于小型金属、陶瓷、玉石器、竹木牙雕摆件的洁除以及丝织品文物霉斑的刷洗清除。

〔常用修复工具〕

【传统修复工具】传统修复用手锤，又称打锤，主要用于金属文物的修复。根据用途又分为錾花锤、乒锤、开锤、炮锤、圆头锤等等。主要用于铜器补配锻打铜叶子及花纹錾刻之用。五十年代前是用45#以上碳结钢或高碳工具钢由铁匠铺定做或出售的现货，现在都见不到了。旧社会学徒，师傅首先教徒弟练就的是自己动手给自己做一套工具，一方面磨炼徒弟的打锻、锉磨基本功，另一方面给自己制备下今后吃饭的"家伙"，不能有依赖性，开始就养成自己动手的良好习惯。

用于金银器矫形的手锤与砧子要用铅锡合金自己动手制作。锡锤要根据需要矫正的器物形状，用油泥做型，石膏制模，化铸锡铅合金制作，基本为鸭嘴形上下要稍长，易于敲至器内深部。铅砧子为方铅砣，面呈凸弧状，软金属工具敲打不易损坏器物。（参见图2-7）

现代修复用手钳借以市售的机修工、电工常用的，基本为短柄的花腮钳和尖嘴钳、弯嘴钳两种。传统修复的手钳一般是在铁匠铺定做的，当时称为大鸭嘴钳、小鸭嘴钳、葫芦嘴钳、鹰嘴钳等，功能主要是夹东西，没有剪断功能，剪断铜棍或铜片主要靠手锤打錾子裁断或铁剪刀剪断。钳柄以长短区分，较长的用于夹小坩埚，补铸铜水用；比现代钳柄稍长，夹嘴也长，是夹火铬铁焊接用的。

【修刀·修器】老一辈文物修复工作者有两样自制工具是轻易不外借的，修刀与玛瑙碾子，就像玻璃工自己用的玻璃刀不外借一样。修刀的用途很广，除锈、翻模、作旧调色、拨色、拨土锈等全用这一支刀，选择好的锋钢自己加工锻打、磨刃。现多采用市售的牙科调刀。

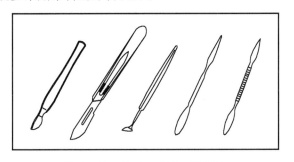

图4-42 修刀、修器一组图示

【瓷用毛笔】景德镇独具特色的传统瓷用彩绘工具。为适应彩绘工艺的需要，制笔工匠创造出多种独特功能的瓷用毛笔。其画瓷笔是采用精选上等的山兔脊毛"黑尖"专制毛笔的锋颖。坚韧而富有弹性，用以制笔，锋正臂齐，瓷上彩绘圆润饱满，流畅如意。修补瓷器绘纹专用此笔。

【油画刀】多用于壁画、彩绘泥塑、漆器等文物漆层颜、料脱落层修复时的粘贴。是油画创作或调色用工具。用富有弹性的薄钢片制成，有尖状、圆状之分，用于在调色板上调匀颜料，画家有以刀代笔，直接用刀作画或部分地在画布上形成颜料层面、肌理，表现力强。

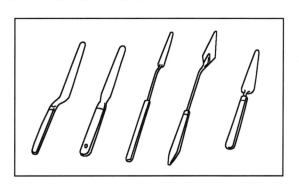

图4-43 油画刀

【玛瑙碾子】传统修复用玛瑙碾子是镶在一根硬木笔杆上，金银器修复、铜器随色后，器质感全凭玛瑙碾子赶出来，质地逼真。市面上有售合成玛瑙碾子的，可以使用。

图4-44 玛瑙碾子

【自制工具选材】文物修复很多专用工具，市场上有些难买到，有些可以买到用起来不顺手，影响修复质量。有些工具需要自己制备，如何选择制备材料的问题。制作工具主要是工具钢，一般分为碳素工具钢与合金工具钢。碳素工具钢又属于高碳钢，具有较高的硬度和耐磨性，是经过精炼的优质钢。型号为T7、T8～T13或T7A～T13A，7是含碳量为0.7%，A是高级优质碳素工具钢，含磷、硫量低，脆性较小；在碳素钢的基础上再含有一些 Cr、Ni、Mo、W、V、Ti、B、Si（铬、镍、钼、钨、钒、钛、硼、硅）等元素，就成为合金钢。制作出的工具经热处理后，具有较高的硬度和耐磨性。一般钢材是以几种颜色的油漆道粗细的组合表示钢号，不知钢好坏，凭经验在砂轮机上一磨便可判断，磨出火花束长、散、多、黄亮，多为低碳钢，不能做刀类工具。磨出的火花束短、少、细、有弧尾、暗红色，钢性好，多为高碳工具钢或锋钢。我们用的弹簧钢属于 65～85 号优质碳结钢，用废弹簧做錾子要先退火拉直再锻打坯型。

【敲錾与磨刃】将废弹簧钢退火拉直，或选择直径 4mm 的高碳工具钢、锋钢棍，截成 6cm～8cm 左右长，一次裁二三十根。然后逐根放入火内烧红，用钳子夹住锻打錾坯，手握的錾柄部位为粗方状，錾头部位为细方状。根据需要再锻打不同形状的錾尖，（主要有尖錾、镂花錾、铲錾、挑錾、直沟錾、脱錾、鱼眼錾、豆粒錾、半圆印錾、圆印錾、镦錾等）每种錾子可以做 3～4 支备用。先用什锦锉锉出初形或以砂轮机磨成雕刻各种花纹的錾刃，然后淬火处理。就是将錾坯加热保温后，快速冷却，提高钢坯硬度。将烧红錾头部分直立浸入机油或冷水，机油冒蓝烟，蘸入机油部分顿时发白，然后由白逐渐变黑。注意錾尖徐徐变黑尚有 1cm～2cm 时，要及时放入蘸槽内竖起，自然放置冷却，切勿整体放入冷水骤凉，这样会造成钢质过硬，易折断。重新加热到约 200℃ 左右，经适当保温后自然冷却，这一过程为回火处理，目的是降低淬火钢的脆性和内应力，增强錾子的韧性。回火后錾尖先用砂轮机初磨刃锋，再用油石开磨锐利

图 4-45　一组錾刻专用各种錾尖的錾子

（开刃）备用。

【松香胶板】铜器补配部位花纹一般是先錾刻后再复位补焊。补配块的雕花要用松香板固定。松香胶配制是以黑松香 1kg 放入铁锅内溶化，然后对入土粉子搅拌，比例为 1:2.5 左右，再加上适量植物油，增加柔性，不至于敲震碎。熬成糊状，置于錾刻胶板上冷却待用。用时烫化，冷却后铜件很牢固地粘在錾花板上。

【火烙铁·电烙铁】早年传统焊接都用火烙铁。是以紫铜棒烧红后锻打呈扁长方状，一头锉成两面坡，刃口在火上烧到一定程度，抹上镪水，挂上一层锡，方可使用。一般三四支烙铁头架在火上烧，头向外，烧热到一定程度传热到头部，也可架在喷灯上烧，但不可烧红用，用手钳轮流夹着用，凉了放回火上重烧热。还有一种是镶铁柄的火烙铁，比用钳子夹着方便，但连续使用，头易烧松动。火烙铁缺点是手钳夹着不灵活，退热快，一条焊缝焊不完就凉了。

在传统焊接中，还有一种用喷灯或煤油灯壶吹火烧焊。用一个嘴吹子将火吹向焊缝烧焊。焊缝先抹上硼砂助焊。

现代文物修复使用了电烙铁，升温快，恒温使用方便，缺点是长期连续使用内芯电阻丝易烧断，需经常更换。青铜器修复，根据器物厚薄，一般功率选用在 150～200W 左右即可。复制的新铜器与厚重的大型青铜器焊接要选用 300W 电烙铁。有条件的可用氩弧焊或氧气焊。青铜补配件翻制的蜡胎，可用 15W 内热式电烙铁，将烙铁头部分烧热后敲打扁平，修焊蜡形很好用。

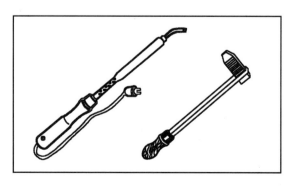

图 4-46　火烙铁、电烙铁

【小型喷枪、喷笔】微型喷枪、喷笔是随色喷涂色汁的必备工具。靠微型气泵提供的压缩气源来进行工作的，使用前将高压气管接在喷笔的皮管接头上，拧紧气塞螺母。开启气泵后用手握压喷笔扳机，调节顶针芯杆后部调节螺帽，根据需作色器物面的大小，可以随时调校喷嘴，即可调整喷嘴呈束雾状出液大小。主要用于青铜、陶器、瓷器随色用。

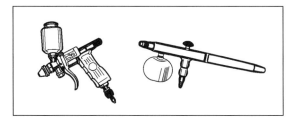

图 4-47 喷枪、喷笔

【嘴吹子】而传统修复的作旧，一靠牙刷拨色，二靠吹色。特别是青铜地子，仔细观察色泽相当丰富，做地子时要调出多种颜色的漆汁，用铜皮手工卷成喇叭口状短管，然后用一稍硬三角铜片将两管焊成 L 状，吹管口与吸液管口相交部位要调整好，以吹管口上压吸液管半个管口为宜。这种吹子虽然吹起来稍费气力，但易掌握色汁的多少与局部叠压的色调深浅。还有一点是色计调的不宜浓，并要滤去渣物。每次用过，用乙醇洗净内管。现代修复采用微型气泵配合微型喷笔，喷涂作色。没有条件的可以采用口腔科专用橡皮球挤压喷雾器作色。

图 4-48 山西稷山民间传统工艺吹油灯
喷火的烧焊金属工艺

喷吹子既可喷色，在山西民间还用于吹喷煤油灯火焰，用于传统的金属烧焊工艺，见下图示。

【沙箱】传统文物修复中，适用于大型器物，特别是陶器粘接时的主体固定工具。一般是用木板制成浅斗状箱体，装上净砂，器物可以任意角度稳定地置于砂上，逐块粘接时等待胶体凝固时不易错位。

【大漆案】传统修复古旧书画专用的装裱案子。一般裱画用案较大，以 1.5m×2.5m 为宜，修复古旧书籍、文献档案以 1m×1.8m 为宜，以结实不变形的木材制成，面层披抹二麻三灰，朱漆罩面，案面再经反复磨抛光洁。要求耐水、耐烫、耐酸碱性能好，并且坚固无疤痕划伤。

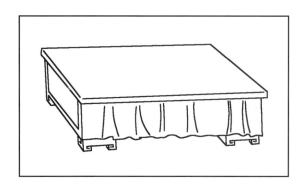

图 4-49 大漆案图示

【装裱大墙】画心托裱扶背时上壁挣干所用的墙壁，南方因空气潮湿多为木板墙，北方干燥多为纸墙。木板墙面光滑、平整，多块板拼接缝有子口固定。纸墙则是墙壁上预做木龙骨框架，框架

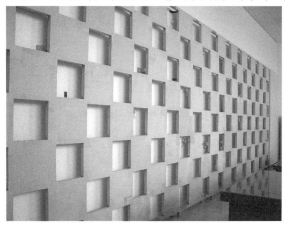

图 4-50 装裱大墙木龙骨

木格以 15cm 见方，先以高丽纸将逐个格框包糊，干后再糊二层纸，纸要满刷浆糊，错开底层方纸四边糊实。多层纸墙糊平，经细纸打磨平，再罩以大张白纸面层，最后刷以胶矾水。

【台虎钳】 固定在工作台上，一般钳口选用 150mm 为宜，将所修复的金属器物固定在台钳上，钳口垫以铅、铝、紫铜片，以免夹伤器物，旋转丝杠夹紧修复件。也可以用于金属件锉磨，金属文物的挤压矫形。

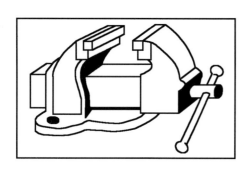

图 4-51　台虎钳

【锉刀】 文物修复用锉刀以 6 "至 10" 为宜。常用的有什锦锉、整形锉，按形状及用途区分，有两

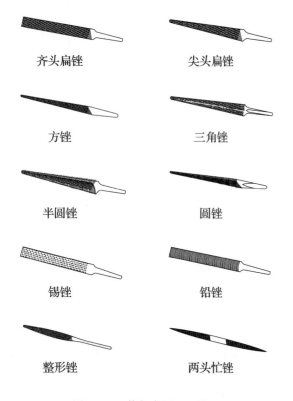

齐头扁锉　　　尖头扁锉

方锉　　　三角锉

半圆锉　　　圆锉

锡锉　　　铅锉

整形锉　　　两头忙锉

图 4-52　修复常用一组锉刀

头忙锉、扁锉、三角锉、半圆锉、刀锉、锡锉、铅锉、木锉等。锉刀又分为粗纹、细纹。

【手工钢锯】 修复工作中用途较广的工具，俗称普通锯弓。碳钢锯条可换，锯条分为粗牙、细牙，即 18 牙、22 牙、24 牙。用于锯裁下料和器物修复。还有一种微型钢锯。

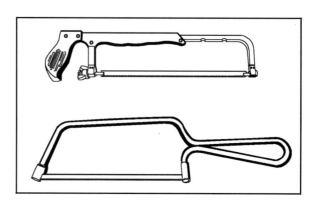

图 4-53　手工钢锯

【矫形压力器】 自制，外带加热恒温装置，用于铜器的挤压矫形。大件变形青铜器，台虎钳无法夹固，在压力器上，边加温边矫形，借助木块、锡砣垫具，旋转丝杠慢慢加压。一般矫形后铜器要夹固几天，将应力释放完，方可松动丝杠，将器物取下。大型铜器矫形还可以借助不同规格的丝杠卡子与可调顶尖或千斤顶挤压矫形。

【滚珠转盘】 滚珠转盘是将托板放其上，承托修复拼对大件器物时，旋转平稳便于稳固主体，减少搬动的工具。市面上出售的直径 39cm 铝合金（餐桌用）转盘，上放直径为 60cm 圆承托板。修复文物时可任意旋转，稳定方便。

【合金钻头的刃磨】 文物修复钻孔用麻花钻头多为 Cr12、9CrSi、W18Ci4V 钢的。磨钻头应有一定的功底，一要磨出的锋刃切削锋利，二要凭手握钻头柄的倾斜角度感觉上掌握两侧斜刃角度保持一致，磨刃后用眼平视，斜刃对等。

【锋钢铲刀与刃磨】 一般翻制石膏模具借用木工平铲削修模口，但不如用含 Cr 的废机制锋钢锯条磨制。在回收旧货市场可以买到，截取约 20cm 长，磨去锯齿，手握部分用胶带纸缠绕。开刃要常蘸冷水，注意刃口不要磨红退火。锋钢锯条刃口锋利，削切石膏省力多了。特殊形状的刀具，选择不同硬度或钢板下料后，加工成坯型，再磨刃、淬火处理，最后用磨石或油石开出利刃。

【内外卡钳】传统文物修复中用于测量圆形器物的内外圆径。

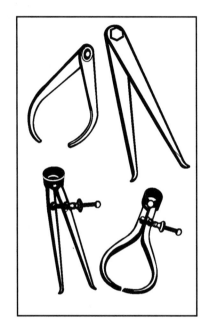

图 4-54　内外卡钳

【划规、卡尺】传统文物修复用于金属、木等下料画圆的专用工具。

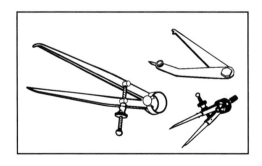

图 4-55　划规

【裱画专用工具】传统揭裱工具主要有马蹄裁刀、裁板、裁尺、棕刷、排笔、竹起子、针锥、砑石、调色碟、制糊盆、笔洗、镊子、剪刀、钳子、浆油纸、水油纸等。

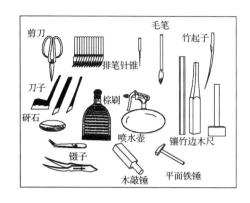

图 4-56　装裱专用一组工具

【大型石雕刻修复工具】大型石雕文物的修复专用工具主要有：双面打锤、两用锤、花锤、剁斧、压斧、哈达、卡扁、凿子、弯尺、摺尺、画签、小线、铁水平尺、木平尺、划线规、线坠、墨斗、撬棍、木杠、大绳、钢楔、金刚石、细磨石等工具。

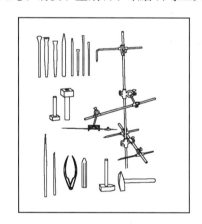

图 4-57　大型石雕修复工具

【泥塑造型修复工具】各式木雕塑刀、刮刀、比例圆规尺、卡钳、木槌、喷水壶、扫刷等。

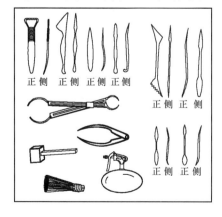

图 4-58　泥塑造型修复工具

〔木工、油工专用工具〕

【墨斗】用来贮墨弹线，破解木料。

图 4 - 59   木工墨斗图示

【画签】古时用来做记号，现可用宽扁木工铅笔代替。

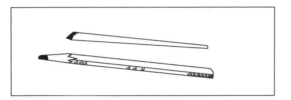

图 4 - 60   木工画签、笔图示

【勒子】用木块和大钉子做成，可以画出榫卯精确的加工线。

【木工尺】直尺：可用松木等不易变形的木板制作，也可以用钢板尺代替，用以画较短直线或校正平面用。

方尺：又叫格方尺，一边成 90° 垂直角，两边为 45° 角，用以校方角和垂直边用，也可画 45° 肩角。

活尺：又叫掰尺，角度尺，可调成任意角度，可用其画不规则角，如六方、八方"冰裂角"等。

木折尺：现在都用钢卷尺代替，用来测量长度也可校正家具对角方向是否方正。

【斧头】分南北两式，南式为扁口刃，北式为正中刃，用以砍削"荒料"凿眼和组装家具。

【鲁班锤】亦称木工锤，用以钉楔组装家具。

【木工锯】大锯：亦称"顺据"，用以纵向破解板材（仓深料小）。

横锯：亦称"截锯"，齿短、料大、锯齿左右角度大，用以横截木料。

煞锯：用来划削肩口内部余木（锯质钢硬度大，料度适中）。

搂锯：亦称"夹背锯"，装有通长木柄，主要用来加工穿带的燕尾形槽口，也可用来煞肩清除肩口内杂物毛刺。

刀锯：因锯齿尖向后亦称"抽条锯"，是用窄锯条缠裹木片而成，可在"线缝"时清理板面裂缝内杂物时用。

馊锯：亦称馊弓子，用钢丝剁铲出小刺齿而成，锯背用厚竹板窝制，用以锯取薄板上的透花纹样。

砂锯：用铁片剪口夹在木片中制成用来挟带沙水，锯断石料。现多用切割机代替了。

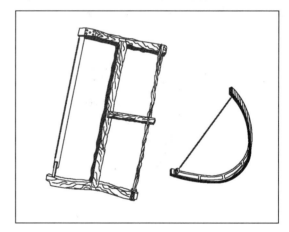

图 4 - 61   木工锯、馊弓子图示

【木工刨】长刨：亦称大刨，刨身较长，刨口较小，刨刃在 50° 左右，主要用于细致的加工取直。

短刨：刨身短小，主要用于较小凹洼面积内

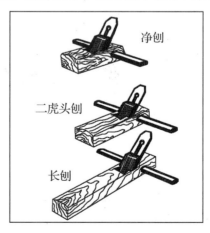

图 4 - 62   各式木工刨图示

的刮平去糙。

净刨：刨口极细小，刨刃角度55°左右专门用来刮平精致细腻的木材表面，可去掉及其细小的毛刺，疤迹，专用于家具表面最后的刮平整理。

拼缝刨：刨身根长，刨刃较窄，呈50°左右，刨口较小，专门用于较长木板的拼缝。

单线刨：主要用于加工桌面"芯簧"的肩口，也可用来裁口，起线。

裁口刨：有移动的"贴子"可裁出各种宽窄不等的阶梯状边口。

槽刨：由细窄的刨刃和可移动的"贴子"，主要用于起"边簧"上装板的深槽。

线刨：又称"曲线刨""一字刨""滚刨"，主要用于刮削弯曲部位的曲线。旧时木工多用一硬木捆中空安刃制成，现多为金属铸成。

打洼刨：亦称洼面刨，刨刃呈凸曲形，专门用来加工家具上的洼面线型。

耢刨：由一组钢片间隔排列嵌在木柄上而成，用于刮净较大面积的硬疤庇。

【刮刀片】用钢片磨取"飞刃"制成，有直曲两种，用于刮净硬木表面较小的疤迹。

【马牙锉】亦称"蚂蚁锉"，形似马牙，齿像洗衣板，主要用来刮净各种线型上的细小毛刺疤痕。

【木锉】亦叫"木工锉"，分光锉和糙锉，并有板锉和尖锉之分。雕工用的特型小锉叫两头忙。主要用于倒棱、倒角、随线、掏弯等工作。

【三角锉】有大小数种，用来"伐锯"，使锯齿恢复锋利。

【振刀子】用锋钢锯条磨制，刃部光而不利，用其压倒刮刀片，马牙锉、耢刨上的刃口，使之形成"飞刃"，是振使以上工具，使之重新锋利的工具。

【阳线勒子】用钢片磨出相应线型，并装有木柄状"贴子"，可随意调节线型粗细宽窄，是木工起阳线的专用工具。

【木工凿】平凿：分宽窄大小数种，用于掏凿各种方形卯眼。

圆凿：有大小几种，刃口呈半圆弧形。用于穿凿较大的加圆形卯眼。

多角凿：刃口部两角向外多开，可用于加工抽屉燕尾榫卯的特殊内角。

【扁铲】刃口开在正前端的扁平刀具，分大小几种，可用于切削加工等，用途很多。

【鳔锅】用生铁铸成，有保温作用，用于砸和熬制各种动物鳔胶，同时应配有圆头木棒做鳔锤。

【鳔铲】鳔铲为一端有扁刃的竹刀，熬鳔时用来搅动鳔液，不使其糊底粘锅。

【烙铁】用于烧热后，烙烤涂过动物胶液并组装结合起来的榫卯，现可用电吹风机代替。

【水布】用一尺见方的普通粗棉布即成。主要用于组装家具时擦去榫卯肩口部溢出的余鳔。

【摽杠、摽绳、摽棍】摽杠：用平直坚固的木棍制成。需备粗细数种，用之与绳子短棍配合，组成简易多变的胀紧装置。

摽绳：用粗、中、细不等的麻绳制成，在组装家具时用来与摽杠配合，捆绑勒紧各部件之间的榫卯肩口。

摽棍：用光滑的硬木短棍制成，用其绞拧摽绳，使之涨紧。

【磨刀石】古时用黄粗磨石和青细砺石。现可备粗细人造油石来磨利刃口。

【木工楞】即木工用的工作台，应选不易变形的且吃钉的木材打制，并应备有卡口和木工夹板钳，高度应在70cm上下。前头要低于后端1~2cm才省力好用。

【铁卡口】用宽锯条一端开长齿制成，用木螺钉拧在"楞床"上，推刨时使其顶卡住木料，旧时木工多用木料刻制。

【夹板钳】用两块厚木板配以粗纹铁丝杠制成,将其固定在木工楞前方,可夹持住木料便于加工。

【水刷子】可刷去已拆散旧家具榫卯结构中的残胶污物,也可用在组装工作时刷净肩口外余鳔。

【小镜子】可用来观察人眼无法直接看到的角落结构。

【钢丝刷子】主要用来做旧,用其捯出木筋,有粗细数种,另外钢丝刷子也可用在楠木作旧上使用。

【钉冲子】可用废断圆形钢锉磨制,可做成尖圆头和扁平头两种,用于将残断钉子钉入木材深处。

【卡规】用来测量圆腿等圆料的尺寸。

【圆规】用来画椅面上圆洞等弧线。

【颜色锅、刷】颜色锅:铜制为好,用来熬制水色,也可用搪瓷小盆代替。颜色刷子:一般用羊毛排笔,取其吸水,行笔时出色均匀,还要备狼毫毛笔和油画笔,用来小面积补色随色。

【蜡刷子、蜡起子、蜡布子】蜡刷子:分上蜡刷子与抖蜡刷子两种,上蜡刷子较窄小,毛硬,把长,抖蜡刷子宽大,毛密,无柄。

　蜡起子:用竹片或硬木削制,也可用废锉磨制,应使其有刃,但刃光而不利,以两角不伤木质为佳,用于烫蜡后起去木质表面多余的浮蜡,并可用它压平腻满木材表面的棕眼孔洞。

　蜡布子:用一尺见方粗棉布制成,可折叠成硬布捻尖,将浮蜡赶平压腻进木纹棕眼。

【炭烘子】又称炭弓子,是用金属丝编成网状浅篮,内可盛放热炭,有长柄可手持,用其烘烤上蜡的加工面,使蜡熔化,渗入木质。现代多以用热风枪代替。

【挺棍】状如毛衣针,两端略扁圆呈鸭嘴形。多用竹木磨制,讲究的用骨头制成。用来卷裹锉草或砂纸掏磨雕花凹洼之处。

(以上木工、油工工具部分均由张德祥撰文)

【木工舞钻】传统瓷器铜器的瓷钻、木工钻孔的工具俗称"舞钻"。用手上下舞动横杆,使缠绕皮绳,上下反复盘绕松开,促其钻杆反正旋转,钻头钻孔。

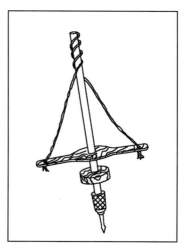

图 4 – 63　传统木工舞钻

【木雕工具】木工雕刻工具大致有凿、铲、刀、锉、馒弓子、磨石、油擦、硬木锤等。其中:

　凿类有平口、斜口、圆口、反口、翘口凿等;
雕刻刀有宽刮刀、窄刮刀、圆刮刀、振刀、锋

　钢剡刀等;铲有平口、斜口、圆口、反口、溜沟铲等;锉有糙锉、细锉、光锉、两头忙锉等;

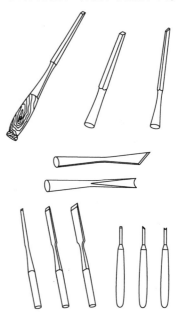

图 4 – 64　一组木工雕刻工具

磨石分为粗、细异形磨石和平磨石，另外还有弹簧钢垫板、压紧皮带、复写纸等。

〔常规玻璃器皿〕

【干燥器】文保实验室中小件器物去除潮湿水分或保存干燥药品免受潮湿的玻璃器皿。厚壁、厚盖，皿内隔以有孔的瓷板，一般下面放干燥剂，上面放被干燥物品，磨口处涂凡士林，借以保持密封。

此外，还有真空干燥器，装有活门以控制抽气，可以缩短干燥时间。

【玻璃器皿】主要有烧杯、量筒、试管、试管架、试剂瓶、滴定瓶、挤压瓶、磨口瓶、培养皿、冷凝管、漏斗、移液管、酒精灯（石棉网）、玻璃棒等。

〔展藏环境〕

【馆藏文物保存环境应用技术研究】 详见文保科技篇"首批国家支撑计划重点项目课题简介"。

【相对湿度】 R·H，所谓某一部分空气的相对湿度，指的是某一体积的空气中所实际存在的水分量（m）与这部分空气在同一温度下达到饱和点所需要的水分量（M）的比例，其公式为：R·H = m/M × 100%，空气到了不能再容纳更多气态的水分时，我们说它已达到饱和的空气，假如加以冷却，其中的水分就会立即以露珠形式凝结下来，因为湿度较低的空气不能负荷温度较高时的同量水分。

【文物存放适宜相对湿度】 不同材质的文物都有它最适宜的温度和湿度范围，一旦超过这个范围，文物的材质就会发生病变，所以控制文物保存环境的温湿度非常重要。各类文物存放适宜的相对湿度详见下表。

文物存放适宜相对湿度表（15～22℃）

	文物种类	相对湿度（%）
1	金银器、青铜器、石器、（钠、钾含量高的）脆质陶瓷器、其他金属器	45
2	化石	45～55
3	玻璃器	42～45
4	胶片、底片、音像类、干版	45～50
5	绘画、书法、古籍、文件、纺织品、木竹器、骨器、甲骨、象牙器、珊瑚、角器（有机材料制作的文物）	56～60

【博物馆气候】 系指博物馆建筑物内外空间的大气特征。影响藏品保存的各种环境因素中，起主要作用的因素是空气的温度和湿度。博物馆内空气温度一般控制在 15～22℃，相对湿度控制在45%～65%，不同质地文物存放有其严格的控制范围，具体请参阅上表。

【露点温度】 当空气在水汽含量和气压都不改变的条件下，如果气温逐渐下降，当温度降到使空气达到饱和时，水蒸气变为露珠时的温度称为露点温度。露点温度的高低只与空气中的水汽含量有关，水汽含量越大，露点也越高。

【清洁空气】 系指空气是由氧、氮和几种惰性气体组成。不含水蒸气和固体杂质的干燥空气，称为清洁空气。

【大气污染物】 大气中对文物有危害的主要污染物有酸性或氧化性的有害气体或微粒物，如：

烟尘、粉尘：飞灰、硫酸盐、氧化铝。

含硫化合物：二氧化硫、三氧化硫、硫化氢、硫酸、硫醇等。

含氮化合物：一氧化氮、二氧化氮、氨、硝酸。

有机化合物：甲醛、有机酸、酮、有机卤化物等。

卤化物：氯气、氯化氢、氟化氢等。

【颗粒污染物】 又称灰尘、尘埃。系指悬浮在空气中的固体或液体颗粒状物质。由自然污染源和人工污染源构成，如烟尘、土壤粒子、微生物孢子、植物纤维、金属粉尘、化学颗粒等直接进入大气中颗粒物的直接污染。或者，空气中某些有害气体，如二硫化合物、氮氧化合物等相互之间的催化或光化学反应转化而来的颗粒物，又称间接或二次污染物。按悬浮物质颗粒径的大小又分为飘尘（粒径小于10微米）与总悬浮颗粒（粒径小于100微米）。

【酸雨的腐蚀】排放到空气中一定量的酸性污染物，是由硫氧化物、氮氧化物和碳氧化物转化而成，绝大部分为稀硫酸、稀硝酸或碳酸会随雨雪回落地面或形成酸雾。酸雨的 pH 值小于 5.6。主要对地面古建筑、石窟寺、大型田野石雕文物危害较大，酸雾侵入室内也会对藏品构成危害。

【大气环境质量标准】国标 GB3095—2，大气环境质量分为三级：

一级标准　为保护自然生态和人群健康，在长期接触情况下，不发生任何危害影响的空气质量要求。

二级标准　为保护人群健康和城市、乡村的动、植物，在长期和短期接触情况下，不发生伤害的空气质量要求。

三级标准为保护人群不发生急、慢性中毒和城市一般动、植物（敏感者除外）正常生长的空气质量要求。

我国博物馆藏品存放环境空气质量标准执行一级大气质量标准。

【大气腐蚀】由空气中水和氧等物质对裸露文物质地长期侵蚀，造成的老化现象，称为大气腐蚀。造成大气腐蚀的主要因素是潮湿、温度变化、紫外线光照射、灰尘颗粒等。

【烟尘危害】由燃料的燃烧物质升华、蒸发、冷凝所形成的液态或固态悬浮颗粒，其粒径大于 1 微米气溶胶。烟尘主要灰分微粒为二氧化硅、氧化铝、三氧化二铁、氧化钛、氧化钠、氧化钙、氧化镁、氧化钾、二氧化硫等物质组成。其中二氧化硫对藏品的危害为：可使纺织物、纸质文物酥脆，彩绘颜料变色，皮革、骨牙类文物脆裂，金属类器物腐蚀。

【硫化氢污染】一种无色含硫化合物的大气污染物，有臭鸡蛋的异味。硫化氢污染物对文物的破坏力极强。与金属文物起化学反应，生成暗色的金属硫化物。彩绘颜料中含铅的物质与硫化氢发生作用，色彩变暗。特别易使银器、铜器表面造成较重的腐蚀损坏，铅锡器物表面腐蚀变色更为严重。

【博物馆空气质量监测】博物馆展陈与藏品库存环境空气质量监测，一般分为测量该区域的空气质量与材料使用前的预测试两种方法。传统检测分析方法如气相色谱法，是对特定污染物进行定量采样测试的方法，分为被动和主动采样检测法。再如防胶片、照片档案的氧化褪变色，需监测氧化性气体浓度，通过对胶片、照片光密度的测量来测试氧化性气体。现代已采用化学传感器的探测仪来快速测定文物环境的污染气体。

〔检测防治〕

【气体采样检测】监测文物展存环境的一种被动采样方法。将吸附取样器放在检测展柜、陈列环境中采样，采样一般需两周，时间越长检测限就越低，因为取样是通过空气慢慢地吸附于取样管内实现的。测试数据用气相色谱法读取。分析技术和检测限数值取决于采样探头。

而主动取样法检测则时间短，是通过泵吸方式将气体吸至采样介质上，取样器较为灵敏，需要经验丰富的人员来操作。

【金属挂片检测法】对博物馆展陈柜材质预监测有无释放腐蚀气体的一种方法。选取与预展陈的金属文物材质相同的金属挂片，放入准备采用的新陈列柜中，提高温湿度等加速试片腐蚀措施，经检测铅试片发生腐蚀，说明存在碳酰基化合物；银试片失去光泽，说明该环境中有硫磺化合物存在，如没有出现腐蚀情况，既该展柜适合于展陈该材质类的文物。

【硫化物检测法】采用试剂检测硫化物的一种方法。3g 叠氮化钠，100ml 碘溶液与 3ml 甲醇酒精配成试剂。在显微镜下的载玻片上滴一滴进行观察，如有硫化物存在，会有氮气产生，其化学反应式：

$2NaN_3 + I_2 = 2NaI + 3N_2$（gas）。

【生物风化】 生物风化作用是指受生物生长及活动影响而产生的风化作用。又分为机械风化和化学风化作用。如石窟、古建筑、大型古遗址等类文物，穴居动物的钻洞掘穴，可使岩石破碎、土粒粉化与古建、遗址夯土基础遭破坏等，岩石裂隙中的植物根系对岩石的撑裂扩大作用引起岩体崩塌破坏均为机械风化。化学风化指岩缝中根系分泌出的有机酸，穴居动物分泌物的腐蚀酸，动植物死后的分解物都可以形成对文物的风化破坏。岩石上微生物产生 CO_2，硝化细菌产生硝酸、硫细菌产生硫酸等，这些微生物的代谢产物导致岩石风化作用，均为生物风化。

【微生物对文物的危害】 系指有害微生物在高湿高温环境中，以文物材料为培养基，分解或液化其物质材料，使文物质地发霉变质的过程。这一变质过程大致可分为初期霉变、生霉、霉烂三个阶段。初期霉变表现为文物质地发潮有轻微霉味。生霉阶段是微生物大量繁殖，迅速达到稳定的生长期，霉变部位开始形成毛状或绒状菌落，逐渐由白色变成灰绿色。霉烂阶段是文物材质被微生物腐蚀分解，使其质地结构强度减弱，甚至彻底质变，致使文物遭受破坏。

【破坏纤维质文物的微生物】 纤维质文物系材质中多含纤维素、淀粉、明胶等物质的有机质文物，如棉、麻、纸类、木器等文物。微生物能分泌出分解这些文物材质的酶，与这类文物材料建立了腐生关系，进而促其霉变腐烂。

破坏有机纤维质类文物的微生物主要为霉菌和细菌。霉菌有曲霉菌、毒霉菌。细菌有大肠杆菌、葡萄球菌、纤维素分解菌等。

造成有机纤维质文物的腐蚀，有害微生物分泌产生的能分解文物材质的酶类主要有：

纤维素酶：芽枝霉、木霉、曲霉、青霉、毛霉、毛壳菌、镰刀菌等。

淀粉酶：米根霉、黑曲霉、毛霉、枯草杆菌、巨大芽孢杆菌等。

蛋白酶：黄曲霉、木霉、根霉、总状毛霉、产黄青霉、链霉菌、枯草杆菌等。

果胶酶：黑曲霉、黄曲霉、芽枝霉、木霉、米根霉、镰刀菌、枯草杆菌等。

【破坏蛋白质文物的微生物】 蛋白质文物系材质中含蛋白质纤维等物质的有机质文物，如丝、毛、皮革、犀角等类文物。由于有害微生物对这类文物的侵蚀，发生霉变后会生成多种霉斑。同时微生物分泌的蛋白酶在蛋白质纤维作用下，水解生成氨基酸，会进一步分解、脱氨、脱酸，生成饱和或不饱和脂肪酸、酮酸、醇、胺等物质，会使有机物质腐败、发臭、变黏，使蛋白质类文物材质强度减弱，失去光泽。

【有害微生物防治】 对有害微生物的防治，一是对有害微生物采取有效的预防措施。就是要杜绝有害微生物进入文物库房途径，控制温湿度，合理调控文物存放环境的通风与密闭；二是对已受微生物侵蚀的文物，采取适当的方法，制止微生物的破坏；三是石窟壁画等类文物曾受到过微生物的侵蚀，随着环境的变化，微生物残留的斑痕依在，应采用适当方法对其洁除。

【化学防治】 指将防霉变的化学药剂经喷涂于文物质地上或周围环境中，以防微生物侵蚀和霉变。当前用于文物保护化学防霉药剂主要是香叶醇除防剂、麝香草酚、五氯苯酚钠、霉敌等防霉剂。详见质地材料篇相应条目。

【低温保存】 微生物的代谢过程中滋生发育重要的一个方面靠的是适宜温度，在 $20 \sim 28℃$ 之间。采用低温保存，有利于文物防止有害微生物侵蚀。但低温只能抑制菌类滋生发育。无法阻止一些低温类微生物，如灰曲霉、青霉、芽枝菌等的生存。

【除氧封存】 除氧封存，是指用生物的、化学的、机械的方法把密封存储的文物环境中的氧迅速去除，通过破坏有害微生物的呼吸代谢达到预防的目的。氧气是微生物和昆虫生长的必要条件之一。在其他条件都满足的情况下，密闭容积内的氧浓度在 1% 以上，内装的物品就会发霉。氧化物需要不断地从周围环境中吸进氧气，以维持其正常的生理活动。如果在存放物品的密闭容器内，放适量除氧剂，当除氧剂耗去其空间的氧气，使其成为相对无氧状态时，需氧微生物霉菌和昆虫的新陈代谢受到抑制而死亡，密封容器内的器物便得以长期保存。

【脱氧充氮法】 对珍贵的易腐蚀文物，将其放入密封文物展柜中，抽去柜中空气，再充入氮气等类惰性气体，达到观展与保护文物的目的。

【微波杀菌】 微波对生物作用有热效应、电磁场效应、量子效应、超电导作用所引起的变化，影响菌细胞酶的活性，细胞膜的电特性和通透性，影响 DNA 和 ATP 合成及理化性质等。所以，微波具有良好的杀菌效能，有处理作用快与不遗留污染物等优点，长期以来被广泛应用于纸张文物的消毒处理。

【环氧乙烷熏蒸灭菌】 环氧乙烷的灭菌，在一般温度中，环氧乙烷能迅速同蛋白质、核蛋白等起化学反应，可作用于蛋白质的巯基（—SH）、羟基（—OH）、氨基（—NH$_2$）和羧基（—COOH）），取代各基团上的活泼氢原子，生成一种烷基化合物羟乙基（CH$_2$CH$_2$OH），阻止微生物酶的正常生理功能，使微生物的新陈代谢发生障碍而死亡。
　　一般在抽真空负压熏蒸设备内进行，环氧乙烷的蒸气当达到一定浓度时，通过昆虫的呼吸系统进入体内，引起中毒而死亡。环氧乙烷蒸气压较大，杀虫灭菌效果可靠，对各种类型的微生物及昆虫都有很强的杀灭作用。对书画、棉、丝等质地的文物的处理是安全有效的。

【溴甲烷熏蒸法】 溴甲烷熏蒸法除虫，能有效地杀灭虫卵和各虫期的害虫。杀虫机理是当药物吸入虫体后，改变了昆虫的呼吸代谢功能，促其死亡。溴甲烷熏蒸浓度在 10~70g/m^3，密封 12 小时。但该药剂杀菌能力较差，对某些霉菌如黑曲霉采用 100g/m^3 时才能起杀菌作用。如果在药剂中加入约 15% 的环氧乙烷熏蒸文物，可以增加溴甲烷的杀菌能力。

【文物害虫种类】 据统计，危害文物质地的害虫多达近百种。所涉及的有 9 个目，29 个科。其中，纸质文物上常见害虫，多为档案窃蠹、书虱、蜚蠊（蟑螂）、药材甲、毛衣鱼等；纺织品文物的主要害虫为皮蠹、衣蛾两类，皮蠹类主要有小圆皮蠹、红绿皮蠹、黑皮蠹、百怪皮蠹等，衣蛾类主要为织网衣蛾、毛毡衣蛾、负袋衣蛾；皮革类文物的主要害虫为黑皮蠹、花斑皮蠹、裸珠甲等；竹质文物的主要害虫为竹蠹和褐粉蠹等；木质文物的害虫主要为粉蠹昆虫，如鳞毛粉蠹、谷蠹、中华粉蠹等，以及天牛科的家茸天牛。另外，对古建筑危害最大的昆虫是木栖白蚁。

【文物害虫温湿度条件】 文物害虫的生长与繁殖，因其种类及所处环境条件的不同而异。一定的温度是文物害虫生长繁殖不可缺少的条件，温度适宜，发育繁殖就快，温度不适宜，害虫的繁殖就会受到抑制以至死亡。文物害虫生育繁殖的适宜温度一般为 22~32℃。各种害虫的生存温度也不尽相同，如烟草虫为 22~35℃、毛衣鱼为 22~28℃、蜚蠊为 20~30℃。多种文物害虫不宜活动的温度范围为 0~15℃ 或 35~40℃。针对这一特点，利用高低温杀虫，改变害虫生存的有效温区，是一种灭除害虫的方法。同样，环境潮湿是害虫生长繁殖的优越条件，水分是害虫生存不可缺少的物质，文物害虫一般适宜的相对湿度为 70%~90%。

【文物害虫防治】 文物害虫的防治，首先做到文物入库前的彻底洁除、灭虫与库房环境、藏品柜、囊匣的清洁卫生。其次是控制好库房的温湿度。再其次是谨慎使用对文物、人体无危害或危害小的驱虫剂如樟脑丸、卫生球等，天然中药材麝香、芸香、黄柏、莽草等也可用作防虫剂。发现虫害后，文物应及时隔离并做灭虫处理。文物害虫的灭杀，详见化学灭虫与物理灭虫的方法。

【化学灭虫】 化学灭虫是利用化学药物灭杀害虫的方法。是通过害虫的呼吸或进食使药物进入虫体，致使害虫中毒死亡。对杀虫剂的选择要求，一是不构成对文物的毒副作用，二是对人体毒性危害小，三是杀虫效率高，渗透力强。目前主要采用药物熏蒸法杀灭害虫，所采用的药物主要有环氧乙烷、溴甲烷、硫酰氟、除虫菊酯（二氯苯醚菊酯）、DA91 多效杀虫灵等。其中重庆档案馆研制的 DA91 多效杀虫剂据介绍在用药量 40g/m³ 时，档案窃蠹、烟草甲、毛衣鱼等害虫，一昼夜基本完全死亡。用药在半封闭的环境中，花斑皮蠹、毛衣鱼、药材甲、赤拟谷盗、书虱等蛀虫的老熟幼虫六日内均可完全死亡。

【物理灭虫】 物理杀虫是利用人工或自然的高低温、电磁辐射、缺氧等杀灭害虫的方法。采用高温杀虫，将温度升至 40 ~ 48℃ 之间，扰乱了害虫的神经系统，促其死亡，但如时间长会对某些文物材质造成热老化副作用，而低温灭虫较为安全，将温度降至 - 1.5℃ 时，使其害虫生理停滞而死亡，但对某些采用粘接方法制作的竹木质文物会有一定影响；电磁辐射是采用高频、微波技术，利用电磁场加热的方法杀虫，快速、简便、无毒副作用；缺氧杀虫是改变空气的正常比例，使害虫在缺氧环境中窒息死亡。具体可采用化学缺氧法、生物缺氧法、机械缺氧法灭虫。

【害虫抗药性】 害虫防治是有机质文物保护工作的重要内容。但是，某种药剂由于长期使用，防虫效力会逐渐下降，于是不断加大剂量，但收效甚微，这是由于害虫对防虫剂产生了抗药性所致。

　　一般指对某种药剂原来敏感的微生物或昆虫，经非致死浓度作用一段时间后，对该药产生更大的抵抗力。换言之，"抗药性"是指在长期使用某种药剂之后，微生物或昆虫对该药剂的抵抗力较原来正常情况下有明显增加的现象。害虫"抗药性"产生的原因是害虫在药剂选择压力（对防虫剂而言，通常是指常压）之下，大量敏感个体逃逸而去，留下抗药力较强的个体，受到反复"锻炼"，经过适应和变异等生理过程，形成了抗药种群。害虫抗药性本质上是害虫对环境适应的一种反应，是长期连续使用一种药剂的必然结果。这种性质往往可以延续传至它们的后代。

〔**光能破坏防护**〕

【光辐射】 光辐射对文物的展出与保存都是有害的，主要来自太阳的自然光与人工光源，其中紫外光的危害最为严重。光对文物的危害除了它的热效应能使有关化学反应加快外，主要是光化学

反应，光线能造成许多有机质文物表面的质变，如对书画、织物、皮革、漆木器等文物的破坏。光对有机质文物材质的破坏，引起表面变质并加速反应，导致文物材质的褪色老化。

【光对文物材质危害】 有机质文物，如皮革、织物、漆木器、纸张等都是动、植物纤维组成的。光辐射对有机材质中纤维素的破坏特征，是使纤维素的铜氨溶液黏度和聚合度下降，初始光化学反应是链断裂，产生多种化合物，并随之出现变脆、泛黄等明显老化现象。致使纸张、纺织物的材质褪色、变脆、弹性减弱；使染料、颜料、字迹褪变色。由于光照使局部发热或干燥，使一些漆木质文物，表面起皱、龟裂、粉化脱落等。

【光老化特征】 有机质文物受到光辐射，引发的光裂解和光氧化反应，会造成分子链被打断，在空气中氧的作用下引发一系列光氧化反应，从而使有机材质化合物分子结构发生变化。所表现出特征为：外观上褪变色，有斑点及龟裂、变形等；性能强度变差，变脆、易折断；物理性能有所改变，如溶解度、吸湿性、透光性等都有变化；组织结构也有所改变，如分子间构型的变化并产生交联，分子量变小等。

【光能破坏】 光辐射对纸质文物的破坏是使纤维素的铜氨溶液黏度和聚合度下降，继而纸质出现光氧化反应而泛黄、变脆等老化现象。多类文物在光辐射的光氧化作用下导致材料的化学成分或结构发生变化，发生褪色现象。其主要是光辐射对器物上的有机颜料、染料变、褪色的影响，对无机矿物颜料的影响主要是掺和的胶结物。

【光氧化反应】 文物本身材质分子在光辐射作用下，光化学反应与所处环境中氧气发生一系列化学反应导致其结构的变化，会出现褪变色、光裂解等现象。

【光谱】 光波是由原子内部运动的电子产生的，各种物质的原子内部电子运动情况不同，所发射的光波也不同。将自然界中所存的电磁波按波长或频率大小进行排列，可以组成一条很宽的谱带，

称之为光谱。即复色光经过色散系统（如棱镜、光栅）分光后，被色散开的单色光按波长（或频率）大小而依次排列的图案。例如，太阳光经过三棱镜后形成按红、橙、黄、绿、青、蓝、紫次序连续分布的彩色光谱。红到紫色，相应于波长由 7，700～3800×1010 米的区域，是为人眼能感觉的可见部分。红端之外为波长更长的红外光，紫端之外则为波长更短的紫外光，肉眼是无法观察的，只能靠仪器测量。

【滤光措施】我国博物馆照明标准中规定，文物照射最大允许紫外线含量小于 $75\mu W/lm$（微瓦）。文物展藏环境超过此值的任何光源都要采取滤光措施。在光线照射到物体前，采用一种材料吸收或反射紫外线。能阻止波长在 400nm 以下的紫外线的通过，不妨碍其他可见光通过。一般采用三类材料和处理措施。其一，通过含有采用锌钛白等涂料粉刷墙壁，设法将展厅光线经墙壁折射投向展品。其二，通过含有铅或氧化铈的特种玻璃，或克罗克玻璃能吸收紫外线，但效果不太好。其三，普遍采用紫外线吸收剂材料，其主要成分有二苯甲酮类、芳香族脂、苯骈三唑等类物质。紫外线吸收剂能优先吸收紫外线，将能量以非破坏性的波长再发射出来。该吸收剂一般加工为三种滤光材料：一是将吸收剂溶于涂料中，涂于玻璃载体上。二是制成含吸收剂的薄膜，然后黏附在玻璃或光源上。三是制成含吸收剂聚丙烯酸等透明滤紫外线材料，替代玻璃使用。

【藏品避光措施】文物库房建造时应避光，可建地下库房或密闭式无窗库房。有窗不宜过大，宜采用百叶窗式，窗外采用遮阳板、凉棚，窗内挂夹层厚窗布帘等遮光设施。门窗尽量采用毛玻璃、夹层玻璃等滤光玻璃。另外还可用涂过紫外光吸收剂的玻璃，可以滤掉紫外光，将光能转变为无害的物质。文物库房内光源应选用无紫外光辐射的光源。器物应尽量置于囊、匣、盒、箱、柜中，避光存放。

【勒克斯】光线辐射的基本物理量是照度，就是光照明的强度，以物体单位面积上所得到光通量表示，照度的单位名称勒克斯（Lux）。

【照度标准】文物陈列展出，采用人工光源照明，展厅内光照水平是用"照度"来衡量。照度是光学上一种指标，其单位是"勒光斯"。当采用天然光源时，由于天然光变化不定，是以"天然照度系数"（e＝%）作为衡量标准，即室内与室外照度值的百分比。

【文物允许照度值】展品所需的最佳照度值，是根据展品的各自特征决定的。我国制定的《博物馆照明设计标准》中将藏品对光敏感程度分为三大类。其中：将丝毛棉麻纺织品、书法、绘画、拓片、书籍、文献、手稿、邮票、图片、壁画、彩陶、彩塑、染色皮革、动植物标本等，定为对光线特别敏感的文物，照明标准 25～50 勒克斯；将油画、皮革、骨角制品、象牙制品、竹木制品、漆器等，定为对光敏感文物，照明标准≤150 勒克斯；其他类文物为对光线不敏感的文物不超过 300 勒克斯。

【冷光源】冷光源是一种利用化学能、电能激发的高科技新型光源。冷光源工作时不发热，避免了与热量积累相关的一系列问题。发光原理是在电场作用下，产生电子碰撞激发荧光材料产生发光现象，具有十分优良的光学、变内特性。

〔部分选编文件〕
〔文物保护法规文件〕
【《古物保存法》】国民政府 1930 年 6 月 7 日公布。"中华民国"颁布的第一个文物法规。共 14 条，主要内容包括古物的范围和种类、古物的保存方式、古物的管理方法、地下古物均属于国有、古物的发掘管理、古物的流通管理以及中央古物保管委员会的组织方法等。

【《中华人民共和国文物保护法》】全国人大 2002 年 12 月 3 日颁布。（2002 年 10 月 28 日第九届全国人民代表大会常务委员会第三十次会议通过。）

第一章　总　则

第一条　为了加强对文物的保护，继承中华民族优秀的历史文化遗产，促进科学研究工作，进行爱国主义和革命传统教育，建设社会主义精神文明和物质文明，根据宪法，制定本法。

第二条　在中华人民共和国境内，下列文物受国家保护：

（一）具有历史、艺术、科学价值的古文化遗址、古墓葬、古建筑、石窟寺和石刻、壁画；

（二）与重大历史事件、革命运动或者著名人物有关的以及具有重要纪念意义、教育意义或者史料价值的近代现代重要史迹、实物、代表性建筑；

（三）历史上各时代珍贵的艺术品、工艺美术品；

（四）历史上各时代重要的文献资料以及具有历史、艺术、科学价值的手稿和图书资料等；

（五）反映历史上各时代、各民族社会制度、社会生产、社会生活的代表性实物。

文物认定的标准和办法由国务院文物行政部门制定，并报国务院批准。

具有科学价值的古脊椎动物化石和古人类化石同文物一样受国家保护。

第三条　古文化遗址、古墓葬、古建筑、石窟寺、石刻、壁画、近代现代重要史迹和代表性建筑等不可移动文物，根据它们的历史、艺术、科学价值，可以分别确定为全国重点文物保护单位，省级文物保护单位，市、县级文物保护单位。

历史上各时代重要实物、艺术品、文献、手稿、图书资料、代表性实物等可移动文物，分为珍贵文物和一般文物；珍贵文物分为一级文物、二级文物、三级文物。

第四条　文物工作贯彻保护为主、抢救第一、合理利用、加强管理的方针。

第五条　中华人民共和国境内地下、内水和领海中遗存的一切文物，属于国家所有。

古文化遗址、古墓葬、石窟寺属于国家所有。国家指定保护的纪念建筑物、古建筑、石刻、壁画、近代现代代表性建筑等不可移动文物，除国家另有规定的以外，属于国家所有。

国有不可移动文物的所有权不因其所依附的土地所有权或者使用权的改变而改变。

下列可移动文物，属于国家所有：

（一）中国境内出土的文物，国家另有规定的除外；

（二）国有文物收藏单位以及其他国家机关、部队和国有企业、事业组织等收藏、保管的文物；

（三）国家征集、购买的文物；

（四）公民、法人和其他组织捐赠给国家的

文物;

（五）法律规定属于国家所有的其他文物。

属于国家所有的可移动文物的所有权不因其保管、收藏单位的终止或者变更而改变。

国有文物所有权受法律保护，不容侵犯。

第六条　属于集体所有和私人所有的纪念建筑物、古建筑和祖传文物以及依法取得的其他文物，其所有权受法律保护。文物的所有者必须遵守国家有关文物保护的法律、法规的规定。

第七条　一切机关、组织和个人都有依法保护文物的义务。

第八条　国务院文物行政部门主管全国文物保护工作。

地方各级人民政府负责本行政区域内的文物保护工作。县级以上地方人民政府承担文物保护工作的部门对本行政区域内的文物保护实施监督管理。

县级以上人民政府有关行政部门在各自的职责范围内，负责有关的文物保护工作。

第九条　各级人民政府应当重视文物保护，正确处理经济建设、社会发展与文物保护的关系，确保文物安全。

基本建设、旅游发展必须遵守文物保护工作的方针，其活动不得对文物造成损害。

公安机关、工商行政管理部门、海关、城乡建设规划部门和其他有关国家机关，应当依法认真履行所承担的保护文物的职责，维护文物管理秩序。

第十条　国家发展文物保护事业。县级以上人民政府应当将文物保护事业纳入本级国民经济和社会发展规划，所需经费列入本级财政预算。

国家用于文物保护的财政拨款随着财政收入增长而增加。

国有博物馆、纪念馆、文物保护单位等的事业性收入，专门用于文物保护，任何单位或者个人不得侵占、挪用。

国家鼓励通过捐赠等方式设立文物保护社会基金，专门用于文物保护，任何单位或者个人不得侵占、挪用。

第十一条　文物是不可再生的文化资源。国家加强文物保护的宣传教育，增强全民文物保护的意识，鼓励文物保护的科学研究，提高文物保护的科学技术水平。

第十二条　有下列事迹的单位或者个人，由国家给予精神鼓励或者物质奖励：

（一）认真执行文物保护法律、法规，保护文物成绩显著的；

（二）为保护文物与违法犯罪行为作坚决斗争的；

（三）将个人收藏的重要文物捐献给国家或者为文物保护事业作出捐赠的；

（四）发现文物及时上报或者上交，使文物得到保护的；

（五）在考古发掘工作中作出重大贡献的；

（六）在文物保护科学技术方面有重要发明创造或者其他重要贡献的；

（七）在文物面临破坏危险时，抢救文物有功的；

（八）长期从事文物工作，作出显著成绩的。

第二章　不可移动文物

第十三条　国务院文物行政部门在省级、市、县级文物保护单位中，选择具有重大历史、艺术、科学价值的确定为全国重点文物保护单位，或者直接确定为全国重点文物保护单位，报国务院核定公布。

省级文物保护单位，由省、自治区、直辖市人民政府核定公布，并报国务院备案。

市级和县级文物保护单位，分别由设区的市、自治州和县级人民政府核定公布，并报省、自治区、直辖市人民政府备案。

尚未核定公布为文物保护单位的不可移动文物，由县级人民政府文物行政部门予以登记并公布。

第十四条　保存文物特别丰富并且具有重大历史价值或者革命纪念意义的城市，由国务院核定公布为历史文化名城。

保存文物特别丰富并且具有重大历史价值或者革命纪念意义的城镇、街道、村庄，由省、自治区、直辖市人民政府核定公布为历史文化街区、村镇，并报国务院备案。

历史文化名城和历史文化街区、村镇所在地的县级以上地方人民政府应当组织编制专门的历史文化名城和历史文化街区、村镇保护规划，并纳入城市总体规划。

历史文化名城和历史文化街区、村镇的保护办法，由国务院制定。

第十五条　各级文物保护单位，分别由省、自治区、直辖市人民政府和市、县级人民政府划定必要的保护范围，作出标志说明，建立记录档案，并区别情况分别设置专门机构或者专人负责管理。全国重点文物保护单位的保护范围和记录档案，由省、自治区、直辖市人民政府文物行政部门报国务院文物行政部门备案。

县级以上地方人民政府文物行政部门应当根据不同文物的保护需要，制定文物保护单位和未核定为文物保护单位的不可移动文物的具体保护措施，并公告施行。

第十六条　各级人民政府制定城乡建设规划，应当根据文物保护的需要，事先由城乡建设规划部门会同文物行政部门商定对本行政区域内各级文物保护单位的保护措施，并纳入规划。

第十七条　文物保护单位的保护范围内不得进行其他建设工程或者爆破、钻探、挖掘等作业。但是，因特殊情况需要在文物保护单位的保护范围内进行其他建设工程或者爆破、钻探、挖掘等作业的，必须保证文物保护单位的安全，并经核定公布该文物保护单位的人民政府批准，在批准前应当征得上一级人民政府文物行政部门同意；在全国重点文物保护单位的保护范围内进行其他建设工程或者爆破、钻探、挖掘等作业的，必须经省、自治区、直辖市人民政府批准，在批准前应当征得国务院文物行政部门同意。

第十八条　根据保护文物的实际需要，经省、自治区、直辖市人民政府批准，可以在文物保护单位的周围划出一定的建设控制地带，并予以公布。

在文物保护单位的建设控制地带内进行建设工程，不得破坏文物保护单位的历史风貌；工程设计方案应当根据文物保护单位的级别，经相应的文物行政部门同意后，报城乡建设规划部门批准。

第十九条　在文物保护单位的保护范围和建设控制地带内，不得建设污染文物保护单位及其环境的设施，不得进行可能影响文物保护单位安全及其环境的活动。对已有的污染文物保护单位及其环境的设施，应当限期治理。

第二十条　建设工程选址，应当尽可能避开不可移动文物；因特殊情况不能避开的，对文物保护单位应当尽可能实施原址保护。

实施原址保护的，建设单位应当事先确定保护措施，根据文物保护单位的级别报相应的文物行政部门批准，并将保护措施列入可行性研究报告或者设计任务书。

无法实施原址保护，必须迁移异地保护或者拆除的，应当报省、自治区、直辖市人民政府批准；迁移或者拆除省级文物保护单位的，批准前须征得国务院文物行政部门同意。全国重点文物保护单位不得拆除；需要迁移的，须由省、自治区、直辖市人民政府报国务院批准。

依照前款规定拆除的国有不可移动文物中具有收藏价值的壁画、雕塑、建筑构件等，由文物行政部门指定的文物收藏单位收藏。

本条规定的原址保护、迁移、拆除所需费用，由建设单位列入建设工程预算。

第二十一条　国有不可移动文物由使用人负责修缮、保养；非国有不可移动文物由所有人负责修缮、保养。非国有不可移动文物有损毁危险，所有人不具备修缮能力的，当地人民政府应当给予帮助；所有人具备修缮能力而拒不依法履行修缮义务的，县级以上人民政府可以给予抢救修缮，所需费用由所有人负担。

对文物保护单位进行修缮，应当根据文物保护单位的级别报相应的文物行政部门批准；对未核定为文物保护单位的不可移动文物进行修缮，应当报登记的县级人民政府文物行政部门批准。

文物保护单位的修缮、迁移、重建，由取得文物保护工程资质证书的单位承担。

对不可移动文物进行修缮、保养、迁移，必须遵守不改变文物原状的原则。

第二十二条　不可移动文物已经全部毁坏的，应当实施遗址保护，不得在原址重建。但是，因特殊情况需要在原址重建的，由省、自治区、直辖市人民政府文物行政部门征得国务院文物行政部门同意后，报省、自治区、直辖市人民政府批准；全国重点文物保护单位需要在原址重建的，由省、自治区、直辖市人民政府报国务院批准。

第二十三条　核定为文物保护单位的属于国家所有的纪念建筑物或者古建筑，除可以建立博物馆、保管所或者辟为参观游览场所外，如果必须作其他用途的，应当经核定公布该文物保护单位的人民政府文物行政部门征得上一级文物行政部门同意后，报核定公布该文物保护单位的人民政府批准；全国重点文物保护单位作其他用途的，应当由省、自治区、直辖市人民政府报国务院批准。国有未核定为文物保护单位的不可移动文物作其他用途的，应当报告县级人民政府文物行政部门。

第二十四条　国有不可移动文物不得转让、抵押。建立博物馆、保管所或者辟为参观游览场所的国有文物保护单位，不得作为企业资产经营。

第二十五条　非国有不可移动文物不得转让、抵押给外国人。

非国有不可移动文物转让、抵押或者改变用途的，应当根据其级别报相应的文物行政部门备案；由当地人民政府出资帮助修缮的，应当报相应的文物行政部门批准。

第二十六条　使用不可移动文物，必须遵守不改变文物原状的原则，负责保护建筑物及其附属文物的安全，不得损毁、改建、添建或者拆除不可移动文物。

对危害文物保护单位安全、破坏文物保护单位历史风貌的建筑物、构筑物，当地人民政府应当及时调查处理，必要时，对该建筑物、构筑物予以拆迁。

第三章　考古发掘

第二十七条　一切考古发掘工作，必须履行报批手续；从事考古发掘的单位，应当经国务院文物行政部门批准。

地下埋藏的文物，任何单位或者个人都不得私自发掘。

第二十八条　从事考古发掘的单位，为了科学研究进行考古发掘，应当提出发掘计划，报国务院文物行政部门批准；对全国重点文物保护单位的考古发掘计划，应当经国务院文物行政部门审核后报国务院批准。国务院文物行政部门在批准或者审核前，应当征求社会科学研究机构及其他科研机构和有关专家的意见。

第二十九条　进行大型基本建设工程，建设单位应当事先报请省、自治区、直辖市人民政府文物行政部门组织从事考古发掘的单位在工程范围内有可能埋藏文物的地方进行考古调查、勘探。

考古调查、勘探中发现文物的，由省、自治区、直辖市人民政府文物行政部门根据文物保护的要求会同建设单位共同商定保护措施；遇有重要发现的，由省、自治区、直辖市人民政府文物行政部门及时报国务院文物行政部门处理。

第三十条　需要配合建设工程进行的考古发掘工作，应当由省、自治区、直辖市文物行政部门在勘探工作的基础上提出发掘计划，报国务院文物行政部门批准。国务院文物行政部门在批准前，应当征求社会科学研究机构及其他科研机构和有关专家的意见。

确因建设工期紧迫或者有自然破坏危险，对古文化遗址、古墓葬急需进行抢救发掘的，由省、自治区、直辖市人民政府文物行政部门组织发掘，并同时补办审批手续。

第三十一条　凡因进行基本建设和生产建设需要的考古调查、勘探、发掘，所需费用由建设单位列入建设工程预算。

第三十二条　在进行建设工程或者在农业生产中，任何单位或者个人发现文物，应当保护现场，立即报告当地文物行政部门，文物行政部门接到报告后，如无特殊情况，应当在二十四小时内赶赴现场，并在七日内提出处理意见。文物行政部门可以报请当地人民政府通知公安机关协助保护现场；发现重要文物的，应当立即上报国务院文物行政部门，国务院文物行政部门应当在接到报告后十五日内提出处理意见。

依照前款规定发现的文物属于国家所有，任何单位或者个人不得哄抢、私分、藏匿。

第三十三条　非经国务院文物行政部门报国务院特别许可，任何外国人或者外国团体不得在中华人民共和国境内进行考古调查、勘探、发掘。

第三十四条　考古调查、勘探、发掘的结果，应当报告国务院文物行政部门和省、自治区、直辖市人民政府文物行政部门。

考古发掘的文物，应当登记造册，妥善保管，按照国家有关规定移交给由省、自治区、直辖市人民政府文物行政部门或者国务院文物行政部门指定的国有博物馆、图书馆或者其他国有收藏文物的单位收藏。经省、自治区、直辖市人民政府文物行政部门或者国务院文物行政部门批准，从事考古发掘的单位可以保留少量出土文物作为科研标本。

考古发掘的文物，任何单位或者个人不得侵占。

第三十五条 根据保证文物安全、进行科学研究和充分发挥文物作用的需要，省、自治区、直辖市人民政府文物行政部门经本级人民政府批准，可以调用本行政区域内的出土文物；国务院文物行政部门经国务院批准，可以调用全国的重要出土文物。

第四章 馆藏文物

第三十六条 博物馆、图书馆和其他文物收藏单位对收藏的文物，必须区分文物等级，设置藏品档案，建立严格的管理制度，并报主管的文物行政部门备案。

县级以上地方人民政府文物行政部门应当分别建立本行政区域内的馆藏文物档案；国务院文物行政部门应当建立国家一级文物藏品档案和其主管的国有文物收藏单位馆藏文物档案。

第三十七条 文物收藏单位可以通过下列方式取得文物：

（一）购买；

（二）接受捐赠；

（三）依法交换；

（四）法律、行政法规规定的其他方式。

国有文物收藏单位还可以通过文物行政部门指定保管或者调拨方式取得文物。

第三十八条 文物收藏单位应当根据馆藏文物的保护需要，按照国家有关规定建立、健全管理制度，并报主管的文物行政部门备案。未经批准，任何单位或者个人不得调取馆藏文物。

文物收藏单位的法定代表人对馆藏文物的安全负责。国有文物收藏单位的法定代表人离任时，应当按照馆藏文物档案办理馆藏文物移交手续。

第三十九条 国务院文物行政部门可以调拨全国的国有馆藏文物。省、自治区、直辖市人民政府文物行政部门可以调拨本行政区域内其主管的国有文物收藏单位馆藏文物；调拨国有馆藏一级文物，应当报国务院文物行政部门备案。

国有文物收藏单位可以申请调拨国有馆藏文物。

第四十条 文物收藏单位应当充分发挥馆藏文物的作用，通过举办展览、科学研究等活动，加强对中华民族优秀的历史文化和革命传统的宣传教育。

国有文物收藏单位之间因举办展览、科学研究等需借用馆藏文物的，应当报主管的文物行政部门备案；借用馆藏一级文物，应当经国务院文物行政部门批准。

非国有文物收藏单位和其他单位举办展览需借用国有馆藏文物的，应当报主管的文物行政部门批准；借用国有馆藏一级文物，应当经国务院文物行政部门批准。

文物收藏单位之间借用文物的最长期限不得超过三年。

第四十一条 已经建立馆藏文物档案的国有文物收藏单位，经省、自治区、直辖市人民政府文物行政部门批准，并报国务院文物行政部门备案，其馆藏文物可以在国有文物收藏单位之间交换；交换馆藏一级文物的，必须经国务院文物行政部门批准。

第四十二条 未建立馆藏文物档案的国有文物收藏单位，不得依照本法第四十条、第四十一条的规定处置其馆藏文物。

第四十三条 依法调拨、交换、借用国有馆藏文物，取得文物的文物收藏单位可以对提供文物的文物收藏单位给予合理补偿，具体管理办法由国务院文物行政部门制定。

国有文物收藏单位调拨、交换、出借文物所得的补偿费用，必须用于改善文物的收藏条件和收集新的文物，不得挪作他用；任何单位或者个人不得侵占。

调拨、交换、借用的文物必须严格保管，不得丢失、损毁。

第四十四条 禁止国有文物收藏单位将馆藏文物赠与、出租或者出售给其他单位、个人。

第四十五条 国有文物收藏单位不再收藏的文物的处置办法，由国务院另行制定。

第四十六条 修复馆藏文物，不得改变馆藏文物的原状；复制、拍摄、拓印馆藏文物，不得对馆藏文物造成损害。具体管理办法由国务院制定。

不可移动文物的单体文物的修复、复制、拍摄、拓印，适用前款规定。

第四十七条 博物馆、图书馆和其他收藏文物的单位应当按照国家有关规定配备防火、防盗、防自然损坏的设施，确保馆藏文物的安全。

第四十八条 馆藏一级文物损毁的，应当报国务院文物行政部门核查处理。其他馆藏文物损毁的，应当报省、自治区、直辖市人民政府文物行政部门核查处理；省、自治区、直辖市人民政府文物行政部门应当将核查处理结果报国务院文物行政部门备案。

馆藏文物被盗、被抢或者丢失的，文物收藏单位应当立即向公安机关报案，并同时向主管的文物行政部门报告。

第四十九条 文物行政部门和国有文物收藏单位的工作人员不得借用国有文物，不得非法侵占国有文物。

第五章 民间收藏文物

第五十条 文物收藏单位以外的公民、法人和其他组织可以收藏通过下列方式取得的文物：

（一）依法继承或者接受赠与；

（二）从文物商店购买；

（三）从经营文物拍卖的拍卖企业购买；

（四）公民个人合法所有的文物相互交换或者依法转让；

（五）国家规定的其他合法方式。

文物收藏单位以外的公民、法人和其他组织收藏的前款文物可以依法流通。

第五十一条 公民、法人和其他组织不得买卖下列文物：

（一）国有文物，但是国家允许的除外；

（二）非国有馆藏珍贵文物；

（三）国有不可移动文物中的壁画、雕塑、建筑构件等，但是依法拆除的国有不可移动文物中的壁画、雕塑、建筑构件等不属于本法第二十条第四款规定的应由文物收藏单位收藏的除外；

（四）来源不符合本法第五十条规定的文物。

第五十二条 国家鼓励文物收藏单位以外的公民、法人和其他组织将其收藏的文物捐赠给国有文物收藏单位或者出借给文物收藏单位展览和研究。

国有文物收藏单位应当尊重并按照捐赠人的意愿，对捐赠的文物妥善收藏、保管和展示。

国家禁止出境的文物，不得转让、出租、质押给外国人。

第五十三条 文物商店应当由国务院文物行政部门或者省、自治区、直辖市人民政府文物行政部门批准设立，依法进行管理。

文物商店不得从事文物拍卖经营活动，不得设立经营文物拍卖的拍卖企业。

第五十四条 依法设立的拍卖企业经营文物拍卖的，应当取得国务院文物行政部门颁发的文物拍卖许可证。

经营文物拍卖的拍卖企业不得从事文物购销经营活动，不得设立文物商店。

第五十五条 文物行政部门的工作人员不得举办或者参与举办文物商店或者经营文物拍卖的拍卖企业。

文物收藏单位不得举办或者参与举办文物商店或者经营文物拍卖的拍卖企业。

禁止设立中外合资、中外合作和外商独资的文物商店或者经营文物拍卖的拍卖企业。

除经批准的文物商店、经营文物拍卖的拍卖企业外，其他单位或者个人不得从事文物的商业经营活动。

第五十六条 文物商店销售的文物，在销售前应当经省、自治区、直辖市人民政府文物行政部门审核；对允许销售的，省、自治区、直辖市人民政府文物行政部门应当作出标识。

拍卖企业拍卖的文物，在拍卖前应当经省、自治区、直辖市人民政府文物行政部门审核，并报国务院文物行政部门备案；省、自治区、直辖市人民政府文物行政部门不能确定是否可以拍卖的，应当报国务院文物行政部门审核。

第五十七条 文物商店购买、销售文物，拍卖企业拍卖文物，应当按照国家有关规定作出记录，并报原审核的文物行政部门备案。

拍卖文物时，委托人、买受人要求对其身份保密的，文物行政部门应当为其保密；但是，法律、行政法规另有规定的除外。

第五十八条 文物行政部门在审核拟拍卖的文物时，可以指定国有文物收藏单位优先购买其中的珍贵文物。购买价格由文物收藏单位的代表与文物的委托人协商确定。

第五十九条 银行、冶炼厂、造纸厂以及废旧物资回收单位，应当与当地文物行政部门共同负责拣选掺杂在金银器和废旧物资中的文物。拣选文物除供银行研究所必需的历史货币可以由人民银行留用外，应当移交当地文物行政部门。移交拣选文物，应当给予合理补偿。

第六章　文物出境进境

第六十条　国有文物、非国有文物中的珍贵文物和国家规定禁止出境的其他文物，不得出境；但是依照本法规定出境展览或者因特殊需要经国务院批准出境的除外。

第六十一条　文物出境，应当经国务院文物行政部门指定的文物进出境审核机构审核。经审核允许出境的文物，由国务院文物行政部门发给文物出境许可证，从国务院文物行政部门指定的口岸出境。

任何单位或者个人运送、邮寄、携带文物出境，应当向海关申报；海关凭文物出境许可证放行。

第六十二条　文物出境展览，应当报国务院文物行政部门批准；一级文物超过国务院规定数量的，应当报国务院批准。

一级文物中的孤品和易损品，禁止出境展览。

出境展览的文物出境，由文物进出境审核机构审核、登记。海关凭国务院文物行政部门或者国务院的批准文件放行。出境展览的文物复进境，由原文物进出境审核机构审核查验。

第六十三条　文物临时进境，应当向海关申报，并报文物进出境审核机构审核、登记。

临时进境的文物复出境，必须经原审核、登记的文物进出境审核机构审核查验；经审核查验无误的，由国务院文物行政部门发给文物出境许可证，海关凭文物出境许可证放行。

第七章　法律责任

第六十四条　违反本法规定，有下列行为之一，构成犯罪的，依法追究刑事责任：

（一）盗掘古文化遗址、古墓葬的；

（二）故意或者过失损毁国家保护的珍贵文物的；

（三）擅自将国有馆藏文物出售或者私自送给非国有单位或者个人的；

（四）将国家禁止出境的珍贵文物私自出售或者送给外国人的；

（五）以牟利为目的倒卖国家禁止经营的文物的；

（六）走私文物的；

（七）盗窃、哄抢、私分或者非法侵占国有文物的；

（八）应当追究刑事责任的其他妨害文物管理行为。

第六十五条　违反本法规定，造成文物灭失、损毁的，依法承担民事责任。

违反本法规定，构成违反治安管理行为的，由公安机关依法给予治安管理处罚。

违反本法规定，构成走私行为，尚不构成犯罪的，由海关依照有关法律、行政法规的规定给予处罚。

第六十六条　有下列行为之一，尚不构成犯罪的，由县级以上人民政府文物主管部门责令改正，造成严重后果的，处五万元以上五十万元以下的罚款；情节严重的，由原发证机关吊销资质证书：

（一）擅自在文物保护单位的保护范围内进行建设工程或者爆破、钻探、挖掘等作业的；

（二）在文物保护单位的建设控制地带内进行建设工程，其工程设计方案未经文物行政部门同意、报城乡建设规划部门批准，对文物保护单位的历史风貌造成破坏的；

（三）擅自迁移、拆除不可移动文物的；

（四）擅自修缮不可移动文物，明显改变文物原状的；

（五）擅自在原址重建已全部毁坏的不可移动文物，造成文物破坏的；

（六）施工单位未取得文物保护工程资质证书，擅自从事文物修缮、迁移、重建的。

刻划、涂污或者损坏文物尚不严重的，或者损毁依照本法第十五条第一款规定设立的文物保护单位标志的，由公安机关或者文物所在单位给予警告，可以并处罚款。

第六十七条　在文物保护单位的保护范围内或者建设控制地带内建设污染文物保护单位及其环境的设施的，或者对已有的污染文物保护单位及其环境的设施未在规定的期限内完成治理的，由环境保护行政部门依照有关法律、法规的规定给予处罚。

第六十八条　有下列行为之一的，由县级以

上人民政府文物主管部门责令改正，没收违法所得，违法所得一万元以上的，并处违法所得二倍以上五倍以下的罚款；违法所得不足一万元的，并处五千元以上二万元以下的罚款：

（一）转让或者抵押国有不可移动文物，或者将国有不可移动文物作为企业资产经营的；

（二）将非国有不可移动文物转让或者抵押给外国人的；

（三）擅自改变国有文物保护单位的用途的。

第六十九条　历史文化名城的布局、环境、历史风貌等遭到严重破坏的，由国务院撤销其历史文化名城称号；历史文化城镇、街道、村庄的布局、环境、历史风貌等遭到严重破坏的，由省、自治区、直辖市人民政府撤销其历史文化街区、村镇称号；对负有责任的主管人员和其他直接责任人员依法给予行政处分。

第七十条　有下列行为之一，尚不构成犯罪的，由县级以上人民政府文物主管部门责令改正，可以并处二万元以下的罚款，有违法所得的，没收违法所得：

（一）文物收藏单位未按照国家有关规定配备防火、防盗、防自然损坏的设施的；

（二）国有文物收藏单位法定代表人离任时未按照馆藏文物档案移交馆藏文物，或者所移交的馆藏文物与馆藏文物档案不符的；

（三）将国有馆藏文物赠与、出租或者出售给其他单位、个人的；

（四）违反本法第四十条、第四十一条、第四十五条规定处置国有馆藏文物的；

（五）违反本法第四十三条规定挪用或者侵占依法调拨、交换、出借文物所得补偿费用的。

第七十一条　买卖国家禁止买卖的文物或者将禁止出境的文物转让、出租、质押给外国人，尚不构成犯罪的，由县级以上人民政府文物主管部门责令改正，没收违法所得，违法经营额一万元以上的，并处违法经营额二倍以上五倍以下的罚款；违法经营额不足一万元的，并处五千元以上二万元以下的罚款。

第七十二条　未经许可，擅自设立文物商店、经营文物拍卖的拍卖企业，或者擅自从事文物的商业经营活动，尚不构成犯罪的，由工商行政管理部门依法予以制止，没收违法所得、非法经营

的文物，违法经营额五万元以上的，并处违法经营额二倍以上五倍以下的罚款；违法经营额不足五万元的，并处二万元以上十万元以下的罚款。

第七十三条　有下列情形之一的，由工商行政管理部门没收违法所得、非法经营的文物，违法经营额五万元以上的，并处违法经营额一倍以上三倍以下的罚款；违法经营额不足五万元的，并处五千元以上五万元以下的罚款；情节严重的，由原发证机关吊销许可证书：

（一）文物商店从事文物拍卖经营活动的；

（二）经营文物拍卖的拍卖企业从事文物购销经营活动的；

（三）文物商店销售的文物、拍卖企业拍卖的文物，未经审核的；

（四）文物收藏单位从事文物的商业经营活动的。

第七十四条　有下列行为之一，尚不构成犯罪的，由县级以上人民政府文物主管部门会同公安机关追缴文物；情节严重的，处五千元以上五万元以下的罚款：

（一）发现文物隐匿不报或者拒不上交的；

（二）未按照规定移交拣选文物的。

第七十五条　有下列行为之一的，由县级以上人民政府文物主管部门责令改正：

（一）改变国有未核定为文物保护单位的不可移动文物的用途，未依照本法规定报告的；

（二）转让、抵押非国有不可移动文物或者改变其用途，未依照本法规定备案的；

（三）国有不可移动文物的使用人拒不依法履行修缮义务的；

（四）考古发掘单位未经批准擅自进行考古发掘，或者不如实报告考古发掘结果的；

（五）文物收藏单位未按照国家有关规定建立馆藏文物档案、管理制度，或者未将馆藏文物档案、管理制度备案的；

（六）违反本法第三十八条规定，未经批准擅自调取馆藏文物的；

（七）馆藏文物损毁未报文物行政部门核查处理，或者馆藏文物被盗、被抢或者丢失，文物收藏单位未及时向公安机关或者文物行政部门报告的；

（八）文物商店销售文物或者拍卖企业拍卖文

物，未按照国家有关规定作出记录或者未将所作记录报文物行政部门备案的。

第七十六条 文物行政部门、文物收藏单位、文物商店、经营文物拍卖的拍卖企业的工作人员，有下列行为之一的，依法给予行政处分，情节严重的，依法开除公职或者吊销其从业资格；构成犯罪的，依法追究刑事责任：

（一）文物行政部门的工作人员违反本法规定，滥用审批权限、不履行职责或者发现违法行为不予查处，造成严重后果的；

（二）文物行政部门和国有文物收藏单位的工作人员借用或者非法侵占国有文物的；

（三）文物行政部门的工作人员举办或者参与举办文物商店或者经营文物拍卖的拍卖企业的；

（四）因不负责任造成文物保护单位、珍贵文物损毁或者流失的；

（五）贪污、挪用文物保护经费的。

前款被开除公职或者被吊销从业资格的人员，自被开除公职或者被吊销从业资格之日起十年不得担任文物管理人员或者从事文物经营活动。

第七十七条 有本法第六十六条、第六十八条、第七十条、第七十一条、第七十四条、第七十五条规定所列行为之一的，负有责任的主管人员和其他直接责任人员是国家工作人员的，依法给予行政处分。

第七十八条 公安机关、工商行政管理部门、海关、城乡建设规划部门和其他国家机关，违反本法规定滥用职权、玩忽职守、徇私舞弊，造成国家保护的珍贵文物损毁或者流失的，对负有责任的主管人员和其他直接责任人员依法给予行政处分；构成犯罪的，依法追究刑事责任。

第七十九条 人民法院、人民检察院、公安机关、海关和工商行政管理部门依法没收的文物应当登记造册，妥善保管，结案后无偿移交文物行政部门，由文物行政部门指定的国有文物收藏单位收藏。

第八章 附 则

第八十条 本法自公布之日起施行。

2007年12月29日，第10届全国人民代表大会第31次会议决定对《中华人民共和国文物保护法》作如下修改：

一、第二十二条修改为："不可移动文物已经全部毁坏的，应当实施遗址保护，不得在原址重建。但是，因特殊情况需要在原址重建的，由省、自治区、直辖市人民政府文物行政部门报省、自治区、直辖市人民政府批准；全国重点文物保护单位需要在原址重建的，由省、自治区、直辖市人民政府报国务院批准。"

二、第二十三条修改为："核定为文物保护单位的属于国家所有的纪念建筑物或古建筑，除可以建立博物馆、保管所或辟为参观游览场所外，作其他用途的，市、县级文物保护单位应当核定公布该文物保护单位的人民政府文物行政部门征得上一级文物行政部门同意后，报核定公布该文物保护单位的人民政府批准；省级文物保护单位应当经核定公布该文物保护单位的省级人民政府的文物行政部门审核同意后，报该省级人民政府批准；全国重点文物保护单位作其他用途的，应当由省、自治区、直辖市人民政府报国务院批准。国有未核定为文物保护单位的不可移动文物作其他用途的，应当报告县级人民政府文物行政部门。"

三、第四十条第二款修改为："国有文物收藏单位之间因举办展览、科学研究等需借用馆藏文物的，应当报主管的文物行政部门备案；借用馆藏一级文物的，应当经省、自治区、直辖市人民政府文物行政部门批准，并报国务院文物行政部门备案。"

本决定自公布之日起施行。

《中华人民共和国文物法》根据本决定作相应修改，重新公布。

【《中华人民共和国文物保护法实施条例》】国务院2003年5月18日公布，2003年7月1日施行。

第一章 总则

第一条 根据《中华人民共和国文物保护法》（以下简称文物保护法），制定本实施条例。

第二条 国家重点文物保护专项补助经费和地方文物保护专项经费，由县级以上人民政府文物行政主管部门、投资主管部门、财政部门按照国家有关规定共同实施管理。任何单位或者个人不得侵占、挪用。

第三条 国有的博物馆、纪念馆、文物保护

单位等的事业性收入，应当用于下列用途：

（一）文物的保管、陈列、修复、征集；

（二）国有的博物馆、纪念馆、文物保护单位的修缮和建设；

（三）文物的安全防范；

（四）考古调查、勘探、发掘；

（五）文物保护的科学研究、宣传教育。

第四条　文物行政主管部门和教育、科技、新闻出版、广播电视行政主管部门，应当做好文物保护的宣传教育工作。

第五条　国务院文物行政主管部门和省、自治区、直辖市人民政府文物行政主管部门，应当制定文物保护的科学技术研究规划，采取有效措施，促进文物保护科技成果的推广和应用，提高文物保护的科学技术水平。

第六条　有文物保护法第十二条所列事迹之一的单位或者个人，由人民政府及其文物行政主管部门、有关部门给予精神鼓励或者物质奖励。

第二章　不可移动文物

第七条　历史文化名城，由国务院建设行政主管部门会同国务院文物行政主管部门报国务院核定公布。

历史文化街区、村镇，由省、自治区、直辖市人民政府城乡规划行政主管部门会同文物行政主管部门报本级人民政府核定公布。

县级以上地方人民政府组织编制的历史文化名城和历史文化街区、村镇的保护规划，应当符合文物保护的要求。

第八条　全国重点文物保护单位和省级文物保护单位自核定公布之日起1年内，由省、自治区、直辖市人民政府划定必要的保护范围，作出标志说明，建立记录档案，设置专门机构或者指定专人负责管理。

设区的市、自治州级和县级文物保护单位自核定公布之日起1年内，由核定公布该文物保护单位的人民政府划定保护范围，作出标志说明，建立记录档案，设置专门机构或者指定专人负责管理。

第九条　文物保护单位的保护范围，是指对文物保护单位本体及周围一定范围实施重点保护的区域。

文物保护单位的保护范围，应当根据文物保护单位的类别、规模、内容以及周围环境的历史和现实情况合理划定，并在文物保护单位本体之外保持一定的安全距离，确保文物保护单位的真实性和完整性。

第十条　文物保护单位的标志说明，应当包括文物保护单位的级别、名称、公布机关、公布日期、立标机关、立标日期等内容。民族自治地区的文物保护单位的标志说明，应当同时用规范汉字和当地通用的少数民族文字书写。

第十一条　文物保护单位的记录档案，应当包括文物保护单位本体记录等科学技术资料和有关文献记载、行政管理等内容。

文物保护单位的记录档案，应当充分利用文字、音像制品、图画、拓片、摹本、电子文本等形式，有效表现其所载内容。

第十二条　古文化遗址、古墓葬、石窟寺和属于国家所有的纪念建筑物、古建筑，被核定公布为文物保护单位的，由县级以上地方人民政府设置专门机构或者指定机构负责管理。其他文物保护单位，由县级以上地方人民政府设置专门机构或者指定机构、专人负责管理；指定专人负责管理的，可以采取聘请文物保护员的形式。

文物保护单位有使用单位的，使用单位应当设立群众性文物保护组织；没有使用单位的，文物保护单位所在地的村民委员会或者居民委员会可以设立群众性文物保护组织。文物行政主管部门应当对群众性文物保护组织的活动给予指导和支持。

负责管理文物保护单位的机构，应当建立健全规章制度，采取安全防范措施；其安全保卫人员，可以依法配备防卫器械。

第十三条　文物保护单位的建设控制地带，是指在文物保护单位的保护范围外，为保护文物保护单位的安全、环境、历史风貌对建设项目加以限制的区域。

文物保护单位的建设控制地带，应当根据文物保护单位的类别、规模、内容以及周围环境的历史和现实情况合理划定。

第十四条　全国重点文物保护单位的建设控制地带，经省、自治区、直辖市人民政府批准，由省、自治区、直辖市人民政府的文物行政主管部门会同城乡规划行政主管部门划定并公布。

省级、设区的市、自治州级和县级文物保护单位的建设控制地带，经省、自治区、直辖市人民政府批准，由核定公布该文物保护单位的人民政府的文物行政主管部门会同城乡规划行政主管部门划定并公布。

第十五条　承担文物保护单位的修缮、迁移、重建工程的单位，应当同时取得文物行政主管部门发给的相应等级的文物保护工程资质证书和建设行政主管部门发给的相应等级的资质证书。其中，不涉及建筑活动的文物保护单位的修缮、迁移、重建，应当由取得文物行政主管部门发给的相应等级的文物保护工程资质证书的单位承担。

第十六条　申领文物保护工程资质证书，应当具备下列条件：

（一）有取得文物博物专业技术职务的人员；

（二）有从事文物保护工程所需的技术设备；

（三）法律、行政法规规定的其他条件。

第十七条　申领文物保护工程资质证书，应当向省、自治区、直辖市人民政府文物行政主管部门或者国务院文物行政主管部门提出申请。省、自治区、直辖市人民政府文物行政主管部门或者国务院文物行政主管部门应当自收到申请之日起30个工作日内作出批准或者不批准的决定。决定批准的，发给相应等级的文物保护工程资质证书；决定不批准的，应当书面通知当事人并说明理由。文物保护工程资质等级的分级标准和审批办法，由国务院文物行政主管部门制定。

第十八条　文物行政主管部门在审批文物保护单位的修缮计划和工程设计方案前，应当征求上一级人民政府文物行政主管部门的意见。

第十九条　危害全国重点文物保护单位安全或者破坏其历史风貌的建筑物、构筑物，由省、自治区、直辖市人民政府负责调查处理。

危害省级、设区的市、自治州级、县级文物保护单位安全或者破坏其历史风貌的建筑物、构筑物，由核定公布该文物保护单位的人民政府负责调查处理。

危害尚未核定公布为文物保护单位的不可移动文物安全的建筑物、构筑物，由县级人民政府负责调查处理。

第三章　考古发掘

第二十条　申请从事考古发掘的单位，取得考古发掘资质证书，应当具备下列条件：

（一）有4名以上取得考古发掘领队资格的人员；

（二）有取得文物博物专业技术职务的人员；

（三）有从事文物安全保卫的专业人员；

（四）有从事考古发掘所需的技术设备；

（五）有保障文物安全的设施和场所；

（六）法律、行政法规规定的其他条件。

第二十一条　申领考古发掘资质证书，应当向国务院文物行政主管部门提出申请。国务院文物行政主管部门应当自收到申请之日起30个工作日内作出批准或者不批准的决定。决定批准的，发给考古发掘资质证书；决定不批准的，应当书面通知当事人并说明理由。

第二十二条　考古发掘项目实行领队负责制度。担任领队的人员，应当取得国务院文物行政主管部门按照国家有关规定发给的考古发掘领队资格证书。

第二十三条　配合建设工程进行的考古调查、勘探、发掘，由省、自治区、直辖市人民政府文物行政主管部门组织实施。跨省、自治区、直辖市的建设工程范围内的考古调查、勘探、发掘，由建设工程所在地的有关省、自治区、直辖市人民政府文物行政主管部门联合组织实施；其中，特别重要的建设工程范围内的考古调查、勘探、发掘，由国务院文物行政主管部门组织实施。

建设单位对配合建设工程进行的考古调查、勘探、发掘，应当予以协助，不得妨碍考古调查、勘探、发掘。

第二十四条　国务院文物行政主管部门应当自收到文物保护法第三十条第一款规定的发掘计划之日起30个工作日内作出批准或者不批准决定。决定批准的，发给批准文件；决定不批准的，应当书面通知当事人并说明理由。

文物保护法第三十条第二款规定的抢救性发掘，省、自治区、直辖市人民政府文物行政主管部门应当自开工之日起10个工作日内向国务院文物行政主管部门补办审批手续。

第二十五条　考古调查、勘探、发掘所需经费的范围和标准，按照国家有关规定执行。

第二十六条　从事考古发掘的单位应当在考古发掘完成之日起30个工作日内向省、自治区、直辖市人民政府文物行政主管部门和国务院文物行政主管部门提交结项报告，并于提交结项报告之日起 3 年内向省、自治区、直辖市人民政府文物行政主管部门和国务院文物行政主管部门提交考古发掘报告。

第二十七条　从事考古发掘的单位提交考古发掘报告后，经省、自治区、直辖市人民政府文物行政主管部门或者国务院文物行政主管部门依据各自职权批准，可以保留少量出土文物作为科研标本，并应当于提交发掘报告之日起 6 个月内将其他出土文物移交给由省、自治区、直辖市人民政府文物行政主管部门或者国务院文物行政主管部门指定的国有的博物馆、图书馆或者其他国有文物收藏单位收藏。

第四章　馆藏文物

第二十八条　文物收藏单位应当建立馆藏文物的接收、鉴定、登记、编目和档案制度，库房管理制度，出入库、注销和统计制度，保养、修复和复制制度。

第二十九条　县级人民政府文物行政主管部门应当将本行政区域内的馆藏文物档案，按照行政隶属关系报设区的市、自治州级人民政府文物行政主管部门或者省、自治区、直辖市人民政府文物行政主管部门备案；设区的市、自治州级人民政府文物行政主管部门应当将本行政区域内的馆藏文物档案，报省、自治区、直辖市人民政府文物行政主管部门备案；省、自治区、直辖市人民政府文物行政主管部门应当将本行政区域内的一级文物藏品档案，报国务院文物行政主管部门备案。

第三十条　文物收藏单位之间借用馆藏文物，借用人应当对借用的馆藏文物采取必要的保护措施，确保文物的安全。

借用的馆藏文物的灭失、损坏风险，除当事人另有约定外，由借用该馆藏文物的文物收藏单位承担。

第三十一条　国有文物收藏单位未依照文物保护法第三十六条的规定建立馆藏文物档案并将馆藏文物档案报主管的文物行政主管部门备案的，不得交换、借用馆藏文物。

第三十二条　修复、复制、拓印馆藏二级文物和馆藏三级文物的，应当报省、自治区、直辖市人民政府文物行政主管部门批准；修复、复制、拓印馆藏一级文物的，应当经省、自治区、直辖市人民政府文物行政主管部门审核后报国务院文物行政主管部门批准。

第三十三条　从事馆藏文物修复、复制、拓印的单位，应当具备下列条件：

（一）有取得中级以上文物博物专业技术职务的人员；

（二）有从事馆藏文物修复、复制、拓印所需的场所和技术设备；

（三）法律、行政法规规定的其他条件。

第三十四条　从事馆藏文物修复、复制、拓印，应当向省、自治区、直辖市人民政府文物行政主管部门提出申请。省、自治区、直辖市人民政府文物行政主管部门应当自收到申请之日起 30 个工作日内作出批准或者不批准的决定。决定批准的，发给相应等级的资质证书；决定不批准的，应当书面通知当事人并说明理由。

第三十五条　为制作出版物、音像制品等拍摄馆藏二级文物和馆藏三级文物的，应当报省、自治区、直辖市人民政府文物行政主管部门批准；拍摄馆藏一级文物的，应当经省、自治区、直辖市人民政府文物行政主管部门审核后报国务院文物行政主管部门批准。

第三十六条　馆藏文物被盗、被抢或者丢失的，文物收藏单位应当立即向公安机关报案，并同时向主管的文物行政主管部门报告；主管的文物行政主管部门应当在接到文物收藏单位的报告后 24 小时内，将有关情况报告国务院文物行政主管部门。

第三十七条　国家机关和国有的企业、事业组织等收藏、保管国有文物的，应当履行下列义务：

（一）建立文物藏品档案制度，并将文物藏品档案报所在地省、自治区、直辖市人民政府文物行政主管部门备案；

（二）建立、健全文物藏品的保养、修复等管理制度，确保文物安全；

（三）文物藏品被盗、被抢或者丢失的，应当立即向公安机关报案，并同时向所在地省、自治区、直辖市人民政府文物行政主管部门报告。

第五章　民间收藏文物

第三十八条　文物收藏单位以外的公民、法人和其他组织，可以依法收藏文物，其依法收藏的文物的所有权受法律保护。

公民、法人和其他组织依法收藏文物的，可以要求文物行政主管部门对其收藏的文物提供鉴定、修复、保管等方面的咨询。

第三十九条　设立文物商店，应当具备下列条件：

（一）有200万元人民币以上的注册资本；

（二）有5名以上取得中级以上文物博物专业技术职务的人员；

（三）有保管文物的场所、设施和技术条件；

（四）法律、行政法规规定的其他条件。

第四十条　设立文物商店，应当依照国务院文物行政主管部门的规定向省、自治区、直辖市以上人民政府文物行政主管部门提出申请。省、自治区、直辖市以上人民政府文物行政主管部门应当自收到申请之日起30个工作日内作出批准或者不批准的决定。决定批准的，发给批准文件；决定不批准的，应当书面通知当事人并说明理由。

第四十一条　依法设立的拍卖企业，从事文物拍卖经营活动的，应当有5名以上取得高级文物博物专业技术职务的文物拍卖专业人员，并取得国务院文物行政主管部门发给的文物拍卖许可证。

第四十二条　依法设立的拍卖企业申领文物拍卖许可证，应当向国务院文物行政主管部门提出申请。国务院文物行政主管部门应当自收到申请之日起30个工作日内作出批准或者不批准的决定。决定批准的，发给文物拍卖许可证；决定不批准的，应当书面通知当事人并说明理由。

第四十三条　文物商店购买、销售文物，经营文物拍卖的拍卖企业拍卖文物，应当记录文物的名称、图录、来源、文物的出卖人、委托人和买受人的姓名或者名称、住所、有效身份证件号码或者有效证照号码以及成交价格，并报核准其销售、拍卖文物的文物行政主管部门备案。接受备案的文物行政主管部门应当依法为其保密，并将该记录保存75年。

文物行政主管部门应当加强对文物商店和经营文物拍卖的拍卖企业的监督检查。

第六章　文物出境进境

第四十四条　国务院文物行政主管部门指定的文物进出境审核机构，应当有5名以上专职文物进出境责任鉴定员。专职文物进出境责任鉴定员应当取得中级以上文物博物专业技术职务并经国务院文物行政主管部门考核合格。

第四十五条　运送、邮寄、携带文物出境，应当在文物出境前依法报文物进出境审核机构审核。文物进出境审核机构应当自收到申请之日起15个工作日内作出是否允许出境的决定。文物进出境审核机构审核文物，应当有3名以上文物博物专业技术人员参加；其中，应当有2名以上文物进出境责任鉴定员。

文物出境审核意见，由文物进出境责任鉴定员共同签署；对经审核，文物进出境责任鉴定员一致同意允许出境的文物，文物进出境审核机构方可作出允许出境的决定。

文物出境审核标准，由国务院文物行政主管部门制定。

第四十六条　文物进出境审核机构应当对所审核进出境文物的名称、质地、尺寸、级别，当事人的姓名或者名称、住所、有效身份证件号码或者有效证照号码，以及进出境口岸、文物去向和审核日期等内容进行登记。

第四十七条　经审核允许出境的文物，由国务院文物行政主管部门发给文物出境许可证，并由文物进出境审核机构标明文物出境标识。经审核允许出境的文物，应当从国务院文物行政主管部门指定的口岸出境。海关查验文物出境标识后，凭文物出境许可证放行。

经审核不允许出境的文物，由文物进出境审核机构发还当事人。

第四十八条　文物出境展览的承办单位，应当在举办展览前6个月向国务院文物行政主管部门提出申请。国务院文物行政主管部门应当自收到申请之日起30个工作日内作出批准或者不批准的决定。决定批准的，发给批准文件；决定不批准的，应当书面通知当事人并说明理由。

一级文物展品超过120件（套）的，或者一级文物展品超过展品总数的20%的，应当报国务院批准。

第四十九条　一级文物中的孤品和易损品，禁止出境展览。禁止出境展览文物的目录，由国务院文物行政主管部门定期公布。

未曾在国内正式展出的文物，不得出境展览。

第五十条 文物出境展览的期限不得超过 1 年。因特殊需要，经原审批机关批准可以延期；但是，延期最长不得超过 1 年。

第五十一条 文物出境展览期间，出现可能危及展览文物安全情形的，原审批机关可以决定中止或者撤销展览。

第五十二条 临时进境的文物，经海关将文物加封后，交由当事人报文物进出境审核机构审核、登记。文物进出境审核机构查验海关封志完好无损后，对每件临时进境文物标明文物临时进境标识，并登记拍照。

临时进境文物复出境时，应当由原审核、登记的文物进出境审核机构核对入境登记拍照记录，查验文物临时进境标识无误后标明文物出境标识，并由国务院文物行政主管部门发给文物出境许可证。

未履行本条第一款规定的手续临时进境的文物复出境的，依照本章关于文物出境的规定办理。

第五十三条 任何单位或者个人不得擅自剥除、更换、挪用或者损毁文物出境标识、文物临时进境标识。

第七章 法律责任

第五十四条 公安机关、工商行政管理、文物、海关、城乡规划、建设等有关部门及其工作人员，违反本条例规定，滥用审批权限、不履行职责或者发现违法行为不予查处的，对负有责任的主管人员和其他直接责任人员依法给予行政处分；构成犯罪的，依法追究刑事责任。

第五十五条 违反本条例规定，未取得相应等级的文物保护工程资质证书，擅自承担文物保护单位的修缮、迁移、重建工程的，由文物行政主管部门责令限期改正；逾期不改正，或者造成严重后果的，处 5 万元以上 50 万元以下的罚款；构成犯罪的，依法追究刑事责任。

违反本条例规定，未取得建设行政主管部门发给的相应等级的资质证书，擅自承担含有建筑活动的文物保护单位的修缮、迁移、重建工程的，由建设行政主管部门依照有关法律、行政法规的规定予以处罚。

第五十六条 违反本条例规定，未取得资质证书，擅自从事馆藏文物的修复、复制、拓印活动的，由文物行政主管部门责令停止违法活动；没收违法所得和从事违法活动的专用工具、设备；造成严重后果的，并处 1 万元以上 10 万元以下的罚款；构成犯罪的，依法追究刑事责任。

第五十七条 文物保护法第六十六条第二款规定的罚款，数额为 200 元以下。

第五十八条 违反本条例规定，未经批准擅自修复、复制、拓印、拍摄馆藏珍贵文物的，由文物行政主管部门给予警告；造成严重后果的，处 2000 元以上 2 万元以下的罚款；对负有责任的主管人员和其他直接责任人员依法给予行政处分。

第五十九条 考古发掘单位违反本条例规定，未在规定期限内提交结项报告或者考古发掘报告的，由省、自治区、直辖市人民政府文物行政主管部门或者国务院文物行政主管部门责令限期改正；逾期不改正的，对负有责任的主管人员和其他直接责任人员依法给予行政处分。

第六十条 考古发掘单位违反本条例规定，未在规定期限内移交文物的，由省、自治区、直辖市人民政府文物行政主管部门或者国务院文物行政主管部门责令限期改正；逾期不改正，或者造成严重后果的，对负有责任的主管人员和其他直接责任人员依法给予行政处分。

第六十一条 违反本条例规定，文物出境展览超过展览期限的，由国务院文物行政主管部门责令限期改正；对负有责任的主管人员和其他直接责任人员依法给予行政处分。

第六十二条 依照文物保护法第六十六条、第七十三条的规定，单位被处以吊销许可证行政处罚的，应当依法到工商行政管理部门办理变更登记或者注销登记；逾期未办理的，由工商行政管理部门吊销营业执照。

第六十三条 违反本条例规定，改变国有的博物馆、纪念馆、文物保护单位等的事业性收入的用途的，对负有责任的主管人员和其他直接责任人员依法给予行政处分；构成犯罪的，依法追究刑事责任。

第八章 附则

第六十四条 本条例自 2003 年 7 月 1 日起施行。

〔文化遗产、博物馆、藏品管理〕

【《关于加强文化遗产保护的通知》】 国务院 2005 年 12 月 22 日颁布。

各省、自治区、直辖市人民政府、国务院各部委、各直属机构：

我国是历史悠久的文明古国。在漫长的岁月中，中华民族创造了丰富多彩、弥足珍贵的文化遗产。党中央、国务院历来高度重视文化遗产保护工作，在全社会的共同努力下，我国文化遗产保护取得了明显成效。与此同时，也应清醒地看到，当前我国文化遗产保护面临着许多问题，形势严峻，不容乐观。为了进一步加强我国文化遗产保护，继承和弘扬中华民族优秀传统文化，推动社会主义先进文化建设，国务院决定从 2006 年起，每年 6 月的第二个星期六为我国的"文化遗产日"。现就加强文化遗产保护有关问题通知如下：

一、充分认识保护文化遗产的重要性和紧迫性

文化遗产包括物质文化遗产和非物质文化遗产。物质文化遗产是具有历史、艺术和科学价值的文物，包括古遗址、古墓葬、古建筑、石窟寺、石刻、壁画、近代现代重要史迹及代表性建筑等不可移动文物，历史上各时代的重要实物、艺术品、文献、手稿、图书资料等可移动文物；以及在建筑式样、分布均匀或与环境景色结合方面具有突出普遍价值的历史文化名城（街区、村镇）。非物质文化遗产是指各种以非物质形态存在的与群众生活密切相关、世代相承的传统文化表现形式，包括口头传统、传统表演艺术、民俗活动和礼仪与节庆、有关自然界和宇宙的民间传统知识和实践、传统手工艺技能等以及与上述传统文化表现形式相关的文化空间。

我国文化遗产蕴含着中华民族特有的精神价值、思维方式、想象力，体现着中华民族的生命力和创造力，是各民族智慧的结晶，也是全人类文明的瑰宝。保护文化遗产，保持民族文化的传承，是联结民族情感纽带、增进民族团结和维护国家统一及社会稳定的重要文化基础，也是维护世界文化多样性和创造性，促进人类共同发展的前提。加强文化遗产保护，是建设社会主义先进文化，贯彻落实科学发展观和构建社会主义和谐社会的必然要求。

文化遗产是不可再生的珍贵资源，随着经济全球化趋势和现代化进程的加快，我国的文化生态正在发生巨大变化，文化遗产及其生存环境受到严重威胁。不少历史文化名城（街区、村镇）、古建筑、古遗址及风景名胜区整体风貌遭到破坏。文物非法交易、盗窃和盗掘古遗址古墓葬以及走私文物的违法犯罪活动在一些地区还没有得到有效遏制，大量珍贵文物流失境外。由于过度开发和不合理利用，许多重要文化遗产消亡或失传。在文化遗存相对丰富的少数民族聚居地区，由于人们生活环境和条件的变迁，民族或区域文化特色消失加快。因此，加强文化遗产保护刻不容缓。地方各级人民政府和有关部门要从对国家和历史负责的高度，从维护国家文化安全的高度，充分认识保护文化遗产的重要性，进一步增强责任感和紧迫感，切实做好文化遗产保护工作。

二、加强文化遗产保护的指导思想、基本方针和总体目标

（一）指导思想：坚持以邓小平理论和"三个代表"重要思想为指导，全面贯彻和落实科学发展观，加大文化遗产保护力度，构建科学有效的文化遗产保护体系，提高全社会文化遗产保护意识，充分发挥文化遗产在传承中华文化，提高人民群众思想道德素质和科学文化素质，增强民族凝聚力，促进社会主义先进文化建设和构建社会主义和谐社会中的重要作用。

（二）基本方针：物质文化遗产保护要贯彻"保护为主、抢救第一、合理利用、加强管理"的方针。非物质文化遗产保护要贯彻"保护为主、抢救第一、合理利用、传承发展"的方针。坚持保护文化遗产的真实性和完整性，坚持依法和科学保护，正确处理经济社会发展与文化遗产保护的关系，统筹规划、分类指导、突出重点、分步实施。

（三）总体目标：通过采取有效措施，文化遗产保护得到全面加强。到 2010 年，初步建立比较完备的文化遗产保护制度，文化遗产保护状况得到明显改善。到 2015 年，基本形成较为完善的文化遗产保护体系，具有历史、文化和科学价值的文化遗产得到全面有效保护；保护文化遗产深入人心，成为全社会的自觉行动。

三、着力解决物质文化遗产保护面临的突出问题

（一）切实做好文物调查研究和不可移动文物保护规划的制定实施工作。加强文物资源调查研究，并依法登记、建档。在认真摸清底数的基础上，分类制定文物保护规划，认真组织实施。国务院文物行政部门要统筹安排世界文化遗产、全国重点文物保护单位保护规划的编制工作，省级人民政府具体组织编制，报国务院文物行政部门审查批准后公布实施。国务院文物行政部门要对规划实施情况进行跟踪监测，检查落实。要及时依法划定文物保护单位的保护范围和建设控制地带，设立必要的保护管理机构，明确保护责任主体，建立健全保护管理制度。其他不可移动文物也要依据文物保护法的规定制定保护规划，落实保护措施。坚决避免和纠正过度开发利用文化遗产，特别是将文物作为或变相作为企业资产经营的违法行为。

（二）改进和完善重大建设工程中的文物保护工作。严格执行重大建设工程项目审批、核准和备案制度。凡涉及文物保护事项的基本建设项目，必须依法在项目批准前征求文物行政部门的意见，再进行必要的考古勘探、发掘并落实文物保护措施以后方可实施。基本建设项目中的考古发掘要充分考虑文物保护工作的实际需要，加强统一管理，落实审批和监督责任。

（三）切实抓好重点文物维修工程。统筹规划、集中资金，实施一批文物保护重点工程，排除重大文物险情，加强对重要濒危文物的保护。实施保护工程必须确保文物的真实性，坚决禁止借保护文物之名行造假古董之实。要对文物"复建"进行严格限制，把有限的人力、物力切实用到对重要文物、特别是重大濒危文物的保护项目上。严格工程管理，落实文物保护工程队伍资质制度，完善从业人员管理制度，建立健全各类文物保护技术规范，确保工程质量。

（四）加强历史文化名城（街区、村镇）保护。进一步完善历史文化名城（街区、村镇）的申报、评审工作。已确定为历史文化名城（街区、村镇）的，地方人民政府要认真制定保护规划，并严格执行。在城镇化过程中，要切实保护好历史文化环境，把保护优秀的乡土建筑等文化遗产作为城镇化发展战略的重要内容，把历史名城（街区、村镇）保护规划纳入城乡规划。相关重大建设项目，必须建立公示制度，广泛征求社会各界意见。国务院有关部门要对历史文化名城（街区、村镇）的保护状况和规划实施情况进行跟踪监测，及时解决有关问题；历史文化名城（街区、村镇）的布局、环境、历史风貌等遭到严重破坏的，应当依法取消其称号，并追究有关人员的责任。

（五）提高馆藏文物保护和展示水平。高度重视博物馆建设，加强对藏品的登记、建档和安全管理，落实藏品丢失、损毁追究责任制。实施馆藏文物信息化和保存环境达标建设，加大馆藏文物科技保护力度。提高陈列展览质量和水平，充分发挥馆藏文物的教育作用。加强博物馆专业人员培养，提高博物馆队伍素质。坚持向未成年人等特殊社会群体减、免费开放，不断提高服务质量和水平。

（六）清理整顿文物流通市场。加强对文物市场的调控和监督管理，依法严格把握文物流通市场准入条件，规范文物经营和民间文物收藏行为，确保文物市场健康发展。依法加强文物商店销售文物、文物拍卖企业拍卖文物的审核备案工作。坚决取缔非法文物市场，严厉打击盗窃、盗掘、走私、倒卖文物等违法犯罪活动，严格执行文物出入境审核、监管制度，加强鉴定机构队伍建设，严防珍贵文物流失。加强国际合作，对非法流失境外的文物要坚决依法追索。

四、积极推进非物质文化遗产保护

（一）开展非物质文化遗产普查工作。各地区要进一步做好非物质文化遗产的普查、认定和登记工作，全面了解和掌握非物质文化遗产资源的种类、数量、分布状况、生存环境、保护现状及存在的问题，及时向社会公布普查结果。3年内全国基本完成普查工作。

（二）制定非物质文化遗产保护规划。在科学论证的基础上，抓紧制定国家和地区非物质文化遗产保护规划，明确保护范围，提出长远目标和近期工作任务。

（三）抢救珍贵非物质文化遗产。采取有效措施，抓紧征集具有历史、文化和科学价值的非物质文化遗产实物和资料，完善征集和保管制度。

有条件的地方可以建立非物质文化遗产资料库、博物馆或展示中心。

（四）建立非物质文化遗产名录体系。进一步完善评审标准，严格评审工作，逐步建立国家和省、市、县非物质文化遗产名录体系。对列入非物质文化遗产名录的项目，要制定科学的保护计划，明确有关保护的责任主体，进行有效保护。对列入非物质文化遗产名录的代表性传人，要有计划地提供资助，鼓励和支持其开展传习活动，确保优秀非物质文化遗产的传承。

（五）加强少数民族文化遗产扣文化生态区的保护。重点扶持少数民族地区的非物质文化遗产保护工作。对文化遗产丰富且传统文化生态保持较完整的区域，要有计划地进行动态的整体性保护。对确属濒危的少数民族文化遗产和文化生态区，要尽快列入保护名录，落实保护措施，抓紧进行抢救和保护。

五、明确责任，切实加强对文化遗产保护工作的领导

（一）加强领导，落实责任。地方各级人民政府和有关部门要将文化遗产保护列入重要议事日程，并纳入经济和社会发展计划以及城乡规划。要建立健全文化遗产保护责任制度和责任追究制度。成立国家文化遗产保护领导小组，定期研究文化遗产保护工作的重大问题，统一协调文化遗产保护工作。地方各级人民政府也要建立相应的文化遗产保护协调机构。要建立文化遗产保护定期通报制度、专家咨询制度以及公众和舆论监督机制，推进文化遗产保护工作的科学化、民主化。要充分发挥有关学术机构、大专院校、企事业单位、社会团体等各方面的作用，共同开展文化遗产保护工作。

（二）加快文化遗产保护法制建设，加大执法力度。加强文化遗产保护法律法规建设，推进文化遗产保护的法制化、制度化和规范化。积极推动《非物质文化遗产保护法》、《历史文化名城和历史文化街区、村镇保护条例》等法律、行政法规的立法进程，争取早日出台。抓紧制定和起草与文物保护法相配套的部门规章和地方性法规。抓紧研究制定保护文化遗产知识产权的有关规定。要严格依照保护文化遗产的法律、行政法规办事，任何单位或者个人都不得作出与法律、行政法规

相抵触的决定；各级文物行政部门等行政执法机关有权依法抵制和制止违反有关法律、行政法规的决定和行为。严厉打击破坏文化遗产的各类违法犯罪行为，重点追究因决策失误、玩忽职守，造成文化遗产破坏、被盗或流失的责任人的法律责任。充实文化遗产保护执法力量，加大执法力度，做到执法必严，违法必究。因执法不力造成文化遗产受到破坏的，要追究有关执法机关和有关责任人的责任。

（三）安排专项资金，加强专业人才队伍建设。各级人民政府要将文化遗产保护经费纳入本级财政预算，保障重点文化遗产经费投入。抓紧制定和完善有关社会捐赠和赞助的政策措施，调动社会团体、企业和个人参与文化遗产保护的积极性。加强文化遗产保护管理机构和专业队伍建设，大力培养文化遗产保护和管理所需的各类专门人才。加强文化遗产保护科技的研究、运用和推广工作，努力提高文化遗产保护工作水平。

（四）加大宣传力度，营造保护文化遗产的良好氛围。认真举办"文化遗产日"系列活动，提高人民群众对文化遗产保护重要性的认识，增强全社会的文化遗产保护意识。各级各类文化遗产保护机构要经常举办展示、论坛、讲座等活动，使公众更多地了解文化遗产的丰富内涵。教育部门要将优秀文化遗产内容和文化遗产保护知识纳入教学计划，编入教材，组织参观学习活动，激发青少年热爱祖国优秀传统文化的热情。各类新闻媒体要通过开设专题、专栏等方式，介绍文化遗产和保护知识，大力宣传保护文化遗产的先进典型，及时曝光破坏文化遗产的违法行为及事件，发挥舆论监督作用，在全社会形成保护文化遗产的良好氛围。

与此同时，国务院有关部门也要切实研究解决自然遗产保护中存在的问题，加强自然遗产保护工作。

中华人民共和国国务院
二〇〇五年十二月二十二日

【《世界文化遗产保护管理办法》】 文化部 2006 年 11 月 14 日公布。

第一条　为了加强对世界文化遗产的保护和

管理，履行对《保护世界文化与自然遗产公约》的责任和义务，传承人类文明，依据《中华人民共和国文物保护法》制定本办法。

第二条　本办法所称世界文化遗产，是指列入联合国教科文组织《世界遗产名录》的世界文化遗产和文化与自然混合遗产中的文化遗产部分。

第三条　世界文化遗产工作贯彻保护为主、抢救第一、合理利用、加强管理的方针，确保世界文化遗产的真实性和完整性。

第四条　国家文物局主管全国世界文化遗产工作，协调、解决世界文化遗产保护和管理中的重大问题，监督、检查世界文化遗产所在地的世界文化遗产工作。

县级以上地方人民政府及其文物主管部门依照本办法的规定，制定管理制度，落实工作措施，负责本行政区域内的世界文化遗产工作

第五条　县级以上地方人民政府应当将世界文化遗产保护和管理所需的经费纳入本级财政预算。

公民、法人和其他组织可以通过捐赠等方式设立世界文化遗产保护基金，专门用于世界文化遗产保护。世界文化遗产保护基金的募集、使用和管理，依照国家有关法律、行政法规和部门规章的规定执行。

第六条　国家对世界文化遗产保护的重大事项实行专家咨询制度，由国家文物局建立专家咨询机制开展相关工作。

世界文化遗产保护专家咨询工作制度由国家文物局制定并公布。

第七条　公民、法人和其他组织都有依法保护世界文化遗产的义务。

国家鼓励公民、法人和其他组织参与世界文化遗产保护。

国家文物局、县级以上地方人民政府及其文物主管部门应当对在世界文化遗产保护中作出突出贡献的组织或者个人给予奖励。

省级文物主管部门应当建立世界文化遗产保护志愿者工作制度，开展志愿者的组织、指导和培训工作。

第八条　世界文化遗产保护规划由省级人民政府组织编制。承担世界文化遗产保护规划编制任务的机构，应当取得国家文物局颁发的资格证书。世界文化遗产保护规划应当明确世界文化遗产保护的标准和重点，分类确定保护措施，符合联合国教科文组织有关世界文化遗产的保护要求。

尚未编制保护规划，或者保护规划内容不符合本办法要求的世界文化遗产，应当自本办法施行之日起1年内编制、修改保护规划。

世界文化遗产保护规划由省级文物主管部门报国家文物局审定。经国家文物局审定的世界文化遗产保护规划，由省级人民政府公布并组织实施。世界文化遗产保护规划的要求，应当纳入县级以上地方人民政府的国民经济和社会发展规划、土地利用总体规划和城乡规划。

第九条　世界文化遗产中的不可移动文物，应当根据其历史、艺术和科学价值依法核定公布为文物保护单位。尚未核定公布为文物保护单位的不可移动文物，由县级文物主管部门予以登记并公布。

世界文化遗产中的不可移动文物，按照《中华人民共和国文物保护法》和《中华人民共和国文物保护法实施条例》的有关规定实施保护和管理。

第十条　世界文化遗产中的文物保护单位，应当根据世界文化遗产保护的需要依法划定保护范围和建设控制地带并予以公布。保护范围和建设控制地带的划定，应当符合世界文化遗产核心区和缓冲区的保护要求。

第十一条　省级人民政府应当为世界文化遗产作出标志说明。标志说明的设立不得对世界文化遗产造成损害。

世界文化遗产标志说明应当包括世界文化遗产的名称、核心区、缓冲区和保护机构等内容，并包含联合国教科文组织公布的世界遗产标志图案。

第十二条　省级人民政府应当为世界文化遗产建立保护记录档案，并由其文物主管部门报国家文物局备案。

国家文物局应当建立全国的世界文化遗产保护记录档案库，并利用高新技术建立世界文化遗产管理动态信息系统和预警系统。

第十三条　省级人民政府应当为世界文化遗产确定保护机构。保护机构应当对世界文化遗产进行日常维护和监测，并建立日志。发现世界文

化遗产存在安全隐患的，保护机构应当采取控制措施，并及时向县级以上地方人民政府和省级文物主管部门报告。

世界文化遗产保护机构的工作人员实行持证上岗制度，主要负责人应当取得国家文物局颁发的资格证书。

第十四条　世界文化遗产辟为参观游览区，应当充分发挥文化遗产的宣传教育作用，并制定完善的参观游览服务管理办法。

世界文化遗产保护机构应当将参观游览服务管理办法报省级文物主管部门备案。省级文物主管部门应当对世界文化遗产的参观游览服务管理工作进行监督检查。

第十五条　在参观游览区内设置服务项目，应当符合世界文化遗产保护规划的管理要求，并与世界文化遗产的历史和文化属性相协调。

服务项目由世界文化遗产保护机构负责具体实施。实施服务项目，应当遵循公开、公平、公正和公共利益优先的原则，并维护当地居民的权益。

第十六条　各级文物主管部门和世界文化遗产保护机构应当组织开展文化旅游的调查和研究工作，发掘并展示世界文化遗产的历史和文化价值，保护并利用世界文化遗产工作中积累的知识产权。

第十七条　发生或可能发生危及世界文化遗产安全的突发事件时，保护机构应当立即采取必要的控制措施，并同时向县级以上地方人民政府和省级文物主管部门报告。省级文物主管部门应当在接到报告2小时内，向省级人民政府和国家文物局报告。

省级文物主管部门接到有关报告后，应当区别情况决定处理办法并负责实施。国家文物局应当督导并检查突发事件的及时处理，提出防范类似事件发生的具体要求，并向各世界文化遗产所在地省级人民政府通报突发事件的发生及处理情况。

第十八条　国家对世界文化遗产保护实行监测巡视制度，由国家文物局建立监测巡视机制开展相关工作。

世界文化遗产保护监测巡视工作制度由国家文物局制定并公布。

第十九条　因保护和管理不善，致使真实性和完整性受到损害的世界文化遗产，由国家文物局列入《中国世界文化遗产警示名单》予以公布。

列入《中国世界文化遗产警示名单》的世界文化遗产所在地省级人民政府，应当对保护和管理工作中存在的问题提出整改措施，限期改进保护管理工作。

第二十条　违反本办法规定，造成世界文化遗产损害的，依据有关规定追究责任人的责任。

第二十一条　列入《中国世界文化遗产预备名单》的文化遗产，参照本办法的规定实施保护和管理。

第二十二条　本办法自公布之日起施行。

【《博物馆藏品管理办法》】 文化部1986年6月19日颁布。

第一章　总则

第一条　博物馆藏品是国家宝贵的科学、文化财富，是博物馆业务活动的物质基础。为了准确鉴别藏品的历史、艺术和科学价值，加强藏品的保护管理，确保藏品的安全，充分发挥藏品的作用，根据《中华人民共和国文物保护法》有关条款，制定本办法。

第二条　博物馆应根据本馆的性质和任务收集藏品。藏品必须具有历史的或艺术的或科学的价值。藏品必须区分等级，一般分为一、二、三级。其中，一级藏品必须重点保管。

第三条　博物馆对藏品负有科学管理、科学保护、整理研究、公开展出和提供使用（对社会主要是提供藏品资料、研究成果）的责任。保管工作必须做到：制度健全、账目清楚、鉴定确切、编目详明、保管妥善、查用方便。

第四条　藏品保管是博物馆一项经常性的重要业务工作，应由馆长分工负责领导。必须设立专门保管部门或配备专职保管人员。保管人员必须实行岗位责任制，并保持相对稳定。

第五条　保管工作人员必须认真学习马列主义，刻苦钻研业务，忠于职守，廉洁奉公。对于接触有毒药品、尘埃的保管工作人员，应按照当地有关工种享受相应的劳动保护福利待遇。

第六条　为保证藏品安全，进行科学研究或充分发挥藏品的作用，文化部文物局可以调拨或借用全国文物系统所属各博物馆的藏品；省、自治区、直辖市文物行政管理部门可以调拨或借用本行政区域内文物系统所属各博物馆的藏品，其中一级藏品的调拨、交换，须经文化部文物局批准。

第二章　藏品的接收、鉴定、登账、编目和建档

第七条　征集文物、标本时，必须注意收集原始资料，认真做好科学记录，及时办理入馆手续，逐件填写入馆凭证或清册，组织有关人员认真进行鉴定，确定真伪、年代、是否入藏并分类、定名、定级。鉴定记录应包括鉴定意见及重要分歧意见。凡符合入藏标准的，应连同有关原始资料一并入藏。各种凭证每年装订成册、集中保存。

第八条　登账

1. 藏品总登记账是国家科学、文化财产账，设专人负责管理，永久保存。登记时要严格按照文化部文物局规定的格式，逐件、逐项用不褪色墨水填写，字迹力求工整清晰。如有订正，用红墨水划双线，由经办人在订正处盖章。未登入藏品总登记账的大量重复品、参考品和作为展品使用的复制品、代用品、模型等，应另行建账，妥善保管。

管理藏品总登记账的人员不得兼管藏品库房。

2. 藏品定名

自然标本按照国际通用的有关动物、植物、矿物和岩石的命名法规定名；历史文物定名一般应有三个组成部分，即：年代、款识或作用；特征、纹饰或颜色；器形或用途。

3. 藏品计件

单件藏品编一个号，按一件计算。成套藏品按不同情况分别处理：组成部分可以独立存在的，按个体编号计件；组成部分不能独立存在的，按整体编一个号（其组成部分可列分号），也按一件计算，在备注栏内注明其组成部分的实际数量，以便查对或统计。

4. 藏品计量单位

按照国家计量总局公布的统一法定计量单位办理。

5. 藏品时代

按其所属的天文时代、地质时代、考古文化期、历史朝代或历史时期而定。中华人民共和国成立以前的文物，有具体纪年的写具体纪年，并加注公元纪年；具体纪年不明的写历史朝代或历史时期。中华人民共和国成立后的文物，一律写公元纪年。

6. 藏品现状

写明完残情况及重要附件等。

7. 藏品来源

写直接来自的单位、地区或个人，并注明"发掘"、"采集"、"收购"、"拨交"、"交换"、"拣选"、"捐赠"、"旧藏"等。自然标本应写明时代和产地；出土文物应写明出土时间、地点和发掘单位；近、现代历史文物应写明与使用者和保存者的关系。

8. 藏品总登记账、藏品分类账上的登记号，应用小字清晰地写在藏品的适当部位（不妨碍观瞻、不易摩擦之处）或标签上，并回注在入馆凭证（清册）和总登记账上。

第九条　编目、建档

1. 博物馆必须建立藏品编目卡片。编目卡片是反映藏品情况的基本资料，是藏品保管和陈列、研究的基础工作。除填写总登记账的项目外，还必须填写鉴定意见、铭记、题跋、流传经历等。文字必须准确、简明，并附照片、拓片或绘图。

2. 博物馆必须建立藏品档案，编制藏品分类目录和一级藏品目录。《一级藏品档案》和《一级藏品目录》的格式由文化部文物局规定。

各博物馆的《一级藏品档案》和《一级藏品目录》报本省、自治区、直辖市文物行政管理部门和文化部文物局备案。

3. 为加强博物馆的现代化建设，各地博物馆可根据本馆经济及人才条件，逐步使用电子计算机管理藏品。

第三章　藏品库房管理

第十条　藏品应有固定、专用的库房，专人管理。库房建筑和保管设备要求安全、坚固、适用、经济。建立定期的安全检查制度，发现不安全因素或发生文物损伤要及时处理并报告主管文物行政部门。发生火灾、藏品失窃等案件，应保护好现场并立即上报当地公安部门、文物行政管理部门和文化部文物局；发生一级藏品损伤等重大事故，应立即上报文物行政管理部门和文化部文物局，并查明原因，根据情节轻重给有关人员

以必要的行政处分，直至追究法律责任。

第十一条　库房应有防火、防盗、防潮、防虫、防尘、防光（紫外线）、防震、防空气污染等设备或措施。库内及其附近应保持整洁，禁止存放易燃易爆物品、腐蚀性物品及其他有碍文物安全的物品，并严禁烟火。库房区无人时，应拉断该区所有电源形状和总闸。

第十二条　藏品要按科学方法分类上架，妥善庋藏。一级藏品、保密性藏品、经济价值贵重的藏品，要设立专库或专柜，重点保管。

第十三条　藏品出入库房必须办理出库、归库手续。对藏品的数量和现状，必须认真核对，点交清楚。藏品出库后，由接收使用部门负责保管养护，保管部门对使用情况进行监督和检查。使用部门应尊重藏品保管部门的意见，对发现的不安全因素，应及时予以纠正。

第十四条　严守库房机密，建立《库房日记》。非库房管理人员未经主管副馆长、馆长或藏品保管部门负责人许可，不得进入库房。经许可者由库房管理人员陪同入库，库房一般不接待参观。

第十五条　建立健全各类藏品的保护管理制度和安全操作规程。每年均应从博物馆的业务经费中划出适当比例，用以更新和添置必要的藏品保护、藏品庋藏设备，改善库房条件，减少、防止自然的和人为的因素对藏品的损害。

第四章　藏品的提用、注销和统计

第十六条　馆内需要提用藏品时，必须填写提用凭证，一级藏品、保密性藏品、经济价值贵重的藏品，经主管副馆长或馆长批准，其他藏品经保管部门负责人批准，始得输出库手续，用毕应及时归库，按原凭证进行核对，办清手续。陈列的藏品，要以确保安全为原则，采取切实措施加强管理。纤维质素的文物要特别加强保护。每年提取的次数不宜过多，每次陈列的时间不宜过长，并应养活或避免紫外光照射。未用于陈列的藏品，必须及时归库。

第十七条　馆级负责人提用藏品，须经同级其他负责人同意。藏品保管部门负责人提用一级藏品，须经主管副馆长或馆长批准，提用其他藏品，须经本部门其他负责人同意，填写提用凭证后办理出库手续。

第十八条　馆外单位提用藏品时，一般应在馆内进行。一级藏品经主管副馆长或馆长批准，其他藏品经保管部门负责人批准后，由有关保管人员承办并负责藏品的安全，用后立即归库。

藏品借出馆外应从严掌握，一级藏品须经主管文物行政管理部门批准，其他藏品经主管副馆长或馆长批准后，办理借出手续。借用单位必须采取措施，确保藏品安全，并按期归还。

第十九条　藏品严禁出售或作为礼品。馆际之间藏品可相互支持、调剂余缺、互通有无。

调拨、交换一级藏品，须报文化部文物局批准，调拨、交换其他藏品，须报省、自治区、直辖市文物行政管理部门批准。

调拨、交换出馆的藏品，必须办理注销手续；进馆的藏品，必须办理登账、编目、入库手续。

第二十条　藏品总数及增减数字，每年年终应及时上报省、自治区、直辖市文物行政管理部门和文化部文物局。重要情况应附文字说明。

第二十一条　已进馆的文物、标本中，经鉴定不够入藏标准的，或已入藏的文物、标本中经再次鉴定，确认不够入藏标准、无保存价值的，应另行建立专库存放，谨慎处理。必须处理的，由本单位的学术委员会或社会上的有关专家复核审议后分门别类造具处理品清单，报主管文物行政部门批准后，妥善处理。

第五章　藏品的保养、修复、复制

第二十二条　积极开展藏品保护科学技术研究活动、运用传统保护方法和现代科学技术、设备防止自然因素（温度、湿度、光线、虫害、污染等）对藏品的损害。根据需要与可能，建立藏品消毒、修复、复制、标本制作和科学实验等设施。培养专门技术人员，逐步加强藏品保护科技力量。

第二十三条　因藏品保护或科学研究的特殊需要，必须从藏品上取下部分样品进行分析化验时，由馆长或其授权的人员组织技术人员会同藏品保管部门共同制订具体方案。一级藏品一般不予取样，尽量使用时代、类型、质地相同的其他藏品替代。必须使用一级品原件进行分析化验的，其取样方案，须报文化部文物局审批。其他藏品的取样方案由省、自治区、直辖市文物行政管理部门审批。

第二十四条　凡采用新的藏品保护、修复技术，应先经过实验，通过主管文物行政管理部门组织有关技术人员和专家评定鉴定后推广运用。未经过实验和评审鉴定证明可确保藏品安全的新技术，博物馆不得随意采用。

第二十五条　藏品修复时，不得任意改变其形状、色彩、纹饰、铭文等。修复前、后要做好照相、测绘记录，修复前应由有关专家和技术人员制定修复方案，修复中要做好配方、用料、工艺流程等记录。修复工作完成后，这些资料均应归入藏品档案，并在编目卡片上注明。

一级藏品的修复方案由主管副馆长或馆长审核同意后报上一级主管文物行政管理部门批准。其他藏品的修复方案，国家博物馆和省、自治区、直辖市博物馆由藏品保管部门负责人批准或由藏品保管部门负责人会同科技修复部门负责人审批；其他博物馆由主管副馆长或馆长批准。

第二十六条　经常使用的一级藏品和容易损坏的藏品应予复制，作为陈列，研究的代用品。复制品应加标志，以免真伪混淆。复制品使用的材料、工艺程序、复制数量和复制时间等，均应作出详细记录归入藏品档案。

为藏品保管和陈列研究需要，复制一级藏品，由主管副馆长或馆长批准。这类复制品，不得作为商品对外提供。复制其他藏品，国家博物馆和省、自治区、直辖市博物馆由藏品保管部门负责人批准；其他博物馆由主管副馆长或馆长批准。

第六章　奖惩

第二十七条　对在藏品保管工作中，有下列贡献的单位和个人，给予表扬或奖励：

1. 认真执行本办法，成绩显著的；

2. 库房保管措施落实，忠于职守，全年未发生文物损伤事故的；

3. 为保护藏品与违法犯罪行为坚决斗争的；

4. 在藏品保护科学和修复、复制技术方面有重要创造发明的；

5. 为博物馆征集文物、丰富馆藏作出特殊贡献的；

6. 长期从事藏品保管工作，贡献较大的。

第二十八条　有下列情形者，根据情节轻重给予批评教育或行政处分：

1. 违反本办法和《文物工作人员守则》的；

2. 发现藏品被盗、损坏或不安全因素，隐匿不报的；

3. 玩忽职守，违章操作，造成藏品损伤事故的；

4. 利用工作之便，以权谋私，中饱私囊但尚未构成刑事犯罪的。

第二十九条　有下列情形者，依法追究刑事责任：

1. 因渎职造成藏品（特别是一级藏品）重大损失，情节严重的；

2. 监守自盗藏品的或内外勾结、偷盗藏品的，依照《中华人民共和国刑法》有关条款从重制裁。

第七章　附则

第三十条　本办法自公布之日起施行，适用于全国文物系统所属的各类型博物馆，同时也适用各级文物考古研究所和文物保管所。

第三十一条　本办法由馆长组织实施，当地主管文物行政管理部门和上级文物行政管理部门对实施的情况进行必要的指导、监督和检查。

第三十二条　各博物馆可根据本办法，结合具体情况，制定补充规定。原有规章制度中与本办法相违背的，以本办法为准。

第三十三条　各博物馆藏品保管部门或保管人员对违反本办法及馆内补充规章制度，妨碍文物安全的行为，有权不执行。双方认识无法统一时，由馆长决定。如仍存不同意见时，藏品保管部门可向主管文物行政管理部门反映并执行其最终决定。

【《省、市、自治区博物馆工作条例》】国家文物局1979年6月29日公布。

一、总　则

第一条　省、市、自治区博物馆是国家举办的地方综合性或专门性博物馆，是文物和标本的主要收藏机构、宣传教育机构和科学研究机构，是我国社会主义科学文化事业的重要组成部分。

第二条　博物馆工作应当在马克思列宁主义、毛泽东思想的指导下，坚持为人民服务、为社会主义服务的方向，贯彻"古为今用"的方针和各项文物工作政策，办成具有鲜明的民族风格和地方特色的社会主义博物馆。

第三条　博物馆通过征集收藏文物、标本，

进行科学研究，举办陈列展览，传播历史和科学文化知识，对人民群众进行爱国主义教育和社会主义教育，为提高全民族的科学文化水平，为我国社会主义现代化建设作出贡献。

第四条　省、市、自治区博物馆要开展馆际间的协作，对地（市）、县博物馆进行业务辅导。推动博物馆工作经验的总结和交流。

二、藏　品

第五条　博物馆藏品是国家宝贵的科学文化财产，是博物馆业务活动的基础。根据本馆的性质和任务，主要在本地区范围内通过考古发掘，接收、征集文物，采集标本以及馆际交换等手段积累藏品。征集工作必须坚持群众路线，必须在调查研究的基础上做好详明、科学的原始记录。既要重视征集古代历史文物，也要重视征集近、现代历史文物，特别是革命文物（包括社会主义时期的文物）和民族文物。

第六条　博物馆必须加强藏品的保管工作，应有专门库房及相应设备，严格执行《博物馆藏品保管试行办法》的各项规定。博物馆对藏品负有科学管理、保护、研究和提供使用的责任。保管工作要做到：制度健全、账目清楚、鉴定确切、编目详明、保管妥善、查检方便。藏品应保持历史原状，严禁歪曲和伪造。复制品、仿制品、代用品须加标志，以免真伪混淆。

博物馆领导和保管人员要负责确保藏品特别是一级藏品的安全，有权制止违反有关文物安全规定的行为，发生事故要追究责任。

凡调拨、交换藏品，须经上级主管部门批准，一级藏品报国家文物局批准。

第七条　积极开展藏品保护科学技术研究，根据条件逐步建立专门机构，配备专门人员，增添相应设备。要总结和发展传统经验，引进先进技术，进行藏品的鉴定、保管、修复、复制和标本制作等方面的科学实验，不断提高文物保护的科学技术水平。

三、陈　列

第八条　陈列是博物馆工作的中心环节，是衡量博物馆工作质量的重要标志。要认真办好与本馆性质和任务相适应的具有地方特点的基本陈列。地方综合性博物馆一般应以地方历史（包括革命史）为重点，有条件的博物馆还要办好自然

部分的陈列，逐步形成具有特色的陈列体系。在搞好基本陈列的同时，也要重视搞好临时展览。

第九条　陈列应具有较高的思想性、科学性和艺术性，遵循历史唯物主义和辩证唯物主义的原则，反映历史和自然发展的客观规律，使人民认识自己的历史和创造力量。

第十条　陈列应以本馆藏品为基础。文物和资料的运用一定要有科学根据，尊重历史的客观实际，坚持实事求是，反对篡改和歪曲。

第十一条　陈列设计必须做到形式与内容相统一，要求适用、美观、经济和具有民族风格。运用艺术表现技巧，逐步采用现代化设施，更好地突出陈列主题。建立陈列设计档案，积累陈列设计工作经验。

四、群众工作

第十二条　群众工作是博物馆联系群众、进行宣传教育的第一线。它的主要任务是通过组织观众，进行讲解，更好地发挥陈列展览的宣传教育作用。讲解员要热心为观众服务，热爱自己的专业，努力掌握专业知识和提高讲解水平，善于组织观众，结合当时当地和宣传对象的实际，进行观点鲜明、内容准确、史物结合、表达生动的讲解。

第十三条　根据博物馆的性质和陈列的内容，举办讲座，配合学校教学，编写宣传材料和组织流动展览等，加强科学普及工作。

恢复和建立"博物馆之友"群众性组织，密切同人民群众的联系。

第十四条　认真总结群众工作经验，建立业务档案，逐步采用先进的宣传工具，提高宣传教育效果。

五、科学研究

第十五条　博物馆的各项业务活动，都应该在科学研究的基础上进行。博物馆应积极开展博物馆学和有关的专业学科的研究工作。专业学科的研究，应从本馆的性质和任务出发，以藏品为基础，结合文献资料进行，研究成果主要体现在陈列展览上，也可以编写学术专著。要加强基础资料工作和对国内外博物馆情报工作，并积极配合有关部门的专业学科的研究。

第十六条　博物馆的科研工作，应当贯彻"百花齐放，百家争鸣"的方针，根据目前和长远

需要，分别制定近期和远景科研规划，按轻重缓急，做出全面安排。有条件的博物馆，应给专家配备助手，采用传、帮、带的办法，从事科研工作和培训科研人员。成立学术研究委员会，发挥咨询、评议和指导作用。

六、组织机构

第十七条 博物馆要实行在党委领导下的馆长分工负责制，按照民主集中制的原则，统一领导全馆的政治思想工作、业务工作和后勤工作。要发扬实事求是和群众路线等优良作风，切实贯彻执行党的路线、方针、政策。

第十八条 博物馆的业务机构应根据精简原则和本馆的实际需要确定，一般设立陈列、保管、群工等部门。

博物馆的后勤工作要保证业务和科研工作的进行，努力改善职工的工作条件和生活条件。

博物馆的各工作部门，要有明确的职责范围，实行岗位责任制。

七、队伍建设

第十九条 领导干部应在提高马列主义水平的基础上，学业务，学管理，要逐步成为内行和专家。要加强队伍的建设，组织全馆工作人员认真学习马克思列宁主义、毛泽东思想，鼓励他们刻苦钻研业务，提高科学文化水平，做到又红又专。要正确执行党的干部政策和知识分子政策，注意发挥他们的特长，调动一切积极因素。

第二十条 采用专业和业余的方法培训业务人员。某些技术性较强的传统工艺，应采用举办训练班和师傅带徒弟的方法进行培训，不断提高博物馆工作人员的业务技术水平。

第二十一条 要逐步加强配备业务人员，并保持相对稳定。要保证他们每周至少有六分之五的业务活动时间。建立博物馆工作人员学术技术职称、考核、晋级和奖惩制度。

八、附 则

第二十二条 本条例自公布之日起实行，其他博物馆可根据实际情况参照执行。

【《关于进一步加强古籍保护工作的意见》】 国务院办公厅 2007 年 1 月 19 日颁布。

我国是历史悠久的文明古国，拥有卷帙浩繁的古代文献典籍。这些古籍是中华民族的宝贵精神财富。党中央、国务院历来高度重视古籍保护工作。近年来，在各地区、各有关部门和全社会的共同努力下，我国古籍保护工作取得了显著成绩。但是，也应清醒地看到，当前我国古籍保护工作还面临许多问题，形势严峻。为抢救、保护我国珍贵古籍，继承和弘扬优秀传统文化。推动社会主义先进文化和和谐社会建设，根据《中华人民共和国文物保护法》、《国务院关于加强文化遗产保护的通知》和《国家"十一五"时期文化发展规划纲要》，经国务院领导同志同意，现就进一步加强古籍保护工作提出以下意见：

一、充分认识古籍保护工作的重要性和紧迫性

我国古代文献典籍是中华民族在数千年历史发展过程中创造的重要文明成果，蕴含着中华民族特有的精神价值、思维方式和想象力、创造力，是中华文明绵延数千年，一脉相承的历史见证。也是人类文明的瑰宝。古籍具有不可再生性，保护好这些古籍，对促进文化传承、联结民族情感、弘扬民族精神、维护国家统一及社会稳定具有重要作用。同时，加强古籍保护工作，也是建设社会主义先进文化，贯彻落实科学发展观和构建社会主义和谐社会的客观要求。

由于诸多原因，当前我国古籍保护存在不少突出问题，如现存古籍底数不清，古籍老化、破损严重；古籍修复手段落后，保护和修复人才匮乏。尤其是少数民族古籍保护和整理人员极度缺乏，面临失传的危险；大量珍贵古籍流失海外。因此，加强古籍保护刻不容缓。地方各级人民政府和有关部门要从对国家和历史负责的高度，充分认识保护古籍的重要性。进一步增强责任感和紧迫感，切实做好古籍保护工作。

二、加强古籍保护工作的指导思想、基本方针和总体目标

（一）指导思想。坚持以邓小平理论和"三个代表"重要思想为指导，全面贯彻和落实科学发展观，加大古籍保护工作力度，建立科学有效的古籍保护制度，提高全社会的古籍保护意识。充分发挥古籍在传承中华文化，提高人民群众思想道德素质和科学文化素质，增强民族凝聚力，促进社会主义先进文化建设中的重要作用。

（二）基本方针。贯彻"保护为主、抢救第

一、合理利用、加强管理"的方针。坚持依法
保护和科学保护的原则，正确处理古籍保护
与利用的关系，统筹规划、分类指导、突出重点、
分步实施。

（三）主要任务和基本目标。"十一五"期间，
大力实施"中华古籍保护计划"和"十一五"国
家古籍整理重点图书出版规划，全面、科学、规
范地开展保护工作。对全国公共图书馆、博物馆
和教育、宗教、民族、文物等系统的古籍收藏和
保护状况进行全面普查，建立中华古籍联合目录
和古籍数字资源库；实现古籍分级保护，建立
《国家珍贵古籍名录》；完成一批古籍书库的标准
化建设，命名"全国古籍重点保护单位"；加强古
籍修复工作，培养一批具有较高水平的古籍保护
专业人员。通过努力，逐步形成完善的古籍保护
工作体系，使我国古籍得到全面保护。

三、突出重点。科学规范地开展古籍保护
工作

（一）统一部署，全面开展古籍普查登记工
作。从2007年开始，用3—5年，在全国范围内组
织开展古籍普查登记工作，全面了解和掌握各级
图书馆、博物馆等单位及民间所藏古籍情况。对
登记的古籍进行详细清点和编目整理，并依据有
关标准进行定级。在文化行政部门领导下，国家
图书馆负责全国古籍普查登记工作，各省、自治
区、直辖市省级图书馆负责本地区古籍普查登记
工作。教育、宗教、民族、文物等部门根据实际
情况，制订本系统古籍普查实施方案，也可委托
各省（区、市）省级图书馆统一开展普查登记工
作。民间收藏的古籍可到所在地省级图书馆进行
登记、定级、著录。加强与国际文化组织和海外
图书馆、博物馆的合作。有关单位和机构要对海
外收藏的中华古籍进行登记、建档工作。国家图
书馆负责汇总古籍普查成果，建立中华古籍综合
信息数据库，形成全国统一的中华古籍目录。

（二）建立《国家珍贵古籍名录》，逐步形成
完善的古籍保护制度。统筹规划，加强对珍贵古
籍的重点保护，并以此带动古籍保护工作的有序
开展。建立《国家珍贵古籍名录》，经国务院批准
后公布。对列入《国家珍贵古籍名录》的古籍，
收藏单位要按照有关要求，完善保护措施，切实
做好保护工作。地方各级人民政府要对此进行监
督检查。

各省、自治区、直辖市也可建立省级珍贵古
籍名录，并采取相应保护措施，加大保护力度。

（三）改善古籍保管条件，命名全国古籍重点
保护单位。建立健全古籍书库的建设标准和技术
标准，改善古籍保管条件，完善安全措施，保障
古籍安全。对古籍收藏量大、善本多、具备一定
保护条件的单位，经国务院批准，命名为全国古
籍重点保护单位，并作为财政投入和保护的重点。
对全国古籍重点保护单位。要定期进行评估、检
查。各省、自治区、直辖市也可命名省级古籍重
点保护单位。

（四）加快推进古籍修复工作，提高古籍修复
水平。集中资金，有计划地对破损古籍进行修复，
重点抓好列入《国家珍贵古籍名录》和濒危古籍
的修复工作。各古籍收藏单位要建立修复档案，
按照有关技术标准和规范对古籍进行修复，确保
修复质量。要将传统修复技艺与现代技术相结合，
充分吸收国外先进技术和经验，提高古籍修复水
平。在具备条件的图书馆设立国家文献保护重点
实验室，开展古籍保护技术的研究和实验。

（五）进一步加强古籍的整理、出版和研究利
用。制订古籍数字化标准，规范古籍数字化工作，
建立古籍数字资源库。利用现代印刷技术，推进
古籍影印出版工作，继续实施中华再造善本二期
工程。积极采用缩微技术复制、抢救珍贵古籍。
要整合现有资源，建立面向公众的古籍门户网站。
要采取有效措施。向社会和公众开放古籍资源，
发挥古籍应有的作用。

四、加强领导，协同配合。共同做好古籍保
护工作

（一）建立古籍保护工作协调机制。建立由文
化部牵头，发展改革委、财政部、教育部、科技
部、国家民委、新闻出版总署、宗教局、文物局
等部门组成的全国古籍保护工作部际联席会议，
联席会议办公室设在文化部。部际联席会议各成
员单位要按照现有职能分工，认真履行职责，密
切配合，共同做好古籍保护工作。各省、自治区、
直辖市也要建立相应的工作机制，组织实施本地
区的古籍保护工作。地方各级人民政府要将古籍
保护作为文化遗产保护工作的重要内容，明确工
作目标和任务，认真落实保护措施，建立健全古

籍保护责任制度和责任追究制度。要充分发挥专家在古籍修复、保护、研究等方面的作用，推进古籍保护工作的有效开展。

（二）加大古籍保护资金投入。各级财政部门要对本地区古籍普查、修复、出版及数字化等工作给予必要的资金支持。要制定鼓励政策，积极吸纳社会资金参与、支持古籍保护工作。

（三）加强古籍保护人才培养。有关部门要制订规划。多渠道、分层次培养古籍保护人才。建立古籍修复机构资格准入与修复人员资格认证制度，在有条件的高等院校设置古籍保护和修复专业，培养一批技术精湛、素质较高的古籍修复人才。加强古籍保护工作人员的在职培训和少数民族古籍翻译、整理、出版、研究人才的培养。积极开展国际与地区间古籍保护的交流与合作。

（四）加大古籍市场监管力度。有关部门要依法规范古籍市场流通和经营行为，加强古籍销售、拍卖行为的审核备案工作，严厉打击盗窃、走私古籍等违法犯罪活动。要按照文物管理的有关法规，制定古籍出入境审核、监管办法。加强国际合作，坚决依据有关国际公约和法律法规追索非法流失境外的古籍。

（五）加强对古籍保护的宣传。各级各类图书馆要积极开拓文化教育功能，通过讲座、展览、培训、研讨等形式宣传古籍保护知识。促进古籍利用和文化传播。广播电视、报刊、互联网等新闻媒体要加大古籍保护工作宣传力度，普及保护知识，展示保护成果，培养公众的保护意识，营造全社会共同保护古籍的良好氛围。

【《古人类化石和古脊椎动物化石保护管理办法》】

中华人民共和国文化部 2006 年 8 月 7 日公布。

第一条　为加强对古人类化石和古脊椎动物化石的保护和管理，根据《中华人民共和国文物保护法》制定本办法。

第二条　本办法所称古人类化石和古脊椎动物化石，指古猿化石、古人类化石及其与人类活动有关的第四纪古脊椎动物化石。

第三条　国务院文物行政部门主管全国古人类化石和古脊椎动物化石的保护和管理工作。

县级以上地方人民政府文物行政部门对本行政区域内的古人类化石和古脊椎动物化石的保护实施监督管理。

第四条　古人类化石和古脊椎动物化石分为珍贵化石和一般化石；珍贵化石分为 3 级。古人类化石、与人类有祖裔关系的古猿化石、代表性的与人类有旁系关系的古猿化石、代表性的与人类起源演化有关的第四纪古脊椎动物化石为一级化石；其他与人类有旁系关系的古猿化石、系统地位暂不能确定的古猿化石、其他重要的与人类起源演化有关的第四纪古脊椎动物化石为二级化石；其他有科学价值的与人类起源演化有关的第四纪古脊椎动物化石为三级化石。

一、二、三级化石和一般化石的保护和管理，按照国家有关一、二、三级文物和一般文物保护管理的规定实施。

第五条　古人类化石和古脊椎动物化石地点以及遗迹地点，纳入不可移动文物的保护和管理体系，并根据其价值，报请核定公布为各级文物保护单位。

第六条　古人类化石和古脊椎动物化石的考古调查、勘探和发掘工作，按照国家有关文物考古调查、勘探和发掘的管理规定实施管理。

地下埋藏的古人类化石和古脊椎动物化石，任何单位或者个人不得私自发掘。

古人类化石和古脊椎动物化石的考古发掘项目，其领队及主要工作人员应当具有古生物学及其他相关学科的研究背景。

第七条　建设工程涉及地下可能埋藏古人类化石和古脊椎动物化石的调查、勘探和发掘工作的程序和要求，按照国家有关建设工程涉及地下可能埋藏文物的调查、勘探和发掘工作的规定执行。

第八条　在进行建设工程或者在农业生产中，任何单位或者个人发现古人类化石和古脊椎动物化石，应当保护现场，立即报告当地文物行政部门。文物行政部门应当按照《中华人民共和国文物保护法》第三十二条第一款规定的要求和程序进行处理。

第九条　除出境展览或者因特殊需要经国务院批准出境外，古人类化石和古脊椎动物化石不得出境。

古人类化石和古脊椎动物化石出境展览，按照国家有关文物出境展览的管理规定实施管理。

古人类化石和古脊椎动物化石临时进境，按照国家有关文物临时进境的管理规定实施管理。

第十条　对保护古人类化石和古脊椎动物化石作出突出贡献的单位或个人，由国家给予精神鼓励或者物质奖励。

第十一条　违反本办法规定的，依照有关规定追究法律责任。

第十二条　本办法自公布之日起施行。

【《博物馆照明设计规范》】国家文物局 2001 年 1 月 1 日发布。

一、总则

1. 为了使博物馆既能向观众提供良好的视觉环境，又能使光学辐射对其藏品的损害减少到最低程度，特制定本规范。

2. 本规范适用于新建和改建的博物馆的照明设计。利用古或旧建筑设立的博物馆可参照执行。

3. 博物馆的照明设计必须遵循有利于观赏展品和保护展品的原则，达到安全可靠、经济适用、技术先进、节约能源、维修方便的要求。

4. 博物馆的照明设计，除应符合本规范外，尚应符合国家现行的有关强制性标准的规定。

二、术语

1. 光辐射 optical radiation

包括可见辐射、紫外辐射和红外辐射。

可见辐射 visible radiation

能直接引起视感觉的光学辐射，通常将其波长范围限定在于 380nm 和 780nm 之间。

紫外辐射 ultraviolet radiation

波长比可见辐射短的光学辐射，通常将其波长范围限定在 100nm 和 400nm 之间。

红外辐射 infrared radiation

波长比可见辐射长的光学辐射，通常将其波长范围限定在 780nm 和 1000μm 之间。

2. 照度 illuminance

表面上一点的照度是入射在包含该点的面元上的光通量 dφ 与该面元的面积 dA 之商，即 $E = d\phi/dA$，该量的符号是 E，单位为勒克斯（1x）。

3. 平均照度 average illuminance

规定表面的照度平均值。

4. 维护照度 maintained illuminance

是在必须换灯或清洗灯具和房间表面，或者同时进行上述维护工作的时刻所得到的参考面上的平均照度。

5. 维护系数 maintenance factor

照明装置在使用一定周期后，在规定表面上的平均照度或平均亮度与该装置在相同条件下新装时所得到的平均照度或平均亮度之比。

6. 照度均匀度 uniformity ratio of illuminance

最小照度与平均照度之比。

7. 一般照明 general lighting

为照亮整个场所而设置的均匀照明。

8. 局部照明 local lighting

特定视觉工作用的，为照亮某个局部而设置的照明。

9. 混合照明 mixed lighting

由一般照明和局部照明组成的照明。

10. 亮度 illuminance

由公式 $L = d\phi/dA. \cos\theta. d\Omega$ 定义的量。式中 dφ 是通过给定点的辐射束元传输的并包含给定方向立体角 dΩ 内传播的光通量，dA 是包含给定点的辐射束截面积，θ 是该截面与辐射束方向的夹角。该量的符号是 L，单位为坎德拉每平方米。

11. 眩光 glare

由于视野中的亮度分布和亮度范围不适宜，或存在极端的对比，以致引起不舒适感，或造成观察物件细微部分能力的降低。

12. 直接眩光 direct glare

由视野中，特别是靠近视线方向存在的发光体所产生的眩光。

13. 反射眩光 glare by reflection

由反射造成的眩光，特别是在靠近视线方向看见反射像所产生的眩光。

14. 视野 visual field

当头和眼不动时，人眼能够察觉到的空间的角度范围。

15. 光幕反射 veiling reflection

由视觉对象上的镜面反射，使视觉对象的对比降低，以致部分地或全部地难以看清细部。

16. 色温 colour temperature

当某一种光源的色品与某一湿度下的完全辐射体（黑色）的色品完全相同时，完全辐射体（黑色）的湿度，其符号为 Tc，单位是开（K）。

17. 一般显色指数（Ra） general colour

rending index

特定的八个一组色试样的 CIE 1974 特殊显色指数的平均值。

18. 漫射照明 diffused lighting

投射到工作面和目标的无显著特定方向的照明。

19. 定向照明 directional lighting

投射到工作面和目标的从某一特定方向的照明。

20. 反射比 reflection ration

被反射的光通量与入射的光通量之比（以前称反射系数）。

21. 暗适应 dark adaption

视觉系统适应低于百分之几的坎德拉每平方米亮度的变化过程及终极状态。

22. 应急照明 emergency lighting

因正常照明的电源失效而启用的照明。

23. 采光系数 daylight factor

在室内给定平面的一点上，由于直接或间接地接收来自假定和已知天空亮度分布的天空漫射光而产生的照度与同一时刻该天空半球在室外无遮挡水平面上产生的天空漫射光照度之比。

三、照度标准（内容欠缺）

四、对陈列室照明质量的要求

1. 照度均匀度

（1）对于平面展品，最低照度与平均照度之比不应小于 0.8，但对于高度大于 1.4 米的平面展品，则要求最低照度与平均照度之比不应小于 0.4。

（2）只有一般照明的陈列室，地面最低照度与平均照度之比不应小于 0.7。

2. 眩光限制

（1）在观众观看展品的视场中，不应有来自光源或窗户的直接眩光或来自各种表面的反射眩光。

（2）观众或其他物品在光泽面（如展柜玻璃或画框玻璃）上产生的影像不应妨碍观众观赏展品。

（3）对油画或表面有光泽的展品，在观众的观看方向不应出现光幕反射。

3. 光源的颜色

（1）应选用色温小于 3300K 的光源作照明光源。

（2）在陈列绘画、彩色织物、多色展品等对辨色要求高的场所，应采用一般显色指数（Ra）不低于 90 的光源作照明光源。对辨色要求不高的场所，可采用一般显色指数不低于 60 的光源作照明光源。

4. 立体感

（1）对于立体的展品，应表观其立体感。立体感应通过定向照明和漫射照明的结合来实现。

5. 陈列室表面的颜色和反射比

（1）墙面宜用中性色和无光泽的饰面，其反射比不宜大于 0.6。

（2）地面宜用无光泽的饰面，其反射比不宜大于 0.3。

（3）顶棚宜用无光泽的饰面，其反射比不宜大于 0.8。

五、陈列室的照明设计

1. 一般要求

（1）展品与其背景的亮度比不宜大于 3：1。

（2）在展馆的入口处，应设过渡区，区内的照度水平宜满足视觉暗适应的要求。

（3）对于陈列对光特别敏感的物体的低照度展室，应设置视觉适应的过渡区。

（4）在完全采用人工照明的博物馆中，必须设置应急照明。

2. 光源和灯具

（1）宜采用荧光灯，普通白炽灯或卤钨灯作照明光源。

（2）应根据陈列对象及环境对照明的要求选择灯具或采用经专门设计的灯具。

3. 陈列照明

（1）墙面陈列照明

1）宜采用定向性照明。

2）应把光源布置在"无光源反射影像区"。

（2）立体展品陈列照明

1）应采用定向性照明和漫射照明相结合的方法，并以定向性照明为主。

2）定向性照明和漫射照明的光源的色温应一致接近。

（3）展柜陈列照明

1）展柜内光源所产生的热量不应滞留在展柜中。

2）观众不应直接看见展柜中或展柜外的光源。

3）不应在展柜的玻璃面上产生光源的反射眩光，并应将观众或其他物体的映像减少到最低程度。

六、展品的保护

1. 应减少灯光和天然光中的紫外辐射和红外辐射，使光源的紫外线相对含量小于 $75\mu W/1m$。

2. 对于对光敏感或特别敏感的展品，除了限制其照明水平不大于标准值之外，还应减少其曝光时间，表 6.0.2 是这两类展品的曝光量（照度×时间）标准。闭馆时，展品应处于无光照射状态。

3. 对于密封在真空中或有惰性气体的环境中，并保存在特制的展柜或特设的展室内的对光特别敏感而又特别珍贵的国家特级保护文物，必须在有特殊需要时，才允许在规定照度下使其曝光。

七、陈列室的天然采光设计

1. 侧面采光系数（Cmin）应为 1%，顶部采光系数（Cav）应为 1.5%。

2. 不应有直射阳光进入陈列室。

3. 天然光产生的照度不应超过标准值。

4. 应减少天然光中的紫外辐射和红外辐射，使紫外线的相对含量小于 $75\mu W/1m$。

5. 顶层宜采用天窗采光。

6. 必须设置人工照明作为辅助照明之用。

八、附则

博物馆照明设计规范（以下简称本规范）是根据中国建筑科学研究院建筑物理研究所和中国历史博物馆联合向国家文物局申请，并经批准于1994 年立项开展编制工作。本规范的主要技术内容如下：

1. 制定博物馆陈列室和馆内有关用房（技术及办公用房、藏品库房、观众服务设施用房及公用房）照明的照度标准值；

2. 制定陈列室照明质量的要求和照明质量指标；

3. 制定照明方面保护展品的技术指标和相应的技术措施；

4. 制定陈列室照明设计规范。

本规范由国家文物局负责解释。

本规范组织编制单位：国家文物局博物馆司。

参编单位：中国历史博物馆、建设部建筑设计研究院、中国美术馆。

组织编制人：郑广荣

本规范的主要起草人：肖辉乾、刘南山、钱典祥、郑广荣、李保国、张文才、李文砚

【《关于搞好古代文物复制、仿制工作有问题的通知》】 中华人民共和国轻工业部、国家文物局 1979年 7 月 30 日颁布。

各省、市、自治区轻工（二轻）局、文化（文物）局：

随着我国旅游事业的迅速发展，来我国参观、游览的外宾日益增多。为了适应旅游事业发展的需要，促进文化交流，为国家多争取外汇，各地必须采取有效措施，认真抓好古代文物的复制、仿制工作。现就有关问题通知如下：

一、凡已对外开放的游览区，轻工和文物管理部门应当紧密配合，在地方党委领导下，认真做好所在地的古代文物的复制、仿制工作，生产出更多的适销对路，为外国游客欢迎的商品。

二、文物复制、仿制品的生产，要适应旅游事业发展的需要，因地因物制宜，定点生产、定点销售。对珍贵的古文物如果文物部门有技术力量，可以文物部门为主；如果文物部门力量不够，可以工艺美术部门为主进行复制。属于仿制品，由工艺美术部门负责或与文物部门协同进行。

在生产的组织上，要以当地为主。如当地技术力量薄弱，可根据国务院一九七八年文件的有关规定，除自力更生积极发展生产外，可与其他地区进行协作，取得支持。

三、文物的复制、仿制工作，必须在保证文物绝对安全和不损害其原有价值的前提下进行。凡属复制一级文物需报请国家文物局批准，其他文物的复制，根据需要经过协商，各地文物部门尽量为工艺美术部门提供方便条件。对一些价值高，具有独特艺术风格的珍贵古文物进行复制，不能用石膏直接翻模，以免损伤文物。对古代壁画和珍贵的绘画艺术品的临摹、复制，必须采取安全保护措施。碑刻拓片印制问题，应根据国家文物局关于拓印古碑刻的有关规定办理。

四、生产文物的复制、仿制品，一定要认真负责，讲究质量，复制品在尺寸大小、外形色泽

所用原料（如铜、石等）要做到与原物基本相同，达到逼真的程度。还要标明文物的年代、出土地点、时间、复制单位等，并加以编号。复制品的数量不宜多，要少而精。仿制品也要严格抓好质量，尽量做到精致美观，生产数量不限。

五、文物的复制品和具有特色的仿制品，都具有突出的地方特色，离开了陈列地点和游览区，就削弱了它的纪念意义。为了争取卖好价，多换汇，这类产品应作为旅游纪念品就地销售为宜。不应作为普遍商品充斥国内市场和成批出口。对于一般文物的仿制品，如观音、大肚佛像等，适合全国范围销售的，可以组织一定批量出口。

对文物复制、仿制品，当地文物部门有力量的，可以自行设点销售，文物部门缺乏销售力量的，可由工艺美术部门设点销售，或者采取代销、合办等多种形式进行扩大销售。

六、文物的复制、仿制品系一种特殊商品，其零售价格应根据产品的具体情况，如文物的艺术价值、珍贵程度、国内外影响大小等，适当作价，一般可略高于其他同类的纪念品、工艺品，在购买者能够接受的条件下，尽量增加国家收入。至于出厂价格，可参考其他纪念品、工艺品的作价办法，以合理的成本为基础加上艺术价值和适当的利润制定。

七、各地文物和工艺美术部门要密切配合，互相支持，经常交流经验、互通情报，努力把这一工作搞上去。文物部门要提供文物资料，为工艺美术创作设计、提高产品质量创造条件，工艺美术部门要协助解决文物部门包装装潢方面的问题，在销售价格上要逐渐做到同一品种在同一地区之间相对平衡。

【《关于严格控制文物复制资料的通知》】 国家文物局 1989 年 9 月 18 日颁布。

各省、自治区、直辖市文化（物）厅（局）、文管会：

为了进一步适应改革开放的需要和更好地发挥文物在两个文明建设中的作用，国家将尽快制订有关文物复制管理办法。在此办法未颁发前，各地要根据文物保护法和其他有关规定严格控制文物复制资料。为了作好这项工作特通知如下：

一、各类文物资料都是国家所有的，人民的宝贵财富，其中许多属于国家保密范围，因此要统一管理。各文博单位对所管理的文物资料要进行一次清理，任何没有公开发表的文物资料都不允许放在个人手中保管。通过这次清理进一步完善管理制度，作好文物资料的管理工作。

二、未经上级文物主管部门批准；任何单位、个人不得擅自将文物复制、拍摄所需要的各种文物资料、技术资料、复制样品、模具等提供给其他单位和个人，更不准以任何理由和方式外流出境。

三、审批使用文物复制、拍摄资料，要严格按照正常的渠道和程序进行。非正常渠道和程序提出的申报和任何要求，或者是通过个人关系联系的项目，不论什么理由一律不予接待。

四、不论是负责文博管理工作，还是从事文博专业研究工作的同志都无权私自将文物复制、拍摄所需要的各类资料提供出去。各级领导和广大文物工作者一定要努力做到廉洁奉公，认真负责；忠于职守、遵纪守法。

五、文物主管部门要加强对这项工作的领导。对文物复制、拍摄等方面文物资料的管理情况进行一次认真检查，对不符合本通知要求的，要立即纠正。并针对实际情况根据本通知精神提出具体要求，作出安排。今后对违犯本通知的行为要认真查处。

【《文物复制暂行管理办法》】 国家文物局 1998 年 8 月 20 日发布。

第一条 为加强对文物复制的管理，根据《中华人民共和国文物保护法》的规定，制定本办法。

第二条 本办法适用于国有博物馆、纪念馆、文物保护机构、文物考古研究机构、文物商店等单位收藏或保管的文物的复制。

第三条 文物复制是指依照文物的体量、形制、纹饰、质地等，基本采用原制作工艺复制与原文物相同的制品的活动。

文物复制品应有表明复制的标识。未经鉴定的文物不得复制。

第四条 文物复制单位应具备必要的文物复制生产场地、生产设备、检验设备和专业技术人员。其文物复制资格由省、自治区、直辖市文物行政管理部门认定。

第五条　文物复制应贯彻少而精的原则，保证文物原件的绝对安全，不得损坏、污染文物。

文物复制应履行严格的报批手续，未经批准不得进行文物复制。

文物收藏或保管单位应与文物复制单位签订文物复制合同，明确各自的权利义务。

第六条　文物复制报批文件应包括以下内容：文物原件收藏或保管单位、名称、文物等级、时代、来源或出土地点和时间、照片、复制用途、复制数量、使用材料、复制方法、复制标识、复制单位、复制人员技术水平以及文物复制合同草案等。

第七条　文物复制合同草案应包括以下内容：合作方的名称和地址，复制的品种、数量和质量，复制的时间和地点，文物资料的交接和使用方式，保密条款，有关知识产权的归属，复制品交付的时间和方法、价金及其交付的时间和方法，对文物资料损害的赔偿，合同的变更或解除，违约责任，争端解决办法，合作方约定的其他内容等。文物复制合同经法定部门批准后生效。

第八条　为陈列展览、考古发掘出土文物移交、科学研究等用途复制文物，由文物行政管理部门和文物收藏或保管单位按文物等级分别审批。

一级文物的复制，经省、自治区、直辖市文物行政管理部门审核后，报国家文物局批准。

国家和省级文物收藏或保管单位复制二、三级文物，由文物收藏或保管单位负责人审批，报上级文物行政管理部门备案。

市、县级文物收藏单位复制二、三级文物，报省、自治区、直辖市文物行政管理部门审批。

一般文物的复制，由文物收藏或保管单位负责人审批。

第九条　为陈列展览、科学研究等用途制作的复制品，应登记造册妥善保管，不得挪作它用，严禁销售。

陈列展览和科学研究中使用文物复制品的，应有明确说明。

第十条　为销售等目的复制文物，由国家文物局和省、自治区、直辖市文物行政管理部门统一管理，根据文物等级分级审批。

一级文物的复制，由省、自治区、直辖市文物行政管理部门报国家文物局批准。

二、三级文物的复制，由省、自治区、直辖市文物行政管理部门批准，报国家文物局备案。

一般文物的复制，由省、自治区、直辖市文物行政管理部门批准。

第十一条　为销售等目的需要复制的一级文物，其名称、复制单位和复制数量，由省、自治区、直辖市文物行政管理部门拟定清单报国家文物局核准，定期公布。

供销售的文物复制品应付有复制品说明书。说明书内容应包括名称、时代、出土地点和时间、原文物收藏或保管单位、复制单位、监制单位、制作时间、复制数量和编号。

第十二条　未经批准，国有文物收藏或保管单位及工作人员不得私自向任何单位和部门，以及任何个人提供文物复制样品、模具和技术资料。

任何单位和个人不得利用文物复制品进行再复制。

第十三条　列入清单的一级文物复制品出境，应向海关出具销售发票和文物复制品说明书。

第十四条　文物保护单位的单体或个体文物的复制，参照本办法的规定执行。其他文物收藏单位的文物复制，可参照本办法的规定执行。

第十五条　违反本办法规定，造成国家权益和文物受损的，根据有关规定追究单位和当事人的责任。

第十六条　本办法由国家文物局负责解释。

第十七条　本办法自发布之日起施行。

【《拓印古代石刻的暂行规定》】国家文物局 1979年9月4日颁布。

一、内容涉及我国疆域、外交、民族关系的石刻，要严格控制传拓数目。除保管文物的部门可拓一至三份作为资料保存外（已拓有资料的即不再拓），不得再拓。国内有关单位因特殊需要传拓的，须经我局批准。

二、内容和图画为天文、水文、地理等科学资料的石刻和未发表过的墓志铭石刻，不能传拓出售，或将拓片作为礼品赠送外国人。外国学术团体、专家索要和我学术团体为了学术交流需要对外赠送的，须经我局批准。国内学术团体索要拓片作为资料和文物部门之间作为资料交换的，须经所在省、市、自治区文物（文化）局批准。

三、（一）内容不属一、二两项范围的石刻，其书法为我国艺术史上有定评的名碑，文物部门拟传拓拓片出售的，只许翻刻副版传拓。这些名碑中有少量石质好、未风化、现在字迹仍很清楚的，可特许用原碑传拓少数拓片，编号作为"珍贵拓片"出售。但事先必须由所在省、市、自治区文物（文化）局将品名、石碑现况、拟拓数量报经我局批准。

（二）内容不属一、二两项范围，书法又非名作之石刻，宋及宋以上的，只许翻刻副版传拓出售。宋以下的，允许使用原碑传拓。

四、内容为图像的石刻、石雕和经幢，元及元以上的，只许翻刻副版传拓或用珂罗版印刷出售。元以下的，允许使用原碑传拓。

五、为了保护我国石刻的发表权利，各拓片和珂罗版出售的文物单位，要采用已经发表过的石刻；需使用未发表过的石刻的，种类和数量要严格控制。属全国重点文物保护单位的，须经我局批准。其他的由所在省、市、自治区文物（文化）局批准，并报我局备案。

六、为了减少由于传拓对石刻所造成的损坏，在传拓时禁止使用木榔头捶打法。

〔文保科技、行业管理〕

【《可移动文物保护技术保护设计资质管理办法（试行）》】 国家文物局 2007 年 5 月 11 日发布。

总则

第一条　为加强可移动文物技术保护设计单位的资质管理，根据《中华人民共和国文物保护法》及其实施条例，制定本办法。

第二条　可移动文物技术保护设计单位的资质管理，适用本办法。

第三条　从事可移动文物技术保护设计工作的单位，须依照本办法申请并取得《可移动文物技术保护设计单位资质证书》，方可承担相应等级和业务范围的可移动文物技术保护的设计工作。

第四条　可移动文物技术保护设计工作包括：为开展珍贵文物、一般文物和出土文物的技术保护而从事的现状评估、病害分析、修复方案、预防性保护方案、设计与技术经济分析、分析报告或设计文本的编制等业务活动。

资质申报、审定工作每年一次；年检每年一次。

第五条　国家文物局负责审定、颁发《可移动文物技术保护设计单位资质证书》和资质年检工作。省、自治区、直辖市文物行政部门负责资质初审和日常管理工作。

第二章　资质等级标准

第六条　设计资质分为甲级和乙级。甲级设计资质承担珍贵文物、一般文物和出土文物的技术保护设计工作，乙级设计资质承担一般文物的技术保护设计工作。

第七条　甲级资质的标准：

（一）单位的主要技术人员，须从事可移动文物技术保护设计工作 5 年以上（含），独立承担过不少于 30 件珍贵文物的技术保护设计方案的编制，且设计方案获得批准；

（二）法定代表人与技术人员具有较强的文物保护意识，单位技术水平在国内同行业领先，有良好的社会信誉；

（三）单位从事可移动文物保护的专职技术人员不少于 5 人，其中，具有相关专业的高级技术职称的人员不少于 2 人，聘用的离退休技术人员不超过 20%；

（四）有健全的管理制度和质量管理体系；

（五）具有设计所需的场所和专业技术条件；

（六）注册资金不少于 50 万元。

第八条　乙级资质的标准：

（一）单位的主要技术人员，须从事可移动文物技术保护设计工作 3 年以上（含），独立承担过不少于 10 件可移动文物技术保护设计方案的编制，且设计方案获得批准；

（二）法定代表人与技术人员具有较强的文物保护意识，单位技术水平在所在省、自治区、直辖市同行业领先，有良好的社会信誉；

（三）单位从事可移动文物技术保护的专职技术人员不少于 5 人，其中，具有相关专业的中级以上技术职称的人员不少于 3 人，聘用的离退休技术人员不超过 20%；

（四）有健全的管理制度和全面质量管理体系；

（五）具有设计所需的场所和专业技术设备；

（六）注册资金不少于 30 万元。

第三章　资质的申请与审批

第九条　申请可移动文物技术保护设计单位资质的，须向所在地省、自治区、直辖市文物行政部门提出申请。省、自治区、直辖市文物行政部门初审后，报国家文物局审批。

第十条　申请可移动文物技术保护设计单位资质的，须提供下列资料：

（一）可移动文物保护技术保护设计单位资质申请表；

（二）申请单位法人资格证明文件；

（三）法定代表人简历、职称证书、身份证复印件；

（四）技术人员的职称证书、身份证复印件、聘用（任职）证明及相关证明；

（五）完成的可移动文物保护技术保护设计方案证明资料；

（六）单位拥有的技术设备清单；

（七）质量管理体系和安全管理的有关材料；

（八）其他相关证书、资料。

第十一条　申请可移动文物技术保护设计单位资质的，须对申请材料的真实性负责。

第十二条　可移动文物技术保护设计单位资质证书分为正本和副本，正本和副本具有同等的法律效力。

可移动文物技术保护设计单位资质证书，由国家文物局统一监制。

第十三条　取得乙级资质后从事设计业务满三年，且历年年检合格的单位，可提出升级申请。

申请资质升级，除提供本规定第十条所列资料外，还须提供原资质证书正、副本。

第四章　监督管理

第十四条　《可移动文物技术保护设计单位资质证书》只限于本单位使用，不得转让、转借、越级或超出资质证书核定的业务范围承揽业务。

第十五条　资质年检按照下列程序进行：

（一）在规定时间内向所在地省、自治区、直辖市文物行政部门提交《可移动文物技术保护设计单位资质年检表》和《可移动文物技术保护设计单位资质证书》；

（二）省、自治区、直辖市文物行政部门提出初检意见，汇总后报国家文物局，国家文物局做出资质年检意见。

国家文物局受理资质年检时间定于每年4月1日至6月30日。

第十六条　资质年检的内容是检查单位资质条件是否符合资质等级标准，是否存在质量、安全、业务活动等方面的违法违规行为。

年检意见分为：合格、不合格两种。

第十七条　单位资质条件符合资质等级标准，并在过去一年内未发生违法违规行为的，年检意见为合格。

第十八条　有下列行为之一的，单位资质年检意见为不合格，国家文物局将暂扣资质证书，责令限期整改：

（一）资质条件中人员、场所、设备或资产任何一项未达到资质等级标准的；

（二）因设计质量问题对可移动文物造成安全隐患或损害的；

（三）违反文物保护技术标准的；

（四）连续12个月未开展业务工作的；

（五）有违法违规行为的。

第十九条　资质年检不合格的单位须在3个月内补充资质条件或改正违法违规行为，国家文物局重新核定其资质等级。

第二十条　《可移动文物技术保护设计单位资质证书》遗失的，须于30日内在公众媒体上声明作废后，按照资质申请程序进行补领。

第二十一条　资质证书中的单位名称、地址、法定代表人等事项发生变更的，须在变更后30个工作日内到原审批机关办理变更、注销手续。

第二十二条　如因资质升级等情况而领取新《可移动文物技术保护设计单位资质证书》的，须将原资质证书交回原审批机关、注销。

第二十三条　资质授予单位因破产、歇业或其他原因终止业务活动的，须在30工作日内，按资质申请程序办理注销手续。

第二十四条　在规定时间内未参加资质年检或逾期未办理资质证书变更手续的，其资质证书自行失效，需重新申请。

第五章　罚则

第二十五条　涂改或者采取不正当手段骗取《可移动文物技术保护设计单位资质证书》的，吊销资质证书。

第二十六条　超越本单位资质等级、业务范

围承揽业务的，责令停业整顿；情节严重的，吊销资质证书。

第二十七条 转让或转借《可移动文物技术保护设计单位资质证书》的，由审批部门给予通报批评，责令停业整顿；情节严重的，吊销资质证书。

第二十八条 因设计质量低劣，造成文物严重安全隐患或损害的，除按有关规定处理外，吊销资质证书。

第六章 附则

第二十九条 本办法由国家文物局负责解释。

第三十条 本办法自发布之日起施行。

【《可移动文物修复资质管理办法（试行）》】 国家文物局 2007 年 4 月 9 日发布。

第一章 总 则

第一条 为加强可移动文物修复单位的资质管理，根据《中华人民共和国文物保护法》及其实施条例，制定本办法。

第二条 可移动文物修复单位资质的管理，适用本办法。

第三条 从事可移动文物修复工作的单位，须按照本办法申请并取得《可移动文物修复单位资质证书》，方可承担相应等级和业务范围的可移动文物的修复工作。

第四条 可移动文物修复工作包括：依据具有相关等级可移动文物技术保护设计资质单位提供的设计方案，开展珍贵文物、一般文物和出土文物的修复而从事的本体保护、修复报告编写等业务活动。

第五条 国家文物局负责监制《可移动文物修复单位资质证书》、资质及年检的备案工作。

省、自治区、直辖市文物行政部门负责受理资质申请、审定资质等级、颁发资质证书和年检工作。

第二章 资质等级标准

第六条 修复资质分为一级和二级。一级资质承担珍贵文物、一般文物和出土文物的修复工作，二级资质承担一般文物的修复工作。

第七条 一级资质标准：

（一）单位的主要技术人员，须从事可移动文物修复工作 7 年以上（含），取得中级以上文物博物专业技术职务，主持或主要参与修复不少于 50 件珍贵文物，且修复质量合格；

（二）法定代表人与技术人员均有较强的文物保护意识，单位技术水平在国内同行业领先，有良好的社会信誉；

（三）单位从事可移动文物保护的专职技术人员不少于 7 人，其中，取得中级以上文物博物专业技术职务的专职技术人员不少于 5 人，聘用的离退休技术人员不超过 20%；

（四）有健全的管理制度和质量管理体系；

（五）具有修复所需的场所和专业技术条件；

（六）符合《文物系统博物馆风险等级和安全防护级别的规定》的相关条件；

（七）注册资金不少于 100 万元。

第八条 二级资质标准：

（一）单位的主要技术人员，从事可移动文物修复业务工作 5 年以上（含），取得中级以上文物博物专业技术职务，主持或主要参与修复不少于 50 件可移动文物，且修复质量合格；

（二）法定代表人与技术人员均有较强的文物保护意识，单位技术水平在所在省、自治区、直辖市同行业领先，有良好的社会信誉；

（三）单位从事可移动文物修复的专职技术人员不少于 5 人，其中，取得中级以上文物博物专业技术职务的专职技术人员不少于 3 人，应聘并固定在该单位的离退休技术人员不超过 20%；

（四）有健全的管理制度和质量管理体系；

（五）具有完备的可移动文物修复所需的场所和专业技术设备；

（六）符合《文物系统博物馆风险等级和安全防护级别的规定》的相关条件；

（七）注册资金不少于 50 万元。

第三章 资质申请和审批

第九条 申请可移动文物修复单位资质的，须向所在地省、自治区、直辖市文物行政部门提出申请。省、自治区、直辖市文物行政部门应当自收到申请之日起 30 个工作日内作出批准或者不批准的决定。

决定批准的，省、自治区、直辖市文物行政部门向国家文物局履行备案手续，申领相应等级的《可移动文物修复单位资质证书》。

决定不批准的，省、自治区、直辖市文物行

政部门应当书面通知当事人并说明理由。

第十条　申请可移动文物修复单位资质证书的，须提供下列资料：

（一）可移动文物修复单位资质申请表；

（二）申请单位法人资格证明文件；

（三）法定代表人简历、职称证书、身份证复印件；

（四）技术人员的职称证书、身份证复印件、聘用（任职）证明及相关证明；

（五）修复完成的可移动文物证明资料；

（六）单位拥有的技术设备清单；

（七）质量管理体系和安全管理的有关材料；

（八）其他相关证书、资料。

第十一条　申请可移动文物修复单位资质的，须对申请材料的真实性负责。

第十二条　可移动文物修复单位资质证书分为正本和副本，正本和副本具有同等的法律效力。

可移动文物修复单位资质证书，由国家文物局统一监制。

第十三条　取得二级资质后从事修复业务满三年，且历年年检合格的单位，可提出升级申请。

申请资质升级，除提供本规定第十条所列资料外，还须提供原资质证书正、副本。

第四章　监督管理

第十四条　《可移动文物修复单位资质证书》只限本单位使用，不得转让、转借、越级或超出资质证书核定的业务范围承揽业务。

第十五条　可移动文物修复单位资质年检按照下列程序进行：

（一）在规定时间内向所在地省、自治区、直辖市文物行政部门提交《可移动文物修复单位资质年检表》、《可移动文物修复单位资质证书》；

（二）省、自治区、直辖市文物行政部门进行年检，年检意见汇总后向国家文物局履行备案手续。

（三）国家文物局根据年检备案情况，在媒体上进行公布。

年检时间定于每年4月1日至6月30日。

第十六条　资质年检的内容是检查单位资质条件是否符合资质等级标准，是否存在质量、安全、业务活动等方面的违法违规行为。

年检意见分为：合格、不合格两种。

第十七条　单位资质条件符合资质等级标准，并在过去一年内未发生违法违规行为的，年检意见为合格。

第十八条　有下列行为之一的，年检意见为不合格，省、自治区、直辖市文物行政部门暂扣资质证书，责令限期整改：

（一）资质条件中人员、场所、设备或资产任何一项未达到资质等级标准的；

（二）未按照可移动文物保护技术设计方案进行修复的；

（三）将承担的可移动文物修复项目转包或违规分包的；

（四）违反文物保护技术标准的；

（五）因修复质量问题对可移动文物造成安全隐患或损害的；

（六）连续12个月未开展业务工作的；

（七）有违法违规行为的。

第十九条　资质年检不合格的单位须在3个月内补充资质条件或改正违法违规行为，省、自治区、直辖市文物行政部门重新核定其资质等级。

第二十条　《可移动文物修复单位资质证书》遗失的，须于30日内在公众媒体上声明作废后，按照资质申请程序进行补领。

第二十一条　资质证书中的单位名称、地址、法定代表人等事项发生变更的，须在变更后30个工作日内到原审批机关办理变更、注销手续。

第二十二条　如因资质升级等情况而领取新《可移动文物修复单位资质证书》的，须将原资质证书交回、注销。

第二十三条　资质授予单位因破产、歇业或其他原因终止业务活动的，须在30工作日内，到原审批机关办理注销手续。

第二十四条　在规定时间内未参加资质年检或逾期未办理资质证书变更手续的，其资质证书自行失效，需重新申请。

第五章　罚则

第二十五条　涂改或者采取不正当手段骗取《可移动文物修复单位资质证书》的，吊销资质证书。

第二十六条　超越本单位资质等级、业务范围承揽业务的，责令停业整顿；情节严重的，吊销资质证书。

第二十七条 转让或转借《可移动文物修复单位资质证书》的，由审批部门给予通报批评，责令停业整顿；情节严重的，吊销资质证书。

第二十八条 未按照设计方案进行修复或修复质量低劣的，造成文物严重安全隐患或损害的，除按有关规定处理外，吊销资质证书。

第六章 附则

第二十九条 本办法由国家文物局负责解释。省、自治区、直辖市文物行政部门可以依照本办法制定具体实施细则。

第三十条 本办法自发布之日起施行

【《文物保护行业标准管理办法（试行）》】 国家文物局 2004 年 9 月 3 日发布。

第一章 总 则

第一条 为加强文物保护行业标准的管理，根据《中华人民共和国标准化法》、《中华人民共和国文物保护法》等法律法规，制定本办法。

第二条 本办法适用于文物保护行业标准的制定（修订）、审批和发布工作。

第三条 文物保护行业标准是指文物保护和博物馆行业范围内的技术标准、规范等。文物保护行业标准分为强制性标准和推荐性标准，范围包括：

（一）不可移动文物；

（二）可移动文物；

（三）文物调查与考古发掘；

（四）博物馆；

（五）文物保护、博物馆信息化及信息建设；

（六）文物保护行业内的其他领域。

第四条 文物保护行业标准应当与国家相关标准相符，当与国家标准不一致时，必须有充分的法律依据和科学依据，并经国家标准审批部门批准。

第五条 文物保护行业标准属于科技成果。对文物保护行业标准中技术水平高，取得显著效益的，可以纳入科技奖励范围，予以奖励。

第二章 组织管理

第六条 文物保护行业标准工作的组织管理，采取国家文物局、专业标准化技术委员会、标准编制单位三级管理的方式。

第七条 国家文物局是文物保护行业标准的归口管理部门，履行下列职责：

（一）贯彻国家标准化工作的法律、法规、方针、政策，并制定在文物保护行业实施的具体办法；

（二）制定文物保护行业的标准化工作规划、计划；

（三）承担国家下达的草拟国家标准的任务，组织制定文物保护行业标准；

（四）指导省、自治区、直辖市文物行政主管部门的行业标准工作；

（五）组织文物保护行业实施标准；

（六）对标准实施情况进行监督检查；

（七）管理文物保护行业的质量认证工作。

国家文物局行业标准管理办公室（以下简称标准办）负责文物保护行业标准的日常管理工作。

第八条 国家文物局设立专业标准化技术委员会，负责提出本行业标准计划的建议，参加标准草案的审查工作。

第九条 国家文物局确定行业标准（或某项标准）的编制单位，负责标准的草拟和修改。凡有能力承担标准起草的单位，经批准立项后均可以编制标准。

第三章 行业标准的编制与审批

第十条 标准的编制，必须贯彻执行国家的有关法律、法规、方针、政策，适应文物保护行业的特点和技术发展的要求。

第十一条 标准的编制，应积极采用成熟的新理念、新技术、新工艺和新材料等方面的成果。

第十二条 标准的编制，应及时了解和掌握国内外先进标准的发展动态。经过分析论证或测试验证，符合我国国情的国外先进技术经验可纳入标准。

第十三条 标准的条文应严谨明确，文字简练，其术语、符号、代号、计量单位和制图方法等应符合有关规定和标准。

第十四条 制定或修订行业标准的工作程序，分为立项、调研起草、讨论、送审和报批五个阶段。

第十五条 专业标准化技术委员会提出制定、修订本行业标准的规划和年度计划。标准办组织有关专家进行咨询后，报国家文物局审定，下达实施。

第十六条　标准编制单位根据下达的年度计划，在前期调研工作的基础上提出标准制定或修订工作大纲，经专业标准化技术委员会讨论通过后，方可实施。

第十七条　在编制过程中，工作大纲内容有较大变动或编写组成员发生变化，应由编制单位报国家文物局批准。

第十八条　编制单位根据工作大纲开展必要的调研工作。对标准中存在分歧的主要技术问题，需召开专题研讨会，并形成会议纪要。

第十九条　编制单位在完成各项准备工作的基础上，编写标准征求意见稿。

第二十条　标准征求意见稿应由编制单位发送 20 个以上有关单位和专家征求意见，形成标准送审稿。

第二十一条　专业标准化委员会按《全国专业标准化技术委员会章程》的规定，组织审查标准送审稿，形成标准报批稿，报国家文物局批准。

第二十二条　标准送审稿应附有"标准编制说明"、"意见汇总处理表"和其他有关附件。采用国际标准时，应附有该标准的原文和译文。

第二十三条　文物保护行业标准由国家文物局审批、编号、发布。

行业标准报批时，应有"标准报批稿"、"标准编制说明"、"标准审查会议纪要"或"函审结论"及其"函审单"、"意见汇总处理表"和其他附件。采用国际标准或国外先进标准时，应附有该标准的原文或译文。

行业标准的审批必须尊重"审查会议纪要"或"函审结论"。对报批稿进行修改应有充分科学论据，并征求专业标准化技术委员会的意见。对报批稿有重大修改时，应进行重新审查。

确定行业标准的强制性或推荐性，应由专业标准化技术委员会提出意见，由国家文物局审定。

第四章　标准的发布和复审

第二十四条　文物保护行业标准代号为：WW。行业标准的编号由行业标准代号、标准顺序号及年号组成。

（一）强制性行业标准编号

WW×××× —××××
　　　　　强制性行业标准的代号
　　　　　发布标准的顺序号
　　　　　发布标准的年号

（二）推荐性行业标准编号

WW/T×××× —××××
　　　　　推荐性行业标准的代号
　　　　　发布标准的顺序号
　　　　　发布标准的年号

第二十五条　国家文物局在行业标准发布后三十日内，将已发布的行业标准及编制说明连同发布文件各一份，送国务院标准化行政主管部门备案。

第二十六条　国家文物局确定行业标准的出版，局部修订的标准以文件形式发布，在相关媒体上公布。

第二十七条　标准发布实施后，标准的解释和管理工作由国家文物局负责。

第二十八条　行业标准实施后，应根据科学技术的发展和经济建设的需要适时进行复审；复审周期一般不超过五年，确定其继续有效、修订或废止。行业标准的复审工作由国家文物局组织专业标准化技术委员会或专业标准化技术归口单位进行。

行业标准的复审也可采用会议审查或函审。复审时一般要有参加过该标准审查工作的单位和人员参加。

标准复审后，应提出"复审报告"，报送国家文物局审批。

第五章　附　则

第二十九条　本办法由国家文物局负责解释。

第三十条　本办法自发布之日起施行

【《古代壁画病害与图示》等 9 项文化遗产保护行业标准的通知】国家文物局 2008 年 2 月 29 日发布。

各省、自治区、直辖市文物局（文化厅、文化局）、文管会、各有关单位：

现将《古代壁画病害与图示》等 9 项推荐性文化遗产保护行业标准发布，自 2008 年 3 月 1 日起施行。请你们参照执行，切实做好各标准的宣传、贯彻、推广和实施工作。各标准的名称、编号如下：

一、《古代壁画病害与图示》，编号为 WW/T0001—2007；

二、《石质文物病害分类与图示》，编号为

WW/T0002—2007；

三、《馆藏出土竹木漆器类文物病害分类与图示》，编号为 WW/T0003—2007；

四、《馆藏青铜器病害与图示》，编号为 WW/T0004—2007；

五、《馆藏铁质文物病害与图示》，编号为 WW/T0005—2007；

六、《古代壁画现状调查规范》，编号为 WW/T0006—2007；

七、《石质文物保护修复方案编写规范》，编号为 WW/T0007—2007；

八、《馆藏出土竹木漆器类文物保护修复方案编写规范》，编号为 WW/T008—2007；

九、《馆藏金属文物保护修复方案编写规范》，编号为 WW/T0009—2007；

以上标准由文物出版社负责组织出版发行，各单位订购事宜请与该社联系。

二〇〇八年二月二十九日

【《国家文物局重点科研基地管理办法（试行）》】
国家文物局 2004 年 8 月 13 日发布。

第一章　总　则

第一条　为规范国家文物局重点科研基地（以下简称科研基地）的设立和运行管理，加强历史文化遗产保护科学研究，促进科技成果的推广和应用，提高科学技术水平，根据《中华人民共和国科学技术进步法》、《中华人民共和国文物保护法》，制定本办法。

第二条　科研基地是国家文物局组织历史文化遗产保护领域高水平基础研究、应用技术研究、管理科学研究，聚集和培养优秀科学家，开展学术交流的重要阵地。

第三条　科研基地的主要任务是围绕历史文化遗产保护领域科学和技术发展战略，针对该领域的重大科技问题，开展创新性研究。

第四条　科研基地是依托文博单位、高等院校、科研院所和其他具有原始创新能力的机构形成的相对独立的科研实体。

第五条　科研基地实行合理布局、总量控制、定期评估、优胜劣汰的管理原则。

第二章　管理机构与职责

第六条　科研基地实行国家文物局、省级文物行政部门和依托单位三级管理。

第七条　国家文物局是科研基地的宏观管理部门，主要职责是：

（一）组织编制和实施科研基地发展规划，制定相关政策和规章。

（二）组织科研基地的认定、评估和撤销。

（三）组织审定科研基地承担的重点科技创新项目及重要国际合作项目，并拨发相关经费；

（四）组织对科研基地承担项目的评审验收。

国家文物局设立科研基地管理办公室（以下简称基管办），负责日常管理工作。

第八条　省级文物行政部门、基管办是科研基地的组织单位（以下简称组织单位），主要职责是：

（一）指导、监督科研基地的运行和管理；

（二）负责本地区申报科研基地的审核和推荐工作；

（三）审定科研基地主任人选和学术委员会组成；

（四）落实科研基地运行的配套经费；

（五）配合国家文物局进行评估与考核。

第九条　依托单位是负责科研基地运行管理的机构，主要职责是：

（一）负责科研基地的申报；

（二）为科研基地提供政策支持、后勤保障、经费配套等条件；

（三）负责公开招聘科研基地主任和学术委员会成员；

（四）对科研基地进行年度考核，协助组织单位配合国家文物局做好对科研基地的评估工作等。

第十条　中央和国家机关直属单位为依托单位的可由基管办代行组织单位职责。

第三章　申报与认定

第十一条　国家文物局根据科研基地发展计划，组织科研基地的申报和认定工作。

第十二条　科研基地按照依托单位申报、组织单位推荐，国家文物局认定的程序产生。

第十三条　拟申报的科研基地应具备以下条件：

（一）主要研究方向符合历史文化遗产保护领域科学和技术发展战略目标，具有承担重点科技创新项目及重要国际合作项目、进行跨学科综合

研究和培养高层次人才的能力;

(二)在所从事的研究领域内有知名的学术带头人、学术水平高、年龄与知识结构合理、敢于创新的研究群体,良好的科研传统和学术氛围;

(三)固定的研究场所和一定规模的研究实验条件;

(四)组织单位和依托单位能确保科研基地正常运转所需经费投入;

(五)具备有利于科技创新的管理制度。

第十四条 申报程序:

(一)申报科研基地由依托单位提出,填写《国家文物局重点科研基地认定申请书》,上报组织单位;

(二)组织单位进行审核,择优推荐,上报国家文物局。

第十五条 认定程序:

(一)国家文物局负责组建专家组,专家组成员由相关研究方向的学术专家和管理专家组成,不少于七人;

(二)专家组对申报材料进行初审,产生候选清单,其数量不超过计划数的两倍;

(三)专家分组赴通过初审的依托单位实地考察,提出考察意见;

(四)专家组根据考察意见进行综合评估,确定优先次序,产生预备清单,上报国家文物局;

(五)经国家文物局审核后,预备清单和综合评估意见在"历史文化遗产保护领域科技平台"、《中国文物报》等媒体公示,公示期十五天;

(六)国家文物局依据专家综合评估意见和公示结果,审核、认定科研基地名单。

第十六条 国家文物局公布科研基地认定名单,向依托单位颁发科研基地证书、授牌。

第四章 运行与管理

第十七条 科研基地采用"开放、流动、联合、竞争"的运行机制,实行课题制管理和主任负责制。

第十八条 科研基地主任由依托单位面向社会公开招聘,经组织单位审核同意后,依托单位聘任,报国家文物局备案。

第十九条 科研基地主任应掌握本领域发展方向,具有较高的学术水平和较强的组织协调能力,年龄不超过五十五岁。科研基地主任每届任期三年,每年在岗工作时间不少于九个月。

第二十条 科研基地设立一名专职副主任,由依托单位推荐,主任聘任,负责科研基地的日常管理。

第二十一条 科研基地人员由科研基地主任根据研究工作需要和课题的实际情况进行聘任。

第二十二条 科研基地设立学术委员会。学术委员会是科研基地的学术咨询机构,主要任务是审议科研基地的目标、任务和研究方向,审议科研基地的重大学术活动和年度工作。

第二十三条 学术委员会主任和委员由科研基地推荐,经组织单位核准,由科研基地聘任,报国家文物局备案。

第二十四条 科研基地采取多种形式开展国内外合作研究与学术交流,每年至少举办一次国内学术活动,每三年至少举办一次国际学术交流活动。

第二十五条 按照国家有关知识产权的政策和法规,加强知识产权保护。科研基地的研究成果属国家文物局和依托单位共有;科研成果的申报、登记、评奖按国家有关规定办理;科研成果的发表均应署依托单位和科研基地的名称。

第二十六条 加强科研基地仪器设备的管理,提高使用效率。凡符合国家有关标准和具备开放条件的仪器设备,应对外开放。

第二十七条 加强科研基地信息化工作。科研基地必须建立内部信息管理系统,有独立的网站或网页,及时发布科研基地的动态信息,并保持运行良好。

第五章 考核与评估

第二十八条 依托单位每年对科研基地的工作进行年度考核,考核结果报组织单位备案。

第二十九条 在年度考核的基础上,国家文物局组织科研基地的周期评估。有关评估办法另行发布。

第三十条 对评估成绩差、不符合要求的科研基地,将撤销其国家文物局重点科研基地资格。

第六章 附 则

第三十一条 科研基地统一命名为"××国家文物局重点科研基地(依托单位)",英文名称为 Key Scientific Research Base of ××(依托单位),State Administration for Cultural Heritage。

第三十二条　本办法由国家文物局负责解释。

第三十三条　本办法自发布之日起施行

【《文物保护科学和技术研究课题管理办法》】国家文物局 2003 年 9 月 11 日发布。

第一条　为促进我国文物保护科学和技术研究的繁荣与发展，加强对研究课题的管理，根据《中华人民共和国文物保护法》和《中华人民共和国科学技术进步法》、《中华人民共和国科学技术普及法》等有关法律，参照《国家科技攻关计划管理办法》和《国家社科基金管理办法》等有关规定，结合文物保护事业实际，制定本办法。

第二条　文物保护科学和技术研究课题（以下简称"科研课题"）必须坚持文物工作方针，遵循文物保护事业发展规律，积极探索，开拓创新，更好地为党和政府决策服务。

第三条　科研课题以国家资助为主，面向全国文物、博物馆单位和高等院校、科研院所等，公平竞争，择优立项，保证重点。

第四条　科研课题分为重点课题、一般课题两类，研究期限一般不超过三年。重点课题指列入《文物保护科学和技术研究课题指南》（以下简称《课题指南》）的课题；一般课题指自拟课题。

第二章　课题组织管理

第五条　科研课题的管理采取国家文物局、课题组织单位、课题承担单位分级管理的方式，实行目标管理与过程管理相结合，重点管理与一般管理相结合。

第六条　国家文物局是科研课题的主管部门，其主要职责是：

（一）组织文物保护事业科学和技术发展战略研究；

（二）制定近期及中长期文物保护事业科学和技术发展规划、重点任务，编制《课题指南》；

（三）审定立项课题及其经费预算，批复课题实施计划，建立科研课题库；

（四）督促、检查科研课题的实施过程，组织课题中期检查，协调并处理课题执行中有关重大问题；

（五）组织课题验收，登记课题产生的科研成果，按规定管理课题成果的知识产权。

国家文物局设立文物保护科学和技术研究课题管理办公室（以下简称课题办），负责科研课题日常管理事宜。

第七条　课题组织单位由国家文物局直接委托，可以是国家文物局直属单位、省级文物行政部门或其他具有一定组织协调能力的单位。课题组织单位的主要职责是：

（一）接受国家文物局委托组织编制重点课题可行性研究报告；

（二）提出课题承担单位及课题经费预算安排建议；

（三）落实课题约定支付的配套经费及其他支持条件；

（四）组织课题的实施，监督、检查课题的执行情况，汇总、上报课题年度执行情况及有关信息报表，协调并处理课题实施过程中出现的有关问题；

（五）审核课题验收的有关文件资料，提出课题验收申请。

第八条　课题承担单位主要职责是：

（一）严格执行课题申请书承诺的各项任务，提供课题合同书中承诺的有关支持条件，完成课题预定的目标；

（二）及时报告课题实施过程中出现的重大问题；

（三）按要求编报课题年度执行情况和有关信息报表，提交课题验收的全部文件资料，并进行档案归档。

第三章　课题立项管理

第九条　课题办每年第一季度公布《课题指南》，并于公布之日起受理申报。

第十条　凡有条件承担课题研究任务的法人或自然人均可申报科研课题，法人申报课题应指定课题负责人。

第十一条　课题负责人应具有副高级（含）以上专业技术职务；不具备此项条件者，须有两名同专业的高级专业技术人员的书面推荐。

第十二条　课题负责人必须是课题实施全过程的实际组织者和指导者，应有三分之二以上时间，担负实质性的研究工作。课题负责人可根据课题实施的需要，打破单位、行业界限进行优化组合，择优聘用课题组成员。

第十三条　课题负责人每次只能承担一项课

题，所从事的课题尚未完成，不得申报新课题。禁止同一课题多头申报。

第十四条 科研课题重点资助符合下列条件者：

（一）对文物保护事业发展具有重要意义，围绕文物保护工作的重点、难点或当前亟待解决的、具有重要应用前景的课题；

（二）学术思想新颖，立论根据充分，研究目标明确，研究内容具体，研究方法和技术路线合理、可行，可获得重要进展的前沿课题；

（三）有稳定的研究队伍，课题负责人与课题组成员具有较高的研究水平和可靠的时间保证，课题承担单位能提供基本的研究条件。

第十五条 在条件相近时，优先支持属于下列情况的研究课题：

（一）45 周岁以下、获省部级奖励的优秀中青年的申请课题；

（二）少数民族地区和中西部地区的申请课题；

（三）创新性、应用性强的课题；

（四）跨区域、跨学科联合研究的课题和学科生长点。

第十六条 课题承担单位、课题负责人必须认真、准确地填报《文物保护科学和技术研究课题立项申请书》，由课题组织单位审核后报送课题办。

第十七条 为保证科研课题立项评审工作的规范和体现公平、公开、公正原则，课题办按照以下程序，对每年的申报课题进行评审的组织工作：

（一）负责组织课题的初审工作，遴选符合申报条件的课题；

（二）对初审合格的课题分送从国家文物局专家库中选择的有关专家函审；每一课题至少须经三名相同或相近学科的专家评议，并提出函审意见；每一课题以函审专家过半数同意推荐立项为函审通过标准；对有争议课题可另聘请专家复议；

（三）负责对通过函审的课题组织立项评审，聘请相关领域的专家组成年度课题立项评审委员会，评委会主任由国家文物局领导担任；评委会组成人员中，60% 的评委要经由国家文物局专家库随机产生；申请课题的有关人员不再担任评委；

通过公开评议和记名投票的方式评出拟立项课题和优先立项顺序，并提出资助经费建议，其中自筹经费课题单列；

（四）对评审结果进行复核，报国家文物局审批；待审批同意后，对获准立项课题及经费资助安排在媒体上进行为期 15 天的公示，接受社会监督和评议。

第十八条 通过公示的课题，国家文物局与课题组织单位及课题承担单位正式签订《文物保护科学和技术研究课题立项合同书》（以下简称合同）。合同经三方签字后生效，课题正式启动，课题负责人即成为课题责任人。凡因课题负责人方面的原因未签署合同的，立项资格自行取消。

第十九条 立项课题实行课题责任人负责制，课题责任人在批准的计划任务和预算范围内享有自主权。

第二十条 课题的评审工作实行回避制度。参加评审工作的专家遇到审议与本人直接有关的课题时，必须回避。

第二十一条 参加评审工作的全体人员共同遵守以下规定：

（一）严格遵守有关的保密规定；

（二）保护课题负责人的知识产权，不得擅自复制、抄录和留用申请书；不得泄露或以任何形式剽窃申请书内容；

（三）不得泄露同行评议人姓名、评审过程中的意见和未经审批的评审结果；

（四）课题评审会的有关资料和评审记录，在课题评审结束后由课题办收回存档。

第四章 课题实施管理

第二十二条 科研课题实行年度检查制度和年度执行情况报告制度，检查课题的进度、质量和经费使用情况。课题责任人须在课题规定期限过半时，向课题办提交课题研究中期报告。

第二十三条 科研课题应在合同规定执行期结束后 3 个月内，由国家文物局按照以下程序，对课题组织验收：

（一）课题承担单位在合同期满后，15 日内提出课题验收的书面申请和相关课题材料，报送课题组织单位；

（二）课题组织单位在接到课题的验收申请后，15 日内初步审核提交材料的完整性和课题完成情况，提出书面意见，向国家文物局申请课题验收；

（三）国家文物局在接到课题组织单位提交的验收申请和有关材料后，15天内明确是否予以验收，并给予回复。国家文物局聘请有关专家组成科研课题验收委员会。验收委员会采取公开评议和记名投票方式进行。国家文物局对验收委员会提交的结项评审意见进行核准。

第二十四条　科研课题验收结论分为通过验收和不通过验收。

科研课题的计划目标和任务已按照合同要求完成，经费使用合理，为通过验收；

科研课题的任务未按照合同要求完成，或所提供的验收文件、资料、数据不完整或不真实，或研究过程及结果等存在纠纷尚未解决，或经费使用中存在问题，均为不通过验收。

第二十五条　科研课题验收结论意见由国家文物局通知课题组织单位和课题承担单位。

第二十六条　课题实施过程中，经核实有下列情形之一者，应对课题进行调整，并暂停拨款：

（一）经费开支不符合本办法及有关规定的；

（二）需要变更课题责任人、课题承担单位的；

（三）需要改变课题名称、成果形式、技术路线，对研究内容有重大调整的；

（四）未能按计划完成研究任务的，要求延期半年以上（最多不超过一年）；

（五）有其他重要事项变更的。

凡属上述情形被暂停拨款者，须由课题责任人和承担单位提交书面申请，经国家文物局审核同意后，恢复拨款。

第二十七条　凡有下列情形之一者，国家文物局将撤销课题，并予以通报。被撤销课题的课题责任人三年内不得申请新课题，并视情节轻重追究有关人员的责任：

（一）研究成果有严重政治问题；

（二）研究成果学术质量低劣，研究技术滞后；

（三）剽窃他人成果；

（四）未经国家文物局批准，擅自变更课题责任人、研究内容、研究路线；

（五）逾期不提交延期申请，或延期到期后仍

不能完成；

（六）初次验收未能通过，经修改后半年内重新验收，仍未能通过；

（七）配套的自筹资金或其他条件不能落实；

（八）违反财务制度。

被撤销课题的课题责任人三年内不得申请新课题，并视情节轻重追究有关人员的责任。

第二十八条　需要调整或撤销的科研课题，由课题组织单位提出书面意见，报国家文物局核准后执行。必要时，国家文物局可直接根据实施情况进行调整或撤销。

第二十九条　被撤销的科研课题由课题承担单位和课题责任人对课题实施情况作出书面报告，经课题办核查后报国家文物局备案。

第五章　课题经费管理

第三十条　科研课题经费由国家文物局文物保护事业科研专项补助、课题组织单位和课题承担单位配套等构成，鼓励引导社会资金投入。

第三十一条　课题经费一次核定，分期拨付，包干使用，超支不补。课题期限在一年以内，立项当年拨付70%，课题结项验收后拨付30%；课题期限在一年以上，立项当年拨付40%，中期报告评估合格后拨付40%，课题结项验收后拨付20%。

第三十二条　课题经费必须单独核算，专款专用，不得截留、挤占或挪用。

第三十三条　使用课题经费购置的固定资产，其使用权和经营权一般归课题承担单位（合同中另有注明的除外），必须纳入课题承担单位的固定资产账户进行核算与管理。

第三十四条　课题通过验收后，课题责任人应会同课题承担单位财务部门清理历年收支账目，如实编制《文物保护科学和技术研究课题结项验收自评估报告》中的经费决算表。

第三十五条　自筹经费课题的经费筹集、使用和管理必须符合国家有关财务制度及本管理办法的规定。

第六章　课题成果管理

第三十六条　通过验收的课题，课题承担单位应当按照《科技成果登记办法》进行科技成果登记。

第三十七条　课题成果如果公开出版或发表，

应在醒目位置标明"国家文物局文物保护科学和技术研究课题"字样。

第三十八条　国家文物局对有重要学术价值或实际应用价值的课题成果予以推广。对在文物保护事业科学和技术方面有重要发明创造或其他重要贡献的单位或个人，予以精神鼓励或物质奖励。有关办法另行制定。

第七章　附则

第三十九条　本办法自发布之日起执行。以往发布的相关管理办法和规定凡与本办法不一致者，以本办法为准。

第四十条　本办法由国家文物局解释，并自发布之日起施行，请遵照执行。

【《全国文物、博物馆系统人文社会科学重点研究课题管理暂行办法》】 国家文物局 2000 年 4 月 28 日发布。

第一章　总则

第一条　为促进全国文物、博物馆系统人文社会科学学术研究的繁荣与发展，加强对重点研究课题的管理，特制定本办法。

第二条　全国文物、博物馆系统人文社会科学重点研究课题（以下简称文博社科重点课题）面向全国文物、博物馆系统，实行公平竞争、择优立项、保证重点、国家资助的原则。

第三条　文博社科重点课题应与文物、博物馆业务的工作紧密结合，并具有研究意义上的重要性、研究领域上的开拓性、研究水平上的先进性和研究内容上的新颖性等特点。

第四条　文博社科重点课题分为拨款资助课题与自筹经费课题两类。全部或部分由国家文物局拨款的课题为拨款资助课题，完全自筹经费的课题为自筹经费课题。

第五条　国家文物局根据文物、博物馆事业发展的需要，定期公布课题指南，并对重大课题实行招标或委托研究。

第二章　申报

第六条　国家文物局每年第一季度发布课题申报通知（若有课题指南或招标课题亦同时发布）；每年文博社科重点课题立项申请书报审截止日期为六月三十日。

第七条　凡有条件承担课题研究任务并符合申报条件和规定的集体或个人均可申请。集体申报课题应以课题负责人为申请人。文博系统人员与其他系统人员合作申报课题的，应以文博系统人员为申请人。

第八条　申请人应具有副高级（含）以上专业技术职务；不具备此项条件者，须有两名同专业的高级专业技术人员的书面推荐。

第九条　集体课题的申请人，是该课题组的主要负责人。主要负责人必须是项目实施全过程的真正组织者和指导者，担负实质性的研究工作。挂名或不担负实际研究工作者，不得作为负责人申请课题项目。

第十条　申请人每次只能承担一项课题，所从事的课题尚未完成的，不得申报新课题。禁止同一课题多头申报。

第十一条　申请人及其所在单位必须认真、准确、负责地填报《全国文物、博物馆系统人文社会科学重点研究课题立项申请书》，由各省、自治区、直辖市文物行政管理部门审核后，按照规定的时间和要求报送国家文物局。

第三章　立项与结项

第十二条　国家文物局聘请有关专家组成文博社科重点课题评审委员会。评委会受国家文物局委托，对文博社科重点课题的发展规划提出建议，对每年的申报课题进行立项评审，对已完成的课题进行结项评审。评审委员会主任由国家文物局领导担任。

第十三条　文博社科重点课题立项工作按以下程序进行：

1. 根据申报课题情况，由国家文物局遴选符合申报条件的课题并确定当年准予立项的课题比例或数量。

2. 由评审委员会通过公开评议和无记名投票评出准予立项课题和优先立项顺序，其中自筹经费课题单列。

3. 国家文物局对评委会提出的课题立项意见进行审批，并公布获准立项的重点课题名单。

4. 在公布批准立项的课题名单后一个月内，课题申请人及申请人所在单位须与国家文物局正式签订《全国文物、博物馆系统人文社会科学重点研究课题立项合同》（以下简称合同）。合同经三方签订后生效，项目正式启动，课题申请人即成为课题承担人。凡因申请人方面的原因逾期未签署合同的，取消其立项资格。

第十四条 文博社科重点课题的结项工作按以下程序进行：

1. 由评审委员会通过公开评议和无记名投票对已完成的课题进行验收，并对验收课题是否准予结项提出意见。

2. 国家文物局根据评审委员会意见对验收合格的课题批准结项，对验收不合格的课题作出相应处理。

3. 公布结项课题并积极向社会推介。

4. 对有重要的学术价值或实际应用价值而又不宜公开出版的研究成果，国家文物局将资助其出版；对产生积极影响或获得国家级荣誉的优秀课题成果，国家文物局将另外给予奖励。

第十五条 文博社科重点课题的评审工作实行回避制度。参加评审工作的专家遇到审议与本人直接有关的课题时，必须回避。

第四章 经费

第十六条 课题经费由国家文物局分两次直接拨付课题承担人所在单位，每次拨付 50%。第一次在课题正式启动后，第二次在完成中期目标并收到课题承担人提交的课题研究中期报告之后。

第十七条 课题经费的使用范围限于课题研究直接必要的开支，主要包括：

1. 与课题研究有关的资料费；

2. 必要的国内调研差旅费；

3. 必要的小型会议费；

4. 其他合理开支。

第十八条 课题经费必须单独核算、专款专用、不得截留、挤占或挪用。禁止将课题经费用于工资福利、购置固定资产或其他不合理支出（购置必要的专用设备须经国家文物局审批）。

第五章 管理

第十九条 国家文物局负责文博社科重点课题的评审、立项、拨款、结项等管理工作。各省、自治区、直辖市文物行政主管部门负责本辖区的课题申报并监督立项课题的实施。课题申请人所在单位负责申请书的内容审核工作，课题承担人支配课题经费，所在单位负责按有关规定代管课题经费并为课题研究提供方便。

第二十条 课题承担人须在项目规定期限过

半时向国家文物局提交课题研究中期报告，对课题研究进展及经费使用情况作阶段性总结；在课题研究全部完成后一个月内，向国家文物局提交结题报告并附研究成果一式二份。

第二十一条 凡有下列情形之一的，取消课题承担人当年和后两年的课题申报资格，并视情节轻重追究有关人员或单位的责任：

1. 无合理原因，未按期完成课题研究或未提交结题报告；

2. 未经国家文物局批准，擅自变更课题研究内容；

3. 在课题研究中违反学术道德；

4. 课题成果水平低劣，不符合申请书载明的标准；

5. 违反课题经费使用规定；

6. 其他错误行为。

第二十二条 课题成果如果公开出版或发表，须注明"全国文物、博物馆系统人文社会科学重点研究课题"字样。

第六章 附则

第二十三条 本办法自发布之日起实施。

第二十四条 本办法由国家文物局负责解释。

【《文物科研项目开题及经费管理办法（试行）》】
国家文物局 1991 年 6 月 17 日发布。

第一条 为了组织好文物科研项目开题工作，保证申请项目质量及经费合理使用，制订本办法。

第二条 国家文物局制定近期及中长期文物保护科技规划，组织、协调文物系统及其他系统的有关科研单位对重要科研项目进行研究开发。

第三条 国家文物局科研项目开题经费，主要由国家科技主管部门划拨科技三项费用（即科学研究、新产品试制、中间试验），专门用于发展文物科研工作。

第四条 国家文物局负责文物科研项目开题申请的管理工作。国家文物局科技专家组对科研开题报告进行评议后，报国家文物局批准。

第五条 国家文物局负责对科研项目开题经费进行审查、监督、检查等管理工作。

第六条 文物科研项目开题必须具备下列条件：

1. 申请研究项目以文物系统的科研机构为主；

2. 有重要科学意义和重要应用价值的研究工作。尤其是结合我国文物事业发展需要，填补空白，社会效益或经济济效益明显的研究工作；

3. 学术思想新颖，立论根据充分，研究内容和目标明确、具体、先进，研究技术路线合理、可行，近期内可望取得预期成果或结果；

4. 申请者与合作者具备实施该研究项目的研究能力，有必要的工作积累，基本工作条件，研究时间有可靠的保证；

5. 申请者必须实际主持申请项目研究工作，并具有中级以上专业技术职务；

6. 经费预算实事求是；

7. 同一年度每一开题者和主要合作者申请的项目数不得超过两项。

第七条　国家文物局鼓励本系统科技人员与其他系统合作申请科研开题。

第八条　科研项目承担单位将《文物科研项目开题申请书》一式三份报省、自治区、直辖市文物行政管理部门审查后，再统一报送国家文物局。

每年科研项目开题申请书报审截止日期为三月三十一日。国家文物局对科研开题项目每年集中审理一次。

第九条　科研项目承担单位和省、自治区、直辖市文物行政管理部门要根据国家文物科技发展规划加强文物科研项目开题申报工作的指导和组织协调，对科研项目开题申请书进行审查和筛选，对其内容的真实性、研究方案和技术路线的可行性、经费预算的合理性以及基本工作条件的可靠性等签署审核意见。合作单位也要在科研项目开题申请书上签署意见，加盖公章。

第十条　《文物科研项目开题申请书》一经批准，即列入年度计划，由国家文物局，省、自治区、直辖市文物行政管理部门，科研项目承担单位三方正式签定《文物科技三项费用合同书》。科研项目承担单位必须于次年三月三十一日前向国家文物局提交《文物科研开题项目进度情况汇报表》及《文物科技三项费用收支使用情况汇报表》。

第十一条　国家文物局科技三项费用限于开题项目直接需要的开支，如项目所需的仪器、设备、材料费用，外协费，资料费，技术措施费等，

不得超范围使用，不得挪为他用。

第十二条　凡已结束研究工作的开题项目，由科研项目负责人填写《国家文物局文物科研开题项目工作总结》，由省、自治区、直辖市文物行政管理部门审核后，报国家文物局一式二份。

第十三条　凡有下列情形之一者，不再审议其新的科研项目开题申请书：

1. 科研开题项目没有完成的；

2. 不按时提交《文物科研开题项目进度情况汇报表》、《文物科技三项费用收支使用情况汇报表》、《国家文物局科研开题项目工作总结》者。

第十四条　凡有下列情形之一者，暂停下拨科技三项费用，并由财务、审计部门予以调查，提出处理意见：

1. 超范围使用科技三项费用者；

2. 挪用科技三项费用者。

第十五条　各申报及评议、审查单位对送审的《文物科研项目开题申请书》的内容应予保密。

第十六条　本办法由国家文物局负责解释。

本办法自发布之日起施行。

【《文物科学技术成果鉴定办法》】 国家文物局1991年6月17日发布。

第一条　为了加强文物科学技术成果（以下简称科技成果）的管理，健全科技成果鉴定制度，促进科技成果的推广应用，根据《中华人民共和国国家科学技术委员会科学技术成果鉴定办法》，结合文物部门实际情况，制定本办法。

第二条　本办法所指科技成果包括：

（一）属自然科学范畴，阐明自然现象、特征、规律及其内在联系的，在学术上有新见解，并对科学技术发展具有指导意义的理论研究成果；

（二）解决文物事业发展中科学技术问题的具有新颖性、先进性和实用价值的新产品、新技术、新工艺、新材料、新方法等应用技术成果；

（三）推动文物科技工作科学决策和管理现代化、对促进文物科技进步和文物事业协调发展起重大作用的软科学研究成果。

第三条　国家文物局主管全国文物系统的科技成果鉴定工作，主持或委托有关单位对重大科技成果进行技术鉴定。省、自治区、直辖市文物行政管理部门主管当地文物系统的科技成果鉴定

工作，主持或委托有关单位对基层单位申请的科技成果进行鉴定。

第四条　列入国家文物局和省、自治区、直辖市文物行政管理部门年度计划的项目，应由任务下达部门组织鉴定；除重点项目外，一般项目也可委托下级科技管理部门组织鉴定。未被列入年度科技计划的项目，应由申请单位向所在省、自治区、直辖市文物行政管理部门申请鉴定。

第五条　非文物系统完成的文物科技成果，其上级主管部门可委托文物行政管理部门按本办法的规定组织鉴定。

第六条　科技成果完成单位和个人在向上级行政管理部门申请科技成果鉴定时，必须提交《科学技术成果鉴定申请书》和完整的学术、技术资料。组织鉴定部门接到申请书后，应进行认真的审查，如是计划内项目，应由计划成果管理部门根据科研合同或计划任务书共同进行审核，于三十天内就以下问题作出决定，并通知申请鉴定的单位和个人：

（一）是否同意鉴定；

（二）鉴定的形式；

（三）鉴定委员会委员名单；

（四）其他事宜。

第七条　对申请鉴定的科技成果，组织鉴定的单位应聘请有关专家组成鉴定委员会，委员会由七人以上（含七人）组成，其中设主任委员一个，副主任委员、委员若干人，鉴定委员会由主任委员主持；项目的完成人员不参加鉴定委员会，项目完成单位的同行专家参加鉴定委员会人数应控制在七分之二以下；鉴定委员会成员应具备以下条件：

（一）具有同行业或同领域的高、中级专业技术职务（通讯鉴定均需高级专业技术职务）；

（二）具有较高的学术或技术水平和较丰富的实际经验；

（三）具有良好的职业道德。

第八条　科技成果鉴定时可采取以下的鉴定形式：

（一）会议鉴定：由鉴定委员会，以会议形式进行审查并提出鉴定意见；

（二）验收鉴定：文物保护工程中的科技成果，由鉴定委员会，按照计划任务书（或合同）规定的验收标准和方法进行评价、测试并提出鉴定意见；

（三）通讯鉴定：对理论研究成果可由鉴定委员会采取通讯方式对该项目的学术水平作出评价。

第九条　鉴定委员会成员应对被鉴定项目的技术内容予以保密。

第十条　具备以下条件的科学技术成果可申请鉴定：

（一）完成项目任务，达到规定的技术要求；

（二）学术或技术资料齐全，并符合科技立档要求。

1. 科学理论成果的学术资料主要包括：学术论文、在国内外学术刊物发表情况的证明及有关的评价材料。

2. 应用技术成果的技术资料主要包括：计划合同或任务书、研制报告、技术指标测试报告、成果使用报告（使用日期在六个月以上，使用单位两个以上）。

3. 软科学成果的技术资料主要包括：技术合同或任务书、总体研究报告、专题论证报告、调研报告（包括国内外研究情况对照）采用部门的证明材料。

第十一条　有权属争议的项目，应在争议解决以后申请鉴定。

第十二条　属于下列情况之一的，可视同已通过鉴定：

（一）技术上成熟，已在实践中广泛使用的应用技术成果，由成果完成单位持实施单位出具的经济效益或社会效益证明（在本单位实施应用的，由本单位的上级主管部门审核证明），连同第十条（二）款所列资料，经省、自治区、直辖市文物行政管理部门或国家文物局批准后，分别颁发《视同鉴定证书》；

（二）经中国专利局授予专利权的发明专利，实施后取得经济效益的，由实施单位出具证明，连同必要的技术文件由上级主管部门批准后，颁发《视同鉴定证书》。

第十三条　科学技术成果鉴定意见的内容：

（一）科学理论成果：所需学术或技术资料是否齐全并符合要求，发表后被引用情况报告；对项目研究的目的和意义的评价；该成果的论点是否明确、论据是否充分，有关数据是否准确；该成果的学术价值、创新点与同类成果水平的比较以及达到的水平；存在的问题和改进的建议；

（二）应用技术成果：所需学术或技术资料是否齐全并符合要求；是否达到计划任务书（或合同）规定的技术指标；有关技术文件中的技术数据、图表是否准确、完整；该项成果的技术水平以及与国内外同类技术所具有的创新点；是否能推广应用；存在的问题及今后改进的建议；

（三）软科学成果：所需学术或技术资料是否齐全并符合要求；是否达到课题要求的标准和目的；应用情况和实践检验效果；存在的问题及今后改进的建议。

第十四条 组织鉴定单位对鉴定报告审核、批准后，对鉴定合格的科技成果颁发按国家科委统一规定格式制作的《科技成果鉴定证书》。

第十五条 对应聘参加科技成果鉴定的专家，组织鉴定的单位应支付一定的技术咨询费。

第十六条 本办法由国家文物局负责解释。

本办法自发布之日起试行。

【《文物科学技术进步奖励办法（试行）》】 国家文物局 1991 年 6 月 17 日发布。

第一条 为奖励在推动文物科技进步工作中作出成绩的单位和个人，充分发挥广大文物科技人员的积极性和创造性，以促进文物事业的发展，根据《中华人民共和国科学技术进步奖励条例》有关规定，结合文物部门实际情况，制定本办法。

第二条 本办法奖励的范围包括：应用于文物事业的新的科学技术成果，推广、采用已有的先进科学技术成果，科学技术管理以及标准、计量、科学技术情报工作等。

第三条 具备以下条件之一的，可申请国家文物局文物科学技术进步奖：

1. 应用于文物事业的新的科学技术成果（包括新产品、新技术、新工艺、新材料、新设计等），属于：

（1）国内首创的；

（2）本行业先进的；

（3）经过实践应用证明是有重大社会效益和经济效益的。

2. 在推广、转让、应用已有的科学技术成果工作中，做出创造性贡献并取得重大社会效益或经济效益的。

3. 在文物保护、研究项目中，采用新技术，做出创造性贡献并取得重大社会效益或经济效益的。

4. 在科学技术管理和标准、计量、科学技术情报等工作中，做出创造性贡献并取得特别显著效果的。

第四条 国家文物局文物科学技术进步奖分为四个奖励等级：

1. 一等奖 授予文物科技进步奖状、证书、奖金伍千元；

2. 二等奖 授予文物科技进步奖状、证书、奖金叁千元；

3. 三等奖 授予文物科技进步奖状、证书、奖金贰千元；

4. 四等奖 授予文物科技进步奖状、证书、奖金壹千元；

第五条 奖励标准：

1. 国内首创，技术上达到国际同类先进水平，有重大社会效益或经济效益的，并可在全国范围内推广应用的，可评为科技进步一等奖；

2. 国内首创，技术上接近国际同类先进水平，有较大的社会效益或经济效益的，并可在众多省市推广应用的，可评为科技进步二等奖；

3. 国内首创，技术上达到国内同类先进水平，有一定的社会效益或经济效益的，并可在部分省市推广应用的，可评为科技进步三等奖；

4. 国内首创，技术上达到本行业先进水平，有一定的社会效益或经济效益的，并可在本省或本单位推广应用的，可评为科技进步四等奖。

第六条 设立国家文物局文物科技进步奖评审委员会，负责文物科学技术进步奖评审工作。评审委员会任期三年，设主任一人，副主任、委员若干人。国家文物局文物处作为评审委员会的办事机构，负责日常事务工作。

第七条 国家文物局文物科学技术进步奖申报程序：

1. 凡申报的文物科研项目，均由各省、自治区、直辖市文物行政管理部门先行评审，凡评上省、自治区、直辖市文物（文化）科技进步三等奖（含三等奖）以上项目才能申报国家文物局文物科学技术进步奖；

2. 文物系统几个单位合作完成的科研项目，由科研项目的承担单位会同合作研究单位联合上报，不得单独上报；

3. 文物系统和其他系统合作完成的科研项目，如科研项目的承担单位不属于文物系统，则按承担单位的行政隶属关系上报。

4. 受文物部门委托的或由文物部门组织鉴定的非文物系统单位或个人完成的项目，由文物部门委托单位及负责鉴定单位评审上报。

第八条　国家文物局文物科学技术进步奖申报要求：

1. 凡申报国家文物局文物科技进步奖的项目，必须出具应用单位已使用半年以上，其性能稳定可靠，具有社会效益或经济效益的证明。

2. 凡申报国家文物局文物科技进步奖项目的主要完成人员，一等奖不超过九人，二等奖不超过七人，三等奖不超过五人，四等奖不超过三人。

3. 凡申报国家文物局文物科技进步奖的项目要填报《国家文物局文物科技进步奖申报书》。

4. 负责申报国家文物局文物科技进步奖的各省、自治区、直辖市文物行政管理部门，统称为项目的申报部门，申报部门负责申报项目的初审和申报，并负责处理申报项目的争议问题。

第九条　国家文物局文物科学技术进步奖评审办法：

1. 评审项目采取主审员审查办法，每个项目在评委中确定三名主审员负责主审。评审前主审员应熟悉主审项目材料，并写出主审意见。评审时由项目主审员介绍该项目情况，并提出奖励等级。

2. 评委评定项目奖励等级时，采取无记名投票方法进行，超过评委人数半数（含半数）方为有效。

3. 在评奖过程中，凡评委是评奖项目的主要完成人，当讨论和表决该项目时应回避，不计入评委人数之内。

4. 评审的项目根据评审工作需要确定是否展示形象资料或实物，或请该项目研究人员现场答辩。

第十条　国家文物局文物科学技术进步奖按照国家科技进步奖评审年限评审，原则上每年评审一次，评审结果由国家文物局批准以后公布。

如对获奖项目有异议，必须在公布后三个月内提出，并由国家文物局负责处理；在此期限如无异议，即行颁奖。

第十一条　对获奖项目的研究单位授予奖状，对主要研究人员授予奖励证书，奖金按贡献大小合理分配。主要研究人员所得奖金原则上不得少于奖金总额的 70％。获奖项目的奖金不征收奖金税。

第十二条　获奖项目的奖金不得重复发放。如获奖项目经过上一级评审委员会评定提高了奖励等级，其奖金只补发给差额部分。其余部分奖金可作为原授奖单位的奖励基金，但此款不得挪为他用。

第十三条　国家文物局文物科学技术进步奖奖金由国家文物局在文物事业费中列支。

第十四条　获国家文物局文物科学技术进步奖的个人成绩，应记入本人档案，并作为考核、晋升、聘任专业技术职务的重要依据之一。

第十五条　如发现申报国家文物局文物科学技术进步奖的项目中有弄虚作假或剽窃他人成果的行为，国家文物局将撤销奖励，并追回奖金及所发的奖励证书和奖状。

第十六条　省、自治区、直辖市文物科技奖励办法可参照本办法制订，奖金在地方文物事业经费中列支。

第十七条　本办法由国家文物局负责解释。

本办法自发布之日起施行。

【《文物保护科学和技术创新奖励办法（试行）》】
国家文物局 2004 年 7 月 23 日发布。

第一章　总则

第一条　为鼓励和表彰在文物保护科学和技术方面有重要发明创造或者其他重要贡献的单位或者个人，根据《中华人民共和国文物保护法》，参照《国家科学技术奖励条例》，制订本办法。

第二条　国家文物局设立文物保护科学和技术创新奖（以下简称"科技创新奖"），每年组织评审一次。

第三条　科技创新奖励工作贯彻尊重知识、尊重人才、鼓励创新的方针。

第四条　科技创新奖励工作遵循公平、公正、公开的原则。

第二章　奖励范围与等级

第五条　科技创新奖授予以下方面作出突出贡献的单位和个人：

（一）在基础性研究中，有重要科学发现、具有重要科学价值或得到国内外相关领域的科学界普遍认可，对本领域的科学理论、科学方法和科学技术发展具有重要意义的；

（二）在文物保护中应用的新产品、新工艺、新材料，具有先进性和创新性，创造显著社会效益或者经济效益的；

（三）在文物保护科学和技术成果推广工作中创造显著社会效益或者经济效益的；

（四）在重大文物保护工程项目中，应用先进科学技术，具有显著示范作用的；

（五）在文物保护的管理、标准化和信息化等方面，做出重要贡献或者取得显著效果的。

已获得省部级以上（含省部级）科技奖项的不在推荐范围之内。

第六条　科技创新奖分为一等奖、二等奖两个等级。

一等奖授予单位奖状、个人证书、奖金壹拾万元；二等奖授予单位奖状、个人证书、奖金伍万元。

科技创新奖每次授奖项目总数不超过 10 项，一等奖项目不超过 2 项，各奖项可以空缺。

第三章　评审机构及职责

第七条　国家文物局设立文物保护科学和技术创新奖励办公室，负责科技创新奖励的日常工作。

第八条　国家文物局聘任有关专家组成科技创新奖励评审委员会，负责科技创新奖的评审工作。

第九条　评审委员会委员候选人在国家文物局专家库中随机抽选，委员可以连任。

（一）评审委员会设主任委员 1 人，副主任委员 2 人，委员总数不超过 25 人；

（二）评审委员会下设基础性研究、应用研究和管理科学研究评审组；

（三）申报科技创新奖的项目主要完成人员，不得担任评审委员。

第四章　申报、推荐、评审和授予

第十条　科技创新奖励申报要求：

（一）凡申报科技创新奖励项目的单位，须按要求填报《文物保护科学和技术创新奖申报书》；

（二）申报项目主要完成人员的限额为：一等奖不超过 9 人，二等奖不超过 7 人。

第十一条　凡由多家单位合作完成的科研项目，由项目第一完成单位按程序申报。

第十二条　科技创新奖申报项目由下列单位推荐：

（一）省、自治区、直辖市文物行政管理部门；

（二）受国家文物局委托的单位或部门。

第十三条　推荐单位负责受理、审核申报材料的完整性并推荐，处理推荐申报项目的争议问题，配合获奖项目的复审工作。

第十四条　科技创新奖励评审要求：

（一）评审项目采取主审员审查方式，评审委员会根据每个推荐申报项目确定三名评审委员负责审查，写出审查意见；

（二）评审会议应当有三分之二以上（含三分之二）的委员参加方为有效，否则视为无效；

（三）评审委员评定项目奖励等级时，采取一次记名投票方法进行，得票超过评委人数半数（含半数）为有效。推荐项目获得一等奖票数未满半数时，计入二等奖得票数。

（四）评审委员会根据申报项目的评审需要，可要求申报者提供必要的实证材料，或该项目主要完成人员现场说明。

第十五条　评审委员会根据投票结果提出推荐奖励项目的意见，并向国家文物局提出获奖项目候选名单和奖励等级的建议。

第十六条　国家文物局根据评审委员会的建议，做出获奖项目及奖励等级的决定。科技创新奖励项目名单及奖励等级，授奖前在"历史文化遗产保护领域科技平台"和《中国文物报》等有关媒体公示。自公示之日起 15 天内，如有异议，国家文物局受理书面意见并进行处理；如无异议，即行授奖。

第十七条　奖金由项目负责人在项目组内按劳分配。发给项目完成人的奖金，按照《中华人民共和国所得税法》第四条规定，免征个人所得税。

第十八条　科技创新奖奖金从国家文物局项

目经费中列支。

第五章 罚 则

第十九条 剽窃、剥夺他人的发现、发明和其他科学技术成果的，或者以其他不正当手段骗取科技创新奖的，由国家文物局核实后撤销其奖励，追回奖金，予以通报。

第二十条 推荐单位提供虚假意见，协助他人骗取科技创新奖的，由国家文物局核实后通报批评；情节严重的，暂停或者取消其推荐资格。

第二十一条 参与科技创新奖励评审活动和有关工作的人员在评审活动中弄虚作假、徇私舞弊的，依法给予行政处分。

第六章 附 则

第二十二条 本办法由国家文物局负责解释。

第二十三条 本办法自公布之日起施行

〔文物保护工程管理〕
【《文物保护工程管理办法》】文化部 2003 年 4 月 1 日发布，5 月 1 日施行。

第一章 总 则

第一条 为进一步加强文物保护工程的管理，根据《中华人民共和国文物保护法》和《中华人民共和国建筑法》的有关规定，制定本办法。

第二条 本办法所称文物保护工程，是指对核定为文物保护单位的和其他具有文物价值的古文化遗址、古墓葬、古建筑、石窟寺和石刻、近现代重要史迹及代表性建筑、壁画等不可移动文物进行的保护工程。

第三条 文物保护工程必须遵守不改变文物原状的原则，全面地保存、延续文物的真实历史信息和价值；按照国际、国内公认的准则，保护文物本体及与之相关的历史、人文和自然环境。

第四条 文物保护单位应当制定专项的总体保护规划，文物保护工程应当依据批准的规划进行。

第五条 文物保护工程分为：保养维护工程、抢险加固工程、修缮工程、保护性设施建设工程、迁移工程等。

（一）保养维护工程，系指针对文物的轻微损害所作的日常性、季节性的养护。

（二）抢险加固工程，系指文物突发严重危险时，由于时间、技术、经费等条件的限制，不能进行彻底修缮而对文物采取具有可逆性的临时抢险加固措施的工程。

（三）修缮工程，系指为保护文物本体所必需的结构加固处理和维修，包括结合结构加固而进行的局部复原工程。

（四）保护性设施建设工程，系指为保护文物而附加安全防护设施的工程。

（五）迁移工程，系指因保护工作特别需要，并无其他更为有效的手段时所采取的将文物整体或局部搬迁、异地保护的工程。

第六条 国家文物局负责全国文物保护工程的管理，并组织制定文物保护工程的相关规范、标准和定额。

第七条 具有法人资格的文物管理或使用单位，包括经国家批准，使用文物保护单位的机关、团体、部队、学校、宗教组织和其他企事业单位，为文物保护工程的业主单位。

第八条 承担文物保护工程的勘察、设计、施工、监理单位必须具有国家文物局认定的文物保护工程资质。资质认定办法和分级标准由国家文物局另行制定。

第九条 文物保护工程管理主要指立项、勘察设计、施工、监理及验收管理。

第二章 立项与勘察设计

第十条 文物保护工程按照文物保护单位级别实行分级管理，并按以下规定履行报批程序：

（一）全国重点文物保护单位保护工程，以省、自治区、直辖市文物行政部门为申报机关，国家文物局为审批机关。

（二）省、自治区、直辖市级文物保护单位保护工程以文物所在地的市、县级文物行政部门为申报机关，省、自治区、直辖市文物行政部门为审批机关。

市县级文物保护单位及未核定为文物保护单位的不可移动文物的保护工程的申报机关、审批机关由省级文物行政部门确定。

第十一条 保养维护工程由文物使用单位列入每年的工作计划和经费预算，并报省、自治区、直辖市文物行政部门备案。

抢险加固工程、修缮工程、保护性设施建设工程的立项与勘察设计方案按本办法第十条的规定履行报批程序。抢险加固工程中确因情况紧急需要即刻实施的，可在实施的同时补报。

迁移工程按《中华人民共和国文物保护法》第二十条的规定获得批准后，按本办法第十条的规定报批勘察设计方案。

第十二条 因特殊情况需要在原址重建已经全部毁坏的不可移动文物的，按《中华人民共和国文物保护法》第二十二条的规定获得批准后，按本办法第十条的规定报批勘察设计方案。

第十三条 工程项目的立项申报资料包括以下内容：

（一）工程业主单位及上级主管部门名称；

（二）拟立项目名称、地点，文物保护单位级别、时代，保护范围与建设控制地带的划定、公布与执行情况；

（三）保护工程必要性与实施可能性的技术文件与形象资料录像或照片；

（四）经费估算、来源及计划工期安排；

（五）拟聘请的勘察设计单位名称及资信。

第十四条 已立项的文物保护工程应当申报勘察、方案设计和施工技术设计文件。重大工程要在方案获得批准后，再进行技术设计。

第十五条 勘察和方案设计文件包括：

（一）反映文物历史状况、固有特征和损害情况的勘察报告、实测图、照片；

（二）保护工程方案、设计图及相关技术文件；

（三）工程设计概算；

（四）必要时应提供考古勘探发掘资料、材料试验报告书、环境污染情况报告书、工程地质和水文地质资料及勘探报告。

第十六条 施工技术设计文件包括：

（一）施工图；

（二）设计说明书；

（三）施工图预算；

（四）相关材料试验报告及检测鉴定结果。

第三章 施工、监理与验收

第十七条 文物保护工程中的修缮工程、保护性设施建设工程和迁移工程实行招投标和工程监理。

第十八条 重要文物保护工程按本办法第十条规定的程序报批招标文件及拟选用的施工单位。

第十九条 文物保护工程必须遵守国家有关施工的法律、法规和规章、规范，购置的工程材料应当符合文物保护工程质量的要求。施工单位应当严格按照设计文件的要求进行施工，其工作程序为：

（一）依据设计文件，编制施工方案；

（二）施工人员进场前要接受文物保护相关知识的培训；

（三）按文物保护工程的要求作好施工记录和施工统计文件，收集有关文物资料；

（四）进行质量自检，对工程的隐蔽部分必须与业主单位、设计单位、监理单位共同检验并做好记录；

（五）提交竣工资料；

（六）按合同约定负责保修，保修期限自竣工验收之日起计算，除保养维护、抢险加固工程以外，不少于五年。

第二十条 施工过程中如发现新的文物、有关资料或其他影响文物保护的重大问题，要立即记录，保护现场，并经原申报机关向原审批机关报告，请示处理办法。

第二十一条 施工过程中如需变更或补充已批准的技术设计，由工程业主单位、设计单位和施工单位共同现场洽商，并报原申报机关备案；如需变更已批准的工程项目或方案设计中的重要内容，必须经原申报机关报审批机关批准。

第二十二条 文物保护工程应当按工序分阶段验收。重大工程告一段落时，项目的审批机关应当组织或者委托有关单位进行阶段验收。

第二十三条 工程竣工后，由业主单位会同设计单位、施工单位、监理单位对工程质量进行验评，并提交工程总结报告、竣工报告、竣工图纸、财务决算书及说明等资料，经原申报机关初验合格后报审批机关。项目的审批机关视工程项目的实际情况成立验收小组或者委托有关单位，组织竣工验收。

第二十四条 对工程验收中发现的质量问题，由业主单位及时组织整改。

第二十五条 文物保护工程的业主单位、勘察设计单位、施工单位、申报机关和审批机关应当建立有关工程行政、技术和财务文件的档案管理制度。所有工程资料应当立卷存档并归入文物保护单位记录档案。

重要工程应当在验收后三年内发表技术报告。

第四章　奖励与处罚

第二十六条　文物保护工程设立优秀工程奖，具体办法由国家文物局制定。

第二十七条　违反本办法、或对文物造成破坏的，按《中华人民共和国文物保护法》及国务院有关规定处罚。

第五章　附　则

第二十八条　非国有不可移动文物的保护维修，参照执行本办法。

第二十九条　以前发布的规章与本办法相抵触的，以本办法的规定为准。

第三十条　本办法自 2003 年 5 月 1 日起施行。

【《文物保护工程勘察设计资质管理办法（试行)》】国家文物局 2003 年 7 月 2 日发布。

一　总则

第一条　为加强文物保护工程勘察设计资质管理，根据《文物保护工程管理办法》，结合文物保护工程的具体情况，制定本办法。

第二条　从事核定为文物保护单位和其他具有文物价值的古文化遗址、古墓葬、古建筑、石窟寺和石刻、近现代重要史迹及代表性建筑、壁画等文物保护工程勘察设计的单位资质管理，适用本办法。

第三条　文物保护工程勘察设计是指为文物保护工程而进行的调查、研究、测绘、制定保护方案、工程设计及技术经济分析，编制保护规划，并提供勘察成果资料、设计文件或规划文本的活动。

第四条　凡从事文物保护工程勘察设计的单位，必须按照本办法申请并取得《文物保护工程勘察设计资质证书》，方可承担相应等级和业务范围的文物保护工程。

第五条　国家文物局负责审定、颁发《文物保护工程勘察设计资质证书》和资质年检工作。省、自治区、直辖市文物行政部门负责资质初审和日常管理工作。

资质申报、审定工作每三年一次；年检每年一次。

二　资质等级与标准

第六条　文物保护工程勘察设计资质分为综合资质和专项资质。专项资质适用于保护规划以及壁画、石质文物等有特殊专业技术要求的保护工程。

综合资质等级分为甲、乙、丙三级和暂定级。专项资质不分级。

第七条　甲级资质标准：

一、经主管机关核准登记的企、事业单位，从事文物保护勘察设计业务十年以上，独立承担过不少于十项、工程等级为一级，或者不少于十五项、工程等级为二级及以上的文物保护工程项目的勘察设计，其工程已经竣工，质量合格。

二、法定代表人与技术人员均有较强的文物保护意识，单位总体水平在国内同行业领先，有较高的社会信誉，参加过或有能力参加文物保护工程的规范、规程、标准、定额的编制工作。

三、单位中专职固定且取得国家文物保护工程勘察设计职业资格证书的技术人员总数不少于 20 人，其中有相关专业高级技术职称的技术骨干不少于 8 人（应聘并固定在该单位的离退休技术人员不超过 20%）。

四、有健全的技术、管理制度和全面质量管理体系。

五、具有与其资质相适应的专业技术装备。

六、注册资金不少于 100 万元。

第八条　乙级资质标准：

一、经主管机关核准登记的企、事业单位，从事文物保护勘察设计业务五年以上，独立承担过不少于五项、工程等级为二级，或者不少于十项、工程等级为三级及以上的文物保护工程项目的勘察设计，且工程已经竣工，质量合格。

二、法定代表人与技术人员均有较强的文物保护意识，单位总体水平在所在省、自治区、直辖市同行业领先，有较高的社会信誉。

三、单位中专职固定且取得国家文物保护工程勘察设计职业资格证书的技术人员总数不少于 15 人，其中有相关专业高级技术职称的技术骨干不少于 6 人（应聘并固定在该单位的离退休技术人员不超过 20%）。

四、有较健全的技术、管理制度和全面质量管理体系。

五、具有与其资质相适应的专业技术装备。

六、注册资金不少于 70 万元。

第九条　丙级资质标准：

一、经主管机关核准登记的企、事业单位，独立承担过不少于五项、工程等级为三级，或者不少于十项、工程等级为四级及以上的文物保护工程项目的勘察设计，其工程已经竣工，质量合格。

二、法定代表人及主要技术人员有正确的文物保护意识，所完成项目得到国家和省、自治区、直辖市文物行政管理部门认可。

三、单位中专职固定且取得国家文物保护工程勘察设计职业资格证书的技术人员总数不少于10人，其中有相关专业高级技术职称的技术骨干不少于3人（应聘并固定在该单位的离退休工程技术人员不超过20%）。

四、有较健全的技术、经营、质量、档案、财务管理制度。

五、具有与其资质相适应的专业技术装备。

六、注册资金不少于50万元。

第十条　暂定级资质标准：

资质条件不低于丙级。

第十一条　取得保护规划以及壁画、石质文物保护等有特殊专业技术要求的勘察设计资质，除应具备上述相应的资质条件以外，还应具有掌握相关特殊技术的专业人员和必要装备。

第十二条　申请国家文物保护工程勘察设计职业资格证书的人员，必须具有相关专业中级以上技术职称，从事文物保护工程勘察设计三年以上，并经培训、考核合格。

三　资质申请和审批

第十三条　申请《文物保护工程勘察设计资质证书》的单位，须向所在地省、自治区、直辖市文物行政部门提出申请。省、自治区、直辖市文物行政部门初审、汇总后，报国家文物局审批。

第十四条　申请《文物保护工程勘察设计资质证书》，应提供下列资料：

一、文物保护工程勘察设计资质申请表；

二、主管机关颁发的企、事业单位证书或文件；

三、法定代表人和技术人员简历、职业资格证书、职称证书、学历证书、身份证复印件；

四、技术骨干的职称证书、职业资格证书、学历证书、身份证复印件；

五、完成的具有代表性文物保护工程的勘察设计合同及验收评估资料；

六、审批机关认为必须的其他相关证件、资料。

第十五条　文物保护工程勘察设计单位取得正式资质并从事勘察设计满三年后，可提出升级申请。

申请资质升级，除提供本办法第十四条所列资料外，还应提供下列资料：

一、原资质证书正、副本；

二、原资质等级历年财务决算年报表。

第十六条　新设立的文物保护工程勘察设计单位，符合资质等级条件的可认定为暂定级，有效期三年。年检合格，可申请正式资质。

四　监督管理

第十七条　文物保护工程勘察设计单位根据自身资质等级和业务范围承担相应级别的勘察设计项目（文物保护工程勘察设计分级见附表）：

甲级可承担所有级别文物保护工程的勘察设计项目。

乙级可承担工程等级为二级及以下的勘察设计项目。

丙级可承担工程等级为三级及以下的勘察设计项目。

暂定级可承担工程等级为四级的勘察设计项目。

第十八条　《文物保护工程勘察设计资质证书》是从事文物保护工程勘察设计的技术资格凭证，只限本单位使用，不得转让，不得为其他单位或个人提供图章、图签，不得超出资质证书核定的资质等级和业务范围承揽业务。

第十九条　文物保护工程勘察设计资质年检按照下列程序进行：

一、在规定时间内向所在地省、自治区、直辖市文物行政部门提交《文物保护工程勘察设计资质年检表》、《文物保护工程勘察设计资质证书》，交验相关资料；'

二、省、自治区、直辖市文物行政部门初检汇总后报国家文物局；国家文物局做出资质年检结论。

第二十条　年检结论分为合格、不合格两种：

一、单位资质条件符合勘察设计资质等级标

准，且在过去一年内未发生违法违规行为的，年检合格。

二、有下列情形之一的，年检不合格：

1. 因勘察设计质量问题对文物造成安全隐患或损害的；

2. 达不到资质等级标准的；

3. 有违法违规行为的。

第二十一条　连续三年年检合格，且符合相应等级标准，可申请晋升资质等级。资质年检不合格降低资质等级。降级的勘察设计单位，经过一年以上的整改，可以重新申请原资质等级。

第二十二条　《文物保护工程勘察设计资质证书》遗失的，应于30日内在公众媒体上声明作废，并申请补发证书。

第二十三条　文物保护工程勘察设计单位分立、合并或名称、地址、法定代表人等变更的，应当在变更后的30日内，到原文物保护工程资质审批部门办理相应的变更、注销手续。

第二十四条　因资质升级等原因领取新的《文物保护工程勘察设计资质证书》的，应将原资质证书交回注销。

第二十五条　文物保护工程勘察设计单位撤销、破产、倒闭，应在三十日内将原资质证书交回、办理注销手续。

第二十六条　在规定时间内没有参加资质年检或逾期不办理资质证书变更手续的，资质证书自行失效。

五　罚则

第二十七条　涂改或者采取不正当手段骗取《文物保护工程勘察设计资质证书》，以及勘察设计质量低劣或因勘察设计原因对文物造成安全隐患或损害的，除按国家有关规定处理外，吊销资质证书。

第二十八条　超越本单位资质等级、业务范围承揽业务的，责令停业整顿；情节严重的，降低资质等级，直至吊销资质证书。

第二十九条　转让、出借或变相转让、出借《文物保护工程勘察设计资质证书》，为其他单位或个人提供图章、图签的，由资质审批部门给予通报批评，责令改正，没收违法所得；情节严重的，责令停业整顿，降低资质等级，直至吊销资质证书。

六　附则

第三十条　本办法由国家文物局负责解释。

第三十一条　本办法自发布之日起施行。

附：

文物保护工程（勘察设计）分级表

工程级别	工程主要内容
一级	1. 全国重点文物保护单位和国家文物局指定的重要文物的修缮工程、迁移工程、重建工程的方案及施工图设计。 2. 石窟保护加固工程的方案及施工图设计。 3. 大型建筑群、陵墓群、古文化遗址的保护利用综合规划。
二级	1. 全国重点文物保护单位的保养维护工程、抢险加固工程的方案及施工图设计。 2. 省、自治区、直辖市级文物保护单位的修缮工程、迁移工程、重建工程的方案及施工图设计。 3. 市、县级文物保护单位和未被列为文物保护单位的不可移动文物的迁移工程、重建工程。 4. 为文物保护工程而进行全国重点文物保护单位勘测。
三级	1. 省、自治区、直辖市级文物保护单位的保养维护工程、抢险加固工程的方案及施工图设计。 2. 市、县级文物保护单位和未被列为文物保护单位的不可移动文物的修缮工程的方案及施工图设计。 3. 为文物保护工程而进行省、自治区、直辖市级文物保护单位勘测。
四级	1. 市、县级文物保护单位和未被列为文物保护单位的不可移动文物的保养维护工程、抢险加固工程的方案及施工图设计。 2. 为文物保护工程而进行市、县级文物保护单位勘测。

【《文物保护工程施工资质管理办法（试行）》】 国家文物局2003年7月2日发布。

一　总则

第一条　为加强文物保护工程施工单位资质管理，根据《文物保护工程管理办法》，结合文物保护工程的实际情况，制定本办法。

第二条　从事核定为文物保护单位和其它具有文物价值的古文化遗址、古墓葬、古建筑、石窟寺和石刻、近现代重要史迹及代表性建筑、壁画等文物保护工程施工单位的资质管理，

适用本办法。

第三条　凡从事文物保护工程施工的单位，必须按照本办法申请并取得《文物保护工程施工资质证书》，方可承担相应等级、业务范围的工程。

第四条　国家文物局负责审定、颁发《文物保护工程施工资质证书》和资质年检工作。省、自治区、直辖市文物行政部门负责资质初审和日常管理工作。

施工资质申报、审定工作每三年一次；年检每年一次。

二　资质等级与标准

第五条　文物保护工程施工资质等级分为一、二、三级和暂定级。壁画、石窟寺和石刻保护等有特殊技术要求的施工资质单独核定。

第六条　一级资质标准：

一、经主管机关核准登记的法人单位，从事文物保护工程施工十年以上，独立承担过不少于五项、工程等级为一级，或者不少于十项、工程等级为二级以上的文物保护工程，质量合格。

二、法定代表人与技术人员均有较强的文物保护意识。单位总体水平在国内同行业领先，有较高的社会信誉。

三、技术负责人必须具有相关专业高级技术职称，从事文物保护工程施工管理十五年以上，取得国家文物保护工程施工职业资格证书。

取得国家文物保护工程施工职业资格证书的项目负责人不少于5人。

文物保护工程各专业工种技术人员齐备，且取得国家文物保护工程施工职业资格证书的不少于20人。

四、有健全的技术、经营管理制度和全面质量管理体系。对工程质量、进度、造价等能进行直接管理及有效的控制。

五、具有完备的文物保护工程所需的专业技术装备。

六、注册资金600万元以上。

第七条　二级资质标准：

一、经主管机关核准登记的法人单位，从事文物保护工程施工六年以上，独立承担过不少于五项、工程等级为二级，或者不少于十项、工程等级为三级以上的文物保护工程，质量合格。

二、法定代表人与技术人员均有较强的文物保护意识，企业总体水平在省（自治区、直辖市）内同行业领先，有较高的社会信誉。

三、技术负责人必须具有相关专业高级技术职称，从事文物保护工程施工管理十年以上，取得国家文物保护工程施工职业资格证书。

取得国家文物保护工程施工职业资格证书的项目负责不少于5人。

文物保护工程各专业工种技术人员齐备，且取得国家文物保护工程施工职业资格证书的不少于15人。

四、有健全的技术、经营管理制度和全面质量管理体系。对工程质量、进度、造价等能进行直接管理及有效的控制。

五、具有完备的文物保护工程所需的专业技术装备。

六、注册资金400万元以上。

第八条　三级资质标准：

一、经主管机关核准登记的法人单位，从事文物保护工程施工三年以上，独立承担过不少于五项、工程等级为三级，或者不少于十项、工程等级为四级的文物保护工程项目，质量合格。

二、法定代表人与技术人员均有较强的文物保护意识。

三、技术负责人必须具有相关专业高级技术职称，从事文物保护工程施工管理五年以上，取得国家文物保护工程施工职业资格证书。

取得国家文物保护工程施工职业资格证书的项目负责人不少于3人。

文物保护工程各专业工种技术人员齐备，且取得国家文物保护工程施工职业资格证书的不少于10人。

四、有较健全的技术、经营、质量、档案、财务管理制度。对工程质量、进度、造价等能进行直接管理及有效的控制。

五、具有较完备的文物保护工程所需的专业技术装备。

六、注册资金200万元以上。

第九条 暂定级资质标准：

资质条件不低于三级。

第十条 壁画、石窟寺和石刻保护等有特殊技术要求的施工资质除应具备上述相应的资质条件以外，还应具有掌握相关特殊技术的专业人员和必要装备。

第十一条 申请国家文物保护工程施工职业资格证书的人员，必须从事文物保护工程施工五年以上，或具有大专以上学历、从事文物保护工程施工三年以上，并经培训、考核合格。

三 资质申请和审批

第十二条 申请《文物保护工程施工资质证书》的单位，须向所在地省、自治区、直辖市文物行政部门提出申请。省、自治区、直辖市文物行政部门初审、汇总后，报国家文物局审批。

第十三条 申请《文物保护工程施工资质证书》，须提供下列资料：

一、文物保护工程施工单位资质申请表；

二、主管机关颁发的单位法人证书或文件；

三、法定代表人简历、任职文件、身份证复印件；

四、技术负责人和项目负责人简历、任职文件、职业资格证书、职称证书、身份证复印件；

五、专业技术人员的职业资格证书、职称证书、学历证书、身份证复印件；

六、完成的具有代表性的文物保护工程合同及验收评估资料；

七、审批机关认为必须的其他相关证件、资料。

第十四条 文物保护工程施工单位取得正式资质并从事施工活动满三年后，可提出升级申请。

申请资质升级，除提供本规定第十三条所列资料外，还应提供下列资料：

一、原资质证书正、副本；

二、原资质历年财务决算年报表。

第十五条 新设立的文物保护工程施工单位，符合资质等级条件的可认定为暂定级，有效期三年。年检合格，可申请正式资质。

四 监督管理

第十六条 文物保护工程施工单位须根据自身资质等级和业务范围承担相应级别的施工项目（文物保护工程施工分级见附表）：

一级可承担所有级别文物保护工程的施工项目。

二级可承担工程等级为二级及以下的施工项目。

三级可承担工程等级为三级及以下的施工项目。

暂定级可承担工程等级为四级的施工项目。

第十七条 《文物保护工程施工资质证书》是从事文物保护工程施工的技术资格凭证，只限本单位使用，不得转让。不得越级或超出资质证书核定的业务范围承揽工程。

第十八条 文物保护工程施工资质年检按照下列程序进行：

一、在规定时间内向所在地省、自治区、直辖市文物行政部门提交《文物保护工程施工资质年检表》、《文物保护工程施工资质证书》，交验相关资料；

二、省、自治区、直辖市文物行政部门初检汇总后报国家文物局；国家文物局做出资质年检结论。

第十九条 年检结论分为合格、不合格两种：

一、施工单位资质条件符合资质等级标准，并在过去一年内未发生违法违规行为的，年检合格。

二、有下列情形之一的，年检结论为不合格：

1. 因施工质量问题对文物造成安全隐患或损害的；

2. 达不到资质等级标准的；

3. 有违法违规行为的。

第二十条 连续三年年检合格，且符合相应等级标准，可申请晋升资质等级。资质年检不合格降低资质等级。降级的施工单位，经过一年以上的整改，可以重新申请原资质等级。

第二十一条《文物保护工程施工资质证书》遗失的，应于30日内在公众媒体上声明作废，并申请补发证书。

第二十二条 文物保护工程施工单位分立、合并或名称、地址、法定代表人等变更的，应当在变更后的三十日内，到审批部门办理相应的变更、注销手续。

第二十三条　因资质升级等原因而领取新的《文物保护工程施工资质证书》的，应当将原资质证书交回、注销。

第二十四条　文物保护工程施工单位撤销、破产、倒闭的，应在三十日内将原资质证书交回，办理注销手续。

第二十五条　在规定时间内没有参加资质年检或逾期不办理资质证书变更手续的，其资质证书自行失效。

五　罚则

第二十六条　涂改或者采取不正当手段骗取《文物保护工程施工资质证书》的，吊销资质证书。

第二十七条　超越本单位资质等级、业务范围承揽工程的，责令停业整顿；情节严重的，降低资质等级，直至吊销资质证书。

第二十八条　转让、出借或变相转让、出借《文物保护工程施工资质证书》的，由资质审批部门给予通报批评，责令改正，没收违法所得；情节严重的，可以责令停业整顿，降低资质等级，直至吊销资质证书。

第二十九条　有下列行为之一的，依照有关法律、法规责令改正，处以罚款；情节严重的，责令停业整顿，降低资质等级或者吊销资质证书：

一、造成文物安全隐患或损害的；

二、不按照工程设计图纸或者施工技术标准施工的；

三、使用不合格材料或未对相关材料等进行检验、检测的；

四、其他违法违规行为。

六　附则

第三十条　本办法由国家文物局负责解释。

第三十一条　本办法自发布之日起施行。

附：

文物保护工程（施工）等级分级表

工程级别	工程主要内容
一　级	全国重点文物保护单位和国家文物局指定的重要文物的修缮工程、迁移工程、重建工程。
二　级	1. 全国重点文物保护单位的保养维护工程、抢险加固工程。 2. 省（自治区、直辖市）级文物保护单位的修缮工程、迁移工程、重建工程。 3. 市、县级文物保护单位和未被列为文物保护单位的不可移动文物的迁移工程、重建工程。
三　级	1. 省（自治区、直辖市）级文物保护单位的保养维护工程、抢险加固工程。 2、市、县级文物保护单位和未被列为文物保护单位的不可移动文物的修缮工程。
四　级	市、县级文物保护单位和未被列为文物保护单位的不可移动文物的保养维护工程、抢险加固工程。

注：本分级表不含壁画、石窟寺和石刻保护等有特殊技术要求的工程。

【《国际古迹保护与修复宪章》】 1964 年 5 月 25 日在威尼斯通过。

世世代代人民的历史古迹，饱含着过去岁月的信息留存至今，成为人们古老的活的见证，人们越来越意识到人类价值的统一性，并把古代遗迹看作共同的遗产，认识到为后代保护这些古遗迹的共同责任。将它们真实地、完整地传下去是我们的职责。

古代建筑的保护与修复指导原则应在国际上得到公认并作出规定，这一点至关重要。各国在各自的文化和传统范畴内负责实施这一规划。

1931 年的雅典宪章第一次规定了这些基本原则，为一个国际运动的广泛发展作出了贡献，这一运动所采取的具体形式体现在各国的文件之中，体现在瑞士国际博物馆协会和联合国教育、科学及文化组织的工作之中，以及在由后者建立的国际文化财产保护与修复研究中心之中。一些已经并在继续变得更为复杂和多样化的问题已越来越受到注意，并展开了紧急研究。现在，重新审阅宪章的时候已经来临，以便对其所含原则进行彻底研究，并在一份新文件中扩大其范围。

为此 1964 年 5 月 25 日在威尼斯召开了第二届历史古迹建筑师及技师国际会议，通过了以下文本。

定　义

第一条　历史古迹的概念不仅包括单个建筑物，而且包括能从中找出一种独特的文明，一种有意义的发展或一个历史事件见证的城市或乡村环境，这不仅适用于伟大的

艺术作品，而且亦适用于随时光流逝而获得文化意义的过去一些较为朴实的艺术品。

第二条　古迹的保护与修复必须求助于对研究和保护考古遗产有利的一切科学技术。

宗　旨

第三条　保护与修复古迹的目的旨在把它们既作为历史见证，又作为艺术品予以保护。

保　护

第四条　古迹的保护至关重要的一点在于日常的维护。

第五条　为社会公用之目的的使用古迹永远有利于古迹的保护。因此，这种使用合乎需要，但决不能改变该建筑的布局或装饰。只有在此限度内才可考虑或允许因功能改变而需要做的改动。

第六条　古迹的保护包含着一定规模环境的保护。凡传统环境存在的地方必须予以保存，决不允许任何导致改变主体和颜色关系的新建、拆除或改动。

第七条　古迹不能与其所见证的历史和其产生的环境分离。除非出于保护古迹之需要，或因国家或国际之极为重要利益而证明有其必要，否则不得全部或局部搬迁该古迹。

第八条　作为构成古迹整体一部分的雕塑、绘画或装饰品，只有在非移动而不能确保其保护的唯一办法时方可进行移动。

修　复

第九条　修复过程是一个高度专业性的工作，其目的旨在保存和展示古迹的美学与历史价值，并以尊重原始材料和确凿文献为依据。一旦出现错误，必须立即停止。此外，即使如此，任何不可避免的添加都必须与该建筑的构成有所区别，并且必须要有现代标记。无论在任何情况下，修复之前及之后必须对古迹进行考古及历史研究。

第十条　当传统技术被证明不适用时，可采用任何经科学数据和经验证明为有效的现代建筑及保护技术来加固古迹。

第十一条　各个时代为一古迹之建筑物所做的正当贡献必须予以尊重，因为修复的目的不是

追求风格的统一。当一座建筑物含有不同时期的重叠作品时，揭示底层只有在特殊情况下，在被去掉的东西价值甚微，而被显示的东西具有很高的历史、考古或美学价值，并且保存完好足以说明这么做的理由时才能证明其具有正当理由。评估由此涉及的各部分的重要性以及决定毁掉什么内容不能仅仅依赖于负责此项工作的个人。

第十二条　缺失部分的修补必须与整体保持谐和，但同时须区别与原作，以使修复

不歪曲其艺术或历史见证。

第十三条　任何添加均不允许，除非它们不至于贬低该建筑物的有趣部分、传统环

境，布局平衡及其与周围环境的关系。

第十四条　古迹遗址必须成为专门照管对象，以保护其完整性，并确保用恰当的方式进行清理和开发。在这类地点开展的保护与修复工作中应得到上述条款所规定之原则的鼓励。

发　掘

第十五条　发掘应按照科学标准和联合国教育、科学及文化组织1956年通过的适用于考古发掘国际原则的建议予以进行。

遗址必须予以保存，并且必须采取必要措施，永久地保存和保护建筑风貌以及所发现的物品。此外，必须采取一切方法促进对古迹的了解，使它得到再现而不曲解其意。

然而对任何重建都应事先予以制止，只允许重修，也就是说，把现存但已经解体的部分重新组合。所用粘结材料应永远可以辨别，并应尽量少用，只需确保古迹的保护和其他形状的恢复之用便可。

出　版

第十六条　一切保护、修复或发掘工作永远应有用配以插图或照片的分析及评论报告这一形式所做的准确的档案记录。

清理、加固、重新整理是与组合的每一阶段，以及工作过程中所确认的技术及形态特征均应包括在内。这一记录应存放于一公共机构的档案馆内，使研究人员都能查到。该记录应建议出版。

（以上文件摘编自：馆存文件/北京市文物事业管理局编《文物工作手册》/《中国文物报》/国家文物局政府网/中国文博网等）

〔附：存目文件〕

〔文物保护法规文件〕

《古物保存法》国民政府 1930 年 6 月 7 日公布。

《古物保存法施行细则》19 条，国民政府行政院 1931 年 7 月日公布。

《文物保护管理暂行条例》国务院颁布 1961 年。

《中华人民共和国文物保护法》1982 年 11 月 19 日颁布。

《中华人民共和国文物保护法》全国人大 2002 年 12 月 23 日颁布。

《中华人民共和国文物保护法实施条例》国务院 2003 年 5 月 18 日公布，2003 年 7 月 1 日施行。

〔文化遗产、文物、博物馆藏品管理〕

国务院《关于进一步加强文物保护和管理工作的指示》1961 年 3 月 4 日颁布。

国家文物局《省、市、自治区博物馆工作条例》1976 年 6 月公布。

国家文物事业管理局《博物馆藏品保管试行办法》1978 年 1 月 20 日颁布。

中华人民共和国轻工业部、国家文物局《关于搞好古代文物复制、仿制工作有关问题的通知》1979 年 7 月 31 日颁布。

国家文物局《拓印古代石刻的暂行规定》1979 年 9 月 4 日颁布。

国务院《关于加强历史文物保护工作的通知》1980 年 5 月 17 日颁布。

文化部、公安部《古建筑消防管理规则》1984 年 3 月 12 日颁布。

文化部《博物馆藏品管理办法》1986 年 6 月 19 日颁布。

陕西省人民政府《文物复仿制品管理办法》1989 年 3 号文件。

国家文物局《关于严格控制文物复制资料的通知》1989 年 9 月 18 日颁布。

北京市人民政府《文物复仿制品管理方法》1992 年 3 月 22 日颁布。

公安部、国家文物局、国家宗教事务管理局《关于加强古建筑防火安全工作的通知》文物博发〔1998〕第 66 号。

国家文物局《文物复制暂行管理办法》1998 年 8 月 20 日发布。

国家文物局《博物馆照明设计规范》2001 年 1 月 1 日发布。

文化部《博物馆管理办法》2005 年 12 月 22 日颁布。

国务院《关于加强文化遗产保护的通知》2005 年 12 月 22 日颁布。

文化部《古人类化石和古脊椎动物化石保护管理办法》2006 年 8 月 7 日公布。

文化部《世界文化遗产保护管理办法》2006 年 11 月 14 日公布。

国务院办公厅印发《关于进一步加强古籍保护工作的意见》2007 年 1 月 19 日颁布。

〔文保科技、行业管理〕

国家文物局《文物科学技术进步奖励办法（试行）》1991 年 6 月 17 日发布。

国家文物局《文物科研项目开题及经费管理办法（试行）》1991 年 6 月 17 日发布。

国家文物局《文物科学技术成果鉴定办法》1991 年 6 月 17 日发布。

国家文物局《全国文物、博物馆系统人文社会科学重点研究课题管理暂行办法》2000 年 4 月 28 日发布。

国家文物局《文物保护科学和技术研究课题管理办法》2003 年 9 月 11 日发布。

国家文物局《文物保护科学和技术研究课题招标暂行办法》2003 年 11 月 21 日发布。

国家文物局《文物保护科学和技术创新奖励办法（试行）》2004 年 7 月 23 日发布。

国家文物局《国家文物局重点科研基地管理办法》2004 年 8 月 13 日发布。

国家文物局《文物保护行业标准管理办法》2004 年 9 月 3 日发布。

国家文物局《文物保护科学和技术研究课题指南》（2007—2010 年），2007 年印发。

国家文物局《可移动文物修复资质管理办法（试行）》2007 年 4 月 9 日发布。

国家文物局《可移动文物保护技术保护设计资质管理办法（试行）》2007 年 5 月 11 日发布。

国家文物局"《古代壁画病害与图示》等 9 项

文化遗产保护行业标准的通知" 2008 年 2 月 29 日发布。

国家文物局 "《全国文物保护标准化技术委员会章程》的通知" 2008 年 3 月 13 日发布。

〔文物保护工程管理〕

《国际古迹保护与修复宪章》 1964 年 5 月 25 日在威尼斯通过。

文化部《文物保护工程管理办法》 2003 年 4 月 1 日发布, 5 月 1 日实施。

国家文物局《文物保护工程勘察设计资质管理办法》(试行) 2003 年 7 月 2 日发布施行。

国家文物局《文物保护工程施工资质管理办法 (试行)》 2003 年 7 月 2 日发布施行。

〔文物事业"十五"发展规划和 2015 年远景目标纲要〕

【文物科技工作规划要点摘编】 1. 文物科技工作要继续坚持"保护为主,抢救第一"的方针和"有效保护、合理利用、加强管理"的原则,贯彻"科教兴国"和"可持续发展"的战略,确定文物科技工作在文博事业中的基础地位,发挥其在事业发展中的先导性、全局性作用。加大文物保护的科技含量和创新力度,坚持中央、地方相结合,努力建设一支高素质的文博科研队伍。

2. 加强文物科学基础研究。要针对文物保护工作中具有迫切性和普遍性的科技难题,确定重点科研课题,组织攻关。如土遗址保护、石质文物保护、木构件防霉防虫蛀技术、馆藏青铜器粉状锈处理、丝织品纸张保护等,实行课题招标、多学科合作与协作,力争在上述若干研究领域有所突破,接近或达到国际保护技术的先进水平,取得一批有影响的、开创性的科研成果,为我国文物保护事业的长期发展奠定坚实的科技基础,同时培养一批学科带头人。

3. 加强对立项课题的管理。严格执行国家文物局已正式颁布的科技立项评审办法的各项规定,对科研项目完成进度及资金使用情况进行监督和检查,推动文物科研工作的健康发展。加强文物科技成果的推广力度,努力将科学研究和科技新成果加以利用,促进成果转化。

4. 建立区域性的文物科研保护中心。根据文博事业的发展需要,逐步实现国家文物保护技术中心与地方文物保护技术中心相结合的文物保护与应用体系和专业性、区域性的文物科技保护中心。国家文物局支持以中国文物研究所、西安文物保护修复中心、四川文物保护中心、上海博物馆、南京博物院、敦煌研究院等为重点的文物科研部门,有所侧重文物科技攻关项目,争取在较短的时期内取得明显成效。

5. 做好大遗址的保护工作。"十五"期间,完成大部分大遗址的保护规划,完成大部分大遗址管理条例的制订工作。每年重点实施一批大遗址保护工程,建立遗址博物馆或遗址工作站,建设重要遗迹保护设施。争取建设完成 2—3 处国家大遗址保护展示园区。加强现代科技手段在遗址保护和考古学中的应用,重点做好土质遗址保护的研究工作。

6. 加强科技人才教育培训工作。

①加强文物、博物馆科学研究、人才培养和队伍建设工作。鼓励多学科交叉、综合性研究。充分发挥文物科学研究机构、博物馆人才的群体优势,培养一批学科带头人和科研骨干,以更高层次的学术成果,更高水平的业务活动,确立文物、博物馆工作在整个文化、学术界的重要地位和影响。

②与国家教育行政管理部门协商,合理配置高等院校的文博专业,加强文物科技保护专业建设,完善中国文物博物馆学院(北京大学考古文博学院)的专业设置,尽快将文物科技保护定为正式专业。

③针对文物、博物馆学科属于文理交叉学科的特点,在中国文物博物馆学院和其他高等院校的文博专业课程设置上,增加自然科学和现代科学技术方面的内容和比重,并在教学和实习中加强各专业之间的衔接。

④鼓励省级文物管理部门与有关高校文博院

系合作，开展面向当地文博系统的教育培训工作。通过"馆校结合"、"师承制"等形式，培养文物、博物馆事业急需的各类专业人才，抢救濒临失传的经验和技艺。

⑤大力培养文物保护领域的高层次人才。主要是：培养一支既懂文博专业知识，又懂现代科学技术（尤其是文物保护科技和信息网络技术）的新型专业人才队伍。

⑥加强与国外在教育培训方面的交流，采用"走出去"与"请进来"相结合的方式学习国外先进经验，拓宽中外人才交流的广度和深度。

7.加强文物、博物馆信息化建设。文物、博物馆信息化建筑是文博工作实现科学化，现代化管理的必由之路。文博信息化建设将以文博实际情况出发，突出重点，注重实效。"十五"期间，基本建设完成《中国珍贵文物数据库》中的《馆藏珍贵文物数据库》，实现馆藏一级文物的信息录入。初步建立全国重点文物保护单位数据库，逐步实现文物资源数学化、信息化。建设以国家文物局为中心的全国文博行政管理办公网，开发办公自动化系统及管理项目数据库，初步实现国家文物局到部分省市文物行政主管部门的办公自动化、网络化。加强信息化法制建设和管理，制定完善有关法规。制定、颁布、实施文物信息技术标准和规范。

8.加大西部文物科技与文博教育工作力度。认真贯彻中央关于西部大开发的战略方针，在政策方面对西部地区文物、博物馆科技工作适当倾斜。西部各地文物部门要重视加强省（区）文物考古所和大专院校的科技力量，组织跨地区、跨学科的攻关。国家文物局对西部地区的文物科研项目在资金上给予倾斜。

加强西部地区的文博教育工作，在政策制定、经费投入等方面向西部倾斜。加强地区协作，积极鼓励东部地区选派优秀文博人才到西部锻炼。根据西部地区文博工作的实际需求，有针对性地举办各类研讨班和培训班，为西部大开发中的文物保护工作服务。

（摘编于《中国文物报》2002年1月18日、4月12日）

〔历年部分重点文保科研课题汇编〕

【1980～1989年科研课题】 1981年始，文化部开始设立了"文物保护科技进步奖"。至1990年的十年间，共有51项文物保护科技成果获奖（具体奖项略）。从1991年开始由国家文物局直接管辖，重点加强了对文物保护科研项目的宏观管理，特别是加强对选题立项的组织管理。1991年6月17日，国家文物局发布了《文物科研项目开题及经费管理办法（试行）》与"成果鉴定"、"奖励办法"三个科技法规文件（详见政策法规篇该文件原文）。

图7-1　文化部科技成果奖证书（湖北省博物馆）

图7-2　国家文物局科技进步奖证书
（秦始皇兵马俑博物馆）

据《中国文物报》及有关书籍介绍，我国自十一届三中全会以来，至1986年底文物保护工作取得巨大成绩，全国共取得青铜器、书画、漆器、石窟寺等10类120项文物保护科技成果，其中获全国科技大会奖8项和文化部科技成果奖23项。

1980～1990年度文物保护科学和技术研究课题详见国家文物局编印《文物保护科学技术成果应用指南》，2000年10月国家文物局博物馆司编《文物科学技术成果应用指南》（1981—1999）。

【1990～2004 年文物保护科学和技术研究课题】

1990 年度

（1）出土铁器的脱盐处理研究

承担单位：上海博物馆　负责人：祝鸿范

（2）敦煌壁画风化、酥碱、起甲病害的修复材料和工艺研究

承担单位：敦煌研究院　负责人：李云鹤

（3）敦煌壁画颜料褪色、变色、原因的探讨及防治

承担单位：敦煌研究院　负责人：李最雄

（4）油画的保护、修复及新保护材料的研究

承担单位：文物保护科学技术研究所　负责人：胡继高

（5）秦俑坑土、土遗址的保护

承担单位：秦兵马俑博物馆　负责人：张志军

（6）室外金属文物的表面保护

承担单位：故宫博物院　负责人：田金英

（7）砖石结构古建筑的渗浆加固

承担单位：安徽省文物考古研究所　负责人：盛发和

（8）复合阻断型青铜器保护剂

承担单位：河南省博物馆　负责人：铁付德

（9）新疆交河古城的保护研究

承担单位：文物保护科学技术研究所　负责人：徐毓明

（10）瓷器热释光断代和真伪鉴别研究

承担单位：上海博物馆　负责人：王维达

（11）用热释光测年方法鉴定唐三彩真伪的研究

承担单位：故宫博物院　负责人：陆寿麟

1991 年度

（1）灭白蚁剂的研究及应用

承担单位：南京博物院　负责人：奚三彩

（2）保护青铜器的一种新材料

承担单位：南京博物院　负责人：万俐

（3）饱水漆木竹器脱水定型研究

承担单位：河南省古代建筑保护研究所　负责人：陈进良

（4）饱水漆木器大分子——水非渗透压式交换填充法

承担单位：湖南省博物馆　负责人：魏象

（5）水陆庵泥质彩绘壁硝蚀机理及加固技术研究

承担单位：西安文物保护修复中心　负责人：樊娟

（6）应用磁法勘探地下文物的研究

承担单位：安徽省滁县文保所　负责人：张寅生

（7）黑龙江省阿城金代齐国王墓出土经丝织品金饰花纹的加固保护研究

承担单位：中国文物研究所　负责人：郭竹云

（8）小型脊椎动物双色透明骨骼标本的研究

承担单位：天津自然博物馆　负责人：朱志彬

（9）吴文化青铜器铸造技术研究

承担单位：上海博物馆　负责人：谭德睿

（10）潮湿壁画保护之调研

承担单位：四川省文物考古研究所　负责人：马家郁

（11）环境污染对文物损坏的前期调研

承担单位：中国文物研究所　负责人：李化元

（12）吴国青铜器综合研究及复原试验

承担单位：镇江博物馆　负责人：肖梦龙

1992 年度

（1）古建筑木结构透明防火涂层及文保 1 号推广应用的研究

承担单位：河北省古代建筑研究所　负责人：孟繁兴

（2）连云港石质文物风化成因与治理

承担单位：连云港文管会　负责人：周锦平

（3）长效防霉防虫装裱黏合剂的研究

承担单位：浙江省博物馆　负责人：卢衡

（4）文物微波杀虫（后期完善工作）

承担单位：泉州市文管会　负责人：李国清

（5）铜绿山古铜矿遗址围岩及坑木加固处理技术的研究

承担单位：湖北省博物馆　负责人：陈中行

（6）铜绿山古铜矿遗址围岩及坑木防霉杀菌的研究

承担单位：故宫博物院　负责人：陆寿麟

（7）用 PS 渗透加固土建筑遗址的研究

承担单位：敦煌研究院　负责人：李最雄

（8）古代纺织品的加固研究

承担单位：山东省文物考古研究所　负责人：张雪莲

（9）铜绿山古铜矿遗址区地下水病害成因分析及防治对策

承担单位：中国文物研究所　负责人：黄克忠

（10）茂、顺、乾陵石质保护研究

承担单位：陕西省文物保护修复中心　负责人：甄广全

（11）古墨的保存研究

承担单位：上海博物馆　负责人：陈元生

1993 年度

（1）高分子材料在陶、砖及骨角质文物中的渗透加固与保护研究

承担单位：南京博物院　负责人：奚三彩

（2）陶质文物的高分子材料渗透加固与保护研究

承担单位：安徽省文物考古研究所　负责人：袁传勋

（3）骨角质文物保护的研究

承担单位：南京博物馆　负责人：李月从

（4）秦俑馆二号坑遗址特殊照明、显示与陈列环境造型技术问题的研究

承担单位：秦俑博物馆　负责人：袁仲一

（5）湖北地区战国秦汉墓出土文物的现场保护

承担单位：湖北省文物考古研究所　负责人：候德俊

（6）铜岭矿冶遗址井巷支护木抗压性能、选矿溜槽、铜料去向的研究

承担单位：江西省文物考古研究所　负责人：刘诗中

1994 年度

（1）考古发掘中的文物保护"急救包"

承担单位：中国文物研究所　负责人：王允丽

（2）河南贾湖遗址的加速器质谱碳十四测年研究

承担单位：河南省文物考古研究所　负责人：张居中

1995 年度

（1）地下古建筑物渗漏水综合治理技术

承担单位：安徽省文物局　负责人：李虹

（2）新型文物杀虫剂的研制

承担单位：重庆市博物馆　负责人：王春

（3）遗址、陵墓博物馆环境标准研究

承担单位：西安文物保护修复中心　负责人：马涛

（4）影响壁画保护的环境因素及环境质量标准的研究

承担单位：敦煌研究院　负责人：李最雄

（5）博物馆内（陈列、库房）无机质文物（金属陶质等）的环境质量标准研究

承担单位：中国历史博物馆　负责人：周宝中

（6）沿海高温高湿条件下藏品保护及环境质量标准研究

承担单位：广东省博物馆　负责人：许万强

（7）工业粉尘污染对石雕的危害及防治对策研究

承担单位：中国文物研究所　负责人：黄继忠

（8）气干质文物在开放性环境中稳定性研究

承担单位：泉州海外交通史博物馆　负责人：李国清

1996 年度

（1）潮湿环境下壁画地仗加固保护技术与研究

承担单位：甘肃省博物馆　负责人：初世宾

（2）中国壁画和彩塑的研究与保护子课题

承担单位：故宫博物院　负责人：陆寿麟

（3）中国古代墓室壁画保护研究

承担单位：四川省文物考古研究所　负责人：韦荃

（4）中国古代石窟寺壁画和彩塑及其保护的研究

承担单位：敦煌研究院　负责人：李最雄

1997 年度

（1）徐州狮子山楚王陵出土铁铠甲的保护与复原研究

承担单位：徐州汉兵马俑博物馆　负责人：邱水生

（2）青铜文物倍半碳酸钠水溶液清洗机理及改进技术的研究

承担人：中国文物研究所　负责人：刘育玲

（3）中国北方干燥地区出土糟朽漆器保护研究

承担人：甘肃省博物馆　负责人：初世宾

（4）敦煌莫高窟环境演变与石窟保护研究

承担人：敦煌研究院　负责人：樊锦诗

1998 年度

（1）影响文物保护的环境因素及文物保护的环境质量标准的研究

承担人：中国文物研究所　负责人：黄克忠

（2）古代青铜器中活性氧化亚铜的清除研究

承担单位：南京博物院　负责人：万俐

（3）精密激光焊接技术在薄壁青铜器修复中的应用研究

承担单位：西安文物保护修复中心　负责人：叶心适

（4）秦俑土遗址及相关文物防霉保护研究

承担单位：秦俑博物馆　负责人：周铁

（5）海洋沉船遗物保护方法防霉保护研究

承担单位：泉州海外交通史博物馆　负责人：李国清

（6）修复加固材料对壁画颜料的影响

承担单位：敦煌研究院　负责人：李最雄

1999 年度

（1）长效防霉防蛀装裱黏合剂的研究中试

承担单位：浙江省博物馆　负责人：卢衡

（2）中国植物染料研究及纺织品文物复制上的应用

承担单位：中国丝绸博物馆　负责人：陈莹

（3）脆弱青铜器的加固

承担单位：南京博物院　负责人：万俐

（4）新型多功能古建筑防火剂的研制及其应用研究

承担单位：南京博物院　负责人：龚德才

（5）新型植物生长剂的研制及其在莫高窟顶植物固沙中的应用研究

承担单位：敦煌研究院　负责人：李最雄

（6）高效液相色谱仪在壁画颜料黏合剂分析中的应用研究

承担单位：敦煌研究院　负责人：李最雄

（7）微生物对永陵（王建墓）地宫石刻文物腐蚀原因及治理的研究

承担单位：成都市考古研究所　负责人：马家郁

（8）保护粉笔字迹的革命文物

承担单位：中国革命博物馆　负责人：张晋平

（9）金银饰铁器的保护研究

承担单位：中国历史博物馆　负责人：潘路

（10）纳米材料及其在保护石质文物上的应用的研究

承担单位：故宫博物院　负责人：李化元

（11）石质文物保护工程勘察技术规范的研究

承担单位：中国文物研究所　负责人：李宏松

（12）银器文物抗变色处理的研究

承担单位：上海博物馆　负责人：祝鸿范

2000 年度

（1）古陶瓷修复高强度仿釉涂料的研究

承担单位：上海博物馆　负责人：蒋道银

（2）青铜器文物修复焊接用钎料与钎料剂的改性研究

承担单位：上海博物馆　负责人：张光敏

（3）南越国宫苑石建筑遗迹考察与研究

承担单位：广州市文物考古研究所　负责人：冯永驱

（4）文物胶片资料长期保存新技术分子筛新材料研究

承担单位：南京博物院　负责人：奚三彩

（5）古代丝织品保存状况分析及糟朽丝织品的加固保护研究

承担单位：北京大学考古文博学院　负责人：原思训

（6）汉锦与多综多蹑机的研究

承担单位：中国丝绸博物馆　负责人：楼婷

2001 年度

（1）博物馆内 NO_2 检测方法的优化研究

承担单位：上海博物馆　负责人：罗芸

（2）广西宁明花山岩画风化机理与治理研究

承担单位：广西壮族自治区文物工作队　负责人：蓝日勇

（3）南宋经折加固材料与修复工艺研究

承担单位：宁波市天一阁博物馆　负责人：徐良雄

（4）防止沿海地区现存夯土长城风化的研究

承担单位：秦皇岛市山海关区文物局　负责人：周之镭

（5）西汉玉衣片表面彩绘保护研究

承担单位：江苏徐州博物馆　负责人：李银德

（6）全数字摄影测量在敦煌莫高窟文物保护中的应用研究

承担单位：敦煌研究院　负责人：樊锦诗

（7）有机硅材料用于成都金沙遗址出土象牙器封存保护的研究

承担单位：成都市文物考古研究所　负责人：王毅

（8）云冈石窟泥塑加固方法的研究

承担单位：山西云冈石窟文物研究所　负责人：苑静虎

（9）水对云冈石窟石雕的作用及防治对策

承担单位：山西云冈石窟文物研究所　负责人：黄继忠

（10）"聚对二甲苯"封护金属文物的应用

承担单位：中国历史博物馆　负责人：孙振翔

（11）商周青铜器铸造工艺的研究

承担单位：中国历史博物馆　负责人：姚青芳

（12）馆藏文物保护管理综合研究

承担单位：中国历史博物馆　负责人：周宝中

（13）敦煌石窟的保护与利用

承担单位：敦煌石窟研究院　负责人：樊锦诗

2002 年度

（1）非水分散乳液研究及在潮湿土遗址保护中的应用

承担单位：中国文物博物馆学院

负责人：周双林

（2）古代文物丝织品的霉斑清除研究

承担单位：故宫博物院　负责人：田金英

（3）晋候墓地青铜器的金属成分、铅同位素组成和铸造技术研究

承担单位：中国文物博物馆学院　负责人：李伯谦

（4）考古发掘潮湿朽胎漆器的现场及实验室保护的研究

承担单位：中国文物博物馆学院　负责人：胡东波

2003 年度

（1）木质文物劣化机理及新型脱水加固剂的研究

承担单位：南京博物院　负责人：张金萍

（2）清代官窑青花及相关高温颜色釉的元素成分分析研究

承担单位：上海博物馆　负责人：何文权

（3）巴蜀带纹青铜兵器的锈蚀机理及表面工艺研究

承担单位：成都市文物考古研究所　负责人：肖璘

2004 年度

（1）糟朽纺织品的保存修复技术

承担单位：荆州市文物保护技术研究中心

负责人：吴顺清

（2）木质文物科技成果推广应用现状的调查研究

承担单位：湖北省文物科技成果推广应用中心　负责人：李劲

（3）破碎文物的数字化保护与虚拟修复技术研究

承担单位：西北大学　负责人：周明全

（4）丝织品文物保护的技术规范研究

承担单位：中国丝绸博物馆　负责人：赵丰

【部分获奖科研成果】（1）国家"九五"重大科技十项成果：

2001 年底，经国家文物局推荐，科技部评审出文物系统 10 项科技成果为国家"九五"重大科技成果。

①青铜文物保护新技术的研究

完成单位：南京博物院、南京化工大学

②长效防霉防蛀装裱黏合剂的研究

完成单位：浙江省博物馆、浙江舞台电子技术研究所

③东周铜兵器菱形纹饰技术研究

完成单位：上海博物馆、上海材料研究所

④吴国青铜器综合研究

完成单位：镇江博物馆、中国科学院自然科学史研究所

⑤严重朽蚀饱水竹简的真空冷冻干燥研究

完成单位：上海博物馆

⑥古代土建筑遗址的加固研究

完成单位：敦煌研究院、兰州大学、新疆自治区博物馆

⑦书画展柜空气净化过滤系统的研究

广东省博物馆、广州半导体材料研究所

⑧瓷器热释光断代及其真伪鉴别研究

完成单位：上海博物馆

⑨新型文物古建筑白蚁防治剂研究

南京博物院、滁州市白蚁防治研究所

⑩应用磁法勘探地下文物研究

完成单位：安徽省滁州市文物保护科学技术研究所、安徽省文物考古研究所。

（2）1997年度文物科技奖与列项项目：

1997年12月24日至25日，国家文物局在北京举行了97年度文物保护科技评奖和列项专家会议。专家们通过认真评选，上海的"瓷器热释光断代及真伪鉴别研究"获二等奖，广东"书画展柜空气净化过滤系统的研究"获三等奖。在申报的列项项目中评出7个项目作为1997年文保科技列项项目。它们是"徐州狮子山楚王陵出土铁铠甲的保护与复原研究"、中国文物研究所的"青铜文物倍半碳酸钠水溶液清洗机理"、河南的"用闭塞阳极模拟电池方法对青铜病腐蚀特征与防治的研究"、四川的"石质文物防风化材料研究"、敦煌的"敦煌莫高窟环境演变与石窟保护研究"以及兰州的"中国北方干燥地区出土糟朽漆木器保护研究"。

（3）2004年度文物科技成果获奖项目：

①前剂量饱和指数法瓷器热释光年代

主要完成单位：上海博物馆

主要完成人：王维达、夏君定、周智新

②中国文物古迹保护准则

主要完成单位：中国古迹遗址保护协会

主要完成人：张柏、王世仁、晋宏逵、黄克忠、黄景略

③敦煌莫高窟第85窟保护修复研究

主要完成单位：敦煌研究院

主要完成人：李最雄　苏伯民　樊再轩　刘刚　范宇权　徐淑青　薛平

④汉唐墓室壁画规范化保护研究

主要完成单位：陕西省考古研究所

主要完成人：杨军昌、王啸啸、李淑琴、赵西晨

⑤天津蓟县独乐寺维修工程

主要完成单位：中国文物研究所

主要完成人：余鸣谦、杨新、孔祥珍、顾军、袁敏杰

⑥古陶瓷产地及年代判别的科学研究

主要完成单位：故宫博物院

主要完成人：苗建民、陆寿麟

⑦风化褪色的古代壁画、文物彩绘建筑彩画的恢复与保护

主要完成单位：陕西历史文化遗产保护科学研究中心

主要完成人：李玉虎、单晓娟、王康生、邢惠萍、刘云龙、冯谱、田育星

⑧潮湿环境下壁画地仗加固保护材料与技术研究

主要完成单位：甘肃省博物馆

主要完成人：马清林、陈庚龄、卢燕玲、韩鉴卿、田小龙、徐睿

⑨西汉"四神云气图"壁画综合保护研究

主要完成单位：河南省博物院

主要完成人：铁付德、陈坤龙、王九一、申艾君、陈卫、何娟

（4）2005年获奖课题：

①生物技术在文物保护领域的应用研究——出土丝织品加固处理

主要完成单位：湖北省荆州市文物保护技术研究中心

主要完成人：吴顺清、陈子繁、陈光利等

②吴越青铜技术研究

主要完成单位：上海博物馆、南京博物院

主要完成人：谭德睿、廉海萍、万俐等

③西藏空鼓病害壁画灌浆加固研究

主要完成单位：敦煌研究院

主要完成人：李最雄、汪万福、王旭东、李树若等

④工业粉尘对云冈石窟石雕的影响

主要完成单位：山西云冈石窟文物研究所

主要完成人：黄继忠、解廷凡、闫宏彬

⑤银器文物抗变色处理的研究

主要完成单位：上海博物馆　华东理工大学

主要完成人：祝鸿范、周浩、蔡兰坤

⑥秦俑土遗址及相关文物防霉保护研究

主要完成单位：秦始皇兵马俑博物馆

主要完成人：周铁、严苏梅、张志军、夏寅、容波、毛小芬、李华

⑦苏南建筑遗产评估体系及应用研究

主要完成单位：苏州市文物管理委员会办公室　东南大学建筑系

主要完成人：陈嵘、尹占群、朱光亚、陈军、王嘉明、杨振彬、马振

⑧探索文物修复技术师承制管理新机制

主要完成单位：四川省文物考古研究院

主要完成人：杨晓邬、冯陆一、樊斌、郝翔

〔首批国家支撑计划重点项目（15 个课题简介）〕

【古代壁画脱盐关键技术研究】 承担单位：敦煌研究院。参加单位：中国科学院兰州化学物理研究所、兰州大学化学化工学院、西安文物保护修复中心。

内容简介：课题重点解决盐害壁画保护的关键性问题，将在微观上研究盐分对多孔的壁画材质的损坏机理，科学解释盐害壁画各种表面现象的过程机理。针对盐害壁画，对各种盐分的吸附材料如粉状、颗粒状、各种纤维类材料进行评价筛选，进行必要的化学改性，研究出各种脱盐材料的组合配伍方式，研发 1—2 系列的壁画脱盐吸附材料并形成专利。在脱盐材料筛选的基础上，进行室内模拟壁画盐害病害的脱盐工艺试验，寻求和研究适合的脱盐工艺方法和脱盐条件。对选择的脱盐材料和工艺进行洞窟盐害壁画的脱盐实施。研究洞窟盐害壁画脱盐评估方法，评估脱盐材料和脱盐过程对壁画所造成的二次伤害。找出壁画安全含盐量和环境条件（相对湿度）的临界数值。研究殿堂壁画中的盐分随环境变化在壁画层纵深面的活动规律。将各种物理方法和化学方法结合，通过项目形成各种盐害监测和分析的系统方法，编制壁画盐害检测方法标准；总结盐害壁画脱盐工艺，编制壁画脱盐标准规范。课题研究所形成的标准、材料、工艺等作为一整套关键技术，可以广泛应用于我国珍贵的古代壁画保护当中。

【空间信息技术在大遗址保护中的应用研究】 以京杭大运河为例。承担单位：清华大学。参加单位：中国文物研究所、中国科学院遥感应用研究所、中国水利水电科学研究院。

内容简介：本课题是国内首次系统研究空间信息技术在历史文化遗产保护特别是大遗址保护中应用的课题。课题将研究空间信息技术大遗址应用的技术体系：标准、数据获取、数据库建设、保护规划支持系统建设等文化遗产保护急需的公益性技术，不仅为提高我国线型文化遗产（如长城、丝绸之路等）保护水平作贡献，而且为快速城市化背景下的大遗址保护提供技术支撑和创造条件。课题以京杭大运河为示范。京杭大运河时空跨度大，具有 2400 多年的悠久历史，全长 1782 公里，跨越北京、天津、河北、山东、江苏、浙江 4 省 2 市，京杭大运河在 2006 年批准为全国重点文物保护单位，而且国家已经决定将京杭大运河申报《世界遗产名录》，该课题将利用空间信息技术展示大运河不同历史时期的人文、地理、航运、政治、经济、环境状态，为大运河保护范围划定提供科学依据、为大运河申请世界文化遗产提供技术支持、为大运河保护奠定基础。

【土遗址关键技术研究】 承担单位：敦煌研究院。参加单位：兰州大学、西北大学清华大学、中国科学院地质与地球研究所、物理研究所、北京大学、浙江大学、中国科学院上海硅酸盐研究所。

内容简介：本课题研究将开展六个方面的研究：（1）基于 GIS 理论，以土遗址信息数据库建设为核心，开发研制我国土遗址信息系统，实现对土遗址信息的科学管理。（2）通过现场病害调查、室内、现场试验，研究土遗址的在干湿循环和冻融循环条件下的耐久性，提出土遗址的耐久性预测和病害评估方法。（3）调查分析潮湿环境土遗址的病害，主要针对环境条件变化和生物因素研发保护加固材料和加固工艺，研究潮湿环境

土遗址的最佳保护环境和防止遗址破坏的工程技术措施。（4）利用非饱和土力学理论，研究遗址土体的非饱和特性，分析 Ps 材料渗透机理，建立 Ps 渗透加固土体的木构模型，优化土遗址表面防风化材料和工艺。（5）基于复合材料力学的方法和理论，通过室内、现场试验，结合交河故城土质崖体及文物本体加固工程，揭示复合锚杆的工作机理，提出土遗址锚固灌浆加固最优施工工艺和加固效果的检测评价方法。（6）基于上述对土遗址的深入研究，提出土遗址保护工程勘察、设计、施工和检测规范，初步筹建我国土遗址保护国家文物局重点科研基地。

【文物出土现场保护移动实验室研究与开发】 承担单位：敦煌研究院。参加单位：中国国家博物馆、中国社会科学院考古研究所、清华大学。

内容简介：本课题将针对考古发掘现场勘察、测量、记录的专业需求，研究考古发掘现场的卫星和航空遥感应用（RS）、全球定位系统（GPS）定位和地理信息系统（GIS）的集成，结合无线网络通讯等手段的功能组合，研究现场数据的获取、存储、处理和传输的技术和装备。筛选并研发适合现场应用的专业分析仪器和保护处理设备，开展出土文物的应急处理技术研究等，形成具有自主知识产权的现场文物提取和应急保护处理系列技术。针对我国墓葬发掘对内部结构、视频和环境预探测技术的薄弱，研究获取发掘前墓葬内部的图像、空气成分和温湿度数据的采集测试技术，形成具有自主知识产权的可携带无线视频、物理和化学传感器现场出土文物提取和保护的技术标准。为制定考古发掘预案、应急突发事件、环境恶劣地区的文物保护提供一个便捷快速的集成系统，全面提升大遗址现场保护的整体水平。

【古代建筑彩画保护技术及传统工艺科学化研究】 承担单位：西安文物保护修复中心。参与单位：西北大学、陕西师范大学、西安交通大学、故宫博物院、山西古建所、颐和园管理处及东南大学。

内容简介：本课题将通过"古代建筑油饰彩画制作技术调查与分析"、"油饰彩画传统工艺科学化"、"油饰彩画原真保护技术"和"古代建筑油饰彩画材质及纹饰数据库"等 4 个方面的研究，

为我国古代建筑油饰彩画传统工艺的科学传承、规范古法新绘的彩画工程质量、解决油饰彩画原真性保护难点问题，提供有效的技术支撑，并建立具有自主知识产权的中国古代建筑油饰彩画保护修复的技术体系和方法。

【古代建筑琉璃构件保护技术及传统工艺科学化研究】 承担单位：故宫博物院。参加单位：中国科学院上海硅酸盐研究所。

内容简介：本课题将对我国主要地区的古代琉璃建筑进行普查，了解不同时期建筑琉璃构件保存现状，对病害种类、危害程度进行调查，收集典型的建筑琉璃构件样品。并对琉璃构件胎釉的化学及原料组成、烧制工艺、结构及物理化学性质等进行分析检测，建立数据资料库，为全国各地建筑琉璃构件的保护、修复、研究提供必要的数据资料。对古代建筑琉璃构件传统制作工艺进行科学化研究，对传统制作工艺的科技内涵进行揭示，并将研究成果用于指导满足古代琉璃建筑需要的琉璃构件生产。同时，对病害机理进行研究，根据釉层剥落、风化、酥解、变色等不同病害情况，提出保护修复技术方法、研发保护修复材料。提出对使用在古代建筑上的新烧制琉璃构件和剥釉重烧琉璃构件的耐候性、吸水率、颜色等方面的质量评价方法和标准。

【古代建筑保护技术信息系统研发】 承担单位：湖南省博物馆。参与单位：清华大学、西安交通大学、中国科学院自动化所、中国科学院计算技术研究所。

内容简介：本课题旨在通过研究古代建筑保护知识库系统与知识处理关键技术，搭建古代建筑领域保护技术信息系统。将知识库的构建、管理和知识检索技术应用于古代建筑保护专业领域。通过分析不同类型的文化遗产领域信息，建立起适合古代建筑领域的知识模型、理论、方法体系。主要包括：以古代建筑保护及传统工艺技术资料为基础，研制分布式互联环境下的古代建筑保护大型知识库框架，构建古代建筑保护与传统工艺示范知识库；将大规模知识处理技术和古代建筑保护技术相结合，研究古代建筑知识获取与组织、知识管理、包括自然语言检索和多媒体检索在内

的古代建筑知识检索，以及古代建筑知识发现等关键技术，研制具有自主知识产权的古代建筑知识库管理及知识检索软件系统，为公众提供古建筑以及保护技术的知识普及服务，同时为文物保护工作者提供古代建筑专业知识的检索服务。

【古代建筑虚拟修复及 WEB 表现技术研究】 承担单位：湖南省博物馆。参与单位：中国科学院自动化所、中国科学院数学与科学研究院、清华大学、北京化工大学

内容简介：本课题旨在研究虚拟现实和互联网技术在古代建筑保护修复和面向公众宣传教育中的应用。主要是以古代建筑多媒体信息数据库以及古代建筑知识库为基础，研究传统技术及工艺的发展和创新，构建古代建筑三维实体模型并实现实体复原。真实再现古代建筑的原貌。研究基于语义理解的古建筑动漫场景自动生成技术；将信息技术应用于古代建筑保护与修复领域，特别针对当前古代建筑保护修复过程中问题最为突出的油饰彩画和典型构件保护修复问题开展研究，以降低古代建筑修复的风险和工作量，提高古代建筑保护与修复的信息化水平和科技水平。还将解决基于公众教育的网络信息技术传播平台的技术难点，搭建古代建筑保护和传统工艺信息服务平台。

【生物化学技术在古代丝织品保护中的应用研究】 承担单位：荆州文物保护中心。参与单位：湖北省生物农药工程研究中心、华中农业大学、湖北省轻工业科学研究设计院。

内容简介：本课题将通过生物化学新技术在古代丝织品保护中的研究使用，了解生物菌群组成、结构以及与丝织品纤维作用的相互关系，进行针对丝织品文物修复的微生物资源的筛选、评价。培育具有分泌清洗丝织文物污渍和霉斑作用的菌种，获得用于丝织品文物揭展、去污渍、除霉斑功效的微生物及代谢产物；采用物理和化学诱变方法，定向选育高产纤维素合成酶菌株，优化产酶条件及培养基配方，研究纤维素合成酶提取和纯化工艺，获得与丝织品文物材质近似的菌种，找到相关的代谢途径及关键酶，在体外重建酶系和底物。研究微生物原位合成修复工艺、微生物材料修复工艺、微生物材料的可逆降解技术等。最终获得用于丝织品文物修复的微生物菌株及材料，形成科学、安全、稳定的新型生物化学文物保护技术，用于丝织品文物修复的生物材料降解技术；建立丝织品文物生物修复材料千克级试制平台、丝织品文物整理与修复试验平台；在此基础上，针对丝织品文物特性，选择主要评价指标，建立强度、色泽及光敏等相关分析方法，制定丝织品文物的相关技术标准。

【馆藏文物保存环境应用技术研究】 承担单位：上海博物馆。参加单位：华东理工大学、复旦大学。

内容简介：本课题针对当前博物馆文物库藏、陈列等保存环境科技缺乏合适的微环境检测、评价和调控技术问题，研究建立适合于馆藏文物保存微环境的 $\mu g/m^3$（ppb）级痕量污染气体"无动力扩散采样——仪器分析"检测技术；开发基于聚合物膜修饰电极石英晶体微天平（QCM）方法的微环境空气悬浮分子污染物（AMCS）的连续监测技术；优化建立文物藏展材料质量预性快速评估筛选技术；研究制备多种基于壳聚糖高分子材料具有调湿和吸附甲醛等污染气体的微环境调控功能材料制品；建立基于生物质净化工艺的主要污染气体的集成净化技术及小型设施；最终集成研发具有稳定相对湿度、控制或净化污染气体的多功能小环境控制一体化文物藏展设施；制订相应的质量检测技术规范；建立示范工程，进行推广应用，达到改善馆藏文物保存环境的目的。

【铁质文物综合保护技术研究】 承担单位：中国文物研究所。参与单位：中国国家博物馆、北京科技大学、哈尔滨工业大学、河北古建保护研究所。

内容简介：本课题包括基础研究和保护技术研究两方面内容：铁质文物制作材料和工艺研究，将系统总结室外大型铁质文物的保存现状、制作材料和工艺。铁质文物锈蚀分析与有害盐脱除技术研究，建立科学、定性及定量的有害盐分脱除技术。室外大型铁质文物缓蚀材料及工艺技术研究，开发复配型钨酸盐、钼酸盐、硅酸盐和聚苯胺等新型缓蚀材料及实施方法。铁质文物封护材料及工艺技术研究，开发有机氟、纳米材料改性有机氟等性能优良的封护材料配方以及实施工艺。

室外大型铁质文物保护技术研究，以沧州铁狮子为例，开展结构健康监测系统的应用研究、结构安全评定和结构加固工程技术研发等，开展相应的科技示范行动。另外，还将研究与制订相关技术标准（草案）。

【中国文明形成与早期发展阶段的技术和经济研究】

承担单位：中国社会科学院考古研究所。参与单位：北京科技大学冶金与材料史研究所、中国科学院上海硅酸盐研究所、北京大学考古文博学院。

内容简介：本课题采用考古学与自然科学相关学科相结合的方法，对位于黄河流域、长江流域及辽河流域公元前 3500 年至公元前 1500 年的考古遗址出土的动植物遗存、人工遗物及相关遗迹开展研究。以各个地区不同时间段出土的农作物种类和数量，家畜的种类、数量和基因特征，人骨和动物骨骼中保存的碳十三、氮十五稳定同位素比值，青铜器化学成分和铸造工艺，陶制品化学成分和制作技术，生产工具的种类、数量和使用痕迹，玉器的材质和制作工艺及包括矿石产地、冶炼遗迹、盐业生产在内的重要资源等技术和经济特征作为主要研究内容。探讨公元前 3500 年至公元前 1500 年这个时间跨度里位于黄河流域、长江流域及辽河流域的不同地区的技术和经济特征、发展及演变过程，对比不同时间段和各个地区之间技术和经济特征的同一性和差异性，从总体上把握技术和经济发展状况在中国文明形成与早期发展过程中的作用。

【中国文明形成与早期发展阶段的社会与精神文化研究】

承担单位：中国社会科学院考古研究所、北京大学考古文博学院。参与单位：河南省文物考古研究所、陕西省考古研究所、山西省文物考古研究所、山东省文物考古研究所、湖北省文物考古研究所、湖南省文物考古研究所、浙江省文物考古研究所、武汉大学考古系、吉林大学考古系、山东大学考古系、西北大学考古系。

内容简介：本课题通过中原地区重要遗址中出土人骨材料的科学研究，探索中原地区中华文明形成与早期发展过程中的人类生存状况及所反映出来的社会等级差别等问题。采用计算机处理技术，建立该时期反映人类精神世界和文化成就的相关考古资料及其背景关系的数据库，对其所反映出来的宗教信仰等进行初步探讨，以探索中华文明形成与早期发展过程中的人类精神世界和文化成就。

【中国文明形成与早期发展阶段考古学文化谱系年代研究】

承担单位：北京大学。参与单位：中国社会科学院、部分省市考古研究所。

内容简介：本课题以年代学研究为基础构建中国文明形成与早期发展阶段精确时空框架是《中华文明探源工程》研究的重点之一。长期的考古学研究已经建立了各考古学文化在各地区的分布和相对年代框架，国家十五科技攻关项目《中华文明探源工程》一期的年代学研究课题对中原地区文明起源阶段的考古学文化谱系进行了精确碳十四年代测定研究，建立了区域内部考古学文化谱系精确年代学研究的方法基础。本课题组成员在此基础上将对中原地区、黄河下游、长江中下游等地区 3500BC — 1500BC 的重点遗址和聚落群采集系列碳十四样品，用加速器质谱碳十四测年方法和常规碳十四测年方法进行精确年代测定，同时开展碳十四测年关键技术研究，并开展国际合作，将年代测定的结果与各地区考古文化谱系研究结果相结合，建立上述地区 3500BC — 1500BC 中国文明形成与早期发展阶段考古学文化谱系的精确年代框架，为进一步探讨中国文明的形成和多元一体化进程提供精确的年代学标尺。

【中国文明形成与早期发展阶段的环境研究】

承担单位：北京大学。参加单位：中国社科院考古研究所、中国科学院地质与地球物理研究所、南京大学、兰州大学。

内容简介：本课题将以中原地区为重点研究区域，同时对辽西地区、甘青地区、海岱地区、长江中游和长江下游等地区开展进一步地深入研究，以公元前 3500 年至公元前 1500 年为研究时段，充分利用自然科学的研究手段，运用各种古环境指标分析方法对自然地层和考古文化地层进行分析，重建各主要区域的地貌、气候、动植物、土壤、水文等环境要素的演变；结合技术和经济的研究成果，探索不同地区的经济形态对环境的适应；结合区域遗址的系统调查，探索聚落分布与自然环境的关系；结合野外调查、各种剖面的观察研究分析，寻找突发性环境灾难事件的证据，探讨其对文化发展的影响。在以上区域工作的基础上，进行区域之间的对比和综合，系统研究不同的自然环境要素与不同的人类行为之间多层次的关系，讨论自然环境及其差异对中原地区及其他文明起源中心的文明化进程的影响，并进而总结自然环境及其演变与中国文明产生和早期发展的关系。

〔文保科技管理〕

【国家文物局】主管全国文物、博物馆工作的行政管理部门。1949 年 11 月，中央人民政府在文化部内设立文物事业管理局。此后，在 50 多年的工作实践过程中，为适应国家和文物、博物馆事业的发展，部门的名称、隶属关系和主管工作，曾多次变更。1988 年 6 月，经国务院批准改名为国家文物局至今。

 地址：北京市朝阳门北大街 10 号
 邮编：100020
 电话：（010）59881570
 传真：（010）59881573
 国家文物局政府网站：www.sach.gov.cn

【历史文化遗产保护领域科技平台】登陆国家文物局政府网，点开"历史文化遗产领域科技平台"，可以查询文化遗产保护方面相关信息，阅览行业内相关新闻动态，下载文物保护、科技法规、标准规范文件及课题申报表格等。该平台设有：新闻动态、科技法苑、标准规范、科研机构、科研课题、科技专题、成果奖励、学习资源、图化文博、博客空间、科技论坛等版块，分别进入可以阅览各自更详细内容。

【全国文物保护标准化技术委员会】编号：SAC/TC289。全国文物保护标准化技术委员会的专业范围是负责不可移动、可移动文物、文物调查与考古发掘、文物保护、博物馆及其信息化和信息建设领域国家标准修订工作。秘书处设在中国文化遗产研究院。

〔国家文物局重点科研基地〕
〔2004 年 9 月，国家文物局公布首批重点科研基地〕

【古代壁画保护国家文物局科研基地】依托单位：敦煌研究院文物保护研究所，国家文物局批准成立的首批重点科研基地。敦煌研究院文物保护研究所是敦煌研究院下属的一个业务研究部门。敦煌研究院的前身是 1944 年成立的国立敦煌艺术研究所，1949 年新中国成立后，国立敦煌艺术研究所更名为敦煌文物研究所，并设立了保护室，专门进行莫高窟的抢救修复和保护工作。1984 年敦煌文物研究所扩建为敦煌研究院，保护室随之扩大为敦煌研究院保护研究所。他是我国最早从事石窟文物保护的专门机构。经过几代人的努力，目前已形成一支由博士、硕士、学士及化学、物理、工程地质、计算机、林学、建筑、测绘、摄影、环境等多种学科，60 多人的高、中、初级专业职称组成的保护科技及修复技术队伍。并拥有一批先进的分析及环境监测仪器设备。

 2004 年 9 月，经过严格遴选审核，国家文物局批准在敦煌研究院保护研究所的基础上成立"古代壁画保护国家文物局重点科研基地（敦煌研究院）"，成为国内唯一一家专门从事壁画保护研究和修复的国家级专业机构。科研基地依托于敦煌研究院，实行国家文物局、省级文物行政部门和依托单位三级管理制度。科研基地下设壁画保护研究室、壁画修复技术室、壁画数字化研究室、土遗址保护研究室、信息与石窟档案室、治沙站六个专业研究分室，成立了由中、美、英三个国家九个机构的 13 位专家组成的学术委员会。首任科研基地主任由王旭东博士担任。

60 年来，已完成敦煌莫高窟、安西榆林窟、敦煌西千佛洞三处石窟的崖体加固任务，并对这三处石窟的壁画进行了大规模的抢救性修复加固。近 20 年来，开始应用现代科技手段针对壁画和土遗址制作材料、壁画病害、洞窟微环境、风沙等开展了多项研究，取得了多项研究成果，现已完成和正在进行的由国家科学技术部、国家文物局、甘肃省科学技术厅等部门下达的保护科研项目 80 多项。其中获国家及省部级奖 14 项，国家发明专利 1 项，新型实用技术专利 2 项。在国内外重要刊物上发表论文 300 余篇，出版保护方面的著作五部。举办了两届丝绸之路石窟遗址保护国际学术讨论会。除进行敦煌石窟的保护工作外，30 年来，还承担了新疆等 10 余省、自治区的壁画、彩塑修复及土遗址加固工程等数十项重大文物保护维修项目。2004 年，被国家文物局授予甲级文物保护工程勘察设计单位资质和一级文物保护工程施工单位资质。（王进玉）

图附 - 1　敦煌壁画保护科研基地

地址：甘肃省敦煌市莫高窟

邮编：735000

电话：(0937) 8869045　8869043　8869086

【陶质彩绘文物保护国家文物局科研基地】 依托单位：陕西秦始皇兵马俑博物馆。2004 年 9 月，国家文物局批准成立的首批重点科研基地，次年 10 月 21 日正式揭牌运行。科研基地主任周铁、副主任夏寅。学术委员会由主任王丹华，常务副主任吴永琪，成员为王丹华、陆寿麟、马清林、郭宏、阎宏涛、李玉虎、吴永琪、张志军、周铁九人组成。

科研基地研究方向为：陶质彩绘及相关文物保护修复方面的基础理论和应用技术研究，开展创新性研究，促进科技成果的转化和应用。目标：

科研基地逐步提高到国内外的知名度、提高科研能力，在陶质彩绘及相关文物保护研究领域达到国际先进水平。使基地发展成为国家文物局组织高水平陶质彩绘保护应用基础研究的重点科研基地，成为聚集、培养优秀文物保护科技人员和开展学术交流的重点基地。

地址：陕西省西安市临潼区秦俑博物馆内

邮编：710600

电话：(029) 81399110　81399108

传真：81399108

【出土木漆器保护国家文物局科研基地】 依托单位：湖北省博物馆。出土木漆器保护国家文物局重点科研基地是从事出土木漆器科学技术研究与应用推广的专业机构，是国家文物局 2004 年 11 月正式批准启动筹建出土木漆器保护国家文物重点科研基地，主要从事出土木漆器简牍保护技术基础研究与保护应用研究。该基地采取"开放、流动、联合、竞争"的运行机制，实行依托单位领导下的主任负责制和课题管理制。基地的建立是站在文物保护学科发展的全局性、战略性、前瞻性的高度，重构文物保护技术研究体系。

基地将构筑成研、学、推广和应用于一体，聚集和培养高级研究人才，能开展国际学术交流的国内一流文物保护科研机构，能适应文物保护领域科技创新和事业发展的科技基础平台，是以共享机制为核心与平台建设发展相适应的科研服务体系。是文物保护领域的研究实验基地与大型科学仪器设备共享平台、科学数据共享平台、成果转化公共服务平台。基地走跨学科、跨单位强强联合科研路线，它的建立将促进文物保护行业科研机构改革，为保护世界文化遗产做出应有的贡献。

图附 - 2　漆木器保护科研基地

地址：武汉市东湖路 156 号

邮编：430077

电话：（027）86784396   86799839

【出土木漆器保护国家文物局科研基地】 依托单位：湖北省荆州市荆州文物保护中心。该出土木漆器保护国家文物局重点科研基地，依托湖北省博物馆成立，由湖北省博物馆和该中心共同建设，吴顺清出任基地主任。

荆州文物保护中心科技人员专业结构囊括了化学、物理学、生物学、考古学、建筑学、木材学、美学及传统工艺修复等多学科领域，并与国内多所大学、科研院所建立科研协作关系。该中心主要从事出土文物保护技术研究以及新材料、新技术的研究与开发，独创改进完善的出土饱水竹木漆器脱水方法作为成熟技术在国内推广。曾完成国内 10 多个省市出土的近 5000 件饱水漆木器的保护修复工作。

图附 - 3   荆州文物保护中心图

地址：湖北省荆州市荆州区荆中路 193 号

邮编：434020

电话：（0716）8439728

〔2005 年 11 月国家文物局公布的第二批重点科研基地〕

【砖石质文物保护国家文物局科研基地】 依托单位：西安文物保护修复中心。

砖石质文物保护国家文物局重点科研基地 2006 年通过国家文物局评审、认定。本科研基地实行国家文物局宏观管理、陕西省文物局具体组织、以西安文物保护修复中心为依托单位，和陕西省考古研究所、西北大学文博学院联合组建。

目前，基地在砖石质文物保护修复研究和实施工作方面已具一定规模，现有各类研究人员 70 多人，学科涉及物理、化学、仪器分析、文物保护、建筑材料、环境保护等。拥有扫描电子显微镜等十多台大中型现代化的实验室分析检测设备，建有石质文物、泥塑壁画、陶瓷器、青铜器等专门的保护修复实验室。就研究手段的系统性与配套性而言，基本满足了砖石质文物保护研究工作的需要。而且已经承担、完成了《彬县大佛寺石窟保护研究》、《水陆庵泥塑彩绘风化机理及加固技术研究》及《大雁塔塔顶、塔檐防渗水保护工程》等多项国保级砖石文物保护修复研究和实施工作，积累了一定的科研经验和基础。

基地的研究方向与内容：将重点开展砖石质文物保护方法研究、专用技术和材料研究，同时注重新技术、新方法、新材料的引入和应用研究；开展砖石质文物保护效果评价方法的研究，以及砖石质文物保护技术规范化、标准化/规范化研究工作等，不断完善我国石质文物保护的研究体系，促进石质文物保护水平的提高。

为了更好地最好砖石质文物保护的研究工作，基地将结合国家重点科研项目、基地单位承担的专项任务，实行"开放、流动、联合"的运行机制，吸引和培养国内外高水平人才，通过与国内外文物保护机构、科研院所合作，跟踪当今先进的砖石质文物保护理论、技术、材料和方法，研究砖石质文物保护中的重大科学与技术问题，解决我国砖石质文物保护工作中遇到的技术难题，促进我国文物保护事业的发展。 （马涛）

地址：西安市大兴善寺街 12 号

邮编：710061

电话（029）85248834   85248836

【馆藏文物保存环境国家文物局科研基地】 依托单位：上海博物馆。

地址：上海市人民大道 201 号

邮编：200003

电话：（021）63723500

传真：（021）63728522

【文化遗产保护规划研究国家文物局科研基地】依托单位：北京中国建筑设计研究院。

文化遗产保护规划国家文物局重点科研基地，成立于 2005 年 11 月，2007 年元月 10 日正式挂牌启动。中国建筑设计研究院，以该院建筑历史研究所为运作与发展的主要技术支撑部门，是目前我国唯一非文物系统，依托大型科技型国有企业的文化遗产保护重点科研基地。该基地具有组织实施历史文化遗产保护领域高水平基础研究和应用技术研究、聚集和培养优秀科学家、组织学术交流等的重要职能，是国家文化遗产保护科技创新体系的重要组成部分。

地址：北京车公庄大街 19 号

邮编：100044

电话：（010）68302001/68393613

〔2008 年 2 月 29 日国家文物局公布第三批重点科研基地（暂定名）〕

【空间信息技术在文化遗产保护中的应用研究】依托单位：清华大学。

【文物建筑测绘研究】依托单位：天津大学。

【古陶瓷科学研究】依托单位：中国科学院上海硅酸盐研究所。

【古陶瓷保护研究】依托单位：北京故宫博物院。

【博物馆数字展示研究】依托单位：湖南省博物馆。

【金属与矿冶文化遗产研究】依托单位：北京科技大学。

〔全国部分文物保护修复中心、科研所、实验室〕

【故宫博物院文保科技部】

地址：北京市景山前街故宫博物院内

邮编：100009

电话：（010）85117304/85117340/85117354

【中国国家博物馆文物科技保护部】

地址：北京市丰台区石榴庄街 248 号

邮编：100079

电话：（010）87895686/87895535

【中国文化遗产研究院文物保护科技中心】

地址：北京北四环东路高原街 2 号

邮编：100029

电话：（010）84642221

【中国国家图书馆古籍保护修复中心】

地址：北京海淀区中关村南大街 33 号

邮编：100081

电话：（010）66126181

【中央档案馆科学技术研究所】

地址：北京西城区丰盛胡同 21 号

邮编：100032

【首都博物馆文物保护修复中心】

地址：北京市西城区复兴门外大街 16 号

邮编：100045

电话：（010）63370453/63370467/63363388—2522

【中国科学院传统工艺与文物科技研究中心】

地址：北京市朝内大街 137 号

邮编：100075

电话：（010）64042190

【中国社科院考古所考古科学技术实验研究中心】

地址：北京王府井大街 27 号

邮编：100710

电话：（010）64460270

【上海博物馆文物保护与考古科学实验室/文物修复研究室】

地址：上海市人民大道 201 号

邮编：200003

电话：（021）63723500

传真：（021）63728522

地址：上海延安西路 1357 号汇中商务楼

邮编：200050

电话：（021）52392222/52392211

【南京博物院文物保护科学技术研究所】

地址：南京市中山东路 321 号

邮编：210016

电话：（025）84802119/84802171/84802169

【天津市文化遗产保护中心】

地址：天津市河东区大直沽中路

邮编：300170

电话：（022）24126989

【天津博物馆文物保护技术部】

地址：天津市河西区友谊路 31 号

邮编：300201

电话：（022）59793017

【重庆三峡博物馆文物修复室】

地址：重庆市渝中区人民路 236 号

邮编：400015

电话：（023）63679085

【西安文物保护修复中心】

地址：西安市大兴善寺街 12 号

邮编：710061

电话：（029）85248836/85248834

【中德合作陕西省考古所修复实验室】

地址：西安市雁塔路南段乐游路 31 号

邮编：710054

电话：（029）85528542/85519983

【陕西省博物馆文物保护实验室】

地址：西安市小寨东路 91 号

邮编：710061

电话：（029）85265402

传真：85262216

【甘肃敦煌研究院保护研究所】

地址：敦煌市莫高窟

邮编：735000

电话：（0937）8869045

【甘肃省博物馆文物保护部】

地址：兰州市西津西路 3 号

邮编：730050

电话：（0931）2333346

【四川博物馆文物保护中心】

地址：成都市浣花南路 251 号

邮编：610071

电话：（028）87231929

【云南省博物馆技术部】

地址：昆明市五一路 118 号

邮编：650032

电话：（0871）617950/3611548

传真：（0871）6179528

【河南博物院文物保护中心】

地址：郑州市农业路 8 号

邮编：450002

电话：（0371）63511241/63511067

【河南省文物考古研究所文物保护技术室】

地址：郑州市陇海北三街 9 号

邮编：450004

电话：（0371）66383822/66383832

【山西博物院文物保护修复中心】

地址：太原市滨河西路北段 13 号

邮编：030024

电话：（0351）8789029

【山西省云冈石窟文物研究所】

地址：山西省大同市云冈石窟文物研究所

邮编：710061

电话：（0352）3026919

【辽宁省博物馆文保中心】

地址：沈阳市沈河区市府大路 363 号

邮编：110013

电话：（024）82207575

【吉林博物院技术部】
地址：长春市人民大街 3188 号
邮编：130041
电话：（0431）5625062/8911462

【吉林省文物考古研究所】
地址：长春市浦东路 22 号
邮编：130000
电话：（0431）84647202

【河北省文物保护修复中心】
地址：石家庄建华南大街 82 号
邮编：050031
电话：（0311）82581956/85059997

【湖北省博物馆文物保护技术研究中心】
地址：武汉东湖路 156 号
邮编：430077
电话：（027）86778937/86784396/86799839

【湖北荆州市文物保护中心】
地址：荆州市荆州区荆中路 193 号
邮编：434020
电话：（0716）8439728

【山东省博物馆文保部】
地址：济南市经十一路十四号
邮编：250014
电话：（0531）82962732—8807/8801

【安徽省博物馆文物科技保护中心】
地址：合肥市安庆路 268 号
邮编：230061
电话：（0551）2831777

【安徽省考古研究所科研保护室】
地址：合肥市金寨路 469 号
邮编：230061
电话：（0551）3879411

【浙江省博物馆文物技术保护部】
地址：杭州市孤山路 25 号

邮编：310007
电话：（0571）85120263—8031/8003/8028

【江西省博物馆技术部】
地址：南昌市新洲路 2 号
邮编：330025
电话（0791）6595824

【广东省博物馆修复室】
地址：广州市文明路 215 号
邮编：510110
电话：（020）83815814—802

【福建博物院文物保护中心】
地址：福州市湖头街 96 号
邮编：350001
电话：（0591）83757637

【福建泉州海外交通史博物馆文保科研部】
地址：福建省泉州市开元寺内
邮编：362000
电话：（0595）22100564/22838777

【湖南省博物馆典藏技术部】
地址：长沙市东风路 50 号
邮编：410005
电话：（0731）4535566—8726

【广西博物馆修复室、实验室】
地址：南宁市民族大道 34 号
邮编：530022
电话：（0771）2804625/2810907

【贵州省博物馆文物修复室】
地址：贵阳市北京路 168 号
邮编：550001
电话：（0581）6822232—8005

【北京颐和园管理处文物管理部】
地址：北京市海淀区
邮编：100091
电话：（010）62881144—387/62888170

【内蒙古博物院文物保护实验室】
地址：呼和浩特市新华大街 44 号
邮编：010020
电话：(0471) 6918769

【宁夏回族自治区博物馆文物保护实验室】
地址：宁夏银川市西塔院内
邮编：750001
电话：(0951) 5042947

【新疆文物古迹保护中心】
地址：乌鲁木齐市人民路车市巷 51 号
邮编：830007

【青海省博物馆修复室】
地址：西宁市城西区新宁广场东侧
邮编：810001
电话：(0971) 6118671

【西藏自治区博物馆修复室】
地址：拉萨市罗布林大路 19 号
邮编：850000

【中国丝绸博物馆】
地址：浙江省杭州市玉皇山路 73—1 号
邮编：310002
电话：(0571) 87035587

〔重点院校实验室〕

【北京大学考古文博学院（实验室）】
地址：北京海淀区中关村
邮编：100871
电话：(010) 62751028

【复旦大学文博系〔实验室〕】
地址：上海市邯郸路 220 号
邮编：200433
电话：(021) 65642222/65643739

【北京科技大学冶金与材料史研究所】
地址：北京海淀区学院路 30 号
邮编：100083

电话：(010) 62334901

【北京化工大学材料科学与工程学院】
地址：北京朝阳区北三环东路 15 号
邮编：100029
电话：(010) 64433718

【中国科学技术大学科技考古实验室】
地址：合肥市金寨路 96 号
邮编：230026

【西北大学文博学院文保实验室】
地址：西安市太白北路 229 号
邮编：710069
电话：(029) 88302439/88305216

【西安交通大学考古工程与文物保护中心】
地址：西安市咸宁中路 28 号
邮编：710049
电话：(029) 82668959

【陕西师范大学历史文化遗产保护科学研究中心】
地址：西安市长安南路
邮编：710062
电话：(029) 85308976
传真：(029) 85307774

【上海交通大学材料科学与工程学院】
地址：上海市华山路 1954 号
邮编：200030
电话：(021) 62933585/62932085

【吉林大学材料学院文物保护实验室】
地址：长春市前进大街 2699 号
邮编：130026
电话：(0431) 85094375

【兰州大学文物保护研究中心】2004 年 11 月 20 日，由兰州大学、敦煌研究院共建的兰州大学文物保护研究中心正式揭牌，成为国内首家高等院校与文物保护单位共建的文物保护研究机构。主要研究方向：石窟保护加固技术与加固材料研究；

土遗址保护加固技术与加固材料研究；防沙、治沙综合治理研究；古遗址赋存环境监测、调查研究。涉及岩土工程、地质工程、化学、环境科学、材料、计算机科学、生物学等学科领域，具有很强的学科交叉与渗透性。

地址：兰州市天水南路 222 号

邮编：730000

电话：(0937) 8911114

【北京联合大学历史系文保实验室】

地址：北京海淀区北土城西路 197 号

邮编：100083

电话：(010) 62062493

〔专业组织、报刊与网站、国际文保机构〕

【中国文物保护技术协会】 中国文物保护技术协会是中国文物保护科学技术工作者的学术性群众团体。受中国科学技术协会领导。1980 年 12 月 29 日成立。会址北京。名誉理事长茅以升，理事长王书庄。中国文物保护技术协会的宗旨是：促进文物保护科学技术的普及和推广，培养文物保护科学技术人才。它的主要任务是：①开展各种不同形式的学术交流活动，促进文物保护科技工作者之间的联系和科学技术水平的提高，加强自然科学和社会科学学科之间的联系；②开展国际文物保护学术交流活动，增进同其他国家文物机构和学者的友好联系；③宣传文物保护的意义，普及文物保护科学技术知识，总结传统的文物保护经验，推广现代先进技术成果；④编辑、出版文物保护科技专刊；⑤对文物保护工作提出合理化建议，向政府和文物管理部门反映科技工作者的意见和呼声，发挥咨询作用；⑥根据文物保护科技工作的需要，开展继续教育，帮助科技工作者补充新的知识，提高会员业务水平；⑦保障会员进行科学技术活动的正常权利，开展为科技工作者服务的各种活动。

该会成立以来举办了古建筑、石窟、壁画、青铜器、漆竹木器和纸质文物保护技术等 12 个学术讨论会以及 8 次文物保护技术调查考察。

该协会与中国博物馆学会合作举办的"亚洲地区文物保护技术讨论会"，有 11 个国家的 26 名专家出席，讨论青铜器和石质文物的保护技术，

在互相印证、研究、补充中，与会专家一致肯定那些行之有效的保护技术，促进了亚洲各国文物保护技术水平的提高。到 1986 年底，文物系统取得的科技成果有青铜器保护技术等 10 类 102 项，其中获得全国科学大会奖的有 8 项，获得文化部科技成果奖的有 23 项，还有许多项目获省级科技奖。2002 年 7 月 3 日至 4 日，中国文物保护技术协会第四次代表大会在西安召开。会议讨论并通过了《中国文物保体护技术协会章程（修改草案）》，按章程选举产生新的理事会领导成员及理事。

【中国文物学会文物修复委员会】 中国文物学会文物修复专业委员会是由中国文物学会批准报民政部备案，于 1991 年 11 月 28 日在北京成立的一个全国性的学术研究团体，修复专业委员会现挂靠在中国农业博物馆，在国家文物局、中国文物学会的业务指导下开展工作。中国文物学会文物修复专业委员会汇集了国内修复领域众多的知名权威修复技术专家，致力于全国文物修复技术的研究工作，组织文博及社会各界的文物工作者开展学术交流、业务培训、展览展示、书刊编辑、国际合作和咨询服务等工作。

会址：北京东三环北路 16 号　中国农业博物馆内

邮编：100026

电话：(010) 65096057

【中国博物馆学会保管专业委员会】 中国博物馆学会保管专业委员会于 1987 年成立；1990 年改选产生了第二届委员会；现为第三届，是根据中国博物馆学会的指示，在 2004 年改选的。三届专业委员会均挂靠在故宫博物院，一、二届主任为高和，本届主任为梁金生，三届秘书长均为刘恩迪。

保管专业委员会成立 18 年来，共召开 15 次学术研讨会，内容涉及文物保管工作的各个方面；在此期间还举办了数次保管人员培训班；编写了《博物馆藏品保管工作手册》；编辑了《博物馆藏品保管文集》。这些活动促进了藏品保管学的研究，对全国文物保管工作的科学化、规范化起到积极的推动作用。

【中国博物馆学会藏品保护专业委员会】中国博物馆学会藏品保护专业委员会2007年5月8日成立。该委员会隶属于中国博物馆学会，是由国内各省、市级博物馆及相关专家和热爱文博事业的各界人士自愿结合的，以促进我国博物馆科技保护事业的发展，促进博物馆文物科技保护的国际交流为主要目的公益性群众团体。该专业委员会挂靠中国国家博物馆，接受中国博物馆学会、国家文物局和民政部登记机关的业务指导和监督管理。经中国博物馆学会同意，中国国家博物馆副馆长董琦担任专业委员会主任委员，潘路（中国国家博物馆）、马清林（中国文物研究所）、和李化元（故宫博物院）担任副主任委员。

秘书处：中国国家博物馆

【中国古迹遗址保护协会】英文缩写：ICOMOS/China，中国古迹遗址保护协会作为国际古迹遗址理事会，于1993年成立。是由从事文化遗产保护与研究的专家学者和管理工作者自愿组成的全国性、群众性、非营利性的学术团体。具有独立社团法人资格，由文化部主管，挂靠于国家文物局。协会一直以推动文化遗产保护的科学研究，提供相关的专业咨询，宣传普及保护理念，积极开展国际交流与合作，不断扩大在国际古迹遗址理事会等国际组织中的影响，在中国的文化遗产保护事业中发挥着日益重要的作用。

【中国古迹遗址保护协会石窟专业委员会】中国古迹遗址保护协会石窟专业委员会，于2006年6月27日成立。石窟专业委员会主要开展以下工作：积极参加中国古迹遗址保护协会的有关活动，大力开展石窟文物保护的交流与合作；设立专业小组，开展小组成员间的学术交流与合作，共享优势资源；征集、整理并出版专业小组的学术成果，出版文物保护研究等方面的专题刊物；利用石窟专业委员会这一平台，积极开展石窟保护机构与相关科学院所的合作，实现文物保护和科学技术发展，以及开展国际合作与培训等多项工作。

秘书处设在洛阳龙门石窟研究所

【中国文博网】http：//www.sach.gov.cn

【中国文物保护学术交流网（南博）】该网站由业内人士向您提供文物保护的信息、方法和相关重大通知。在这里，您将系统的了解到文物保护的现状、从事文物保护的机构和单位、文物保护目前的成果以及相关出版物和法规等。http：//www.chinacov.com

【中国文物修复网】中国文物修复网是由中国文物学会文物修复专业委员会和全国农业展览馆（中国农业博物馆）培训部联合设计开发的。本网站旨在面向社会各界的文物爱好者，特别是对广大文博行业的修复技术人员普及文物修复理论知识，加强修复技术的交流与合作，组织实施文物修复技术培训活动，提高修复技术人员的专业理论水平和实际操作能力，为弘扬我国悠久灿烂的文化，挽救国家的宝贵的文化遗产作出贡献。

http：//www.corr.org.cn

【中国文物信息网】http：//www.ccmews.com.cn

【中国历史文化遗产保护网】
http：//www.wenbao.het

【中国世界遗产网】http：//www.cnmh.org

【中国文物网】http：//www.wenwuchina.com

【中国文物报社】国家文物局主办，周三、五出版。

地址：北京东城区东直门内北小街2号楼
邮编：100007
电话：（010）84078838
传真：（010）84079560

【《文物保护与考古科学》编辑部】刊物简介：《文物保护与考古科学》杂志由上海博物馆主办和出版，1989年创刊。1989年至2002年为半年刊，2003年起改为季刊。到2007年底，共出版了19卷48期，另外2002年出增刊一册。该刊物属自然科学的综合性学术期刊。主要栏目设有：研究报告、文物修复研究、古代工艺研究、综述、争鸣园地、工作简报、论坛、知识介绍、科技信息、读者来信和通讯等。

地址：上海市延安西路 1375 号

邮编：200050

电话：(020) 54362886

传真：(020) 54363740

E-mail：lab_ sh_ museum@ yahoo. com. cn

【国际罗马文物保护修复研究中心】 1956 年第九届联合国教科文组织全体大会通过了《国际文物保护修复研究中心章程》。1957 年，意大利组织与国际教科文组织商定国际文物保护修复研究中心设在罗马。设立该中心的目的是收集、发行有关文物保护修复的资料，安排并促进研究工作，援助培养研究人员和技术人员等。同年联合国教科文组织秘书长向会员国发出加入中心的邀请。1958 年澳大利亚、多米尼加、西班牙、摩洛哥和波兰 5 个国家正式加入。按章程规定，有 5 个国家以上参加该中心即生效，于是罗马研究中心正式建立了。该中心是以文物保护修复研究上的合作为目的的唯一政府间组织，凡是联合国教科文组织的成员国均可加入，会费相当于向教科文组织交纳费用的 1%。

罗马研究中心的全体大会每两年召开一次。除全体大会或理事会特殊安排，原则上在罗马召开。各成员国派一名代表出席，其资格须为从事文物、保护研究机构的代表和高级专家、技术人员。在大会前后，举行新旧理事会，同时也举行各种有关的会议。

理事会由大会选举产生的理事和特邀人员组成。选举产生的理事为 6～12 人。会员国在不到 30 个时理事为 6 人，每增加 10 个国家再产生 1 名。现有理事 9 人特邀人员是：教科文组织代表、意大利政府代表、比利时国家文物研究所所长、罗马文物保护修复研究所所长、国际博物馆协会代表、国际纪念物及遗迹委员会代表、由中心主任、各研究机构代表、理事会提名的专家以顾问资格出席。理事任期二年，可得连任。理事会规定至少二年召开一次，事实上每年都召开。

根据中心的宗旨，理事会安排以下一些业务工作。

(1) 情报资料的搜集、研究和交流：中心除积极购置图书、交换资料外，大力开展复印资料，向会员国和有关专家提供不易看到的图书资料，为文物保护工作作贡献。

(2) 出版：中心除已与法国、英国的出版社合作，出版有关文物保护的书籍外，还与其他文物保护机构合作，设立"为合作出版文物保护资料的国际委员会"，进一步开展资料翻译工作。

中心已出版了《博物馆科学技术研究室及修复所名册》、《各国壁画保护概况》、《博物馆气候学与保管工作》、《木雕品虫害的防治》、《古器物与艺术品的保管》、《运输途中展品的空气调节》等图书。

(3) 培训专业人员：中心城市除每年招收建筑、壁画保护的留学生外，还与罗马大学合办"建筑保护课程"，与罗马中央修复研究所合办"壁画保护课程"，与书籍病理学研究所合办"纸张与书籍保护课程"，与比利时国立文物研究所合办"文物的研究与保护课程"等。

(4) 促进研究工作：提出专题后组织研究机构和专家从事研究。或者对共同关心的专题提供资助。有时提请研究机构向专家们提供研究的方便。

(5) 派遣专家和提供特殊援助：会员国有权向中心提出优先的援助，而中心不可限制会员国的要求。中心设立的基金供紧急情况下派遣专家时使用，因此，在遇到突发灾害时可迅速应急。

【国际博物馆协会保存委员会】 国际博协保存委员会，简称 ICOM—CC，由来自世界博物界，以及与重要历史和艺术物件的保护、保存和修复有关的人员组成，现有各大洲的 1400 多名专家，是国际博协（ICOM）30 个国际委员会中最大的一个专业委员会。该专业委员会为保护专家之间提供了一个能够在跨学科之间相互了解和工作的框架。它的 22 个工作组构起了委员会的支柱。每个工作组由会员自己的委派协调者加以组织开展工作。

国际博协保存委员会的 22 个工作组为：艺术技艺史研究、档案、保存教育和培训、人类学收藏、玻璃和陶瓷、印刷档案、皮革及相关材料、保存的法律问题、金属、现代材料和当代材料、壁画与镶嵌和岩石艺术、自然历史收藏、绘画、照相材料、预防保护、科学研究、雕塑与颜料和建筑装饰、石质、保护的公共约定的执行力、保存修复理论和历史、潮湿有机物和考古材料、木质与家具和漆器。这些工作组的工作内容为：对文化和自然史的重要物证的科技检测；保存问题的优化解决；标准技术的手艺的发展；规划意外控制和预防保存。国际博协保存委员会除参加国际博协大会外，每 3 年组织一次会议，聚集世界各地对保护感兴趣的专业工作者对文物保护加以研讨，期向会员们展示和讨论最近 3 年的工作成果，这些成果将汇集将出版。

【**国际文物保存学会**】ICCROM：国际政府间组织——国际文化财产保护修复研究中心。

ICOMOS：国际古迹遗址理事会，是非政府国际文化遗产保护与研究的专业组织，是联合国教科文组织认定的世界遗产咨询机构。中国于 1993 年加入 ICOMOS，并成立了中国国家委员会。

〔全国文保大事记、文物保护修复学术会议、培训工作〕

1930 年 6 月 7 日，国民政府公布了《古物保存法》，共 14 条。这是中国历史上由中央政府公布的第一个文物保护法规，于 1933 年 6 月 15 日施行。

1931 年 7 月 3 日，国民政府行政院公布《古物保存法施行细则》19 条。

1932 年 6 月 18 日《中央古物保管委员会组织条例》公布。这是第一个由国家设立的专门保护管理文物的机构。

1944 年，国立敦煌艺术研究所成立，开始了对敦煌石窟文物的管理和守护工作。1950 年 4 月，改为敦煌文物研究所，并设置保护室（组），开始了对莫高窟的抢救修复和保护。1984 年敦煌文物研究所扩大为敦煌研究院，保护室随之扩大为敦煌研究院保护研究所。她是我国最早从事石窟文物保护的专门机构。

1949 年 11 月，中央人民政府在文化部内设立了文物事业管理局，主管全国文物、博物馆工作的行政管理部门。

1951 年 12 月，经政务院批准，成立文化部社会文化事业局，主管文物、博物馆、图书馆、文化馆、电化教育工作。

1950～1977 年，是新中国文物保护修复工作的初创期。我国的文物保护工作是从传统修复技术起步的，初始阶段基本是由博物馆系统与考古系统两部分人员组成。

解放初期各地的博物馆如北京故宫博物院、中国历史博物馆，上海、南京、河南、河北、安徽、辽宁、山东、苏州等地博物馆，从社会上招收了一批旧社会在古玩铺、书画社从事古玩修复、书画装裱的老艺人进了博物馆后，成为新中国第一代文物修复工作者。这一批老专家开创了我国文物修复事业，桃李满天下，相继培养出一批分布在全国各地文博单位的文物修复工作者。

1952 年，国立北京历史博物馆（中国历史博物馆前身）、故宫博物院设立文物修整室。

1953 年 8 月，河南洛阳龙门石窟开始维修。

1955 年 1 月，文化部恢复文物管理局，主管全国文物、博物馆工作。

1955 年 7 月 15 日至 10 月 16 日，在西安全国第四届考古训练班上，由中国社会科学院考古研究所白万玉先生讲授器物修复技术，也是我国首次对考古人员以培训班形式，讲授出土文物修复专业知识。白先生是我国最早参加考古的工作人员之一，是搞田野考古工作的一名技师。民国时期一直跟着瑞典地质学家安特生（1921 年相继发现北京人遗址、仰韶文化遗址）的一名随工技师。

20 世纪 40 年代中期建立的北平文物整理委员会，于 1956 年 1 月文化部决定改建为古代建筑修整所，成为中国早期建立的不可移动文物保护技术专业单位。同年 11 月，成立博物馆科学工作研究所。

1960 年 11 月 17 日，国务院全体会议第 105 次会议通过了《文物保护管理暂行条例》和第一批全国重点文物保护单位名单。

1961 年 3 月 4 日，国务院发布《关于进一步加强文物保护和管理工作的指示》，发布《文物保护管理暂行条例》，公布第一批全国重点文物保护单位 180 处。

1965 年 8 月，文化部决定将图书馆事业重新划归文物管理局领导，改名为图博文物管理局。

1971年底，洛阳龙门石窟奉先寺几尊大佛像加固工程开始进行。

1973年2月，国务院决定成立国家文物事业管理局，为国务院直属局，主管文物、博物馆、图书馆工作。

1973年9月15日，周恩来总理陪同法国总统蓬皮杜参观大同云冈石窟，向中外记者宣布："不管怎样，云冈石窟艺术一定要想办法保护下来。要三年修好。三年以后，请你们再来参观。"据此，云冈石窟大规模的加固工程开始筹备（大同云冈石窟抢险加固工程于1976年9月竣工）。

1973年文化部文物保护科学技术研究所成立，负责全国重要的古建筑、石窟寺、出土文物、馆藏文物的保护、修复和科学研究工作。

1973年，吉林集安县洞沟古墓群中的壁画墓壁画进行化学加固和化学封护等维修。

1974年8月8日，国务院发出《关于加强文物保护工作的通知》。

1978年1月20日，国家文物局颁发《博物馆藏品保管试行办法》。

1979年6月20日，中国机械工程学会、铸造学会在武汉召开"传统精密铸造工艺鉴定会"，对随县曾侯乙墓出土的青铜器进行鉴定。

1979年6月29日，国家文物局发布《省、市、自治区博物馆工作条例》。该条例其中第五章关于藏品修复、复制的有关规定，第二十四条："凡采用新的修复技术应先实验，通过主管部门组织有关技术人员与专家评定鉴定后推广应用。未经实验和鉴定证明的新技术，不得随意采用"；第二十五条："藏品修复时，不得任意改变其形状、色彩、纹饰、铭文等。修复中要做好配方、用料、工艺流程等记录。修复工作完成后，资料均应归入藏品档案"；该条例并规定了文物修复方案按文物等级的逐级审批权限；第二十六条是关于文物复制的有关规定。

1979年7月31日，中华人民共和国轻工业部、国家文物局发布《关于搞好古代文物复制、仿制工作有关问题的通知》。

1979年8月24日，国家文物事业管理局在北京召开了部分省、直辖市、自治区"文物保护科学研究座谈会"，讨论并拟定了《1978—2000年文物保护科学技术规划》。这个长远规划，为20世纪80—90年代的文物保护科技事业的发展指明了方向并打下牢固基础。

1980年5月，中央决定将图书馆事业再次从国家文物事业管理局划出。

1980年12月24日，中国文物保护技术协会第一次代表大会在北京召开，中国文物保护技术协会在北京成立。名誉理事长茅以升，理事长王书庄，陈滋德等任副理事长。

中国文物保护技术协会是中国文物保护科学技术工作者的学术性群众团体。受中国科学技术协会领导。中国文物保护技术协会的宗旨是：促进文物保护科学技术的普及和推广，培养文物保护科学技术人才。它的主要任务是：①开展各种不同形式的学术交流活动，促进文物保护科技工作者之间的联系和科学技术水平的提高，加强自然科学和社会科学学科之间的联系；②开展国际文物保护学术交流活动，增进同其他国家文物机构和学者的友好联系；③宣传文物保护的意义，普及文物保护科学技术知识，总结传统的文物保护经验，推广现代先进技术成果；④编辑、出版文物保护科技专刊；⑤对文物保护工作提出合理化建议，向政府和文物管理部门反映科技工作者的意见和呼声，发挥咨询作用；⑥根据文物保护科技工作的需要，开展继续教育，帮助科技工作者补充新的知识，提高会员业务水平；⑦保障会员进行科学技术活动的正常权利，开展为科技工作者服务的各种活动。

1981年，文化部开始设立"文物保护科技进步奖"。（至1991年6月，10年期间，共有51项文物科技成果获奖。之后，1991年6月国家文物局开始设立"文物科学技术进步奖"。）

1981年国家文物局委托培训中心举办了一期"裱画技术训练班"。

1981年7月15日~20日，"中国书画装裱技术座谈会"在北京召开。来自全国12个省、市，27个单位的从事文物保护修复装裱技术人员、老技师，以及荣宝斋、西泠印社的装裱专家等59位代表。提文会议论文20篇，其中有书画装潢史、出土或传世书画经卷的抢救修复、马王堆西汉墓出土帛书画揭裱、应县木塔出土辽代经卷修复、善本古籍的修复等。

1982 年 4 月，国家机关进行机构改革，国家文物事业管理局并入文化部，改名为文化部文物事业管理局。

1982 年 4 月 28 日，安徽省文物局、省科委受国家文物局委托，对该省博物馆"激光全息无损探伤"科研成果进行技术鉴定，并获通过。

1982 年 9 月 8 日～13 日，由中国文物保护技术协会主持召开的"全国青铜器腐蚀防护与修复技术座谈会"在安徽合肥举行。来自全国各省、市的会议代表 60 人。高英、王荣达、赵振茂等一批青铜器修复的老专家与会，并在会上发言，介绍各自的丰富经验。这次讨论会以总结我国传统的青铜器修复技术为主题。这是一次传统工艺与现代技术相结合学术讨论会。

1982 年 11 月 19 日，第五届全国人民代表大会常务委员会第 25 次会议通过《中华人民共和国文物保护法》，由委员长叶剑英公布实施。

1983 年 1 月 9 日，文化部文物局和湖北省文化局邀请参加了曾侯乙编钟、编磬复制的科技专家，在武汉召开编钟复制工程的收获、经验座谈会。

1983 年 5 月 25 日～30 日，"漆木器文物保护技术座谈会"在武汉和江陵召开。出席会议的 26 名代表，提交论文 16 篇。会议就漆木器文物的保护、修复、复制技术，饱水漆木器脱水技术、传统制作工艺的经验进行了座谈交流。

1984 年 9 月 11 日～14 日，"壁画彩塑保护和修复技术讨论会"敦煌莫高窟召开。来自全国从事文物保护技术人员 35 位代表，提交论文 18 篇。就几十年我国在石窟、墓葬、古寺庙壁画的保护、修复、揭取、迁移、复原的新技术、新工艺、新材料应用及壁画保存环境进行了研讨。

1985 年 7 月 5 日，文化部文物局在江苏常州召开丝织文物复制工作座谈会。

1985 年 11 月 26 日至 12 月 1 日，"纸质文物保护技术座谈会"在江苏省苏州市召开。出席会议代表 50 余名提交学术论文 10 篇。会议主题为古代纸张和现代机制纸张的保护技术。与会代表对古代糟朽、残蚀、酥粉、粘连的纸质的文献、档案、经卷、书画等文物的保护技术与现代各类纸张印刷的文书、档案的脱酸、加固技术进行了交流。

1986 年 4 月 11 日至 20 日，经国务院批准，在联合国教科文组织赞助下，由中国联合国教科文组织全国委员会委托中国文物保护技术协会和中国博物馆学会共同组织举办的《亚洲地区文物保护技术讨论会》在北京召开。这是一次地区性的国际学术讨论会。中国、日本、菲律宾、朝鲜、缅甸、柬埔寨、泰国、巴基斯坦、孟加拉国、印度、尼泊尔等国代表参加了会议。会议宗旨是："交流利用先进的科学技术保护的经验，促进亚洲地区文物保护工作者之间的互相了解与合作"。会议就青铜器的保护技术和石质文物的保护问题进行了广泛的讨论。其中，文物修复、复制、保护界赵振茂、曹静楼、李化元、刘景龙、陈中行、李最雄、宋曼等一批学者列席了会议，并提交了多篇论文，会后由文物出版社出版了论文集。全国人大副委员长周谷城出席会议并作了重要讲话。

1986 年 5 月 3 日，全国文物保护科学技术"七五"规划工作会议在成都召开。

1986 年 6 月 19 日，文化部颁布《博物馆藏品管理办法》。

1986 年，国家文物局举办"全国文物保护科技成果展览"，全国 17 个省、市、自治区的 38 个单位参展。展出成果包括：青铜器、铁器、陶瓷、砖瓦、漆器、竹木器、纸张、书画、纺织品、壁画、彩塑、石窟、古建筑、生物标本等 63 项，内容包括文物分析测试、保养、修复、复制等方面。

1987 年 6 月，国务院批准恢复国家文物事业管理局，直属国务院，由文化部代管，对外独立行使职权，计划单列。次年 6 月，改名为国家文物局。

1988 年 3 月 21 日～24 日，"民族文物保护技术讨论会"在云南昆明召开。与会代表 22 人，会议主题为西南地区民族文物的保养修复技术。会议就皮毛、皮革、服装、植物标本的防蛀、防褪色等问题进行了研讨。

1988 年 7 月 27 日～29 日，国家文物局委托中国文物保护科技协会在北京召开了"文物复制技术研讨会"。来自北京、上海、山西、河南、陕西、四川等十多个省市的代表 50 多人出席会议。国家文物局局长张德勤在会议上讲说时指出，文物复制工作要在确保文物安全的前提下想办法，科学地利用文物为发展文物事业搞些经费。目前搞复制的单位、个人越来越多，非文物系统单位搞的复制品，许多粗制滥造，有损中国文物形象，民族形象。如唐三彩、马踏飞燕等珍贵文物的复制品，由于做得太多身价大跌。要制定相当的法律、方针、政策，一级文物的复制品，只能由文物部门生产、销售。会上，代表们争相发言，认为复制文物对文物原件的保护和研究都十分有利，通过复制，可以深入、细致地研究文物，继承、提高传统技术。同时，复制品可以代替原件进行陈列展览，供人参观、研究。历史上许多珍贵文物都是原件已失而复制品流传至今。文物复制品投入市场，可以满足人们研究、欣赏的需要，对精神文明建设也起很大作用。另外，代表们指出，文物复制人员待遇差、地位低，年青人不安心干这工作，青黄不接，有些技艺后继无人。应当提高他们的待遇，解除其后顾之忧。要提高现有人员的素质，加强技术交流和技术培训工作。还有，我国的文物复制理论研究不够，与国外差距较大，我们许多技术在国际上是先进的，有特长的，但理论研究不足，同时缺少相应的学术组织，学术刊物。

1989年9月10日，国家文物局下发《关于严格控制文物复制资料的通知》。

1989年初，陕西省人民政府颁发《陕西省文物复制管理规定》。

1990年11月21日至12月21日，由中国教科文组织全国委员会和建设部委托泰山风景区管理委员会举办的"中国泰山壁画保护研讨班"在山东泰安举行。这次研讨班由联合国教科文组织指派的3名国际文化财富保存和修复研习中心专家与8名国内外壁画保护专家授课。卡尔洛·吉昂托玛西儿夫妇（GIANTOMASSI & ZARI）是国际著名壁画修复专家，从事壁画保护多年，不光在意大利保护了不少文艺复兴时期的教堂壁画，而且曾去东南亚、缅甸等地实施壁画保护计划。他们有着扎实的基础和丰富的实践经验。上课时，理论联系实际，边授基础，边作示范。伊波里托、马萨里先生（Pott. Ihg. ·IPPOUTO MASSARI）是国际著名防潮专家，曾主持了近800个国际性的防潮项目，他们授课内容涉及我国尚未引起足够重视的潮湿对建筑物及建筑物内壁画的影响的问题，授课语言生动，深入浅出。新加坡专家赖桂芳先生，国家文物局文物研究所保护研究室主任徐毓明先生，汤池（北京）、曾中懋（四川）、李云鹤（敦煌）、陈进良（河南）、单韦（陕西）、耿铁华（吉林）、米运昌（山东）、金维诺（北京）、杨新（北京）。他们分别从壁画的历史发展、制作、材料、保护技术、修复经验等方面作了介绍。参加研讨班的40名学员大都具有中级以上职称，其中具有壁画修复保护实践经验的部分学员。通过研讨，他们不光了解了国内外壁画保护和建筑物及防潮的新技术，也了解了国外文物保护政策、保护机构和文物与考古的关系等知识。学员们感到我国在壁画保护理论与修复技术上，基本已具有国际水平，但由于经费缺乏，国产化学材料纯度不够，管理落后等与意大利对文物的保护还有很大差距。阻滞了我国文物保护科技的普及与推广，许多危在旦夕的文物亟须抢救。

1991年6月20日，国家文物局发布《国家文物局文物科研项目开题及经费管理办法（试行）》、《国家文物局文物科学技术进步奖励办法（试行）》、《国家文物局文物科学技术成果鉴定办法（试行）》三个文物科技法规试行文件。

1991年上海复旦大学举办的"中级职称文物保护修复研讨班"，对在职修复人员进行知识更新培训，对国外文物修复方面的学术动态信息有所了解。

1991年11月28日，中国文物学会文物修复委员会在北京中国农业博物馆成立。原国务院副秘书长、中国文物学会会长郑思远，副会长王定国、庄敏，秘书长沈廷杲，副秘书长孙如、国家文物局副局长张柏、文物处处长孟宪民、北京市文物局局长王金鲁、故宫博物院副院长杨新、中国农业博物馆馆长白鹤文、副馆长杜富全、陶瓷鉴定专家耿宝昌、修复鉴定专家赵振茂、碑帖鉴定专家马宝山，及国家文物局、北京市文物局、中国社科院考古研究所、古脊椎动物与人类学研究所、中国文物研究所、中国历史博物馆、中国革命博物馆、中国军事博物馆、故宫博物院、北京文物研究所、颐和园文物处、首都博物馆、图书馆，以及京郊区县文管所、河南、陕西等文博单位代表80余人参加了成立大会。会上，王定国、张柏、庄敏等讲话，杨新宣读修复委员会章程后，选出了白鹤文为会长，孟宪民、杨新、周保中等同志为副会长，及正副秘书长和第一届理事会组成人员。委员会还聘请了一批老一辈从事各类文物修复的专家为顾问。修复专业委员会的成立，团结起全国文物保护修复界同行，对我国文物修复和保护事业的发展起到积极作用。

1992年3月23日，北京市人民政府批准，4月22日北京市文物事业管理局发布《北京市珍贵文物复制管理办法》。

1992年5月，在西安召开的全国文物工作会议上，李瑞环同志针对我国的文物保护工作提出了"保护为主，抢救第一"的方针。

1992年9月25日至28日，由国家科学基金会，陕西省化学会和敦煌研究院联合主办的《全国第二届考古与文物保护化学学术交流会》在敦煌召开。来自15个省市的45名代表，其中，部分为文博系统中从事文物保护修复人员。代表们就所提交论文，对考古与文物保护中有关金属、岩石、壁画、漆木器等各种质地文物保护和化学分析等问题进行了交流。

1992年10月，"中国石窟遗址管理培训班"在山西大同市云冈石窟研究所举办。这次培训班是国家文物局与美国盖蒂保护研究所共同举办的。培训班聘请了世界著名学者澳大利亚遗产委员会主席莎伦·萨利文女士，盖蒂研究所项目协调员玛格丽特·麦克莱恩女士，英国壁画保护专家史蒂文·里克比先生，中国文物研究所副所长、高级工程师黄克忠先生，敦煌研究院副院长、副研究员樊锦诗女士任教。培训班所用教材及有关资料均由美国盖蒂研究所培训班提供。

1993年，国家文物局编印了《文物保护科学技术成果应用指南》一册。

1993年8月16日，陕西省工商行政管理局、省公安厅、省文物局、中华人民共和国西安海关，联合发文《关于加强文物复制品生产、销售管理的通告》。

1993年9月，在西安举行的全国文物工作会议上，国务委员李铁映同志提出了"有效保护、合理利用、加强管理"的工作原则。既而成为我国文物工作一直遵循的："保护为主、抢救第一"的方针和"有效保护、合理利用、加强管理"的原则。这也成为我国文物博物馆工作的主旋律。

1993年10月3日至8日，由敦煌研究院、美国盖蒂保护研究所、中国文物研究所联合举办的"丝绸之路古遗址保护国际学术会议"在敦煌召开。会议收到论文43篇，会后由美国盖蒂保护研究所编辑《丝绸之路古遗址保护国际学术会议论文集》英文版于1797年在美国出版。

1993年10月24日，《中国文物报》头版头条以"抢救培训文物专业人才初见成效"为题报道：国家文物局认真贯彻执行李瑞环同志关于重视培养与抢救人才的讲话精神，针对文物保护技术人才奇缺的实际情况，对现行的培训对象和形式进行了必要的调整，推出"馆校结合""两个倾斜""三个层次人才"的新构想。其中将"研究方向从博物馆学等文科专业向文物修复……等专业技术方面倾斜"。培养人才要求是：高层次的硕士研究生和中层次的技术骨干本科生、大专生，以及拥有文物保护技术以操作为主的技术工人。

1993年12月7日至10日，由国家文物局、中国文物学会主办，中国文物学会文物修复委员会承办的"首届全国文物修复技术研讨会"在北京中国农业博物馆召开。来自全国30个省、市、自治区的100多位代表参加了研讨会，大会共收到论文67篇，代表了现今我国馆藏文物修复、保护技术的水平。开幕式上，中国文物学会会长郑思远、国家文物局副局长马自树、文物修复委员会会长白鹤文、原国家文物局局长孙轶青、文物学会副会长罗哲文、庄敏、谢辰生，古建园林委员会会长单士元、玉器委员会会长杨伯达、文物摄影委员会会长王露、民间收藏委员会会长金枫及文物界专家学者，在京各大博物馆馆长，北京市、西安市文物局长等160余人参加。国家文物局博物处处长郑广荣同志主持，郑思远、马自树、白鹤文、孙轶青等领导同志分别讲话，国家文物局副局长马自树在会上讲到："长期以来，我国的馆藏文物科技保护和修复、复制工作者，在艰苦的条件下努力工作，抢救了大量濒临损坏的文物，为祖国优秀文化遗产做出了很大成绩。"文物修复委员会会长白鹤文同志针对目前很多文物亟待修复，文物修复人才匮乏等问题指出，文物修复事业应从人才培养上下功夫，发挥老专家的特长及宝贵经验，开展馆藏文物新技术、新材料、新工艺配方研究。参加会议代表，为从事文物科技保护、修复的老中青三代工作者，长期工作在文物保护修复工作第一线，其中有参加过秦兵马俑、铜车马修复的专家、有几十年装裱修复古书画的专家，有近年来从事过全国重大考古发现的文物修复，如四川三星堆商代遗址、江西新干商代遗址、河南三门峡西周虢国墓地、平顶山西周应国墓地出土青铜器修复的专家等。研讨会由中国历史博物馆科技部主任周保中主持，代表们就文物保护、修复技术等七个方面问题进行了广泛地交流。闭幕式上，国家文物局、中国文物学会、文物修复委员会联合向全国从事文物科技保护修复、复制工作三十年以上的同志颁发了证书。文物学会副会长罗哲文、谢辰生发表了讲话，中国文物研究所李化元同志作了学术总结，文物修复委员会常务副会长杜富全同志作了大会总结。

1994 年 10 月 5 日至 10 日，由（主办单位同第二届，以下各届均省略）湖南大学和湖南省博物馆承办的"中国第三届考古及文物化学保护学术交流会"在湖南省张家界市召开。来自全国 24 家高校、科研院所和文博单位近 40 位代表参加了会议。与会代表提交论文 40 篇，就青铜器、铁器、漆木器、石刻、壁画、古尸等各类文物的化学保护处理、保存环境、新型保护材料、文物修复材料等方面进行了交流。

1995 年 7 月 25 日至 29 日，由中国科学技术考古学会与陕西省考古研究所主办的"第四次科技考古学术讨论会"在西安召开。会议代表 71 人，香港、日本同行 9 人也参加了会议。大会收到论文 64 篇，其中有涉及文物修复与保护方面的，会议期间代表们也就古代文物的复原等问题进行了交流。

1996 年 9 月 12 日至 16 日，中国博物馆学会保管专业委员会第十届研讨会在青岛举行，会议主题："藏品修复与保护的关系"进行研讨。与会代表 40 余名，提交论文 18 篇。原国家文物局局长、中国博物馆学会理事长吕济民出席会议，并就有关文物修复在博物馆中的地位、作用、关系等问题发表了重要讲话。与会者就藏品修复与保护的关系，文物修复原则，文物修复存在问题与对策，文物修复的技术方法等方面的问题进行了研讨，取得了四个方面的共识：1. 修复工作必须以有关法律政策为准绳和依据，落实"保护为主、抢救第一"的方针。2. 文物修复目的是为了使文物延年益寿，为中华民族的文明服务。3. 忠实于原貌，"整旧如旧"。4. 文物修复要发扬传统，注重吸收先进技术和材料。

1996 年 9 月 18 日至 22 日，受主办单位委托重庆市文化局、重庆大学、大足石刻艺术博物馆承办的《中国第四届考古与文物保护化学学术交流会》在重庆和大足石刻艺术博物馆举行。来自全国文博系统、科研院所、大专院校的代表 38 名，收到论文 38 篇。会上宣读论文 27 篇，论文主题涉及青铜、漆木、纸质、彩陶、石质文物的保护，同时涉及到文物保护材料和环境对文物的影响等课题。会议在大足石刻艺术博物馆现场，对于石刻文物的保护现状和方法进行了专题研讨。

1996 年 9 月至 1998 年 8 月，中国——意大利合作，"首届文物修复培训班"在西安文物保护修复中心举办。来自陕、甘、豫、晋等省文博系统的 20 名文物工作者经考试录取，参加了为期两年的培训，在意大利老师的指导下，接受了文物保护专业知识、科学仪器使用和现代文物修复理论、方法、技能的训练。通过学习掌握了基本理论与技能，经考核均取得满意的成绩。

1997 年 4 月 1 日至 5 日，国家文物局博物馆司、中国文物学会、中国文物学会修复委员会举办的"第二届全国文物修复技术研讨会"在河南洛阳召开。参加会议的代表 60 余人，收到论文 57 篇。会议主旨为总结推广近年来文物保护、修复、复制技术的新经验，进一步发展和振兴文物修复事业。会议由修复委员会会长徐国洪同志主持，国家文物局博物馆司副司长郑广荣同志讲话，他对全国的文物保护修复工作做了分析，对人才匮乏、技术流失的现象要求各级领导引起高度重视。对于如何加强我国馆藏文物科技保护工作讲了四点意见。中国文物学会会长罗哲文先生、副会长谢辰生先生分别就我国当前的文物保护修复工作和杜绝人为破坏谈了自己的看法，对我国的传统修复工艺与西方国家的修复原则方法进行对比，认为亟须总结，继承和弘扬独具中国特色的传统工艺，在此基础上吸收和消化外国的新工艺，新材料。与会代表在修复委员会副会长周保中同志主持下，分别就瓷器、青铜器、铁器、漆木器、玻璃器、陶器等多类文物的修复、保护、及新工艺、新材料的应用成果进行了论文宣讲。会议期间许多代表就当前文物保护与修复工作问题进行了广泛讨论。

1997 年 12 月 24 日至 25 日，国家文物局在北京举行了 97 年度文物保护科技评奖和列项专家会议。专家们通过认真评选，上海的"瓷器热释光断代及真伪鉴别研究"获二等奖，广东"书画展柜空气净化过滤系统的研究"获三等奖。在申报的列项项目中评出 7 个项目作为 97 年度文保科技列项项目。它们是"徐州狮子山楚王陵出土铁铠甲的保护与复原研究"、中国文物研究所的"青铜文物倍半碳酸钠水溶液清洗机理"、河南的"用闭塞阳极模拟电池方法对青铜病腐蚀特征与防治的研究"、四川的"石质文物防风化材料研究"、敦煌的"敦煌莫高窟环境演变与石窟保护研究"以及兰州的"中国北方干燥地区出土糟朽漆木器保护研究"。

1998 年 6 月 18 日，国家文物局颁布《文物复制暂行管理办法》。

1998 年 8 月 5 日至 13 日，"全国第五届考古与文物保护化学学术交流会"在春城昆明召开。来自全国 17 个省市、自治区文博单位、大专院校、科研所的会议代表，60 多位作者提交论文 43 篇。论文涵盖考古发掘、文物遗址保护以及各种质地出土文物及馆藏文物的保护修复。与会代表交流了各自研究心得体会，西北大学宋迪生教授对十年来举办五届学术交流会作了回顾，对文物的保护修复工作取得成绩感到欣慰。

1999 年 7 月 15 日至 8 月 13 日，文物修复委员会在青岛海洋大学精细化工研究所内举办了一期"全国古陶瓷修复技术培训班"，来自全国文博单位的 20 余名学员参加了培训。上海博物馆古陶瓷修复专家、副研究员蒋道银先生主讲，学习内容分为陶器修复与瓷器修复两部分。从五个方面重点讲授瓷器修复基本技法：1. 瓷器的清洗，针对不同釉彩瓷器，所采用不同的清洗剂，及常见瓷器粘接剂的化解技术；2. 瓷器的粘接和各种粘接剂的性能和使用；3. 瓷器的补缺材料和现代常用的修补材料及方法；4. 补缺部分的做色，强调材料的重要性及注意事项；5. 上釉，介绍多种材料的配比和使用方法。蒋道银先生还分别讲授了唐三彩的修复、青花冲口的修复，及瓷器炸口、炸肚、炸底、鸡爪纹的修复等传统手工艺和现代材料修复技术。

1999 年 11 月 12 日，中山舰修复工程在武汉全面启动。修复方案为：恢复 1925 年以中山舰命名时的原貌，"整旧如旧"。工程修复将参照当年的历史照片，参考中山舰幸存者的回忆，恢复这艘名舰在 1925 年时的每一细节。

1999 年 11 月 18 日至 20 日，由中国文物学会文物修复委员会和中国书画装裱工艺学院联合主办的"中国书画装裱修复艺术研讨会"在济南市召开。来自全国各地的 70 余名书画修复人员出席会议，提交论文 24 篇。与会代表在认真总结经验和交流书画装裱艺术成果的基础上，就如何继承和弘扬中国书画装裱修复艺术、建立系统的装裱修复艺术理论、振兴和繁荣书画装裱事业、进一步开创中国书画装裱修复艺术新局面及当前书画装裱修复所面临的人才短缺和新技术的应用等问题进行了广泛深入地研讨。

1999 年底，受国家文物局委托，西北大学文博学院与陕西省文物局联合举办了"全国文物保护修复培训班"，为期一个月。学员来自全国 22 个省、市、自治区，陆寿麟、黄克忠、奚三彩、李最雄、李玉虎、吴永琪等十多位全国著名专家应邀为其授课，内容包括各类文物的保护和陶质文物保护及修复等文物保护实验。贾文熙应邀结合青铜器等文物修复实例讲述了修复技术。培训班并组织学员到发掘现场和文博单位现场教学，指导学员自己动手做金属类文物、彩绘泥塑类文物保护和陶质文物保护及修复实验。

2000 年 4 月中国文物学会文物修复委员会主办，浙江义乌市博物馆承办的"首届中国古陶瓷修复技术研讨会"在浙江省义乌市召开。

2000 年 10 月，国家文物局正式发布经修订的《文物科研项目开题及经费管理办法》、《文物科技成果鉴定办法》。

2000 年 10 月，国家文物局博物馆司汇编了《文物科学技术成果应用指南》（1981～1999）一册。该指南将获奖项目分为十一大类，简要分述每项成果的研制者、主要技术路线和实际效用。

2000 年 10 月 10 日至 11 月 25 日，国家文物局委托江西省文物局在婺源县举办了一期"全国书画装裱培训班"。特邀故宫博物院徐建华、张金英、杨泽华三位专家授课指导，全国文博系统 18

位学员，学习了书画装裱基本技法、古旧书画的修复基本技法和拓片、折扇、刺绣品的托裱等知识。

2000年10月17日至18日，"中国——意大利世界遗产保护技术研讨会"在北京召开。这次会议根据中国—意大利两国科学技术合作委员会会议协议，经科学技术部批准，由科学技术部、意大利联合国教科文组织全国委员会共同举办。会议旨在推进中意两国在文物保护技术领域的交流与合作，共同研究运用现代科学技术为保护文化遗产服务，探讨文物保护技术的发展趋势。来自全国29个文博单位64位中方代表和24名意方代表出席了会议。科技部副部长邓楠，意大利驻华大使帕罗·布鲁尼、意大利联合国教科文组织全国委员会主任土里亚·卡瑞托尼、联合国教科文组织驻华代表处主任野口升等出席会议并发表了讲话。与会的16位中方代表和11位意方代表宣读了各自的论文。论文涉及石器、陶器、金属器、竹木漆器、纺织品、书画、壁画、人骨架、土遗址、古建筑等方面的保护修复原则以及各种新技术、新材料、新工艺在具体工作中的应用。

2000年11月14日至16日，由中国文物学会修复委员会主办浙江省义乌市博物馆承办的"首届中国古陶瓷修复技术研讨会"在浙江省义乌市召开。国家文物局博物馆司副司长郑广荣、国家文物鉴定委员会常委陶瓷鉴定大师耿宝昌、浙江省文物局长鲍贤伦等和来自全国各地的代表65人出席会议提交论文39篇。与会代表对陶瓷保护、修复与新材料工艺的应用及教学等方面进行了深入研讨。

2000年11月16日至21日"全国第六届考古与文物保护化学学术交流会"在福建泉州市召开。来自20个省市，41个单位的代表77人，提交论文66篇。与会者就金属、石质、壁画、漆木、古遗址、纸质、骨质等质地文物的保护修复，以及文物保存环境、检测仪器、人员培训、科技信息等14个方面文物保护领域的问题展开讨论与交流。

2001年1月开通"中国文物保护学术交流网"（英文缩写"AECC"——Academic Exchanges On Conservation Of China）由南京博物院举办，使用WWW. Chinacov. com顶级域名在Internet上注册，是我国首家关于中国文物保护学术的专题网站。它主要介绍国内外文物保护最新技术发展，是提供文物保护学术信息、方法和交流的场所。同时也为广大基层文物保护工作者提供咨询等方面的服务。网站主页设有简体中文、繁体中文、英文3个版本。首页由中国文物保护现状概述、中国文物保护研究和教学机构、中国文物保护主要成果、会议和学术活动信息、文物保护专题、相关出版物、专业学术交流区、会员信息、重点文物保护单位游览、文物保护技术常识、有问必答、相关网站12个主要栏目组成，并有文保论坛等7个专栏。

2001年5月26日至29日，中国文物保护技术协会首届年会在苏州召开。中国文物保护技术协会理事长陆寿麟先生讲话：本次年会是在改变以往侧重专题研讨观念的前提下召开的，年会的宗旨是面向基层，讲学术交流，更侧重信息交流；扩大已有的技术成果，避免重复研究；交流研究思路，以资广大科技工作者借鉴参考，避免再走弯路，提高科研水平；通过学术活动带动新的一代，壮大科技保护队伍，提高队伍素质，把文物保护工作做得更好。

来自全国各地从事文物保护（含文护修复与古建保护）工作的代表，广泛交流经验，互相探讨。会议收到论文67篇。内容涉及金属类、竹木漆器、石刻文物、陶瓷类、古书画、丝织品、土遗址加固、文物的防虫防霉、古建筑的保护等多面。

2001年10月10日至11月10日，国家文物局博物馆司主办、河南省新乡市博物馆承办的："全国文物系统青铜器修复学习班"。首先由中国历史博物馆李先登、周宝中两位专家分别作了中国青铜器与国内外文物保护修复技术学术讲座。贾文忠、贾文熙、万俐、尤戟先生分别讲授了青铜器的修复技术与指导学员的实际修复操作。学员来自全国20多个省市，30多个文博单位，35名学员参加了为期一个月的培训。

2001年10月20日至24日，唐墓壁画国际学术研讨会在西安举行，由陕西历史博物馆主办。来自美国、英国、法国、意大利、丹麦、荷兰、日本、韩国、中国大陆和台湾地区以及联合国教科文组织下属的世界文化遗产保护中心的96位代表济济一堂，正在与秦俑博物馆和陕西省考古所合作进行文物保护研究的 7 位德国专家也列席了会议，此次会议分"唐墓壁画的历史文化价值"、"唐墓壁画艺术及在艺术史中的地位"和"墓葬壁画及彩绘科学保护"三个专题进行了热烈的研讨和交流。此次会议举办的极为成功，是一次高规格、高水平的学术会议，对唐墓壁画的研究和保护具有重要的推动作用。

2001 年 11 月，联合国教科文组织利用日本信托基金资金 125 万美元，龙门石窟保护工程第一期工程 62.4 万美元签字。一期工程（2002 年 1 月至 2005 年 2 月）主要为石窟测绘、地质调查工作。目的是掌握龙门石窟风化和老化的原因，建立基础的资料，研究防治对策。为保护工程设计、文物考察研究提供科学依据及完整的档案资料。

2001 年 11 月 23 日至 24 日，国家文物局在西安组织召开"秦俑彩绘保护技术研究"成果鉴定会，与会专家认真听取和审查了项目的工作与技术报告，并进行了实地考察。经过充分讨论，专家们一致认为：秦俑彩绘保护技术科技含量高，技术资料齐全，数据详实可靠，其成果易于推广应用，社会效益和经济效益显著，其以生漆为底层的彩绘陶质文物保护，达到国际领先水平。解决了考古发掘现场秦俑彩绘的保护问题。

2001 年底，经国家文物局推荐，科技部评审出文物系统 10 项科技成果为国家"九五"重大科技成果。分别为：①青铜文物保护新技术的研究，完成单位：南京博物院、南京化工大学；②长效防霉防蛀装裱粘合剂的研究，完成单位：浙江省博物馆、浙江舞台电子技术研究所；③东周铜兵器菱形纹饰技术研究，完成单位：上海博物馆、上海材料研究所；④吴国青铜器综合研究，完成单位：镇江博物馆、中国科学院自然科学史研究所；⑤严重朽蚀饱水竹简的真空冷冻干燥研究，完成单位：上海博物馆；⑥古代土建筑遗址的加固研究，完成单位：敦煌研究院、兰州大学、新疆自治区博物馆；⑦书画展柜空气净化过滤系统的研究，广东省博物馆、广州半导体材料研究所；⑧瓷器热释光断代及其真伪鉴别研究，完成单位：上海博物馆；⑨新型文物古建筑白蚁防治剂研究，南京博物院、滁州市白蚁防治研究所；⑩应用磁法勘探地下文物研究，完成单位：安徽省滁州市文物保护科学技术研究所、安徽省文物考古研究所。

2002 年 1 月，《文物事业"十五"发展规划和 2015 年远景目标纲要》公布。纲要共分七部分，一、序言；二、"九五"期间文物事业发展现状和存在的问题；三、基本指导方针和原则；四、总体发展战略；五、事业发展的重点项目及指标；六、重点加强的基础工作；七、保障规划实施的法律和政策措施。规划中将文物保护科技工作作为第六部分的重点加强的基础工作。其中：（一）地面文物保护，（二）大遗址保护和考古，（三）社会文物管理，（四）博物馆管理，（五）文物科技管理，（六）事业教育培训，（七）文博信息化工程。

2002 年 2 月 5 日，山西省政府与国家文物局在太原联合召开了"大同云冈石窟防渗保护工作会议"。3 月 9 日，在大同召开了第一次专家顾问组会议，3 月 10 日下午召开工程管理委员会第二次会议。届时"云冈石窟防水保护工程"全面启动。（由国家文物局和山西省政府组织的云冈石窟防水保护工程管理委员会于 2001 年 6 月成立，随后成立了由多位全国知名专家组成的专家委员会。经招投标，建设部综合勘察研究设计院承担了云冈石窟防水保护工程设计工作。设计单位经岩土工程勘察，重点查明石窟风化的病害原因与渗水机制，向工程管委会提交了勘察报告，于 2004 年 6 月 8 日通过专家评审验收。）

2002 年 7 月 3 日至 4 日，中国文物保护技术协会第四次代表大会在西安召开。会议讨论并通过了《中国文物保体护技术协会章程（修改草案）》，按章程选举产生新的理事会领导成员及理事。该协会成立 23 年来，在国家文物局和中国科协的领导下，团结全国文物保护科技工作者，组织参与科研成果的鉴定、论证和推广，通过大量科研实践，较好地完成一批批高质量的文物保护科研项目。与会代表提出，今后协会要继续努力争取国家文物局的更多支持，通过开展多种形式的科学技术活动，加强自然科学与社会科学之间的联系，促进广大文物保护科技工作者之间的联系，交流经验，沟通信息，提高科技水平，充分发挥科研成果在文物保护中的作用。

2002 年 7 月 6 日至 8 日，中国文物保护协会第二届学术年会在西安召开。会议以"新形势下文物科技可持续发展战略"及文物保护如何贯彻"保护为主，抢救第一"的方针为主题。到会代表144人，提交学术论文107篇。内容涉及古遗址、古建筑、金属类、石质类、木构件、纺织品、古籍、壁画等文物的保护及新材料的研究与应用、对文物保护中存在问题的思考诸多方面。

2002年7月20日至23日，"第三届全国文物修复技术研讨会"在广州召开。来自全国文博单位从事文物修复的科技人员与老专家及港澳同仁60余人到会。国家文物局为研讨会发来了贺电，中国文物学会会长罗哲文到会讲话。研讨会共收的论文67篇，包括金属器、陶瓷器、纺织器、竹木器、家具、古籍、壁画及文物修复目前现状与改革方向、资格证书及师承制等文物修复领域的技术工作。所有到会的代表均可以在大会上宣讲论文要点和技术创新的经验介绍与代表们展开讨论。

2002年8月3日至10日，"全国第七届考古与文物保护化学学术交流会"在成都召开。来自13个省市及台湾的代表70余位到位。43位代表在交流会上发言，论文围绕金属器、陶瓷器、纺织器、石质文物、壁画、古建筑、土遗址、文物的保存环境、保护材料的应用与选择等方面存在的问题展开了热烈的讨论。会议期间，与会代表参观了成都商业街的金沙遗址，对遗址出土的骨质文物和船棺遗址出土的木质文物的保护问题展开专题研讨。

2002年9月，在秦兵马俑博物馆，中比签署了合作协议，由比利时杨森制药有限公司投资在秦俑馆建成一座高水平，具有先进仪器设备的防微生物危害实验室。合作实验室承担了国家文物局科研项目《秦俑土遗址及相关文物的防霉保护》，使秦兵马俑坑遗址霉害得到有效治理，并推广应用于相关遗址的霉害治理等工作，该项目2005年获得国家文物局科技创新二等奖。

2002年11月24日至12月10日，国家文物局主办、湖北省荆州博物馆承办的"全国漆木器保护培训班"在湖北荆州市举办。培训班由荆州博物馆吴顺清、方北松，南京博物院奚三彩，浙江博物馆卢衡，中国文物研究所胡继高、赵桂芳，武汉大学张光亮等专家、学者主讲。来自全国各

省市的30多名文物工作者参加了学习。各位专家讲授了有关漆木器现场保护、脱水、修复、日常保管的全过程，同步录像以作资料保存。在学习期间，还组织学员参观了纪南城考古发掘现场，荆州博物馆漆木器保护实验室等。通过学习使学员们对漆木器保护方法有了一个总体的认识，对漆木器保护现状及未来发展方向等有了更深入的了解。

2002年10月28日，第九届全国人民代表大会常务委员会第三十次会议通过《中华人民共和国文物保护法》，同年12月3日公布实施。

2003年5月26日，经国家文物局第18次局长办公会议审议通过的《文物保护工程勘察设计资质管理办法（试行）》、《文物保护工程施工资质管理办理办法（试行）》，于同年7月2日发布施行。

2003年7月1日《中华人民共和国文物保护法实施条例》开始实施。

2003年8月8日，经国家文物局26次局长办公会议审议通过的《文物保护科学和技术研究课题管理办法》，同年10月3日发布施行。

2003年10月15日至11月15日，国家文物局主办"全国瓷器修复培训班"在江西景德镇举办，原计划招生45人，开学时，来自全国文博系统的学员有70多名。由此不难看出，一方面文物修复工作逐渐向好的方向，越来越受各级领导的重视出，另一方面也看出瓷器修复人员的紧缺。

2004年6月，中国文物保护第三届学术年会在杭州召开。

2004年6月28日至7月3日，丝绸之路古遗址保护——第二届石窟遗址保护国际学术讨论会在敦煌莫高窟隆重举行。会议举行了17场大会报告，分十个专题：（1）遗址保护的国际合作；（2）历史的记录；（3）政策与准则（2场）（4）敦煌研究院与盖蒂保护研究所保护85窟合作项目专题；（5）规划与管理；（6）保护：文献记录的技术；（7）研究与应用（5场）；（8）土遗址加固与稳定；（9）分析的结果；（10）壁画的制作材料和技术。共有81篇论文在大会上交流，其中主题报告7篇。由敦煌研究院和美国盖蒂保护研究所联合举办的这次国际学术讨论会是一次国际文物保护领域的高层次高水平的会议。会议的主题是庆

祝敦煌研究院建院六十周年、广泛交流遗址保护和管理方面的研究成果，总结 15 年来敦煌研究院和美国盖蒂保护所合作保护石窟的工作。会议共收到论文 100 多篇，有 80 多位中外代表在会上宣读了各自的最新研究成果。

2004 年 7 月 8 日，受科技部委托，国家文物局组织专家对由中国文物研究所承担的"出土竹木漆器规模化脱水保护研究"项目结项验收。这一课题属科技部公益经科研课题，2001 年正式立项。课题研究的重点是脱水与规模化保护研究，基本完成了对湖北等 4 个省市出土的饱水竹木漆器保存状况的调研工作，对竹木漆器文物存放环境做了初步研究；对饱水竹木漆器脱水技术和方法进行了初步探索，经真空冷冻干燥技术脱水的饱水木器达到了课题立项合同书要求；对真空干燥机的真空测量系统进行了改进和完善；对真空冷冻干燥中的关键参数—共晶点进行了探索和测量。该项目经专家委员会评审后，原则同意通过验收。

2004 年 7 月 11 日至 13 日，由中国文物保护技术协会释光与电子自旋共振测定年代专业委员会主办的第九次释光与电子自旋共振测定年代学术讨论会在兰州召开。这次讨论会由中国地震局地质研究所地震动力学国家重点实验室、中国科学院寒区旱区环境与工程研究所和中国第四纪科学委员会干旱区环境专业委员会共同承办。来自内地和香港的大学、中国科学院及部委研究所和文博系统共 32 个单位 68 位专家、学者出席了讨论会。这次讨论会的论文根据内容分为 5 类：第一类是光释光测定年代；第二类是电子自旋共振测定年代；第三类是热释光测定年代；第四类是 TL 和 ESR 剂量计的研制和剂量率的测定；第五类是释光仪器的研制。

2004 年 7 月 23 日，国家文物局公布《国家文物局文物保护科学和技术创新奖励办法》（试行）。

2004 年 8 月 2 日至 3 日，中国科学技术史学会第七届全国代表大会在哈尔滨市召开。来自全国各地的 60 余名代表参加会议。大会通过了"在科学发展观指导下开创我国科学技术史研究新局面"的工作报告、学会章程修改议案和财务工作报告。

2004 年 8 月 28 日，中意合作文物保护修复培训项目洛阳实习基地开学典礼在洛阳举行。中意合作文物保护修复培训项目是我国与意大利政府在文化遗产领域进行政府间交流与合作的一项重要活动，由意大利非洲和东方研究院及维特乐保图思雅大学与中国文物研究所合作实施，旨在通过双方共同开展的文化保护领域教育培训和合作交流，提高我国文物保护修复领域的技术水平。

按照中意双方专家制定的培训计划，整个培训为期 7 个月，分 2 个阶段进行，2 ~ 5 月份已经在北京完成了公共和专业领域的培训，从 8 月 28 日开始在洛阳龙门石窟、山陕会馆、隋唐洛阳城南市遗址 3 个实习场地开展现场教学实习，同时采取一边教学、一边现场指导施工的方式，有计划地对部分石窟、古建筑和考古发掘工地实施抢救修缮保护。

2004 年 9 月 9 日至 18 日，由国家文物局主办，委托中国农业博物馆承办的"馆藏古代家具保养修复培训班"在京举办。国家文物局人事司长候菊坤参加了开学典礼并讲活。来自全国各地文博单位的 30 多位从事古代家具修复的专业工作者参加学习。此次培训邀请古代家具鉴定和修复方面的知名专家讲授有关古代家具的发展历史、修复的基础知识、用材与鉴定、现代的修复理念和实践，同时组织学员参观古典家具陈列，以使学员对中国古代家具的用材、样式、鉴定、保养、修复等各环节都有所了解。

2004 年 9 月 24 日，2004 年度首届文物保护科学和技术创新奖获奖名单揭晓。此前由国家文物局专家评审委员会对参评项目经过评审后向国家文物局提交获奖推荐名单。在国家文物局"科技平台"、中国文物报、中国文物信息网上（9 月 5 日至 15 日）公示后，国家文物局确定的获奖项目，"前剂量饱和指数法测定瓷器热释光年代"等项目被评为创新奖一等奖，"敦煌莫高窟第 85 窟保护修复研究"等项目被评为创新二等奖。

2004 年 10 月 10 日至 12 日，"全国第七届科技考古学术讨论会"在长春市召开。来自全国各地，包括香港、台湾的近百名科技考古专家、考古学家和研究生等参加了会议。会议交流的论文约 70 篇，内容涉及考古年代学、考古勘探、环境考古、陶瓷考古、人类学、生物考古、农业考古、边疆考古、文物研究和文物保护等，这些论文较为全面地反映了我国学者在科技考古领域所取得成果，从一个侧面体现了我国科技考古学科的欣欣向荣景象。

2004年11月16日至19日，"全国第八届考古与文物保护化学学术会议"在广州市召开。来自全国各地，包括香港、澳门的近百名文物保护修复专家、科技考古专家、考古学家和研究生等参加了会议。会议交流的论文约70篇，内容涉及骨质文物、陶瓷文物、丝织品文物、书画的保护与修复；并对环境与文物等方法的问题进行了深入研究。这些论文较为全面地反映了近年我国学者在文物保护修复方面所取得成果。大会特邀陕西省档案研究工作所所长李玉虎研究员、吉林大学文学院副院长朱泓教授、中国科学院研究生院王昌燧教授分别作了古代壁画、彩绘褪色的恢复研究；中国边疆汉代后人骨的研究；科技考古的现状及发展的报告，受到了与会代表们的热烈欢迎。

2004年11月28日至29日，中国文物学会修复专业委员会第三届代表大会暨第四次文物修复研讨会在北京中国农业博物馆举行。大会经过讨论，修改了专业委员会章程，大会选举产生了新的领导机构，王汝锋当选新一届专业委员会会长。第四次全国文物修复技术研讨会的内容涉及传统文物修复技艺的继承与发展；现代科学技术在文物修复工作中的运用及初步经验总结；文物修复与市场的关系；文物修复在博物馆工作中的地位和作用。

2005年1月，河南少林寺千佛殿明代五百罗汉、白衣殿清代少林拳谱和初祖庵清代27祖彩色壁画修复加固保护工程完工。三处壁画面积达469平方米，从参禅、武术方面反映了少林寺禅、武发展史的壁画，因气候变化和年久失修，大部分壁画出现起甲、空鼓、颜料层粉化、裂缝等病害。由敦煌研究院壁画修复人员对少林寺三处壁画进行修复保护处理，历时一年修复工程完工。

2005年1月20日，云冈石窟防水保护工程顶部防水设计方案评审会在北京召开。来自地质、水利、文物保护、石窟保护、石窟考古等方面18位专家参加了评审。专家们在听取设计单位的设计汇报后，经过质询、研究和讨论，认为设计前期进行了大量的调研、试验与研究工作，窟顶防渗治理设计内容丰富、全面、有针对性，基本合理。考虑到文物保护的特殊性，专家们提出了改进意见和设计推荐方案，并建议文物部门配合设计单位对工程范围内历史遗迹进行调研、评估，和相应措施。

2005年3月，联合国教科文组织利用"遗产保存日本信托基金"实施无偿援助，龙门石窟修复保护二期工程启动。主要是专家选定了能代表洞窟低、中、高位置，位于南、中、北区域的3个洞窟（西山石窟北部的潜溪寺、中路的皇甫公窟和南部的路洞），进行保护修复实验。并完成龙门石窟环境病害数据资料库的建立、洞窟防渗漏灌浆试验、实验洞窟的保护修复基本设计方案和详细设计方案的编写等工作。

2005年7月6日至7日，"传统装裱技术研讨会"在北京故宫博物院召开。本次研讨会的主题是庆祝故宫博物院成立80周年，探讨书画类文物保护原则和方法，交流科学研究和技术成果，总结经验教训，提高古书画装裱（包括古籍类）以及古建筑裱糊工艺科学技术水平。会议讨论了传统装裱技术与现代科技的关系，强调了对传统技术进行科学认知的重要性，让两者更紧密地结合在一起。

2005年7月26日，由大同市人民政府主办，大同市文物局、山西云冈石窟文物研究所承办的"2005云冈国际学术研讨会"在大同召开。这是考古研究和文物保护互相结合的一次研讨会，显示了多学科的合作攻关趋势。会议收到石窟考古研究论文96篇、石窟保护研究论文70多篇，与会约330位代表。专家学者们共同研讨了世界文化遗产云冈石窟的保护研究与发展。会议分石窟保护研究、石窟历史考古研究、石窟艺术3个主题，与会代表就文物保护理念、保存环境、现状调查、病害机理、监测分析、保护材料、遗产的保存利用与合作、石窟遗址的科学管理等方面展开了会上会下的探讨与交流。

2005年7月30日，云冈石窟顶部防水设计方案通过专家评审论证。该方案为一次设计，分步实施，重点突出；以排为主，防、排结合，疏、堵结合；防渗治理的景观协调性、系统性、可持续改进及依法设计与治理设计的原则。

2005年10月8日，由敦煌研究工作院、美国盖蒂保护研究所、英国伦敦大学考陶尔德艺术学院、兰州大学联合举办的"壁画保护研究生班"开班典礼在敦煌莫高窟隆重举行。6 名英国伦敦大学考陶尔德艺术学院壁画保护系的硕士研究生和 8 名兰州大学、敦煌研究院的学生成为壁画保护研究生班的首批学员。中外合办的"壁画保护研究班"为期 3 年，英国考陶尔德艺术学院壁画保护系的硕士研究生每年来敦煌一次，莫高窟北魏第 260 窟被选为该合作项目洞窟，供研究生班的师生现场授课、学习和进行保护。这次的研究生课程包括壁画保护理论、壁画价值评估方法、壁画的调查分析与评估方法、壁画制作材料与工艺、保护现场实践等五项内容，采用课堂授课与现场实习操作相结合的方式。

2005 年 10 月 17 日至 21 日，国际古迹遗址理事会第 15 届大会在西安召开，来自世界 86 个国家和地区的 1000 余名专家代表参加了这次大会。大会通过并颁布了《西安宣言》。这是一部国际文化遗产保护工作的纲领性文件。标志着国际文化遗产保护已经从对文物本体的保护转向对文物及其周边环境的共同保护，同时也表明中华文化理念已进入世界现代文化多样性中不可缺的地位，具有重大的现实意义和深远的历史意义。

2005 年 10 月 17 日至 24 日，湖北省文物局三峡库区文物修复、保管人员培训班在武汉举办。来自三峡工程湖北库区、南水北调中线工程丹江口水库湖北淹没区以及引江济汉工程沿线的各市、县博物馆（文管所）30 余名学员参加了培训学习。培训班邀请国务院三建委办公室规划司领导作了三峡工程文物保护管理的讲座，省博物馆专家作了博物馆藏品管理与保护、文物修复与保护等课程系统讲授，武汉大学教授作了大型水利工程与文物保护的专题讲座，厅、局领导、三峡办负责人作了有关三峡湖北库区文物保护成果与管理的讲座。

2005 年 11 月 7 日至 11 日，中国文物保护技术协会第四次学术年会在湖北荆州召开。与会代表分为"文物修复与古建修缮"、"文物保护研究" 2 组，就生物技术在文物保护中的研究，出土文物与馆藏文物的保护与修复研究，古建筑、石窟寺等室外文物保护单位的修缮与保护研究，古建筑修缮中传统工艺与现代科学技术的结合及新材料、新工艺和保护技术的研究，文物的科学技术研究与实验室（科技）考古等方面的文物保护和文物保护科技成果进行了展示和学术研讨。

2005 年 12 月历时近三年的，由中国文物研究所具体承担的财政部"全国馆藏文物腐蚀损失调查项目"基本完成。调查共收到全国 2803 个国有文物收藏单位提交的调查表 11 万份，每张表格平均 70 个数据，涉及 7 大类不同材质的馆藏文物 1400 余万件，其中馆藏珍贵文物近 30 万件。基本摸清了全国国有文物收藏单位馆藏文物及其腐蚀现状。调查制定的《馆藏文物病害类型和腐蚀程度分级标准》，按照馆藏文物材质属性和状况，应用模糊数学原理制订了濒危、重度腐蚀、中度腐蚀、基本完好的分级标准和表述方法。首次将文物经济价值观念及测算方法引入馆藏文物管理领域，完成了馆藏文物及其腐蚀损失经济价值估算的数学模型的设计研发；研发了统计功能强大的馆藏文物腐蚀损失数据库，建立了动态管理馆藏文物腐蚀损失变化的长效机制。

2005 年 12 月 8 日，历时 10 个月的"北京中国文物研究所文物保护和修复培训项目"高级培训班结业。该项目由意大利外交部援助，中国文物研究所、意大利非洲东方研究所和图西雅大学承担。培训分 2 个阶段：第一阶段（2~5 月）在北京，同时开办了 4 个专业理论培训班，涉及领域有：陶瓷与金属、石质、古建筑以及考古遗址的保护。第 2 阶段的教学自 8 月 28 日起在河南省洛阳市进行，在洛阳市文物局的协助下在 3 个基地进行实习。

2005 年 12 月 14 日，"长乐显应泥塑群科技保护论证会"在福建省长乐市召开。参加论证专家通过现场考察，听取专题汇报和认真研讨，认为所采用的弹性硅酸乙酯和长链烷基三甲氧基硅烷等为主体的复合有机硅渗透加固泥塑胎体土质，对泥塑本身起到了切实可行的加固保护作用，可以推广应用。

2005 年 12 月 22 日，文化部部务会议审议通过《博物馆管理办法》发布，自 2006 年 1 月 1 日起施行。

2006 年 2 月 20 日，中德文物保护会议在西安召开。会上四川安岳石刻被列入中德文物保护合作项目。22 日至 23 日，德国巴伐利亚州文物局局长格莱珀教授及石质文物保护专家，在中国文物研究所中德项目中方负责人王金华等陪同下，实地考察了四川安岳石刻毗卢洞、华严洞、圆觉洞石窟。专家们认真查看了3处石窟的地质、石质、水文、环境、彩绘及病害险情，详细了解历史沿革及文物保护现状等情况。此次中德合作保护安岳石刻，将选择一处石窟，用3年时间完成潮湿环境下的石窟风化机理研究，水害治理、危岩加固、彩绘分析、石窟考古、出版文集等工作。考察工作后，安岳文物主管部门与德方将规划项目，按法定程序逐级报审。

2006年4月9日，"2006年全国青铜器鉴定与修复技术培训班"在中国农业博物馆开班。这是中国博物馆学会和中国文物修复专业委员会联合主办的专题培训班。

2006年4月21日，中德文物保护科技合作成果展在德国西部城市波恩拉开序幕，200多件秦汉唐时代的文物与德国观众见面。这次展览是对中德两国文物考古部门开展合作15年来的总结，其主要目的是为了德国观众了解中德文物保护科技合作的重要成果，了解辉煌灿烂的中国古代文明。展览期间还举办文物保护和修复方面的研讨会。

2006年5月27日至28日，由中国科学院自然科学史研究所/中国科学院传统工艺与文物科技研究中心、中国文物研究所及日本国宝修理装潢师联盟共同主办的首届东亚纸张保护研讨会在北京举行，来自日本、韩国及国内的专家共200余人参加了会议。国家文物局副局长童明康、日本驻华大使馆公使井出敬二、联合国教科文组织北京代表处代表青岛泰之等出席了开幕式。本次会议的主题是纸质文物的保护与修复，旨在探讨问题，寻求将传统工艺与现代技术相结合的保护途径，交流新的研究成果，推动东亚地区的学术合作。

2006年6月，《中国文物古迹保护准则》研讨班在世界文化遗产地敦煌莫高窟召开。美国盖蒂保护所的内维尔·阿格纽等6名专家，澳大利亚国家遗产委员会前任执行主席、现环境与遗产部莎伦·萨丽雯、资深保护官员克斯蒂·奥腾伯格，国家文物局有关人员和部分文物古迹保护专家共30多人参加了研讨班。

这是从1997年开始，由国际古迹遗址理事会中国国家委员会组织，并与美国GCI、澳大利亚国家遗产委员会合作进行，制定、编写《中国文物古迹保护准则》。国际古迹遗址理事会中国国家委员会于2000年10月在承德正式通过了《中国文物古迹保护准则》。准则在制定编写过程中，以敦煌莫高窟和承德避暑山庄作为该准则指导下的保护试点加以推广示范。本次研讨会在美国盖蒂基金会的支持下由国家文物局和国际古迹遗址理事会中国国家委员会举办。

2006年5月27至28日，首届东亚纸张保护学术研讨会在京召开。由中国科学院自然科学史研究所、中国科学院传统工艺与文物科技研究中心、中国文物研究所及日本国宝修理装潢师联盟共同主办的。来自国内、日本、韩国的专家共200余人参加了会议。东亚各国有着共同和近似的文化传统和书法、绘画与印刷渊源，有着丰富的纸质文物收藏，各国在不同程度上都面临着纸质文物的保护的问题，如虫蛀、霉变和酸化退质等。本次会议的主题是纸质文物的保护与修复，旨在探讨问题，寻求将传统工艺与现代技术相结合的保护途径，交流新的研究成果，推动东亚地区的学术合作。会议有关专家针对"纸张保护"、"造纸史与古纸修复"等议题做出专题学术报告，内容涉及中、日、韩纸张保护与修复的历史及传统工艺、纸张科学分析的最新进展、模板印刷技术及数据画像技术在大量修复文书中的应用及修复技术人员的培养等方面。

2006年6月20日，具备国内一流文物保护、修复、科研的办公实验大楼，中国国家博物馆文物保护中心落成。该中心总建筑面积约8000平方米，地下1层，地上5层。

2006年6月27日，中国古迹遗址保护协会石窟专业委员会在洛阳举行。石窟专业委员会主要开展以下工作：积极参加中国古迹遗址保护协会的有关活动，大力开展石窟文物保护的交流与合作；设立专业小组，开展小组成员间的学术交流与合作，共享优势资源；征集、整理并出版专业小组的学术成果，出版保护研究等方面的专题刊物；利用石窟专业委员会这一平台，积极开展石窟保护机构与相关科研院所的合作，实现文物保护与科学技术发展双赢；加强与国际石迹遗址理事会石刻保护组织的联系，扩大我国石窟保护技术的国际影响力；不定期举办讲座和培训，邀请国内外文物保护研究领域的资深专家学者进行授课，开展专业咨询、理论知识和实践方面的培训。

2006 年 8 月，经国家标准化管理委员会批准，"全国文物保护标准化技术委员会"正式成立。该委员会编号为 SAC/TC289，英文名称为 National Technical Committee 289 on Cultural Heritage of Standardization Administration of China。该委员会的专业范围是负责不可移动文物、可移动文物、文物调查与考古发掘、文物保护、博物馆及其信息化和信息建设领域国家标准制修订工作。委员会由 38 名委员组成，张柏任主任委员，宋新潮、张廷皓任副主任委员，罗静任委员兼秘书长。秘书处设在中国文物研究所。

该委员会主要职能和任务是：遵循国家有关方针、政策，向国家文物局提出文物保护标准化工作方针、政策和技术措施的建议；按照国家制定、修订标准的原则，以及采用国际标准和国外先进标准的方针，负责制定文物保护标准体系框架；提出制定、修订本领域国家标准和行业标准的规划及年度计划的建议；根据国家标准化管理委员会和国家文物局批准的计划，组织制定、修订本领域的国家标准和行业标准；组织本领域国家标准和行业标准草案的审定工作，并与社会各相关单位协调，提出审查结论意见，负责标准涉及的技术问题；受国家文物局委托制定文化遗产保护领域安全质量认证制度，对在本领域内从事文物保护技术、材料、产品发明、生产和应用的单位进行安全质量资格认证单位的推荐和确认等范围的相关事宜。

2006 年 8 月 7 日，经文化部 7 月 3 日部务会议审议通过的《古人类化石和古脊椎动物化石保护管理办法》公布实施。

2006 年 8 月 11 日，历时三个月，2006 年度"中日韩合作开展丝绸之路沿线文物保护修复技术人员培训计划"工作，在中国文物研究所圆满结束。该计划是国家文物局与日本财团法人文化财保护艺术助成团于年初共同确定的，由三星公司（中、日、韩三方）提供赞助，中国文物研究所与日本独立行政法人文化财研究所东京文化财研究所共同负责此计划的执行。这一培养计划共 5 年，期间完成对丝绸之路沿线的 6 省百名文物保护修

复技术人员的专业培训。专业设置上，主要有土遗址、古建筑保护、考古发掘现场保护，馆藏纺织品、纸张书画、陶瓷、金属文物保护修复，博物馆技术等 8 个方面的培训。首批 30 多位文博工作者，分别参加了土遗址保护，金属、陶瓷文物保护修复的专业培训。

2006 年 9 月 23 日至 25 日，第 5 届全国文物修复技术研讨会在景德镇召开。来自全国各地文博单位的文物修复工作者近百人到会，国家文物局博物馆司发来贺信。研讨会的内容涉及传统文物修复技艺的继承与发展；现代科学技术在文物修复工作中的运用及初步经验总结；文物修复与市场的关系；文物修复在博物馆工作中的地位和作用等。

2006 年 10 月 17 日，在秦兵马俑博物馆，中比签署文物保护第 2 期科技合作研究项目协议。该项目由杨森制药有限公司与秦始皇兵马俑博物馆联合开展的"中比文物保护第 2 期科技合作研究项目"。合作双方希望通过此项目设立秦兵马俑—保罗杨森文物保护研究基金会、秦兵马俑—保罗杨森文物保护成果奖，在文物材质研究、文物环境研究、文物防治微生物和文物修复研究方面建成设备先进、可实施有效保护的秦兵马俑—保罗杨森博士文物保护研究中心。

2006 年 10 月 23 日至 28 日，全国第八届科技考古学术讨论会、全国第九届考古与文物保护化学学术研讨会在西安西北大学召开。来自全国 22 个省市自治区和港澳台以及国外学者、专家 170 余人参加了此次学术讨论会。会议从来稿中筛选出 164 篇研究论文，正式出版了《文物保护与科学考古》一书。内容涵盖了科技考古中的断代测年，冶金考古、陶瓷、玻璃和玉器考古、环境考古；以及文物保护领域金属类文物、陶瓷、骨质文物、漆木竹器、纸质、壁画、石质、纺织品等各类文物的保护，包括测年方法、成分分析、古代工艺研究、腐蚀原因及机理研究、保护与修复方法的探讨、新材料及高新技术应用的最新成果。

2006 年 11 月 13 日，国家文物局局长单霁翔与意大利副总理兼外长达莱马在京就建立中意文化遗产中心合作项目进行磋商。

2006 年 11 月 23 日中意合作修复唐墓壁画交流会在陕西历史博物馆召开。中意文物保护专家

交流展示了唐墓壁画保护修复取得的阶段性成果，共同探讨唐墓壁画科技保护和修复领域的相关技术课题。

2006 年 11 月 14 日，文化部部务会议审议通过了《世界文化遗产保护管理办法》公布实施。

2006 年 12 月，重庆大足石刻将对千手观音百年首次进行整容。国内 20 多位文物保护、地质、水处理、材料学等知名专家云集，对患病严重的千手观音造像进行全方位进行了"体检"、"会诊"。采用激光三维扫描等技术，找出"患病"原因，为千手观音对症"下药"提出治理方案。千手观音造像在经历 800 多年的自然力和人类活动的作用下，出现了渗水、岩体风化、雕刻品断裂垮落、金箔变色、起翘、剥落等病害。通过检测发现，该造像保护工程难度大，技术要求高，预计整个工程需耗时的 5 年，资金上千万元。

2007 年 1 月 19 日，国务院办公厅发布《关于进一步加强古籍保护工作的意见》。

2007 年 1 月 19 日由中央美术学院造型学院油画系及德国贝罗修复科技有限公司合办"绘画修复材料设备技术应用德国高级培训班"开班。此次培训课程的导师是来自德国的资深修复专家，参加培训的 20 名学员分别来自北京、辽宁、上海、南京、广东及澳门等地的相关文博单位以及部分从事油画或中国书画类文物修复个人。此次培训班的课程主要围绕油画修复与纸本绘画修复上所应用到的专业仪器操作，以及修复方法、技术原理等，进行理论结合实际的讲授。

2007 年 4 月 2 日，中意合作文物保护修复培训二期项目开学典礼暨中意文化遗产保护合作项目 20 年成果展在中国文物研究所举行。意大利驻华大使谢飒先生、国家文物局副局长张柏出席典礼并讲话。出席典礼的还有意大利外交部及项目执行机构代表团，多国家驻华使馆文化官员和全国人大教科文卫委员会，商务部，财政部，UNESCO 北京办事处，国家文物局及直属单位的领导和代表等 150 余人。

举办中意合作文物保护与修复二期培训项目是中意两国政府已经合作完成的一期项目的有效延续，是中华人民共和国和意大利共和国在文化领域进行政府间交流与合作的又一重要成果。2004 年，意大利外交部与中国商务部合作，在中

国文物研究所创办了中意合作文物保护与修复培训中心，这是一个致力于培养文物保护与修复人才并负责协调该领域内所有培训项目的新部门。近年来，这个中心已取得了显著的成果，2004 年来自全国 23 个省、自治区和直辖市的 67 名学员在这里接受培训，提高了专业水平。此外，两年来该中心还受商务部、国家文物局的委托在理论、方法论、技术应用、管理策略等方面开设了一系列重要的培训课程，培训中国、非洲和亚洲的文物保护人员，同时还与日本文化财研究所合作培养计划。对于中意合作文物保护修复培训（二期）项目，意大利外交部发展合作司通过无偿援助方式，提供约 99 万欧元作为设备购置、人员培训等方面的经费；中华人民共和国商务部、财政部、国家文物局及中国文物研究所从财力、物力、人力等方面为项目的实施提供了保障，投入 990 万元人民币作为项目配套资金，并提供了近 1000 平方米的教学实践场地。

项目的执行计划是由意大利和中国专家合作制订，整个培训计划分为两个阶段：

第一阶段（2007 年 4 月 2 日至 7 月 31 日）：在北京的中国文物研究所进行，为期 4 个月。在此期间同时启动 4 个专业理论和实践课程，所涉及的领域有纺织物、纸张、壁画和古代建筑修复及历史遗址保护规划等；第二阶段（2007 年 9 月 1 日至 11 月 31 日）：古代纺织物保护与修复、纸质文物保护与修复，壁画保护与修复和古代建筑及历史遗址保护规划实习培训分别在专业修复实验室、北京及河北实习基地进行，为期 3 个月。培训的最后阶段计划进行宣传和推广活动，将印制一系列的出版物，总结所使用的方法和取得的成果，同时还将利用中国文物研究所提供的技术资源制作一部教学纪录片，举办总结性研讨会，届时将邀请文物保护领域的其他专家们参加这一活动。

项目期间有来自于全国的 22 个省、自治区、直辖市经过遴选的 60 名学员参加培训，计划的第一阶段将有来自相关领域权威机构的 19 位意大利专家和 28 位中国教师执教。意大利教师所属权威机构有：中央文物修复研究所，中央书籍病理学研究所，拉齐奥大区文化遗产局，威尼托艺术历史遗产局，科学委员会帕多瓦研究所，罗马大学，

罗马三大，博洛尼亚大学等。中国教师所属权威机构有：中国文物研究所，联合国教科文组织北京办事处，中国艺术研究院，北京国家图书馆，故宫博物院，陕西历史博物馆，敦煌石窟研究院，南京博物院、内蒙古博物馆，杭州中国丝绸博物馆，中国社会科学院考古研究所，上海复旦大学，清华大学，北京大学和天津大学等。

2007年4月9日，国家文物局颁布《可移动文物修复资质管理办法》（试行）。

2007年4月国家文物局颁布《可移动文物保护技术保护设计资质管理办法》（试行）。

2007年4月25日，由科技部、国家文物局共同组织的"文化遗产保护领域国家科技支撑计划课题启动"实施大会在北京召开。国家文物局局长单霁翔出席会议并讲话。科技部、文化部、教育部、中国科学院等相关部门领导，以及文化遗产保护领域国家科技支撑计划各课题负责人，各课题承担单位所在地区科技和文物主管部门的有关同志参加了会议。

在科技部的大力支持下，"十一五"开局之年，由国家文物局提出"文化遗产关键技术研究"、"大遗址保护关键技术研究与开发"、"古代建筑保护技术改及传统工艺科学化研究"和"中华文明探源工程（二）"项目，被列入首批启动的国家支撑计划重点项目，共启动"空间信息技术在大遗址保护中的应用研究"（以京杭大运河为例）、"中国文明起源与早期发展阶段的经济技术研究"、"土遗址保护关键技术研究"等15个课题。项目总资助经费过亿元。

2007年5月8日中国博物馆学会藏品保护专业委员会成立。7月27日至28日在京召开了成立大会及学术研讨会。该委员会隶属于中国博物馆学会，是由国内各省、市级博物馆及相关专家和热爱文博事业的各界人士自愿结合的，以促进我国博物馆科技保护事业的发展，促进博物馆文物科技保护的国际交流为主要目的公益性群众团体。该专业委员会挂靠中国国家博物馆，接受中国博物馆学会、国家文物局和民政部登记机关的业务指导和监督管理。经中国博物馆学会同意，中国国家博物馆副馆长董琦担任专业委员会主任委员，潘路（中国国家博物馆）、马清林（中国文物研究所）、和李化元（故宫博物院）担任副主任委员。

在"博物馆文物保存环境与藏品的科学保护"为主题的首届学术研讨会上，与会代表交流了信息，并就文物保护的修复理念、馆藏文物保存环境、研究方法等展开讨论。界面理论在文物使保护中的应用、可再处理性反映出的动态保护理念、扩展的视觉等议题令与会代表耳目一新。

2007年5月25日，中国国家古籍保护中心成立，该中心是古籍保护工作的普查登记、培训和保护技术研究中心。中心成立后立即展开研制古籍普查软件平台、编制古籍普查教材和定级图录、古籍普查培训、研发纸浆补书机和可控压力机等古籍保护配套设备等工作，并正在筹备国家古籍保护重点实验室。此外，该中心将承办古籍普查标准的研制和古籍保护相关信息的发布。已制定并颁布了《古籍定级标准》《古籍特藏破损定级标准》《图书馆古籍特藏书库基本要求》《古籍修复技术规范与质量要求》和《古籍普查规范》。

2007年8月1日受商务部委托，中国文物研究所承办的亚非国家文化遗产保护和管理研修班与阿拉伯国家文物修复专家培训班在中国文物研究所开学。来自亚非24个国家的47名学员和6个阿拉伯国家的13名学员参加培训。其中，阿拉伯国家文物修复专家培训班为期1个月。课程涵盖文物保护修复理论、实验室实习、座谈研讨以及赴承德考察等内容，将为阿盟国家文化遗产领域的一线人员提供无机质文物（金属、陶瓷、石质）和有机质文物（纸张、纺织品、壁画）保护修复方面的培训，使他们系统了解现代科学分析技术在文物修复中的应用，掌握各种保护修复理念和技术方法。

2007年8月31日，"全国可移动文物保护管理工作座谈会"在京召开。会上国家文物局副局长张柏系统总结了近年来可移动文物保护工作取得的成绩，分析当前的形势并指出存在问题：一、规章制度不尽完善，执行不严格，管理水平有待提高；二、技术标准建设滞后，造成部分文物在保护修复中遭受损害；三、基础研究严重不足，科技成果转化效率较低；四、文物保护基础条件薄弱，专业保护人才匮乏，难以形成有效的技术力量支撑；五、可移动文物保护投入仍存在较大缺口，有效的可移动文物保护经费支持体系尚需进一步加强。在此基础上张柏代表国家文物局部署了今后可移动文物保护工作的重点任务。会上王丹华、陆寿麟、马清林、潘路等专家分别就文物保护方面问题发了言。国家文物局博物馆司司长宋新潮在总结发言中就可移动文物修复资质和技术保护设计资质的认定工作、国家可移动文物保护项目库的建立、行业标准化工作、科技成果的推广等"十一五"期间的几项重点工作做了详细说明。

2007年9月4日,中国文物保护技术协会第五次全国会员代表大会在南京召开,会议其间通过审议的工作报告、章程修改报告及新修改的章程。会议选举出第五届理事会的理事、常务理事、理事长、秘书长等。李化元当选为新一届理事会理事长,王时伟先生当选为秘书长。新一届理事会向73位为协会作出突出贡献的专家学者颁发了顾问委员会委员聘书。

5至6日,中国文物保护技术协会召开第5届学术年会,来自全国文博界、大专院校、科研院所共150余名代表与会,会议共收到论文100篇,内容涉及各类可移动文物的保护、修复;不可动文物古建、田野石雕、石窟寺等病害治理;古墓葬器物的技术起取;文物的分析检测;文保材料的研究与文物管理理念的研究等方面。与会代表参加了学术研讨与交流活动。

2007年9月6日至10日,第2届东亚纸文化遗产保护研讨会在日本福冈举行。本届研讨会由日本九州国立博物馆和日本国宝修理装潢师联盟承办。中国、日本、韩国、美国、英国、泰国等国家从事纸文化遗产研究和保护的专家、学者、技术人员共有300余人参加。其中,中国共有23名代表与会。国家文物局博物馆司副司长李耀申代表中国国家文物局在开幕式致辞中说,中国政府高度重视纸质文物的保护,传统工艺的抢救、整理和科学化工作,利用传统工艺抢救性地修复

了大批具有珍贵价值的古代书画、古代典籍;与此同时,加强现代科学技术在纸质文物保护中的应用,在纸张脱酸、脆化加固等方面取得了一定突破;国家文物局发布的《文化遗产保护科学和技术发展"十一五"规划》中,已经将包括纸张在内的传统工艺抢救、保护与科学化工作列入重点领域,进一步加大支持力度。研讨会采取主题演讲、事例报告和综合问答相结合的方式。内容既有对中、日、韩造纸技术和纸张特征的研究,也有针对具体纸质文物的保护修复分析和说明。

2007年10月8日,2007年度纸质文物保护修复培训班开学。本次参加培训的12学员,在为期3个月的培训中日双方老师共同执教,完成纸质文物保护修复理论、纸张劣化机理研究、科学检测分析、保存环境控制、传统修复方案编制以及相应的实践操作等内容的学习。通过理论教学、实验室练习、修复实践的综合教学,使学员们较为全面地掌握有关纸质文物保护修复理论和技术,并了解交流中国与日本在纸质文物修复技术方面的异同。

(以上动态、消息、会议简讯截稿于2007年10月,主要摘编于郭桂香、岳志勇、庞博、隽红、程英民、黄继忠、何流、蒋明权、张谦毅、李新召、张晓彬等《中国文物报》相关报道,李晓东著《中国文物学概论》、国家文物局主办《文物工作》、上海博物馆主办《文物保护与考古科学》、中国文物学会主办《中国文物通讯》、文物修复委员会主办《中国文物修复通讯》、周宝中著《文物保护科技文集》、周宝中"文物保护科技的发展历程和前景"《文物修复研究Ⅲ》、贾文熙、贾汀《文物修复学基础》、童正洪《中国大百科全书·文物博物馆》等书刊以及中国文物研究所网址等。)

〔传统工艺古籍书目简介〕

【《考工记》（春秋）】《考工记》作者不详，据后人考证，应是春秋末齐国人记录手工业技术的官书。是先秦古籍中总结我国古代工艺、工程技术的重要著作，也是我国最早的一部科学文献。书中记载了生产工具、生活用具、乐器、兵器等的制作规范，以及城市、房屋建筑的设置规范。从书中记载我们看到周代的劳动人民已熟练的掌握了丝帛的染色技术，把染色分为煮、曝、染等步骤，已使用矿物及植物染料，能染出深浅不同的色彩层次和用几种染料套染得到间色和复色的织物。同样可见春秋战国时我国劳动人民在制造农具、车辆和兵器等实践中已有角度的概念。书中记载"金有六齐（合金）"，关于六种不同成分的铜锡合金及其用途的叙述，是世界上最早关于合金成分分析研究的记载。书中还记述了马拉车的惯性现象，制造箭的结构与飞行稳度、准确度的相互关系等。《考工记》对"百工"所下的定义是"审曲面势，以饬五材，以辨民器，谓之百工"。在总结工艺的原则时说："天有时、地有气、材有美、工有巧，合此四者，然后可以为良"。精辟的总结，千百年来一直是指导历代艺匠们从事艺术创作的指导原则。

【《周易参同契》（东汉）】魏伯阳著，《周易参同契》是我国也是世界上现存最古老的一部炼丹著作。该书阐述了炼丹的指导思想，记载了某些有价值的古代化学知识和较多的药物，如汞、硫黄、铅、胡粉、铜、金、云母、丹砂等。总结了这些元素及其化合物的性质、制法以及化学反应、原料配比、操作过程的知识。如汞和硫可以化合成硫化汞，汞和铅互相化合可以成铅汞齐。书中还描述了汞的挥发性，能够与硫化合；铅丹（四氧化三铅）能够被炭还原成铅，并指出物质发生化学变化的配方比例的粗略概念。该书为我们研究古代化学提供了较丰富的材料。

【《抱朴子》（晋）】葛洪著，《抱朴子》全书七十卷，分内、外两部分，共一百一十六篇。作者受劳动人民制陶、采矿冶金等生产实践的启发，认为泥土是易损流失的，但烧成瓦则可与天地同长久，柞柳是易腐烂的，但烧成炭则可化墨写字永不衰败。本书总结了关于分解反应、化合反应的有关知识。如硫和汞的可逆变化，"丹砂烧之成水银，积变成丹砂"。再如铅和氧化铅之间的可逆变化，铅是白色的，加热可变为赤红色的黄丹，用炭把它加热又可变为白色的铅。书中还叙述了丹砂、硫、石胆、硝石、石膏等二十余种炼丹原料的物理和化学性质。该书对化学、医药学的发展和火药的发明，都有不可磨灭的贡献。

【《古今刀剑录》（南朝）】陶弘景著，《古今刀剑录》是我国古代著名的一部关于刀剑冶锻，最早介绍灌钢冶炼方法的著作。书中记录了远自夏禹至南朝梁武帝之间各个朝代所制宝刀、宝剑的数目，并对每一把刀剑的名称、尺寸、铸造过程以及铭文等，做了详细介绍。书中叙述了生铁和熟铁混杂起来冶炼，生铁含碳量高而熔点低，先把生铁熔化，然后灌入熟铁中间，这样冶炼可得到品质比较好的钢。当时这种"灌钢"冶炼的方法，已普遍用于农具和手工业工具上了。本书是研究我国古代刀剑史和钢铁冶炼铸造技术的珍贵史料。

【《历代名画记·论装褙漂轴》（唐）】张彦远著，唐张彦远著《历代名画记》，收入商务印书馆 1936 年《丛书集成》刻本。"论装褙漂轴"一节，介绍了我国古代书画碑帖装裱的历史相当悠久。"自晋代以前已有，但是装背不佳。南朝宋武帝时的徐爱、明帝时的虞和……编次图书，装背为妙"。说明我国书画装裱历史，自南朝初始已有一千五百年的历史。文中对书画装裱优劣、煮制浆糊、裱背用纸、绢、制作大漆案、旧画洗污垢、补缀、轴首用材等进行了论述。

【《画史·论装裱》（宋）】米芾著，《画史》收入神州国光社《美术丛书》本，"论装裱"一节题目新加的。文中米芾对古画的修复装裱好坏，谈了得与失，论述了装背画不需用绢"绢新时似好，展卷久为硬"，纸上书画不可绢背"终硬文缕磨书画"等道理，举例说"宗室君发以七百千置阎立本《太宗步辇图》，以熟绢通身背，画经梅，便两边脱，磨得画面苏落。接着谈及书画的装匣收藏、檀香、苏木、角、金属、水晶等材料做轴的优劣。

【《考古图》（宋）】吕大临著，《考古图》是我国较早而系统的著录古器物的一部图录。该书其重要性，是宋、元、明、清代以来，采用金属、玉、石、瓷等材质，仿制古器物的主要参考图谱。该书著录了宋时宫廷（秘阁、太常）和私人所藏三十七家的古代铜器、玉器，钟、磬等乐器。全书共收入目 224 器，实收 234 器。其中商周器 148 件、秦汉器 63 件、玉器 13 件。按器形分类编排，每器都绘图摹文，释文列在下面，并将其大小、尺寸、容量、出土地和收藏者加以说明。

【《梦溪笔谈》（宋）】沈括著，《梦溪笔谈》是我国古代最重要的一部综合性的科学著作。内容包括天文、历法、数学、物理、化学、生物、地理、地质、医学、文学、史学、考古、音乐、艺术等。自然科学和社会科学应有尽有。书中约有二百多条是论述自然科学的。如在天文历法方面，沈括是世界上第一个提出太阳历与农历结合的人；在地质方面，关于水流侵蚀、冲积作用的理论，在世界上最早提出的；数学方面，他发明了"隙积术"、"会圆术"；物理学方面世界上最先发现磁偏角的人；在医学、药物学等等方面，都有独到的创见。"石油"一词也是该书中最早使用的，并使我们知道了我国是世界上最早使用指南针、活字印刷术的国家。

【《宣和博古图》（宋）】王黼编纂，《宣和博古图》一书共三十卷。同是一部宋以后历代仿制古器物造型的参考图谱。该书著录当时皇室在宣和殿所藏的古代铜器，共二十类，839 件（内杂器 40 件，镜鉴 113 件），集宋代所出青铜器之大成。每类各有总说，容量、重量等，并附考证。所绘图形较精，且注有比例，考证颇为精审，每据实物订正《三礼图》之失，所定器名多沿用至今。

【《营造法式》（宋）】李诫编修，《营造法式》是北宋时期官方制定并颁行的建筑工程法规，一部研究我国古代建筑的专著。北宋熙宁年间（1068—1077）开始编修，元祐六年（1091 年）成书。绍圣四年（1097 年）由李诫重新编修，元符三年（1103 年）刊印。全书共 36 卷、357 篇、3555 条，分释名、各作制度、功限、料例和图样五部分。对壕寨、石作、木作、雕作、旋作、锯作、竹作、瓦作、泥作、彩画作、砖作、窑作等建筑结构、构件、工料以及施工工艺等都作了系统的细致的规定。此外还有关于建筑方面一般名词的解释，以及对营建的某些规定和数据的说明。李诫积累了丰富的建筑经验，除了参考经史群书外，还能深入实际，汲取当时熟练工匠的经验，成为当时中原地区官式建筑的规范。对研究古代建筑有重要参考价值。

【《书画装轴》（元末明初）】陶宗仪著，《书画裱轴》收入泰东图书局《辍耕录》本。书前以作者所见所闻，介绍唐、宋时期书画裱轴所用材料，名画被毁及流散民间传闻。唐代贞观、开元年间，人主崇尚文雅，书画皆用紫龙凤绸绫为表，绿文纹绫为里。紫檀云花杵为轴，白檀通身柿心轴。此外，又有青赤琉璃二等轴，牙签锦带。唐后期大和年间，王涯自盐铁据相印，家既羡于财，始用金玉为轴。甘露之变，人皆剥剔无遗。南唐则褾以回鸾墨锦、签以潢纸。宋御府所藏，青紫大绫为褾，文锦为带，玉、水晶、檀香为轴。靖康之变，多流散民间。接下来在"锦褾"题目下例出 50 种织锦纹样名称，在"绫引首及托里"题下例举出 25 种绫子纹样名称，"轴"下例举出玉、玛瑙、水晶、象牙、犀角等十种材质的轴首，"轴杆"为檀香木，"匣"为螺钿匣。

【《天工开物》（明）】 宋应星著，《天工开物》是我国古代最著名最重要的一部科学技术文献。全书三卷，分十八个项目。即：乃粒、乃服、彰施、粹精、作咸、甘嗜、陶埏、冶铸、舟车、锤锻、燔石、膏液、杀青、五金、佳兵、丹青、麴蘖、珠玉。这些项目的内容，包括了当时所有的农业、矿冶、铸造、纺织、食品加工、造纸印刷及手工业的生产部门。书中对原料品种、来源、生产操作过程、产品产量等科学技术问题都做了研究。还收录了许多生产上的重要数据，并附有大量工艺流程的插图二百余幅，详尽地描绘了历代劳动者的生产实践知识，成为中国古代科技史上一部里程碑式的著作，在世界科技史上也是一部非常珍贵的科技百科全书。

【《髹饰录》（明）】 黄成著，《髹饰录》是我国现存最早的一部油漆工艺著作。全书分乾、坤两集。除小序外，共分十八章。乾集主要讲漆器制造方法、原料、工具、列举了各种漆器可能产生的毛病和原因。细目为二章：利用第一、楷法第二；下集主要叙述漆器分类和各种漆器的几十种装饰手法。细目分为十六章：质色第三、纹？第四、罩明第五、描饰第六、填嵌第七、阳织第八、堆起第九、雕镂第十、戗划第十一、编烂（夕兰）第十二、复饰第十三、纹间第十四、裹衣第十五、单素第十六、质法第十七、尚古第十八。该书总结了我国古代油漆工艺技术的丰富经验，很有参考价值。

【《装潢志》（明万历年间）】 周嘉胄撰，《装潢志》是一部系统论述古代书画碑帖装潢技艺和格式的专著，所谈到许多经验，直到今天仍然有其实用价值。该书对古代书画碑帖的装裱工序，装潢技艺的各种工艺细节，质量要求，分四十二条作了简明扼要的记叙，书中作者谈出自己对待某一工序注重态度，如"揭"条中说："书画性命，全关于揭。"良工须以"临渊履冰"的态度，谨慎对待；在《补》条中说："补缀须得书画本身纸绢质料一同者色不相当尚可染配，绢之粗细，纸之厚薄，稍不相侔，视即两异。故虽有补天之神，必先练五色之石。绢须丝缕相对，纸必补处莫分"。这里作者提出补配要做到"丝缕相对"、"补处莫分"，的道理。书中还记叙一些装裱名工汤强等高手的轶闻趣事。

【《园冶注释》（明）】 计成原著，陈植注释，杨伯超校订，陈从周校阅。中国建筑工业出版社，1988 年 5 月第二版。我国造园艺术具有悠久的历史和辉煌的成就，明末吴江计成所撰《园冶》一书在造园艺术上具有高度的理论水平，是祖国文化遗产中一部很重要的有参考价值的著作。《园冶》共分三卷，一卷分兴造论、园说及相地、立基、屋宇、装折四篇；二卷全志栏杆；三卷分门窗、墙垣、铺地、掇山、选石、借景六篇。其中兴造论及园说，叙述选圆意义；屋宇、装折、栏杆、门窗、墙垣五篇，虽属建筑艺术，然其形式全为配合造园要求，无不力求幽美。相地、立基、铺地、掇山、选石、借景六篇，全属造园艺术，系此书精华所在。

【《赏延素心录》（清）】 周二学著，《赏延素心录》收入商务印书馆 1936 年《丛书集成》中《榆园丛刻》刻本。书前历鹗、丁敬、王澍、陈撰分别作序，叙述前代书画装裱技艺和宫廷内府书画的装潢名匠。该录分别以旧书画的装潢，装潢好手难得开始，讲述旧书画的补缀、背纸、横卷引首、隔水、制糊用糊、装潢之法等讲用料与技巧。书后介绍了画案的式样用材，以及存放画的"小画作匣"、"大画作橱"、"卷册用锦囊"的制作用材与规格尺寸。

【《工部工程做法则例》（清）】 雷发达编撰，清代杰出的建筑设计家雷发达编撰《工部工程做法则例》，是我国近古一部著名的建筑专著。该书主要叙述清代"官式"建筑做法和则例。做法就是对于房屋怎样施工、如何安装；则例是记明构件尺寸、台基、墙壁、梁架、斗拱、屋顶等。这部书是根据当时建筑工程的记录写成的，是雷发达一家多年从事建筑工程的总结。此书成了建筑特别是宫廷建筑重要参考书。雷氏家族连传六代，除皇宫外，圆明园、颐和园、静宜园、静明园、万寿山、玉泉山、香山、北海、中南海等宏伟工程，都是雷氏后代根据本书参与设计修造的。

【《四库艺术丛书·西清古鉴》（清）】梁诗正、蒋溥撰，乾隆十六年编《西清古鉴》四十卷。书中著录清宫所藏古代铜器 1529 件，皆摹绘其形制、款识。附《钱录》十六卷。所收伪器颇多，考订不精审。之后王杰等编《西清续鉴》甲编二十卷，收录古铜器 957 件；乙编二十卷，收录古铜器 910 件。《宁寿鉴古》十六卷，收古铜器 600 件，镜鉴 101 件，三书收录均为清宫所藏，真假杂糅。以上该图录成为我国清代至民国时期大量仿造各类质地古器范本。

【《考工记图》（清）】戴震著，《考工记图》二卷。作者深明小学、历算及礼经制度名物。对《考工记》中宫室、车舆、兵器、礼乐诸器，列图说明。初书时成，图后附以己说无注，后再加考定补注，对后人研究《考工记》给了很大便利。

【《铁模图说》（清）】龚振麟著，《铁模图说》是我国最早的一部金属型铸造专著。书中详细地叙述了铁范铸炮的工艺过程和技术措施。书中总结铁范铸造的优点，"用一工之费而收数百工之利"。就是采用一范多铸，可收做到成本低、工时少、工效高。再者，可以减少表面清理和旋洗内膛的工作量，铸型不含水汽，不出气孔，收藏和维修方便，如战事紧迫，能很快投产以应急需，等等。在一些技术问题上，和现代金属型模具铸造基本认识是一致的。

【《苏州织造局志》（清）】孙佩编，《苏州织造局志》成于康熙二十五年（1686）前后。共十二卷，详细记载苏州织造局的沿革、职官、官署、机张、工料、口粮、缎匹、宦绩、人役、祠庙等。江苏人民出版社 1959 年出版。

【《绣谱》（清）】陈丁佩撰，《绣谱》共分为"择地、选样、取材、辨色、程工、论品"六大部分，每部分又分为若干小节叙述，共分五十三节。书中对选用刺绣材料及配色，选择纹样等都进行了详细描述。该书收编入《美术丛书》二集第七辑。

【《陶说》（清）】朱琰著，《陶说》是清代研究我国陶瓷的一部较重要著作。全书凡六卷，分为四部分：说古（原始，古窑考）；说今（（饶州窑，陶冶图说）；说明（饶州窑，造法）；说器（唐虞器、周器、汉器、魏晋南北朝器、隋唐器、宋器、元器、明器）。此书成于清乾隆年间，收入《国学基本丛书》商务印书馆 1935 年本，及《万有文库》等印本。

【《玉纪》（清）】陈性撰，《玉纪》共一卷，分出产、质地、制作、玉色、名目、辨伪、认水银、盘功、地土、灰提法、养损璺、忌油污，共十二项论述新旧古玉的鉴别与保藏。书中详细叙述对出土古玉的养护方法，并介绍了古玩商仿作赝品古玉方法及辩伪要点。

【《营造法源》（清）】姚承祖原著，《营造法源》是一部较完整的苏南地区传统建筑术书。姚承祖（1866—1938）原著。此书系根据其祖传建筑做法和其本人的实践经验编成。印本经张至刚增编，刘敦桢校阅。1959 年出版。

【《中国艺术家徵略》（1911 年铅印本）】李放编，《中国艺术家徵略》是一部记述古代手工艺人的文献汇编。以明清两代资料为多。全书分上下两册，共五卷。卷一为唐、宋、明、古今综述和金石类、丝类；卷二为竹类、匏类；卷三为土类、瓷、瓦、革类、羽角、木类；卷四为书画类、天文类、轮舆类、装潢类；卷五为雕刻类、髹漆类、杂技类。

【《天工开物导读》】潘吉星著，巴蜀书社出版 1988 年 3 月出版。《天工开物导读》全书分为两部分，第一部分"导论"，作者分别就《天工开物》一书产生的时代背景，宋应星的事迹，著作的内容和成就，及其在中国科学文化史中的地位，读《天工开物》应注意的几个问题以及怎样研读，六个题目作了叙述。第二部分，从明涂伯聚《天工开物》原刊本，参考其他刊本中精选出有代表性和典型性的章节，分上中下三卷、十八章、七十三节，加以校勘、断句、注释，各章前加一"提要"，评述其主要内容。

【《考工记导读》】闻人军著，巴蜀书社出版 1988 年 7 月出版。《考工记》导读是第一部用现代科技知识全面介绍《考工记》的作品。该书除"引论"和"附录"外，正文包括八章：第一章"初探篇"，对《考工记》主要内容作了概括介绍。第二、三章"价值篇"，详细地分析了《考工记》的各项内容价值及对后世的影响。第四章"源流篇"，探讨了《考工记》的成书年代以及古今中外对它的研究。第五章"方法篇"，就研读《考工记》的各种传统和新的方法作必要的介绍和指导。第六章"校注篇"，录出经过点校的《考工记》全文，并附以简明扼要的注释。第七章"今译篇"，提供一种新的《考工记》现代汉语译文。第八章"新考工记图"，集中图示《考工记》中的名物制度，使其形象化。"附录"是二十世纪《考工记》研究论著索引。

【《天工开物译注》】潘吉星译注，上海古籍出版社 1998 年 3 月出版。《天工开物译注》，包括该书原文校点、译文和注释三部分组成。该书以明崇祯十年（1637）原刊本（涂本）为底本，在原书文字基础上，为了该书体例的系统性及严密性，作者对各章节次序安排位置作了调整。该书分上中下三卷册，凡十八章，章下设节，节内分段。十八章排序按"谷物第一"、"米面第二"、"食盐第三"、"制糖第四"、"油脂第五"、"衣料第六"、"染色第七"、"冶金第八"、"铸造第九"、"锻造第十"、"陶瓷第十一"、"烧石第十二"、"造纸第十三"、"朱墨第十四"、"车船第十五"、"兵器第十六"、"酒曲第十七"、"珠玉第十八"。每章第一节为"宋子说"，为本章序言，下来分节叙述本章所述内容。全书共分了九十四个节。插图一律取自明崇祯十年涂伯聚原刊本。

【《考工记营国制度研究》】贺业钜著，中国建筑工业出版社 1985 年 3 月出版。该书是一部研究中国古代城市规划制度的学术著作。内容包括营国制度简介及其产生的历史背景，营国制度的王城、宫城、庙社、市里及道路规划，营国制度的传统的发展等。通过本书，可对我国古代城市规划体系的内容和基本特征、形成和发展，有一个较为全面的认识。

〔文物保护修复展藏工具书目概述〕

【《古物之修复与保存》】上海博物馆印，1936 年。内容不详。

【《博物馆藏品的保管与修复》】 M. B. 法尔马考夫斯基著，戴黄戎译，文物出版社 1959 年 4 月出版。全书未出版前，共分为十八讲，在 1955 年、1956 年《文物参考资料》刊物上连载。详见 1955 年第 1～3 期、5～12 期，1956 年第 3～5 期、第 7 期、第 9～12 期。

【《古物及艺术品的保养——处理、整修与复原》】 H·J·卜伦德莱斯著，绍熙译，图博口文物组翻印，1973 年 1 月出版。油印本，上下册。本书绪论部分以"环境的影响"为题，论述了各类古物在地下埋藏与出土时的温湿度变化与博物馆保藏环境中的温湿度变化对器物的破坏。以及博物馆气候、空气的污染，各类馆藏品的受害原因，以及古物表面锈痕与装饰遗痕的保护。本书根据不列颠博物院研究实验室处理的书籍、印刷品、图画、手稿、织物、钱币、艺术品、民族学标本，以及一切各式各样古物问题，从包罗万象的实物中，选择了大量实物的处理方法实例，说明腐蚀现象，经试验证明效果最好，容易操作的方法。并说明怎样针对未预见性情况的灵活处理。全书共分"有机材料、金属、硅质的和与硅有关的材料"三编。第一编分七章，（1）兽皮与皮制品、（2）纸草 羊皮纸和纸、（3）印制品 素描和手稿、（4）织物、（5）木材、（6）兽骨和象牙、（7）架画；第二编分六章（8）总论、（9）金属和琥珀金、（10）银、（11）铜及其合金、（12）

铅锡和锡蜡、（13）铁和钢；第三编分三章（14）石头、（15）陶器、（16）玻璃。这是一本专讲考古发现各类古代艺术品与博物馆藏品的各种腐蚀现象的原因及洁除、整修和修缀工作专著。

【《中国书画装裱概说》】冯鹏生著，上海人民美术出版社 1980 年 8 月出版。全书共分十章。绪论部分作者主要讲述了我国装裱的历史，历史上唐代张彦远和宋代米芾为装裱的贡献，以及对古代装裱技术的几点启示。一至十章内容分别为：书画装裱的各种形式及一般程序、工具及设备简介、整理画心、备料、刺镶、备扶、扶活、上杆、碑帖、检查等各道装裱程序的技法。

【《中国古籍装订修补技术》】萧振棠、丁喻著，北京书目文献出版社 1980 年出版。这是我国第一部系统介绍古籍装订和修补技术的专著。全书共分五章：

第一章　简述书籍装订技术的起源和发展

第二章　介绍装修古旧书籍常用的名词

第三章　分述装修古旧书籍应有的设备及常用材料。

第四章　详述修补古旧书籍的基本技法、各种破损书叶修补法和古旧书籍装订的程序和操作法。

第五章　逐一介绍各种形制古书的装订法，如线装、毛装、包背装、经折装、卷轴装、蝴蝶装和线装书籍等，每种形制的做法一至四种不等。

附　录　装修书籍操作规程及成品检查标准。

一、收书和送书的手续

二、装修书籍操作程序

三、修补操作规程
四、装订操作规程
五、成品检查标准

【《书画的装裱与修复》】故宫博物院修复厂裱画组编著，文物出版社 1981 年 3 月出版。我国裱画的历史悠久，经验丰富，技术纯熟。长期以来一直是口手相传的，很少加以总结。为了继承我国传统裱画与古旧书画修复技术，故宫的装裱大师们结合自己所采用的修复方法和一些体会，整理成书，为广大古旧书画修复工作者提供了一册指导装裱修复工作的参考工具书。

【《考古工作手册》】中国社会科学院考古研究所王振江、白荣金、左崇新等编写，文物出版社 1982 年 12 月出版。该手册从田野考古发掘现场角度，介绍了各类文物的科学起取与临时处置的技术，和与移入室内后加固与修复方法。并附录了文物修复的常用材料及配方。

【《图书维护作业研究》】杨时荣著，台北南天书局有限公司 1983 年 11 月出版。作者继《图书维护学》付梓印行之后，基于知识分子的使命感，再著此书，对图书维护实际作业做出更完整的剖析，提供有关单位参考。全书内容分为七章二十六节：

第一章　阐述图书馆维护之理念，明定维护定义，以确定图书安全维护之真义，同时亦说明图书馆在经营政策、行政业务和馆舍建筑方面对图书安全维护的影响。

第二章　介绍图书各种损伤情形之发生和防止方式，如图书馆温湿度控制、紫外线防治、环境污染物清除、书虫害消灭、水火预防、纸张酸化处理以及其他灾害防止等，都是一般图书馆管理人员所应具备的基本维护常识。

第三章　探讨西式图书装订各种方式、影印本图书装订的程序、破旧图书修装的方法与注意事项。

第四章　讨论中国历代图书形式与制作方法，以作为中式图书修裱的依据，并论中式图书修补时不可缺少的粘剂糨糊的治法和古代各家糨糊的配料，以及线装书籍修裱的技术和注意事项。

第五章　介绍舆图裱作各式，以期图书馆在处理舆图裱作时有所依循。

第六章　析论我国渐已失传的剖纸修裱技术，以此为国内图书馆在图书修补的领域中另辟新途。

第七章　论述图书馆在维护作业上所需改进的要点，做出总结，并提出八点建议，以使图书馆界在推展图书维护工作时能有助益。

作者认为，旧书修复、重装最重要的认知，便是将旧书恢复原有的形式风格（原装订形式与精神），所以不论是中式或西式图书，认识其原有装订形式与特色是图书管理修复人员应备的知识。

全书配有图版 117 幅，表格 7 种。书末附录《珍善本书籍之修复》等 6 种，参考书目资料 93 种。

【《秦陵二号铜车马》】陕西省秦俑考古队、秦始皇兵马俑博物馆编《考古与文物丛刊》第一号，1983 年 11 月 10 日。

本刊是一部综合介绍秦陵二号铜车马科学研究、整修、复原工作的报告专辑。秦陵二号铜车马的结构复杂，由三千多个部件组合而成，制作工艺水平很高。这本专辑全面总结了科学修复二号铜车马的全过程，是由参与考古发掘与修复的文博、大专院校、科研所、军工单位的从事考古研究、文物修复、钎焊、粘接、材料分析、艺术造型、彩绘等方面研究的专家、学者撰写。内容包括：秦陵二号铜车马的发现与研究报告、修复简报、胶接复原技术研究、使用钎焊技术修复秦陵二号铜车马总结、该铜车马的材质分析、主体材料的化学成分、该铜车马连接技术的考证、该铜车马的艺术造型与装饰彩绘、该铜车马的涂层和胶粘剂分析、五时副车铜偶所反映的秦代銮驾制度及修复后记。是一部从事金属文物修复工作人员重要的参考工具书。

【《艺术品和图书、档案保养法》】徐毓明编著，科学普及出版社 1985 年 1 月出版。古物的保存科学，是一门发展中的新兴学科。该书就是介绍这一新的科学技术领域知识的第一本比较全面、系统的普及读物，其内容包括了各种艺术品如石窟、壁画、雕塑、古建筑、古青铜器及其他金属器物、竹木漆器、纺织品、石器、皮革、陶瓷、骨角象牙制品、字画等和图书、文献档案的科学保存方法，以及鉴定古艺术品年代的科学方法等。

【《图书馆藏书的卫生与修复》】（苏）H·普列奥勃拉仁斯卡娅等编，树升译。书目文献出版社1985年6月出版。这是一本阐述图书保护工作方法的专著。它是根据苏联国立列宁图书馆藏书的卫生与修复工作经验编写的。全书分为四章、十八节：

第一章　纸张损坏的物理化学因素及其预防的措施。详细阐述光线、空气的温度和湿度、气体和空气中的有害杂质对图书的影响，并介绍清扫房间、图书保存规则、书库的设备和图书运送规则。

第二章　生物的破坏因素及其预防措施。主要阐述危害图书的微生物和昆虫的种类及其对图书的损害，介绍了若干种消毒和杀灭的方法。

第三章　馆藏图书的修复与防腐。分别介绍图书修复工作室和修复图书的各种材料设备、纸料书页的修复、手抄本和罕见书的皮革或羊皮纸的修复与防腐、精装图书封面的修理。

第四章　文献摄影修复法。详细介绍了文献摄影室、反差小的和文字已经褪色的文献的摄影方法、提高底片影像反差的方法、底片的减薄和加厚、正片制作法。

该书对图书馆、博物馆、档案馆和情报部门保护和修复馆藏很有实用参考价值，也可供文献保护及修复研究人员阅读和参考。

【《档案保护与复制技术学》】郭莉珠、冯乐耘、李鸿健编著，北京：档案出版社1987年5月出版。中央广播电视大学教材。全书共分上、下两册。（本书）上册内容介绍档案制成材料损坏原因与保护修复技术，下册内容介绍档案复制技术。本教材供学员学习中能掌握档案保护技术的基本理论、基本方法和技能，了解国内外档案、文献保护技术研究的新成果，我国在档案保护工作方法和传统方法与技术。

【《档案保护与复制技术学参考资料》（上册）】朱兰芳、金克学编，北京：档案出版社1987年6月出版。中央广播电视大学教材。配合档案保护与复制技术学的教学而汇编的参考资料。书中参照

《档案保护与复制技术学》（上册）的体系，分为综合、档案制成材料的耐久性、库房温湿度的控制与调节、防光防有害气体与防尘、有害生物的防治、库房建筑、修复技术等七部分。汇编主要选自1977年至1985年有关报刊发表的文章，少数几篇是1966年以前发表的，基本上是全文选取，保持了文章原貌。

【《青铜器修复技术》】赵振茂著，禁城出版社1988年6月出版。该书是故宫博物院已故青铜器修复专家赵振茂先生积五十余年们宝贵经验写成的。书中系统详尽地叙述古代青铜器的传统修复技术。是对青铜器修复专业人员具有较高的借鉴作用，对古代青铜器研究者、收藏家及文博工作者也具有一定的参考价值。

【《书籍档案科学保护常识》】李龙如编著，湖南大学出版社1989年2月出版。本书介绍了现代国内外一些最新的科学成果，又对我国历代传统的书籍、档案保护方法作了简要的概括和总结。书中分为十六个题目：

一、我国古代书籍的保护
二、书籍的主要构成材料及其陈化
三、怎样掌握书库里的温度和湿度
四、光对书籍的损害及其防护
五、有害气体对书籍的损害及其防护
六、灰尘对书籍的危害及防尘除尘措施；
七、细菌、霉菌对书籍的损害及防治方法
八、昆虫对书籍的危害及其防治
九、布函、木盒与木夹板
十、防鼠、灭鼠
十一、防火及灭火方法
十二、读书与惜书
十三、书籍的修补、装订
十四、非印刷资料的特性及其保护
十五、个人藏书的保护
十六、档案材料的特性及其保护
附录：一、温湿度查对表
二、常用计量单位换算表

【《亚洲地区文物保护技术讨论会论文集》】中国文物保护技术协会编，物出版社1989年9月出版。

该书汇编了 1986 年 4 月 11 日至 20 日在北京召开的"亚洲地区文物保护技术讨论会"上，与会的朝鲜、日本、菲律宾、缅甸、柬埔寨、泰国、孟加拉国、巴基斯坦、尼泊尔、中国等国的专家递交的学术报告。会议围绕青铜器与石质文物保护技术两大主题进行讨论。书中汇集了古代青铜器的保护、修复、复制研究方面论文十一篇，石质文物的保护技术论文十篇。

【《图书维护学——图书装订、保存、修补的理论与实务》】 杨时荣编著，台北南天书局 1991 年 5 月出版。作者投注十年时间在资料收集研究上，撰成四篇五十章，作为"图书维护学"的构架：

第一篇　纸张劣化研究。探讨图书纸张劣化原因及复原方法，并论述酸性纸与中性纸的持久性与简易鉴别法。

第二篇　中式图书装订法。介绍中国历代图书形制与制作方法，以作为中式旧书修补重装的参考依据。

第三篇　西式图书装订法。介绍西洋初期装订术及罗马帝国式、意大利式、法国式、德国式、荷兰式、英国式等各种装订法与特点，以及西式古书修补装订材料的探讨与修补方法。

第四篇　图书维护法。介绍图书典藏的各种维护方法及注意事项，如何防患虫害、如何选择书柜架、如何保存皮革书、图书除酸法、上胶法、污秽图书处理法、各类图书破损修复法等，都是一般图书管理人员所应具备的基本常识。

书中随文插图 222 幅、表格 34 种、附录 10 种，并附参考书目 89 种。

附录 1　珍善本书籍之修复
附录 2　纸张制造与流程
附录 3　纸张基本规格
附录 4　纸张开数
附录 5　纸张重量及厚度
附录 6　空气污染防治法施行细则
附录 7　论名价品第
附录 8　装潢志
附录 9　赏延素心录
附录 10　中国造纸史年表

【《考古文物保护的要点》（英文版）】 J. M. Cronyn 著，Routledge an imprint of Taylor & Francis Books Ltd 1990 年 3 月 22 日出版。该书详细评价现有的文物保护技术和规程，包括出土现场、实验室、库房和展览馆内艺术品的内涵、破损的原因、进行的检测和处理；概括了文物损坏的原因、保存的必要性和相应的保护技术，涉及金属、有机、石质等类文物。该书为从事文物修复、保护技术、科研人员参考的技术书。

【《档案复制技术》】 王阜有、奚淑娟编著，档案出版社 1991 年 12 月出版。该书分摄影、光学、重氮型晒图技术、静电复印技术、缩微摄影技术和磁介质音像复制技术五编。主要讲述这几种复制方法的基本原理、感光材料、工艺过程和使用的设备。该书可作为中等专业技术学校，档案专业的教材，也可供历史文献、档案修复工作人员的参考工具书。

【《图书档案保护技术手册》】 李景仁、冯慧芬编著，档案出版社 1992 年 2 月出版。该书既介绍我国古代有价值的传统图书、档案保护技术，也介绍现代图书档案保护技术，以介绍现代技术为主；既阐述图书、档案保护技术理论，也介绍图书、档案保护实用技术，以介绍实用技术为主。全书以技术专题分类编排，分为三章：

第一章　绪论。阐述图书、档案损毁的基本因素。从制成材料的耐久性、到环境的温湿度、害虫、霉菌、害鼠、有害气体、酸、光线、灰尘、灾害以及人为损害等多方面进行了全面阐述。

第二章　图书、档案保护技术。对纸张保护技术、字迹保护技术、环境温湿度测试与控制技术害虫防治技术、霉菌防治技术、害鼠防治技术、环境保护技术、防灾技术、非书图书档案保护技术等百余项保护技术和方法一一作了介绍。

第三章　图书、档案保护试验技术。对图书、档案制成材料耐久性试验技术、害虫试验技术、霉菌试验技术、胶片试验技术等。

书中随文插图百余幅、插表百余种，书后还附有与图书、档案保护技术有关的附录 12 种，结构简单、层次清楚，使用方便。反映了目前我国图书、档案保护技术领域的研究进展和水。书末附有主要参考资料 66 种（篇）。

【《文物与化学》】宋迪生等编，四川教育出版社1992年8月出版。该书介绍了"文物与化学"是一门研究人文科学、自然科学之间相互影响和渗透的关系，所形成交叉领域的边缘学科，本书是加强文物工作者与化学工作者相互了解和联系的一本有益读物。该书内容分为三大部分：第一部分介绍文物与化学的关系和文物中应用的近代分析技术。第二部分介绍文物保护中的化学方法。第三部分介绍环境与文物的关系。

【《书画装裱技艺辑释》】杜秉庄、杜子熊编著，上海书画出版社1993年8月出版。这是一本中国古代书画装裱技艺的典籍汇编，共辑录古籍或古籍的片断26种，并全部作了校点、注解和今译。内容分为三部分：

一、明清装裱专著《装潢志》和《赏延素心录》的全文；

二、选录九种典籍的有关章节。依序为《历代书画记》、《画史》、《书史》、《齐东野语》、《宋史·职官志》、《南村辍耕录》、《清秘藏》、《长物志》和《小山画谱》，按时代顺序排列。以上11种古籍在原文前都冠有作者介绍、内容简介、收录该书的丛书书目，并说明所依据的版本。

三、"装潢短论"，辑录了15种古籍中的有关片断，选自《齐民要术》、《春明退朝录》、《图画见闻志》、《洞天清禄集》、《金史》、《翰墨志》、《云烟过眼录》、《画论》、《画品》、《瑾户录》、《画笺》、《绘事微言》、《通雅》、《书画说铃》和《一角编》，均按朝代及作者时代的先后排列。为

避免繁琐，不作上述介绍，仅在各段文末注明出处。原文皆以善本校订。为了帮助具有一般文化水平的读者读懂原文，又做了详细的注译，释义深入浅出，通俗易懂，又在"释义"中较详尽地阐述了现代书画装潢技艺。

书末附有图、格式15例。书前除"序"及"例言"外，有杜秉庄所作《书画装裱技艺发展概况》和《书画装裱古籍综述》二文。该书首次系统、全面地介绍了历代装裱的技艺、材料、经验和历史等，具有较高的艺术、技术、学术、资料诸价值。对继承和发扬我国历史悠久的精湛的装裱技艺和书画的鉴赏收藏，并在古代装裱和现代装裱之间架设桥梁，以促进对装裱的历史、材料、格式、工艺等的研究。为从事书画装裱和研究装潢学的同行提供资料，减少搜检之劳，增加阅读的方便，实用性很强。

【《古陶瓷修复》】毛晓沪编著，文物出版社1993年11月出版。该书对古陶瓷修复技术分为：清洁、粘接、配补、加固、作色、仿釉和作旧七项工艺分别进行探讨，其工艺技法实用参照性很强。

【《文物修复与研究——全国文物修复技术研讨会论文集》】国家文物局博物馆处、中国文物学会文物修复委员会合编，国际文化出版公司1995年4月出版。

本书汇编了1993年12月在北京召开的"全国首届文物修复技术研讨会"的62篇论文。论文内容涉及如何继承、发扬传统文物修复技术；新材料、新技术在文物保护和修复、复制中的应用；现代技术与传统工艺相结合；金属、陶瓷、书画、竹木、漆器等文物修复技术发展历史的研究；文物的科技保护修复和复制在博物馆事业中地位和作用；文物保护和修复、复制工作与市场经济的关系等多方面的问题。

【《修复与保护》】陕西省考古研究所编，陕西人民出版社1996年4月出版。本书是一册联邦德国美茵兹罗马—日耳曼中央博物馆与陕西省考古研究所的两国文物保护修复专家、学者，合作修复保护中出土文物的研究报告。书中汇编了两国专家撰写的法门寺地宫出土铜熏炉、铜圆盒、锡杖、

铜十件、玻璃胆瓶、玻璃直杯等文物的修复保护实例；周代双耳铜鼎机械除锈和保护；以及 χ 射线透视设备对于建立文献档案和对文物的工艺等 14 篇研究报告。

【《文物修复与复制》】贾文忠编著，中国农业科技出版社 1996 年 6 月出版。我国第一部综合性全面介绍各类文物修复专业技术的普及本工具书。全书共分五章，第一章概述了我国传统修复技术的简史和文物修复原则及有关规定。第二章分别介绍了各类文物修复技术。第三章介绍了与修复、复制有关的常用技术。第四章分别介绍了青铜、陶器、书画、玉石器、丝绸、甲骨、彩塑等类文物的复仿制技术。第五章介绍了文物修复技术室的常用工具、设备及化学药品的配备。

【《文物养护复制适用技术》】贾文熙编著，陕西旅游出版社 1997 年 9 月出版。全书分上、中、下三编。上编"考古发掘现场抢救性保护修复"，介绍了古墓葬的地下埋藏环境对各类文物破坏的因素分析，考古发掘现场对出土易腐蚀文物如青铜器、铁器、金银器、陶瓷器、石器、玉器、玻璃器、骨牙器、泥塑等类文物的科学稳妥起取，洁除、养护、加固、封护的适用技法；中编"文物修复复制技术"部分，笔者对多次在文物修复培训班上编写的讲义基础上修改整理而成，分为：文物修复原则和要求，文物翻模常用技法，金属文物修复实例，不同类型、材质的文物复制技法，化学与传统作旧技法等五个部分内容；下编，汇编了修复材料的应用、大型器物造型知识、铜车马作旧与彩绘方法、技能培训等论述文章 10 篇。全书插图 50 余幅，图文并茂。是一部供长期工作在考古发掘第一线的文物修复工作者适用的工具书。

【《中国书画装裱大全》】杨正旗著，山东省美术出版社 1997 年 9 月出版。全书共分 22 章，详尽地介绍了装裱工艺全过程，并对传世书画的揭裱修复、出土书画的抢救保护进行了专题论述，尚有古代书画装裱论著的注释，古代装裱特征与装裱大师的姓名，日本书画装裱的简介与内容。还对装裱的历史起源与装裱的现状与展望以及装裱工艺的改进等诸多方面发表了见解，如通过对考古发掘

的实物分析认为，书画装裱的历史可以推至距今 2000 多年前的战国时期。从而改变了长期以来普遍认同的唐代张彦远《历代名画记》说："宋时范晔（南朝史学家）始能装褙"的观点。同时提出单纯的悬挂和装饰则是装裱的原始动机。上述研究成果前人未曾涉及。此书还对拓片、纺织品、扇面、墓志等相关文物的托裱整理以及书画收藏与展示，均提出了具体要求，"裱事琐谈"一章分以 10 个小题，就人们关注的技艺问题作了分述，并将排笔与棕刷的使用逐一冠名总结为"运笔 10 法"与"运刷 12 法"。

【《贾氏文物修复之家》】曹子玉主编，人民日报出版社 1998 年 7 月出版。汇集人民日报社社长邵华泽、中宣部副部长徐光春、国家文物局历届局长及文物考古界众多顶级专家学者的题词、作序、撰文介绍贾氏父子各自所从事的文物修复事迹。书中汇编了贾氏五兄弟参与全国多项重大考古发现所修复的各类文物修复与复制技术的经验介绍文章近四十篇。

【《图书、档案、博物馆藏品保藏学原理》】张承志著，北京科学技术出版社 1999 年 6 月出版。本书系统地建立了保藏学的理论体系，对许多保藏学问题进行了严格的定量描述和理论分析，走出了定性描述的粗疏阶段。全书共分八章，前七章论述了保藏学的基本原理。内容主要包括各类藏品的沾污理论及色变（褪色、变色及返黄）理论，石质藏品、玻璃、陶瓷、金属、高分子材料及影像材料的自然劣变机理。第八章论述了各类藏品的劣变抑制对策。书中引用了大量国内外最新参考资料，许多资料来自 1997～1998 年的新作，力求反映出当代保藏学的最新成果。本书可作为图书、档案、博物馆、考古、文物保护修复人员应备参考书。

【《文物修复研究——第二届全国文物修复技术研讨会论文集》】国家文物局博物馆司、中国文物学会文物修复委员会编，民族出版社 1999 年 7 月出版。本书汇编了 1998 年 4 月"第二届全国文物修复技术研讨会"57 篇论文。内容有青铜器、鎏金器、铁器、陶瓷、玻璃、砖瓦、泥土、玉石、漆

木器、书画、纺织品、壁画等各类文物修复技术的研究；有文物保护环境和保养方法的探讨；有文物复制技术、辨伪鉴定和修复理论的综述。

【《古玩保养与修复》】 贾文忠编著，北京出版社2000年10月出版。本书分为上、中、下三篇，上篇为古玩保养知识，中篇为古玩修复、复制知识，下篇分别介绍了古玩保养、修复、复制技术，及所用材料、工具、设备。本书是一部供古玩爱好者、收藏家借鉴学习的必备工具书。

【《文物保护科技文集》】 周宝中著，国立历史博物馆（台湾）2000年11月出版。该文集是中国历史博物馆文物保护科技部与实验室主任周保中先生在科研、教学和学术交流中撰写的部分文稿，汇编成集。全书共分四章，第一章，文物保护科学技术概论。分别以概念、研究内容、基本原则、发展历程、学术成就、学术交流活动前景展望七个方面进行了论述；第二章，文物预防性保护。分别从藏品保存环境、博物馆的气候与环境保护、虫蛀与微生物危害及防治、博物馆文物库的建筑与保存设备等专题进行论述；第三章，文物维护技术。内容包括金属、陶瓷、玻璃、漆木器、纺织品、壁画、田野考古与海洋打捞文物、影像资料等的维护技术；第四章，文物分析鉴定与复制。阐述了藏品鉴定与材质分析、藏品复制两部分内容。该书是大专院校文物保护专业的一部参考教科书，文物保护修复人员可借鉴的工具书。

【《古瓷鉴赏与修复》】 程庸、蒋道银编著，上海科技教育出版社2001年4月出版。该书把瓷器鉴赏与修复纳入同一学术天地，把读者引入了令人关注的瓷器修复领域。近年来，借助于现代先进技术和先进材料，传统的瓷器修复工艺不断取得进步。此书以瓷器鉴赏为切入口，提供了丰富的修复实践经验，以修复为操作层面，进行理论与实践相结合的思考，既增加了实用性，又增强了综合性。书中把破损件和修复件的图片予以对照，增加了直观性，使读者深得修复要领。

【《中国文物和文物保护技术》】 陆寿麟、李化元、蔡学昌著，山东友谊出版社2001年8月出版。全书分四章，分为中国的文物保护简史、中国古代建筑发展简史、石窟寺的保护修复技术、出土文物、馆藏文物的科学研究和保护。书中所介绍的是三位作者曾参与的多项文物保护科研成果，并参考吸收了各学科的相关成果，以及一批项目的实验数据。

【《文物保存环境概论》】 郭宏编著，科学出版社2001年9月出版。这是一本介绍文物保存环境方面的著作，书中论述了文物保存科学研究的意义、发展历史、研究方法、保护原则等，主要针对有关文物保存环境中温度、湿度、光照、空气污染、地质环境、有害微生物、昆虫等各种环境因素对文物的腐蚀，老化变质过程及机理作了较系统的阐述。后一部分则介绍如何监测、控制、预防这些因素对文物的影响。文物保存环境的研究是文物保存科学中很重要的组成部分。该书既能作为大学或培训班的教材，也可用作刚参加文物保护工作青年人的参考。

【《古籍修复技艺》】 朱赛虹著，文物出版社2001年12月出版。该书作者在故宫博物院长期从事图书馆业务和研究工作。曾师承古籍修复专家肖福安和杨淑芳的手把手亲授技艺，修复善本籍千余册。该书包括两位业师及他馆的同行技师传授的传统技法，与作者个人在古籍修复工作中的点滴心得和所作的改进及探讨基础上，并融入作者多年跟踪收集的有关古今文献资料撰写而成。

该书分为术语、器用、材料、技法、探索、文献共六章，每章有若干小节分述。书中内容主要以技法为主，将每一道工序分解为若干简单步骤，并配以图示讲解，便于初学者无师模仿操作，共附插图50余幅。书中择要介绍有关知识，推介相关文献，以便读者"既知其然，也知其所以然，"师法多人。

【《中国文物分析鉴别与科学保护》】 胡立德、马清林、李最雄、苏伯民编著，科学出版社2001年12月出版。该书是一部涉及文物科学分析、科学保护、科学考古方法及原理和应用的研究性读物，对适于古代文物材质分析、制作技术、科学保护的方法及原理亦作了简明的介绍，通过实例对大部分不同材质文物的分析研究方法进行了详细的论述，许多方面提出了自己独到的见解。

全书共分 8 章，第一章文物分析中适用的分析方法；第二章陶器；第三章古代织物；第四章漆器与木器；第五章青铜器；第六章镀锡青铜器；第七章中国古代颜料；第八章古代壁画保护。该书是一部集理论知识和应用技术于一体，研究与保护古代文物的全面系统，综合性较强的有学术价值的科技论著。

【《陕西省文物考古工程协会成立十五周年纪念论文集》】考古与文物丛刊第五号，2001 年。该论文集汇辑了各类文物保护、修复，器物质地检测分析研究，以及土遗址保护、古塔维修等论文 25 篇。

【《纺织品鉴定保护概论》】中国纺织品鉴定保护中心编著，文物出版社 2002 年 9 月出版。该书是我国第一本关于纺织品文物鉴定研究与保护的教材。全书简述了中国古代纺织品发现与纺织纤维的鉴别、织物结构的分析、刺绣技术的分析、纺织染料的测定；保护部分包括清洗与消毒、加固和修复、复制、纺织品的贮藏与展示；案例部分包括国内外纺织品专家进行的鉴定、测试、清洗、保护、修复和复制等实例。全书体系完整，资料丰富，论述清晰，图文并茂，是广大文物工作者、高等院校相关师生的必备读物。

【《博物馆文物保护的管理》（英文版）】Suzanne Keene 著，Butterworth-Heinemann 2002 年 9 月出版。该书介绍了如何利用信息管理方面的技巧，以便正确地理解、监督和操控好保护工作和修复过程。这些技巧包括保护实施的指导、合理的规划、决策的做出与应当进行的优先设置；同时还包括信息和交流互动技术的使用。

【《文物修复研究（3）》】国家文物局博物馆司、中国文物学会文物修复委员会编，民族出版社 2003 年 8 月出版。该书收录了"第三届全国文物修复技术研讨会"和"中国书画装裱修复技术研讨会"、"中国古陶瓷修复技术研讨会"的部分论文，共计 140 余篇。论文的内容有青铜器、鎏金银器、铁器、陶器、、瓷器、书画、纺织品、壁画等各类文物修复技术的研究；有文物保存环境和保养方法的探讨；有文物修复技术、辨伪鉴定和修复理论的综述。这些论文从一个侧面展示了全国文物修复工作者，在 20 世纪末和进入新世纪以来为文物保护科技事业的发展所作的新贡献，也代表了目前文物修复水平。

【《文物·古建·遗产》】首届全国文物古建研究所所长培训班讲义，中国文物研究所编，北京燕山出版社 2004 年 7 月出版。该书汇编了首届全国文物古建研究所所长培训班共 22 篇讲稿。内容涉及古建筑保护修复、文物保护工程、历史文化名城、城市规划与文化遗产保护、世界遗产、文物保护测绘等多方面的规范、理念、与先进科技方法等知识。

【《文物保护科学论文集》】西安文物保护修复中心编著，文物出版社 2004 年 8 月出版。该书汇编了西安文物保护修复中心文物保护修复工作者的科研成果与文物保护修复方面论文。本论文集分为：文物科技分析与保护、石窟寺和石刻保护研究、壁画和泥塑保护研究、文物修复研究、考古调查研究、文物建筑和古遗址的保护规划与维修、信息资料研究七大部分，共四十四篇论文。本书可供从事文物保护修复工作的人员学习借鉴的专业书之一。

【《文物修复学基础》】贾文熙、贾汀著，中国社会出版社，2004 年 9 月出版。该书分为上下两编，上编为文物修复学研究基础，分为三章，即：文物修复学的基本概念、原则、功能，文物修复专业产生与发展的根源，文物修复学的研究方法与内容。下编为文物修复工艺学——文物、艺术品修复养护的一般技术，共分为七章，即：文物修复工具与设备，金属、石质、陶、瓷质、壁画、泥塑、土质、有机质等文物的修复，以及近现代文物修复、修复后文物的养护与环境要求。本书是一部大中专院校文博文保专业教学的专业教材，也是文博单位文物保护修复人员的工具。

【《文物保护与修复纪实》】中国化学会应用化学委

员会、广东美术馆编，岭南美术出版社 2004 年 11 月出版。这是汇集有关漆木器、骨器、金属器、陶瓷器与丝织品、壁画、油画、古旧书画等类文物的保护、修复，以及文物的环境、养护材料、防虫蛀等多方面的研究新技术、新方法科研成果介绍，学术价值相高。

【《文物修复与养护》】潘慧琳，万卷出版社 2005 年 1 月出版。该书共分 24 年章节。第 1、2 节介绍各类古代文物与艺术精品。第 3 至 23 节分别介绍了文物修复技术与各类器物的修复与保养知识，最后一节介绍了部分常用修复工具。

【《文物保护技术》】王成兴、尹慧道著，安徽大学出版社 2005 年 7 月出版。该书是一部从文物质地损坏的内外部原因、保护机理和方法三个方面分析介绍各类文物保护知识的专业书籍。全书共 12 章，内容分为：导论、影响文物保存的环境因素与陶瓷器文物、青铜器文物、金属类文物、石质文物、宝石玉器、玻璃珐琅器、纸质文物、纺织品文物、竹木漆器文物、骨角牙器和琥珀文物的保护技术。

【《文物保护与修复的问题》】马里奥·米凯利、詹长法主编，科学出版社 2005 年 11 月出版。该论文集汇集了 2004 年 5 月 27 日至 28 日，在北京举行的"中意合作支持中国文物保护修复培训项目"研讨会发表的论文。该论文集共分四章：第一章，金属和陶瓷材料的保护；第二章，石质材料的保护；第三章，建筑遗址的保护—山陕会馆；第四章，考古遗址的保护。涉及青铜、陶瓷、石质、古建、考古遗址、博物馆等方面保护研究论文 17 篇。

【《博物馆环境》（中文版）】（美）加瑞·汤姆森著，国家文物局博物馆司、甘肃省文物局译，科学出版社 2007 年出版。该书前三章论述了博物馆中光、湿度和空气污染所造成的损害以及预防措施。该部分内容论述翔实，通过列举大量实际的案例，解释了各种仪器和系统的操作与维护方法。后三章依据对博物馆中光、湿度和空气污染研究的大量文献，进一步论述了最新的研究进展。本书可作为文物博物馆保护研究人员与保管人员的

借鉴参考书。

【《贾文忠谈古玩保养》】贾文忠、贾树著，天津百花文艺出版社 2007 年 1 月出版。古玩包含两个内容，一是收，二是藏。"收"，无论通过何种手段收集藏品，"藏"，是保存养护。无论何等珍贵的古玩，如果保养不好，都会有损其价值。本书结合不同质地收藏品，逐类对保养过程中所遇到的问题做出了对应方法和预防措施。它是现代科学技术和传统工艺相结合，并加以创造和发展的产物。其目的是最大限度地延长古玩文物的寿命。

【《贾文忠谈古玩修复》】贾文忠、贾树著，天津百花文艺出版社 2007 年 1 月出版。古玩修复是中国的一门传统技术，自从古玩诞生起这门手艺即相伴而生，中国的文物有自己的特点，只有用自己传统的方法才能得到妥善修复。修复，是古玩必不可少的一种保护手段，千百年来古玩经过世代修复才得以保存。此书分别就各类古玩的修复方法做了全面和系统的介绍，使古玩爱好者和广大读者能够了解和掌握其修复方法，并能了解修复所用材料、工具和设备。此书的出版将为文博工作者、文博专业师生、收藏家、古玩文物爱好者提供实用技术及方法。也可作为文物、古玩收藏的普及读物。

【《贾文忠谈古玩复制》】贾文忠、贾树著，天津百花文艺出版社 2007 年 1 月出版。古玩复制是中国的一种传统技术，历史悠久。一件高仿的文物复制品可以称下真迹一等。本书是集贾氏之家传统复制经验和现代新科技、新材料、新设备、新工艺为一体，使古玩爱好者能够了解古玩的复制方法，提高自己的鉴赏水平。也可作为复仿制品厂家和工艺品厂的技术指导参考。

【《文物修复研究（4）》】国家文物局博物馆司、中国文物学会文物修复专业委员会编，民族出版社 2007 年 10 月出版。该论文集是 2006 年 10 月在江西景德镇召开的"第五届全国文物修复技术研讨会"期间收到的论文基础上汇编成集的。共收编论文 106 篇，涉及文物保护、修复、复制技术多方面的内容，文章涵盖金属、陶瓷、古建瓦件、

玉石质、骨质、泥塑、壁画、纺织品、古旧书画、碑帖传拓、囊匣等类文物的保护、修复、复制技术与文物质变机理研究，以及当今中西方交流中传统与现代相结合的文物修复理念方面的探讨文章等。该书基本为近二、三年来文物保护修复各方面较为新鲜的点滴经验汇集总结，可作为同行们的借鉴参考的宝贵资料。

〔补古建筑研究类〕

【《中国古代建筑史》】 刘敦桢主编，建筑科学研究院建筑史编委会组织编写，中国建筑工业出版社1980年10月出版。该书是一本关于中国古代建筑历史的理论著作，简要而系统地叙述了我国古代建筑的发展和成就，并引证了大量的文献资料和实物记录，可供建筑专业工程技术人员、古建保护人员、各级文博管理人员和大专院校师生阅读参考工具书。

【《清式营造则例》】 梁思成著，中国建筑工业出版社1981年12月出版。该书是著名建筑学家梁思成先生30年代初对清代建筑的营造方法及其则例进行研究后发表的一部学术著作，主要内容有清代"官式"建筑各部分名称、比例大小、功用及做法的注释；有标示古建筑物立面、剖面及局部详图的图版和实物照片，以及著者根据民间工匠秘本而编订的《营造算例》等。全书文字生动，形象鲜明，插图详细，自1934年出版以来，一直是中国建筑史界和古建修缮单位一部重要的"文法课本"。该书可供从事古建筑保护研究、管理、修缮人员和建筑院校师生教学参考的工具书。

【《梁思成文集·一》】 中国建筑工业出版社1982年12月出版。该书共收集我国著名建筑学家梁思成先生的十篇遗稿。其中九篇曾发表于解放前《中国营造学社汇刊》上，一篇是解放后写的，曾刊于《文物参考资料》。主要内容有关于蓟县、宝坻、正定、晋汾和京郊等地区的古建筑调查；杭州六和塔的复原状计划；敦煌壁画中所见的中国古代建筑等。这些遗稿反映了梁先生研究古建筑的成果。本书可供从事古建研究、设计、管理、修缮的人员和建筑、文博院校师生的参考书。

【《梁思成文集·二》】 中国建筑工业出版社1984年8月出版。该书共编入梁思成先生30~40年代遗稿11篇及解放初期文章一篇。主要内容有曲阜孔庙之建筑及其修葺计划、闸口白塔、记五台山佛光寺的建筑、建筑设计考考图集简说第一集至第五集有关台基、石栏杆、店面、斗栱（汉—宋）、斗栱（元、明、清）图集、北平文物必须整理与保存等。本卷资料丰富，插图精致，观点独到，具有较高的学术水平。梁先生关于佛光寺史的考证，唐代斗栱型制演变等方面的研究成果，尤受建筑史学界的推崇。本书可供从事古建研究、设计、管理、修缮的人员和建筑、文博院校师生的参考书。

【《梁思成文集·三》】 中国建筑工业出版社1985年3月出版。该书编入梁思成先生生前两部专著—《中国建筑史》和《中国雕塑史》。这两部著作经清华大学建筑系组织专人重新加以整理和校订，并搜集了近四百幅插图和照片，在本卷公开发表。这两部著作对我国历史建筑和雕塑特征的论述以及不少珍贵精美的插图和照片早已引起国内外学术界的重视，大量资料经常被人们所引用，具有较高的学术价值。本书可供从事古建研究、设计、管理、修缮的人员和建筑、文博院校师生的参考书。

【《梁思成文集·四》】 中国建筑工业出版社1986年9月出版。该书编入梁思成先生1950年至1964年间撰写的文稿共37篇。内容包括有：对首都城市规划的建议（包括给中央领导同志的信函）9篇；学术论文7篇；古建调查及研究报告7篇；建筑科普文13篇；古建筑设计方案介绍1篇。全卷附有插图及照片150多幅。这些文章反映了梁先生在新中国成立后，对首都建设、全国古建的保护及维修、建筑理论研究、建筑教育、建筑科普等等工作方面作出的突出贡献。梁先生对古建维修"整旧如旧"的意见，至今被认为是古建筑维修工作的修复原则，并被引用到整个文物修复工作领域中大原则。书中有关科普性文章，知识性强，在帮助人们了解建筑科学知识和建筑师的职责方面收到良好社会效益。本书可供从事古建研究、设计、管理、修缮的人员和建筑、文博院校师生的参考书。

【《中国建筑类型及结构》】 刘致平著，中国建筑工业出版社，1987 年 7 月出版。该书为刘致平教授抗日战争时期在四川为同济大学土木系讲授建筑学，和抗战胜利后在清华大学建筑系任教时讲授中国建筑技术之讲稿。本书第一章分类论述了中国历代建筑结构形式的发展演变；第二章以单座建筑为例分别介绍了楼阁、宫室殿堂、亭、廊、轩、舫、斋、门、阙、桥；第三章各作做法，包括定向、定平、筑基、大木作、栏杆、外檐装修、台基、须弥座、柱础、墙壁、屋顶、瓦作、彩色。书中插录附图照片 531 幅。

【《刘敦桢文集·一》】 中国建筑工业出版社 1982 年 11 月出版。本文集汇编了我国著名建筑学家刘敦桢教授毕生研究中国古代建筑的成果。本卷编入 13 篇文章，内容包括古建筑调查报告《北平智化寺如来殿调查记》和《明长陵》2 篇；古建研究及考证有《佛教对于中国建筑的影响》等 6 篇；笔记 2 篇；还有《故宫钞本 < 营造法式 > 校勘记》一篇书前识语和 2 篇译文。

【《刘敦桢文集·二》】 中国建筑工业出版社 1984 年 10 月出版。本卷文集编入了刘敦桢教授 30 年代的文稿 12 篇，包括古建调查报告《石轴柱桥述要》、《定兴县北齐石柱》、《河北省西部古建筑调查记》等 8 篇；笔记 2 篇；书评 1 篇。书中收入的 8 篇古建调查记涉及地区广泛，材料丰富，论证精辟，行文流畅，书中附有大量插图和照片。本书是当前从事古建保护、研究、修缮与管理人员极有参考价值的珍贵文献。

【《刘敦桢文集·三》】 中国建筑工业出版社 1987 年 9 月出版。本卷编入了刘敦桢教授于 1935 年至 1944 年间撰写的文稿 19 篇。包括古建筑调查报告、笔记、日记等 16 篇，书跋 1 篇（《营造法原》跋），考证 2 篇。古建筑调查除河北、河南、山东、陕西诸省外，还广及川、黔、滇地区，足迹遍达几十个州县，调查内容有寺庙、民居、石窟、塔幢、汉阙、廊桥等，共附有 173 页图版，包括近 500 幅照片。其中尤以对西南地区的古建调查，

开拓了我国古建研究新领域，为从事古建筑保护研究、修缮、管理、教学人员提供了十分珍贵的信息和文献资料。

【《刘敦桢文集·四》】 中国建筑工业出版社 1992 年 12 月出版。本卷收录刘敦桢教授 1945 年—1964 年所写的文稿共 25 篇，其中 14 篇为首次发表。文稿包括：古建筑调查研究 8 篇，建筑史专著 1 篇，园林建筑与绿化 5 篇，鲁班营造正式考证 1 篇，书序 3 篇，访印日记 1 篇，信函 6 篇。

【《中国古建筑修缮技术》】 文化部文物保护科研所主编，中国建筑工业出版社 1983 年 8 月出版。该书着重总结老一代古建筑修缮工人的实际操作经验，内容包括木、瓦、石、油漆、彩画、搭材等六大作的修缮技术和传统作法，并对若干新材料、新工艺，也作了简要的介绍。该书适合于从事古建筑修缮的工人、技术人员和管理人员阅读、参考。

【《中国古代建筑的保护与维修》】 祁英涛著，文物出版社 1986 年 9 月出版。该书是祁英涛先生长期从事古代建筑的维修和保护工作的经验总结。全书分九章，第一章是保养与维修工程概述。第二至第六章，分别介绍屋面、梁架、装修、彩画及其他结构的维修。第七至第九章，分别介绍施工脚手架、木构建筑防止自然灾害的常识及古代壁画的揭取、修复与复原安装等。

【《中国古代建筑技术史》】 中国科学院自然科学史研究所主编，科学出版社 1985 年 10 月出版。该书是一部关于古代建筑工程技术历史发展的专门著作。书中对我国古代建筑工程技术的发展进程作了阐述，对建筑工程做法、技术经验和成就进行了整理和总结。全书共分十五章，按历史发展顺序，分为原始社会、奴隶社会、封建社会三个时期。主要内容包括土工、木构、砖石、建材生产、装饰、防护、少数民族、城市、园林的建筑技术，以及建筑设计与施工、建筑技术著作和著名匠师的评价。书后附录中国古代建筑技术大事年表。

【《中国古代建筑（文物教材）》】 上海古籍出版社

1990 年 8 月出版。该书是国家文物局组织编写的文物教材之一。全书共分五章与附录部分，各章内容是：第一章古建筑保护、维修概论；第二章中国古代建筑简史；第三章古建筑的结构与构造；第四章（上）古建筑测量、（下）古建筑制图；第五章古建筑维修。附录一宋式、清式与苏州地区古建筑常用名词对照表，附录二度量衡的换算。

这部教材可供各地文物博物馆干部培训教材或自学使用，也可作为大专院校文博专业学习的参考书。

【《华夏意匠——古典建筑设计原理分析》】李允鉌著，香港广角镜出版社 1984 年 1 月出版，中国建筑工业出版社 1985 年 4 月重印。该书对中国古代建筑设计理论作了全面阐述和分析，重点总结了中国古典建筑的设计原理和法则。取材广泛，图文并茂。全书共十二章，第一章至第七章分别介绍基本问题的讨论、总释、分类概述、平面、立面、结构与构造、主要构件的形制，第八章色彩、装饰及"内檐装修"，第九至十一章分别为园林建筑、房屋以外的建筑物、城市规划，第十二章为设计、施工、研究和著述。

参 考 文 献

1. 辽宁省档案馆技术室：《照片档案加固试验研究》，《档案工作》1963 年第 5 期。

2. 中国历史博物馆编：《简明中国历史图册·第一册·原始社会》，天津人民美术出版社，1978 年。

3. 高英：《铜器焊接》，《中国历史博物馆馆刊》1980 年第 2 期。

4. 故宫博物院修复厂裱画组编著：《书画的装裱与修复》，文物出版社，1981 年。

5. 《辞海·工程技术分册（下）·化工部分》，上海辞书出版社，1982 年。

6. 中国社会科学院考古研究所编：《考古工作手册》，文物出版社，1982 年。

7. 麦群忠、魏以成：《中国古代科技要籍简介》，山西人民出版社，1984 年。

8. 徐毓明：《艺术品和图书、档案保养法》，科学出版社，1985 年。

9. 郭莉珠、冯乐耘、李鸿健：《档案保护与复制技术学》，档案出版社，1987 年。

10. 胡文彦：《中国历代家具》，黑龙江人民出版社，1988 年。

11. 舞晶、晶君编绘：《工具－美术画典》，天津人民美术出版社，1988 年。

12. 中国考古学会编：《中国考古学年鉴 1987》文物出版社，1988 年。

13. 《美术辞林·工艺美术卷》，陕西人民美术出版社，1989 年。

14. 宋伯胤：《国宝大观·陶器概述》，上海文化出版社，1990 年。

15. （美）拉尔夫·梅耶著，蒋达、蒋山、余红、陈志捷译：《美术家手册/材料与技巧》，广西美术出版社，1990 年。

16. 李士、秦广雍：《现代实验技术在考古学中的应用》，科学出版杜，1991 年。

17. 胡德生：《中国古代家具》，上海文化出版社出版，1992 年。

18. 王箴主编：《化工辞典》，化学工业出版社，1992 年。

19. 宋迪生等编：《文物与化学》，四川教育出版社，1992 年。

20. 史树青：《古物保存法》；周宝中：《藏品保养》；郑孝燮：《历史文化名城保护规划》；陈娟娟《中国古代葛麻织物》、《中国古代棉织物》；黄能馥、陈娟娟：《中国古代毛织物》、《中国古代丝织品》；祈英涛：《古建筑古墓葬壁画保护与维修技术》；徐毓明：《皮革质地文物保护与修复》；黄克忠：《石质文物保护技术》；胡继高：《漆器保护与修复》；胡继高、赵桂芳：《角器骨器象牙器保护与修复》；安家瑶：《汉代玻璃器》、《魏晋南北朝玻璃器》、《唐宋玻璃器》；李竹君《古建筑防火设施》、《古建筑防雷设施》；罗哲文：《中国营造学社》；沈忱：《陈列室的采光和照明》；童正洪：《国家文物局》，《中国大百科全书·文物博物馆》，中国大百科全书出版社，1993 年。

21. 易永莲：《文物囊盒的设计及制作工艺》，《中国文物修复通讯》第 4 期，1993 年。

22. 胡继高：《彩绘泥塑修复方法介绍》，《中国文物报》1993 年 9 月 5、12 日。

23. 王镇、王孔星、谢裕敏：《几株絮凝剂产生菌的特性研究》，《微生物学报》1995 年第 2 期。

24. 赵永魁、张加勉：《中国玉石雕刻工艺技术》，北京工艺美术出版社，1995 年。

25. 潘美娣：《古籍修复与装帧》，上海人民出版社，1995 年。

26.《中国古代兵器》编辑委员会：《中国古代兵器》，陕西人民出版社，1995 年。

27. 中国考古学会编：《中国考古学年鉴 1993》文物出版社，1995 年。

28. 李一、齐开义：《拓片拓本制作技法》，北京工艺美术出版社，1995 年。

29. 陕西省考古所编：《修复与保护》，陕西人民美术出版社，1996 年。

30. 贾文忠：《文物修复与复制》，中国农业科技出版社，1996 年。

31. 张莉：《宁夏固原北魏墓漆棺画的修复与保护》，《中国文物修复通讯》第 10 期，1996 年。

32. 许薇：《计算机在文物照片修复中的应用》，《中国文物报》1996 年 12 月 1 日。

33. 马淑琴：《文物霉害的防治》，科学出版社，1997 年。

34. 李玲：《战国楚墓出土漆木器竹简的现场保护》，《中国文物修复通讯》第 12 期，1997 年。

35. 贾文熙：《文物养护复制适用技术》，陕西旅游出版社，1997 年。

36. 杨丽娟，唐天斗等：《秦兵马俑博物馆一号馆空气中微生物的分布》，《陕西环境》1997 年第 4 期。

37. 周旸：《江西德安南宋周氏墓丝绸文物的清洗与加固》，《南方文物》1997 年第 3 期。

38. 石鹤、王世敏：《铜绿山古铜矿遗址古坑木防腐保护》，《文物保护与考古科学》1998 年第 2 期。

39. 胡继高、施子龙、赵桂芳：《保圣寺彩塑罗汉像的保护》，《中国文物报》1999 年 5 月 5 日。

40. 卢衡、浦爱莲、郑幼明：《长效防霉防蛀装裱黏合剂的研究》，《中国文物报》1999 年 6 月 2 日。

41. 刘俊兰：《辽代玻璃瓶与囊匣的制作》，《文物修复研究》（第二辑），民族出版社，1999 年。

42. 周志元：《马王堆三号汉墓东椁帛画的修复》，《中国文物修复通讯》第 17 期，1999 年。

43. 王萍：《西夏丝织品文物损坏机理的研究及其保护》，《敦煌研究》2000 年第 1 期。

44. 周嘉华：《文物与化学》，东方出版社，2000 年。

45. 郭宏：《文物保存环境概论》，科学出版社，2000 年。

46. 姚青芳《金相分析鉴定青铜文物》,《中国文物报》2000 年 10 月 18 日。

47. 张孝绒:《国外文物保护修复实验室配置》、《延安革命旧址办公厅木桥选材及木材的防腐处理》;周伟强、甄刚:《砂岩的加固与憎水处理研究》;甄广全、和玲、周伟强:《乾陵石刻表面封护应用研究》;张铭洽《唐墓壁画国际学术研讨会会议综述》,陕西省文物考古工程协会成立十五周年纪念论文集《考古与文物丛刊第五号》,2001 年。

48. 童登金:《大足石刻的水害治理》,《中国文物报》2001 年 1 月 10 日。

49. 孙恕:《五亿元再造乐山大佛》,《北京青年报》2001 年 4 月 4 日。

50. 陈中行:《乙二醛脱水加固定型古代饱水漆木器》,《中国文物报》2001 年 5 月 30 日。

51. 陆寿麟、李化元、蔡学昌:《中国文物和文物保护技术》,山东友谊出版社,2001 年。

52. 马庆麟主编:《涂料工业手册》,化学工业出版社,2001 年。

53. 张秉坚、尹海燕、沈忠悦、卢唤明:《草酸钙生物矿化膜的形成机理和化学仿制——一种新型石质文物表面防护材料的开发研究》,《矿物学报》2001 年第 3 期。

54. 岳志勇:《出土秦俑将保持真色彩》,《中国文物报》2001 年 11 月 30 日。

55. 朱赛虹:《古籍修复技艺》,文物出版社2001 年。

56. 方惠群、于俊生、史坚编著:《仪器分析》,科学出版社,2002 年。

57. 陈同滨:《中国大型遗址保护与展示的多学科研究》,《中国文物报》2002 年 5 月 3 日。

58. 刘恩迪、郭桂香:《文物保护工作中不容忽视的问题——防虫剂与害虫的抗药性》,《中国文物报》2002 年 6 月 7 日。

59. 白荣金:《古代甲胄及其修复》,《中国文物报》2002 年 11 月 8 日。

60. 张玉龙、李长德、张振英、杜龙安:《淀粉胶黏剂》,化学工业出版社,2003 年。

61. 和玲:《艺术品保护中的高分子化合物》,化学工业出版社,2003 年。

62. 叶楚平、李陵岚、王念贵:《天然胶黏剂》,化学工业出版社,2004 年。

63. 张金萍:《出土木质文物的变色与脱色》,《中国文物报》2004 年 5 月 21 日。

64. 李晓东:《文物保护工程法律规范概要》;王景慧:《历史文化名城保护理论与规划》;王世仁:《"中国文物古迹保护准则"的主要理念》;汪祖进:《文物保护测绘》,《首届全国文物古建研究所所长培训班讲义》,北京燕山出版社,2004 年。

65. 孟宪民:《新发展观下文物保护发展思路的探讨》,《中国文物报》2004 年 7 月 14 日。

66. 郭桂香:《第二届石窟遗址保护国际学术讨论会综述》,《中国文物报》2004 年 7 月 16 日。

67. 王进玉:《沙漠盛开文保花—敦煌研究院保护科技成果集锦》,《中国文物报》,2004 年 7 月 30 日。

68. 马清林:《潮湿环境下壁画地仗加固材料与保护技术研究》,《中国文物报》2004 年 8 月 13 日。

69. 何文权:《博物馆实验室的发展思路》,

《中国文物报》2004 年 8 月 27 日。

70. 詹长法：《理念之折射－意大利文物修复理论的创立及其修复实践》；马涛：《文物修复的理论、原则与程序》；马淋燕、方萍：《浅淡青铜器的科学保护与修复》，西安文物保护修复中心编著：《文物保护科学论文集》，文物出版社，2004 年。

71. 陈元生：《严重朽蚀饱水竹简的真空冷冻干燥》，《中国文物报》2004 年 9 月 3 日。

72. 杨刚亮：《龙门石窟的日常维护》，《中国文物报》2004 年 9 月 3 日。

73. 刘景龙：《龙门石窟洞窟漏水病害治理》，《中国文物报》2004 年 9 月 17 日。

74. 陕西省考古研究所：《汉唐墓室壁画规范化保护修复》，《中国文物报》2004 年 9 月 24 日。

75. 贾文熙、贾汀：《文物修复学基础》，中国社会出版社，2004 年。

76. 张德祥：《中国古典家具保养修复常识》，国家文物局主办《全国文博系统古代家具保养修复培训班讲义》，2004 年。

77. 肖璘、白玉龙、孙杰：《金沙遗址出土古象牙的现场清理加固保护》，《文物保护与考古科学》2004 年第 3 期。

78. 李刚、李跃：《东汉陶三轮马车保护与修复》，《成都文物》2004 年第 4 期。

79. 原碧霞：《采用珂罗版技术复制古代壁画》，《中国文物报》2005 年 1 月 26 日。

80. 傅旭：《树脂与塑料》，化学工业出版社，2005 年。

81. 王岩松、宁建英：《珂罗版复制技术在古

代壁画保护和传播中的尝试》，《中国文物报》2005 年 4 月 1 日。

82. 庞博：《大明宫含元殿遗址保护工程全面竣工》，《中国文物报》2005 年 9 月 16 日。

83. 孟宪民：《梦想辉煌－关于中国大遗址保护思路的探讨》，《中国文物报》2005 年 9 月 30 日。

84. 万俐、徐飞等：《ATM 复合剂与 CuCl 的反应研究》；陈家昌、郑元锁：《水溶性丙烯酸树脂在出土饱水漆木器脱水定型中的应用研究》，《文物保护与考古科学》2005 年第 3 期。

85. 田金英、王春蕾、白志平：《古代文物丝织品霉斑清除的研究》，《文物保护与考古科学》2005 年第 4 期。

86. 方云、王金华：《关于大型遗址保护若干问题的思考》，《中国文物报》2005 年 10 月 21 日。

87. 杜安、惠任等：《洛阳山陕会馆保护修复设计研究》；葛丽敏、何娟等《博物馆的预防性保护》，马里奥·米凯利、詹长法主编：《文物保护与修复的问题》，科学出版社，2005 年。

88. 郭桂香：《大明宫含元殿遗址修复保护工程》，《中国文物报》2006 年 1 月 20 日。

89. 王允丽：《介绍三种物理除尘的新材料》，《中国文物报》2006 年 1 月 27 日。

90. 汪万福、李最雄等：《空鼓病害壁画灌浆加固技术研究》，《文物保护与考古科学》2006 年第 1 期。

91. 王晓琪、熊晓鹏、王昌燧：《Kauramim 法加固饱水古木件的机理》；刘强、张秉坚、龙梅：《石质文物表面憎水性化学保护的副作用研究》，《文物保护与考古科学》2006 第 2 期。

92. 李奇：《颜色釉瓷器釉色的修复》，《中国文物报》2006 年 2 月 24 日。

93. 杨晓邬：《三星堆祭祀坑 1 号青铜神树修复工艺简介》，2006 年"第五届全国文物修复技术研讨会"论文。

94. 孟广泰：《博物馆如何保存照片底片》，《中国文物报》2006 年 6 月 23 日。

95. 杨蕾蕾：《生物——文物保护技术体系》，《中国文物报》2006 年 7 月 7 日。

96. 熊贤礼：《藏品保存环境中的技术词汇举隅》，《中国文物报》2007 年 8 月 17 日。

97. 李翠屏：《浅淡音像类文物藏品的保护与管理》，《中国文物报》2006 年 8 月 25 日。

96. 万俐：《江苏六合桥东周菱形纹青铜剑的修复》，《文物保护与考古科学》2006 年。

98. 刘强，张秉坚：《石质文物表面生物矿化保护材料的仿生制备》，《化学学报》2006 年第 15 期。

99. 潘晓通：《博物馆室内建筑、装饰、展柜材料的检测方法》，《文物保护与考古科学》2006 年第 3 期。

100. 谢燕：《博物馆室内空气污染监测和处理》，《文物保护与考古科学》2006 年第 4 期。

101. 贾德芳、刘文扬、姚征帆：《潘玉良油画修复保护》，《中国文物报》2007 年第 2 期。

102. 牛爱红：《玻璃干版底片的保护与利用》，《中国文物报》2007 年 2 月 23 日。

103. 廖继成、李刚、陈良玉：《FS－101 加固剂在石质文物保护中的应用》《成都文物》2007 年第 3 期。

104. 张岚：《国际博物馆协会保存委员会介绍》；胡晓伟、费利华、李国清等：《泉州闽台馆馆藏木质文物的保护处理》，《文物保护与考古科学》2007 年第 3 期。

编　后　记

　　2005 年 12 月，首都博物馆新馆试运行；2006 年 5 月 18 日，首都博物馆新馆正式开馆。本手册主编王武钰是首都博物馆副馆长，主管文物保护、修复、征集等方面的工作。文物保护修复中心是王武钰主管的部门之一，在为首博新馆开馆筹备工作中，文物保护修复中心修复、养护处理各类文物 5000 余件。凡重要文物的修复方案，王馆长都要召集专家与修复人员开论证会，广泛听取专家意见后才予以实施，每次反复叮咛与会的年轻同志，要认真听老同志讲的经验、技术方法，多向老同志学习。工作中经常对几位老同志讲，多让年轻人动手干，锻炼他们的动手能力，让他们尽快地掌握多方面技术与独立操作能力。去年初，王武钰向我讲，他构思拟编纂一部系统的有关文物修复养护的知识手册，便于从事文物修复与保护方面工作的专业人员特别是年轻同志检索查阅。他工作较为繁忙，考虑到我多年从事文物保护修复研究及文保教学工作，有着丰富的经验，于是将写作这部书的主体思路与内容让我和何海平同志先拟出策划书。我多年来汇集了一些这方面的资料，工作起来较为便利，经过与何海平同志磋商之后，初步将手册拟定了"养护术语、技法工艺、质地材料、工具设备、文保科技"五个篇章，草拟了 700 余个条目。王武钰看后对条目拟题提出修改建议，指出手册内容不够全面，应当增加博物馆展陈、库藏环境、藏品保管方面知识和国家对文物保护修复的科技、行业管理方面的政策文件这两方面内容。为此我们增加了"展藏环境篇""政策法规篇"两方面内容，条目增至上千条。

　　编写大纲确定后，确定了编委会组成人员，责成编写组按专业分头撰写，我负责全册的主要条目的初稿撰写工作，何海平负责总体策划工作；胡媛媛参与部分条目补充与统编工作；古旧家具修复部分的图文特邀张德祥老师友情供稿；实验室设备部分由赵瑞廷撰写；养护术语篇、技法工艺篇中的生物化学方面术语与生物技术应用部分由闫丽撰写；杜侃负责质地材料篇的化工药品、胶粘剂方面部分条目撰写；邵芳负责编务统稿与附录部分的辑录整理工作；书中插图由杨婕、贾汀绘制，贾汀并对插图进行统编；全书由主编王武钰进行审稿。编写过程中有不准确的地方，除咨询同行外，编写组部分人员分别到甘肃、陕西、湖北等地相关文博单位进行考察调研，得到所到单位同行的支持。

　　按计划 10 月底完成了初稿，主编王武钰对手册全稿逐条进行审阅后，提出实验室设备方面条目较为简单，交代赵瑞廷同志再补充翔实；对于新兴的生物技术在文物保护工作中应用方面的内容，让闫丽同志写得更全面一些；并提出增加文物保护工程、古建筑修墙方面的基础专业知识、术语、政策法规等内容，这部手册就更全面了。

　　按以上思路补充，全册书稿于年底完成。为慎重起见，王武钰交代我们特邀了中国文物报"文物保护"版资深编辑、记者郭桂香同志对书稿审阅，我们按编校后所提出的宝贵意见，进行全面修改补充完稿。

　　这部书是由首都博物馆技术部刘树林主任与多位同志参与，国内相关文博单位同仁关注支持并提供稿件、照片，共同合作完成的。书中工具、书画装裱、纸质文物修复技法的部分插图系参照参考文献或附录中所介绍的故宫博物院裱画组、冯鹏生、朱赛虹、潘美娣、舞星、晶君等同志所著相关书籍中附图绘制，在此一并表示感谢。中国文物报记者郭桂香同志为本手册出版付出艰辛努力，谨致以衷心的感谢！

　　参加本书条目撰文、校对、摄影工作的还有首都博物馆技术部武望婷、李瑾、黄洁、楼朋竹、姚启东、马燕、郭玢、黄学文、李想、康涛、冯艳等同志。

贾文熙

戊子年仲春

激光拉曼光谱实验室

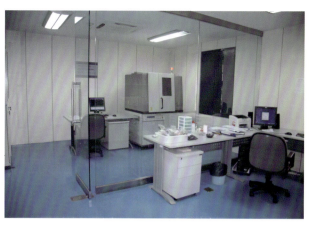

故宫博物院科技部X射线衍射仪实验室

西北大学文博学院保护实验室

秦俑博物馆文保实验室

首都博物馆无损伤仪检测室

首都博物馆瓷器修复工作室

首都博物馆书画装裱工作室

首都博物馆金属文物综合修复室

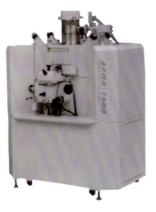
电子探针X射线显微镜分析仪

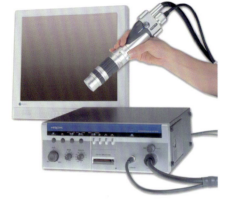
三维数字视频显微镜系统

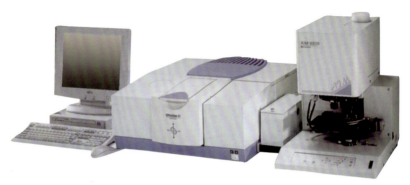
扫描电子显微镜

傅立叶变换红外光谱仪

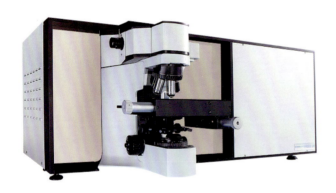
可见显微共焦拉曼光谱仪

考古专用型X射线荧光分析显微镜

环境材料试验机

X射线衍射仪

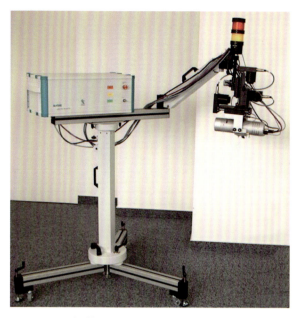

便携式X射线荧光光谱仪

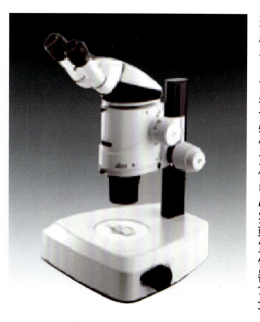

研究级全电动体视显微镜

X光无损探伤仪

三维激光扫描仪

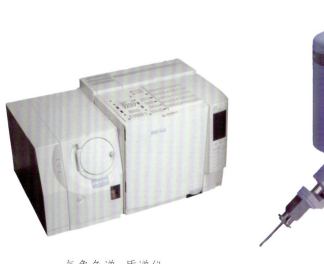

气象色谱-质谱仪

X射线能谱仪

环境温湿度测试系统

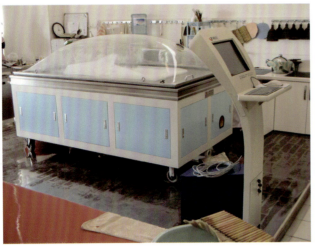

低压真空字画清洗装置

数控超声波清洗器

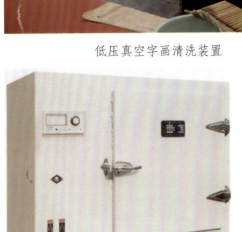

恒温干燥箱

微型气泵

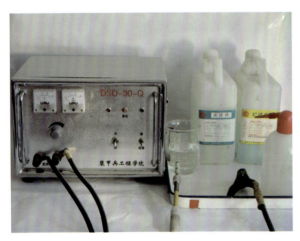

电刷镀金、银设备

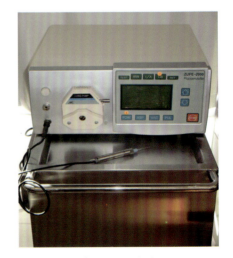

超声波乳化清洁器

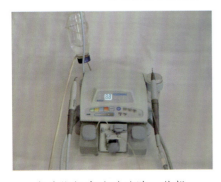

多功能超声喷砂洁除一体机

电化锡炉

抛磨砂轮机图

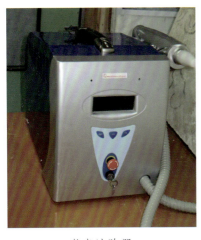

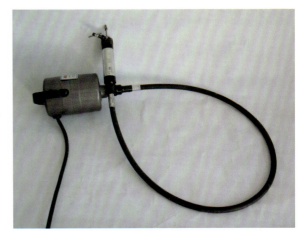

激光洁除器　　　　　　数字显微镜　　　　　　吊磨钻机

丝网机　　　　　　微型雕刻磨钻　　　　　　配剂电子秤

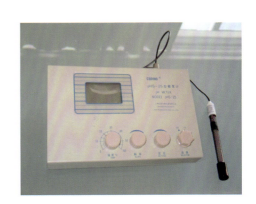

便携酸度计

拷贝工作台

玛瑙碾子　　　　　　热风枪　　　　　　台式钻床

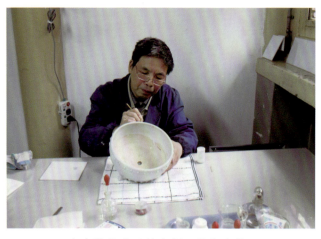

南京博物院王勉老师正修复瓷器

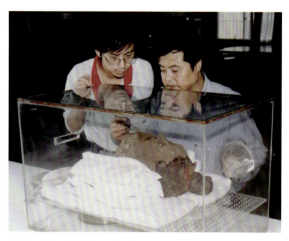

秦兵马俑博物馆文保技术人员对出土绿脸俑彩绘做保护处理

陕西历史博物馆文保科技术人员在修复壁画

贵州博物馆技术人员正在修复铜鼓

湖北省博物馆胡家喜老师修复的盘龙城商代大鼎及修复前后

首都博物馆技术人员修复插屏

首都博物馆技术人员编缀修复铁甲衣

白荣金老师正在修复西周皮甲胄　　国家博物馆陈仲陶老师修复铜器　　资深修复师演示装裱技艺
　　　　　　　　　　　　　　　　　　　　　　　　　　　　　　　　　　　　　　（郭桂香）

专家在湖北荆州考察用生物技术保护后的　　首都博物馆技术人员装裱修复清代"大准提菩萨图"画
丝织物(郭桂香)

永定门城楼大匾的修复　　　　　　　　倦勤斋通景画修复固色试验(郭桂香)

古家具修复培训班上老师教学员修复古旧家具　　浙江省博物馆SDK粘结剂试验验收现场(郭桂香)

青铜器修复专家赵振茂老师修复的西周班簋

金代银盘矫形修复前后

商代卧虎耳大方鼎矫形修复前后(故宫科技部修)

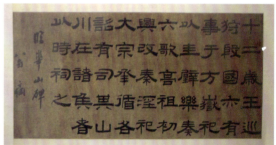

四川省博物馆文保中心李钢老师修复
的东汉陶三轮马车前后

元代青花盏托修复前后

清代翁方纲临华山碑修复前后

国家博物馆陈仲陶老师修复的汉代云气鸟兽纹玉枕前后

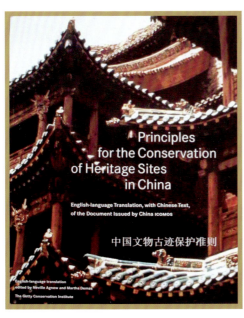

中国文物古迹保护准则(郭桂香)

故宫太和殿维修工程(郭桂香)

搭架勘察中的承德殊像寺(郭桂香)

传统砌筑碑楼保护碑石

乾隆御制碑防风化保护

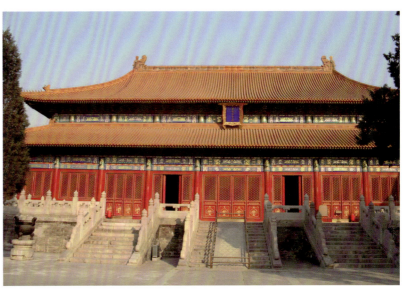

维修后的北京历代帝王庙大殿

恭王府维修现场（郭桂香）

汉阳陵帝陵外藏坑遗址保护展厅

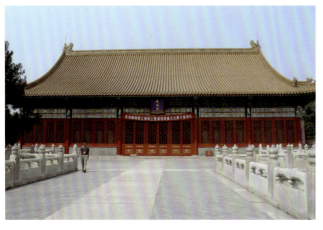

维修竣工的故宫武英殿（郭桂香）

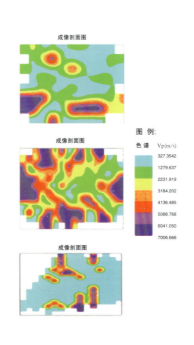

成像剖面图

成像剖面图

图　例:

色谱　Vp(m/s)

327.3542

1279.637

2231.919

3184.202

4136.485

5088.768

6041.050

7006.666

成像剖面图

乾陵石翁仲裂隙超声波探测成像剖面图及加固与保护修复前后（西安文物保护修复中心）

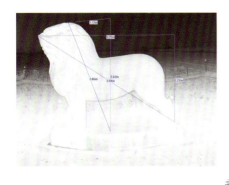  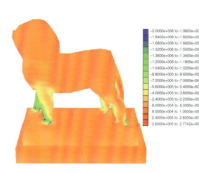

垂直向应力分布(西安文物保护修复中心)

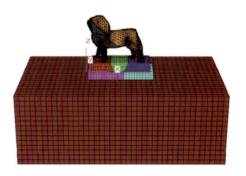

走狮三维几何模型(西安文物保护修复中心)

唐顺陵天禄的三维扫描(西安文物保护修复中心)

表面封护处理后的一尊石刻(西安文物保护修复中心)

唐顺陵北门石马的修复前后(西安文物保护修复中心)

北京房山金陵石椁修复前后(首都博物馆)

唐大明宫含元殿殿基遗址保护工程局部(郭桂香)

唐大明宫麟德殿遗址保护工程

洛阳天子架六车马坑遗址保护

保护处理后的敦煌玉门关遗址

保护处理后的大葆台西汉墓室"黄肠题凑"

保护处理后的敦煌汉长城遗址

在水关遗址上建立辽金城垣遗址博物馆,原址保护

金中都水关遗址

2004年全国文物保护科技工作会议

2005年文物保护科技发展国际研讨会

2005年云冈国际学术研讨会

全国可移动文物保护管理工作座谈会

文化遗产保护领域国家科技支撑计划课题启动实施大会

2007年东亚专区文化遗产保护国际研讨会在韩国首尔国立中央博物馆召开

"生物工程在文物保护领域的应用研究"鉴定会

2005年全国博物馆工作座谈会上单霁翔局长为"2005年度文物保护科技创新奖"一等奖获得者颁奖

（本版图文/郭桂香）

2005年度文物保护科学和技术创新奖评审会

古建筑科技保护研讨会

保护西藏传统建筑文化座谈会

大召壁画、吐尔基山辽墓壁画保护修复评审论证会

故宫博物院、中国文物保护技术协会联合召开"传统装裱技术研讨会"

首届中国书画装裱资深修复师学术研讨会

第五届全国文物修复技术研讨会

《前剂量饱和指数法测定瓷器热释光年代》鉴定会

（本版图文/郭桂香）

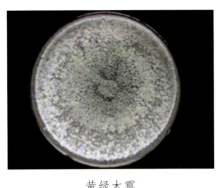

黄绿木霉

不动杆菌

钩状木霉

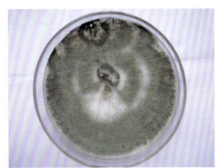

绿色木霉

康氏木霉

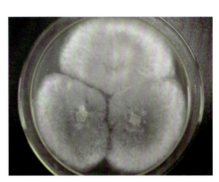

灰葡萄孢

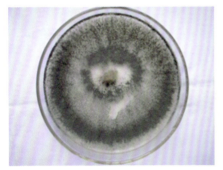

粘绿木霉

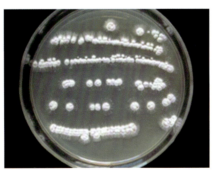

三角链霉菌

马杜拉链霉菌

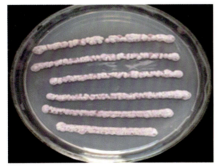

紫色链霉菌

短小芽孢杆菌

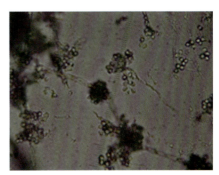

白僵菌